V&R

ADOLF MARTIN RITTER

Charisma und Caritas

Aufsätze zur Geschichte der Alten Kirche

VANDENHOECK & RUPRECHT
IN GÖTTINGEN

Herausgegeben von
Angelika Dörfler-Dierken, Ralph Hennings
und Wolfram Kinzig
unter Mitarbeit von Sonja Wittmann

Die Deutsche Bibliothek – CIP-Einheitsaufnahme

Ritter, Adolf Martin:
Charisma und Caritas: Aufsätze zur Geschichte der Alten Kirche /
Adolf Martin Ritter.
Hrsg. von Angelika Dörfler-Dierken ... unter Mitarb. von Sonja Wittmann. –
Göttingen: Vandenhoeck & Ruprecht, 1993
(Festschriften)
ISBN 3-525-58160-2
NE: Dörfler-Dierken, Angelika [Hrsg.]

Umschlagentwurf: Karlgeorg Hoefer

Gesamtherstellung: Hubert & Co., Göttingen

Inhalt

Vorwort der Herausgeber 7
Zur Einrichtung dieser Aufsatzsammlung.. 9

Gestalten und Gestaltungen altchristlicher Theologie

Erwägungen zum Antisemitismus in der Alten Kirche.
Johannes Chrysostomos, Acht Reden wider die Juden, 1973 13

Die Gnadenlehre Gregors von Nyssa nach seiner Schrift
"Über das Leben des Mose", 1976 31

Die Theologie des Basileios im Kontext der Reichskirche
am Beispiel seines Charismaverständnisses, 1981 69

Zum Thema "Die Last des augustinischen Erbes":
Das Beispiel der Naturtheologie, 1987 93

Dionysios Areopagites, 1991 103

Das frühchristliche Alexandrien im Spannungsfeld zwischen
Judenchristentum, "Frühkatholizismus" und Gnosis - zur
Ortsbestimmung clementinisch-alexandrinischer Theologie
(deutsche Erstveröffentlichung) 117

Das Konzil von Konstantinopel 381 und seine Rezeption

Gregor von Nyssa "In suam ordinationem". Eine Quelle für die
Geschichte des Konzils von Konstantinopel, 381 ?, 1968 139

Zum Homousios von Nizäa und Konstantinopel.
Kritische Nachlese zu einigen neueren Diskussionen, 1979 161

Die Einberufung des Konzils in seinem geschichtlich-lehrmäßigen
Zusammenhang, 1982 181

Kirche und Kircheneinheit

Die frühchristliche Gemeinde und ihre Bedeutung für die heutigen
Strukturen der Kirche, 1974 197

Patristische Anmerkungen zur Frage "Lehrverurteilungen - kirchen-
trennend"? Am Beispiel des Konzils von Chalkedon, 1989 215

Grundlagen und Grundfragen der Kirchengemeinschaft in vorkonstan-
tinischer Zeit, 1990 227

"Orthodoxie", "Häresie" und die Einheit der Kirche in vorkonstantinischer
Zeit, 1991 (deutsche Erstveröffentlichung) 249

Zur Kanonbildung in der alten Kirche, 1992 (unveröffentlicht) ... 265

Zur gesellschaftlichen Verantwortung des Christen

Christentum und Eigentum bei Klemens von Alexandrien auf dem Hintergrund der frühchristlichen "Armenfrömmigkeit" und der Ethik der kaiserzeitlichen Stoa, 1975 ... 283

Zwischen "Gottesherrschaft" und "Einfachem Leben". Dio Chrysostomus, Johannes Chrysostomus und das Problem einer Humanisierung der Gesellschaft, 1988 ... 309

Gedenkpredigten und Nachrufe auf Lehrer und Begleiter

Hermann Doerries (unveröffentlicht) ... 333

Carl Andresen (unveröffentlicht) ... 335

Albrecht Peters (unveröffentlicht) ... 339

Hans von Campenhausen (unveröffentlicht) ... 343

Anhänge

Bibliographie Adolf Martin Ritter (1965-1993) ... 349

Personen-, Sach- und Bibelstellenregister ... 359

Vorwort

Am 23. November diesen Jahres wird A. Martin Ritter 60 Jahre alt. Dieses Datum bot den Herausgebern willkommenen Anlaß, zurückzublikken auf das, was den Patristiker im Laufe seiner bisherigen activitas an- und umgetrieben hat.

Die hier versammelten Beiträge gewähren einen, wie wir hoffen: repräsentativen, Einblick in die Vielfalt der Forschungen A. Martin Ritters im Bereich der Alten Kirche. Im Zentrum seines Interesses stand von Anfang an vor allem eine Frage, nämlich die nach dem Wirken des Geistes Gottes in der Geschichte der Kirche. In Entsprechung zu diesem Geist - oder auch: in der Vollmacht des Geistes - zu denken, zu reden und zu handeln, das war die Aufgabe, vor die sich die großen Lehrer der Christenheit und die Träger des kirchlichen Amtes gestellt sahen. Schon dem jungen Forscher war es ein Anliegen, deren Antworten nachzubuchstabieren und sie theologisch zu prüfen. Auch in seinen jüngsten Arbeiten, etwa zum Kanon oder zum Thema der Kircheneinheit, blieb er diesem Fragenkreis treu. Dabei hat er im Laufe der Jahre seine Grundfrage in zwei Richtungen hin entfaltet und bearbeitet: Er hat einerseits die theologischen Lehren einzelner Kirchenväter untersucht und ist deren Einfluß auf Konzilsentscheidungen nachgegangen. Andererseits hat er das altkirchliche Ringen um das rechte, dem in der Taufe zugeeigneten Geist entsprechende Handeln der Christen beschrieben; denn aus dem Geist leben heißt wesentlich: für andere leben. Dabei galt, nicht zuletzt, der Ethik der Laien seine besondere Aufmerksamkeit. So spiegeln die beiden Grundpole im Werk des Jubilars, charisma und caritas, in ihrer gegenseitigen Durchdringung und Verflechtung eine fundamentale Spannung altkirchlichen Denkens und Lebens - und darüber hinaus christlicher Existenz zu allen Zeiten - wider.

In seinem Bemühen weiß sich A. Martin Ritter einig mit zahlreichen Lehrern der Kirche. Immer wieder hat er im Gespräch darauf hingewiesen, wieviel die gegenwärtige Christenheit, wieviel die kirchengeschichtliche Wissenschaft und wieviel wir als einzelne denen verdanken, "auf deren Schultern wir stehen". Diesen Dank zum Ausdruck zu bringen, ist A. Martin Ritter ein Herzensanliegen. Auf seinen Wunsch hin fanden deshalb in diesem Band auch vier Texte zum Gedenken an diejenigen Aufnahme, die ihm Lehrer, Freunde und Brüder waren.

Die Auswahl der hier versammelten Beiträge haben wir mit dem Autor besprochen. Darunter findet sich manch eine Untersuchung, die bislang weniger bekannt ist, weil sie an entlegenem Ort publiziert wurde. Darüber hinaus enthält der Band mehrere in dieser Form unveröffentlichte Arbeiten. Die bibliographischen Angaben wurden in allen Beiträgen vereinheitlicht und Hinweise auf Neuauflagen sowie auf andere, später erschienene Werke des Autors von den Herausgebern in eckigen Klammern hinzugefügt.

Ein besonderer Dank für die Erstellung der Druckvorlage und vielfältige Hilfe bei den Korrekturen gebührt Frau cand. theol. Sonja Wittmann, die mit großem Einsatz dazu beigetragen hat, daß das Werk in der vorliegenden Gestalt erscheinen konnte. Frau Elke Langbrandtner und Frau Hazel Dunn haben wertvolle Hilfe bei der Texterfassung geleistet. Für finanzielle Unterstützung dieser Festgabe danken wir der Evangelischen Kirche der Pfalz, der Evangelischen Kirche in Hessen und Nassau und der Evangelischen Kirche von Kurhessen-Waldeck. Herr Dr. Arndt Ruprecht erklärte sich spontan bereit, die verlegerische Betreuung dieses Bandes zu übernehmen; auch ihm gebührt ein herzlicher Dank.

Heidelberg, zum 23. November 1993

Angelika Dörfler-Dierken
Ralph Hennings
Wolfram Kinzig

Zur Einrichtung dieser Aufsatzsammlung

Die Abkürzungen folgen

für die Sekundärliteratur:
- Abkürzungsverzeichnis der Theologischen Realenzyklopädie, hg. von S. Schwertner, Berlin usw. 1976;

für die Quellenzitate:
- (für Zitate aus paganer griechischer Literatur:) H. G. Liddell / R. Scott / H. S. Jones (Hgg.), A Greek English Lexicon, 9. Aufl., Oxford 1940;
- (für Zitate griechischer Kirchenväter:) G. W. H. Lampe (Hg.), A Patristic Greek Lexicon, Oxford 1961;
- (für lateinische Zitate:) Thesaurus Linguae Latinae, Leipzig 1904 mit Supplementum 1958;

Davon abweichend finden sich folgende Abkürzungen:

Gregor von Nazianz	
carm.hist.	= carmina historica
Pseudo-Dionysius Areopagita	
CA	= Corpus Areopagiticum
CH	= De caelesti hierarchia
EH	= De ecclesiastica hierarchia
DN	= De divinis nominibus
Mth	= De mystica theologia
Ep(p)	= Epistula(e)
Seneca, Dialoge	
d.b.v.	= de beata vita (dial. 7)
de consol. ad Helv.	= de consolatione ad Helvetiam (dial. 11)
de consol. ad Marc.	= de consolatione ad Marciam (dial. 6)
de const. sap.	= de constantia sapientia (dial. 2)
de ira	= de ira I-III (dial. 3, dial. 4, dial. 5)
de otio	= de otio (dial. 8)
de prov.	= de providentia (dial. 1)
de tranqu. an.	= de tranquilitate animi (dial. 9)
ep.	= epistulae ad Lucilium
SHA	= Scriptores Historiae Augustae
darin:	
Fl. Vopiscus vita Sat.	= Vita Saturnini
Außerdem:	
DBAT.B	= Beihefte zu DBAT
LexMA	= Lexikon des Mittelalters
Oik.	= OIKONOMIA
RuCa	= Ruperto Carola
ThSS	= Theologisches Südosteuropaseminar
ThSS.E	= Theologisches Südosteuropaseminar, Ergänzungsband

Gestalten und Gestaltungen altchristlicher Theologie

Erwägungen zum Antisemitismus in der Alten Kirche

Joannes Chrysostomos, "Acht Reden wider die Juden"[1]

Wenn ich Sie bitten möchte, mich im folgenden in eine ferne Vergangenheit zu begleiten, so bin ich Ihnen dafür wohl eine Begründung schuldig. Gehört doch zu den Kennzeichen unserer Zeit auch jene vielbeschworene Geschichtsmüdigkeit, wie sie zwar ganz unterschiedlichen Erklärungen und Bewertungen zugänglich, als Tatsache aber von niemandem im Ernst zu bestreiten ist. So wäre es wohl auch für Sie von nur geringem Reiz, wenn es im folgenden lediglich darum ginge zu versuchen, irgendein Häuflein "Staub vom Staube" zu leibhafter Gegenwart wiederzuerwecken.

Ich will es mir versagen, zu diesem Phänomen der Geschichtsmüdigkeit, der zunehmenden "Distanzierung des Menschen von der historischen Sphäre" oder wie immer man es umschreiben mag, an dieser Stelle urteilend Stellung zu nehmen, zu fragen, ob es etwa nur als Verfallserscheinung zu beklagen oder aber als in der Logik der gesellschaftlichen Dynamik liegend uneingeschränkt positiv zu bewerten oder doch wenigstens schlicht hinzunehmen sei.[2] Statt dessen sei an eine andere, m.E. ebenso unbestreitbare Tatsache erinnert, nämlich daran, daß es nach wie *[72]* vor ganz elementare Erfahrungen von Geschichtlichkeit gibt, die wie von selbst den Blick auch in die Vergangenheit lenken. Die stärksten Impulse zu solcher Rückfrage an geschehene Geschichte gehen wohl von negativen Erfahrungen aus wie beispielsweise der politischen und moralischen Katastrophe, von der wir Deutsche herkommen. Hier stellte und stellt sich, 25 Jahre danach, noch immer die Frage, wie es zu diesem Zusammenbruch,

---

Zuerst veröffentlicht in: B. Moeller / G. Ruhbach (Hgg.), Bleibendes im Wandel der Kirchengeschichte. Kirchenhistorische Studien. Festschrift für Hans von Campenhausen, Tübingen 1973, S. 71-91.

1 Überarbeitete Fassung der Probevorlesung vom 6. Nov. 1970 im Rahmen meines Göttinger Habilitationsverfahrens. Wenn ich sie nun innerhalb dieser Sammlung von Hans von Campenhausen gewidmeten Arbeiten veröffentliche, so in der Hoffnung, daß sie über ihre ursprüngliche Abzweckung hinaus geeignet sei, sowohl ein Zeichen der Dankbarkeit zu sein für das bei dem Heidelberger Lehrer Gelernte, als auch einen Beitrag zu leisten zu der die hier vereinigten Aufsätze zusammenhaltenden Frage nach dem "Bleibenden in der Kirchengeschichte", die sich ja schwerlich völlig losgelöst betrachten läßt von der heutzutage vielfach mit Ungestüm sich in den Vordergrund drängenden Frage nach der "Realbilanz" der Kirchengeschichte.

2 Vgl. dazu etwa die bei *R. Wittram*, Anspruch und Fragwürdigkeit der Geschichte. Sechs Vorlesungen zur Methodik der Geschichtswissenschaft und zur Ortsbestimmung der Historie, Göttingen 1969 (KVR 297/298/299), S. 7 ff, zitierten und diskutierten Stimmen.

wie es nicht zuletzt zu dem mörderischen Antisemitismus hat kommen können, der wohl die tiefste Schmach unserer Volksgeschichte ist.

In die Nachfrage nach den geschichtlichen Wurzeln des Judenhasses ist längst auch die Geschichte des Christentums einbezogen worden; und das völlig zu Recht! Gewiß ist der Antisemitismus älter als das Christentum und ist der nationalsozialistische Rassenwahn mit dem Ziel einer planmässigen Ausrottung des Judentums wohl nur auf dem Hintergrund der faktischen Entchristlichung des öffentlichen Lebens denkbar gewesen. Allein, daß mit der Erhebung des Christentums zur Reichsreligion in der Spätantike ein besonders dunkles Kapitel im Buch der jüdischen Leidensgeschichte aufgeschlagen wird, ja daß der "mörderische Totalitarismus moderner nationalistischer Ideologien und gerade auch des Nationalsozialismus ... in gewisser Weise strukturell vorgebildet" ist "in der zeitweiligen totalitären Einheit von christlicher Kirche und Staat",[3] das unterliegt leider nicht dem geringsten Zweifel.

Damit aber wird das Rätsel des Antisemitismus im Grunde nur um so größer. Denn wie ist es zu verstehen, daß, um die Worte des berühmten Bußgebetes Papst Johannes XXIII. aufzunehmen, viele, viele Jahrhunderte der Blindheit die Augen der Christen bedeckten, so daß sie die Schönheit Seines auserwählten Volkes nicht mehr sahen und in dessen Gesicht nicht mehr die Züge ihres erstgeborenen Bruders wiedererkannten, daß sich vielmehr das Kainszeichen auf ihre Stirne heftete, daß jahrhundertelang Abel in ihrer Mitte darniederlag in Blut und Tränen, weil sie Seine Liebe vergaßen?[4] Wie ist es zu verstehen, daß der antike Antisemitismus im Christentum, der "Religion der Nächstenliebe", in "vollem Umfang übernommen", ja sogar "durch christliche Motive noch verstärkt und im Mittelalter vollends "zu Orgien gesteigert" werden konnte?[5]

Dieser Frage haben sich in jüngster Zeit auch allerlei "terribles simplifi*[73]*cateurs" angenommen, die glauben machen möchten, daß das Problem des christlichen Antisemitismus nur auf den ersten Blick ein wirkliches Problem darstelle. Es kläre sich rasch auf, wenn man bedenke, "daß alles, was die neue Religion davor bewahrte, restlos im Heidentum aufzugehen, ja von den Juden stammte, die sich von dem plötzlich christlichen Charakter ihres Glaubens begreiflicherweise nicht überzeugen ließen"[6]!?

Oder man möchte eher "die ungeheuren ... inneren, verdrängten Anstrengungen" für die Ausbrüche christlichen Judenhasses verantwortlich machen, deren es bedurfte, "um an die Stelle des Menschen Jesus, des Ju-

---

[3] So *K.-H. Rengstorf* und *S. von Kortzfleisch* in der Einführung in das von ihnen herausgegebene Handbuch: Kirche und Synagoge. Handbuch zur Geschichte von Christen und Juden. Darstellung mit Quellen, 2 Bde., Stuttgart 1968/70, hier: Bd. I, S. 16.

[4] Zum Wortlaut vgl. etwa den Vorspruch zu *F. Heer,* Gottes erste Liebe. 2000 Jahre Judentum und Christentum. Genesis des österreichischen Katholiken Adolf Hitler, München usw. 1967.

[5] *K. Deschner,* Abermals krähte der Hahn. Eine kritische Kirchengeschichte von den Anfängen bis zu Pius XII., Stuttgart 1962 [2. Aufl., 1964], S. 442 f.

[6] K. Deschner (Anm. 5), S. 443; ähnlich problemlos stellen sich die Dinge für *J. Kahl,* Das Elend des Christentums oder Plädoyer für eine Humanität ohne Gott, Reinbek bei Hamburg 1968 (rororo aktuell 1093), S. 34 ff, dar.

den Jesus, den Gott zu setzen". M.a.W. seien es die verdrängten Zweifel der Orthodoxen an der Gottheit des Juden Jesus gewesen, die an seiner "ungläubigen" Sippe, den Blutsverwandten des Jesus von Nazareth bestraft werden mußten, ein Vorgang, der etwa in der Sozialpsychologie Th.W. Adornos als "Extrapunitivität" bezeichnet wird. Dagegen habe der "menschliche" Christus der Arianer sichtlich viel weniger Konfliktstoff in den Seelen gesammelt.[7] Nicht, um die Diskussion hierüber abzuwürgen, sondern im Gegenteil, um sie offenzuhalten, sei hier die Gegenfrage gestellt, ob denn die Ratgeber des Konstantinsohnes Konstantius, der erste drakonische Maßnahmen auch gegen Juden ergriff,[8] etwa Orthodoxe gewesen sind; ob der große Arianertheologe Maximin nicht ebenso sein *Adversus Iudaeos* verfaßt hat wie seine orthodoxen Kollegen;[9] ja, ob die besondere Affinität zwischen Arianern und Juden, auf die hier augenscheinlich abgehoben wird, nicht im wesentlichen eine Erfindung der orthodoxen Ketzerpolemik gewesen ist! *[74]*

Schließlich wird, wie es heutzutage kaum anders sein kann, die "repressive" christliche Sexualmoral als Erklärungsgrund aufgeboten. Das heißt, daß christlicher Judenhaß nichts anderes als Geschlechtshaß, als Sexualneid wäre. So verstehe es sich auch, wenn immer wieder gerade Mönche die bitterbösesten Feinde der "fleischlichen", "lüsternen" Juden und die Anführer der Judenpogrome gewesen seien.[10] - Als ob fanatisierte Mönchshorden nicht an Krawallen *aller* Art führend beteiligt gewesen waren, von denen uns die alte und mittelalterliche Kirchengeschichte berichten! Auch wäre, was die *Vieldeutigkeit* der angesprochenen Phänomene illustrieren mag, z.B. zu prüfen, ob nicht "der Hauptgrund, weshalb die antijüdische Leidenschaft ... gerade von den Mönchen geschürt werden konnte"[11], weniger in deren asketischem Ideal als darin zu suchen sei, daß

---

[7] F. Heer (Anm. 4), S. 66 f; vgl. auch S. 23 f. Ähnlich auch etwa *J. Parkes*, Rome, Pagan and Christian, in: H. Loewe (Hg.), Judaism and Christianity, Bd. II: The Contact of Pharisaism with other Cultures, London 1937 (Nachdr. New York 1969), S. 113-144 (hier: 138 f). Vgl. dagegen u.a. *E. L. Ehrlich*, Paulus und das Schuldproblem, erläutert an Römer 5 und 8, in: W. P. Eckert / N. P. Levinson / M. Stöhr (Hgg.), Antijudaismus im Neuen Testament? Exegetische und systematische Beiträge, München 1967 (ACJD 2), S. 44-49, hier: 49: "Der in den Evangelien geschilderte Jude Jesus hat je und je, entzündet an der polemischen Darstellung in den Evangelien, zur Judenfeindschaft Anlaß gegeben: Das Verwandte sollte gegen die Verwandten ausgespielt werden. Der von Paulus geglaubte hellenistische himmlische Christus hingegen, Quelle alles christlichen Heiles, bot zur Judenfeindschaft keinerlei Anlaß. Diese Vorstellung hat, und das ist ein völlig legitimer Vorgang, zur eigentlichen Entfremdung zwischen Christen und Juden geführt, weil hier der Bruch total ist, zwei verschiedene Religionen stehen sich gegenüber."

[8] Vgl. *Cod. Theod.* XVI,8,1.6;9,2, und dazu *J. Gaudemet*, L'église dans l'empire romain (IVe-Ve siècles), Paris 1958 (HDIEO 3), S. 623 ff.

[9] Vgl. dazu *M. Meslin*, Les Ariens d'Occident 335-430, Paris 1967 (PatSor 8), S. 365 ff.

[10] F. Heer (Anm. 4), S. 68; vgl. aber auch etwa *M. Simon*, Verus Israel. Étude sur les relations entre chrétiens et juifs dans l'empire romain (135-425), 2. Aufl., Paris 1964, S. 251 f; *B. Kötting*, Die Entwicklung im Osten bis Justinian, in: Kirche und Synagoge (Anm. 3), Bd. I, S. 136-174 (hier: 137).

[11] B. Kötting (Anm. 10), S. 137.

diese einstmals die Hauptträger der christlichen *Mission* waren, m.a.W., ob nicht eher als die sprichwörtlich "große Kinderfreudigkeit" (Kötting) der Juden ihre Resistenz gegen christliche Bekehrungsversuche den Stein des Anstoßes bildete.

In jedem Falle aber dürften das *Ereignis* und die *Aussage* noch immer der eigentliche Bereich geschichtlichen Lebens sein[12] und am ehesten verläßliche Erkenntnis vermitteln. Dagegen lassen "Motivforschung" und "entlarvende Psychologie", zumal wenn sie so stümperhaft und grobschlächtig betrieben werden wie in einer gewissen eilfertigen Publizistik, aus der Welt der Geschichte nur zu leicht einen Tummelplatz von Neurotikern werden.

Dann aber wird man auch bei der Nachfrage nach Motiven und Formen des christlichen Antisemitismus sich vor allem an die Aussagen der in Betracht kommenden geschichtlichen Gestalten selbst halten, diese Aussagen - so leidenschaftslos wie möglich - "aus ihren geschichtlichen Zusammenhängen in ihrer ganzen Breite zu erheben" suchen "und in Verbindung damit in Rechnung" stellen müssen, "wie weit solche" scheinbar oder wirklich antisemitischen "Äußerungen an ihrem Ort vor allem für die eigene Gruppe bestimmt gewesen sind, und zwar zu ihrem Schutz gegen Verwirrung oder gar Abfall und zu ihrer Erhaltung und Festigung".[13] *[75]*

Wir richten diese Frage in der Folge an einen Mann der alten Kirche, der gemeinhin, selbst bei so urteilsfähigen Leuten wie dem Althistoriker J. Vogt und dem um die Erforschung des spätantiken Judentums und seiner Beziehungen zum Christentum oder, besser, den verschiedenen Christentümern hochverdienten Straßburger Religionsgeschichtler Marcel Simon, als "der markanteste Repräsentant des kirchlichen Antisemitismus"[14] gilt, in dessen "Reden wider die Juden" "die Judenfeindschaft auf der Kanzel ... einen Höhepunkt" erreiche.[15] Auch hat er, woran für unsere Zwecke viel gelegen ist, neben diesen Reden ein für einen altkirchlichen Theologen ungewöhnlich reichhaltiges literarisches Erbe hinterlassen. Endlich verdient er darum unser besonderes Interesse, weil er nicht nur zu den anziehendsten Gestalten der Kirchengeschichte, sondern auch zu denen zählen dürfte, die am ehesten etwas davon begriffen haben, was eigentlich "Evangelium" ist. Ich meine den großen altkirchlichen Prediger Joannes mit dem Beinamen "Chrysostomos" (d.h. "Goldmund"): Mönch, später fast zwei Jahrzehnte lang Großstadtpfarrer in der zu seiner Zeit drittgrößten Stadt des Römischen Reiches, Antiochien, schließlich sogar

---

12 Vgl. *H. Doerries*, Konstantinische Wende und Glaubensfreiheit, in: ders., Wort und Stunde, Bd. I: Gesammelte Studien zur Kirchengeschichte des vierten Jahrhunderts, Göttingen 1966, S. 1-117 (hier: 62, Anm. 103 a).

13 So das Nachwort der Herausgeber zu: Kirche und Synagoge (Anm. 3), Bd. II, S. 712.

14 *M. Simon*, T. 2, Kap. 5: Le judéo-christianisme, in: *M. Simon / A. Benoit*, Le judaisme et le christianisme antique d'Antiochus Epiphane à Constantin, Paris 1968 (NC[C] 10), S. 272, Anm. 2; vgl. auch ders., Verus Israel (Anm. 10), S. 256, 262, 488.

15 *J. Vogt*, Kaiser Julian und das Judentum. Studien zum Weltanschauungskampf der Spätantike, Leipzig 1939 (Morgenl. 30), S. 71.

Residenzbischof von Konstantinopel, womit er also ins Zentrum der hohen, ja "allerhöchsten" Kirchenpolitik geriet, ehe er als Verbannter elend zugrunde ging. Seine Lebenszeit umspannt die Jahre von ca. 354 bis 407.

Was war der Anlaß der chrysostomischen "Judenreden"?[16] Veranlaßt im weiteren Sinne sind sie durch die Existenz und religiöse Vitalität einer großen jüdischen Diaspora in Antiochien und seiner Umgebung. Man*[76]*chem unter Ihnen mag das beim ersten Anhören als befremdlich erscheinen. Entspricht doch dem durchschnittlichen geschichtlichen Bewußtsein die Annahme, daß das Judentum im Gefolge der beiden antirömischen Aufstände unter Vespasian und Hadrian in den Jahren 66 bis 70 und 132 bis 134 nach Chr. und deren brutaler Niederschlagung dezimiert worden, daß es fortan zu einem Kümmerdasein verurteilt gewesen und, um mit einer neueren, populärwissenschaftlichen Kirchengeschichtsdarstellung zu reden, "in der Form des Rabbinismus aus dem Kreis der großen Weltreligionen überhaupt" ausgeschieden sei.[17] Selbst die gängigen kirchen- und dogmengeschichtlichen Lehr- und Handbücher wissen über die Beziehungen zwischen Christentum und Judentum in *nach*-neutestamentlicher Zeit in der Regel kaum mehr etwas zu berichten, sondern betrachten den Weg der alten Kirche fast ausschließlich unter dem Aspekt des Verhältnisses zur griechisch-hellenistischen Kultur.[18]

In Wahrheit jedoch ist das synagogale Judentum bis weit ins vierte Jahrhundert hinein auch zahlenmäßig ein durchaus ernst zu nehmender Rivale der Kirche geblieben,[19] gerade auch in Antiochien, das zusammen mit seinem syrischen Hinterland schon um die Zeitenwende wohl die stärkste Diaspora außerhalb Palästinas beherbergte. So nimmt es auch nicht wunder, wenn wir davon hören, daß unter Kaiser Julian dem "Abtrünnigen" die Bemühungen um den Wiederaufbau des Jerusalemer Tempels gerade von hier aus ihren Ausgang nahmen.[20] Doch auch deren Scheitern wie das Scheitern Julians überhaupt haben, soviel wir wissen, die Position des an-

---

[16] Vgl. dazu *C. H. Kraeling*, The Jewish Community of Antioch, JBL 51 (1932), S. 130-160; *M. Simon*, La polémique antijuive de saint Jean Chrysostome et le mouvement judaïsant d'Antioche, Annuaire de l'Institut de Philologie et d'Histoire Orientales et Slaves 4 (1936), S. 403-421 [Mélange Franz Cumont]; auch in: ders., Recherches d'histoire judéo-chrétienne, Paris usw. 1962 (Études Juives 6), S. 140-153 (danach zitiert); sowie etwa noch *Chr. Baur*, Johannes Chrysostomus und seine Zeit, 2 Bde., München 1929/30, hier: Bd. I, S. 273 ff; *H. Lietzmann*, Geschichte der Alten Kirche, 4 Bde., 2. Aufl., Berlin 1953, hier: Bd. IV, S. 105 ff; J. Parkes (Anm. 7), S. 140 ff; J. Vogt (Anm. 15), S. 69 ff; *G. Downey*, A History of Antioch in Syria from Seleucus to the Arab Conquest, Princeton 1961, S. 447 ff.

[17] *F. W. Kantzenbach*, Urchristentum und alte Kirche. Das Christentum von seinen Anfängen bis zum Zerfall des Römischen Reiches, Gütersloh 1964 (EvEnz 3), S. 40.

[18] Vgl. *R. L. Wilken*, Insignissima Religio, Certe Licita? Christianity and Judaism in the Fourth and Fifth Centuries, in: J. C. Brauer (Hg.), The Impact of the Church Upon Its Culture. Reappraisals of the History of Christianity, Chicago 1968 (EsDiv 2), S. 39-66, bes. S. 66.

[19] Dies die Hauptthese des grundlegenden Werkes von M. Simon, Verus Israel (Anm. 10), die sich zu Recht in der Forschung allgemein durchgesetzt hat; vgl. auch ders., Le Judaisme (Anm. 14), S. 212 f.

[20] Vgl. dazu vor allem J. Vogt (Anm. 15), S. 46 ff.

tiochenischen Judentums - zunächst wenigstens - nicht ernstlich zu erschüttern vermocht.[21] *[77]*

Unmittelbarer Anlaß war jedoch eine seltsame Erscheinung innerhalb der antiochenischen Christengemeinde selbst.[22] Offenbar war es in Antiochien selbst gegen Ende des vierten Jahrhunderts noch immer kaum gelungen, die Menge der Taufbewerber im Gefolge von Konstantins Machtübernahme auch im Osten des Reiches voll zu integrieren, zumal die großkirchliche Gemeinde Antiochiens von inneren Wirren zerrissen und während der Regentschaft des "arianisch" gesinnten Kaisers Valens überdies jahrelang ihrer Kirchen und ihres Bischofs beraubt war. So zählte sich zur Zeit des Chrysostomos wohl die Mehrheit der antiochenischen Bevölkerung nominell zur christlichen Kirche.[23] Das aber bedeutete mitnichten, daß alle Christen Antiocheias die Brücken zu ihrer heidnischen Vergangenheit auch wirklich abgebrochen hätten. Wie vielmehr Zauber und Magie nach wie vor eine starke Anziehungskraft ausübten, so auffälligerweise gerade auch das würdevolle Gepränge *jüdischer* Feste, mit dem "die Kargheit christlicher Festgestaltung" noch kaum konkurrieren konnte,[24] die Ehrwürdigkeit jüdischer Gebräuche, die Heiligkeit der Synagoge als des Ortes, da der "*eine* Gott" verehrt und Sein Gesetz proklamiert und aufbewahrt wurde,[25] so, wie es bereits der jüdische Historiker Flavius Josephus (geb. um 37/38 n.Chr.) von den heidnischen Antiochenern seiner Zeit bezeugt[26]. Ferner erfahren wir, daß auch Christen einen in der Synagoge mit den furchtbaren Verwünschungen der jüdischen Schwurformel geleisteten Eid für besonders unverbrüchlich hielten,[27] daß - wie im Mittelalter! - Juden als Ärzte gesucht waren und als Bedingung für den Erfolg des Heilverfahrens anscheinend nicht selten wenigstens zeitweilige Beachtung des jüdischen Ritus, speziell die Inkubation vor dem Thoraschrein in der Synagoge forderten.[28] Schließlich sollen sich an den jüdischen Herbstfesten des Monats Thishri regelmäßig

---

21 Nur, daß sie anscheinend bald nach 363 die im Stadtteil Kerateion gelegene Synagoge, in der die als wundertätig geltenden Gebeine der Makkabäer aufbewahrt wurden, an die Christen haben abtreten müssen: s. M. Simon, Recherches (Anm. 16), S. 146 ff, sowie etwa noch *W. Eltester,* Die Kirchen Antiochiens im 4. Jahrhundert, ZNW 36 (1937), S. 283 ff. Der Vorgang selbst liegt für uns im Dunkeln, so daß sich nicht mehr ausmachen läßt, ob dabei "primitives Vergeltungsdenken" (B. Kötting [Anm. 10], S. 153) ausschlaggebend war oder ob es darum ging, die Hauptattraktion der jüdischen Gemeinde von Antiochien auszuschalten, d.h. das Grab der makkabäischen Märtyrer in den eigenen Besitz zu bringen (so G. Downey [Anm. 16], S. 445).

22 Vgl. *or.* I,1 (PG 48,844); IV,1 (871). Daß es sich dabei freilich nicht um ein isoliertes Phänomen, eine antiochenische Besonderheit handelte, hat vor allem M. Simon, Verus Israel (Anm. 10), S. 277 ff, gezeigt!

23 *A. von Harnack*, Die Mission und Ausbreitung des Christentums in den ersten drei Jahrhunderten, Bd. II, 4. Aufl., Leipzig 1924, S. 669; W. Eltester (Anm. 21), S. 271 mit Anm. 71.

24 B. Kötting (Anm. 10), S. 159.

25 Vgl. *or.* I,3 (PG 48,847).

26 *Bellum Iudaicum* II,20,2; VII,3,3.

27 Vgl. *or.* I,3 (PG 48,847 f).

28 Vgl. *or.* I,6 (PG 48,852); I,8 (855); VIII,5 (935).

auch viele Christen beteiligt haben: am Schofarblasen des jüdischen Neu*[78]*jahrsfestes, an den *nudipedalia* des "großen Versöhnungstages", wenn Juden "nackten Fußes" auf Markt und Straßen zu tanzen pflegten - ursprünglich wohl eine Bußübung, die aber immer mehr den Charakter einer öffentlichen Lustbarkeit angenommen zu haben scheint, nicht nur für die "Außenstehenden" - , endlich an "Laubhütten" mit seinem Festjubel und seiner Ausgelassenheit. Auch lebte in Antiochien - trotz der Verbote der Synoden von Arles (314) und Nikaia (325) - der Brauch fort, am Passah der Juden, dem 14. Nisan, Ostern zu feiern und dementsprechend auch, gleichzeitig mit den Juden, die vorösterliche Fastenzeit zu halten.[29]

Es verging kein Jahr, bis Chrysostomos als neugebackener Presbyter und Hauptprediger der Stadt gegen diese vor allem wohl aus Neugierde und Aberglauben gespeiste "synkretistische" Strömung[30] öffentlich zu Felde zog. Ja, er unterbrach selbst einen angefangenen Predigtzyklus "Über die Unbegreiflichkeit Gottes", eine Auseinandersetzung mit den sog. "Anhomoiern", und ließ im folgenden Jahr an einem Märtyrerfest sogar den fälligen Panegyrikus ausfallen, weil der Monat Thishri vor der Türe stand und er es für dringend angezeigt hielt, rechtzeitig vor der Teilnahme an den jüdischen Herbstfesten zu warnen.[31]

Sein erklärtes Ziel ist es dabei, den "Judaisierern" unter den antiochenischen Christen mit allem gebotenen Ernst und Nachdruck die für sein Verständnis alles andere als geringfügigen Unterschiede zwischen Christentum und Judentum zum Bewußtsein zu bringen und sie zu einer klaren Entscheidung zu bewegen: entweder Kirche oder Synagoge![32] Und in der Aufforderung an jeden einzelnen unter seinen Zuhörern, sich um die "irrenden Brüder" zu kümmern, ihnen nachzugehen, samt bemerkenswerten Ratschlägen, wie dies zu bewerkstelligen sei, klingt der ganze Predigtzyklus aus,[33] der also gar nicht, wie der eingebürgerte Titel *Ad*[79]*versus Iudaeos* vermuten läßt, "gegen die Juden", sondern gegen "judaisierende" Christen gerichtet ist.[34]

---

[29] Vgl. dazu vor allem die dritte Rede (PG 48,861-872).

[30] So auch u.a. H. Lietzmann (Anm. 16). C. H. Kraeling dagegen sieht darin "the survival of a tendency which needs to be kept in mind continually if we would understand the development in the whole of the pre-Constantinian period" (C. H. Kraeling [Anm. 16], S. 157).

[31] Zur Datierung der Reden s. vor allem *H. Usener,* Religionsgeschichtliche Untersuchungen, T. 1: Das Weihnachtsfest, Kap. I-III, 2. Aufl., Bonn 1911, S. 235 ff, mit den Ergänzungen und Korrekturen von H. Lietzmann, ebd., S. 379 ff, sowie *E. Schwartz,* Christliche und jüdische Ostertafeln, Berlin 1905 (AGWG.PH, NF 8/6), S. 169 ff.

[32] S. vor allem *or.* IV,3.4 (PG 48,875 f).

[33] *Or.* VIII, 4-9 (PG 48,932-942); vgl. auch bereits IV,7 (881 f); V,12 (904); VII,6 (927 f).

[34] So kann man auch kaum mit E. Schwartz (Anm. 31), S. 169, 178 und vor ihm schon H. Usener (Anm. 31), S. 239, argumentieren, die dritte der Reden nach der Montfauconschen Zusammenstellung (PG 48,861-872) falle aus dem Rahmen und trage ihren Namen zu Unrecht, da sie nicht gegen die Juden, sondern gegen die sog. Protopaschiten polemisiere.

Die Argumente, mit denen Chrysostomos dies "Entweder - Oder" plausibel zu machen sucht, sind alles andere als originell. Sie entstammen so gut wie ausnahmslos dem Arsenal der traditionellen antijüdischen Apologetik, ob es sich nun um die These der Verwerfung Israels infolge seiner Ablehnung des Messias handelt oder um den "Tatsachenbeweis" für eben diese Verwerfung aus dem seitherigen Schicksal der Juden, namentlich aus der Zerstörung Jerusalems und, wobei der Redner vor antiochenischem Publikum verständlicherweise besonders ausgiebig verweilt, aus dem gescheiterten Versuch eines Wiederaufbaus des Tempels, oder endlich um die Behauptung, daß - nach der im Alten Testament geforderten Kultzentralisation - mit dem Verlust der heiligen Stätten dem ganzen jüdischen Religionswesen der Boden entzogen sei.[35] Doch das gehört eher in die Geschichte der christlichen Apologetik; antijüdische Apologetik aber und Antisemitismus oder Antijudaismus im eigentlichen Sinne haben, wie nicht zuletzt M. Simon eingeschärft hat,[36] an sich nichts miteinander zu tun. So ist an dieser Stelle hierüber nicht im einzelnen zu handeln.

Nun aber unterscheiden sich die "Judenreden" des Chrysostomos - anders als sein wohl nur wenig älterer Traktat "Wider die Juden und Heiden, daß Christus Gott sei",[37] der sich völlig in traditionell-apologetischen Bahnen bewegt - von der älteren Apologetik nicht nur darin, daß es sich bei ihnen um wirklich gehaltene Gelegenheitsreden und nicht um mehr oder minder gelehrte Schreibtischarbeit handelt, was schon sprachlich, zumal bei einem so bewußten Stilisten wie Chrysostomos, seine Auswirkung haben mußte. Vielmehr scheint der Redner in diesem *[80]* Falle auch der Macht des Argumentes kein übermäßiges Vertrauen entgegengebracht zu haben. Er schätzte die Lage wohl als so gefährlich und die von den Festen und Gebräuchen der Synagoge ausgehende Faszination als so übermächtig ein, daß es ihm nicht genügte, den Verstand der Hörer anzusprechen und i.w. dogmatische Gründe ins Feld zu führen, sondern daß es ihm auch des Appells an die Affekte zu bedürfen schien. Und je weniger reflektiert der "Synkretismus" war, dem er sich gegenübersah,[38] um so gröberes Geschütz war für ihn anscheinend hier am Platz.

---

[35] Zu diesem letzteren Argument s. auch beispielsweise bereits Euseb *d. e.* I,6,38 f (ed. Heikel, GCS 23, Leipzig 1913, S. 28).

[36] S. vor allem M. Simon (Anm. 10), S. 165 ff im Vergleich mit S. 239 ff, und dazu das Postscriptum S. 488 ff; vgl. ferner *W. Maurer,* Kirche und Synagoge. Motive und Formen der Auseinandersetzung der Kirche mit dem Judentum im Laufe der Geschichte, Stuttgart 1953, S. 21; *D. Georgi,* Der Kampf um die reine Lehre im Urchristentum als Auseinandersetzung um das rechte Verständnis der an Israel ergangenen Offenbarung Gottes, in: Antijudaismus im Neuen Testament? (Anm. 7), S. 82-94 (hier: 91 ff); *H. Gollwitzer,* Außer Christus kein Heil? (Johannes 14,6), in: Antijudaismus im Neuen Testament? (Anm. 7), S. 171-194.

[37] PG 48,813-838. Zur umstrittenen Echtheit und Datierung s. *J. Quasten,* Patrology, Bd. III: The Golden Age of Greek Patristic Literature from the Council of Nicaea to the Council of Chalcedon, Utrecht usw. 1966, S. 468 f, mit weiterer Literatur.

[38] Seiner Darstellung zufolge sind es vor allem Frauen und ungebildeter Pöbel, unter denen dieses Übel grassiert: *or.* II,3 (PG 48,860 f); IV,7 (881).

So steigert er sich denn in diesen Reden immer wieder zu einer Sprachgewalt nicht nur, sondern auch in einen Ingrimm hinein, wie wir sie sonst so nur noch aus seinem ebenso hartnäckigen wie erfolglosen Kampf gegen die Begeisterung seiner antiochenischen und später auch seiner konstantinopolitanischen Gemeindeglieder für das Theater und das Hippodrom kennen, eine Besessenheit, die ihn oft genug, selbst an hohen kirchlichen Feiertagen, vor fast leerer Kirche predigen und seiner völligen Ohnmacht innewerden ließ. Und in diesem Ingrimm läßt er sich Mal um Mal zu so schonungslosen Anwürfen und jedes erträgliche Maß weit übersteigenden Schmähungen der Juden hinreißen, daß er in der Tat "auch von den großen Judenhassern und Judenmördern des 20. Jahrhunderts wortmäßig wohl nicht, doch tatmäßig übertroffen werden konnte".[39] So schleudert er etwa der Synagoge jene vielzitierte Beschimpfung entgegen: "Nenne einer sie Hurenhaus, Lasterstätte, Teufelsasyl, Satansburg, Seelenverderb, jeden Unheils gähnenden Abgrund oder was immer, so wird er immer noch weniger sagen, als sie verdient hat."[40] Solche Äußerungen wird man nur dann einigermaßen verständlich, wenn auch kaum entschuldbar finden können, wenn man stets das eigentliche Ziel des Redners vor Augen hat, wenn man bedenkt, daß sie sich primär nicht gegen Juden, sondern gegen judaisierende Christen richten, und wenn man schließlich in Rechnung stellt, daß Chrysostomos durch die Schule der antiken Rhetorik gegangen ist. Sein Lehrer war kein Geringerer als der berühmte Libanios. Aus dessen *Progymnasmata* und den darin (Kap. 8 f) dargebotenen Mustern für die als Unterrichtsgegenstand wohl besonders goutierte und gepflegte Lob- und Scheltrede (In*[81]*vektive) ist das rhetorische Instrumentarium ohne weiteres erkennbar, dessen sich Chrysostomos in den "Judenreden" unbedenklich bedient.

Ich muß darauf verzichten, dies hier im einzelnen vorzuführen. Nur so viel sei gesagt, weil es mir zum Verständnis unbedingt erforderlich zu sein scheint: Chrysostomos, jedenfalls der Chrysostomos der "Judenreden", teilt mit der Schule, aus der er hervorging, die Ansicht, daß sich der, der für etwas zu werben oder vor etwas zu warnen, der etwas zu empfehlen oder von etwas abzuraten bestrebt ist, selbst um die beabsichtigte Wirkung bringt, wenn er sich zwischen Lob und Tadel allzusehr um Differenzierungen, Übergänge und Nuancierungen bemüht. Dementsprechend verfährt er wie in anderen Werken seiner Frühzeit, besonders in seiner großangelegten Werbeschrift für die mönchische "Lebensweise", die er geschickt als Verteidigung "Wider die Feinde des Mönchtums" stilisiert, oder in seinem Lobpreis der freiwilligen Ehelosigkeit, dem Enkomion *De virginitate,* so auch hier.

Damit soll nicht behauptet werden, daß wir die "Judenreden" nur als rhetorische Stilübung zu betrachten und ihre Aussagen daher nicht sonderlich ernst zu nehmen hätten. Ganz im Gegenteil ist es Chrysostomos vermutlich bitterer Ernst mit seinem Kampf gegen Indifferenz und Lauheit

---

[39] F. Heer (Anm. 4), S. 63.
[40] *Or.* VI,7 (PG 48,915).

als den gefährlichsten Feinden jeder tieferen christlichen Mission, mit seinem Bemühen um Stärkung des kirchlichen Bewußtseins, um "Selbstfindung" der bislang höchstens oberflächlich christianisierten, "judaisierenden" Brüder. Aber ebenso sicher scheint mir zu sein, daß aus diesen Reden nicht ohne weiteres Rückschlüsse gezogen werden dürfen auf seine Einstellung zum Judentum selbst. Genausowenig, wie es angängig wäre, aus seiner Protreptik für das Mönchtum seine Auffassung von den Möglichkeiten und Aufgaben des Christseins inmitten der "Welt" oder aus seinem Enkomion der "Jungfräulichkeit" sein Verständnis von Ehe und Sexualität abzuleiten. Verlangt doch die rhetorische Konvention, daß die Alternative zu der jeweils propagierten Entscheidung nach Kräften und allen Regeln der Kunst herabgewürdigt wird.

Daß dem so ist, lehrt meines Erachtens ein Blick auf das übrige Schrifttum des Chrysostomos zur Genüge. Leider haben die vielen Berufenen und Unberufenen, die sich bisher zum angeblichen oder wirklichen Antisemitismus des Chrysostomos geäußert haben, auf eine solche Kontrolle der Richtigkeit ihrer Interpretation der "Judenreden" weitgehend verzichtet. Wer so viel geschrieben hat wie Chrysostomos, der hat eben erfahrungsgemäß kaum eine Chance, wirklich gelesen zu werden! - Ma*[82]*chen wir uns dies an einigen Hauptpunkten klar und ziehen dann unsere Schlüsse:

1. Wenn sich Chrysostomos in den "Judenreden" des - mehr als bedenklichen! - Verfahrens bedient, alles, was im Alten Testament an Tadel und Drohung enthalten ist, ausschließlich auf die Juden zu deuten, hingegen jede Einladung zur Umkehr und erst recht jedes Wort der Verheißung für die Christen zu reklamieren, so scheut er sich ansonsten keineswegs, etwa vom "Adel des Judentums" (Ἰουδαικὴ εὐγένεια)[41], seinem heilsgeschichtlichen Vorrang zu sprechen[42] und, was noch schwerer wiegt, das paulinische Bekenntnis zu dem Gott zu wiederholen, der sich "seine Gnadengaben und seine Berufung nicht gereuen" läßt (Röm 11,26)[43]. Gewiß ist er diesem Bekenntnis sachlich schwerlich gerecht geworden. Hat er es doch eher pädagogisch verstanden wissen wollen, als daß er es dogmatisch auszubeuten vermocht hätte. Allein, wo in der Geschichte der christlichen Dogmatik ist Röm 11,26 im Blick auf Israel schon voll aufgenommen worden? Zudem entnimmt er ihm immerhin, daß die ganze Heilsgeschichte nicht auf die Verwerfung der Juden hinauslaufe, und trifft sicherlich das Richtige, wenn er abschließend sagt, es sei das Bekenntnis eines, der liebt, eines, der staunt, nicht eines, der das Ganze durchschaut!

---

41 *Hom. 5 in Hebr.* (PG 63,47 f).

42 Vgl. *hom. 69 al. 70, 1 in Mt.* (PG 58,647-650); *hom. 7 in II Cor.* (PG 61,444); *hom. 12 (11), 1 in Phil.* (PG 62,263-265); *hom. 6,1 in Eph.* (PG 62, 43 f).

43 Vgl. *laud. Paul.* III,1 (PG 50,483 f); *hom. 17, 1.2 in Rom.* (PG 60,563 ff); *hom. 35 al. 36,4 in Mt.* (PG 57,411); *hom. 57 al. 58,1* (PG 58,559) und dazu etwa *D. Flusser*, Die Christenheit nach dem Apostelkonzil, in: Antijudaismus im Neuen Testament? (Anm. 7), S. 60-81, hier: 80: "Es scheint mir sogar, daß es Pauli Worte im Römerbrief waren, welche das Christentum davor bewahrt haben, daß es nicht zu einer antijudaistischen Religion geworden ist ..."

2. Spricht er in den "Judenreden" und nicht nur in ihnen wiederholt von den Juden als den "Christusmördern", so lehrt vor allem seine Auslegung der Passionsgeschichte in den nur wenige Jahre später gehaltenen Homilien zum Matthäusevangelium, daß daraus bei ihm kein antisemitisches Kapital geschlagen wird. Vielmehr scheint für ihn in dem Bericht über die Passion Christi eher das Rätsel des Unglaubens Israels auf und kann die Antwort des Hörers nur die Trauer, die Klage darüber sein, daß Israel das ihm angebotene Heil ausgeschlagen und unwirksam gemacht hat. Überdies lasse uns die Passionsgeschichte des unendlichen Abstandes von dem innewerden, dem wir nachfolgen sollen, auf daß wir *[83]* uns selbst das Urteil sprechen, wenn wir die anfeinden, für die Christus sein Leben hingegeben und denen er noch im Tode vergeben hat.[44]

3. heißt es zwar in der ersten der "Reden", daß man die Synagoge und alle, die sich zu ihr halten, hassen müsse, weil sie dem Christuszeugnis Mosis und der Propheten keinen Glauben schenken,[45] daß man ihnen gegenüber das Beispiel der Märtyrer nachahmen müsse, die die Juden haßten, weil sie Christus liebten. Denn wie könne einer das Opfer lieben, ohne die Mörder zu hassen?[46] Dennoch wird man, meine ich, zumindest starke Bedenken tragen müssen, mit der Chrysostomosliteratur dem "im übrigen so nobelen Patriarchen" deswegen einen geradezu "furiosen Judenhaß" zuzuschreiben.[47] Nicht nur deshalb, weil für ihn solcher Haß, wie wir eben sahen, dem Sinn der evangelischen Passionsgeschichte gerade zuwider wäre, sondern auch deshalb, weil er ebenso gut wie seine modernen Kritiker weiß, ja nicht nur weiß, sondern auch immer wieder einschärft, daß der Christ zur Fürbitte für alle Menschen gehalten sei. Wie aber kann man für den beten, den man haßt? Und umgekehrt: wie kann man den hassen, für den man betet? Zu hassen seien niemals Heiden oder Juden, sondern allenfalls ihre "Lehren" (δόγματα). "Denn der Mensch ist Gottes Werk, der Irrtum aber das des Teufels."[48]

Auch scheint mir bemerkenswert zu sein, weil es schlecht zu dem Bild paßt, das man sich auf Grund der "Judenreden" von der Haltung des Chrysostomos gegenüber den Juden zu machen pflegt, daß er in einem Brief an den römischen Bischof Innozenz, in dem er über die skandalösen Vorgänge im Zusammenhang mit seiner vom alexandrinischen "Papst" Theophilos betriebenen Absetzung als Bischof von Konstantinopel und seiner Vertreibung aus der Stadt und ihrer näheren Umgebung berichtet,

---

44 *Hom. 79 al. 80,3.4 in Mt.* (PG 58,721 f). Aber auch in den "Judenreden" selbst dient der Hinweis auf die Kreuzigung Jesu durch die Juden außer zur Erklärung ihres seitherigen Schicksals vorab zur Begründung dafür, daß man sie nicht durch sein Verhalten ihnen gegenüber nachträglich ins Recht setzen und ihren Widerstand gegen die christliche Missionspredigt verstärken dürfe: *or.* I,5 (PG 48,851); III,5 (870); III,6 (871); vgl. auch VIII,8 (941).

45 *Or.* I,5 (PG 48,850).

46 *Or.* VI,1 (PG 48,905).

47 *A. J. Visser*, Johannes Chrysostomus als anti-Joods polemicus, NAKG 40 (1954), S. 193-206 (hier: 193); vgl. auch oben Anm. 14 und 15.

48 *Hom. 33 in I Cor.* (PG 61,281 f); *hom. 6 in I Tim.* (PG 62,529-534); vgl. auch *pan. Phoc.* 2 (PG 50,700 f); *incomprehens.* 1,6-7 (PG 48,707 f).

unbefangen feststellen kann, daß "wegen des Übermaßes der *[84]* Frevel nicht nur die trauerten, welche darunter zu leiden hatten, sondern auch die mit uns trauerten, die nicht selbst betroffen waren, nicht die Rechtgläubigen allein, sondern auch ... Juden".[49] Entsprechend heißt es in der kurzen Ansprache unmittelbar nach seiner Rückkehr aus dem ersten Exil überglücklich: "Gott sei gepriesen! Das galt damals, als ich von euch getrennt ward: das gilt jetzt, wo ich euch wiedergefunden habe. Denn das eine wie das andere verdanken wir Seiner liebevollen Vorsehung. Seht doch, was die Nachstellungen unserer Feinde zuwege gebracht haben! Sie haben eure Liebe zu mir nur gesteigert und ... mir tausend Herzen hinzugewonnen. Vordem liebten mich nur die Meinen, jetzt aber ehren mich auch die Juden ..."[50] D. h. doch wohl, daß Chrysostomos in der vieltausendköpfigen Menge, die sich in dem weiten Areal vom Markt bis zur Apostelkirche zusammengefunden hatte, um den Heimkehrer zu begrüßen - obwohl zur selben Stunde Pferderennen abgehalten wurden, wie sich der Redner nicht versagen kann, befriedigt festzustellen! - auch Juden wahrnahm. - Redet so ein Judenhasser?

4. Zu dem für unser Empfinden Unerträglichsten an den "Judenreden" gehören die schonungslosen Anwürfe gegen die Lebensführung der Juden, ihre pauschale moralische Diffamierung. Der Redner verfährt dabei in der Regel so, daß er Vergleiche, Metaphern vor allem aus prophetischen Gerichtsreden unversehens in Wirklichkeitsurteile ummünzt und diesen dazu noch unumschränkte Gültigkeit zuerkennt.[51] So, wenn er aus dem Wort des Propheten Jeremia: "Dein Aussehen war das einer Dirne; du warst schamlos gegenüber allen" (Jer 3,3 in der Version der LXX) folgert, daß der Aufenthaltsort der von Jeremia Angeredeten, die Synagoge, ein "Hurenhaus" sei. Ja nicht nur das. Sondern sie sei demselben Propheten zufolge auch eine Höhle unreiner Tiere (Jer 7,11), eine Einkehrstätte der Dämonen. Heiße es doch: "Ich habe mein Haus aufgegeben und mein Erbe verlassen" (Jer 12,7). Wo aber Gott sein Haus aufgebe und sein Erbe verlasse, da werde dieser Ort zur Behausung der Dämonen.[52]

Ähnlich haarsträubend ist der "Schriftbeweis" eigentlich nur noch in *[85]* den asketischen Frühschriften, was man sich leicht selbst ausmalen kann, wenn man bedenkt, welcher Rabbulistik und exegetischen Willkür es bedarf, um aus der Bibel Alten und Neuen, aber eben auch Alten Testamentes zu beweisen, daß das ehelose, das weltabgeschiedene Leben die einzig "anständige" Möglichkeit für den Christen sei. Erst allmählich gewinnt bei Chrysostomos der Respekt vor "Geist und Buchstaben" der Schrift die Oberhand über die gefährliche Neigung, auch deren Aussagen bedenkenlos rhetorischen Zwecken unterzuordnen.

---

49 *Ep. Innoc.* I,3 (PG 52,533).

50 *P. redit.* 1,1 (PG 52,439).

51 So auch M. Simon, Verus Israel (Anm. 10), S. 260 f. Dann aber scheint es mir nicht nötig zu sein, zur Erklärung der Beschuldigung der Immoralität das "répertoire antisémite antique" (S. 250) bzw. das "Reservoir des einfachen Volkes" (B. Kötting [Anm. 10], S. 137) zu bemühen.

52 *Or.* I,3 (PG 48,847).

Doch kann das hier nicht vertieft werden. Wir fragten vielmehr: Handelt es sich bei den Ausfällen von *Adversus Iudaeos* wirklich um persönliche Verunglimpfung "der" Juden im Stile des bereits aus vorchristlicher Zeit bezeugten vulgären Antisemitismus?[53] Sind nicht vielmehr auch diese Schmähungen hier nur Mittel zu dem Zweck, "jene verderbliche Meinung mit Stumpf und Stiel auszurotten", als seien die Juden zu *achten*, als seien ihr Gottesdienst und ihr Brauchtum für ehrwürdig anzusehen,[54] d.h. als sei zwischen Kirche und Synagoge ein religiöser Kompromiß möglich, denn darum geht es doch hier? Jedenfalls steht Chrysostomos ansonsten nicht an, coram publico rundheraus zu erklären, daß nach seinem Dafürhalten viele Christen in moralischer Hinsicht weit unter den Juden stünden und eigentlich viel schwerere Strafen verdienten als diese. Besäße man, heißt es beispielsweise in einer der Homilien zum Epheserbrief, die Fähigkeit eines Herzenskündigers und unterzöge etwa die festliche Versammlung, die zu Ostern die Kirche bis zum Bersten füllt, einschließlich der Schar der Neugetauften in ihren weißen Kleidern einer peinlichen Musterung, "es würden sich viele Sünden finden, schwerer als die der Juden".[55] Genauso, heißt es an anderer Stelle, wie die Geringschätzung der göttlichen "Berufung" (κλῆσις) gegenüber wahrlich *kein* jüdisches Privileg sei![56]

5. steht zwar in *Adversus Iudaeos* u.a. auch der erschreckende Satz, daß man sich von den Juden abzukehren, sie zu fliehen habe als einen "Schandfleck und eine Pest des gesamten Erdkreises", als das *odium ge[86]eris humani* (vgl. I Thess 2,15).[57] Und doch hätte man angesichts dieser und ähnlicher Äußerungen niemals auch nur in Erwägung ziehen sollen, ob damit etwa Front gemacht werde gegen das friedliche Zusammenleben von Christen und Juden an einem Ort,[58] ob, wer so rede, auch nur über ein Mindestmaß an Liebe zu dem Volk, aus dem doch nach Joh 4,22 das "Heil" gekommen ist, an "evangelistischem Geist" oder missio-

---

[53] Vgl. dazu vor allem M. Simon, Verus Israel (Anm. 10), S. 239 ff, sowie etwa noch R. L. Wilken (Anm. 18), S. 43 ff, 63 ff.

[54] *Or.* I,3 (PG 48,847); vgl. ebd. 5 (850); VI,7 (914).

[55] *Hom. 6,4 in Eph.* (PG 62,47-50); vgl. auch *hom. 85 al. 86,3 in Mt.* (PG 58,761 f); *hom. 88 al. 89, 4* (779-782); *hom. 10 (9), 4 in Phil.* (PG 62,250 f). Wie man sieht, bedarf es durchaus nicht des Ausweichens auf andere altkirchliche Autoren, um ein Korrektiv gegen die "virulenten Invektiven" der chrysostomischen "Judenreden" ausfindig zu machen (gegen M. Simon, Verus Israel [Anm. 10], S. 272).

[56] *Hom. 69 al. 70,2 in Mt.* (PG 58,650 f).

[57] *Or.* I,6 (PG 48,852); vgl. dazu M. Simon, Verus Israel (Anm. 10), S. 249, 258, der als nächste Parallele den Brief des Claudius an die Alexandriner anführt, in welchem die Juden als "Pest des Universums" (καθάπερ κοινήν τινα τῆς οἰκουμένης νόσον) bezeichnet werden. Zum Claudiusbrief s. *M. Simon,* A propos de la lettre de Claudius aux Alexandrins, Bulletin de la Faculté des Lettres de Strasbourg, 1943, S. 175-183; auch in: ders., Recherches (Anm. 16), S. 20-29.

[58] *W. Keller,* Und wurden zerstreut unter die Völker. Die nachbiblische Geschichte des jüdischen Volkes, München usw. 1966, S. 126, 128.

narischem Eifer um dies Volk verfüge.[59] Denn das müßte sich für den, der auch nur ein wenig mit dem Schrifttum des Chrysostomos vertraut ist, eigentlich von selbst beantworten. Daß das Liebesgebot wie der Missionsbefehl universale Gültigkeit besitzt und auch gegenüber den Juden keine Grenzen kennt, findet sich bei ihm so häufig und eindringlich bezeugt, daß seine Haltung in dieser Hinsicht über jeden Zweifel erhaben ist.[60] Diese Stellen dürften zum Schönsten und Bewegendsten gehören, was es diesbezüglich in patristischer Literatur zu lesen gibt. Zwei Auszüge stehen für alle: "... wenn wir Licht, Sauerteig und ... Salz sind (vgl. Mt 5,13.14 u. ö.), so müssen wir erleuchten und nicht verfinstern, sammeln und nicht zerstreuen, die Ungläubigen an uns ziehen und nicht von uns stoßen. Warum verfolgst du die, die du gewinnen sollst?" Im alten Bund war es wohl gestattet - gedacht ist wohl an die sog. "Rachepsalmen" - , die Gottlosen zu hassen, "damit nicht der vertraute Umgang mit ihnen einen Anlaß zur Übertretung des Gesetzes biete ... Nun aber, da uns Gott zu einer höheren Stufe der Philosophie hat gelangen lassen und wir über jene Gefahr erhaben sind, heißt er uns, uns zu ihnen zu halten und sie zu trösten; denn sie können uns nicht schaden, wohl aber können wir ihnen nützen...".[61] Und das zweite Zitat: Aus Jesu Gleichnis vom barmherzigen Samariter "lernen wir, nicht nur für *[87]* die Glaubensgenossen Sorge zu tragen, sondern uns um alle zu kümmern. So mache auch Du es, wenn Du jemanden leiden siehst; und forsche nicht weiter nach. Denn er hat ein Recht auf Hilfe, weil er von Leid heimgesucht ist ... Wer war ungerechter, sage mir, als die Juden? Gott hat sie (schon zur Zeit des alten Bundes) bestraft, und zwar mit vollem Recht. Gleichwohl nahm er sich derer an, die Mitleid mit ihnen hatten; die sie aber verhöhnten, züchtigte er ..."[62]

6. und letztens ist in der Literatur oftmals die Meinung vertreten worden, als sei von solchen Verunglimpfungen, wie sie in den "Judenreden" des Chrysostomos laut werden, der Weg nicht weit gewesen bis zur Synagogenbrandstiftung, zum Judenpogrom.[63] Gewiß, hätte es Chrysostomos mit einem krawallsüchtigen, antisemitisch verhetzten Pöbel zu tun ge-

---

[59] *A. L. Williams,* Adversus Judaeos. A Bird's-eye View of Christian Apologiae Until the Renaissance, Cambridge 1935, S. 25, 72; *F. Murawski,* Die Juden bei den Kirchenvätern und Scholastikern, München 1925, S. 52.

[60] Vgl. *A. M. Ritter,* Charisma im Verständnis des Joannes Chrysostomos und seiner Zeit. Ein Beitrag zur Erforschung der griechisch-orientalischen Ekklesiologie in der Frühzeit der Reichskirche, Göttingen 1972 (FKDG 25), S. 98 mit Anm. 38, 39.

[61] *Hom. 25 in I Cor.* (PG 61,208).

[62] *Hom. 10 in Hebr.* (PG 63,88 f); vgl. auch *laud. Paul.* III,1 f (PG 50,438 ff); *hom. 18,5 in Mt.* (PG 57,271); *hom. 79 al. 80,3-5* (PG 58,721-724); *hom. 17,1-3 in Rom.* (PG 60,563-569).

[63] Vgl. *K. Thieme,* Spaltung und Spannung vom Apostelkonzil bis zu Abogard von Lyon, in: W.-D. Marsch / K. Thieme (Hgg.), Christen und Juden. Ihr Gegenüber vom Apostelkonzil bis heute, Mainz 1961, S. 38-66 (hier: 55), sowie etwa noch J. Vogt (Anm. 15), S. 72, der in den Ausfällen des Chrysostomos den Beweis dafür sieht, "daß die vorwartsdrängenden Kräfte im Kampf gegen das Judentum des römischen Reiches nicht nur weltanschaulich, sondern auch organisatorisch von der christlichen Kirche ausgingen".

habt,[64] so hätten seine Tiraden leicht diese Wirkung haben können. Aber das ist offenbar gerade nicht der Fall gewesen! Im Gegenteil müssen auch unter seinen unmittelbaren Zuhörern nicht wenige die Synagoge keineswegs für so abscheulich gehalten haben, wie sie sich der Redner hinzustellen bemüht. Gibt es doch in diesen Reden genügend Anzeichen dafür, daß sie zwar ein wachsendes Publikum angezogen und als rhetorische Leistung wohl goutiert,[65] aber auch von Unmutsäußerungen begleitet wurden, so daß sich Chrysostomos zur Verteidigung genötigt sah, darunter auch zu der Replik, man halte seine Behauptung, das Fasten der Juden sei "unrein", anscheinend für eine Übertreibung und wundere sich darüber. Allein, so sei es nicht. Vielmehr sei dies eine unausweichliche Konsequenz. Denn was dem Willen Gottes nicht gemäß sei, das sei, ob es sich um Opfer handele oder um Fasten, eben "unrein", ja das Unreinste von allem.[66] Oder: niemand solle seine Feststellung, die Zelte, die jetzt, an Laubhütten, bei den Juden aufgeschlagen würden, seien nicht besser als die Her*[88]*bergen von Dirnen und Flötenspielerinnen, der Verwegenheit zeihen. Im Gegenteil sei es äußerste Verwegenheit und Gesetzwidrigkeit, nicht so darüber zu denken! Sei doch die Würde jenes einst so erhabenen Festes - des Laubhüttenfestes - dadurch aufgehoben, daß es gegen den Ratschluß Gottes weiterhin gefeiert werde. Die Christen seien es, die das Gottesgesetz am meisten ehren, indem sie es wie einen Greis ruhen lassen, den man mit seinen grauen Haaren ja auch nicht zum Sportplatz zerre und zur Unzeit zu kämpfen zwinge![67] Aber mit solchen Erklärungen haben sich anscheinend nicht alle Zuhörer völlig zufriedengegeben.

Jedenfalls hat Chrysostomos das eigentliche Übel, das er mit seinen "Judenreden" zu bekämpfen trachtete, nicht aus der Welt zu schaffen vermocht. Vielmehr sieht er sich selbst am Ende seiner langjährigen Wirksamkeit in Antiochien noch zu der Klage veranlaßt, es gebe immer noch - wie schon zur Zeit des Titusbriefes - Christen, die "jüdischen Fabeln" anhangen (Tit 1,14), die mit den Juden zusammen fasten, den Sabbat halten und zu deren heiligen Stätten pilgern wie zur sog. "Grotte der Matrone", der Gedenkstätte für die Mutter der Makkabäerbrüder in Daphne bei Antiochien.[68]

Erst recht ist uns nichts darüber bekannt, daß es zur Zeit des Chrysostomos in Antiochien zu antijüdischen Ausschreitungen gekommen wäre oder daß dieser mit dem Gedanken an Gewaltanwendung gegen "Ungläubige", und sei es auch "nur" in Form bürgerlich-rechtlicher Diskriminierung, auch nur gespielt hätte.[69]

---

64 So nimmt es anscheinend Chr. Baur (Anm. 16), S. 275 an, nach dem die "antiochenischen Zuhörer ... begeisterten Beifall für diese Strafpredigt", die "Judenreden", spendeten. Doch woraus ist dies zu erschließen?

65 Vgl. *or.* V,1 (PG 48,883).

66 *Or.* II,1 (PG 48,857).

67 *Or.* VII,1 (PG 48,915 f); vgl. auch etwa noch I,6 (852).

68 *Hom. 3 in Tit.* (PG 62, 679).

69 Gegen B. Kötting (Anm. 10), S. 152, und M. Simon, Verus Israel (Anm. 10), S. 267. Davon, daß Chrysostomos "eine andere Stellung bezogen" habe, als der kaiserli-

Freilich ist für die Wirkungsgeschichte eines "Wortes" die "Stunde" oft genug nichts weniger als entscheidend gewesen, der es ursprünglich angehörte; ist geschichtliche Breitenwirkung immer wieder "gerade durch Simplifikation ermöglicht" worden.[70] Daß die chrysostomischen "Juden*[89]*reden" viel zu wenig dagegen geschützt waren, in einer anderen Situation antisemitisch mißbraucht zu werden, diesen Vorwurf wird man ihrem Verfasser gewiß nicht ersparen können.[71]

In seinem unmittelbaren Wirkbereich jedoch oder, richtiger, da, wo man auf ihn hörte, ist Chrysostomos, soweit ich zu urteilen vermag, nichts Wesentliches an evangelischer Weisung schuldig geblieben, der allein es gelingen könnte, daß auch das Problem des jüdisch-christlichen Verhältnisses eine Lösung findet, die mehr ist als "Toleranz aus Indifferenz", als schweigendes Gewährenlassen des anderen unter Ausklammerung der Wahrheitsfrage.

Wohl ist Chrysostomos nach allem, was wir von ihm wissen, von humaner Achtung des Andersgläubigen stets weit entfernt gewesen und hat jede religiöse Gemeinschaft mit dem Judentum klar und unbedingt bestritten.[72] Darin ist er, wie wir heute endlich gelernt zu haben glauben, schwerlich ein Vollhörer der Bibel gewesen! Allein, soll man ihn deswegen wirklich einen Antisemiten oder, wenn man lieber will, da *rassische* Motive für den jüdisch-christlichen Gegensatz bis in die Neuzeit hinein kaum eine Rolle spielten, einen Antijudaisten nennen?

---

che Gesetzgeber, der den Juden Rechtsschutz bot und Übergriffe untersagte (B. Kötting), ist ebensowenig etwas bekannt, wie die Behauptung der Nachprüfung standhält, daß sich mit der Ankunft des Chrysostomos in Konstantinopel die kaiserliche Judengesetzgebung zusehends verschärft habe und Arkadius erst zu einer wohlwollenderen Haltung zurückgekehrt sei, sobald der Patriarch aus der Reichshauptstadt vertrieben war (M. Simon; ähnlich - gleichfalls ohne Belege! - auch J. Gaudemet [Anm. 8], S. 631).

[70] *A. Schindler,* Kirchengeschichte - wozu? in: H. Siemers / H. R. Reuter (Hgg.), Theologie als Wissenschaft in der Gesellschaft. Ein Heidelberger Experiment, Göttingen 1970, S. 140-155 (hier: 142).

[71] Solcher Mißbrauch liegt bei Ps.-Kaisarios wohl noch nicht vor, obwohl dessen Kompilation möglicherweise in Zusammenhang steht mit den gesetzgeberischen Maßnahmen Justinians, welche "die gesellschaftliche Bewegungsfreiheit und das religiöse Selbstbestimmungsrecht der Juden" einschränkten (B. Kötting [Anm. 10], S. 166; vgl. dazu vor allem die *Novella Justiniani* 146). Hat doch der Kompilator aus den chrysostomischen "Judenreden" gerade die harmlosesten Stellen exzerpiert, apologetische Gemeinplätze, wie er sie fast von überall her hätte beziehen können (vgl. die Übersicht bei *R. Riedinger,* Pseudo-Kaisarios. Überlieferungsgeschichte und Verfasserfrage, München 1969 [ByA 12], S. 373 ff). Wohl aber könnte ein Zusammenhang zwischen der Übersetzung der chrysostomischen "Judenreden" ins Kirchenslawische und den Spannungen zwischen der Kirche des Kiewer Rus und dem chazanischen Judentum bestanden haben, die unter Wladimir Monomach zum ersten uns aus der russischen Geschichte bekannten Pogrom führten (s. dazu *P. Hauptmann*, Russische Christenheit und Ostjudentum in: Kirche und Synagoge (Anm. 3), Bd. II, S. 639-667 [hier: 640 ff, bes. S. 642]); zur antijüdischen Polemik in Byzanz s. *H. G. Beck,* Kirche und theologische Literatur im byzantinischen Reich, München 1959, [2. Aufl., 1977], (HAW XII/2,1), S. 332 f (mit weiterer Lit.).

[72] Vgl. *H. Lietzmann* (Anm. 16), Bd. IV, S. 106 f.

Fest steht in jedem Falle, daß die antijüdische Polemik des Chrysostomos, die gewiß den Anklang an vulgären Antisemitismus nicht immer vermieden hat, ausschließlich *defensiven* Charakter trägt, daß sie "vor allem anderen für die eigene Gruppe bestimmt gewesen" ist, "zu ihrem Schutz gegen Verwirrung", ja "Abfall und zu ihrer Erhaltung und Festi*[90]*gung"[73], und, was fast noch mehr ins Gewicht fällt, daß sich bei ihm mit der Schärfe des Verdikts gegen die Juden als Religionsbekenner der Antrieb verbindet, ihnen gleichwohl die geschuldete Liebe und Nächstenschaft, ja selbst die Hoffnung auf Gottes "unbereubare" Heilsverheißung (Röm 11,29) nicht vorzuenthalten.

Ferner kann Chrysostomos gelegentlich von den Christen zwar als den Siegern der Geschichte reden und keinen Zweifel daran lassen, daß sie es nun seien, die jedermann als "Retter, Beschützer, Vorsteher und Lehrmeister der Stadt" zu respektieren habe.[74] Doch was bedeutet solcher Sieg für den, der tiefer blickt? Nach Meinung des Chrysostomos sicher nicht, daß die Christen sich nun als Werkzeuge der strafenden Hand Gottes fühlen dürften, daß sie nun das Recht hätten, anderen Gewalt anzutun,[75] auch nicht den vermeintlichen oder wirklichen "Gotteslästerern". Deren Lästerungen bringen ja, wie wir in einer der Homilien über das Matthäusevangelium hören, "Gott keinen Schaden; seinetwegen brauchst du dich nicht zu erregen; der Lästerer verwundet nur sich selbst. Seufze vielmehr und weine. Der *Tränen* wert ist jene Leidenschaft ... Sanftmut ist mächtiger als alle Gewalt. Sieh nur, wie der gelästerte Gott mit uns redete im Alten wie im Neuen Bund. Dort sagte er: 'Mein Volk, was habe ich dir getan?' Hier aber: 'Saulus, Saulus, was verfolgst du mich?' ... Als die Jünger zu Christus kamen und ihn baten, er möge doch Feuer vom Himmel regnen lassen, da verwies er es ihnen mit Strenge und sagte: 'Wisset ihr nicht, wes Geistes Kinder ihr seid?'... Wer sich nur aus Menschenfurcht gebessert hat, der wird sich gar leicht wieder zum Bösen kehren".[76]

Daß das **αὐτεξούσιον**, die Selbstbestimmung des Menschen heilig und unantastbar sei, daß dem Glauben jeglicher Zwang fremd sei und sein Wesen verderbe, ist von Chrysostomos oft genug betont worden.[77] Und von dieser Linie ist er - anders als sein großer Zeitgenosse Augustin - nie abgewichen! Den Gang der Geschichte hat das freilich kaum zu beeinflussen vermocht. Wie vielmehr schon die Religionspolitik Konstantins, die, wenn H. Dörries mit seiner Analyse recht hat[78], von ganz ähnlichen Prinzi*[91]*ien geleitet war, wie wir sie hinter der Judenpolemik des Chrysostomos wahrzunehmen glaubten, nur ein Durchgangsstadium auf dem Weg zur Reichskirche war, so ging erst recht am Ende des vierten Jahrhunderts die "fortschreitende Tendenz" dahin, "in steigendem Maße den allgemeinen Rechtsschutz" für die Andersgläubigen und so auch "für

---

73 S. Anm. 13.

74 *Stat.* 1,12 (PG 49,32 f).

75 Vgl. *hom. 84 al. 85,4 in Mt.* (PG 58,756).

76 *Hom. 29 al. 30,3 in Mt.* (PG 57,361).

77 Vgl. dazu A. M. Ritter (Anm. 60), S. 29 f, 49 f.

78 H. Doerries (Anm. 12), S. 65 ff.

die Juden zu verringern, so daß sich für sie ein Sonderrechtsstatus herausbildete".[79] Und es unterliegt keinem Zweifel, daß die entscheidenden Antriebe dazu von kirchlichen Kreisen ausgingen; entstammte auch die Überzeugung, daß die Einheit und Wohlfahrt des Staates auch die Einheit des religiösen Kultes erfordere, ursprünglich *römischem* Denken.

Immerhin läßt sich an einer Gestalt wie Chrysostomos ablesen, "welche moralischen und geistlichen Kräfte" im etablierten Christentum der theodosianischen Reichskirche "noch immer vorhanden waren".[80] Das gilt, wie ich gezeigt zu haben hoffe - trotz der rhetorischen Exzesse der "Judenreden" - , auch von seiner Judenpolemik. Statt seine Theologie und damit letztlich auch das Evangelium selbst zu diskreditieren, weil es scheinbar auch seine größten Interpreten nicht an unbeherrschtem Judenhaß zu hindern vermochte, spiegelt sie eher etwas vom "Bleibenden in der Kirchengeschichte", vom "Lauf des Wortes" (*cursus verbi*) wider, auch wenn das Evangeliumsverständnis des Chrysostomos noch immer vor Schranken haltmachte, die wir endlich entschlossen durchbrechen wollen!

---

[79] B. Kötting (Anm. 10), S. 146.
[80] *H. von Campenhausen*, Griechische Kirchenväter, Stuttgart 1955 (UB 14), [7. Aufl., 1986], S. 152.

Die Gnadenlehre Gregors von Nyssa nach seiner Schrift "Über das Leben des Mose"*

Carl Andresen zum 65. Geburtstag
am 28. Juli 1974 als Beitrag
zu "seinem" Thema "Platonismus und frühes Christentum"

Die Gnadenlehre Gregors von Nyssa ist ein in der Gregorforschung bis heute - namentlich, aber keineswegs nur zwischen katholischen und protestantischen Forschern - umstrittenes Problem. Einerseits gilt sie als ein zutiefst widersprüchliches Gedankengebilde. Als solches hat sie besonders W. Herrmann, der spätere Marburger Systematiker und Lehrer K. Barths und R. Bultmanns, in seiner Hallenser Dissertation "Gregorii Nysseni Sententiae de Salute Adipiscenda" von 1875 präsentiert. Gemeint ist das Neben-, ja Gegeneinander von Aussagen Gregors, welche die *causa salutis assequendae* in das Heilswerk Christi, und solchen, welche sie in die *libera virtus* des Menschen zu verlegen scheinen, womit aber die "Heilsgewißheit" *(salutis fiducia)* in höchstem Maße gefährdet sei.[1] Und zwar erkläre sich dieser Widerspruch aus dem "physischen", nicht "moralischen" Heilsverständnis Gregors, das dennoch mit dem christlich-biblischen Gottesbegriff habe verbunden und in Ausgleich gebracht werden müssen.[2] Nun hat sich zwar gegen die dann vornehmlich von A. Ritschl[3] und A. Harnack[4] in Aufnahme gebrachte Ansicht Herrmanns, daß Gregor die Erlösung als "streng physischen Prozeß", als einen *actus medicinalis* (Harnack) aufgefaßt habe, schon längst auch im protestanti-

---

Zuerst veröffentlicht in: H. Dörrie / M. Altenburger / U. Schramm (Hgg.), Gregor von Nyssa und die Philosophie. Zweites Internationales Kolloquium über Gregor von Nyssa. Freckenhorst bei Münster 18.-23. September 1972, Leiden 1976, S. 195-239.

* Das Referat ist vor den Teilnehmern des Kolloquiums in verkürzter Form vorgetragen worden. Von daher versteht es sich auch, daß die anschließende Diskussion weniger an die Teilanalysen des zweiten Teils, die nur teilweise (IIa und b) vorgetragen werden konnten und im übrigen in einem knappen Extrakt dargeboten wurden, als vielmehr an die angesprochenen grundsätzlichen Fragen anküpfte.

1 S. 8.

2 Vgl. die Überschrift zu Kap. II (= S. 10-49): "Salutis causae contrariae ex ipsa salutis notione cum Christiana Dei notione coniungenda profluunt".

3 S. z.B. *A. Ritschl,* Die christliche Lehre von der Rechtfertigung und Versöhnung, Bd. I: Die Geschichte der Lehre, 2.Aufl., Bonn 1882, S. 12-14.

4 *A. Harnack,* Lehrbuch der Dogmengeschichte, Bd. II: Die Entwickelung des kirchlichen Dogmas I, 4. Aufl., Tübingen 1909 (Sammlung theologischer Lehrbücher) [Nachdr. Darmstadt 1980], S. 166-170.

schen Lager (z.B. bei F. Loofs[5] und K. Holl[6]) lebhafter Widerspruch erhoben. Allein, daß *[196]* Gregor im allgemeinen beim Synergismus stehen" bleibe, "ohne darüber zu reflektieren, wie sich menschliches Tun und göttlicher Gnadenbeistand zueinander verhalten"[7], daß er einen "geradezu klassischen Synergismus" vertrete und man kaum fehlgehe, "wenn man ihn in ganz erstaunlicher Nähe zu dem mittelalterlichen 'facienti, quod in se est, deus dat gratiam'" sehe,[8] ja, daß "vom Blickpunkt orthodoxen Glaubens" aus geurteilt, "welcher die Lehre des Pelagius als Häresie verwarf, *sein* Versuch einer Versöhnung von Gnade und Natur nicht viel besser" ausgefallen sei,[9] das wird man getrost als communis opinio protestantischer Gregorforschung, aber nicht nur ihrer,[10] bezeichnen können.

Auf der anderen Seite wird in der neueren katholischen Gregorliteratur, auch im Blick auf Gregors Gnadenlehre, nicht nur so gut wie einhellig die Einheitlichkeit seiner - bei aller Abhängigkeit namentlich vom Neuplatonismus - durch und durch christlich zu verstehenden Gedankenwelt betont.[11] Vielmehr trifft man dort sogar *[197]* auch die These an, daß bei

---

[5] *F. Loofs*, Art. Gregor von Nyssa, in: RE, Bd. VII, 3. Aufl., 1899, S. 146-153 (hier: 152).

[6] *K. Holl*, Amphilochius von Ikonium in seinem Verhältnis zu den grossen Kappadoziern, Tübingen 1904, S. 222-224.

[7] *W. Völker*, Gregor von Nyssa als Mystiker, Wiesbaden 1955, S. 78.

[8] *A. Schindler*, Gnade und Freiheit. Zum Vergleich zwischen den griechischen und lateinischen Kirchenvätern, ZThK 62 (1965), S. 178-195 (hier: 181 f).

[9] *W. Jaeger*, Two Rediscovered Works of Ancient Christian Literature. Gregory of Nyssa and Macarius, Leiden 1954 [Nachdr. 1965], S. 89; vgl. auch ebd., S. 92, 105. Natürlich kann es sich, wenn man denn vom Pelagianismus Gregors reden will, nur "um eine symbolische Übertragung dieses Begriffs in eine ganz andere Gedankenwelt und sozusagen um einen Pelagianismus höherer Ordnung" handeln (*H. von Campenhausen*, Griechische Kirchenväter und Verwandtes, ThR 22 [1954], S. 316-354 [hier: 340]).

[10] Vgl. etwa *F. Wörter*, Die christliche Lehre über das Verhältnis von Gnade und Freiheit von den apostolischen Zeiten bis auf Augustinus, Bd. I: Die Lehre des Neuen Testaments und der voraugustinischen Väter, Freiburg i. br. 1856, S. 337 f; *J. B. Aufhauser*, Die Heilslehre des hl. Gregor von Nyssa, München 1910, S. 172, 178; *F. Preger*, Die Grundlagen der Ethik bei Gregor von Nyssa, Würzburg 1897, S. 51; *B. Stoeckle*, "Gratia supponit naturam". Geschichte und Analyse eines theologischen Axioms unter besonderer Berücksichtigung seines patristischen Ursprungs, seiner Formulierung in der Hochscholastik und seiner zentralen Position in der Theologie des 19. Jahrhunderts, Rom 1962 (StAns 49), S. 71; endlich auch etwa das - allerdings widersprüchliche - Fazit der Untersuchung des griechisch-orthodoxen Theologen *E. G. Konstantinou*, Die Tugendlehre Gregors von Nyssa im Verhältnis zu der Antik-Philosophischen und Jüdisch-Christlichen Tradition, Würzburg 1966 (ÖC NF 17), S. 94 f.

[11] S. u.a. *J. Daniélou*, Platonisme et théologie mystique. Doctrine spirituelle de saint Grégoire de Nysse, 2. Aufl., Paris 1944 (Theol[P] 2), S. 54, 215, 234; *A. Lieske*, Die Theologie der Christusmystik Gregors von Nyssa, ZKTh 70 (1948), S. 331-340; *R. Leys*, L'image de Dieu chez saint Grégoire de Nysse. Esquisse d'une doctrine, Paris 1951 (ML.T 49), S. 97-106; *H. Merki*, **ΟΜΟΙΩΣΙΣ ΘΕΩ**. Von der platonischen Angleichung an Gott zur Gottähnlichkeit bei Gregor von Nyssa, Freiburg/Schweiz 1952 (Par. 7), S. 92-164 passim; *J. Gaïth*, La conception de la liberté chez Grégoire de Nysse, Paris 1953 (EPhM 43), S. 135-174 passim; *D. L. Balás*, **ΜΕΤΟΥΣΙΑ ΘΕΟΥ**. Man's Participation in God's Perfections According to St. Gregory of Nyssa, Rom 1966 (StAns 55), bes. S. 146-149; *E. von Ivánka*, Plato Christianus. Übernahme und

Gregor im "Raum antiken neuplatonischen Denkens ... bereits vor Cyrill von Alexandrien eine Gnadentheologie" vorliege, "die in der Weite und Größe ihrer dogmatischen Struktur lebhaft an die Gnadenlehre des hl. Thomas" erinnere "und zu einer Gegenüberstellung mit ihr" dränge.[12]

Die Frage ist also offensichtlich kontrovers. Das wäre allerdings noch kein hinreichender Grund, sie ausgerechnet hier, im Zusammenhang unserer Beschäftigung mit Gregors Verhältnis zur *Philosophie*, zur Sprache zu bringen. Wenn dies im folgenden dennoch geschehen soll, so deshalb, weil es sich bei dem Begriff der göttlichen Gnade um einen, mit W. Jaeger zu reden, "spezifisch christlichen Begriff" handelt,[13] einen Begriff jedenfalls, der - so H. Dörrie - "für den Platoniker ein Paradox" darstellt.[14] Obwohl auch etwa Platon von der "Gunst" (χάρις) der Götter reden kann[15] und schon Augustin in der Schrift *De regressu animae* des - hier einer *Platonis sententia* folgenden - Porphyrios mindestens Spuren einer Idee von "göttlicher Gnade" wahrzunehmen glaubte,[16] ja, obwohl nach E. von Ivánka "immer wieder ... die Beobachtung zu(trifft), daß Gedankenelemente des Platonismus erst dann ihre volle Wahrheitsbedeutung erlangen, wenn sie als Formulierung übernatürlicher, gnadenhafter Vorgänge und Sachverhalte aufgefaßt werden",[17] ist χάρις (bzw. *gratia) [198]* im Platonismus nicht anders als in der Antike überhaupt, bei Griechen ebenso wie bei Lateinern,[18] nirgends ein zentraler religiöser oder auch

---

Umgestaltung des Platonismus durch die Väter, Einsiedeln 1964, S. 175 ff; *M. Canévet,* Art. Grégoire de Nysse (saint), in: DSp, Bd. VI, 1967, Sp. 971-1011, bes. 984-1005 passim; *P. Zemp,* Die Grundlagen heilsgeschichtlichen Denkens bei Gregor von Nyssa, München 1970 (MThS.S 38), S. 221 ff; vgl. aber auch etwa *S. de Boer,* De anthropologie van Gregorius van Nyssa, Assen 1968, S. 89-263 passim.

[12] A. Lieske (Anm. 11), S. 332; vgl. auch etwa R. Leys (Anm. 11), S. 97.

[13] *W. Jaeger,* Das frühe Christentum und die griechische Bildung, Berlin 1963, S. 66.

[14] *H. Dörrie,* Die platonische Theologie des Kelsos in ihrer Auseinandersetzung mit der christlichen Theologie, auf Grund von Origenes, c. Cels. 7, 42 ff, Göttingen 1967 (NAWG.PH 1967/2), S. 35 [auch in: ders., Platonica Minora, München 1976 (Studia et Testimonia Antiqua 8), S. 229-262].

[15] *Nomoi* VII, 796c; VIII, 844d. Zu Platons Schöpfergott als "Schenkendem" s. *K. Deichgräber,* Charis und Chariten, Grazie und Grazien, München 1971 (TuscSchr), S. 54 f. - Was E. G. Konstantinou (Anm. 10), S. 94 f, an Belegen für "Spuren einer göttlichen Gnade" im Werke Platons namhaft macht, hält der Nachprüfung nicht stand.

[16] Augustin *civ.* X,29, (CChr.SL 47,304 = *J. Bidez,* Vie de Porphyre. Le philosophe néo-platonicien, Gent 1913 [Université de Gand. Recueil de travaux publié par la Faculté de Philosophie et Lettres 43], S. 37*): "...Uteris etiam hoc verbo (sc. gratia) apertius, ubi Platonis sententiam sequens (cf. Platon, *Phaidon* 66b) nec ipse dubitas in hac vita hominem nullo modo ad perfectionem sapientiae pervenire, secundum intellectum tamen viventibus omne quod deest providentia Dei et gratia post hanc vitam posse compleri". Zu beachten ist in diesem Porphyrzitat 1. die Parallelisierung von gratia und *providentia* Dei, und 2., daß für P. erst "post hanc vitam" der Augenblick gekommen sein wird, zu dem die *gratia Dei* in Aktion tritt, um zu "vollenden", was denen, die dem νοῦς gemäß leben, etwa noch an "vollkommener Weisheit" abgehen mag. Es dominiert also die Idee der *iustitia distributiva* Gottes! Vgl. auch unten Anm. 19.

[17] E. von Ivánka (Anm. 11), S. 172.

[18] S. dazu jetzt vor allem *H. Conzelmann,* in: ders. / W. Zimmerli, Art. χαίρω κτλ., in: ThWNT, Bd. IX, S. 350-405 (hier: 363 ff, mit weiterer Lit.). Zum Befund im Lateinischen s. *Cl. Moussy,* GRATIA et sa famille, Paris 1966 (Publications de la Fa-

philosophischer Begriff. Zudem dürfte hier das "Motiv von der Gunst der Götter" stets "mit der Idee der göttlichen Gerechtigkeit zusammengesehen werden" müssen.[19]

Wenn ich recht sehe, so ist dieser Befund nicht etwa zufällig! Er hängt vielmehr letzten Endes wohl damit zusammen, daß es für den philosophischen Gottesgedanken bis in die Spätantike hinein, unerachtet aller "tiefgreifenden Strukturwandlungen durch hellenistische u(nd) vor allem orientalische Mysterienfrömmigkeit u(nd) der durch sie intensivierten E(rlösungs)vorstellungen",[20] konstitutiv geblieben ist, daß er nicht aus der Geschichte, sondern aus der Ordnung des Kosmos bestimmt, und zwar als zeitloser Inbegriff der Welt und höchster Grund des Seins gewonnen wurde. Der solchermaßen erschlossene Ursprung aber kann, wie W. Pannenberg wohl mit Recht geurteilt hat, "nie als der Grund für etwas allem Vorhandenen gegenüber Unerhörtes begriffen werden". Demgegenüber ist der "biblische Gott zwar auch Ursprung der vorhandenen Wirklichkeit, aber die Art und Weise, wie er das ist, wird bereits entscheidend dadurch bestimmt, daß sein Wesen in dieser Funktion nicht aufgeht". Für das Verständnis der Bibel ist Gott "als Ursprung nie bloß der unanschauliche Grund des Vorhandenen, sondern freier, schöpferischer Ursprung von immer Neuem, Unvorhergesehenem". "Weil dem für die philosophische *[199]* Theologie" der Antike "grundlegenden Rückschlußverfahren diese Freiheit Gottes gegenüber der Welt unzugänglich" blieb und "bleiben mußte", darum konnte ihr auch der Gedanke in der Tat nur als "ein Paradox" erscheinen, daß es "zur Gotteserkenntnis eine(r) besondere(n) Zuwendung Gottes zum Menschen" bedürfe, "daß Gotteserkenntnis als Erkanntwerden des Menschen" durch Gott geschehe (Gal 4,9; I Kor 8,2.3), "daß die in diesem Erkanntwerden beschlossene erwählende Zuwendung Gottes (Röm 8,29) die Bedingung unverfälschter Gotteserkenntnis" wie der Verbindung des Menschen zu diesem Gott überhaupt sei.[21] Das aber

culté des Lettres et Sciences humaines de Clermont-Ferrand II,25), bes. S. 481: "Quant à la valeur ancienne de *grates* et à la valeur chrétienne de *gratia*, elles sont radicalement distinctes ..., la valeur religieuse de *gratia* (sc. = la faveur que Dieu témoigne gratuitement aux hommes) absolument neuve"!

19 H. Conzelmann (Anm. 18), S. 364, Anm. 12, unter Berufung auf *H. Patzer*, Die Anfänge der griechischen Tragödie, Wiesbaden 1962 (SWGF.G3), S. 169. Was Patzer zu den Tragikern bemerkt, bei denen - insbesondere bei Euripides - das Motiv von der "Gunst" der Götter relativ am häufigsten begegnet, wird man insofern auf das Griechentum überhaupt verallgemeinern können, als dessen "Frömmigkeit ... trotz vielfacher Zersetzungserscheinungen ... eine bemerkenswerte Konstanz ihrer Welthaftigkeit" beweist *(C. Andresen*, Art. Erlösung, in: RAC, Bd. VI, 1966, Sp. 54-219 [hier: 97).

20 C. Andresen (Anm. 19). - An diese Zusammenhänge wird auch E. von Ivánka mit seiner oben (Anm. 17) zitierten Beobachtung gedacht haben. Es wäre jedoch in jedem einzelnen Falle zu prüfen, inwieweit die Anklänge an die Mysteriensprache in der platonischen Tradition nicht nur metaphorischen Charakter tragen und eine rein illustrative Rolle spielen, wie schon die mythischen Bilder bei Platon selbst! Vgl. dazu auch unten S. 51, m. Anm. 100.

21 *W. Pannenberg*, Die Aufnahme des philosophischen Gottesbegriffes als dogmatisches Problem der frühchristlichen Theologie, ZKG 70 (1959) S. 1-45 (hier: 14 f), (auch ders., Grundfragen systematischer Theologie. Gesammelte Aufsätze, Bd. I, Göttingen 1967, S. 311, wonach hier zitiert wird; zur philosophischen Theologie in der

heißt, daß der "spezifisch christliche" Gnadenbegriff dem spezifisch christlich-biblischen Gottesbegriff als kontingent Handelndem und personhaftem Gegenüber zum Menschen korrespondiert!

Wie deshalb für die altchristliche Theologie die Anknüpfung an den philosophischen Gottesgedanken zwar um der Verständlichkeit des Evangeliums, um des universalen Anspruches biblischen Gottesglaubens willen unumgänglich, wie ihr aber zugleich die Aufgabe einer radikalen Umgestaltung gestellt war, so ließ sich auch der christliche Gnadenbegriff schwerlich so bruch- und konfliktlos in den Rahmen der klassischen, in der Erfüllung der als essentiell gut verstandenen menschlichen Natur gipfelnden Paideia einfügen, wie es sich beispielsweise für W. Jaeger dargestellt zu haben scheint.[22] Die Frage ist, welcher Platz in dieser Auseinandersetzung Gregor von Nyssa zukommt. Unter diesem Aspekt soll im folgenden seine Gnadenlehre betrachtet werden.

Wenn ich mich dabei auf die Untersuchung einer einzigen Schrift, nämlich Gregors "Leben des Mose" *(v.Mos.)* beschränke, so bin ich Ihnen dafür wohl, um den Anschein von Willkür zu vermeiden, noch eine kurze Begründung schuldig. Bekanntlich findet sich im gesamten Corpus Gregorianum - wie in der griechisch-patristischen Literatur überhaupt, mit Ausnahme der Pauluskommentare - kein einziger Text, in welchem die Gnadenlehre eigens thematisiert wäre, oder auch nur eine formelle und erschöpfende Definition dessen, was unter "Gnade" zu verstehen sei. Das läßt von vornherein vermuten, daß dies alles auch für Gregor, im Unterschied zu seinem jüngeren Zeitgenossen Augustin, "kein Problem, geschweige denn ein [200] Schlachtfeld" war.[23] Daß - in Ermangelung eines eigenen Gnadentraktates Gregors - nicht daran zu denken war, im Rahmen dieses Referates etwa sämtliche Vorkommen von χάρις und χαρίζεσθαι in der Bedeutung des (ungeschuldeten) göttlichen Hulderweises im Schrifttum Gregors durchzumustern, den Befund alsdann in möglichst sinnvoller, d.h. dem Autor möglichst wenig Gewalt antuender Weise zu ordnen und endlich daraus die nötigen Schlüsse zu ziehen, versteht sich wohl von selbst. Dazu ist das Material, obwohl der Gnadenbegriff in keinem der Werke Gregors - außer etwa in *De instituto Christiano* - übertrieben häufig begegnet, viel zu umfangreich, als daß es hier analysiert werden könnte;[24] zumal ein

---

Antike vgl. jetzt auch etwa *W. Weischedel,* Der Gott der Philosophen. Grundlegung einer Philosophischen Theologie im Zeitalter des Nihilismus, 2 Bde., Darmstadt 1971 [= München 1985 (dtv wissenschaft 4436)], Bd. I, S. 39 ff, mit weiterer Lit.

22 W. Jaeger (Anm. 13); vgl. auch ebd., S. 73, 113, sowie ders., Paideia Christi, in: ders., Humanistische Reden und Vorträge, 2. Aufl., Berlin 1960, S. 250-265 (hier: 262-264 u.ö.).

23 So *B. Drewery,* Origen and the Doctrine of Grace, London 1960, S. 17, zu Origenes, bei dem die Dinge vielfach ähnlich liegen wie beim Nyssener. Das käme noch deutlicher zum Vorschein als in der Darstellung von D., wenn man die origeneischen Pauluskommentare, für die es ja bei Gregor kein Pendant gibt, zunächst einmal außer Betracht ließe.

24 Während die Wortgruppe χάρις, χάρισμα, χαρίζεσθαι in der Bedeutung des ungeschuldeten Hulderweises Gottes - unter Ausschluß also des präpositionalen χάριν und des Vorkommens von χάρις im Sinne von "Schönheit, Anmut, Charme" - in *De instituto christiano* fast auf jeder Seite der Jaegerschen Ausgabe (Gregorii Nysseni Opera [im folgenden kurz: GNO] Bd. VIII/1, 40 ff = PG 46,287-306) - womöglich sogar mehrfach - begegnet, dagegen in *De pauperibus amandis*, um - etwas wahllos - nur dies eine Beispiel zu nennen, bis auf den Schlußwunsch nicht ein einziges Mal, entspricht die Häufigkeit ihres Vorkommens in *v.Mos.* in etwa derjenigen in *De*

"unbeirrt lexikographisches Vorgehen",[25] das lediglich die Bedeutung des isolierten Einzelterminus χάρις zu registrieren trachtete, ohne die Verflochtenheit mit den ihm benachbarten sprachlichen und begrifflich-sachlichen Vorstellungen gebührend zu berücksichtigen, kaum die gewünschten Aufschlüsse über Gregors Gnadenverständnis zu erbringen vermöchte.[26]

Mußte demnach in jedem Falle eine Auswahl getroffen werden, so erschien es mir aus methodischen Erwägungen heraus als angezeigt, statt möglichst viele Einzelbelege und Analysen aufzubieten und sie in einem mehr oder weniger *erschlossenen* System unterzubringen, nach der Möglichkeit Ausschau zu halten, Gregors Gedanken so vorzuführen, wie er selbst sie entwickelt hat, und sie in einem Bezugsrahmen zu belassen, wie er aus seinen Schriften selbst zu erheben ist. Daß dies bisher in der Regel nicht oder doch nicht konsequent genug geschehen ist, darin liegt für mein Verständnis eine der Hauptursachen für die eingangs beschriebene Kontroverse über seine Gnadenlehre![27]

Als eine solche Möglichkeit aber bot sich eine Untersuchung auf der Grundlage von *v.Mos.* vor allem aus zwei Gründen an. Einmal handelt es doch bei dieser Gregorschrift, wie Kardinal Daniélou gezeigt hat, um nichts Geringeres als eine "Theologie des geistlichen Lebens im eigentlichen Sinne", eine θεωρία "von wissen*[201]*schaftlichem Charakter".[28] So durfte auch - angesichts der eminenten Bedeutung, die diesem Fragenkomplex in Gregors Schrifttum insgesamt zukommt - erwartet werden, daß aus dieser Theorie des "geistlichen Lebens" als eines organischen Ganzen, wenn schon nicht alles, so doch wenigstens alles für Gregor wirklich Wesentliche zu Gesicht kommen werde, was er über Wesen und Bedeutung der Gnade zu sagen weiß. Zum andern hat seine Schrift "Über das Leben des Mose" - im Vergleich etwa zur "Großen katechetischen Rede", die sonst für unsere Zwecke am ehesten in Frage gekommen wäre - den Vorzug, daß sie nach übereinstimmender Ansicht der Gregorforschung seine Theologie in ihrer voll ausgereiften Gestalt widerspiegelt. Insbesondere ist darin Gregors Theologie der Unendlichkeit, in der auch ich mit E. Mühlenberg eine seiner bedeutendsten Leistungen als Philosoph und Theologe sehen möchte, "nach manchen tastenden Versuchen" zu "letzte(r) Klarheit" gelangt und in ein "geschlossenes Lehrsy-

---

virginitate und in der *Oratio catechetica magna* (zwölfmal auf 146 Seiten Text der Jaegerschen Ausgabe).

25 Vgl. die Rezension von W. Jaeger, in: Gn. 27 (1955), S. 573-581 (hier: 574; zu H. Merkis in Anm. 11 zitiertem Gregorbuch).

26 Vgl. zur Illustration etwa *A. S. Dunstone,* The Meaning of Grace in the Writings of Gregory of Nyssa, SJTh 15 (1962), S. 235-244, dessen kaum sehr erhellendes Resultat lautet: "To use an ugly but expressive sound, Grace is for Gregory an umbrella-word. It covers all conceivable aspects of the divine favour to man and its out-workings in history"!

27 Meine Bedenken in dieser Hinsicht richten sich zwar besonders, aber keineswegs nur gegen das in der Tat extrem "konstruktive" Vorgehen J. Gaïths in seiner oben Anm. 11 angeführten Studie über Gregors Freiheitsbegriff (vgl. dazu auch etwa die Besprechungen von *W. Völker*, ThLZ 79 (1954), Sp. 681-684, und *H. von Campenhausen* Anm. 9). Allein, daß "alle Äußerungen Gregors auf eine Stufe" gestellt werden und man "faktisch" von einem mehr oder minder "umfangreichen Zettelkasten aus(geht) und nicht von literarischen Werken einer ganz bestimmten, jeweils verschiedenen Form" *(H. Langerbeck,* Zur Interpretation Gregors von Nyssa, ThLZ 82 (1957), Sp. 82-90 [hier: 83]), ist ein Mangel, der in der Gregorliteratur sehr viel weiter verbreitet ist und eine Verständigung über dessen Interpretation bis zur Stunde außerordentlich erschwert.

28 *J. Daniélou* in der Einleitung seiner Ausgabe in den "Sources Chrétiennes", (SC 1^3), 3. Aufl., Paris 1968, S. 16 ff, bes. S. 24 f.

stem" gebracht worden, in das auch seine "Theologie des geistlichen Lebens" eingebettet ist.[29]

I.

Wenden wir uns nach diesen Vorüberlegungen nunmehr *v.Mos.* selbst mit der Frage zu, welche Aufschlüsse daraus über Gregors Gnadenverständnis zu gewinnen seien, so erhellt bereits auf den ersten Blick, daß sich seine Ansichten über das gnadenhafte Wirken Gottes am und im Menschen von denjenigen Augustins, des "doctor gratiae" der abendländischen Tradition, tiefgreifend unterscheiden. Während Augustin die entscheidenden Anstöße zu seiner Gnadenlehre aus dem Studium des Paulus empfangen haben dürfte,[30] ist ein Nachwirken *[202]* spezifisch paulinischer Gedanken bei Gregor - in dieser Hinsicht zumindest - nicht festzustellen. So kommt die Problematik der "Rechtfertigung", jedenfalls aber deren uns von Paulus her vertraute Begrifflichkeit, in *v.Mos.* überhaupt nicht vor. Auch spielt die paulinische Dialektik von "Gesetz und Evangelium" (bzw. von "Gesetz und Gnade" oder von "Gesetz und Geist") sowie von "Glaube und Werken" hier keine erkennbare Rolle. Ja, mehr noch: "Gesetz" ist hiernach, wie wir gleich sehen werden, für Gregor selbst bereits "Gnade",[31] während "Glaube" und "Werke" eigentlich nie anders in den Blick kommen denn als die beiden "Lebensweisen" (ἐπιτηδεύματα), durch welche "Tugend" konstituiert wird (δι᾽ ὧν ἡ ἀρετὴ συναγείρεται),[32] als die beiden Fundamente, auf denen sie aufruht. Dabei ist "Glaube" (πίστις) für gewöhnlich verstanden als "Vertrauen" auf den Bestand einer sittlichen Weltordnung, die den Tugendsamen "Lohn" erhoffen läßt,[33] als das beherzte "Annehmen" der "hellen", einer tieferen, geistlich-"anagogischen" Deutung zugänglichen "Lehren" der Schrift,[34] als orthodoxes

---

[29] *E. Mühlenberg,* Die Unendlichkeit Gottes bei Gregor von Nyssa. Gregors Kritik am Gottesbegriff der klassischen Metaphysik, Göttingen 1966 (FKDG 16), S. 93 f.

[30] Vgl. dazu u.a. *G. Nygren,* Das Praedestinationsproblem in der Theologie Augustins. Eine systematisch-theologische Studie, Lund 1956 (STL 12), S. 125 ff, und A. Schindler (Anm. 8), S. 186 ff, jeweils mit weiterer Lit.; anders neuerdings *G. Greshake,* Gnade als konkrete Freiheit. Eine Untersuchung zur Gnadenlehre des Pelagius, Mainz 1972, S. 231, Anm. 1. Doch kann auf diese Kontroverse hier nicht eingegangen werden.

[31] S. unten S. 44-46 ff.

[32] *V.Mos.* II,192 (PG 44,298-430, hier: 389A = GNO, Bd. VII/1, ed. H. Musurillo, hier: 99,10-19); vgl. auch II,166 (PG 377B.C = GNO 88,5-12); II,198 (PG 392B = GNO 102,6-8).

[33] Vgl. *v.Mos.* II,34 ff (PG 336C.D = GNO 43,1-20); II,124 (PG 361D = GNO 71,20-72,2) mit II,73 (PG 345D = GNO 54,7); II,246.248 (PG 408A.B = GNO 119,6-10.22-120,4); bes. aber II,266 (PG 412D = GNO 124,24-125,10) mit II,318 (PG 429A = GNO 143,12-14)

[34] *V.Mos.* II,109 f (PG 357B.C = GNO 66,9-67,2); vgl. auch II,13 (PG 329D = GNO 37,11-14); II,57 (PG 341C = GNO 49,15-26). - Zu dem - in der origenistischen Tradition der Exegese wichtigen - Begriff der ἀναγωγή s. jetzt vor allem die Untersuchung von *W. A. Bienert,* "Allegoria" und "Anagoge" bei Didymos dem Blinden von Alexandria, Berlin 1972 (PTS 13).

"Bekenntnis" zur göttlichen Dreifaltigkeit,[35] als die alle κατανόησις übersteigende "Annahme" des Daseins Gottes,[36] die doch stets vorausgesetzt werden muß, wenn anders das Denken nicht ins Leere laufen soll[37] oder endlich einfach als der "Christenstand".[38]

Aber auch was beispielsweise das Verständnis der Sünde anlangt, so ist Gregor sichtlich nicht von Paulus inspiriert. Zwar kennt Paulus ebensowenig wie Gregor eine "Erbsünde" im strengen, augustinischen *[203]* Sinne.[39] Wohl aber erschließt sich ihm von der Offenbarung der Gottesgerechtigkeit in Christus her (Röm 1,17) ein Verständnis von Sünde, welches in der einzelnen moralischen Verfehlung nur das Symptom der dem "gegenwärtigen bösen Äon" (Gal 1,4), und zwar von Adam her (Röm 5,12), beherrschenden "Macht" der Sünde als des Selbstseinwollens des Menschen erkennt.

Eine derartige Sicht der Sünde als "Tat und versklavender Macht in einem"[40] aber hat in Gregors Denken allem Anschein nach ebensowenig Raum wie der die Theologie des späten Augustin immer mehr beherrschende Prädestinationsgedanke, der bei Paulus - als schärfster Ausdruck der Gratuität der göttlichen Gnade - vor allem darauf abzielte, den Glaubenden - "bei aller individuellen Verantwortung und Betonung der Glaubensentscheidung" - "aus dem Glaubendürfen heraus" bekennen zu lassen, "daß hier nicht Leistung zum Ruhm des Menschen vorliegt, sondern Gottes Gnade wirksam ist".[41] Diese Zielrichtung der - mit der Theorie des Determinismus also keineswegs zu verwechselnden! - paulinischen Aussagen über göttliche Vorherbestimmung und Gnadenwahl scheint Gregor verborgen geblieben zu sein. Er sieht anscheinend in Gedankengängen wie diesen nur die Gefahr einer Beeinträchtigung der menschlichen Entscheidungsfreiheit lauern und erteilt ihnen dementsprechend eine ebenso energische wie pauschale Absage. So stellt er z.B. fest, daß nicht etwa "eine höhere, schicksalhafte Bestimmung (ἄνωθεν τις ἀναγκαστικὴ δύναμις) den

---

[35] *V.Mos.* II,66 (PG 345A = GNO 52,9-20); vgl. auch II,192 (PG 389A = GNO 99,10-19).

[36] Vgl. *v.Mos.* I,47 (PG 317C = GNO 22,21); I,46 (PG 317B = GNO 22,7-13).

[37] So E. Mühlenberg (Anm. 29), S. 194 f, zu *Eun.* III,5,53-60.

[38] Vgl. etwa *v.Mos.* II,117 (PG 360D = GNO 69,9 f); II,175 (PG 381B = GNO 91,22); II,217 (PG 397C = GNO 109,10).

[39] Vgl. etwa *G. Bornkamm,* Paulus, Stuttgart usw. 1969 (UB 119) [6.Aufl., 1987], S. 131 ff, bes. 143 f; *K. H. Schelkle,* Paulus - Lehrer der Väter. Die altkirchliche Auslegung von Römer 1-11, Düsseldorf 1956, S. 162 ff; *O. Kuss,* Der Römerbrief, Bd. I, Regensburg 1957, S. 224 ff, bes. 231; *K. Rahner,* Art. Erbsünde, in: SM(D), Bd. I, 1967, Sp. 1104-1117, bes. 1109 f.

[40] G. Bornkamm (Anm. 39), S. 135.

[41] *E. Dinkler,* Art. Prädestination, II. Im NT, RGG, Bd. V, 3. Aufl., 1961, Sp. 481-483 (hier: 482). Zur Begründung vgl. ders., Prädestination bei Paulus, in: W. Schneemelcher (Hg.), Festschrift für Günther Dehn zum 75. Geburtstag, Neukirchen-Vluyn 1957, S. 81-102 (in überarb. Form wieder abgedr. in: ders., Signum Crucis. Aufsätze zum Neuen Testament und zur christlichen Archäologie, Tübingen 1967, S. 241-269); *U. Luz,* Das Geschichtsverständnis des Paulus, München 1968 (BEvTh 49), S. 227-264; *J. Gnilka,* Die Verstockung Israels. Isaias VI,9-10 in der Theologie der Synoptiker, München 1961 (StANT 3).

einen dazu bringt, daß er in Finsternis, und den anderen, daß er im Lichte ist, sondern daß die Ursachen für Licht und Finsternis in unsere eigene Macht und Entscheidung gestellt sind" (οἴκοθεν ἔχομεν ἐν τῇ ἑαυτῶν φύσει τε καὶ προαιρέσει τὰς τοῦ φωτός τε καὶ τοῦ σκότους αἰτίας), m.a.W. daß die "unbestechliche Gerechtigkeit Gottes unseren freien Entscheidungen nach Verdienst" nachfolgt (ἡ ἀδέκαστος τοῦ θεοῦ δίκη ἐπακολουθοῦσα κατ' ἀξίαν ταῖς προαιρέσεσι).[42] *[204]*

Schließlich unterscheidet sich Gregor von Augustin auch darin, daß er über einen distinkten, nach Maßgabe des göttlichen Willens konzipierten psychologisch-anthropologischen Willensbegriff, der auf einer "Trennung des Willens vom Intellekt einerseits u(nd) vom bloßen Trieb andererseits" basiert,[43] augenscheinlich nicht verfügt und demzufolge auch nicht das Problem der *Willens*freiheit im engeren Sinne kennt,[44] wohl aber - wie alle platonische Ethik - am Prinzip der *Entscheidungs*freiheit unbeirrt festhält. Auch hierfür nur ein einziger, dafür aber, wie ich meine, unzweideutiger Beleg aus *v.Mos.*, der zeigt, wie eng sich Gregor an die intellektualistische Psychologie der (platonischen) Tradition anlehnt: "Die Schrift lehrt uns hierdurch (sc. durch die Erzählung von der Tötung der ägyptischen Erstgeburt) im rätselvollen Bilde (δι' αἰνιγμάτων) das über die Natur der Seele, was auch die weltliche Philosophie (ἡ ἔξωθεν παίδευσις) auf dem Wege der Imagination herausgefunden hat, indem sie in der Seele das vernünftige (λογιστικόν), das begehrende (ἐπιθυμητικόν) und das erregbare Vermögen (θυμοειδές) unterscheidet. Von diesen sind, wie man sagt, die beiden letzteren untergeordnet, indem sie von beiden Seiten das vernünftige ('dianoëtische') Seelenteil stützen ... Solange sich nun die Seele in dieser Verfaßtheit gesichert findet und ihre Festigkeit aus tugendgemäßen Gesinnungen wie durch Keile erhält, wirken alle Teile gemeinsam auf das Gute hin, indem das vernünftige Seelenteil aus sich heraus den unteren Sicherheit gewährt und dafür seinerseits von diesen die gleiche Wohltat (χάρις) erfährt"[45]. Welche Rückschlüsse sich - angesichts der von der Antike bis in das Denken der Neuzeit hinein zu verfolgenden engen Wechselbeziehung zwischen Psychologie und Theologie (als Lehre von Gott)[46] - aus dem Fehlen eines vom Intellekt unabhängigen anthropologischen Willensbegriffes bei Gregor im Hinblick auf einen "theologischen" Willensbegriff ziehen lassen, soll hier nur gefragt, aber nicht weiter erörtert werden.

---

[42] *V.Mos.* II,80.86 (PG 349A.D = GNO 56,23-26;58,22 f); vgl. dazu den ganzen Zusammenhang II,73-88 (PG 345D-352B = GNO 54,7-59,25).

[43] *A. Dihle,* Art. Ethik, RAC, Bd. VI, 1966, Sp. 646-796 (hier: 685).

[44] Vgl. dazu A. Dihle (Anm. 43), Sp. 683 ff (Fehlen des Willensbegriffes in der antiken Ethik) und 770 ff (Intellektualismus der ethischen Theorie christlicher Theologie im vierten Jahrhundert und ihrer Affektenlehre).

[45] *V.Mos.* II,96 f (PG 353C.D = GNO 62,9-63,3).

[46] Vgl. A. Dihle (Anm. 43), Sp. 751.

II.

Allein, statt uns länger dabei aufzuhalten, was Gregor nicht *[205]* oder anders gesagt habe als Augustin (und Paulus), wollen wir es bei diesen - lediglich einer gewissen Vorklärung dienenden - Feststellungen bewenden lassen und uns statt dessen der Frage zuwenden, wo und in welchem Sinne denn nun positiv der Begriff der göttlichen Gnade in Gregors "Theologie des geistlichen Lebens" ins Spiel komme.

a. χάρις als "Schöpfungsgnade" (vgl. bes. *v.Mos.* II,214-218 [PG 397A-D = GNO 107,21-110,2] mit II,317-319 [PG 429A.B = GNO 143,5-144,14]).

Man hat mit Recht gesagt, daß der Gedanke der Erschaffung des Menschen als Imago Dei oder, richtiger, seiner schöpfungsmäßigen Berufung und Bestimmung zur Gottebenbildlichkeit und ὁμοίωσις θεῷ ein Grundgedanke der asketisch-"mystischen" Theologie Gregors sei.[47] Und eben diese Gabe der Gottebenbildlichkeit ist es, die in *v.Mos.* vorzüglich als χάρις verstanden ist. Was aber heißt das?

Darüber gibt vor allem Gregors Auslegung der biblischen Erzählung von der Übergabe der Gesetzestafeln an Mose, ihrer Zerstörung und endlichen Wiederherstellung (*v.Mos.* II,214-218) Auskunft. Dieser Auslegung zufolge weist die alttestamentliche "Historie" - ihrem "anagogischen" Sinne nach[48] - auf das Walten der göttlichen Vorsehung (προμήθεια) von der Schöpfung bis zur Erlösung hin. Durch die Fleischwerdung des "wahren Gesetzgebers" Christus als des Antitypos Mosis geschieht im Vollsinn das ἀνακαλεῖσθαι der χάρις, die Rückführung des Geschöpfes zu seiner ursprünglichen "Schönheit", die Restitution der "anfänglich unzerstörbar und unsterblich erschaffenen und mit den ungeschriebenen Zeichen des Gesetzes geschmückten", also wesensmäßig auf Gott hingeordneten und zur Erkenntnis und Erfüllung seines Willens bestimmten und befähigten "Natur".

Diese Begabung der menschlichen "Natur" also ist "Gnade": ungeschuldeter Hulderweis des Schöpfers gegenüber seinem Geschöpf. Wir fragen, was unter "Natur" hier zu verstehen sei. Oder anders gefragt: Wie verhält sich nach Gregor diese ursprüngliche, gnadenhafte Ausstattung des Menschen zu seiner *Sünde*? Gilt sie, die Gottebenbildlichkeit, nur für den "Urstand", oder ist sie dem Menschen über den "Sündenfall" hinweg, wenn auch womöglich "verdunkelt", erhalten geblieben? *[206]*

Dazu heißt es im gleichen Zusammenhang, aus dem wir eben zitierten, daß die Tafeln "jener unserer Natur", wie die ersten Gesetzestafeln vom Sinai, "zu Boden fallend zerstört" seien, "nachdem uns der Klang der Sünde ... traf" (II,216 [PG 397 B = GNO 108,18-20]). Allerdings ist der

47 So z.B. M. Canévot (Anm. 11), Sp. 986.

48 Vgl. den Ausdruck ἡ κατ᾽ ἀναγωγὴν θεωρία (II,217 [PG 397C = GNO 109,11 f]).

Text an dieser Stelle, wie die kritischen Apparate bei Daniélou und Musurillo dokumentieren, unsicher überliefert. Doch hängt davon für das Verständnis nicht allzu viel ab. Denn selbst wenn die von Musurillo bevorzugte Lesart (...πεσοῦσαι συντρίβονται) echt sein sollte, so geht doch aus dem Kontext eindeutig hervor,[49] daß Gregor hier ein in der "Vergangenheit" abgeschlossenes Geschehen mit verheerenden Folgen für die gesamte Menschheit und nicht etwa einen "Fall" vor Augen hat, wie er sich jederzeit wiederholen kann, aber nicht zwangsläufig wiederholen muß. Worin aber besteht die durch jenen "Sündenfall" angerichtete Zerstörung? Nur, wie der Zusammenhang nahelegt, im Verlust der dem Menschen ursprünglich zugedachten Unsterblichkeit[50] oder auch in dem der Gottebenbildlichkeit im Sinne des uns "von Natur mit der Abkehr vom Bösen und der Achtung vor Gott innewohnenden gesetzeskonformen Strebens" (τοῦ κατὰ νόμον βουλήματος)?

Um hier über Vermutungen hinaus zu einem einigermaßen sicheren Urteil zu gelangen, müssen wir wohl etwas weiter ausholen und wenigstens einen raschen Blick auf die übrigen Aussagen über die Sünde, ihr Wesen, ihren Ursprung und ihre Wirkungen, in *v.Mos.* werfen. Und zwar nehmen wir zum Ausgangspunkt Gregors Reflexionen über die Erzählung von der Tötung der ägyptischen Erstgeburt (*v.Mos.* II,91-93 [PG 352D-353A = GNO 60,18-61,10]). Gregor stellt sich hier die Frage, wie sich eine "Gott geziemende Deutung" dieser Geschehnisse finden und behaupten lasse. Denn: "Der Ägypter hat Unrecht getan; statt seiner aber wird sein eben geborenes Kind bestraft, das doch infolge seiner Unmündigkeit (διὰ τὸ τῆς ἡλικίας ἀτελές) noch gar nicht zwischen 'Gut' und 'Böse' unterscheiden kann. Es lebt noch außerhalb aller bösen Leidenschaft; denn das Kindesalter erliegt nicht der Leidenschaft und kennt nicht den Unterschied zwischen der Rechten und der Linken ... Wenn nun ein solches Kind für die Schuld seines Vaters büßt, wo bleibt da die Gerechtigkeit? Wo die Ehrfurcht? Wo die Heiligkeit?..." Wenn also diese Geschichte *[207]* der Vernunft nicht eklatant widersprechen soll, so kann das, wovon in ihr berichtet wird, nur τυπικῶς geschehen sein. Was wir nach dem Willen des "Gesetzgebers" daraus lernen sollen, ist dies, daß "jemand, der durch seine Tugend in einen Kampf mit dem Bösen verwickelt ist, (bereits) die ersten Anfänge des Bösen vernichten muß. Durch die Vernichtung des Anfangs aber wird auch das, was auf den Anfang folgen soll, vernichtet..."

Daraus geht, wie ich meine, zum einen hervor, daß Gregor der - mit der Annahme kindlicher "Unschuld" ja schlechterdings nicht zu vereinbarende - Gedanke einer "Erbsünde" im Sinne Augustins fremd ist; zum andern, daß er die Sünde als überindividuelle, außerhalb der Entscheidung der einzelnen sündigenden Person existierenden "Macht" in keiner Weise

---

[49] Vgl. nur die Wendung τῆς συντετριμμένης ἡμῶν πλακός (ebd.: PG 397C = GNO 109,12 f).

[50] Vgl. bes. *v.Mos.* II,216 (PG 397C = GNO 109,4 f) ἐπεὶ δὲ τοῦτο [sc. die Inkarnation] ἐγένετο, πάλιν τὸ ἀσύντριπτον ἔσχεν ἡ φύσις, ἀθάνατος γενομένη ...

zu denken vermag. Dementsprechend rechnet er wie selbstverständlich mit der Möglichkeit, daß der Tugendathlet bereits die "ersten Anfänge (sozusagen die 'Erstgeburt') des Bösen" zu "vernichten" imstande ist. Wie sonst würde er dem göttlichen "Gesetzgeber" eine "Lehre" zuschreiben, die eben dies besagt und eben darauf abzielt?

Dieser Verstehenshorizont wird auch sonst in *v.Mos.*, wenn ich nichts übersehen habe, nirgends überschritten. Gewiß ist darin verschiedentlich von so etwas wie einem "Erbübel", einer "Erbverderbnis" als Folge des aus "Übelberatenheit" (ἀβουλία)[51] geborenen Ungehorsams der Protoplasten die Rede, der uns allen die "tote und irdische Fellbekleidung",[52] d.h. den Verlust der Unsterblichkeit eingebracht und die menschliche Natur der "Schwachheit", "Wandelbarkeit" (τὸ τρεπτόν) und "Leidensfähigkeit" (τὸ ἐμπαθές) unterworfen habe.[53] Doch bleibt davon die "rôle initiale de la liberté" des Menschen,[54] im Guten wie im Bösen, für Gregor offenbar im wesentlichen *[208]* unberührt. So stellt er denn bereits im Prolog der Schrift (I,12 [PG 301 C.D = GNO 6,16-24]) unmißverständlich fest, daß der menschlichen "Natur" "das Vermögen zur Tugend und zur Bosheit" zukomme (κατ' ἐξουσίαν ἡ πρὸς ἀρετὴν τε καὶ κακίαν αἵρεσις πρόκειται), aber eben auch zum Verbleiben ἐν ἀπαθείᾳ, wie es an anderer Stelle heißt.[55]

Auch in den zahlreichen "dämonologischen" Aussagen von *v.Mos.*, wie sie durch die auszulegenden alttestamentlichen Texte nahegelegt waren, wird diese Sicht weder verlassen, noch auch nur modifiziert. Denn diese Aussagen, die beispielsweise davon reden, daß der Mensch den Anschlägen des "Widersachers", des "Erfinders der Bosheit" ausgesetzt, daß er

---

51 *V.Mos.* II,175 (PG 381B = GNO 92,1). Wie an dem von Liddell-Scott (s.v. ἀβουλία) zitierten Stellen aus Sophokles' *Elektra* und Aischylos' "Sieben gegen Theben" ist ἀ wohl auch hier eher mit "ill-advisedness, thoughtlessness" als mit "défaillance de notre vouloir" (Daniélou [Anm. 28], S. 221) wiederzugeben.

52 *V.Mos.* II,22 (PG 333A = GNO 39,24-40,1); vgl. dazu *J. Daniélou,* Les tuniques de peau chez Grégoire de Nysse, in: G. Müller / W. Zeller (Hgg.), Glaube, Geist, Geschichte. Festschrift für Ernst Benz zum 60. Geburtstag, Leiden 1967, S. 355-367.

53 *V.Mos.* II,30 (PG 336A = GNO 42,4-9); vgl. etwa noch II,256-260 (PG 409B-412A = GNO 122,4-123,20).

54 So J. Daniélou in seinem Kommentar zu *v.Mos.* II,5 (Anm. 28), S. 109, Anm. 2). Er sieht darin in Übereinstimmung mit W. Jaeger (s. oben Anm. 9) "un trait de la spiritualité de Grégoire qui annonce P é l a g e..." (von mir gesperrt). Vgl. dazu etwa *v.Mos.* II,129 (PG 328A-329B = GNO 33,13-36,7) mit II,97 f (PG 353C.D = GNO 62,18-63,11).

55 *V.Mos.* II,303 f (PG 424C.D = GNO 137,20-138,13; vgl. etwa noch II,97-101 (PG 353C-356B = GNO 62,18-64,5). Für den vieldiskutierten "Natur"-Begriff Gregors ergibt sich aus dem Vorstehenden, daß er sich offenbar nicht einseitig festlegen läßt auf die Bedeutung der "vollkommenen Form", der schöpfungsmäßigen Bestimmung (vgl. dazu auch etwa das Referat von D. L. Balás [Anm. 11], S. 146 ff), sondern daß er auch den empirischen Zustand bezeichnen kann, "that which remains unaltered throughout the moral and religious changes of man, and is shared by every individual in the same degree" (Balás, S. 147), wie u.a. auch daraus erhellt, daß Gregor den "Aufstieg" also ein μείζων ἑαυτοῦ καθίστασθαι, ein "Verlassen" der "Natur" (z.B. *v.Mos.* I,56-60 passim [PG 320D-321B = GNO 25,24-27,12]), oder den "Neid" (φθόνος) als συγγενὲς τῇ φύσει τῶν ἀνθρώπων ἀρρώστημα bezeichnen kann (I,61 [PG 321C = GNO 27,23 f]).

zwischen "Engel" und "Dämon" gestellt sei, haben, wie sich bei näherem Zusehen zeigt, einen rein metaphorischen Charakter und illustrieren lediglich innerseelische Vorgänge. Als ein Beispiel, das wiederum für alle stehen mag, zitiere ich die - zunächst "buchstäbliche" - Auslegung der Perikope von der Züchtigung der am Fuße des Gottesberges zurückgelassenen Israeliten nach der Herrichtung und kultischen Verehrung des "Goldenen Kalbes", der aber sogleich eine "noch größeren Nutzen" bringende "anagogische" Deutung angeschlossen wird. Es heißt da (*v.Mos.* II,207-211 [PG 393D-396C = GNO 105,9-106,25]): "In einer an alle gerichteten Verkündigung sprach der Gesetzgeber: 'Wer für Gott ist, der trete her zu mir!' Das ist die Stimme des Gesetzgebers, die alle aufruft: 'Wer ein Freund Gottes sein will, der soll mein Freund, also ein Freund des Gesetzes werden' ... Diejenigen, die bei ihm (sc. Mose, dem Gesetzgeber) versammelt waren, rief er auf, das Schwert gegen den Bruder, den Freund, den Nachbarn zu zücken. Wir begreifen, indem wir auf den Zusammenhang (die Folgerichtigkeit [τὸ ἀκόλουθον]) unserer Betrachtung achten, daß jeder Mensch, der sich zu Gott und dem Gesetz hinwendet, sich durch die Tötung seiner schlechten Gewohn*[209]*heiten (τῶν κακῶς ᾠκειωμένων αὐτῷ) reinigt. Denn Bruder, Freund, Nachbar sind Begriffe, die die Schrift nicht nur in gutem Sinne", etwa zur Bezeichnung des uns "Hilfe und Beistand" leistenden Engels "gebraucht", sondern auch in schlechtem, "dämonologischem" Sinne. So verstanden aber "erkennen wir in ihnen (sc. den 'Brüdern', 'Freunden' und 'Nachbarn') diejenigen unter den uns angeborenen (inneren) Strebungen (τοὺς συμφυομένους ἡμῖν λογισμούς), deren Leben unseren Tod und deren Tod unser Leben bewirkt... Die Vernichtung eines solchen Bruders ist die Vertilgung der Sünde. Denn jeder, der ein Übel vernichtet, welches auf Betreiben des Widersachers in ihm heimisch geworden ist (τὸ διὰ τῆς συμβουλῆς τοῦ ἀντικειμένου ἐνιδρυνθέν τινι κακὸν), tötet in sich den, der nur von der Sünde lebt", eben den "Widersacher".[56]

Dem allen entspricht nun auch, und damit lenken wir zum Thema der χάρις als "Schöpfungsgnade" zurück, wenn in der zweiten der o.a. Hauptbezugsstellen (*v.Mos.* II,316-319) zwar der - in der Forschung schon vielfach beobachtete - "dynamische" Charakter der Gottebenbildlichkeit im Verständnis Gregors und damit auch die Sinngleichheit der Begriffe εἰκών und ὁμοίωσις deutlich zum Vorschein kommt, die beide im Sinne Gregors sowohl Ausgangspunkt wie Ziel der "höheren Lebensführung" (ὑψηλὴ πολιτεία) bezeichnen. Denn wie es bereits im Prolog (*v.Mos.* I,10-12 [PG 301 C.D = GNO 5,2-24]) hieß, ist das Vermögen zur Tugend ein constituens der menschlichen "Natur", deren "Vollkommenheit" jedoch erst darin bestehe, "sich so zu verhalten, daß man im Guten immer mehr zu haben strebt". Allein: Subjekt des damit angesprochenen Prozesses der

---

[56] Vgl. ferner *v.Mos.* II,45 f (PG 337D-340B = GNO 46,1-23); II,56-59 (PG 341C-344A = GNO 49,15-50,9); II,213 (PG 396D = GNO 107,9-20); II,290-300 (PG 420C-424A = GNO 133,12-136,13: ἡ πρὸς τὸ κακὸν οἰκειότης = τῆς τοῦ καλοῦ συμμαχίας ἀλλοτρίωσις!).

ὁμοίωσις θεῷ ist der Mensch selbst ! Denn "wer wirklich nach dem Bilde Gottes geworden ist (sic! [εἰκών = Ziel]) und sich nie davon abgewendet hat (sic! εἰκών = Ausgangspunkt]), der trägt an sich die Kennzeichen göttlichen Gepräges (τοῦ θεοῦ χαρακτῆρος ... τὰ γνωρίσματα) und erreicht in allem die Ähnlichkeit mit dem Urbild (ὁμοίωσις πρὸς τὸ ἀρχέτυπον), indem er seine Seele mit Unvergänglichkeit, Unveränderlichkeit und Unverworrenheit mit jeglicher Art von Bosheit (τῷ ... πάσης ἀμιγεῖ κακίας) schmückt" (*v.Mos.* II,318 [PG 429A = GNO 143,12-18]).

Allerdings ist er, der Mensch, das von "Natur" und gleichsam per *[210]* definitionem wandelbare Wesen,[57] dabei nicht auf sich allein gestellt. Vielmehr kommt ihm - wie einem Seemann, der auf offenem Meer vom rechten Kurs abgewichen ist, auf ein Leuchtsignal hin aber seinen Kurs zurückgewinnt[58] - das göttliche "Gesetz" zu Hilfe.

b. Das "Gesetz" als "gottgeschenkte χάρις" (vgl. bes. *v.Mos.* I,56-61 [PG 320D-321B = GNO 25,25-27,15] mit I,3 [PG 300B = GNO 2,19-26]).

Wenn Gregor im ersten, "historischen" Teil von *v.Mos.* auf die Ereignisse bei der Übergabe der Gesetzestafeln auf dem Gottesberg zu sprechen kommt (I,56 ff) und im Zusammenhang damit von dem Mose übergebenen νόμος als einer θεόσδοτος χάρις redet, so bezieht sich dies gewiß in erster Linie auf die wundersame Fertigung und Vermittlung der ursprünglichen Gesetzestafeln, wie auch die hier begegnenden Synonyme (θεῖον εὕρεμα καὶ δῶρον, οὐδεμίας ἀνθρωπίνης ἐνεργείας εἰς τὸ γενέσθαι προσδεηθεῖσαι [sc. αἱ ἱεραὶ πλάκες], und endlich ἔργον θεοῦ verdeutlichen. Aber nicht darauf allein! Vielmehr hat für ihn das Gesetz vom Sinai als "Werk" und "Geschenk" Gottes nicht nur des wunderbaren "Materials" wegen zu gelten, aus dem die Gesetzestafeln ursprünglich gefertigt waren, sondern auch und vor allem im Hinblick auf die darin eingeprägten - mit denen der "Zweitausfertigung" identischen! - "Schriftzüge". D.h. χάρις ist das "Gesetz" für Gregor nicht zuletzt seines Inhaltes wegen: als "Hilfe" (προσθήκη) für den, der im "Aufstieg" begriffen ist und sich in seine "mystischen Lehren" vertieft. Worin bestehen diese?

Die in den "göttlichen Geboten" enthaltene "Tugendlehre" kann Gregor etwa auf folgenden kurzen Nenner bringen: Erstens, und das ist die "Hauptsache" (τὸ κεφάλαιον) sind uns darin "Ehrfurcht" und "geziemende Vorstellungen von der göttlichen Natur" (πρέπουσαι ὑπολήψεις περὶ τῆς θείας φύσεως) geboten, d.h. daß Gott als "unendlich" gedacht werde, daß man sich bei den "Meinungen" über ihn nicht an Begriffenes wende und seine alles überragende Natur nicht mit etwas vergleiche, was aus der Wahrnehmung erkannt werden kann. Zweitens werden wir dadurch über "all das" belehrt, "was wir *[211]* sittlich zu leisten verpflichtet sind" (ὅσα

---

[57] Vgl. *v.Mos.* II,2 (PG 328A = GNO 33,19-34,5) und dazu *J. Daniélou,* L'être et le temps chez Grégoire de Nysse, Leiden 1970, S. 95 ff; ferner etwa noch E. von Ivánka (Anm. 11), S. 176 f u.ö.

[58] Vgl. *v.Mos.* I,12 (PG 301C = GNO 5,8-16).

τοῦ ἤθους ἐστὶ κατορθώματα),[59] was sich aber nach Gregor wiederum in einer einzigen Forderung zusammenfassen läßt: dem Gebot der "moralischen Rechtschaffenheit" (τοῦ ἤθους κατόρθωσις), der "Reinheit der Lebensführung" (τοῦ βίου καθαρότης).[60]

Dieselben Hauptforderungen, rechte Gotteserkenntnis und völlige "Reinheit" als deren Vorbedingung, treten freilich, wenn man Gregors Schriftbetrachtung folgt, keineswegs nur im Dekalog, sondern allenthalben in den "Lehren", Begebenheiten und ὑποδείγματα der Bibel entgegen, soweit diese "ethisch" verwertbar und einer "anagogischen" Deutung zugänglich sind.[61] Welcher Fortschritt dann aber von einem immer tieferen Eindringen in den "Sinn" der Schrift und ihre von Stufe zu Stufe emporgeleitenden "Mystagogien"[62] zu gewärtigen sein soll oder, anders gesagt, inwiefern das ganze dem Aufbau von *v.Mos.* zugrunde liegende "Stufenschema" nicht ein recht künstliches Gebilde ist, wird man zumindest fragen können. Aber wie dem auch sein mag: in jedem Falle kann, so gesehen, die Bibel insgesamt als "Gesetz" betrachtet und ihr - als "Ratgeberin" für den, der auf der Suche oder womöglich gar "von der Tugend abgewichen" ist[63] - mindestens in dem Sinne "Gnadencharakter" zugeschrieben werden, in dem alles, was zur Klärung der Frage beiträgt, was denn das "vollkommene Leben" sei, eine "Wohltat" (χάρις) ist, vorausgesetzt, daß die gegebenen Hinweise auf das eigene Leben übertragen und darin fruchtbar gemacht werden (*v.Mos.* I,3 [PG 300B = GNO 2,19-26]).

Schließlich seien wenigstens im Vorübergehen noch zwei Beobachtungen festgehalten. Einmal wird in *v.Mos.* der "Offenbarungscharakter" der dem göttlichen "Gesetz" zugeschriebenen "Tugendlehre" - trotz mannigfacher Anleihen bei der Mysteriensprache - nicht betont, geschweige denn, einsichtig gemacht. Im Gegenteil kann von der wahren Gotteserkenntnis gesagt werden, daß sie, gemäß *[212]* Ps 19,2, bereits aus der "Betrachtung des Seienden" zu gewinnen sei, jedenfalls für den, der "das Ohr des Herzens rein hat und diesen Klang vernimmt",[64] ja, gilt der Gedanke der göttlichen "Unendlichkeit" schlichtweg als denknotwendig.[65] Die "Reinheit der Lebensführung" als das zweite Hauptgebot des "Gesetzes" aber war bekanntlich ein integrierender Bestandteil nicht nur speziell platonischer Gnoseologie, sondern der ἔξωθεν παίδευσις und ihrer "Moralphilosophie" ganz allgemein, von der Gregor ausdrücklich erklärt, daß sie im Tugendleben sich als hilfreiche Gefährtin zunutze zu machen

---

59 *V.Mos.* I,47-49 (PG 317B.C = GNO 22,13-23,10).

60 *V.Mos.* II,166 (PG 377C = GNO 88,5-12). Zum Zusammenhang zwischen beidem θεογνωσία und καθαρότης, s. etwa II,239 (PG 404D-405A = GNO 116,15-23).

61 Vgl. die in Anm. 34 angeführten Texte und dazu etwa noch II,16 (PG 332B = GNO 38,10-15); II,125 (PG 364A = GNO 72,2 ff); II,148-154 (PG 372A-373B = GNO 81,1-83,16). Zum "griechischen" Hintergrund (Paideia als Literatur!) vgl. etwa W. Jaeger (Anm. 13), S. 68 ff, sowie *W. K. Wischmeyer,* Bemerkungen zu den Paulusbriefkommentaren des C. Marius Victorinus, ZNW 63 (1972), S. 108-120.

62 Vgl. *v.Mos.* I,49 (PG 317C = GNO 23,8-10); I,56 (PG 320D = GNO 26,1) u.ö.

63 *V.Mos.* I,11 (PG 301C = GNO 5,5-9).

64 *V.Mos.* II,169 (PG 380A = GNO 89,6-14).

65 *V.Mos.* II,234-238 (PG 404B.C = GNO 115,4-116,15).

auch dem Christen nicht bloß ratsam,[66] sondern geradezu von Gott befohlen sei.[67] Zum andern ist aus *v.Mos.* - stärker noch vielleicht als aus anderen Gregorschriften - der Eindruck zu gewinnen, als sei Gregors Verständnis des "Gesetzes" wesentlich von daher strukturiert, daß er mit der Tradition der klassischen Paideia die optimistische Ansicht teilt, daß die "Natur des Guten alle, die auf sie schauen, zu sich" ziehe,[68] daß sich die Seele, "vermöge einer gewissen erotischen Struktur" (ἐρωτικῇ τινι διαθέσει), auf das "naturhaft Schöne" richte,[69] also wesenhaft zum Guten in Beziehung stehe. "Gregor kennt" danach "keinen Zweifel, daß der menschliche Wille von Natur aus das Gute will, wie es in Platos Gorgias geschrieben steht, und daß er gar nichts anderes 'wollen' kann. Alle Abirrungen von dem wahren zu einem scheinbaren Gut (φαινόμενον ἀγαθόν), dessen Trugbild sich so leicht vor das Wahre und Wirkliche schiebt und es für unsere Augen verdunkelt oder ganz verdeckt, sind nur die Folge eines Mangels an Erkenntnis oder Irrtums (ἄγνοια)".[70] Dementsprechend käme es allein auf Belehrung, Erinnerung, Ermahnung, auf κάθαρσις der διάνοια vor allem[71] und nicht bloß auf moralische "Reinigung" an, darauf, daß sich im Vollzuge der Befolgung von Weisungen und gegebenen "Ratschlägen" oder, um mit Gregors eigenen Worten zu reden, durch "Tätigkeit im Dienste der Tugend" (κατ᾽ ἀρετὴν ἐνέργεια) die Kraft zum "Aufstieg" ständig erneuere und nähre.[72] Und eben dies leistet *[213]* nach Gregor das "Gesetz". Eben darin liegt seine "gnadenhafte" Wirksamkeit. Daß es jedoch dem Menschen, und zwar gerade auch dem Tugendhaften, dem zur "Verähnlichung mit Gott" Strebenden, zum "Fluch" (Gal 3,13) und lastenden "Joch" (Gal 5,1) werden könnte, daß das "Heil" gerade in der Befreiung vom Gesetz (Röm 7,1-6; Gal 2,19) bestünde, ließ sich auf diesem Denkhorizont nicht mehr zu Gesicht bekommen.[73]

Wohl aber ist es auch für Gregor als christlichen Theologen ohne Zweifel ein längst axiomatisch feststehender Satz, daß das Heil des Menschen nur durch ein geschichtliches Eingreifen Gottes, das Heilsgeschehen in Christus, herbeigeführt und durch das Wirken des Hl. Geistes vollendet werde. Wie bringt er diesen Satz in seiner "Theologie des geistlichen Lebens" zur Geltung?

---

66 *V.Mos.* II,37-41 (PG 336D-337B = GNO 43,20-44,23).

67 *V.Mos.* II,115 (PG 360B = GNO 68,8-11).

68 *V.Mos.* II,225 (PG 401A = GNO 112,17 f).

69 *V.Mos.* II,231 (PG 401D = GNO 114,5 f)

70 *W. Jaeger,* Die asketisch-mystische Theologie des Gregor von Nyssa, in: ders., Humanistische Reden und Vorträge, 2. Aufl., Berlin 1960, S. 266-286 (hier: 272).

71 *V.Mos.* I,49 (PG 317C = GNO 23,8); II,153 (PG 373A = GNO 82,22) u.ö.

72 *V.Mos.* II,226 (PG 401A.B = (GNO 112,21-113,2).

73 Vgl. oben S. 37. Dies undialektische Verständnis von "Gesetz" und "Evangelium" scheint mir ein weiterer Grund dafür zu sein, daß bei Gregor "se trouve dissoute ... l'opposition fondamentale qu'Origène, après bien d'autres, introduisait entre l'Ancien Testament et le Nouveau" *(M. Canévet,* Exégèse et théologie dans les traités spirituels de Grégoire de Nysse, in: M. Harl (Hg.), Écriture et culture philosophique dans la pensee de Grégoire de Nysse, Actes du Colloque de Chevetogne (22-26 septembre 1969), Leiden 1971, S. 144-168 (hier: 164).

c. Die "Wiederbringung der χάρις" durch Christus (vgl. bes. *v.Mos.* II,215-217 [PG 397 B-D = GNO 108,21-109,19]).

Auch in *v.Mos.* schöpft Gregor in reichem Maße aus dem Traditionsstrom biblisch-kirchlicher Soteriologie, indem er etwa die Vorstellung von Christus als "Gnadenthron" und "Sühnemittel",[74] als des uns im Fleische erschienenen Gottes,[75] des überbietenden "Erfüllers" des mosaischen Gesetzes[76] aufgreift oder vom "Blut des Lammes",[77] vom im "Holz des Kreuzes" seinen Anfang nehmenden "Geheimnis der Auferstehung"[78] u. dgl. spricht. Jedoch bleibt diese Überlieferung bei ihm oft genug uninterpretiert und "unverbunden neben seiner übrigen Schau stehen", ohne erkennbare assimilierende Kraft, wie ein "leeres Bachbett ohne Wasser".[79] Wo sie aber gedeutet wird, da *[214]* läuft die Interpretation fast regelmäßig auf *Allegorese* hinaus[80] und ist der von Gregor erhobene "Sinn" ein rein gnoseologisch-"kathartischer"!

Nehmen wir als Beispiel die in die Überschrift dieses Abschnittes aufgenommene Phrase von der "Wiederbringung der Gnade (des Urstands)" durch Christus. Innerhalb ihres unmittelbaren Kontextes besagt sie, daß Christus in der von ihm angenommenen Menschheit unsere Menschennatur zur Unverweslichkeit restituiert habe.[81] Allein: was das heiße, wie sich dies Heil in der Existenz des einzelnen Gläubigen realisiere, was es für den "Aufstieg" zu der - vom "Gesetz" nach Gregor *jedermann* gebotenen![82] - "Vollkommenheit" bedeute, wird nicht gesagt.[83]

---

[74] *V.Mos.* II,182 (PG 384C = GNO 94,14-17).

[75] *V.Mos.* II,20-26 (PG 332D-333C = GNO 39,8-41,7).

[76] *V.Mos.* II,147-152 (PG 369D-372D = GNO 80 8-82,9).

[77] *V.Mos.* II,95 (PG 353B.C = GNO 61,22-62,9).

[78] *V.Mos.* II,132 (PG 365B = GNO 75,1-9).

[79] So *V. E. Hasler,* Gesetz und Evangelium in der alten Kirche bis Origenes, Zürich 1953, S. 106 (zu Klemens von Alexandrien).

[80] Wenn ich nicht irre, so wäre also J. Daniélous "glänzende Einsicht" (H. Langerbeck [Anm. 27], Sp. 87): "On peut dire, en somme, que Grégoire a tout allégorisé, même la philosophie" ([Anm. 28], S. 9), auch auf das von Gregor benutzte christologisch-soteriologische Material auszudehnen! Jedenfalls scheint mir dies im Blick auf *v.Mos.* zu gelten. Wo aber Gregor in dieser Schrift von einer Allegorisierung absieht und sich rein auf die Entfaltung des christologischen Dogmas beschränkt, da bleiben seine Bemerkungen, ohne erkennbaren Bezug zu seiner "übrigen Schau" (V. E. Hasler), im Bereich des Bildhaft-"Mythologischen" stehen. Vgl. dazu auch unten S. 50 f.

[81] *V.Mos.* II,216 (PG 397 B = GNO 108,21-109,6).

[82] Vgl. bes. *V.Mos.* II,191-195 (PG 389A-D = GNO 99,9-100,21). Auf die Nähe dieses Gedankens zur Mönchstheologie des Basileios hat J. Daniélou in seinem Kommentar (Anm. 28, S. 237, Anm. 2) zu Recht hingewiesen.

[83] Ähnlich verhält es sich auch etwa mit der Stelle *v.Mos.* II,27-30 (PG 333D-335A = GNO 41,13-42,9), wo es heißt: Durch das Mysterium der Erscheinung Christi unter den Menschen "geschieht" die Vernichtung des Tyrannen und die Befreiung der von ihm Beherrschten, die Aufhebung unserer Schwachheit, die Verwandlung (**μεταστοιχείωσις**) unserer Wandelbarkeit und Leidensfähigkeit zur **ἀπάθεια**, kraft der "Teilhabe" (**κοινωνία**) an der (göttlichen) Unwandelbarkeit. Allein, wie dies geschieht und in der Existenz des einzelnen Christusgläubigen sich verwirklicht, wird nicht gesagt.

Nun könnte man gewiß, um diesem Mangel aufzuhelfen, auf andere Gregortexte ausweichen, vor allem auf solche, in denen der Gedanke der Teilhabe Christi, seiner Menschheit nach, an der einen Menschennatur breiter entfaltet wird und, wie man oft genug fälschlicherweise herausgelesen hat, in dieser speziellen Auffassung von der Einheit der Menschennatur auch die Universalität des von Christus ausgehenden, alle Menschen umfassenden Heils ihre Begründung findet.[84] Doch ziehe ich es vor, in *v.Mos.* selbst nach Parallelaussagen Ausschau zu *[215]* halten, in denen die Frage nach der "Bedeutsamkeit" des Christusgeschehens gestellt und beantwortet wird.

So sieht Gregor z.B. im "brennenden Dornbusch" (Ex 3) einerseits eine Präfiguration der Fleischwerdung Christi, der Erscheinung "jenes Lichtes, das sich bis zur menschlichen Natur herabneigte, statt von irgendeinem fernen Stern aus zu leuchten, um nicht Gefahr zu laufen, daß sein Glanz als der einer zugrunde liegenden Materie angesehen werde". Speziell erführen wir daraus das Geheimnis der jungfräulichen Geburt Jesu: "das Licht der Gottheit, das aus ihr (der Jungfrau) durch Geburt der Menschheit aufleuchtete, ließ den brennenden Dornstrauch unversehrt, wie auch der Zweig der Jungfräulichkeit (Mariens) durch die Geburt nicht verwelkte". Andererseits "lernen wir von jenem Licht, was wir tun müssen, um in die Strahlen des wahrhaften Lichtes zu gelangen: daß es nämlich beschuhten Füßen nicht möglich ist, jene Höhe zu erklimmen, auf der das Licht der Wahrheit erschaut wird, wenn nicht zuvor von den Füßen der Seele jene tote und irdische Fellbekleidung ringsherum abgelöst ist, die unserer Natur am Anfang angelegt ward, als wir infolge des Ungehorsams gegen den göttlichen Willen nackt wurden. Wo dies bei uns geschieht, da wird sich die Erkenntnis der Wahrheit (unfehlbar) einstellen und sich selbst offenbaren. *Denn* die Erkenntnis des Seienden geschieht dadurch, daß die Meinung über das, was nicht ist, gereinigt wird". Und zwar "wird jemand, der während langer Zeiträume zurückgezogen mit großem Eifer nachgedacht hat (πολλῷ τις τῷ μεταξὺ χρόνῳ ταῖς ὑψηλαῖς δι᾽ ἡσυχίας ἐμφιλοσοφήσας μελέταις), einsehen, was in Wahrheit das Seiende ist, das aus eigener Natur sein Sein hat, und was das Nichtseiende, das nur dem Scheine nach Sein ist, ohne daß ihm für sich in irgendeinem Sinne Realität zukäme".[85] Das aber heißt, daß für uns - unerachtet der Epiphanie Christi als des wahren, göttlichen Lichtes - der Weg zu diesem Licht über die moralische wie intellektuelle "Selbstreinigung" führt, daß uns das Licht der Wahrheit erst am Ende des "Aufsteigens" zum "Gottesberg" und

---

[84] Vgl. dazu jetzt vor allem die Dissertation von *R. Hübner,* Die Einheit des Leibes Christi bei Gregor von Nyssa, Bonn 1969 (im Druck) [= Die Einheit des Leibes Christi bei Gregor von Nyssa. Untersuchungen zum Ursprung der physischen Erlösungslehre, Leiden 1974 (PP 2)], sowie ders., Gregor von Nyssa und Markell von Ankyra, in: Écriture et culture philosophique (Anm. 73), S. 199-229 (hier: 210 ff); ferner etwa noch P. Zemp (Anm. 11), S. 139 ff, 158 ff, 217 ff.

[85] *V.Mos.* II,20-26 (PG 332D-333C = GNO 39,8-41,7).

gleichsam als "Lohn" für den "Aufstieg" in seinem vollen Glanz erstrahlt.[86]

Oder Gregor kann sagen, daß es für die "wirklichen (Tugend-) Kämpfe" mehr als des Gesetzes vom Sinai, daß es nämlich Christi, des "Erfüllers des Gesetzes (Hebr 8,5) und Nachfolgers (διάδοχος) *[216]* Mosis", als "Feldherrn" bedürfe, "der für die Schwachen kämpft und den Feind mit Schlägen überhäuft". Auf die Frage, was damit gemeint sei, erhält man zur Antwort, es bedeute "eine Betrachtung des Gesetzes mit höherer Erkenntnis", ein Eindringen in seinen "Sinn", durch das seine "in der Schwere der" am bloßen Buchstaben haftenden "jüdischen Auslegung zu Boden gestürzten Kräfte" wieder emporgehoben würden. Was aber ist dieser, wie es hier weiter heißt, von allen denen, "die zu schauen wissen", zumal vom "wahren Priestertum", im "Gesetz" entdeckte und erschlossene "Sinn"? Es ist, antwortet Gregor, das "Geheimnis des Kreuzes";[87] es ist das im heilsgeschichtlichen Fortschritt vom Alten zum Neuen Bund immer mächtiger und vernehmlicher verkündigte "göttliche Geheimnis der Menschwerdung" (τὸ θεῖον τῆς κατὰ ἄνθρωπον οἰκονομίας μυστήριον).[88] Und was fruchtet diese "Schau"? Was fruchtet der Blick auf die ausgestreckten Arme Christi am Kreuz? Er "befreit", sagt Gregor im Anschluß an die Geschichte von den ägyptischen Plagen (Ex 7,14 ff), von der "widerlichen Gemeinschaft" mit den schmutzigen ("froschähnlichen") Gedanken, "*indem* die Leidenschaft (τὸ πάθος) abstirbt und verwest. Denn wahrhaftig wird für die von solcher Seuche Befreiten nach dem Absterben der froschähnlichen Gedanken die Erinnerung an das Vergangene widersinnig und stinkend, ihre Seele mit dem Ekel der Scham erfüllend ..."[89].

Ein ähnlicher Sinn erschließt sich ihm aus dem Bericht über die "Kennzeichnung der Türpfosten und der Schwelle mit dem Blut des Lammes" zur Abwehr des "Verderbers" (Ex 12,21 ff), womit natürlich auf das "vor unsere Türen gegossene" Blut des "echten Lammes" im voraus hingedeutet sei. Diese "Kennzeichnung" bestehe nämlich in "Wachsamkeit" (φυλακή) und "Sicherung" (ἀσφάλεια), d.h. darin, daß in unserer Seele das λογιστικόν die Oberhand über die anderen, niederen Seelenvermögen behalte. Wer dagegen anders "verfaßt" sei, dem vermöge auch der "Glaube an Christus" in seinen Kämpfen nicht beizustehen![90]

---

[86] Vgl. etwa noch *v.Mos.* II,152-165 (PG 372D-377B = GNO 82,5-88,5).

[87] *V.Mos.* II,147-152 (PG 369D-372C = GNO 80,8-82,3).

[88] *V.Mos.* II,158 f (PG 376A.B = GNO 84,25-85,15). Was dies jedoch für den "Aufstieg" bedeutet, bleibt auch an dieser Stelle unerörtert.

[89] *V.Mos.* II,78 f (PG 348D-349A = GNO 56,4-21).

[90] *V.Mos.* II,95-98 (PG 353B-D = GNO 61,22-63,9). Wörtlich heißt es hier: "Wenn aber diese Verfaßtheit sich verkehrt und das Obere zum Unteren wird, so daß die Vernunft (λογισμός) fällt und von den begehrenden und erregbaren Trieben getreten wird, so dringt auch der Verderber in das Innere ein, da kein Widerstand aus dem Blut ihn daran hindert, d.h. da den so Verfaßten der Glaube an Christus nicht beisteht" (τουτέστι τοῖς οὕτω διακειμένοις τῆς εἰς Χριστὸν πίστεως μὴ συμμαχούσης). Das macht nur auf den ersten Blick einen anderen Sinn. In Wirklichkeit aber *kann,* dieser Stelle zufolge, der "Glaube an Christus" den "falsch" Verfaßten überhaupt nicht helfen, weil er mit der "richtigen" seelischen Verfassung in eins gesehen wird!

[217] Gleichwohl kann er wenige Passagen später, innerhalb eines der zahlreichen Summarien der verschiedenen Stadien des "Aufstiegs", das Geheimnis des in den ausgebreiteten Armen des betenden Mose (Ex 17, 5 ff) präfigurierten Kreuzes Christi als *"Ursache* des Sieges" (νίκης αἰτία) bezeichnen, ohne allerdings zu sagen oder auch nur anzudeuten, worin denn dieser "Kausalzusammenhang" zwischen Christi Kreuz und unseren "Siegen" bestehe.[91] Vielleicht aber kann uns als Hinweis darauf, wie man hier im Sinne Gregors zu deuten habe, der Gedanke dienen, daß, wie einst das "Bitterwasser" von Mara durch ein auf göttlichen Befehl hineingeworfenes Holzstück süß und trinkbar geworden sei (Ex 15,22 ff), so auch für den, der das im "Holz des Kreuzes" anhebende "Geheimnis der Auferstehung" annehme, das zunächst als "schwer und widrig" erscheinende Tugendleben "süßer und köstlicher" werde "als alle von den Sinnen wahrzunehmende Süßigkeit", weil es mit der "Hoffnung auf das Zukünftige", und das heißt doch wohl: mit der in Christi Auferstehung gründenden Hoffnung auf den Bestand einer sittlichen Weltordnung, welche dem Tugendsamen "Lohn" verheißt und ans Ziel zu kommen verspricht, "gewürzt" werde.[92]

In den damit, wie ich denke, hinlänglich gekennzeichneten Rahmen fügen sich auch die übrigen für uns in Frage kommenden Aussagen von *v.Mos.* ein, etwa die, daß es mit dem Apostel Paulus gelte, den "Herrn Jesus" anzuziehen (Röm 13,14),[93] dem nachzufolgen, ohne den "der des Wegs Unkundige auf gar keinen Fall seinen Lauf zu vollführen" vermöge.[94] Ist doch der Appell des Paulus: "Ziehet an den Herrn Jesus" für Gregor offenbar gleichbedeutend mit der Aufforderung, den "Schild der Tugend" zu ergreifen,[95] darum nämlich, *[218]* weil derjenige, der "in irgendetwas Gutem" sei, "in Christus" sei, welcher "alles Gute in sich" begreife[96] und als die "vollkommene Tugend" (παντελὴς ἀρετή) zu gelten habe,[97] während mit "Nachfolge" für ihn nichts anderes als dies gemeint ist, "stets auf den Rücken des Führers zu schauen. Wer sich nämlich ablenken läßt oder dem Führer ins Angesicht zu blicken trachtet, der erkühnt sich damit, einen anderen Weg einzuschlagen, als ihn der Führer weist. Deshalb wird zu dem Geführten auch gesagt: 'Mein *Angesicht* sollst du nicht schauen' (Ex 33,20)". Doch ist auch das eher bildlich zu verstehen. Der Sinn ist, daß "das Gute dem Guten nicht entgegenblickt, sondern ihm folgt. Nur sein Widerspiel schaut dem Guten ins Antlitz. Es

---

91 *V.Mos.* II,153 (PG 373A = GNO 82,17-83,7); vgl. auch II,151 (PG 372C = GNO 82,1-3: Das am betenden Mose anschaubare σχῆμα τοῦ σταυροῦ als τρόπαιον καὶ νίκης αἴτιον!). Statt einer Begründung lesen wir jedoch im unmittelbaren Anschluß: "Der Weg zu dieser Erkenntnis (sc. der jenseits aller irdischen Grenzen liegenden Natur, zu der man u.a. durch den Blick auf die ausgebreiteten Arme des "Gesetzgebers" als der νίκης αἰτία gelange) ist die *Reinheit* ..."!

92 *V.Mos.* II,132 (PG 365B = GNO 75,1-9); vgl. dazu auch oben Anm. 33.

93 *V.Mos.* II,262 (PG 412B = GNO 124,4 f).

94 *V.Mos.* II,252 (PG 408D = GNO 121,4-9).

95 *V.Mos.* II,261 f (PG 412B = GNO 123,24-124,5).

96 *V.Mos.* II,248 (PG 408B = GNO 119,22-120,4).

97 *V.Mos.* II,244 (PG 405D = GNO 118,20).

ist die *Sünde*, die der *Tugend* entgegenblickt!" "Du siehst", schließt Gregor hier, "welch gewaltige Aufgabe es ist, die Nachfolge Gottes zu lernen (ὅσον ἐστὶ τὸ μαθεῖν ἀκολουθῆσαι τῷ θεῷ ..."[98]

Aus dem allen ergibt sich für unsere Frage nach Gregors Gnadenverständnis, daß sich, seinen Darlegungen in *v.Mos.* zufolge, die "Christusgnade" von der "Gnade des Gesetzes" nicht qualitativ, sondern nur graduell, nicht der Art, sondern allenfalls der Intensität ihrer Wirksamkeit nach unterscheidet, so wahr in Christus die "vollkommene Tugend" anschaubar geworden und der rechte dux vitae unter uns getreten ist, dem wir nachzufolgen haben.[99] Das bleibt, für mein Verständnis, zwar weit hinter dem zurück, was in dem von Gregor aufgenommenen christologisch-soteriologischen Material intendiert war. Es ist aber, wenn ich mich nicht täusche, alles, was er sich daraus - durch Allegorisierung des Traditionsstoffes - zueigen zu machen und in seiner "Theologie des geistlichen Lebens" zur Geltung zu bringen vermochte.[100] *[219]*

d. Die "χάρις des Hl. Geistes" (*v.Mos.* II,121 [PG 361B = GNO 70,17-23]; vgl. auch II,187 [PG 385D = GNO 97,1-5]).

Verglichen vor allem mit Gregors Schriften aus der Zeit des pneumatomachischen Streits, aber auch etwa mit *De instituto christiano,* ist in *v.Mos.* vom Wirken des Geistes nur auffällig beiläufig als dessen die Rede, welcher Propheten und Apostel inspiriert habe[101] und - als spiritus creator der Hl. Schrift - allein auch die Vollmacht zu verleihen vermöge, ihre tiefsten Geheimnisse zu ergründen,[102] so, wie er allein die "Tiefen der Gottheit" (I Kor 2,10) ermesse.[103] Wie dies Zurücktreten der Pneumatologie ausgerechnet in einem asketisch-"mystischen" Kontext wie dem der allegorischen Ausdeutung des Moselebens zu erklären sei, wäre sehr wohl der Erörterung wert. Doch müssen wir diese Frage hier auf sich beruhen lassen und uns sogleich den beiden für unser Thema wichtigsten pneumatologischen Stellen von *v.Mos.* zuwenden.

---

98 *V.Mos.* II,252-255 (PG 408D-409A = GNO 121,11-122,3).

99 Vgl. dazu etwa *W. Jaeger,* Gregor von Nyssa's Lehre vom Heiligen Geist, hg. von H. Doerries, Leiden 1966, S. 117 f.

100 Man versteht deshalb, meine ich, schon, wieso W. Jaeger von der Bedeutung der Inkarnation Christi für die asketisch-"mystische" Theologie Gregors sagen konnte, daß damit aus "christlichem Material" der "platonisch-humanistischen Metaphysik... ein neuer *Mythos* als Stütze und Grundlage bereitet" worden sei (W. Jaeger [Anm. 70], S. 276; Hervorhebung von mir), jenen mythischen Bildern vergleichbar, in die Platon "sein Erahnen der Wahrheit vor der systematischen Darstellung... faßte" (E. Mühlenberg [Anm. 29], S. 189, unter Berufung auf *G Krüger,* Einsicht und Leidenschaft. Das Wesen des platonischen Denkens, 2. Aufl., Frankfurt/Main 1948, S. 66). Allerdings wird man hinzufügen müssen, daß dies Gregor selbst schwerlich bewußt, geschweige denn von ihm beabsichtigt gewesen sein wird.

101 *V.Mos.* II,132-134 (PG 365B.C = GNO 75,1-76,3); II,158 f (PG 376A.B = GNO 84,25-85,15).

102 *V.Mos.* II,173 (PG 380D = GNO 91,3 f).

103 *V.Mos.* II,11O (PG 357D = GNO 66,23-67,2).

Während es an der einen Stelle (II,187) heißt, daß die "durch den Geist" zum "Blühen" gebrachte Gnade nur in denen wirksam werde, die sich "der Sünde abgetötet" haben, aber nicht mit Sicherheit auszumachen ist, ob hier nicht im Grunde nur, wenn auch mit verschiedenen Ausdrücken, von einem und demselben Vorgang die Rede sei - worin erweist sich denn die "Geistgnade" und wird sie "wirksam", wenn nicht in der "Abtötung" der πάθη oder, platonisch gesprochen, in der ἄσκησις als Vorbedingung der γνῶσις selbst? -, scheint der Sachverhalt an der andern (II,121) insoweit klar zu sein, als dort mit der auf Origenes zurückgehenden Tradition[104] der "Gnade des Hl. Geistes" die Wirkung zugeschrieben wird, daß sie "die Würdigen zum Guten" geleite (παρ' οὗ [sc. τοῦ ἁγίου πνεύματος] γίνεται τοῖς ἀξίοις ἡ πρὸς τὸ ἀγαθὸν ὁδηγία). Gleichwohl ist zu fragen, ob nicht auch dies, ohne daß damit Wesentliches verlorenginge, im Sinne platonischer Gnoseologie interpretiert werden könnte, so nämlich, daß das Leben gemäß der höchsten Norm der Arete ... die Voraussetzung der richtigen Erkenntnis" bilde.[105] *[220]*

Wenn es allerdings im weiteren vom "Weggeleit" des Geistes heißt, wer ihm folge, der werde "das Wasser durchschreiten, *indem* ihm der Führer den Weg bereitet" (ὁδοιποροῦντος αὐτῷ τὴν πορείαν τοῦ ἡγεμόνος), dem werde *durch* den Geist "die Freiheit gesichert" und "der Verderber der Knechtschaft im Wasser ertränkt", womit für Gregor zugleich das Stichwort gegeben ist zu einer längeren Auslassung über das "Geheimnis des (Tauf-)Wassers", so scheint die "Gnade des Hl. Geistes" in der Tat als etwas "objektiv" Vorgegebenes, "von außen" auf den Menschen Einwirkendes, ins Auge gefaßt zu sein.

Allein, um sicher zu gehen, empfiehlt es sich wohl, an dieser Stelle, Gregors Wink folgend, wenigstens die wichtigsten seiner Taufaussagen in *v.Mos.* in die Untersuchung einzubeziehen.

e. Die "Gabe (δωρεά) der Taufe" (vgl. *v.Mos.* II,121-130 [PG 361C-365A = GNO 70,23-74,20] mit II,185 [PG 385C = GNO 96,7-13]).

Man hat gefunden, daß die Taufe in der Konzeption Gregors die "Grundlage für den Kampf gegen die Sünde" bilde,[106] ja, daß für ihn den Sakramenten insgesamt ein "bestimmender Platz im geistlichen Leben" zukomme.[107] Allein, von der Eucharistie ist in *v.Mos.* überhaupt nicht die Rede.[108] Und obwohl darin von der Spendung der Taufe als einem ἐν-

104 Vgl. die Nachweise bei *A. M. Ritter,* Charisma im Verständnis des Joannes Chrysostomos und seiner Zeit. Ein Beitrag zur Erforschung der griechisch-orientalischen Ekklesiologie in der Frühzeit der Reichskirche, Göttingen 1972 (FKDG 25), S. 183, Anm. 76.

105 W. Jaeger (Anm. 99), S. 110.

106 W. Völker (Anm. 7), S. 94 ff; vgl. auch die dort genannte Lit.

107 M. Canévet (Anm. 11), Sp. 1002.

108 Ein Eingehen auf die Eucharistie hätte sich etwa nahegelegt bei der Besprechung des Mannawunders (*v.Mos.* II,137 ff [PG 368A ff = GNO 76,23 ff]). Doch deutet

εργεῖν τὴν χάριν "für alle, die an dieser Gabe (δωρεά) teilhaben", gesprochen und ihre Wirkung als "Abwaschen" der "Flecken der Sünde mit sakramentalem ('mystischen') Wasser" bezeichnet werden kann (II,185), dürfte vor allem die Auslegung der Geschichte vom Durchzug der Israeliten durchs Rote Meer (II,121 ff) beweisen, wie wenig Gregor die Taufe im Ernst als "Gnaden*mittel"* zu verstehen und damit auch eine - wie immer geartete und zu deutende - "Objektivität" der "Geistgnade" anzunehmen vermag. Vielmehr tendiert diese Auslegung dahin, wie den alttestamentlichen Typos, so auch dessen antitypische Entsprechung, das "Taufsakrament" (τὸ μυστικὸν ὕδωρ ἐν τῷ βαπτίσματι, τὸ σωτήριον βάπτισμα o.ä.) des Neuen Bundes, zu allegorisieren. *[221]*

Wenn demnach der Taufe in irgendeinem Sinne "Gabecharakter" zukommt,[109] so kann dieser allenfalls in der Vermittlung deutlicherer "Erkenntnis" der παραγγέλματα τοῦ νόμου bestehen;[110] zielen diese "Gebote" doch für Gregor auf eben jene "Reinheit" ab, wie sie der im Durchzug durch das Rote Meer vorabgebildete Taufritus symbolisiere. Jedenfalls geht es, wie wir in *v.Mos.* bedeutet werden, in der Taufe letztlich um das "Ertränken" der ποικίλα τῆς ψυχῆς πάθη.[111] Wo dieses geschieht, da "spendet die Natur des Wassers ... denen, die zu ihr fliehen, Leben (ζωοποιὸς ... γίνεται), während sie den Verfolgern Verderben bringt".[112] Wo es aber nicht geschieht, wo vielmehr "zügellose Leidenschaft", "Habsucht" und desgleichen im Getauften weiterhin ihr Unwesen treiben, da hat er, sagt Gregor, "selbst wenn er das (Tauf-)Wasser durchschritten haben sollte, wenigstens meiner Meinung nach, jenes mystische Wasser nicht berührt, dessen Werk die Vernichtung der gefährlichen Tyrannen ist",[113] da ist ihm also seine Taufe gar nichts nütze gewesen. Allein, läuft dies nicht, genau genommen, auf eine reine Tautologie hinaus? Ziehen wir jedoch, ehe wir unseren Durchblick durch *v.Mos.* beenden, noch eine weitere Aussagenreihe zu Rate, die uns vielleicht auch besser zu verstehen hilft, was bei Gregor mit dem origeneischen Theologumenon der "Begnadung" der "Würdigen" gemeint sei.

f. Die "χάρις des Priestertums" (vgl. *v.Mos.* I,70 [PG 324C = GNO 30,13-19]; II,130 [PG 365A = GNO 74,17-20]; II,160 f [PG 376B.C = GNO 85,16-86,10]; II,189-192 [PG 388B-389A = GNO 98,1-99,10]; II,266 [PG 412D = GNO 124,23-125,13]; II,279-286 [PG

Gregor das himmlische Manna wie den Trank aus dem Felsen (Ex 17,1 ff) auf Christus das "Wort", das "Brot des Lebens".

109 Vgl. die Rede vom προσδέχεσθαι der "sakramentalen ('mystischen') Taufe" (*v.Mos.* II,128 [PG 364C = GNO 73,9-13]) oder von der [διὰ] τοῦ βαπτίσματος δωρεά (ebd. [GNO 73,20 f]; vgl. dazu den Apparat bei Musurillo. Im Text von Daniélou fehlt das διὰ, ohne daß dies begründet würde).

110 Vgl. ebd. (GNO 73,14).

111 *V.Mos.* II,112 (PG 361C = GNO 73,4 f).

112 *V.Mos.* II,124 (PG 361D = GNO 71,23-72,3).

113 *V.Mos.* II,128 (PG 364D = GNO 74,6-10).

416C-417D = GNO 128,21-131,21]; II,316f [PG 428C.D = GNO 142,2-143,1]).

Wie sich denken läßt, bieten die verschiedenen Begebenheiten der *vita Moysis,* das Gegenüber von Mose und Aaron, die kultischen Vorschriften bezüglich der priesterlichen Kleidung und besonders die *[222]* Erzählung vom "sprossenden Stab" Aarons (Num 17), Gregor reichlich Gelegenheit, sich über Wesen, Vollmacht und Funktion des kirchlichen Priestertums zu äußern - und dabei freilich immer wieder auch den Priesterbegriff völlig zu spiritualisieren![114] Doch müssen wir uns auch hier auf das Wesentlichste beschränken. Wir fragen: Was meint Gregor, wenn er von der "Gnade des Priestertums" spricht, wie sie den "Würdigen von Gott (θεόθεν) zuteil" werde (*v.Mos.* I,70)?

Offenbar denkt er dabei nicht an eine besondere "Amtsgnade" des ordinierten Priesters. Vielmehr will er damit das Priestertum selbst als eine χάρις verstanden wissen, und das heißt: als eine οἰκονομία θεοῦ, als "etwas Göttliches und nicht etwa Menschliches" (θεῖον τι χρῆμα ... καὶ οὐκ ἀνθρώπινον), das man darum auch nicht an sich reißen dürfe, sondern nur empfangen könne aufgrund "göttlicher Berufung" (ψῆφος τοῦ θεοῦ),[115] aufgrund des "Zeugnisses der Erwählung von oben" (τῆς ἄνωθεν χειροτονίας μαρτυρία). Worin aber besteht dies "Zeugnis" für ihn? In einem Leben der Enthaltsamkeit![116]

So kann er denn auch von den mit dem "Kundschafteramt" der Festigung unserer Hoffnung auf die verheißenen Güter[117] betrauten, nicht zuletzt aber zum Zeugnis "durch ihre eigenen Werke" berufenen[118] Priestern als denen reden, die ihren "eigenen Leib als ein (lebendiges) Opfer darzubringen (Röm 12,1)... bestrebt" sind.[119] Das ist, sagt Gregor, das wahre priesterliche Gewand: "... der Schmuck der Seele, gewoben aus Taten der Tugend".[120] Das ist die "Würdigkeit", auf die es bei den kirchlichen "Wahlen" unbedingt zu achten gilt: die "Reinheit" des Lebens und des Denkens. Dadurch allein erweise man sich als "fähig, die göttlichen Geheimnisse zu fassen" (χωρῆσαι τὰ θεῖα δυνάμενος) und somit auch als "würdig" des Dienstes priesterlicher Heilsvermittlung.[121]

An eine besondere "Begnadung" des wahren, nicht nur "so genannten Priesters"[122] ist nach *v.Mos.* höchstens insoweit zu denken, als einer, der den "Aufstieg" zum "wahrhaft steilen und schwer zugänglichen *[223]* Berg" der θεολογία wagt, in dem Maße, wie er "in der Tugend er-

---

114 So bes. *v.Mos.* II,189-192 (PG 388B-389A = GNO 98,1-99,10) und II,316 f (PG 428C.D = GNO 142,2 ff).
115 *V.Mos.* I,70 (PG 324C = GNO 30,19).
116 *V.Mos.* II,279-286 (PG 416C-417D = GNO 128,21-131,21).
117 *V.Mos.* II,266 (PG 421D = GNO 124,23-125,13).
118 *V.Mos.* II,184 (PG 385B = GNO 95,19).
119 *V.Mos.* II,189-192 (PG 388B-389A = GNO 89,1-99,10).
120 *V.Mos.* II,190 (PG 388C = GNO 98,13 f).
121 *V.Mos.* II,160 f (PG 376B.C = GNO 85,16-86,10).
122 *V.Mos.* II,286 (PG 417C = GNO 131,9).

starkt",[123] immer neuer "Gnade gewürdigt" wird,[124] und das heißt, wie es scheint, daß er im selben Maße von γνῶσις zu γνῶσις gelangt. Dabei werden wir uns allerdings zu erinnern haben, daß es genausogut heißen konnte, daß die "Kraft" zum "Aufstieg", zur Schau der "für die Menge unerreichbaren und unzugänglichen Wahrheit des Seienden",[125] durch *"Tätigkeit im Dienste der Tugend"* erneuert und genährt werde.[126]

III.

Wir könnten jetzt fortfahren und fragen, was etwa *v.Mos.* II,133 f (PG 365C = GNO 75,15-24) mit der Bezeichnung der "Lehre des Evangeliums", der Verkündigung der Apostel, als "Gnade" gemeint sei oder in welchem Sinne *v.Mos.* II,246 f (PG 408A.B = GNO 119,10-21) vom himmlischen "Lohn" als einem "Kranz der Gnaden" (στέφανος χαρίτων) bzw. als einem "Ehrengeschenk" (γέρας) des göttlichen "Kampfrichters" gesprochen werden könne. Auch wäre es, der Vollständigkeit halber, wohl notwendig, noch jene versprengten Äußerungen im Zusammenhang vorzuführen und zu analysieren, in denen von einem "Gnadenbeistand" (προσθήκη τῆς χάριτος),[127] einer συμμαχία Gottes[128] o.ä. die Rede ist. Doch würde sich dadurch an dem bisher gewonnenen Bild kaum mehr etwas verschieben, so daß wir zum Schluß kommen und das Ergebnis unserer Untersuchung folgendermaßen zusammenfassen können:

Nach seiner Spätschrift "Über das Leben der Mose" zu urteilen, bedarf es für Gregor zur Erlangung des Heils, zur προκοπή und ἀνάβασις zur "Vollkommenheit", allein der Mithilfe der als χάρις bezeichneten und verstandenen Gabe Gottes im "Gesetz", einschließlich aller übrigen - auf Christus als den "wahren Gesetzgeber" hinweisenden - "Lehren", "Historien" und "Beispiele" der Hl. Schrift. Als die "Gnadengabe" κατ' ἐξοχήν aber gilt ihm die dem Menschen vom *[224]* Schöpfer ungeschuldet verliehene und auch im "status corruptionis" nicht entzogene Freiheit der Entscheidung, dank deren ihm auch im Heilsprozeß die Initiative zukomme. Von einer Prävenienz der gratia Christi[129] oder gar von einer Selbstaufgabe und totalen Unterwerfung des Menschen unter eben diese Gnade, durch welche er aber gerade frei werden soll zu selbstvergessenem Dienst

---

123 *V.Mos.* II,55 (PG 341B = GNO 49,3 f).

124 Vgl. *v.Mos.* II,255 (PG 409B = GNO 122,2) mit II,220 (PG 400A = GNO 110,12 f) einerseits und II,158 ff (PG 376 ff = GNO 84,21 ff) andererseits.

125 *V.Mos.* II,188 (PG 388A = GNO 97,15 f).

126 S. oben S. 46, Anm. 72.

127 *V.Mos.* II,220 (PG 400A = GNO 110,12 f).

128 *V.Mos.* I,65 (PG 324B = GNO 29,2); II,117 (PG 360D = GNO 69,13); II,292 (PG 420D = GNO 134,5); vgl. damit allerdings auch etwa II,292 (s. oben Anm. 56)!

129 Von ihr, der "Heilsgnade", ist übrigens auch an der vielleicht am ehesten paulinisch klingenden χάρις-Stelle des ganzen Corpus Gregorianum, nämlich *virg.* XII,2 (PG 46,372C = GNO 8,1,310), nicht die Rede: "Es ist nicht unser Werk (ἔργον), noch ein im menschlichen Vermögen liegendes κατόρθωμα, zur Gottähnlichkeit zu gelangen, sondern es ist das eine Frucht der Freigebigkeit Gottes, welcher gleich bei der ersten Schöpfung unserer Natur die Ähnlichkeit mit ihm schenkte ...". Wohl aber ist die "Schöpfungsgnade" bei Gregor als gratia praeveniens verstanden.

am "Nächsten", ist in *v.Mos.* ebensowenig die Rede wie von einer "sakramentalen" Gnadenvermittlung in der Taufe oder im Wort der Verkündigung.

Bekanntlich sind das alles Züge, die Gregors "Theologie des geistlichen Lebens" mit den Anschauungen des *Pelagius* oder doch jedenfalls mit denen der Pelagianer[130] verbinden, ohne daß damit ein Abhängigkeitsverhältnis behauptet werden soll, für das nicht die geringste historische Wahrscheinlichkeit besteht. Eine Beeinflussung Gregors durch Pelagius dürfte sogar, schon aus chronologischen Gründen, so gut wie ausgeschlossen sein, während das umgekehrte Abhängigkeitsverhältnis darum nicht ernstlich in Betracht kommt, weil zur Zeit Augustins und damit auch des Pelagius "sehr wahrscheinlich noch kein einziges Stück aus dem Schrifttum des Nysseners ins Lateinische übersetzt war".[131]

Doch bedarf es einer solchen - wie gesagt, historisch völlig unwahrscheinlichen - Hypothese auch gar nicht, um zu verstehen, wieso Gregor und Pelagius - von gewiß jeweils ganz verschiedenen Ausgangspositionen aus und im Rahmen einer völlig anderen Gedankenwelt - im Verständnis der göttlichen Gnade und ihres Verhältnisses zur menschlichen Freiheit weitgehend zu denselben Resultaten gekommen sind. Was Gregor, jedenfalls in der von uns untersuchten Schrift "Über das Leben des Mose", vorrangig zu bewegen scheint, sind - *[225]* im Unterschied zu Pelagius - weniger die mit der moralischen Trägheit der Durchschnittschristen gemachten schlechten Erfahrungen als Seelsorger als vielmehr das Bemühen um gedankliche Durchdringung des "Mysteriums unseres Glaubens", um **ἀκολουθία**.[132] Daß dem aber zwangsläufig der "spezifisch christliche", maßgeblich an der Verkündigung Jesu und dem paulinischen Kerygma ausgerichtete "Gnadenbegriff"[133] zum Opfer fallen mußte, will mir ange-

---

130 Diese Einschränkung wäre dann zu machen, wenn G. Greshake mit seiner Pelagiusdeutung Recht hätte, nach der " - um es paradox zu formulieren - Pelagius kein Pelagianer, ja nicht einmal ein Semipelagianer war" (G. Greshake [Anm. 30], S. 103; vgl. dazu die Analyse der pelagianischen Gnadenlehre, S. 47-157). Doch bin ich dieser Deutung gegenüber durchaus skeptisch, ohne dies hier allerdings näher begründen zu können und zu wollen.

131 *B. Altaner,* Augustinus, Gregor von Nazianz und Gregor von Nyssa, RBen 61 (1951), S. 54-62; auch in: ders., Kleine patristische Schriften, hg. von G. Glockmann, Darmstadt 1967, S. 277-285 (hier: 285).

132 Vgl. dazu J. Daniélou (Anm. 57), S. 18-50, bes. 20 ff, 37 ff.

133 Die - namentlich in der katholischen Patristik - vielfach mit Beifall aufgenommene These *P. Rousselots* (La grâce d'après saint Jean et d'après saint Paul, RSR 25 (1928), S. 87-104; zum Echo s. etwa *H. Rondet,* Essais sur la théologie de la grâce, Paris 1964, S. 7 ff), daß es in Schrift wie Tradition zwei *verschiedene* Auffassungen der gratia Christi gebe: einerseits die "johanneische" Auffassung der griechischen (Gnade = gratia elevans), andererseits die "paulinische" Sicht der lateinischen Kirchenväter (Gnade = gratia medicinalis bzw. sanans), läßt sich in dieser Weise exegetisch kaum halten, wie man sich z.B. anhand der katholischen Dissertation von *I. Willig,* Geschaffene und ungeschaffene Gnade. Bibeltheologische Grundlegung und systematische Erörterung, Münster/Westf. 1964 (MBTh 27), vor Augen führen kann. Zumal hinsichtlich der von uns im voraufgehenden ausschließlich ins Auge gefaßten Elementarschicht, um vom Prädestinationsgedanken ganz zu schweigen, lassen sich paulinisches und johanneisches Gnadenverständnis kaum auseinanderdividieren.

sichts der Gnadentheologie eines Augustin oder auch eines Thomas, um von Luther ganz zu schweigen, nicht in den Sinn. Ich meine also, daß wir nach weiteren Faktoren und Erklärungsgründen Ausschau halten müßten.

So könnte man beispielsweise mit E. von Ivánka an das spezifische kappadozische Milieu, "die iranisch-persische Kultur und Tradition" mit ihrem schroffen Dualismus denken, "die dieser Gegend, trotz der Beherrschung durch die Römer", noch lange den "Stempel aufgedrückt hat",[134] *wenn* wirklich feststünde, daß dieser Dualismus auch für Gregor noch eine aktuelle Gefahr war und die Auseinandersetzung mit ihm dementsprechend in Gregors Schrifttum eine beherrschende Rolle spielte, was aber m.E. nicht der Fall ist.

Oder man könnte mit A. Schindler den "Synergismus" Gregors - wie den der östlichen Theologie überhaupt - damit zu erklären suchen, daß bei ihm ebenso wie z.B. bei Athanasios "die soteriologischen Anliegen in seiner Trinitäts- und Inkarnationslehre zum Ausdruck" kämen und darum "die Gnadenlehre, so wie wir sie normalerweise verstehen, nicht zum Gegenstand theologischer Reflexion" geworden sei,[135] wenn es sich nicht ausgerechnet um einen Mann *[226]* wie Gregor handelte und das für ihn so charakteristische Drängen auf Vorstellbarkeit, auf innere Folgerichtigkeit der Gedankenführung, ein mehr oder minder beziehungsloses Nebeneinander von "Dogmatik" und "Ethik", von Theologie und Anthropologie, nicht in besonderem Maße als unverständlich erscheinen ließe; ganz davon abgesehen, daß uns auch aus dem Bereich der östlichen Theologie sehr viel mehr in die Tiefe gehende Bemühungen um eine Rezeption des Paulus bekannt sind als diejenigen Gregors.[136]

Endlich könnte man u.a. mit W. Völker einfach auf den Einfluß der Tradition der antignostischen Väter und alexandrinischen Theologen verweisen, innerhalb deren Gregors Anschauungen über Gnade und Willensfreiheit eine bemerkenswert geringe Originalität zukomme,[137] wenn Gregor nicht aus dieser Tradition immer wieder auch ausgebrochen wäre, zumal in seiner Trinitätstheologie und seiner "Theologie der Unendlichkeit", so daß auch dieser Erklärungsversuch jedenfalls nicht ausreichen dürfte.

Ich meine, in der Insuffizienz der Gnadenlehre Gregors käme, was immer sonst noch zu ihrer Erklärung zu sagen sein mag,[138] nicht zuletzt der

---

134 *E. von Ivánka,* Hellenistisches und Christliches im frühbyzantinischen Geistesleben, Wien 1948, S. 41.

135 A. Schindler (Anm. 8), S. 180.

136 Vgl. A. M. Ritter (Anm. 104), S. 42 ff, 151 ff u.ö.

137 W. Völker (Anm. 7), S. 78 f.

138 Für eine Erklärung im Sinne der sich heutzutage steigender Beliebtheit erfreuenden "Ideologiekritik" freilich scheint mir kein Anhaltspunkt gegeben zu sein. Wie leicht man sich hier vertut und damit das an sich völlig berechtigte Interesse an der Interrelation von Theorie und Praxis, an den Motivationen, dem geschichtlichen und gesellschaftlichen "Raum" der verschiedenen Theologen und Theologien - als ebenfalls "ideologie"-verdächtig - in Mißkredit zu bringen Gefahr läuft, lehrt etwa der - m.E. mißlungene - Versuch von *W.-D. Hauschild,* Gottes Geist und der Mensch. Studien zur frühchristlichen Pneumatologie, München 1972 (BEvTh 63), S. 290 f, die Dogmatisie-

Tatbestand zum Tragen, daß er, durch den Gedanken der göttlichen "Unendlichkeit", zwar den "Gottesbegriff der klassischen Metaphysik" (E. Mühlenberg) in seiner Grundvoraussetzung in Frage gestellt, aber nicht wirklich überwunden hat! Gewiß mag man aus der Rückschau urteilen, daß in der dem Begriff des ἄπειρον Gottes korrespondierenden Wesensbestimmung der christlichen "Vollkommenheit" als im Vergessen des zuvor Erreichten (Phil 3,12) bestehender und gleichfalls ins ἄπειρον fortschreitender προκοπή auch der Ansatz zu einem vertieften Gnadenverständnis beschlossen liege,[139] oder gar mit *[227]* H. Langerbeck "die Vermutung wagen, daß hier von einer ganz anderen geschichtlichen Lage aus, die eine Doktrin vom servum arbitrium schlechthin ausschloß, ein Theologumenon entwickelt" sei, "das zumindest der Funktion nach dem reformatorischen 'simul iustus et peccator' so nahe" komme, "wie weniges in der Geschichte christlicher Frömmigkeit und christlichen Denkens", so daß sich "von hier aus" jedenfalls "einsehen" lasse, "warum Augustinus für die griechische Kirche nichts bedeutete".[140] Es ist jedoch, wenn unsere Analyse von *v.Mos.* - einer Hauptquelle für Gregors "Unendlichkeits"-theologie wie für sein Verständnis der "Vollkommenheit" als *unendlichen* Fortschritts! - zutrifft, mehr als fraglich, ob Gregor selbst diesen Ansatz wahrgenommen, und erst recht, ob er ihn fruchtbar gemacht habe!

Wie wenig bei ihm der antik-philosophische Gottesbegriff einfach als überwunden gelten kann, wäre an den traditionellen Gottesprädikaten und ihrer Aufnahme durch Gregor im einzelnen nachzuweisen, wobei der Vorstellung von der "Unveränderlichkeit" Gottes unser besonderes Interesse gelten müßte, die ja immer wieder dazu verleitete, daß man "den Übergang zu jeder Neuerung im Verhältnis von Gott und Mensch möglichst auf seiten des Menschen" suchte und an der gerade auch "pelagianische Anschauungen einen Anhaltspunkt finden" konnten.[141] Ich beschränke mich jedoch auf den Begriff der göttlichen "Gerechtigkeit", einen Begriff, der schon früh in der Geschichte christlicher Theologie, spätestens bei den sog. Apologeten, im Verhältnis zur Bibel "unter dem Einfluß des philosophischen Gottesbegriffs ein verändertes Gesicht" bekam und, wie mir scheint, bis zu Gregor behielt. Ist doch auch bei ihm

---

rung der Gottheit Christi wie derjenigen des Geistes im vierten Jahrhundert u.a. mit dem "Absolutheitsanspruch" des reichskatholischen Christentums in Verbindung zu bringen, mit dem Bestreben, "die *Besonderheit* der religiösen Gruppe, in der man lebt, als eine absolute zu formulieren" (S. 291).

139 Vgl. E. von Ivánka (Anm. 11); D. L. Balás (Anm. 11); E. Mühlenberg (Anm. 29), S. 204 u.ö. Allerdings kann Mühlenberg auch etwa sagen, bei Gregor sei der "Weg zur Tugend ... theologisch gesehen ein Synergismus; aber Gregor von Nyssa" vertrete "ihn zu Recht gegenüber dem Kurzschluß einer Selbstvergöttlichung des Menschen durch eine magisch verstandene Gnade" (S. 117, Anm. 2). Allein, kann sich ein "theologisches" Urteil damit zufrieden geben? Ist denn ein "magisches" Gnadenverständnis die einzige Alternative zum "Synergismus", was immer dieser vieldeutige Terminus bei Gregor konkret heißen mag?

140 H. Langerbeck (Anm. 27), Sp. 87.

141 W. Pannenberg (Anm. 21), S. 330.

der "biblische Zusammenhang der Gerechtigkeit mit der Treue Gottes zu seinen Verheißungen und zu seinem Bunde ... aus dem Blick" geraten und stattdessen die griechische, "an einem zeitlosen Ordnungsgedanken (der Proportionalität), statt an der Geschichte lebenschaffenden Handelns Gottes mit der Welt orientiert(e)" **δικαιοσύνη κατ' ἀξίαν διανεμητική** wie die *[228]* verbreitete Definition der Gerechtigkeit lautete, "in den Vordergrund" getreten, nach der einem jeden nach Verdienst vergolten wird.[142]

So hörten wir Gregor bereits darauf insistieren, daß "die unbestechliche Gerechtigkeit Gottes unseren freien Entscheidungen nach Verdienst" folge,[143] was in *v.Mos.* etwa noch seine Parallele findet, wenn im Zusammenhang der allegorischen Auslegung der Bestimmungen über das priesterliche Gewand zu den dort (Ex 28,33 ff) genannten "Granatäpfeln" folgende Erklärung geliefert wird: "das Leben ... soll die Natur des Granatapfels nachahmen. Dieser ist nämlich äußerlich ungenießbar, von einer harten, herben Schale umschlossen, sein Inneres hingegen ist durch seinen mannigfaltigen und (doch) geordneten Aufbau angenehm anzuschauen, noch angenehmer aber ist der Genuß seiner Süße. So ist auch die herbe Lebensweise des Freundes der Weisheit (**ἥ τε φιλόσοφος καὶ κατεστυμμένη διαγωγή**) zwar nach außen hin nicht umgänglich und angenehm, innerlich aber voll guter Hoffnungen zur Zeit ihrer Reife. Denn wenn unser Gärtner den Granatapfel unseres Lebens zur rechten Zeit öffnen und seine verborgene Schönheit zeigen wird, dann wird den Genießenden eine süße Teilhabe an ihren eigenen Früchten zuteil werden" (*v.Mos.* II,192 f [PG 389B.C = GNO 99,17-100,8]). Darin also besteht der - andernorts als vom himmlischen "Kampfrichter" verliehenes "Ehrengeschenk", als "Kranz der Gnaden" bezeichnete[144] - himmlische "Lohn": im "Genuß", in der "Teilhabe" (**μετουσία**) an den eigenen Früchten!

Um Mißverständnissen vorzubeugen, bemerke ich ausdrücklich, daß es sich bei dieser Kritik nicht um eine Neuauflage des alten Verdikts der klassischen protestantischen Dogmengeschichtsschreibung handelt, des Verdikts der "Hellenisierung des Christentums". "Eine 'Hellenisierung' im Sinne einer Überfremdung z.B. durch den philosophischen Gottesgedanken tritt" auch für mein Verständnis "nicht schon da ein, wo die Theologie das Ringen mit ihm aufnimmt, sondern erst da, wo sie in diesem Ringen versagt, indem sie ihre assimilierende, umgestaltende Kraft verliert".[145] Auch verkenne ich weder die enorme Schwierigkeit der damit der altkirchlichen Theologie gestellten Aufgabe, noch die Größe dessen, was Gregor in dieser Hinsicht tatsächlich *[229]* bereits geleistet hat.[146] Trotzdem scheint es mir sinnvoll, ja notwendig zu sein, sich über die Tragweite seiner "Kritik am Gottesbegriff der klassischen Metaphysik"

---

142 Ebd., S. 339.
143 *V.Mos.* II,86 (PG 349D = GNO 58,20-23).
144 *V.Mos.* II,246 (PG 408A = GNO 119,6-12).
145 W. Pannenberg (Anm. 21), S. 312.
146 So mit Recht E. Mühlenberg (Anm. 29), S. 139, Anm. 1.

und das Ausmaß der selbst von ihm einer künftigen Theologie hinterlassenen Hypothek Klarheit zu verschaffen.

Mit dem mangelnden Verständnis Gregors für das "spezifisch christliche" Gnadenkonzept, und damit möchte ich schließen, scheint mir auch zusammenzuhängen, daß er es an einer fruchtbaren Auseinandersetzung mit der griechischen Ethik letzten Endes hat fehlen lassen und bei ihm, gegenüber der strukturellen Verwandtschaft seines Ideals des "philosophisch"-asketischen Lebens mit dem platonischen, die "christlichen" Korrekturen jedenfalls nicht dermaßen ins Gewicht fallen, wie manche Gregorforscher meinen. Bekanntlich ist es vor allem W. Jaeger gewesen, der die grundsätzliche Übereinstimmung zwischen Gregors Ideen von der "Formung" des Menschen und denen des Griechentums immer wieder betont hat. Und wie ich meine, hatte er damit im wesentlichen Recht. Die Übereinstimmung betrifft aber, und damit verlasse ich Jaegers Sicht, gerade auch solche Züge antiker Ethik, die im Licht "der durch das Christentum heraufgeführten Entwicklung" in der Hauptsache "nur negativ" zu beschreiben sind:[147] das Fehlen des Willensbegriffes etwa oder der Vorstellung vom radikal Bösen. Es wäre doch - ganz im Sinne der Gregorschen Eristik, also "ohne allen Rigorismus, sondern mit behutsamer Begründung" (H. Dörrie) - z.B. darüber zu streiten gewesen, welche Sicht des Bösen der menschlichen Erfahrung eher entspreche: die platonische oder die christliche?[148] Ferner geht es, wenn ich recht sehe, auch bei Gregor, jedenfalls dem Gregor von *v.Mos.*, im Unterschied zur jesuanischen und paulinischen Ethik primär um προκοπή, nicht um οἰκοδομή, um individuelle Vervollkommnung, nicht um "Erbauung" der Gemeinde.[149] M.a.W. dominiert die "Individual*[230]*ethik" - wie im Griechentum - über die "Sozialethik".[150] Und zwar verbindet sich dies nicht selten mit einem Anspruch, der kaum anders als "elitär" bezeichnet werden kann.[151] Ist es jedenfalls noch Geist vom Geiste dessen, den da "jammerte", da er "die Menge" (τοὺς ὄχλους) sah (Mt 9,36 par.)?

---

[147] A. Dihle (Anm. 43), Sp. 681.

[148] Vgl. dazu etwa *E. Mühlenberg,* Das Verständnis des Bösen in neuplatonischer und frühchristlicher Sicht, KuD 15 (1969), S. 226-238.

[149] Das wird, wenn auch mit anderen Worten, auch etwa von M. Canévet (Anm. 73), S. 157, eingeräumt, freilich m.E. ein wenig zu vordergründig mit dem "charactère très personnel de l'exemple choisi (sc. in *v.Mos.*)" erklärt: "Moïse symbolise plus facilement l'âme humaine que la diversité des membres de l'Église". Hätte sich nicht auch so zur Geltung bringen lassen, daß nach dem Neuen Testament der Gottesgehorsam als das einzige Mittel zur σωτηρία des Menschen in tätiger "Nächstenschaft" verwirklicht werden will, oder, paulinisch gesprochen, daß die ἐλευθερία des Christen sich vornehmlich in der δουλεία, der dienstbereiten Unterordnung unter den Nächsten, zu bewähren hat, wenn dies wirklich Gregors Ansicht gewesen wäre?

[150] Man vergleiche nur Gregors Zusammenfassung der Gebote der "zweiten Tafel" des Dekalogs in *v.Mos.* I,47 f (PG 317B.C = GNO 22,24-23,10); zum Individualismus als Kennzeichen aller hellenistischen Ethik s. wiederum A. Dihle (Anm. 43), Sp. 652 ff, 686 f.

[151] Vgl. etwa *v.Mos.* II,158 (PG 376A = GNO 84,21-25); II,160 (PG 376B.C = GNO 85,16-86,4); II,188 (PG 388A = GNO 97,12-21).

Wer eine Gnadenlehre wie die des Paulus, Augustins oder Luthers mindestens im heutigen Erfahrungs- und Denkhorizont für obsolet hält und darum einer Konzeption wie der soeben betrachteten mehr Sympathie entgegenbringt, den müßten, wie ich finde, die zuletzt angedeuteten Konnexionen und Konsequenzen nachdenklich stimmen.

Diskussion

J. DANIÉLOU: Kann man die Theologie der Gnade nur auf den einen paulinisch-augustinischen Strang reduzieren, wie Sie, Herr Ritter, es tun? Muß man nicht auch die ebenso schriftgemäße johanneische Auffassung von der gratia elevans et divinisans gegenüber der gratia iustificans des Paulus anerkennen? Für diese Theologie der Gnade ist der Traktat *v.Mos.* eines der schönsten Beispiele. Erst die Gnade ermöglicht es dem Menschen, die Grenzen seiner Natur zu überschreiten und den Aufstieg zum Göttlichen Schritt für Schritt zu beginnen. Es ist sehr schwer zu sagen, ob Gregor mit seiner Gnadenauffassung in die Nähe des Pelagius rückt; jedenfalls aber ist er weit entfernt von der Konzeption eines ganz bestimmten Moralismus.

A. M. RITTER: Mir ist die Unterscheidung zwischen paulinisch-augustinischer und johanneischer Gnadenlehre zwar aus der Literatur bekannt (s. oben S. 56, Anm. 133); ich bezweifle aber, ob sie sich in dieser Weise exegetisch halten lasse. Doch kann und will ich das hier nicht vertiefen, sondern mich auf die Frage konzentrieren: Wo spricht Gregor davon, daß der Mensch mit Hilfe der Gnade die Grenzen seiner *[231]* Natur überschreite? Im übrigen würde auch ich die Konzeption Gregors nicht als "moralistisch" bezeichnen.

J. DANIÉLOU: Der ganze bisherige Verlauf des Kolloquiums hat gezeigt, daß Gregor ständig platonische und stoische Begriffe (z.B. ἀπάθεια, κάθαρσις, ἐλευθερία) mit neuem Bedeutungsgehalt füllt. So ist für ihn κάθαρσις die Aufgabe, an Gottes καθαρότης teilzuhaben. Das aber ist nicht allein aufgrund seiner eigenen Anstrengungen möglich, weil ihn der Abgrund der Sünde von Gott trennt. Hier kommt ihm die Gnade zu Hilfe: Er ist εἰκών Gottes und kann die ὁμοίωσις θεῷ erreichen, weil Gott selbst zu ihm herabgestiegen ist. Gregor vertritt eine Theologie der Transfiguration (μεταστοιχείωσις), die durchaus an der Bedingtheit der ὁμοίωσις durch die im Sohn geoffenbarte Gnade Gottes festhält (vgl. Joh 1,14 und 18). An dieser Stelle zeigt sich am deutlichsten der johanneische Aspekt der Gnade. Ich warne davor, eine Unterscheidung moderner Theologie, welche Natur und Gnade sondert, einzuführen: sie wird Gregor nicht gerecht.

A. M. RITTER: Daß bei der Verwendung moderner Begrifflichkeit zur Interpretation eines Autors wie Gregor methodische Vorsicht geboten ist, darin stimme ich Ihnen selbstverständlich zu, würde nur meinen, daß dies auch im Hinblick auf scholastische Distinktionen wie die zwischen gratia elevans et divinisans und gratia iustificans gelte. Was die radikale "Verchristlichung" platonischer und stoischer Begriffe bei Gregor anlangt, so habe ich - auch nach dem bisherigen Verlauf des Kolloquiums - nach wie vor meine Zweifel. Was Sie schließlich über die "Bedingtheit der ὁμοίωσις durch die im Sohn geoffenbarte Gnade Gottes" gesagt haben, halte ich für einen ebenso schönen wie gut biblischen Gedanken. Nur: Wo findet er sich bei Gregor belegt ? Und wenn es einen Beleg gäbe, was ich durchaus für möglich halte: Wie deutet Gregor diesen Gedanken und bringt ihn in Verbindung mit seiner übrigen Schau ? (s. oben S. 47, Anm. 80 u.ö.).

J. Daniélou: Es hieße, sich von der gesamten außerpaulinischen biblischen und patristischen Tradition, von Klemens von Alexandrien an abzusetzen, wenn man das negative Verständnis von νόμος für allein gültig erklären wollte, wie es der Referent getan hat. Alle außer dem Antijudaisten Paulus haben das positive Gesetzesverständnis, das der Jude der Thora entgegenbringt, also νόμος = χάρις. Gregor steht nicht allein! *[232]*

A. M. Ritter: Strittig ist zwischen uns m.E. nicht ein positives oder negatives, sondern ein dialektisches oder undialektisches Gesetzesverständnis (vgl. oben S. 46 mit Anm. 73). Daß Gregor mit seiner "Gleichsetzung" von νόμος und χάρις nicht allein stand, will ich gern zugeben. Daß aber der "Antijudaist" Paulus, wie man aus Ihrem Votum folgern könnte, dermaßen isoliert gewesen wäre, daß man nur unumwunden zugeben könnte, Gregor und Pelagius, die an diesem Punkt wohl konform gehen, seien in weit stärkerem Maße Vollhörer der Bibel gewesen als Augustin, dazu vermag ich mich einstweilen um keinen Preis zu verstehen. Ist denn das johanneische oder das jesuanische Gesetzesverständnis ohne weiteres dasselbe, "das der Jude der Thora entgegenbringt?" Ist es andererseits nicht der paulinischen Gesetzeslehre eigentümlich, daß sie gerade nicht nur "antijudaistisch" gemünzt ist (Röm 1,18-3,19; vgl. I Kor 1,18 ff)?

P. Verghese: 1. Herr Ritter hat durch sein Referat die Bedeutung eines wesentlichen Unterschieds zwischen der Haltung Gregors zur Gnade und der des Augustinus mit Recht unterstrichen. Allerdings würde ich nicht, wie J. Daniélou es tut, Paulus und Augustinus auf einer Linie sehen. Die negative Beurteilung des Gesetzes steht bei Augustinus in einem völlig anderen Zusammenhang als bei Paulus. Für Paulus ist das Gesetz "böse", weil es dem Menschen von außen her auferlegt, was er doch aus freier innerer Entscheidung tun sollte. Das aber entspricht genau Gregors Auffassung, nur daß er sie im Zusammenhang mit dem Freiheitsbegriff äußert. Der Sache nach ist er sich durchaus mit Paulus einig.

2. Pelagius und Gregor sollte man nicht in einem Atemzug nennen, obgleich ich es nicht für unmöglich halte, daß Pelagius durch mehrere Zwischenglieder etwas von Gregor gehört hat. Aber Pelagius war ein bloßer Moralist - aus asketischer Tradition kommend - und hatte im Grunde kein philosophisches Verständnis.

3. Im übrigen halte ich das heute überwiegende Gnadenverständnis für keineswegs christlich. Die Gnade als etwas unverdient Zukommendes und die scharfe Unterscheidung zwischen Natur (oder Schöpfung) und Gnade

ist Gregor völlig fremd. Schon die bloße Existenz des Menschen beruht auf der Gnade. Die Gnade, die Jesus Christus gebracht hat, bedeutet für Gregor "Änderung der Bewegungsrichtung", nämlich weg vom Bösen und zum Guten hin.

4. Augustins Anthropologie ist anders als die Gregors. Für ersteren ist die menschliche Natur von Grund auf böse und hat deshalb von *[233]* sich aus keinen Ansatzpunkt für das Gute - erst die Gnade schafft ihn. Für Gregor dagegen kann die menschliche Natur gar nicht böse, sondern nur mit dem Bösen vermischt sein, da das Böse keine Existenz hat, der Mensch also seine Existenz verlieren würde.

A. M. RITTER: Ich bitte sehr um Ihr Verständnis, wenn ich mich auf die Fragen der Interpretation des Paulus, des Pelagius und Augustins hier nicht weiter einlasse, sondern mich auf Gregor beschränke, mit dem wir meinem Eindruck nach noch alle Hände voll zu tun haben. Ich hätte es gern gesehen, wenn für die von Ihnen angeführte Deutung der Gnade als "Richtungsänderung", ermöglicht durch die Inkarnation, irgendein Beleg aus Gregor beigebracht worden wäre. Wenn wir den hermeneutischen oder Methodenkonflikt, den anzusprechen eigentlich die Hauptabsicht meines Referates war, nicht in striktester Beschränkung auf die Gregortexte selbst austragen, werden wir immer wieder aneinander vorbeireden.

R. STAATS: 1. Warum beschränken Sie sich auf die Untersuchung von χάρις in *v.Mos.?* Die dogmatischen Schriften böten doch bessere Möglichkeiten. Mehr noch: Warum beschränken Sie sich überhaupt auf Gregor, da Sie den gleichen Gnadenbegriff doch bei zahlreichen Kirchenvätern herausarbeiten könnten?

2. Wie kommt es, daß χάρις in *v.Mos.* eine ähnliche Rolle spielt, wie sie in anderen asketischen Schriften Gregors dem πνεῦμα zukommt (nämlich die begleitende Funktion), während die Pneumatologie in *v.Mos.* merkwürdig zurücktritt?

A. M. RITTER: Ad 1 darf ich auf die ausführliche Begründung für die Wahl des Themas sowohl wie der Textgrundlage in der Einleitung meines Referates (s. oben S. 35-37) verweisen und möchte mich hier nicht wiederholen. Ad 2 finde auch ich, wie im Referat angedeutet (s. oben S. 51), das Zurücktreten der Pneumatologie gerade in einem Text wie *v.Mos.* sehr merkwürdig, um nicht zu sagen aufregend, meine allerdings nicht, daß χάρις hier den Part übernommen habe, den in anderen asketischen Schriften Gregors das πνεῦμα spielt. Dazu scheint mir auch χάρις in Gregors Moseleben - gemessen etwa an *De instituto christiano,* das freilich auch darin eine Sonderstellung einnehmen dürfte - im ganzen zu wenig betont zu sein.

D. BALÁS: 1. Ich glaube nicht, daß Ihre Paulus-Interpretation dem *[234]* biblischen Befund entspricht, Herr Ritter. Sicherlich kann man nicht einseitig die johanneische Gnadenauffassung auf Kosten der paulinischen bei Gregor hervorheben, aber man kann durchaus zwischen verschiedenen Aspekten der Gnade unterscheiden, die von Paulus einerseits und von Johannes andererseits inspiriert sind und die sich beide bei Gregor finden:

So das paulinische Teilhaben am Hl. Geist und an der Gottessohnschaft durch das Mitsterben und -auferstehen mit Christus und andererseits das johanneische Teilhaben am Leben.

2. Ich lasse mich ebenfalls nur aus Gregortexten überzeugen; das gilt auch für den Beweis Ihrer Behauptung, die Menschennatur sei für Gregor φύσει oder οὐσίᾳ gut. Soviel ich sehe, stimmt das nicht; vielmehr wird sie nur kraft ihrer Teilhabe an Gott allmählich gut. Anders ausgedrückt: Gottes Schöpfung ist nicht mit einem anfänglichen Akt abgeschlossen, sondern vollzieht sich ständig (vgl. *hom. 6 in Cant.* (GNO 6,174,1-13); vgl. D. L. Balás, Μετουσία θεοῦ, Rom 1966, S. 135, Anm. 87). Gott ist die Quelle alles Guten und schafft ständig die Möglichkeit zum Wachstum im Guten für die Menschennatur. Wenn man das nicht berücksichtigt, versteht man Gregors Begriff der Teilhabe auch in *v.Mos.* nicht richtig.

A. M. Ritter: Was "meine" Paulusinterpretation anlangt, so bin ich der Meinung, mich auf einen breiten Konsens unter den Exegeten, auch den katholischen, stützen zu können. Sie mögen das anhand der in den Anmerkungen (s. oben Anm. 39,41,133 u.ö.) gegebenen Literaturhinweisen selbst nachprüfen. Ich nenne hier lediglich die Münsteraner katholische Dissertation von I. Willig "Geschaffene und ungeschaffene Gnade" (1964). Zu Ihrer Kritik an meiner Behauptung, die Menschennatur sei für Gregor φύσει oder οὐσίᾳ gut, darf ich dreierlei bemerken: 1. daß ich dies so schwerlich behauptet habe; 2. daß ich mit Ihnen der Meinung bin, daß Gregors "Natur"-Begriff mehrdeutig ist und jedenfalls nicht unbesehen im Sinne der scholastischen Distinktion zwischen Natur und Übernatur gedeutet werden darf (s. oben S. 42, mit Anm. 55), daß sich gleichwohl bei Gregor Aussagen finden (s. oben S. 46 u.ö.), die mindestens in die Nähe des klassischen, in der Erfüllung der als essentiell gut verstandenen menschlichen Natur gipfelnden Paideiaideals weisen; 3. daß mir der Sinn der von Ihnen angeführten Stelle aus Gregors Hoheliedkommentar durchaus nicht über jeden Zweifel erhaben zu sein dünkt und als Beleg für Ihre von der meinen abweichende Gregordeutung noch nicht ohne weiteres genügt. Um nur dies eine herauszugreifen: μετουσία ist ja für sich *[235]* genommen, eine "Leerformel". Man muß jeweils genau prüfen, wer oder was an wem "teilhabe" und worin diese "Teilhabe" begründet sei und sich auswirke. Auch die Verbindung μετουσία τοῦ ὑπερέχοντος ist schon deswegen nicht eindeutig, weil Gregor bekanntlich die "transzendente Natur" des Göttlichen - und um sie geht es hier - mit dem "Guten", dem allein "wahrhaft Wirklichen" o.ä. gleichsetzen kann. Von daher ergibt sich oft genug ein Sinn, der - die gelegentliche Übersetzung ins Theistische einmal außer Betracht gelassen - den Rahmen platonischen Denkens der Sache nach nicht überschreitet. An der fraglichen Stelle aus *hom. 6 in Cant.* freilich scheint dieser Rahmen insofern gesprengt zu sein, als hier Gregors Gedanke vom unendlichen Aufstieg anklingt. Nur ist mir nach wie vor die Frage: Was besagt und wie weit trägt dieser Gedanke bei Gregor tatsächlich?

J. DANIÉLOU: Sie haben den von Pater Balás zitierten Text als unzureichenden Beleg abgelehnt. Ich möchte einen weiteren Text Gregors anführen und zwar aus *De virginitate:* GNO 8, 1,300,8 ff. Hier ist doch deutlich μεγαλοδωρεά ein terminus technicus für "Gnade", und der Sinn des Abschnittes bietet genau den von Ihnen verlangten Beleg.

A. M. RITTER: Da hier expressis verbis von der "Schöpfungsgnade", der μεγαλοδωρεά der ὁμοιότης πρὸς αὐτόν [sc. θεόν] die Rede ist, wie sie εὐθὺς ἅμα τῇ πρώτῃ γενέσει der menschlichen φύσις verliehen worden sei, kann ich darin zu meinem Bedauern nicht den von mir gewünschten Beleg für Herrn Balás' Deutung sehen (vgl. auch oben S. 55, Anm. 129)

J. DANIÉLOU: Die Schrift *v.Mos.* wirft ganz spezielle Probleme auf, und vielleicht wollten Sie mit Ihrem Referat u.a. darauf hinweisen. Hier ist fast gar nicht von der εἰκών-Theologie die Rede, sondern es wird gerade das Unvermögen des Menschen betont, aufgrund seiner eigenen Fähigkeiten in das "göttliche Dunkel" einzudringen. Zur Erkenntnis Gottes kann der Mensch nur in dem Maße voranschreiten, in dem er die Hilfe Gottes erfährt. Darin liegt allerdings nur ein Zug der Gnadentheologie Gregors. Im ganzen betrachte ich es als paradox, gerade *v.Mos.* als Ausgangspunkt für eine Darstellung der Gnadenlehre zu wählen - darin stimme ich mit Herrn Staats überein. *[236]*

A. M. RITTER: Ich wäre glücklich, wenn mein provokationenreiches Referat eine Diskussion in Gang gebracht hätte, die über den heutigen Tag hinausreicht und nicht nur Gregors Gnadenlehre zum Gegenstand hat, sondern auch einer Klärung über die Interpretationsprobleme dient. Wie ich mich gern eines Besseren belehren lassen werde, so möchte ich Sie und alle diejenigen, für die mein Referat manche Zumutung enthielt, bitten, meine Thesen und Belege noch einmal in Ruhe durchzuprüfen, sobald sie Ihnen gedruckt vorliegen werden. Was Ihre letzte Bemerkung anlangt, so darf ich Sie daran erinnern, daß Sie den Sachverhalt in der Einleitung zu Ihrer Edition (S. 24 ff) noch anders beurteilt haben: dort halten Sie Gregors *v.Mos.* für eine Darstellung des geistlichen Lebens als eines organischen Ganzen - ohne jede Einschränkung auf einen speziellen Aspekt. Und mit dieser Ihrer früher geäußerten Ansicht stimme ich voll überein. Trifft sie aber zu, so ist auch meine Textwahl - in Anbetracht der Tatsache, daß den Fragen des geistlichen Lebens im Gesamtwerk Gregors eine überragende Rolle zukommt und auch z.B. die Mehrzahl der Exegetica in Wahrheit dem asketisch-"mystischen" Schrifttum Gregors zuzurechnen ist -, wie mir scheint, alles andere als "paradox". Ich bin ziemlich sicher, daß man auch aufgrund des Hoheliedkommentars beispielsweise, wenn man sich nur durch manche Metaphern nicht täuschen läßt, für Gregors Gnadenlehre zu keinem wesentlich anderen Ergebnis käme als anhand von *v.Mos.* Nur: Um dies zu untermauern, hätte ich ein Buch schreiben müssen.

E. MÜHLENBERG: 1. Gregors Wissen um die Notwendigkeit der Gnade geht aus seinem ganzen System hervor. Seine Auffassung von der Unendlichkeit des Weges, auf dem der Mensch weder stehenbleiben noch zurücksehen noch den eigenen Standpunkt reflektieren darf (vgl. z.B. *v.Mos.*, Prooemium, GNO 7,1,3), legt durch die Betonung der Abhängigkeit des Menschen einen Vergleich mit der lutherischen Rechtfertigungslehre durchaus nahe.

2. Gregor sagt, die Gottheit des Hl. Geistes muß geglaubt werden, weil sonst das gegenwärtige christliche Leben des Menschen nicht als von Gott empfangen verstanden werden kann. Ist das aufgehoben in *v.Mos.?*

3. Sie haben eine Terminologie eingeführt, die Gregor m.E. fremd ist. Um das Wesen des Menschen zu erklären, hat Augustinus einen neuen Willensbegriff eingeführt, den Gregor - wie die griechischen Väter überhaupt - nicht kennt und der meiner Ansicht nach nicht *[237]* die einzig mögliche Lösung dieser Frage darstellt (das gleiche Bedenken gilt der augustinischen Rechtfertigungslehre als einzig möglicher Form einer Gnadentheologie!). Der von Gregor verwandte Begriff der προαίρεσις trifft nicht das, was Augustinus und die sich an ihn anschließende Paulus-Interpretation unter "Willen" versteht. Deshalb wird die von Ihnen gestellte Frage Gregor nicht gerecht. Das gilt vor allem für Gregors Aussagen von der Erkenntnis, die ja den Menschen überhaupt erst befähigt, in Kontakt mit Gott zu treten. Ich habe das nicht zu Gregor, sondern zu Apollinaris ausgeführt (Apollinaris von Laodicea, Göttingen 1969), inwiefern Erkenntnis dem Menschen eine Kraft vermittelt, auch wenn es so klingt, als ob die προαίρεσις die entscheidende Rolle spielt. Das kommt auch in *v.Mos.* zum Ausdruck, wenn Gregor dem Menschen durch den νόμος gewisse θεωρήματα zuteil werden läßt, die ihn auf den richtigen Weg bringen. Offenbar ist die protestantische Dogmengeschichte auf ihrem heutigen Stand nicht in der Lage, die griechischen Väter in ihrer auf diese Weise begründeten Gnadenlehre zu verstehen. Ich gebe natürlich zu, daß Origenes mit seiner προαίρεσις-Lehre sehr weit - fast über den Rahmen des Christlichen hinaus - gegangen ist.

A. M. RITTER: Eine Affinität zwischen Gregors Unendlichkeitstheologie und allen ihren Implikationen mit der lutherischen Rechtfertigungslehre ist m.E. angesichts dessen - auch nach Meinung von J. Daniélou (s. oben S. 42, Anm. 54) auf Pelagius vorausweisender - Betonung der "rôle initiale de la liberté" des Menschen sowie dessen ganz und gar "griechischem" Verständnis der göttlichen "Gerechtigkeit" als iustitia distributiva (s. oben S. 38, 58), um nur dies beides hier geltend zu machen, allenfalls ansatzweise gegeben. Ob ferner Spitzensätze aus dem pneumatomachischen Streit wie der von Ihnen zitierte in *v.Mos.* "aufgehoben" seien, wage ich im Augenblick weder zu bejahen noch zu verneinen. Nur scheinen sie mir dort nicht vorzukommen und keine erkennbare Relevanz für die Theorie des geistlichen Lebens zu besitzen, ohne daß ich damit unterstellen möchte, es habe sich bei Gregors Engagement im Kampf um Wesen und gottheitliche Würde des Hl. Geistes um reine Spiegelfechtereien gehandelt. Schließlich glaube ich durchaus, daß Sie Gregors Erkenntnisbegriff i.w. richtig beschrieben haben. Allein, könnte nicht auch ein Platoniker sagen, daß erst Erkenntnis den Menschen befähige, in Kontakt mit Gott zu treten? Bleibt es nicht hinter dem "spezifisch christlichen" *Gnaden*begriff zurück, den auch ich im übrigen keines*[238]*wegs einfach mit demjenigen Augustins gleichsetze? Nur: Müßte nicht jede denkbare Gnadentheologie etwas von der unverwechselbaren Eigenart der Anfänge bei Jesus, Paulus und Johannes im Gegenüber (nicht nur, aber auch) zur griechischen Tradition festhalten, wenn anders sie als "spezifisch christlich" gelten soll? Das war und ist meine Frage; nichts sonst! Was immer es mit der "protestantischen Dogmengeschichte auf ihrem heutigen Stand" auf sich haben mag: mir geht es um nichts anderes als darum, zu verstehen. Und ich meine, daß gerade ein Mann wie Gregor einen Anspruch darauf habe, "beim Wort genommen" zu werden!

E. MÜHLENBERG: Hängt denn Ihr Gnadenbegriff ganz am augustinischen Willensverständnis?

A. M. RITTER: "Mein" Gnadenbegriff hängt, wenn Sie so wollen, ganz am biblischen Gottesbegriff und am biblischen Menschenbild einschließlich der Konsequenzen für die Ethik, mit denen beiden sich die griechische Tradition nur nach einem tiefgreifenden Umformungsprozeß verbinden ließ. Ob darin auch die Willensproblematik notwendig involviert war, darüber müßte ich noch nachdenken.

F. LÖTZSCH: Wenn ich Sie richtig verstehe, betrifft das Hauptargument Ihres Beitrags die Frage nach dem orthodoxen Gnaden- und Rechtfertigungsstand des Christen, wie er seit den paulinischen Briefen ein Thema der Theologie ist und nun durch die Metapher Gregors vom "Ergreifen des Schildes der Tugend" in eine heterodoxe, synergistische Richtung verfälscht zu werden scheint. Frage: Sofern die paulinische Gnadentheologie als grundsätzlich richtig anerkannt wird, sind es dann nicht vielmehr bloß zwei Seiten derselben Medaille, wenn der Christ aus der *Erkenntnis* seiner Rechtfertigung aus Gnaden sein *Handeln* imperativisch als "Ergreifen eines Tugendschildes" motiviert, so wie Paulus es als "Ergreifen der Waffen des Lichts" (Röm 13,12 ff) motivierte? Dabei scheint mir die Symbolik der militanten Sprache bei Paulus (vgl. II Tim 2,4) aus der damaligen Situation der um ihr Bestehen kämpfenden - aber im Grunde irenischen - Kirche besonders nahezuliegen, während eine spätere Zeit das existentielle Moment der Kampfessituation bei Paulus als gängigen Topos übernahm.

A. M. RITTER: Bei Paulus sind Indikative und Imperative aufs Engste verknüpft (vgl. etwa die Anbindung der Paränese an die "Dogmatik" in Röm 12,1 f). Wie aber steht es bei Gregor? Was wird bei ihm aus den paulinischen *Indikativen*?

Die Theologie des Basileios im Kontext der Reichskirche am Beispiel seines Charismaverständnisses

Unter den Hauptvorträgen des Symposiums war ursprünglich auch ein Referat vorgesehen mit dem Thema "Basil's Theology Within the Context of the Imperial Church", das dann aus Gründen, über die hier nicht zu reden ist, nicht zustande kam. In meinen Augen handelt es sich dabei weniger um ein Spezialthema unter vielen anderen als vielmehr um einen Aspekt, der bei jeder geschichtlichen Beschäftigung mit Basileios im Auge behalten werden will. Auch wer "nur" an philologisch-textgeschichtlichen Problemen interessiert oder aber geistesgeschichtlichen Zusammenhängen auf der Spur ist, tut gut daran, sich die kirchliche Wirklichkeit des vierten Jahrhunderts, und das heißt eben: den "reichskirchlichen" Kontext dieses Mannes, wenigstens in Umrissen zu verdeutlichen. Erst recht ist von kirchen- und theologiegeschichtlichen Untersuchungen zu Basileios vom heutigen Stand kirchenhistorischer Grundsatz- und Methodendiskussion her zu fordern, daß sie sich nicht damit begnügen, etwa theologische Gedanken nachzuzeichnen, ohne die theologische Arbeit ausreichend vorzuführen, d.h. ohne nach der Interrelation von Theorie und Praxis, ohne nach den Motivationen zu fragen. Es mag sein, daß sich hier wie in anderen Fällen gesicherte Forschungsergebnisse in dieser Richtung im einzelnen nur schwer gewinnen lassen. Aber es müssen wenigstens Verstehensbemühungen der angedeuteten Art unternommen werden, der Versuch, den geschichtlichen "Raum" des untersuchten *[412]* Theologen bzw. der untersuchten Theologie erkennbar in das Gesamtbild einzuzeichnen.

Ich verzichte im folgenden wohlweislich darauf, nun im einzelnen nachzuprüfen, wieweit die hier abgedruckten Vorträge diesem Maßstab entsprechen; wie ich auch nicht beabsichtige, in diesem Schlußbeitrag so etwas wie eine Zusammenfassung des Symposiums zu bieten. Für das letztere ist es wohl noch zu früh; auch ist es von einem einzelnen schwerlich zu leisten. Das erstere kann getrost dem Leser überlassen bleiben, vorausgesetzt, er stimmt mit mir im Methodischen wenigstens grundsätzlich überein. Wohl aber soll an einigen der im voraufgehenden behandelten Themen eben rasch der Zusammenhang mit dem "reichskirchlichen" Hintergrund des Lebens und Wirkens Basileios' des Großen angedeutet werden, ehe ich an einem eigenen Beitrag[1] exemplifiziere, wie die Be-

---

Zuerst veröffentlicht in: P. J. Fedwick (Hg.), Basil of Caesarea: Christian, Humanist, Ascetic. A Sixteen-Hundreth Anniversary Symposium, 2 Bde., Toronto 1981, hier: Bd. I, S. 411-436.

[1] Er geht zurück auf eine in Toronto vorgetragene Communication und auf ein Master Theme, gehalten auf der Eighth International Conference on Patristic Studies, Oxford, 3.-8. September 1979.

handlung eines "theologiegeschichtlichen" Problems im "kirchengeschichtlichen" Kontext aussehen könnte.

Daß die Biographie des Basileios[2] nicht etwa losgelöst vom allgemeinen kirchen- und weltgeschichtlichen Hintergrund betrachtet werden kann, liegt auf der Hand. Aber auch Einzelfragen wie die, warum uns von Basileios wie von den übrigen "großen Kappadoziern" nur verhältnismäßig wenig Predigten überliefert sind,[3] lassen sich, wenn überhaupt, dann wohl nur unter Berücksichtigung der konkreten geschichtlichen Situation beantworten. Vielleicht handelte es sich dabei (auch) um etwas spezifisch "Kappadozisches" und hängt es (auch) damit zusammen, daß nach dem öfter zitierten Wort Theodor Mommsens die einst hettitische, dann persische Provinz Kappadozien "im Anfang der Kaiserzeit schwerlich mehr griechisch (war) als Brandenburg und Pommern unter Friedrich dem Großen französisch gewesen sind";[4] wie umgekehrt der große Prediger J. Chrysostomos ohne den griechisch-großstädtischen Hintergrund kaum denkbar gewesen sein dürfte. Oder um ein anderes Detailproblem zu nennen: daß Basileios erstaunlicherweise gerade in seinen allerletzten Lebensjahren nach Ausweis seiner Hexaemeronpredigten (gehalten wahrscheinlich in der Fastenzeit 378) apologetische Aktivitäten entfaltete[5] und sich schroffer als je gegen jede friedliche Koexistenz mit *[413]* heidnischer Philosophie und Wissenschaft aussprach,[6] läßt sich mit Sicherheit nicht rein "immanent", sondern nur als Reaktion auf Herausforderungen seiner engeren oder weiteren Umwelt, wenn nicht auf vermeintliche oder wirkliche Gefährdungen seiner Gemeinde erklären. Denn im allgemeinen bestand im vierten Jahrhundert die Hauptopposition nicht so sehr zwischen Heidentum und Christentum als zwischen Orthodoxie und Häresie innerhalb des einen wie des anderen![7]

Daß Basileios der Frühzeit der Reichskirche angehört, die nicht zufällig zugleich das "goldene Zeitalter der patristischen Literatur" (J. Quasten) war, ist für die handschriftliche Überlieferung seines Schrifttums[8] ebenso

---

[2] S. *J. Gribomont*, Notes biographiques sur s. Basile le Grand, in: P. J. Fedwick (Hg.), Basil of Caesarea: Christian, Humanist, Ascetic. A Sixteen-Hundredth Anniversary Symposium, 2 Bde. (durchpaginiert), Toronto 1981, S. 21-48.

[3] S. ebd., S. 27-34.

[4] *Th. Mommsen*, Römische Geschichte, Bd. V, Kap. 8, Abs. "Kappadokien"; zit. bei *H. von Campenhausen*, Griechische Kirchenväter, Stuttgart 1955 [7. Aufl., 1986], S. 87.

[5] S. Gribomont (Anm. 2), S. 30 ff.

[6] Vgl. dazu jetzt vor allem *E. Amand de Mendieta*, The Official Attitude of Basil of Caesarea as a Christian Bishop Towards Greek Philosophy and Science, in: D. Baker (Hg.), The Orthodox Churches and the West. Papers read at the 14th summer meeting and the 15th winter meeting of the Ecclesiastical History Society, Oxford 1976 (SCH[L] 13), S. 25-49.

[7] Vgl. *G. Dagron*, L'empire romain d'Orient au IVe siècle et les traditions politiques de l'hellénisme: Le témoignage de Thémistios, TM 3 (1968), S. 1-242.

[8] S. *S. Y. Rudberg*, Manuscripts and Editions of the Works of Basil of Caesarea, in: Basil of Caesarea (Anm. 2), S. 49-65.

in Rechnung zu stellen wie für seine Rezeption der rhetorischen[9] und der philosophischen Tradition der Antike[10] und erst recht natürlich für seinen Umgang mit der Häresie.[11] Aber auch so "spirituelle" Dinge wie der "geistliche Sinn" der Schrift, die exegetische Basis für die Pneumatologie des Basileios,[12] können schwerlich ohne jeden Bezug auf den "real-" und nicht nur "geistesgeschichtlichen" Kontext erörtert werden, zumal die These im Raum steht, die Dogmatisierung der Gottheit Christi wie diejenige des Hl. Geistes im vierten Jahrhundert sei u.a. mit dem "Absolutheitsanspruch" des "reichskatholischen" Christentums in Verbindung zu sehen, mit dem Bestreben, "die Besonderheit der religiösen Gruppe, in der man lebt, als eine absolute zu formulieren".[13] Ich halte diese These zwar für falsch bzw. für bisher noch nicht annähernd genügend begründet. Aber der Ansatz, die Fragestellung, die nicht nur den anthropologischen und soteriologischen Wurzeln und Antrieben, sondern auch der Bedeutung gesellschaftlicher Komponenten im Prozeß der Dogmenbildung nachgehen möchte, scheint mir sinnvoll und fruchtbar zu sein.

Der "reichskirchliche" Kontext ist schließlich bei Themen wie der "sozialen Aktivität" des Basileios und seines "Umgangs mit den (staatlichen) Autoritäten im Lichte seines sozialen und christlichen Hintergrun*[414]*des"[14] Gegenstand der Fragestellung selbst. Freilich kommt es hierbei auf Zusammenschau an und bleibt in Geltung: "Wer ihn kennenlernen will, muß Basileios ... zuerst als Mönch erkennen."[15] D.h. es ist in diesem Falle in vollem Umfang auch das asketische Schrifttum in die Überlegungen einzubeziehen. Andernfalls entsteht leicht ein zu harmonistisches Bild, in dem so irritierende, um nicht zu sagen: "revolutionäre" Sachverhalte wie der, daß Basileios Privateigentum - in christlicher Perspektive: nicht nur für den "Mönch", sondern für den Christen schlechthin - als ein Greuel erschien, daß ihm der, der auf seine vermeintlichen Eigentumsrechte pochte, als "Räuber" galt und ihm demzufolge eine "kommunistische" Eigentumsordnung als ein Ideal vorschwebte[16], keinen Platz haben.

Doch nun zu meinem eigenen Thema, dem Charismaverständnis des Basileios. Zu seiner Erläuterung folgende Zwischenüberlegung.

---

9 S. *G. L. Kusdas*, Saint Basil and the Rhetorical Tradition, in: Basil of Caesarea (Anm. 2), S. 221-279.

10 S. *J. M. Rist*, Basil's "Neoplatonism": Its Background and Nature, in: Basil of Caesarea (Anm. 2), S. 137-220.

11 S. *M. V. Anastos*, Basil's **κατὰ Εὐνομίον**, A Critical Analysis, in: Basil of Caesarea (Anm. 2), S. 67-136.

12 S. *J. Pelikan*, The "Spiritual Sense" of Scripture. The Exegetical Basis for St. Basils' Doctrine of the Holy Spirit, in: Basil of Caesarea (Anm. 2), S. 337-360.

13 *W. D. Hauschild*, Gottes Geist und der Mensch. Studien zur frühchristlichen Pneumatologie, München 1972 (BEvTh 63), S. 290 f.

14 S. *I. Karayannopoulos*, St. Basil's Social Activity: Principles and Praxis, in: Basil of Caesarea (Anm. 2), S. 375-391.

15 H. von Campenhausen (Anm. 4), S. 89.

16 Vgl. u.a. *Hom.* 6,7 (PG 31,276B-277B), und unten [S. 85 mit Anm. 85].

I.

Zu den bemerkenswertesten, um nicht zu sagen aufregendsten, Erscheinungen der jüngsten Kirchengeschichte seit der Zeit des Zweiten Weltkrieges gehört in meinen Augen der "renouveau charismatique dans les Églises chrétiennes"; so der Titel eines im vorvorigen Jahr in Science et Esprit (Montréal) erschienenen Aufsatzes.[17] Gemeint sind damit jene neuen Erfahrungen der befreienden Gegenwart des Hl. Geistes, wie sie vor allem in der Entstehung der Pfingstkirchen (Pentecostals) und der zahllosen charismatischen Gruppen innerhalb wie außerhalb der etablierten Kirchen (mit Ausnahme der orthodoxen, wenn ich recht informiert bin)[18] ihren institutionellen Niederschlag gefunden haben. Ihnen allen ist *[415]* - unerachtet ihres sehr unterschiedlichen Charakters im einzelnen - dies gemeinsam, daß die Fülle der neutestamentlichen Charismen einschließlich der Prophetie, der Glossolalie und der Krankenheilung neu entdeckt und so der teilweise weit fortgeschrittenen Erschlaffung und Entmutigung in den großen Kirchen ein Suchen nach neuer Kraft, Freude und Zukunftsoptimismus entgegengestellt wird, "ein Verlangen, wieder als ganze Menschen" aus Leib, Seele und Geist "vor Gott zu stehen ... und Gottes Liebe nicht bloß als Glaubenssatz anzunehmen."[19] Als eine charismatische Erneuerungsbewegung kann mit vollem Recht auch bereits

[17] *J. M. Dufort,* L'émergence du renouveau charismatique dans les églises chrétiennes, ScEs 30 (1978), S. 143-167. Die Literatur über die charismatische Bewegung der Gegenwart ist Legion. Ich begnüge mich mit folgenden Hinweisen: *G. Leich,* Die Verantwortung der Gemeinde für das Amt der Kirche in der Welt, in *A. M. Ritter / G. Leich,* Wer ist die Kirche? Amt und Gemeinde im Neuen Testament, in der Kirchengeschichte und heute, Göttingen 1968, S. 119-284, 168 ff, 278 f (Lit.); *H. Meyer* u.a., Wiederentdeckung des Heiligen Geistes. Der Heilige Geist in der charismatischen Erfahrung und theologischen Reflexion, ÖkPer 6 (1974); die Jahrgänge 1977 der Zeitschriften Concilium 13 (1977); One in Christ 13 (1977); Listening: Current Studies in Dialogue 12 (1977), die überwiegend dem Charismenthema gewidmet sind.

[18] Sollte dies etwa damit zusammenhängen, daß die orthodoxen Kirchen des Ostens in Frömmigkeit und Theologie "von jeher den Gefahren des Intellektualismus, der rechtlichen Verbildung und kirchlichen Verengung sehr viel weniger ausgesetzt gewesen" sind als die abendländischen (so Meyer, [Anm. 17], S. 9)? Oder wie *S. Bulgakow* sagen konnte: "Die dritte Person der Heiligen Dreieinigkeit ist in der Orthodoxie so intim, tief und lebendig erkannt, daß diese geradezu ... die Religion des Heiligen Geistes ist ... Sie ist der Heilige Geist selber, der in der Kirche lebt (Le ciel sur la terre. Sonderheft "Ostkirche" der Zeitschrift Una Sancta [1927], S. 48 f: zit. nach *F. Heiler,* Die Ostkirchen, München usw. 1971, S. 119)?

[19] *M. Parmentier,* Die Gaben des Geistes in der frühen Kirche, IKZ 68 (1978), S. 211-229 (hier: 229). P.s Hauptthese lautet, daß die längst vor der "Konstantinischen Wende" einsetzende "Entcharismatisierung" der Kirche "das notwendige Resultat" der schon in neutestamentliche Zeit zurückreichenden "Enteschatologisierung" im Sinne des Zurücktretens der Naherwartung sei, so wie umgekehrt die Geistesgaben oft genug wiederentdeckt worden seien, wann immer enthusiastische Gruppen oder Einzelpersonen das Weltende ankündigten oder, allgemeiner gesprochen, wie sich der Geist auch heute "vor allem in Krisensituationen und -gebieten" offenbare (a.a.O., S. 227 f). Daran ist gewiß etwas Wahres. Zu kritisieren ist jedoch: 1. daß P. "charismatisch" einfach mit "paranormal" gleichsetzt, was einem "enthusiastischen" Mißverständnis des Charismatischen entspricht; 2. daß er aus seiner historischen Analyse das frühchristliche Mönchtum fast völlig ausgeklammert hat.

das frühchristliche Mönchtum angesprochen werden! Man hat es zwar oft genug anders gesehen und beurteilt, nämlich in erster Linie als Protest, und zwar als Protest gegen den mit der "Konstantinischen Wende" eingeleiteten Zerfall, die "Verweltlichung echten Christentums". Das ist es in irgendeiner Weise sicherlich auch gewesen. Insofern kann die enorme Ausbreitung und Institutionalisierung der Askese in der Gestalt des Mönchtums[20] gerade im Jahrhundert Konstantins unmöglich als ein Zufall betrachtet werden. Dennoch ist das eigentlich Gemeinte und Erstrebte bei den Vätern des frühchristlichen Mönchtums viel positiver gefaßt. Es geht weniger um Protest als um Erneuerung. Und sosehr diese Erneuerung beim einzelnen, der von der Frage umgetrieben wird, wie er "gerettet" werden (πῶς σωθῶ) und die Versuchungen überwinden könne,[21] beginnt, so wenig endet sie auch bei ihm. Am nachdrücklichsten und *[416]* konsequentesten ist dies, wenn ich recht sehe - unter östlichen Theologen des Mönchtums zumindest - von J. Chrysostomos[22] und, wovon im folgenden noch näher die Rede sein wird, von Basileios dem Großen zur Geltung gebracht worden. Aber auch von Antonios dem Eremiten, für den im übrigen - wie für das Anachoretentum überhaupt - "ein letztlich individualistisches Verständnis des mönchischen ἀγών" charakteristisch ist,[23] hat man das schöne Wort überliefert: "Vom Nächsten gehen [für uns] Leben und Tod aus. Gewinnen wir nämlich den Bruder, so gewinnen wir Gott. Geben wir dagegen dem Bruder Ärgernis, so versündigen wir uns gegen Christus."[24] Zu den grundlegenden Erfahrungen der ersten Mönchsgenerationen gehört schließlich, woran uns jüngst wieder Henry Chadwick in seinem Priszillianbuch[25] und Heinrich Doerries in seiner posthum veröffentlichten "Theologie des Makarios/Symeon"[26] erinnert haben, das Wiederaufleben der urchristlichen Charismen, und das heißt, wenn wir noch einen Augenblick den *Apophthegmata Patrum* folgen dürfen, vor allem der Gabe des inspirierten λόγος (also der charismatischen

---

20 Ich setze dabei mit der überwiegenden Mehrzahl der Forscher voraus, daß wir von Mönchtum im eigentlichen Sinne erst da reden können, wo sich Asketen außerhalb der christlichen Gemeinde auf Dauer ihre religiöse Sonderwelt schufen. Dies war allem Anschein nach ein Entwicklungsprozeß mit fließenden Grenzen, der jedoch etwa um die Mitte des dritten Jahrhunderts eingesetzt haben muß.

21 Vgl. nur *Apophth. patr.* (Antonios) 1 (PG 65,76A.B).

22 Vgl. dazu *A. M. Ritter,* Charisma im Verständnis des Joannes Chrysostomos und seiner Zeit. Ein Beitrag zur Erforschung der griechisch-orientalischen Ekklesiologie in der Frühzeit der Reichskirche, Göttingen 1972 (FKDG 25), S. 90 ff (mit weiterer Lit.).

23 *F. von Lilienfeld,* Basilius der Große und die Mönchsväter der Wüste, ZDMG 118 (1969), S. 418-435 (hier: 424). [jetzt auch in: dies., Spiritualität des frühen Wüstenmönchtums. Gesammelte Aufsätze 1962-1971, hg. von R. Albrecht und F. Müller, Erlangen 1983 (Oikonomia, Quellen und Studien zur orthodoxen Theologie 18), S.62-85, hier: 66].

24 *Apophth. patr.* (Antonios) 9 (PG 65,77B).

25 *H. Chadwick,* Priscillian of Avila. The Occult and the Charismatic in the Early Church, Oxford 1976.

26 *H. Doerries,* Die Theologie des Makarios/Simeon, Göttingen 1978 (AAWG.PH III/103).

Schriftauslegung)[27], ferner des Charismas der διάκρισις = *discretio*[28], der "Prophetie"[29], der *gratia ministerii*, wie sie an einer Stelle der *Vitae Patrum* genannt wird[30], aber auch visionärer Fähigkeiten[31] samt der Gabe der Krankenheilung[32] und der Dämonenaus*[417]*treibung[33]. Denn wie es in einem dem Abbas Paulos zugeschriebenen Ausspruch heißt: "Wenn einer die Herzensreinheit (καθαρότης) erlangt hat, dann ist ihm alles untertan, wie dem Adam im Paradiese, bevor er das Gebot übertrat".[34] Kein Zweifel also, daß wir allen Grund haben, im frühen Mönchtum einen Vorläufer der heutigen Charismatischen Bewegung zu sehen. Wie fügt sich dazu das Zeugnis des Basileios?

II.

Bevor ich darauf unmittelbar eingehe, seien mir zwei Vorbemerkungen gestattet. Die eine, kürzere, betrifft die Quellenbasis, auf der sich meine Darlegungen bewegen; die andere, notgedrungen etwas weiter ausholende, eine neuerdings wieder umstrittene Frage der Chronologie.

Ad 1. Wie man in der Forschung längst gesehen hat und wie auch in der neuesten mir bekannt gewordenen Buchveröffentlichung zu Basileios, Paul J. Fedwicks Abhandlung über The Church and the Charisma of

---

27 Vgl. besonders *apophth. patr.* (Antonios) 26 (PG 65,84C); *apophth. patr.* (Ammonas) 11 (PG 65,124A); *apophth. patr.* (Poimen) 183 (PG 65,365D-368A); *vitae Patrum* 7,41,2 (PL 73,1056D-1057A); 5,15,72 (966A.B); dazu *H. Doerries,* Die Bibel im ältesten Mönchtum, ThLZ 72 (1947), Sp. 215-222; auch in: ders., Wort und Stunde, Bd. I: Gesammelte Studien zur Kirchengeschichte des vierten Jahrhunderts, Göttingen 1966, S. 251-276 (danach zitiert).

28 Vgl. besonders *apophth. patr.* (Antonios) 8 (PG 65,77B); *apophth. patr.* (Agathon) 5 (PG 65,109C); *apophth. patr.* (Poimen) 170 (PG 65,364A.B); *apophth. patr.* (Rhomaios) 1 (PG 65,385C-389A); *apophth. patr.* (Synkletika) 17 (PG 65,428A); *vitae Patrum* 3,26 (PL 73,754B-755D); 3,182 (799B.C); 5,10,85 (928A.C); 5,10,91 (928D-929A).

29 Hier dürften sich Einzelbelege überhaupt erübrigen, angesichts der "typischen Situation, die sich in den *Apophthegmata Patrum* ständig wiederholt: der Mönchsgreis wird gebeten: "εἰπέ μοι ῥῆμα", d.h. man bittet ihn um ein geistgetragenes Wort, das Kraft hat, das eigene Leben so umzugestalten, wie es das seine bezeugt", was zeigt, daß "die Mitwelt in den Mönchen der Wüste die Propheten der eigenen Zeit sah" (F. von Lilienfeld [Anm. 23], S. 422 f).

30 *Vitae Patrum* 5,13,12 (PL 73,945D-946A).

31 Vgl. *apophth. patr.* (Antonios) 12 (PG 65,77C.D); *apophth. patr.* (Ephraem) 1.2 (PG 65,168B.C); *apophth. patr.* (Zenon) 5 (PG 65,177A.B); *apophth. patr.* (Zacharias) 4 (PG 65,180B.C); *apophth. patr.* (Joh. Kolobos) 14 (PG 65,208C.D); Über Abbas Paulos den Einfältigen vgl. PG 65,381C-385B; *vitae Patrum* 3,36 (PL 73,762C.D); 6,1,9,13 (994B; 995A.B).

32 Vgl. *apophth. patr.* (Longinos) 3 (PG 65,256D-257A); *vitae Patrum* 5,17,25 (PL 73,977D-978A).

33 Vgl. *apophth. patr.* (Besarion) 5 (PG 65,141A.B); *apophth. patr.* (Daniel) 3 (PG 65,153C-156A); *apophth. patr.* (Elias) 7 (PG 65,184D-185A); *apophth. patr.* (Theodor Pherm.) 27 (PG 65,193C.D); *apophth. patr.* (Makarios) 13 (PG 65,268C-269A); *apophth. patr.* (Xanthias) 2 (PG 65,313B); *apophth. patr.* (Sisoes) 12 (PG 65,296A); *vitae Patrum* 5,17,21 (PL 73,977B).

34 PG 65,381A.

Leadership in Basil of Caesarea[35] schön und zutreffend zugleich zum Ausdruck gebracht wird,[36] ist für des Basileios Auffassung vom Mönchtum in seinem Verhältnis zur Kirche kennzeichnend, daß seine eigentlichen Mönchsregeln, diejenigen, die er selbst als ὅροι bezeichnet und verstanden hat, nichts anderes sind als ein Abriß der *vita christiana* nach dem Neuen Testament, daß in ihnen jedes eigentlich "monastische" Vokabular ebenso bewußt vermieden ist wie die Idee der *consilia evangelica*. Nirgendwo ist bei Basileios jedenfalls die Rede von einer Masse von Durchschnittschristen, welche dispensiert wäre von der Pflicht zu völligem Gebotsgehorsam, und, im Kontrast dazu, von einer Elite von "Vollkommenen", welcher es frei stünde, sich "Räte" auszusuchen, die für sie von Wichtigkeit sind und fortan verbindlich sein sollen. Vielmehr geht es überall um ein Christentum, das im Einklang steht mit sich selbst. M.a.W. ist Basileios seinem innersten Wesen nach als mönchischer Reformator *[418]* der Kirche zu verstehen![37] Das aber hat für uns u.a. zur Konsequenz, daß wir uns im folgenden nicht einfach auf das basilianische *Corpus asceticum* zurückziehen können, sondern sein gesamtes Schrifttum im Auge zu behalten haben, unbeschadet aller Unterschiedlichkeit der Sprach- und Argumentationsebene(n), auf die wir darin treffen, unbeschadet auch aller - m.E. noch immer nicht wirklich gelösten - Interpretationsprobleme, die sich daraus ergeben.[38]

Ad 2. Was das *Corpus asceticum* anlangt, das natürlich für unsere Fragestellung besondere Bedeutung behält, so fehlen, wie es scheint, alle konkreten Anhaltspunkte für eine präzise "absolute Chronologie". Wohl aber legt sich eine "relative Chronologie" nahe, und zwar in der Abfolge: *Moralia* (mit dem dazugehörigen *Prooemium de iudicio dei)* - "Kleines Asketikon" - "Großes Asketikon" - *Hypotyposis*. So jedenfalls hat es J. Gribomont in seiner Histoire du texte des Ascétiques de s. Basile[39] entwickelt, hat er es seither in einer Fülle von Einzelstudien untermauert und damit weitgehende Zustimmung gefunden.[40] Indessen macht es das Er-

---

35 Erschienen als Bd. 45 der "Studies and Texts", Toronto 1979.

36 Vgl. besonders S. 12 ff, 23 ff sowie den Appendix c, S. 161 ff.

37 So u.a. auch bereits *L. Vischer* in seiner Baseler Dissertation von 1953, Basilius der Große. Untersuchungen zu einem Kirchenvater des vierten Jahrhunderts, S. 167 u.ö.

38 Vgl. dazu einstweilen besonders *J. Gribomont*, Le renoncement au monde dans l'idéal ascétique de saint Basile, Irén. 31 (1958), S. 282-307, 460-475.

39 Louvain 1953 (BMus 32).

40 Als Ausnahme ist mir lediglich ein Aufsatz von *L. Lèbe*, S. Basile et ses Règles morales, RBen 75 (1965), S. 193-200 (vgl. auch ders., S. Basile. Note à propos des Règles monastiques," RBen 76 [1966], S. 116 ff) bekannt. Darin wird die These verfochten, daß nicht nur *De fide*, sondern auch *De iudicio Dei* aus der Zeit des Episkopats des Basileios stammt, womit weiterhin entschieden wäre, daß die *Moralia* nicht dessen Frühzeit angehören. Hauptbegründung: ein junger Mann und noch dazu ein Laie hätte es niemals wagen können, mit der Kirche seiner Zeit dermaßen ins Gericht zu gehen und ihr einen Spiegel vorzuhalten, wie es in *De iudicio* und den *Moralia* geschieht. Als wäre es seine eigene Autorität, die Basileios ins Feld führt, und nicht diejenige des in der Schrift geoffenbarten Gotteswillens, welcher alle ohne Ausnahme unterworfen sind! Auch sonst erweist sich der Verfasser als mit Quellen und neuerer Forschung nur mäßig vertraut. Z.B. ist ihm, neun Jahre nach Erscheinen, ein so grundlegendes Werk

scheinen des bereits erwähnten Buches von P. J. Fedwick m.E. erforderlich, das Problem erneut zu diskutieren. Denn darin wird eine von Gribomont abweichende Datierung der Ascetica des Basileios vertreten.[41] Und wie sich zeigt, ist dies von erheblichen Konsequenzen für die Interpretation. *[419]*

Dies ist auch der Grund, weshalb wir hier an dieser Kontroverse zumindest nicht einfach vorübergehen können.

P. J. Fedwick möchte bei der Analyse der basilianischen Ascetica folgende Chronologie zugrunde gelegt wissen: (1) "Kleines Asketikon" - aus der Zeit zwischen 365 und 369; (2) "Großes Asketikon" - um 370 bis 376; (3) *Moralia* - begonnen um 360 und in ihre endgültige Gestalt gebracht, in der sie nun auch durch zwei Prologe, das *Prooemium de iudicio dei* und das *Prooemium de fide* eingeleitet werden, im Jahre 376, demselben Jahr, dem (4) die *Hypotyposis* entstammt, also die von Basileios selbst veranstaltete und für pontische Mönchsgemeinschaften bestimmte asketische Sammlung, bestehend aus den *Moralia* (einschließlich der genannten beiden Prologe) und dem 55 "ausführliche" und 287 "kurze" Regeln (samt den jeweiligen Proömien) umfassenden "Großen Asketikon". Im Grunde geht also der Streit "nur" um die Datierung der *Moralia*. Allein, wenn sie, wie Fedwick meint, weit mehr sind als eine Bibelstellensammlung, nämlich ein Werk von ungewöhnlicher theologischer Tiefe und gedanklicher Reife,[42] dann hängt von ihrer Einordnung in das Ganze basilianischen Schrifttums in der Tat Entscheidendes ab und ist Beharrlichkeit hier durchaus am Platze.

Des näheren stellt sich Fedwick, wie wir hörten, die Genese der *Moralia*, die für ihn in ihrer uns bekannten Gestalt eindeutig kein Frühwerk des Basileios sind und nicht, wie üblich, aus der Situation der frühen sechziger Jahre des vierten Jahrhunderts heraus gedeutet werden dürfen, als einen über anderthalb Jahrzehnte währenden Wachstumsprozeß vor, analog der Entwicklung der verschiedenen Sammlungen von *Erotapokriseis* zunächst zum "Kleinen" und schließlich zum "Großen Asketikon" und beginnend mit einem von Basileios und Gregor von Nazianz während ihrer συνάσκησις in Annesoi (um 361) gemeinsam verfaßten ersten Entwurf, von dem sich aber keinerlei Kopie erhalten habe. Das ist von ihm deutlich als Kompromiß, als Zugeständnis gemeint. Doch dient das Zugeständnis m.E. eher der Beschwichtigung und liegt eher auf verbaler Ebene. Denn was die Sache angeht, so besteht für ihn kein Zweifel, daß

---

wie *H. Doerries*, De Spirito Sancto. Der Beitrag des Basilius zum Abschluß des trinitarischen Dogmas, Göttingen 1956 (AAWG.PH III/39) offenbar noch unbekannt. Andernfalls hätte er kaum ohne weitere Erklärung *In Moralia prooemium de fide* nach *De Spiritu Sancto* ansetzen können (S. 195 f; vgl. dagegen Doerries, a.a.O., S. 14 ff). So wird man sich bei seiner Kritik an der nach *P. Maran* (PG 29, XXVIII f) neuerdings vor allem von J. Gribomont vertretenen Frühdatierung der *Moralia* samt dem *In Moralia prooemium de iudicio dei* nicht weiter aufzuhalten haben.

[41] Vgl. besonders im Appendix A die S. 149 ff sowie etwa noch S. 12 mit Anm. 62; S. 98 und 139.

[42] P. J. Fedwick (Anm. 35), S. 151 ("tremendous theological insight and maturity of thought").

es sich bei den *Moralia* ihrem wesentlichen Bestande nach um ein Produkt der letzten Lebensjahre des Basileios handelt. Das gilt nicht nur von den "Regeln" selbst, die in ihrer Mehrzahl an geistig-geistlichem Gehalt nur mit *De Spiritu Sancto*, nicht aber mit *Contra Eunomium* verglichen werden können,[43] sondern es gilt auch von den beiden Prologen. Das *[420]* jedoch erscheint mir als im Blick auf das *Prooemium de fide* so gut wie ausgeschlossen, im Blick auf das *Prooemium de iudicio dei* einigermaßen schwierig und im Blick auf die "Regeln" zwar möglich, aber nicht eben naheliegend oder gar erforderlich. Wie die *epp.* 140 und 175 lehren, hat es Basileios nach Ausbruch des Pneumatomachenstreits abgelehnt, ein eigenes Bekenntnis niederzuschreiben und stattdessen einfach auf das Nicaenum verwiesen,[44] obwohl dieses über die neue Streitfrage nichts aussagte und also ergänzungsbedürftig war. Das *Prooemium de fide* aber enthält ein, wenn auch ganz mit biblischen Wendungen und Begriffen formuliertes Bekenntnis.[45] Aus diesem wie aus anderen Gründen kann ich es mir daher am ehesten mit Heinrich Doerries als "nicht allzu spät nach *Adv. Eunomium*" abgefaßt vorstellen.[46] Und was das *Prooemium de iudicio dei* anlangt, so präsentiert es sich ja deutlich genug als Äußerung eines Mannes, der, nach behüteter Kindheit in einem christlichen Elternhaus, als junger Mensch mit der Welt und den weltlichen Geschäften und Künsten so weit Bekanntschaft geschlossen habe, daß es ihm nicht an Vergleichsmöglichkeiten fehle, und der nun fassungslos feststellen müsse, daß nirgendwo auf Erden so viel Uneinigkeit herrsche wie ausgerechnet in der "Kirche Gottes, für die Christus starb und über die er den Hl. Geist so reichlich ausgoß". Wenn jemals, dann erfülle sich "jetzt, da die Anhomöer emporgekommen" seien (νῦν ... τῶν Ἀνομοίων ἐπιθυέντων [= Part. Aor. 2 des Mediums oder Passivs]), was da geschrieben stehe (Act 20,30): "Aus eurer Mitte werden Männer aufstehen, die da Verkehrtes reden, um die Jünger hinter sich herzuziehen".[47] Das führt am ehesten auf die Jahre zwischen 357 und 361[48] oder kurz danach. Und wenn ich nichts übersehen habe, dann deutet im Prolog selbst nichts darauf hin, als liege zwischen Berichts- und *[421]* Abfassungszeit eine längere Spanne. Bleiben

---

43 Ebd., S. 151 f.

44 Vgl. außer *ep.* 140,2 etwa noch *epp.* 113; 114; 125.

45 PG 31,685A-C.

46 H. Doerries (Anm. 40), S. 18.

47 PG 31,653A.B.

48 357 war sowohl das Jahr, in dem Basileios von seiner "geistlichen Bildungsreise" nach Syrien, Mesopotamien, Palästina und Ägypten in die kappadozische Heimat zurückkehrte, als auch Beginn jener verhältnismäßig kurzen Ära, in der Aëtios, das erste bedeutende Schulhaupt der Anhomoier oder Neuarianer, vom Hof begünstigt, als gesuchter theologischer Lehrer und Disputator in der Öffentlichkeit hervortrat. Schon drei Jahre später wurde er angesichts des allgemeinen Erschreckens über seine Lehren wieder fallengelassen (Exkommunikation durch das Konzil von Konstantinopel 360, freilich bei gleichzeitiger Erhebung seines Schülers Eunomios zu bischöflichen Würden!), so daß es zur Separation der Neuarianer von der "homöischen" Reichskirche kam, die nie mehr, auch nicht unter Kaiser Valens, rückgängig zu machen war. Damit hatte die kirchenpolitische Entwicklung der "Anhomöer" bereits um 361 ihren Zenit überschritten: was blieb, war ein sehr nachhaltiger theologischer Einfluß (Eunomios).

noch die "Regeln", die Ἠθικά selbst. Auch ich liebe sie sehr und halte sie für ein unbezweifelbares Werk der Reife, gebe aber zu bedenken, daß Basileios Anfang der sechziger Jahre auch nicht gerade mehr ein Jüngling war, sondern das ominöse "dreißigste Jahr" bereits hinter sich hatte. Wenn man nur berücksichtigt, daß er sich - besonders, aber nicht nur am Anfang seiner Karriere - auf verschiedenen Sprach- und Argumentationsebenen bewegen konnte[49], wenn man ferner damit rechnet, daß bei ihm - anders als bei Goethes "Wilhelm Meister" - die entscheidenden "Lehrjahre" erst nach den "Wanderjahren" kamen, und es deshalb unterläßt, die *Moralia* zeitlich unnötig nahe an so unverkennbare Erstlingsprodukte wie die ältesten Briefe mit ihrer z.T. penetranten Coquetterie oder auch *leg. lib. gent. (= Ad adolescentes de legendis libris gentilium)*[50] oder die berühmte Φιλοκαλία[51] heranzurücken, macht ihre "Frühdatierung" m.E. nicht die geringsten Schwierigkeiten, während ich mich umgekehrt vor die größten Verstehensprobleme gestellt sähe, falls ich mir die *Moralia* im Sinne der Fedwickschen Chronologie als nach dem Großen Asketikon abgefaßt vorzustellen hätte.

Ich erwähne abschließend noch, daß die Ansicht, die *Moralia* seien erst in einem längeren Wachstumsprozeß zu der Gestalt gelangt, in der sie sich uns heute präsentieren, jeden textkritischen Anhalts entbehrt und somit rein auf "innere Kriterien" angewiesen ist. Auch die - leider nicht ge*[422]*nauer datierbare, aber, wie ich meine, aus inneren Gründen zeitlich und sachlich zwischen "Kleinem" und "Großem Asketikon" anzusiedelnde - *ep.* 22 mit ihren unüberhörbaren Anklängen an die *Moralia* kann nicht als äußeres Zeugnis hierfür in Anspruch genommen werden. Sie schließt weder aus, daß die Sammlung annähernd in dem uns bekannten

---

49 Welche Unterschiede weisen in dieser Hinsicht bereits das Corpus der Predigten (vgl. dazu jetzt vor allem, auch zu Datierungsfragen, *J. Bernardi,* La prédication des pères cappadociens. Le prédicateur et son auditoire, Paris 1968 [Publications de la Faculté des Lettres et Sciences Humaines de l'Université de Montpellier 30]) und, noch mehr, das der Briefe auf! Die Briefe sind ja unter all seinen literarischen Erzeugnissen diejenigen, auf die er nicht nur die größte stilistische Sorgfalt verwendete (vgl. dazu etwa *A. Puech,* Histoire de la littérature grecque chrétienne, Bd. III, Paris 1930, S. 310), sondern in denen er sich auch der Vorstellungswelt und Fassungskraft seiner Adressaten am meisten anzupassen bestrebt war.

50 Mit J. M. Rist (Anm. 10) bin ich der Meinung, daß die übliche Datierung von *leg. lib. gent.* auf die Zeit des basilianischen Episkopats falsch ist. Basileios bietet in dieser Abhandlung, "what is essentially a rhetorician's or literateur's view of the Hellenic past, a view which reflects much of the experiences of his own student years and of his abortive career as a professor of rhetoric" (S. 219). Das weist am ehesten auf "Basil's immediately post-student days" (S. 219, Anm. 340).

51 Man kann sich ja schwerlich damit beruhigen, daß es sich bei der "Philokalie" lediglich um eine Kompilation handele, die auf die geistige Verfassung und die Intentionen des Verfassers (oder richtiger der Verfasser) keine unmittelbaren Ruckschlüsse erlaube. Denn das würde der Bedeutung dieses Werkes kaum gerecht. So halte ich es einstweilen für ausgesprochen schwierig anzunehmen, die *Moralia* seien genau zur selben Zeit entstanden, zumal beide Schriften - zunächst einmal - in erster Linie für den eigenen Gebrauch der Verfasser bestimmt gewesen sein werden.

Umfang bereits existierte[52], noch enthält sie ein Versprechen, welches erst mit den *Moralia* in ihrer Endfassung eingelöst worden wäre[53].

Ebenso liegt mir indes daran zu betonen, daß ich den couragierten Vorstoß von P. J. Fedwick trotz aller geäußerten Kritik für ebenso notwendig wie dankenswert halte. Er sollte als Warnung verstanden werden, die *Moralia* nur als Vorarbeit statt als theologisches Explikat eigenen Rechts und eigenen Werts zu betrachten. Und er sollte an die Aufgabe erinnern, sich unter Verzicht auf das - allerdings nicht nur in der Basileiosforschung - übliche "sektorale" Denken wieder mehr um Zusammenschau und Integration zu bemühen, also z.B. den Versuch zu wagen, unter Berücksichtigung aller (sicher, wahrscheinlich oder wenigstens vermutlich) der Frühzeit bis zur endgültigen Übernahme des kirchlichen Dienstes zugehörigen Schriften den Werdegang des Basileios verständlich zu machen.

III.

Doch nun zurück zu unserem Thema. Wie fügt sich, so fragten wir, zu dem eingangs entworfenen Bild vom frühchristlichen Mönchtum als charismatischer Erneuerungsbewegung, wie es etwa aus den *Apophthegmata Patrum* zu gewinnen ist, das Zeugnis des Basileios?

Nun, nach Ausweis seines erhaltenen Schrifttums teilt Basileios mit den übrigen Begründern bzw. Reformern des altkirchlichen Mönchtums ein ausgeprägtes Krisenbewußtsein. Inwieweit bei ihm sozialgeschichtliche Faktoren auf dieses Krisenbewußtsein ihren Einfluß ausübten, ließe sich immerhin fragen. Zu denken wäre besonders an den Umstand, daß er einer der vornehmsten und reichsten Familien Kappadoziens, wenn auch nicht gerade einem senatorischen Adelsgeschlecht entstammte, wie B. Treucker in seinen vielzitierten Politische(n) und sozialgeschichtliche(n) Stu*[423]*dien zu den Basilius-Briefen nachzuweisen suchte.[54] Und das bedeutete, mit den Worten Gregors von Nazianz in seiner Gedächtnisrede auf den toten Freund zu reden, daß ihm der Zugang zu militärischen Kommandos, zu hohen und höchsten kommunalen Leitungs- und Ehrenämtern, zu "Macht und Ansehen am kaiserlichen Hof, ferner zu Wohlhabenheit, hoher Stellung, öffentlichen Würden, hervorragender Beredsamkeit" offenstand.[55] Aber das war nur die eine Seite. Die andere Seite war, daß selbst für einen Mann von dieser Herkunft der politische

---

[52] Denn was sollte Basileios davon abhalten, sich von neuem, nun aber in bündigster Form (ἐν συντόμῳ ὑπομνήσει) und bezogen ausschließlich auf die jüngst unter den angeschriebenen Asketen aufgebrochenen Kontroversen sowie unter Verzicht auf umständliche Schriftbelege (μαρτυρία), zu denen die Adressaten selbst das Zeug hatten, zu Grundfragen der vita communis christiana zu äußern, *etsi Moralia non darentur*?

[53] Gegen P. J. Fedwick (Anm. 35), S. 150.

[54] Diss. Frankfurt 1960; vgl. dagegen die Rezension von *J. Karayannopoulos*, ByZ 65 (1963), S. 256-359; *S. Giet*, Basile, était-il sénateur? RHE 60 (1965), S. 429-444; *R. Teja*, Organización económica y social de la Capadocia en el siglo IV, según los Padres Capadocios, Salamanca 1974 (Acta Salamanticensia/filosofía y letras 78), S. 89 mit Anm. 2.

[55] Gregor von Nazianz *or.* 43,3 (PG 36,497C).

Aktionsradius gering war, nicht nur deshalb, weil in der Wirklichkeit des spätantiken Zwangsstaates Leute vom Schlage des Basileios leicht von allerlei Emporkömmlingen (*"homines novi"*), sofern sie nur über Beziehungen und das nötige Geld verfügten, an die Wand gespielt werden konnten, sondern weil sich überhaupt alle "Politik" dem einen Ziel unterzuordnen hatte, den Staatsapparat möglichst zu perfektionieren und allgegenwärtig zu machen, um so der zunehmenden Bedrohung des Reichs von außen zu wehren und die Aufbringung der nötigen Subsistenzmittel sicherzustellen. Was wunder, wenn sich unter den zahlreichen Geschwistern und nächsten Verwandten des Basileios, soweit wir wissen, niemand zum Staatsdienst hingezogen fühlte und es statt dessen viele zum Asketenleben drängte! Wie es auch sicher kein Zufall ist, wenn gerade um die Wende vom vierten zum fünften Jahrhundert - und zwar in Ost wie West - der asketisch-monastischen Bewegung spektakuläre Einbrüche in die römische Oberschicht gelangen![56] "Praxis pietatis" als "Ersatz" für geschwundene bzw. als sinnlos, ja mit Widerwillen betrachtete "praxis politica"? Es wäre nicht das letzte Mal in der Geschichte, daß wir auf solche Zusammenhänge stoßen.[57] Daß auf der anderen Seite Basileios seine vornehme Herkunft kaum je verleugnen konnte, ist in der Forschung inzwischen zu unumstritten, als daß es noch länger umständlicher Beweisführung bedürfte.[58] *[424]*

Halten wir uns jedoch an die Aussagen des Basileios selbst, und das ist bei aller Lust an "Motivforschung," "soziologischer Verortung" u.dgl. m.E. unsere primäre Pflicht als Historiker - in Betracht kommen hier vor allem außer dem schon mehrfach erwähnten Prolog zu den *Moralia*, Περὶ κρίματος θεοῦ (*De iudicio Dei*), das Schlußkapitel von *De Spiritu Sancto* sowie eine Reihe von Briefen, namentlich aus dem Zusammenhang der mühseligen Einigungsversuche mit Alexandrien und den Bischöfen des Westens - so entzündet sich sein Krisenbewußtsein weniger an eigenen Bedrohtheits- oder gar Verlorenheitsgefühlen - ganz im Gegenteil, möchte man im Hinblick auf einige Selbstzeugnisse des Basileios[59] sagen! - als an dem beklagenswerten "gegenwärtigen Zustand der Kirchen", wie es in der

---

56 Vgl. dazu jetzt etwa den schönen Beitrag von *Ch. Piétri*, Esquisse de conclusion. L'aristocratie chrétienne entre Jean de Constantinople et Augustin d'Hippone, zu dem von Ch. Kannengießer herausgegebenen Kolloquiumsband Jean Chrysostome et Augustin. Actes du Colloque de Chantilly 22-24 septembre 1974, Paris 1975 (ThH 27), S. 283-305.

57 Zu einer analogen Erscheinung im Zeitalter des Pietismus oder, politisch gesehen, des fürstlichen Absolutismus in Deutschland vgl. *H. W. Krumwiede,* Geschichte des Christentums, Bd. III: Neuzeit, 17. bis 20. Jahrhundert, 2. Aufl., Stuttgart usw. 1977 (ThW 8), S. 56 f.

58 Vgl. dazu außer der genannten Arbeit von Treucker (Anm. 54) und dem älteren Buch von *S. Giet,* Les idées et l'action sociales de saint Basile, Paris 1941, etwa noch *G. May,* Basilios der Große und der römische Staat, in: B. Moeller / G. Ruhbach (Hgg.), Bleibendes im Wandel der Kirchengeschichte. Kirchenhistorische Studien, Tübingen 1973, S. 47-70; *J. Gribomont,* Un aristocrate révolutionnaire, évêque et moine: saint Basile, Aug. 17 (1977), S. 179-191.

59 Vgl. außer *Prooemium de iudicio dei* 1 (PG 31,653A.B), vor allem noch *ep.* 204,6 (ed. Courtonne II,178 f); *ep.* 223,2.3 (ed. Courtonne III,10-13).

Überschrift zu *De Spiritu Sancto* 30 heißt: daran, daß das παλαιὸν τῆς Ἐκκλησίας σχῆμα, die ἀρχαία κατάστασις, weithin geschwunden ist[60] und es zur allerwichtigsten Frage wird, wie man die "Bande der alten Liebe (ἀρχαίας ἀγάπης θεσμούς)" erneuern,[61] wie "der Kirche ihre ursprüngliche Überzeugungskraft zurückgeben (τὴν ἀρχαίαν ἰσχὺν ἀποδοῦναι)" könnte.[62] Bei diesen Klagen spielt gewiß - zumal in den besonders sorgfältig stilisierten Briefen an die westlichen Bischöfe - die Rhetorik eine wichtige, gelegentlich wohl auch schöpferische Rolle. Im Kern aber sind sie, soweit wir noch zu sehen vermögen, wohlverständlich und wohlbegründet. Hatte doch die "Konstantinische Wende" keineswegs nur - wenigstens für die Christenheit innerhalb der Grenzen des Imperium Romanum - Entlastung vom Druck der Verfolgung mit sich gebracht, sondern auch neue Probleme geschaffen: die "Welt" ging nur langsam vom Heidentum zu einer oft nur oberflächlichen Christlichkeit über. Die Kirche war auf die neue Situation geistig wie institutionell nicht eben gut vorbereitet. Und die Einpassung in den Organismus des spätantiken Zwangsstaates erweckte in ihr den Geist des Opportunismus und einen gefährlichen Geschmack an der Macht.

Was wäre der Ausweg? Worin sieht Basileios eine Lösungsmöglichkeit für diese Probleme, die sich, wenn wir ihm Glauben schenken dürfen, in den letzten Jahren der Alleinherrschaft Constantius' II, während des *[425]* Intermezzos Julians "des Abtrünnigen" und dann noch einmal, als sich Kaiser Valens in der Nachfolge des Constantius die Durchsetzung seines des "homoiischen" Glaubensbekenntnisses in der Kirche mit allen Mitteln staatlicher Gewalt vorgenommen hatte, dramatisch zuspitzten? Nun, wie die betrübliche Lage der Kirche in seinen Augen letzten Endes nicht in kaiserlicher Willkür, sondern in menschlicher "Eigenmächtigkeit (αὐθεντία)" schlechthin, im Ungehorsam gegenüber der "Lehre unseres Herrn Jesus Christus begründet liegt",[63] so besteht für ihn auch der einzige Ausweg nicht in der "libertas ecclesiae"[64], sondern in der μετάνοια: in der

---

60 *Ep.* 28 (ed. Courtonne I,66).

61 *Ep.* 70 (ed. Courtonne I,164).

62 *Ep.* 66 (ed. Courtonne I,159).

63 *Prooem. jud.* 2 (PG 31,653B-656C).

64 Vgl. dazu besonders *G. F. Reilly,* Imperium and Sacerdocium according to St. Basil the Great, Washington DC 1945, sowie etwa noch May (Anm. 58). Gewiß hat Fedwicks Vermutung (Anm. 35), S. 13 f, viel für sich, daß das Intermezzo Julians, der (wohl im September) 362 höchstselbst in Caesarea erschien, Basileios wie vielen anderen die Augen dafür öffnete, daß die Kirche, um zu überdauern, einer andersartigen Struktur bedürfe und ihre Wohlfahrt nicht länger in dem Maße vom Staat abhängig sein könne. Wie es auch Julians und Valens' Maßnahmen gewesen seien, die seine aktive Teilnahme an der Rekrutierung und Organisation der asketischen Gemeinschaften und vor allem seine Entscheidung, "to switch from an isolated half-desert type of asceticism (Sarabaitism ?) to one with closer ties with the church ostracized by the state" (ebd., S. 12, Anm. 63), wesentlich beeinflußt haben dürften. Man wird auf solche "außertheologischen " Faktoren noch viel mehr sein Augenmerk richten müssen. Darin ist m.E. Fedwick völlig zuzustimmen. Aber es ist doch auch klar, daß Basileios bei aller Distanz kein Befürworter zivilen Ungehorsams der Christen (so auch P. J. Fedwick a.a.O., S. 39, unter Verweis auf *epp.* 225; 72; 74; 85) noch einer äußerlich-rechtlichen

ungeteilten Hingabe an Gottes Willen als der heilsamen Durchbrechung allen menschlichen "Eigenwillens" (ἴδιον βούλημα)[65], in jenem völligen Gehorsam, wie er im Neuen Testament noch strikter gefordert werde als im Alten,[66] einem Gehorsam, von dem schlechterdings nichts ausgenommen sei.[67] Dem entspricht es auch völlig, wenn er in den Ἠθικά der Kirche seiner Zeit ein "speculum reformationis" vorhält in Form einer "Summe" des geoffenbarten Gotteswillens, eines "Systems", das auf der Bibel als "Regel" basiert.[68] Die unübersehbare Eigenart des basilianischen "Regelbuches" im Vergleich etwa zu den Einzellogien der Wüstenväter resultiert also, wenn ich nicht irre, weniger aus den systematischen *[426]* Ambitionen eines Buchgelehrten[69] als aus dem basilianischen Grundverständnis des Christlichen als totalen Gehorsams!

Wird diese "Regel" zur Richtschnur genommen, zum Maßstab für die *vita christiana*, wird der Weg des Gehorsams gegenüber Gottes Willen in allen seinen Aspekten und Geboten beschritten - auch in den Dingen, über die die Hl. Schrift schweigt,[70] weshalb es nicht blinden, sondern sehenden Gehorsams bedarf! - so stellt sich auch, wie Basileios anscheinend ganz selbstverständlich erwartet, die Fülle der "Geistesgaben", der Charismen ein, über das in der Taufe verliehene χάρισμα τῆς υἱοθεσίας[71] hinaus. Denn der Geist als Spender und Wirker der Charismen ist nicht müßig, nicht untätig. Wohl aber mangelt es oft genug an Glauben, an Treue, an Gewissenhaftigkeit derer, denen seine Wohltaten zuteil wurden.[72] "Bitten wir ihn also, daß er in unseren Seelen wohne und uns keinen Augenblick verlasse ..."[73] So jedenfalls sollen, wie es in der Schlußregel der *Moralia* heißt, Christen der Schrift zufolge beschaffen sein: "Glieder Christi, ἐν πάσῃ ἐνεργείᾳ τῶν ἐντολῶν τοῦ Κυρίου ἢ τῶν χαρισμάτων τοῦ ἁγίου πνεύματος κατηρτισμένους, zur Ehre des Hauptes, welches Christus ist."[74]

Der Gedanke, daß alle Glaubenden zur Gliedschaft am Leibe Christi berufen sind, in welchem "jedem das Seine" ("suum cuique"), aber nicht

---

"Libertät" der Kirche (vorausgesetzt, sie war zu seiner Zeit überhaupt denkbar!) gewesen ist. Das verwehrte ihm schon die Einsicht, daß die "Konstantinische Wende" keineswegs der Anfang allen Übels war, sondern daß der "Verfall" längst vorher ("200 Jahre und mehr": vgl. *ep.* 28,1 [Courtonne I,66]) eingesetzt hatte.

65 *Prooem. jud.* 4 (PG 31,660C).

66 Ebd., 6 (665C.D).

67 Ebd., 7 (669B).

68 So mit Recht etwa *E. Amand de Mendieta,* Le système cénobitique basilien comparé au système cénobitique pachômien, RHR 152 (1957), S. 31-80 (hier 35 f).

69 Etwas anders F. von Lilienfeld (Anm. 23), S. 428.

70 Vgl. *reg. br.* 1 (PG 31,1081B.C) mit *moral.* 26,2 (PG 31,745A.B) und *Spir.* 27,66 (ed. Pruche, 478-486); PG 32,188A-192B.

71 *Hom. in Ps.* 28a (PG 29,284C); *hom.* 13,5 (PG 31,433A); vgl. *fid.* 4 (685B.C); *hom.* 5,7 (253C); *hom.* 26,9 (1457B); *Spir.* 14,32 (ed. Pruche, 358-360); PG 32,124D-125A.

72 *Reg. br.* 248 (= *Asceticon parvum*, 168 [PG 31,1248C.D]); vgl. *reg. br.* 306 (PG 31,1300C-1301B); *hom.* 15,3 (469C-472A).

73 *Hom.* 15,3 (PG 31,472A).

74 *Moral.* 80,4 (PG 31,861A).

allen das Gleiche[75] an Gaben und Aufgaben zuteil wird und doch ein jeder seinen unverwechselbaren Beitrag zum allgemeinen Nutzen zu leisten hat, dieser paulinische Gedanke spielt bei Basileios - anders übrigens als bei den beiden Gregoren, zumal dem Nazianzener[76] - eine beträchtliche *[427]* Rolle. Ob Gregor von Nazianz zu sehr religiöser Individualist, zu sehr frommer Ästhet war, um sich für diesen Gedanken besonders zu erwärmen? Ganz anders jedenfalls Basileios. Aus der Fülle in Frage kommender Belege[77] aus seinem Schrifttum zitiere ich einen einzigen, *moral.* 60: "Die Gaben des Geistes sind verschieden. Keiner kann alle empfangen; noch können alle dasselbe haben. So muß denn ein jeder in Besonnenheit und Dankbarkeit bei dem verbleiben, was ihm verliehen ward; und alle sollten einträchtig miteinander leben in der Liebe Christi, wie Glieder an einem Leibe. Wer also weniger Gaben empfangen hat, werde nicht kleinmütig über dem Vergleich mit dem, der mehr hat; noch schaue der reicher Begabte verächtlich auf den herab, der weniger hat. Denn die untereinander zerspalten und uneins sind, verdienen (nichts besseres als) den Untergang."[78]

Aus diesem Gedanken der Berufung aller Glaubenden zur Gliedschaft am Leibe Christi gewinnt Basileios bekanntlich auch wesentliche Argumente für die Überlegenheit des gemeinschaftlichen über das einsame Leben, des koinobitischen über das eremitische Mönchtum, das freilich für Kappadozien, nördlich des Taurus, wegen des dort für gewöhnlich herrschenden rauhen Klimas ohnehin nicht recht geeignet war.[79] Aber das spielt in der basilianischen Argumentation keine Rolle. Entscheidend ist für ihn vielmehr, wenn wir uns nur an der Kernstelle, der Antwort auf Frage 3 des *Ascetion 1* (= *reg. fus.* 7) [80] orientieren dürfen: "Erstens," daß "keiner von uns imstande ist, allein die Bedürfnisse des Leibes zu befriedigen, zu deren Beschaffung wir einander nötig haben" - ein sicherlich

---

75 Vgl. *reg. br.* 235 (PG 31,1240C); *hom. in Ps.* 33,13 (384B.C); *Spir.* 9,22 (ed. Pruche, 326); PG 32,108C.

76 Selbst in Gregors von Nazianz Pfingstpredigt (*or.* 41 [PG 36,428A-452C]) oder in seiner Rede *In s. baptisma* (*or.* 40 [PG 36,360B-425D]) ist von den Charismen nur ganz beiläufig (441C; 364A: die Taufgabe als χάρισμα; ebenso 380B und 389A) die Rede, während in seinen fünf "Theologischen Reden" der Befund völlig negativ ist. Zu Gregor von Nyssa s. *A. M. Ritter,* Gregor von Nyssa "In suam ordinationem" - eine Quelle für die Geschichte des Konzils von Konstantinopel 381? ZKG 79 (1968), S. 308-328 (vgl. unten S. 139-160), sowie die knappe Skizze seiner Charismatik in meiner Mitteilung in: M. Harl (Hg.), Écriture et culture philosophique dans la pensée de Grégoire de Nysse (22-26 septembre 1969), Leiden 1971, S. 81-84 (hier: 83 f).

77 Vgl. u.a. *moral.* 58 und 60 (PG 31,788D-792B, 793A-796A); *fid.* 1,4 (PG 31,677A.B, 685B.C); *hom.* 3,4 (PG 31,205B-208B); Rufin. *Bas. reg.* 168 = *Reg. br.* 248 (PG 31,1248C.D); Rufin. *Bas. reg.* 187 = *Reg. br.* 179 (PG 31,1201B.C); Rufin. *Bas. reg.* 188 = *Reg. br.* 62 (PG 31,1124C); *reg. fus.* 24 (PG 31,981C-984B; 35,1004A-D); *Reg. br.* 253 (PG 31,1252B.C); *Spir.* 16,39 (ed. Pruche, 386; PG 32,141A); *Spir.* 26,61 (ed. Pruche, 468-470; PG 32,181A.B).

78 PG 31,793A.B.

79 S. dazu P. J. Fedwick (Anm 35), S. 159, Anm. 12, mit Quellen und Lit.

80 PG 31,928B-933C; vgl.dazu etwa noch *ep.* 223,2 (ed. Courtonne III, 10 f): *reg. fus.* 24,35 (PG 31,981 ff, 1004A ff).

bewußter Anklang an eine Platonstelle.[81] "Denn wie", fährt Basileios fort, "der Fuß das eine vermag, das andere aber nicht, und ohne die Hilfe der anderen Glieder sich sein Vermögen weder stark noch ausdauernd genug zeigt, und auch, was ihm mangelt, nicht aus sich selbst zu ersetzen vermag, so wird auch in dem einsamen Leben (μονήρης ζωή) das, was wir haben, für uns unnütz und das Fehlende unbeschaffbar, da *[428]* Gott, der Schöpfer, es so bestimmt hat, daß einer des anderen bedarf, wie geschrieben steht [Koh 13,20], damit wir uns einander anschlössen. Zum andern ist es mit der Liebe Christi unverträglich, daß ein jeder auf seinen eigenen Vorteil sieht; 'denn die Liebe', heißt es [I Kor 13,5], 'ist nicht selbstsüchtig' ... Zudem ist es in der Abgeschiedenheit nicht leicht, seiner eigenen Fehler gewahr zu werden, weil man niemanden hat, der einen zurechtweist ... Auch werden von mehreren leichter eine Mehrzahl von Geboten erfüllt, was von einem einzelnen niemals geschehen kann, da das eine Gebot an der Erfüllung des anderen hindert." Damit ist nicht auf den Bonhoefferschen "Konflikt der Mandate"[82] abgehoben, sondern etwas sehr viel Banaleres gemeint, daß wir nämlich, wenn wir z.B. Kranke besuchen, nicht zur selben Zeit Fremde beherbergen können. Das wirkt zweifellos etwas rhetorisch und konstruiert. Aber wichtig ist für uns auch erst das Folgende (7.2). "Wenn wir," heißt es da, "allesamt, in einer Hoffnung der Berufung aufgenommen, ein Leib sind und zum Haupte Christus haben ...: wie können wir dann [in Einsamkeit lebend und also voneinander] geschieden und getrennt, den wechselseitigen Dienst der Glieder und die gemeinsame Unterordnung unter unser Haupt, das Christus ist, verwirklichen und aufrechterhalten? ... Da endlich auch einer allein nicht imstande ist, alle geistigen Gaben (πνευματικὰ χαρίσματα) zu empfangen, sondern der Geist nach dem Maße des Glaubens, der in einem jeden ist, verliehen wird [Röm 12,6], so wird in dem gemeinsamen Leben, die einem jeden verliehene Gabe Gemeingut aller (κοινὸν τῶν συμπολιτευμένων) ... Denn was ein jeder besitzt, das hat er nicht so sehr um seinet- als um der übrigen willen empfangen ..." Um so auffälliger ist freilich, daß sich, sieht man näher zu, die Anklänge an die paulinische "Leib-Christi"-Ekklesiologie bei Basileios als im ganzen formelhaft erweisen und die Vielfalt der Charismen nicht eigentlich Konturen gewinnt, über die eher grundsätzliche Feststellung hinaus, daß innerhalb der ἀδελφότης der Christen im allgemeinen wie der einzelnen ἀδελφότητες im besonderen jedem "Amt," jeder Funktion, "wie gering sie auch sein möge, das Charisma zugeordnet ist, welches fähig macht, die Funktion auszuüben."[83] Dagegen wird z.B. die großangelegte Sozialarbeit des Bi-

---

[81] *R.* 2, 369b.

[82] *D. Bonhoeffer,* Ethik, hg. v. E. Bethge, 4. Aufl., München 1958, S. 70 ff u.ö. [Vgl. jetzt die von I. Tödt u.a. besorgte Ausgabe, München 1992 (Dietrich Bonhoeffer Werke 6), S. 54 ff u.ö.].

[83] *E. Amand de Mendieta,* L'ascèse monastique de saint Basile, o.O. (Denée) 1949, S. 142, unter Berufung auf *moral.* 7 (PG 31,712B); ähnlich bereits *K. Holl,* Enthusiasmus und Bussgewalt beim griechischen Mönchtum. Eine Studie zu Symeon dem neuen

schofs von Kaisareia und des von ihm beratenen und *[429]* geleiteten Koinobions[84], wenn ich recht sehe, niemals ausdrücklich von daher begründet, daß nach Paulus zu den grundlegenden "Versichtbarungen" (φανερώσεις) des Gottesgeistes auch die διακονία, die παράκλησις, das μεταδιδόναι, das προΐστασθαι (falls dies, wie manche Ausleger meinen, im Sinne der Fürsorge für andere zu verstehen ist), das ἐλεεῖν und endlich die ἀγάπη ἀνυπόκριτος gehören (Röm 12,8 f). Für ihn genügte anscheinend, daß die praktizierte Nächstenschaft den Hungernden, Kranken, Aussätzigen, Fremden und Arbeitslosen gegenüber integraler Bestandteil des geoffenbarten Gotteswillens ist, dem es sich ungeteilt hinzugeben gilt. Oder um es mit seinen eigenen Worten zu sagen: "Wer da sagt, daß etwas sein eigen sei, der sondert sich von der Kirche Gottes(!) und von der Liebe des Herrn, welcher durch Wort und Tat gelehrt hat, daß man für seine Freunde sein Leben einsetzen müsse, nicht zu reden von den zeitlichen Gütern".[85] Zudem konnte er hier gerade auch an rühmliche Traditionen seiner Familie[86] und - möglicherweise - an das Vorbild seines einstigen Lehrers Eustathios von Sebaste anknüpfen.[87]

Ebenso wie Hilfeleistungen aller Art, zumal "körperliche Wohltaten", für Basileios jedenfalls nicht zu den χαρίσματα πνευματικά[88] zu zählen *[430]* scheinen,[89] so steht in seinem Charismaverständnis auch - anders als

Theologen, Leipzig 1898, S. 162 f. Vgl. auch P. J. Fedwick (Anm. 35), S. 46, Anm. 37.

[84] Vgl. Gregor von Nazianz, *or.* 43,63 (PG 36,577C-580C).

[85] *Reg. br.* 85 (PG 31,1144A); Wie Basileios diesen Grundsatz auch in seiner öffentlichen Moralpredigt zur Geltung bringt, zeigen besonders die Homilien 6-8 (PG 31,261A-328C). Zum Prinzip einer "doppelten Moral", mit dem nach E. Troeltsch "die Kirche überhaupt den Ausweg aus dem Problem des Verhältnisses von Welt und evangelischer Moral" und so auch aus der Eigentumsproblematik "fand" (*E. Troeltsch,* Gesammelte Schriften, Bd. I: Die Soziallehren der christlichen Kirchen und Gruppen, Tübingen [1911], 2. Aufl., 1922 [3. Aufl., 1923; Nachdr. Aalen 1961], S. 117), hat er sich nie bequemen mögen, ohne allerdings die Augen davor zu verschließen, daß, so klar und eindeutig auch Gottes Gebot und Wille zu sein scheint, nur wenige Kraft und Entschlossenheit genug besitzen, ihm zu folgen. Was aber wird mit den übrigen? Soll man sie einfach gehen lassen? Dies konnte für ihn offenbar ebensowenig in Betracht kommen wie eine Antastung der Freiwilligkeit des Gebotsgehorsams. Aus diesem sehr ernsten Zwiespalt - und nicht aus den von *R. Staats,* Deposita pietatis. Die Alte Kirche und ihr Geld, ZThK 76 (1979), S. 1-29 (hier: 18, Anm. 50), vermuteten Motiven - ist am Ende auch die so folgenreiche Idee des "Seelteils", der πρεσβεία τῆς κληρονομίας für die "Seele", d.h. für Gott bzw. für die Armen, erwachsen, wonach im Erbfall die "Seele" vor allen übrigen Erbberechtigten aus dem Nachlaß zu befriedigen sei, wie ein Erstgeborener. Auf den Kanzeln Kappadoziens (und zwar erstmals, soweit wir wissen, von Basileios) verkündet, hat sie in Kulturen und Rechten vieler Länder des Orients und Okzidents nachgewirkt und die Grundlage gebildet für ein sich immer weiter ausbildendes kirchlich-soziales Erbrecht (vgl. dazu *E. F. Bruck,* Kirchenväter und soziales Erbrecht. Wanderungen religiöser Ideen durch die Rechte der östlichen und westlichen Welt, Berlin usw. 1956).

[86] Vgl. F. von Lilienfeld, (Anm. 23), S. 431, unter Berufung auf B. Treucker (Anm. 54), S. 18 ff.

[87] So meint *W. D. Hauschild,* Armenfürsorge, TRE, Bd. II, 1979, S. 14-28 (hier: 22).

[88] Zum Begriff s. unten auch *epp.* 139,3 (ed. Courtonne II,59); 156,2 (ebd., 83).

[89] S. besonders *reg. br.* 257 (PG 31,1253C). Danach wäre P. J. Fedwick (Anm. 35), S. 28, zu korrigieren, wonach "Basil expands the Pauline notion of charisma to include

bei seinem Bruder, Gregor von Nyssa, der zuweilen wenigstens, in *De instituto christiano* und *In suam ordinationem*, sehr damit liebäugeln kann[90] - alles Wunderhaft-Enthusiastische auffällig im Hintergrund.[91] Gewiß, er leugnet nicht, daß es die geistgewirkte Kraft (δύναμις), "Zeichen und Wunder" zu tun, daß es die Gabe wunderbarer Krankenheilung, das χάρισμα ἰάσεως bzw. ἰαμάτων gegeben hat[92] und noch immer gibt.[93] Aber er rechnet damit für die Gegenwart nicht; und es ist für ihn auch nicht wirklich wesentlich, was m.E., denkt man an die Rolle, die eigene Krankheiten im Leben des noch vor Erreichen des 50. Lebensjahres seinen Leiden Erlegenen gespielt haben, viel besagen will! Damit, daß dem Mirakulösen bzw. "Paranormalen" ein ganz untergeordneter Stellenwert beigemessen wird, dürfte übrigens auch zusammenhängen, daß Basileios - im Unterschied etwa zu Augustin[94] und den großen Exegeten der antiochenischen Schule[95] - niemals auf den Gedanken gekommen zu sein scheint, in der Wirklichkeit des Charismatischen ein "privilegium ecclesiae primitivae" zu sehen. Wohl aber teilt für ihn der Geist - heute wie zu allen Zeiten - seine Gaben nicht einfachhin und blindlings, sondern an die "Würdigen" aus:[96] die, die sich - in jener brennenden *[431]* Gottesliebe, welche er selbst in ihnen geweckt hat[97] - auf den Weg des Gehorsams, in die Schule der ἐντολαὶ τοῦ Κυρίου begeben haben. Es sind vor allem die "gnostischen", "intellektuellen" Gaben der δύναμις λόγου, besonders das Charisma der Lehre, mit dem wiederum die Leitungsgabe eng verschwi-

---

earthly goods as well". Hätte das Basileios jedoch getan, so wäre das keine "Ausweitung" des paulinischen Gedankens gewesen. Aber was die von F. angegebene Belegstelle (*hom.* 11,5 [PG 31,384A ff]; vgl. auch *reg. fus.* 9,1 [PG 31,941B ff]; *moral.* 48,2 [PG 31,768D ff]) besagt, ist etwas anderes, nämlich: daß alles, Reichtum, Stärke, Weisheit usw. zum "Organ" der Liebe und Tugendübung werden könne. Irrig ist m.E. auch die Formulierung auf S. 97 (mit Anm. 136), wonach Basileios in seinen Predigten nirgends so weit gehe, "to exclude temporal occupations from the charismatic realm." An der Belegstelle wenigstens (*hom.* 3,4 [Rudberg, 28 f; PG 31,205B ff]) geht es einzig um eine Differenzierung innerhalb des Kreises der "Jünger des Worts" (τῶν μαθητευομένων τῷ λόγῳ), vornehmlich um verschiedene Funktionen und Aspekte des einen "Lehr"- und Leitungsamtes.

90 Vgl. dazu die oben (Anm. 76) angeführte Literatur.

91 So richtig bereits Amand de Mendieta (Anm. 83), S. 144 u.ö.

92 Vgl. *hom.* 15,3 (PG 31,469C-472A); *Spir.* 16,37.38 (ed. Pruche, 374, 382; PG 32,133A.B,137C); 19,49 (ed. Pruche, 418-420; PG 32,157A); 29,74 (ed. Pruche, 510; PG 32,205B).

93 *Reg. fus.* 55, bes. 4 (PG 31,1048B ff, bes. 1048C.D); *hom.* 31 (ed. Courtonne I,73).

94 Vgl. Augustin *un. eccl.* 19; *catech. rud.* 6; *serm.* 187, 188.

95 Vgl. dazu A. M. Ritter (Anm. 22), S. 23 ff, 128 ff, 149 f. Daß dies jedoch nicht alles ist, was die Antiochener zum Thema der Charismen zu sagen haben, und daß schon gar keine Rede davon sein kann, Chrysostomos (ausgerechnet er!) habe mit I Kor 12-14 "schon nichts mehr" anzufangen gewußt (M. Parmentier [Anm. 19], S. 226), wird dort ebenfalls zur Genüge deutlich.

96 *Spir.* 16,37 (ed. Pruche, 376; PG 32,133C); vgl. auch 9,22 (ed. Pruche, 324-326; PG 32,108C); 26,63 (ed. Pruche, 472; PG 32,184B); *Eun.* 3,4 (PG 29,664A.B); *hom. in Ps.* 45,1 (PG 29,416B); *ep.* 210 (ed. Courtonne II,196). Gemeint ist selbstverständlich der Gottes würdige Wandel (*hom. in Ps.* 33,4 [PG 29,360C]).

97 Vgl. *reg. br.* 30 (PG 31,1104A.B), 157 (1185A.B).

stert ist, wovon Basileios ausführlich redet und wohin seine Charismenlehre gravitiert.[98] Dieses Gefälle ist m.E. ebenso unübersehbar und unleugbar, wie sich die schon mehrfach gemachte Beobachtung bestätigt, daß innerhalb der basilianischen *Ascetica*, von den *Moralia* angefangen bis hin zur 2. Redaktion der *Erotapokriseis*, dem sog. "Großen Asketikon", sich sowohl die Tendenz zur Ausbildung einer mönchischen Sonderwelt, einer "société particulière" (Gribomont)[99], verschärft, als auch das institutionelle Moment ständig an Gewicht gewinnt. Und das heißt nicht zuletzt, daß sich die Betonung einer "statischen", einer vorgegebenen Über- und Unterordnung innerhalb der monastischen ἀδελφότητες Zug um Zug verstärkt,[100] bis es am Ende heißen kann, es gebe "zwei allgemeine Stände (δύο καθολικώτερα τάγματα): die einen, denen das Vorsteheramt (προστασία) anvertraut" sei, "die anderen, die zur Fügsamkeit (εὐπείθεια) und zum Gehorsam bestimmt" seien, freilich "in verschiedenen Charismen (ἐν διαφόροις χαρίσμασι)." Wer darum das Vorsteheramt und die Fürsorge für die Menge (ἐπιμέλεια τῶν πλειόνων) übertragen bekommen habe, der müsse alles wissen und alles in Erfahrung bringen, um alle darüber zu belehren, was Gottes Wille für sie sei (Leitungsamt=Lehramt!); von den übrigen aber solle ein jeder des Apostelworts (Röm 12,3) eingedenk sein und also mit Eifer das ihm Auferlegte zu erkennen und zu erfüllen trachten, ohne sich in Dinge zu mischen, die ihn nichts angehen, auf daß er würdig werde, einst vom *[432]* Herrn mit den Worten angeredet zu werden: "Komm her, du guter Knecht: weil du über weniges treu warst, will ich dich über vieles setzen" (Mt 25,21).[101]

IV.

Es scheint also, als sei vom Gedanken der Vielfalt, wie sie nach Paulus für die Gliedschaft am σῶμα Χριστοῦ charakteristisch und konstitutiv ist, bei Basileios schließlich nicht übermäßig viel übrig geblieben. Und wenn ich mich nicht irre, dann haben dazu nicht nur Erfahrungen ähnlich denjenigen Luthers ("ich habe noch [!] nicht leute und personen dazu"[102]), sondern auch standesbedingte Vorurteile beigetragen, speziell ein (in der Antike allerdings weit verbreitetes!) anti-demokratisches Ressentiment, das

---

98 Vgl. *hom.* 11,5 (PG 31,381C-384B); *ep.* 53,1 (ed. Courtonne I,138); *ep.* 188,1 (ed. Courtonne II,123; *reg. fus.* 32,45 (PG 31,996C.D,1032D); *reg. br.*, prooem. (PG 31,1080A.B); *Spir.* 9,23 (ed. Pruche, 328; PG 32,109B.C); 26,61 (ed. Pruche, 468-470; PG 32,181A.B); *hex.* 6,11 (PG 29,145D).

99 Vgl etwa *reg. fus.* 2-6 (= Rufin. *Bas. reg.* 2, PG 31,908B-928B, bes. 925A-928B); *reg. br.* 97 (= Rufin. *Bas. reg.* 87, PG 31,1149C); *reg. fus.* 32 (PG 31,996A.B); und dazu vor allem Gribomont (Anm. 39), S. 299-306; ders., Saint Basile, in: Théologie de la vie monastique. Études sur la Tradition patristique, o.O. (Paris) 1961 (Theol[P] 49), S. 99-113, 106, hier auch mit dem wichtigen Zusatz: "mais c'est là le fait, non le droit".

100 Vgl. *moral.* 70 (PG 31,841A); Rufin. *Bas. reg.*, prol. (PL 103,487A-488A = PG 31,1080A.B und 900B-901A); *reg. fus.* 45,48 (PG 31,1032C,1037A.B); *reg. br.* 235,303 (PG 31,1240B.C,1296D-1297D).

101 PG 31,1240B.C.

102 *M. Luther,* Vorrede zur "Deutschen Messe" (1526), WA 19,75.

sich etwa Luft macht, wenn Basileios im "Großen Asketikon" davor warnt, daß eine Bruderschaft in Abwesenheit ihres Vorstehers "unter Aufhebung der Regel (ἐπὶ διαλύσει τοῦ κανόνος) und der überlieferten guten Ordnung ein demokratisches Gebaren (δημοκρατικόν τι σχῆμα) annehme".[103]

Indessen mahnen folgende Beobachtungen zur Vorsicht: zum einen wird den ὑπήκοοι auch am Ende von Basileios keineswegs blinder Gehorsam abverlangt, sondern es bleibt ihnen auferlegt - und also auch zugetraut - zu prüfen, ob in der Stimme des oder der Oberen die Stimme ihres Herren zu hören sei (Joh 10,27.28) oder aber die des "Mietlings" (Joh 10,5).[104] Wenn man so will, kann man in der Tat mit D. Amand de Mendieta und P. Humbertclaude,[105] aber abweichend vom basilianischen Sprachgebrauch,[106] die διάκρισις als das eigentliche Charisma der ὑπήκοοι, ihr Pendant zur δύναμις λόγου bezeichnen, verstanden allerdings nicht im Sinne der "Geisterunterscheidung", wie sie außer den *Apophthegmata Patrum* auch das athanasianische "Antoniusleben" beispielsweise dokumentiert,[107] sondern im Sinne des "sensus Christianus", welcher instinktiv Anstoß nimmt an allem, was nicht der ἐντολὴ τοῦ Κυρίου entspricht. In *[433]* jedem Falle bleibt der Unterschied zwischen Basileios und jenem andere großen "Lehrer des Gehorsams"[108] innerhalb des östlichen Mönchtums, nämlich Pachomios, bemerkenswert.[109] Zum andern dürfte ein terminologischer Befund in diesem Zusammenhang Beachtung verdienen, auf den jüngst J. Gribomont[110] aufmerksam gemacht hat. Er betrifft - das übrigens für Kirchen- wie für Klostergemeinde weitgehend identische[111] - "vocabulaire des présidents (*proestôtes*), des préposés

---

[103] *Reg. fus.* 45 (PG 31,1032C).

[104] S. besonders *reg. br.* 303 (PG 31,1297B.C) im Vergleich mit 114 (= Rufin. *Bas. reg.* 13 [PG 31,1160A ff]) und dazu P. J. Fedwick (Anm. 35), S. 32, Anm. 164.

[105] *P. Humbertclaude,* La doctrine ascétique de s. Basile, Paris 1932, S. 317 f; E. Amand de Mendieta (Anm. 83), S 144, Anm. 144.

[106] S. etwa *ep.* 204 (ed. Courtonne II,177).

[107] Vgl. bes. Kap. 21, 22, 35, 38, 44, 88 (PG 26,873C-876B, 893B-896B, 897B-900A, 908A.B,965B.C).

[108] Einzig als "Lehrer des Gehorsams" hat Basileios bekanntlich - mit einem einzigen unter seinem Namen laufenden Apophthegma, das jedoch kein Zitat aus seinen Schriften verwendet - Eingang in die Sammlung der *Apophthegmata Patrum* gefunden (PG 65,137B.C).

[109] Zumal für die Bestimmung der Pachomiosregel *(Reg.* 82: *A. Boon,* Pachomiana Latina, [Louvain 1932], S. 37), daß sogar der "Privatbesitz" einer *mordex parvula* zum Ausziehen von Dornen aus den Füßen "absque praeposito domus et secundo" unerlaubt, ja daß man nicht einmal wagen dürfe, einen Dorn aus dem Fuße eines anderen, "excepto domus praeposito et secundo et alio cui iussum fuerit" herauszuziehen *(Reg.* 96, ebd., S. 40), gibt es bei Basileios keine Entsprechung. Überhaupt geht die Tendenz der neueren Forschung dahin, und das m.E. ganz zu Recht, Pachomios und Basileios selbst im Hinblick auf ihr Gemeinschaftsideal immer mehr auseinander zu rücken; vgl. F. von Lilienfeld (Anm. 23),S. 424 f, 426 f (mit weiterer Lit.): dazu P. J. Fedwick (Anm. 35), S. 156 ff.

[110] Les règles épistolaires de s. Basile: Lettres 173 et 22, Anton. 54 (1979), S. 255-287.

[111] Vgl. dazu P. J. Fedwick (Anm. 35), S. 41, Anm. 22, und S. 97 mit Belegen.

(*epitetagmenoi*) des responsables à qui les choses sont confiés (*pepisteumenoi*)." Auffällig daran ist das Vorherrschen von "participes pluriels, non institutionnels et non individualisés". Das aber scheint auf ein nach wie vor eher funktionales Grundverständnis hinzuweisen! Schließlich steht außerhalb jedes Zweifels, zumal nach der schönen Monographie von P. J. Fedwick, da Basileios dies "Amt" der προστασία, das die Funktion des Auges und der Lippen im σῶμα Χπιστοῦ, die des Ohres und der Hand zu erfüllen hat,[112] auf daß man sehe und tue, was vonnöten ist, als Charisma bezeichnet und verstanden hat. Und das heißt, in größtmöglicher Kürze gesagt, daß die Befähigung und Beauftragung dazu letztlich durch den Herrn selbst erfolgt;[113] daß deshalb auch der "Lehrer" nichts Eigenes zu lehren, sondern sich als "Herold (κῆπυξ)" zu verstehen hat;[114] daß endlich nicht, weil einer gewählt worden ist, das Amt ausgeübt werden kann; sondern weil Gott das Charisma gegeben hat, darum wird durch die Wahl der "Bruderschaft" die Möglichkeit geboten, es auch auszuüben.[115] Eins steht *[434]* jedenfalls fest, daß bei Basileios Charisma und Funktion innerhalb der Mönchs- oder Kirchengemeinde aufs engste zusammengehören,[116] so eng, daß er anscheinend promiscue vom "Anvertrauen" einer διακονία,[117] einer οἰκονομία[118] oder eines χάρισμα[119] reden kann, und darf für ihn nach eingehender Prüfung (μετὰ [πολλῆς] δοκιμασίας)[120] eine Aufgabe "anvertraut" (πιστεύεσθαι), "auferlegt" bzw. "anbefohlen" (ἐπιτάττεσθαι), "übertragen" (ἐγχειρίζεσθαι), "zubestimmt werden" (τυποῦσθαι) oder wie immer die von Basileios gebrauchten Bestallungstermini lauten mögen. Dabei setzt er wohl voraus, daß Gegenstand der "Prüfung" nicht nur die sittliche Eignung des Betreffenden, seine "Heiligkeit" ist,[121] sondern auch seine charismatische Begabung.

---

112 Vgl. *moral.* 80,15 (PG 31,865A); *hom. in Ps.* 33,11 (PG 29,376C); *hom. in Ps.* 44,4 (PG 29,397A); *reg. fus.* 24 (PG 31,984).

113 Vgl. *fid.* 1 (PG 31,677A.B).

114 Vgl. *hom. in Ps.* 45,5; *hom. in Ps.* 48,2 (PG 29,377C, 436A-C); *moral.* 80,12-13 (PG 31,864A-C); *Spir.* 26,62 (ed. Pruche, 472; PG 32,184A) u.ö.

115 So P. J. Fedwick (Anm. 35), S. 47 Anm. 48, unter Berufung auf *reg. fus.* 43,2 (PG 31,1029A); *ep.* 161,1-2 (ed. Courtonne II,92 ff); *ep.* 197,1 (ed. Courtonne II,149 f).

116 So bereits K. Holl (Anm. 83), S. 162 f, und vor allem E. Amand de Mendieta (Anm. 83), S. 143: "De fait tout l'accompagnement d'une charge, d'un office." Wenn er allerdings fortfährt: "à tel point que, s'il ne précède pas la fonction, il la suit nécessairement", so verstehe ich das letztere weder, noch kann ich dafür einen Beleg bei Basileios entdecken. *Moral.* 7 (PG 31,712B) jedenfalls, worauf sich A. beruft, sagt schlechterdings nichts dergleichen.

117 *Spir.* 13,30 (ed. Pruche, 350; PG 32,120B); *reg. br.*, prooem. (PG 31,1080A).

118 *Reg. fus.* 45 (PG 31,1033A.B).

119 *Reg. br.*, prooem. (PG 31,1080A); *reg. fus.* 45 (PG 31,1033A.B).

120 Vgl. u.a. Rufin. *Bas. reg.* 21 = *reg. br.* 288 (PG 31,1284D); Ruffin. *Bas. reg.* 31 = *reg. br.* 187 (31,1208B.C); Rufin. *Bas. reg.* 92 = *reg. br.* 132 (1172A); Rufin. *Bas. reg.* 186 = *reg. br.* 91 (1145B); *ep.* 22 (ed. Courtonne I,53 f); *reg. fus.* 45 (PG 31,1033A.B).

121 Vgl. dazu P. J. Fedwick (Anm. 35), S. 87 f. Aber sind hier die ("donatistischen") Gefahren gesehen, die Augustin mit seiner Lehre vom character indelebilis zu bannen

Dennoch ist, wie mir scheint, das Gesamtgefälle der basilianischen Charismatik eindeutig und sind Fragen m.E. erlaubt, ja geboten; Fragen übrigens, die nicht nur den Trend zur Konzentration aller wichtigen Gaben im "Amt" der προϊστάμενοι und - allenfalls noch - der ihnen an "Rang und Verstand Nächststehenden"[122] im Auge haben, sondern auch den hervorstechenden Zug, nämlich die Tendenz zur Reduktion des Charismatischen auf die δύναμις λόγου, unter weitgehender Ausscheidung oder wenigstens Zurückdrängung alles Paralogischen und Paranormalen. Mag es sich dabei auch um eine - verständliche - Reaktion auf einen gewissen "Prämessalianismus" im Umkreis des eustathianischen Mönchtums[123] oder aber, woran K. Holl und D. Amand de *[435]* Mendieta dachten, um eine zwangsläufige Konsequenz seines koinobitischen Ideals handeln: denn "eine Gemeinschaft mit so strenger Zucht konnte nicht bestehen, wenn einer außer den durch die δοκιμασία Anerkannten und mit einem Amt Betrauten die Rechte eines χάρισμα hätte geltend machen wollen". Allerdings sei es "nicht bloß das Interesse der Disziplin" gewesen, was Basileios zu solcher Abschwächung des Enthusiasmus veranlaßte: er habe "genug von Jesus und Paulus gelernt, um zu wissen, was in Wahrheit die höchsten Gaben sind".[124] Gleichwohl wird man die Sache heute, wie ich meine, differenzierter ansehen müssen, sowenig strittig sein kann, daß eine Festlegung des Charismatischen auf das Paranormale schwerlich in der Linie dessen läge, was von Jesus und was von Paulus zu lernen ist. Ich muß mich jedoch mit einem summarischen Hinweis auf den Eingang meines Beitrags begnügen und kann, aus Raumgründen, hier nur noch einen einzigen - auch sozialgeschichtlich belangvollen - Gesichtspunkt geltend machen. Nahezu in der gesamten Auslegungsgeschichte von I Kor 12-14 galt als Paradebeispiel dessen, was bei K. Holl u.a. "enthusiastisch" heißt, und was wir uns "paranormal" zu nennen angewöhnen, die "Zungenrede", die Glossolalie. Wenn Interpreten wie K. Stendahl, G. Theissen und W. J. Hollenweger recht haben, dann ist darin weniger etwas besonders Exotisches als eine "raw and fresh primary religious experience" zu erblicken, speziell eine Erfahrung derjenigen, "who are not professional in the shaping of words".[125] Und in der Tat: wenn "in

---

suchte? Vgl. dazu etwa A. M. Ritter (Anm. 22), S. 102, 144 f. Von der durch Handauflegung übertragenen "Amtsgnade", um das scheußliche Wort zu gebrauchen, ist, m.W. bei Basileios ausdrücklich nur *ep.* 188,1 (ed. Courtonne II,123) und möglicherweise auch *ep.* 53,1 (ed. Courtonne I,138) die Rede. Sie hat also in seinen Überlegungen keine erhebliche Rolle gespielt.

122 *Reg. fus.* 48 (PG 31,1037A.B).

123 Vgl. dazu besonders *J. Gribomont,* Le monachisme au IVe siècle en Asie Mineure: de Gangres au Messalianisme, StudPatr, Bd. II, 1957, S. 400-415. Wenn H. Doerries mit seiner Deutung recht hätte, dann ergäbe sich eine erstaunliche Entsprechung zu Symeons (Makarios') Kritik am Enthusiasmus, welche seine Zugehörigkeit zum Messalianismus als zweifelhaft erscheinen läßt (s. bes. Doerries [Anm. 27], S. 289 ff).

124 K. Holl (Anm. 83), S. 166; fast wörtlich stimmt damit überein E. Amand de Mendieta (Anm. 83), S.144 bis auf das Bonmot: "Basile est un homme d'ordre et de gouvernement. Son monastère n'est pas une assemblée de Quakers!"

125 *K. Stendahl,* Paul Among Jews and Gentiles, London 1977, S. 109-124 (hier: 122); vgl. *G. Theissen,* Soziale Schichtung in der korinthischen Gemeinde. Ein Beitrag

Zungen reden eine Art nicht-begrifflichen, vorrationalen Ventils für das machtvolle Ausbrechen von Gefühlen und Erfahrungen bezeichnet, dann ist wohl einzusehen, wie sehr sich dies zugunsten des "inarticulate man who comes from a non-literate background"[126] auswirken konnte. Wo umgekehrt, wie bei Basileios, der Nachdruck - einseitig, würde ich meinen - auf dem "Logisch" - Keryg*[436]*matischen lag, was, wie gesagt, schon Gregor von Nyssa Unbehagen bereitet und veranlaßt zu haben scheint, bewußt jene Grenze zu überschreiten, an der das Charismaverständnis des Bruders haltmachte, da war die Gefahr gegeben, daß die Charismen sich nicht allein - ganz unenthusiastisch - nach den natürlichen Anlagen richteten und sozusagen deren himmlisches Gegenstück abgaben, sondern auch, da sie den Artikulationsfähigen, literarisch Gebildeten bevorzugten, die gesellschaftlichen Differenzierungen jener Zeit getreulich widerspiegelten. Denn literarische Bildung war dazumal weitgehend ein Standesprivileg.

Gibt es also eine Reihe wichtiger Anfragen an Basileios, so steht für mich außer Frage, daß er in der Grundorientierung, im Grundansatz seiner Charismenlehre wie seiner Mönchstheologie auf dem richtigen Kurs war, darin, daß er den Charismenempfang an den Gehorsam gegenüber dem geoffenbarten Gotteswillen band. Denn wie der Glaube, so kommt der Geist, der Geist Jesu Christi, aus dem Hören (Röm 10,17), und das heißt auch: aus dem Gehorchen!

---

zur Soziologie des hellenistischen Urchristentums, ZNW 64 (1974), S. 232-272; *W. J. Hollenweger,* Konflikt in Korinth und Memoiren eines alten Mannes. Zwei narrative Exegesen zu I Kor. 12-14 und Ezechiel 37, München 1978 (KT 31).

126 *A. C. Thiselton,* The "Interpretation" of Tongues: A New Suggestion in the Light of Greek Usage in Philo and Josephus, JThS 20 (1979), S. 15-26 (hier: 20).

Zum Thema
"Die Last des Augustinischen Erbes":
Das Beispiel der Naturtheologie

In seiner gedankenreichen, glänzend formulierten Einleitung zu dem von ihm (in der Reihe "Wege der Forschung") herausgegebenen Sammelband "Zum Augustin-Gespräch der Gegenwart II"[1] hat der im letzten Jahr verstorbene C. Andresen auch den Wandel der "Gesprächssituationen" seit der Krisenzeit nach Ende des Ersten Weltkrieges nachzuzeichnen versucht. Er hat dabei m.E. deutlich gemacht, daß es viel zu "vordergründig" wäre, "wollte man die Intensivierung der Augustinforschung" in unserem Jahrhundert, "sowohl in ihrer negativen wie positiven Motiviertheit, mit den simplen Umständen in Verbindung bringen, daß ins Jahr 1930 bzw. 1954 augustinische Jubiläumsfeiern fielen". Die Tatsache allein, daß es vor 1980, der 1550. Wiederkehr von Augustins Todesjahr, - und wir können getrost hinzufügen: vor 1986, der 1600-Jahrfeier von Augustins "Bekehrung" - "zu keinem Zeitpunkt" - extra muros zumindest! - "Anzeichen dafür" gab, "daß ein den früheren Veranstaltungen vergleichbares Augustinjubiläum ins Land stand", lasse das mit guten Gründen verneinen. "Nicht das Kalendarium" programmiere "die Augustinforschung"; entscheidend seien vielmehr "die Fragen der Zeit, die in einem an Augustin orientierten und ihm 'hörigen' Auditorium gestellt und beantwortet werden". Eben das sei mit dem Terminus "Gesprächssituation" gemeint, "der letztlich für alle geistes- und theologiegeschichtliche Forschung Geltung beanspruchen" könne.[2] *[234]*

Die "Gesprächssituation" von 1954, in der "die Rückbesinnung auf die christlichen Grundlagen europäischer Kultur in den vierziger Jahren des Widerstandes und in den fünfziger Jahren des Wiederaufbaus Augustin" hatten "in den Mittelpunkt" rücken[3] und ihm "eine internationale Aktualität in bisher unbekanntem Ausmaß" zuteil werden lassen,[4] mit der heutigen (oder richtiger der von 1980/1981) vergleichend konstatiert Andresen einen zunehmenden "Positionsverlust" Augustins in der allgemeinen gei-

---

Zuerst veröffentlicht in: Congresso Internazionale su s. Agostino nel XVI Centenario della Conversione, Roma, 15-20 settembre 1986. Atti, Bd. I, Rom 1987 (SEAug 24), S. 233-242.

[1] Darmstadt 1981.

[2] Ebd., S. 3 f.

[3] Ebd., S. 3.

[4] Ebd., S. 8.

stigen Situation der Zeit,[5] den er beispielhaft am Denkweg P. Ricoeurs nachzeichnet.[6]

Ich kann und will darauf jedoch im Augenblick ebenso wenig näher eingehen wie auf das korrespondierende Phänomen einer "quantitativen Intensivierung" des (philologisch-historischen) Fachdialoges mit und über Augustin, wie er ja auch unseren Kongreß beherrscht hat. Denn auch darin vermag ich Andresen zu folgen, daß sich ihm bei der Situationsschilderung der Augustinforschung von heute "der Vergleich mit dem physikalischen Gesetz der kommunizierenden Röhren" nahelegte: "Je mehr in der philosophischen Gesprächsrunde Augustin an Aussagewert verloren hat, um so höher ist das Leistungsbarometer historisch-philologischer Untersuchungen zu ihm gestiegen."[7]

Zu beidem paßt, daß heutige systematische Theologie, protestantische zumal, wenn sie sich denn überhaupt mit Augustin unmittelbar auseinandersetzt, sein "Erbe" eher als "Last" empfindet und dem Kirchenvater das dogmatische "magisterium" mehr oder weniger ausdrücklich bestreitet.

Am weitesten exponiert hat sich in dieser Hinsicht mein jetziger (im übrigen von mir überaus geschätzter) Heidelberger Fakultätskollege D. Ritschl, mit dem ich mich in dieser Frage allerdings seit längerem im Streit befinde.[8] Seinem Beitrag zu der "Karl Barth zum achtzigsten Geburtstag" dedizierten Festschrift unter dem Titel "Parrhesia" (Zürich 1966) ist auch das Titelzitat meines heutigen *[235]* Referates entnommen.[9] Der Autor richtet darin wie noch in einigen anderen Veröffentlichungen annähernd aus derselben Zeit[10] einen unversöhnlichen Gegensatz zwischen abendländisch-augustinischer und ostkirchlich-athanasianisch-kyrillischer Tradition auf, betrachtet das augustinische Erbe rein als Last und kann dementsprechend fordern, die abendländische Theologie müsse die augustinische Tradition mit demselben Eifer und derselben Ehrlichkeit in Frage stellen, mit denen sie sich einst vom Gnostizismus, vom Platonismus und vom Aristotelismus selbst befreite.[11]

Ritschls Kritik[12] ist ursprünglich vor allem auf den Weg gerichtet, den "Augustin während seiner Lebenszeit ... von egoistisch-introspektiver philosophischer Religiosität zur intoleranten Kirchlichkeit durchschritten"

---

5 Ebd., S. 20.

6 Ebd., S. 10 ff.

7 Ebd., S. 16.

8 Vgl. meinen Göttinger Kongreßvortrag über Das Verhältnis der abendländischen zur ostkirchlichen Tradition und Theologie, in: T. Rendtorff (Hg.), Europäische Theologie. Versuche einer Ortsbestimmung, Gütersloh 1980, S. 137-149 (hier: 148 f).

9 Der Beitrag ist zusammen mit einem kurzen Nachwort erneut abgedruckt in *D. Ritschls* gesammelten Aufsätzen unter dem Titel: Konzepte (Bd. I: Patristische Studien, Bern usw. 1976 [Basler und Berner Studien zur historischen und systematischen Theologie 28], S. 102-122).

10 Sie sind gleichfalls in Konzepte (Bd. I) wieder abgedruckt.

11 Ebd., S. 75 u.ö.

12 Vgl. dazu auch etwa *R. Lorenz*, Zwölf Jahre Augustinusforschung (1959-1970) in: ThR 39 (1975), S. 95-138, 253-286, 331-364 (hier: 336 f).

habe;[13] Hauptsorgen bereiten ihm m.a.W. die "Konzentration auf individuelle Rechtfertigung und die in die Gegenwart vorverlegte eschatologische Autorität der gnadenvermittelnden Kirche",[14] wie sie sich bis in bestimmte "Hilflosigkeiten" noch heutiger westlicher Theologie hinein belastend auswirkten. Solche "eingebauten Sackgassen unserer gemeinsamen westlichen Tradition hinzunehmen",[15] d.h. wohl: offen einzugestehen, und - im intensiven Gespräch mit der östlichen Orthodoxie als der "einzig bedeutsamen historischen Manifestation von Kirche außerhalb der augustinischen Tradition",[16] "vielleicht im besonderen" mit der Theologie des Athanasius[17] - neue Fragen zu stellen und einen Neuansatz zu versuchen, der an Radikalität selbst die kühne Neukonstruktion der Rechtfertigungslehre in K. Barths "Kirchlicher Dogmatik"[18] noch in den Schatten stelle, darauf komme es jetzt an.[19]

In einer neuerlichen Buchveröffentlichung Ritschls[20] hat sich *[236]* zu dem allen noch der Vorwurf gesellt, von Augustin sei eine verhängnisvolle Engführung der Theologie auf die Beziehung Gott - Mensch (oder, schlimmer, Gott - Seele) ausgegangen, während es der Frömmigkeit (mehr als der Theologie) der Ostkirche nahegelegen habe, in einer Dreiecksbeziehung Gott - Mensch - Natur zu denken.[21] - Was ist zu diesem Vorwurf zu sagen?

Ich halte ihn, rundheraus gesprochen, für genauso problematisch wie die einstmals beliebte Säkularisierungsthese[22] samt der heute (selbst unter Theologen) geläufigen Rede von den "gnadenlosen Folgen der Schöpfung",[23] die weithin dieselben Phänomene im Auge hat wie die Säkularisierungsthese und sie nur genau umgekehrt, nämlich ganz und gar negativ, bewertet; etwa so: "Einst, schon Jahrtausende vor dem Christentum und in Unterschichten immer fort, hatten die Menschen sich selber als kosmische Wesen gekannt und damit vor der Natur - bei aller Gewalt, die sie ihr oft antaten - in der Tiefe eine heilige Scheu empfunden. Nachdem nun das Christentum ... Generationen lang den Ton darauf gelegt hatte, in dem einen Gott den Hochgeistigen zu verehren und in sich selber die Naturtriebe energisch zu bändigen, begann unmerklich, gegen den echten Sinn der Religion, die Natur sich zu entgeisten. Wenn

---

[13] D. Ritschl (Anm. 9), S. 109.
[14] Ebd., S. 122.
[15] Ebd., S. 77.
[16] Ebd., S. 75.
[17] Ebd., S. 77.
[18] Bd. IV,1 Zürich 1953.
[19] D. Ritschl (Anm. 9), S. 120.
[20] Zur Logik der Theologie. Darstellung der Zusammenhänge theologischer Grundgedanken, München 1984 [2. Aufl., 1988].
[21] Ebd., S. 189 u.ö.
[22] Z.B. in der Gestalt, wie sie in *F. Gogarten*s Verhängnis und Hoffnung der Neuzeit. Die Säkularisierung als theologisches Problem, Stuttgart 1953, erscheint.
[23] Vgl. etwa *C. Amery*, Das Ende der Vorsehung. Die gnadenlosen Folgen des Christentums, Hamburg 1972 [auch als Taschenbuch: rororo 6874. Sachbuch 580, Reinbek b. Hamburg 1974].

jetzt der Mensch sie zu fürchten hatte, rief er Gott und die Heiligen gegen die Natur an; im übrigen aber fand er nichts dabei, wenn er sich Städte baute, Tiere umbrachte, den Boden für sich ausnutzte. Das Feuer war eben nicht mehr ein Geheimnis vom Himmel, die Erde nicht die ehrwürdige Mutter. Willkür und Gewalt an ihnen schienen erlaubt, sofern sie nicht gegen ausdrückliche Bibelworte verstießen"[24].

Kurzum: Was ist mit Augustins Natur- bzw. Schöpfungstheologie? Und wie hat sie im Mittelalter weitergewirkt? Das ist der einzige Gesprächsfaden, den ich im folgenden aufzunehmen beabsichtige.

Die Sache scheint völlig klar zu sein, hält man sich allein an die bekannte Äußerung der *Soliloquien* (I,7), die vielfach geradezu *[237]* als Quintessenz augustinischen Denkens galt - und gilt. So ist sie denn auch Harnacks berühmter Augustinlese (Augustin. Reflexionen und Maximen, Tübingen 1922) gleichsam programmatisch vorangestellt: "Gott und die Seele begehre ich zu erkennen. - Weiter nichts? - Gar nichts!" ("Deum et animam scire cupio. - Nihilne plus? - Nihil omnino").

Schon hier jedoch ist vor vorschnellen Schlußfolgerungen dringlich zu warnen! Wenn nämlich Augustin sagte, er interessiere sich einzig für Gott und die Seele, dann war damit die Welt keineswegs ausgeschlossen. "Sowohl sein Begriff von 'Gott' wie sein Begriff von 'Seele' deuten auf die Welt: 'Gott', verstanden als 'die Wahrheit', ist der ermöglichende Inbegriff aller Qualitäten und aller Werturteile. 'Die Seele' ist das Habenkönnen von Wahrheit oder das, was urteilen kann über Wert und Unwert. Der 'Gott' des frühen Augustin ist ... die letzte Voraussetzung denkenden Weltumgangs, der das Richtige zu verwirklichen sucht."[25]

Erst recht taugen die "Soliloquien" insgesamt schwerlich zum Beleg für eine theologische "Engführung" auf die Beziehung Gott - Mensch bzw. Gott - Seele bei Augustin. Das macht schon das Eingangsgebet mit seiner ausführlichen Anrufung Gottes als des *universitatis conditor* zur Genüge deutlich, formal und inhaltlich gewiß etwas vom Großartigsten, was wir aus Augustins Feder besitzen.[26]

In der Folgezeit sehen wir Augustin sich wieder und wieder mit Fragen der Schöpfungslehre beschäftigen. Speziell geht es ihm um die Erklärung

---

24 *W. von den Steinen*, in: Franz von Assisi. Die Werke, Hamburg 1958 (Rowohlts Klassiker der Literatur und der Wissenschaft 34), S. 169.

25 *K. Flasch*, Augustin. Einführung in sein Denken, Stuttgart 1980 (Reclams Universalbibliothek 9962), S. 87 f. Ich berufe mich auf dieses kluge Buch um so lieber, als ich ansonsten erhebliche Bedenken anzumelden habe, insbesondere, aber nicht nur, was die unhistorische Art und Weise anlangt, in der darin Augustin unmittelbar Plato oder doch jedenfalls unserem heutigen Platobild konfrontiert wird, vorbei an der zeitgenössischen Platorezeption (Plotin, Porphyrios), die doch den natürlichsten Vergleichsmaßstab abgäbe! Wie sonst ließe sich z.B. behaupten, Augustin habe "in mehrfacher Hinsicht den Weltbezug" abgebaut, den "das Denken der griechischen Philosophen hatte: Seine Theorien" seien "nicht mehr wie bei Platon immanent auf die Reform des Staates und der Gesellschaft bezogen" (S. 87), oder: Da Augustin "Philosophie direkt in den Dienst der Glückssicherung" stelle, schneide "er die in der antiken Tradition so wesentlichen kosmologischen und naturwissenschaftlichen Interessen von ihr ab" (ebd.)?

26 *Soliloq.* I, 2-6, bes. 2 f.

von Gen 1-3. Zwei Jahre nach Abfassung der "Soliloquien" (in Cassiciacum[27]) legt er, nach Afrika zurückgekehrt, den ersten Versuch einer Genesisauslegung *(Gen. c. Manich.)* vor, den *[238]* er aber, weil zu unbedacht (zur Abwehr manichäischer Kritik) in Allegorese sich flüchtend, alsbald durch einen (unvollendet gebliebenen) Kommentar *ad litteram (Gen. ad litt. imperf.)* zu ersetzen beginnt. Folgen um 400 die letzten 3 Bücher der *Confessiones*. Ihnen schließen sich der (wohl um 401 begonnene) Große Genesiskommentar in 12 Büchern *(Gen. ad litt., libri XII)* und endlich die (zwischen 416 und 418 abgefaßten) Bücher XI und XII von *De civitate dei* an.[28]

Nimmt man noch vor allem den gewaltigen Psalmenkommentar (*En. ps.*) hinzu, von Augustin selbst aus Predigtnachschriften und Diktaten zusammengestellt, deren Entstehung sich wahrscheinlich über einen Zeitraum von mehr als 25 Jahren erstreckte,[29] so läßt bereits diese Auflistung etwas von der Breite und dem Gewicht schöpfungstheologischer Reflexionen im Werk Augustins erahnen.

Auf Einzelfragen einzugehen[30] ist hier weder möglich noch nötig. Es genügt fast für unsere Zwecke, auf einen einzigen, für Augustins Schöpfungslehre allerdings besonders typischen Zug hinzuweisen. Es ist der Gedanke der *rationes seminales* oder, wie wohl (nach *Gen. ad litt.* VI,14, 25 f und passim) der treffendere Ausdruck lautet, der *rationes causales* (bzw. *causae*[31]). Damit schlägt Augustin eine Brücke vom Schöpfungsaugenblick und der Präsenz des Weltlaufs in Gott zur Zeitlichkeit und Ordnung des Geschaffenen. Zugleich stellt er mit dieser erst in *De trinitate* und *De Genesi ad litteram libri* XII voll ausgebildeten Lehre von den "Vernunftsamen", d.h. den von Anfang an in die Schöpfung gelegten, aber erst zu einem bestimmten Zeitpunkt ihre Wirkung entfaltenden Potenzen, eine Verbindung zwischen den Existenzaussagen des biblischen Schöpfungsberichtes und den Seins- und Partizipationsbegriffen der platonischen Ontologie[32] her.

Wie immer man die komplizierten Fragen des Traditionsbezuges (neoplatonischer Hintergrund?) einerseits, des Verhältnisses zur *[239]* neuzeitlichen Naturwissenschaft und speziell zur modernen Evolutionstheorie zu beantworten haben mag - über beides wird in der Augustinfor-

---

27 Vgl. *retract.* I, 4.

28 Das sind die "5 Studien Augustins über den Anfang des Buches Genesis", denen *G. Pelland* - unter gleichem Titel: Cinq études d'Augustin sur le début de la Genèse - seinen sehr nützlichen Überblick gewidmet hat (erschienen Tournai 1972 [Recherches 8]).

29 Vgl. dazu vor allem *A. M. La Bonnardière*, Recherches de chronologie augustinienne, Paris 1965 (EAug); *H. Rondet*, Essais sur la chronologie des "Enarrationes in Psalmos" de s. Augustin, BLE 61 (1960) - 71 (1970).

30 Vgl. dazu noch immer vor allem die eingehenden "Notes complémentaires" von *P. Agaësse / A. Solignac*, in: BAug 48.49, 1972.

31 Vgl. *trin.* III,9,16: "Die Welt geht schwanger mit den Ursachen der werdenden Dinge" *(mundus gravidus est causis nascentium)*!

32 Vgl. *É. Gilson*, Introduction à l'étude de s. Augustin, 2. Aufl., Paris 1949 (EPhM 11) [4. Aufl., 1969], S. 263; *H. Chadwick*, Augustine, Oxford 1986, S. 88 f.

schung bekanntlich seit langem kontrovers diskutiert[33] -, unstrittig ist, daß die Lehre von den *rationes seminales (sive causales)* einen Providenzbegriff voraussetzt, zu dem die Vernünftigkeit und Güte des gesamten Weltlaufs notwendig hinzugehört. Andererseits, und das ist für uns kaum weniger wichtig, schließt der damit eng verbundene Gedanke der *administratio* der Schöpfung, wie sie sich als Bewegung der Welt durch Gott und durch seine Vorsehung vollzieht,[34] wohl völlig aus, daß Augustinus (mit D. Ritschl[35] und im Grunde bereits mit A. Dorner[36]) im Ernst ein "deistischer" Gottesbegriff zugeschrieben werden kann. Sein Gott ist weder ein "deistischer", zeitloser, noch ein Gott, dessen entscheidende Taten "in der Vergangenheit geschehen" wären.[37] Augustins Gott ist vielmehr "ein unablässig tätiger und auf die Welt wirkender Gott"[38].

* * *

So eindeutig also m.E. der (hier freilich nur ganz grob skizzierte) Befund bei Augustin selbst ist, so eindeutig ist auch der *wirkungsgeschichtliche* Sachverhalt. Bis zu Beginn der Neuzeit müssen von Augustin, wenn nicht alles täuscht, ganz andere Impulse auf Denken und Frömmigkeit des Abendlandes ausgegangen sein als die eines verkrampften "Willenschristentums" im Gegensatz zur "Weltverklärung im liturgischen Geiste der Ostkirche" (um einen bekannteren Buchtitel aus den späten 30er Jahren zu zitieren[39]). Es fällt nicht eben schwer, einem jeden der immer wieder bemühten und in der Tat ganz herrlichen Zeugnisse ostkirchlichen Osterjubels ein "westliches" Beispiel zur Seite zu stellen: von Notker Balbulus etwa oder von Roswitha von Gandersheim, von Hildegard von Bingen, Abaelard oder Adam von St. Victor.[40] *[240]*

Der wahrhaft hl. Franziskus von Assisi mit seinem "Sonnengesang" oder seiner Vogelpredigt fällt durchaus nicht dermaßen aus dem Rahmen des im Abendland üblichen, wie man das häufig genug angenommen hat.[41] Wohl aber kommt ihm darin eine Sonderstellung zu, daß heute für

---

33 Vgl. vor allem *A. Holl*, Seminalis Ratio. Ein Beitrag zur Begegnung der Philosophie mit den Naturwissenschaften, Wien 1961; Agaësse / Solignac (Anm. 30), S. 653-668.

34 Agaësse / Solignac (Anm. 30), S. 676 ff.

35 D. Ritschl (Anm. 9), S. 115 u.ö.

36 Augustinus, sein theologisches System und seine religionsphilosophische Anschauung, Berlin 1873, S. 45, 111, 332 ff; zit. bei R. Lorenz (Anm. 12), S. 337, Anm. 5.

37 D. Ritschl (Anm. 9), S. 115.

38 R. Lorenz (Anm. 12), S. 337.

39 Verfaßt ist das in Freiburg 1939 erschienene Werk von *J. Casper*.

40 Vgl. zur ersten Übersicht noch immer *W. Ganzenmüller*, Das Naturgefühl im Mittelalter, Leipzig usw. 1914 (Beiträge zur Kulturgeschichte des Mittelalters und der Renaissance 18).

41 Vgl. aus neuerer Zeit nur W. von den Steinen (Anm. 24), D. Ritschl (Anm. 20), S. 189; dagegen *A. M. Ritter*, "Gepriesen seist du, mein Herr, für unsere Schwester, die Mutter Erde ...". Der "Sonnengesang" des Franziskus von Assisi im Lichte der altkirchlichen und frühmittelalterlichen Tradition, in: G. Rau / A. M. Ritter / H. Timm (Hgg.), Frieden in der Schöpfung. Das Naturverständnis protestantischer Theologie, Gütersloh 1987, S. 92-110.

eine sach- und zeitgemäße Theologie der Schöpfung bei ihm besonders viel zu lernen sein dürfte! Mit das Fruchtbarste scheint mir die christologische Tiefenstruktur franziskanischen Schöpfungsglaubens zu sein. Sie kommt, ohne daß der Name Christi ein einziges Mal fiele, auch im "Sonnengesang" durchaus zum Vorschein, und zwar darin, was dort über den Menschen ausgesagt bzw. angedeutet wird. Einzig indem der Mensch - in den Spuren des *Christus pauper, humilis et crucifixus* - fähig und willig wird zu verzeihen, Schwachheit und Trübsal anzunehmen und auszuharren in Frieden, vermag er, der weniger als "Krone der Schöpfung" denn als ihr gefährdetster Teil zu gelten hätte, sich nach Franziskus in den kosmischen Hymnus einzufügen und zu jenem "Frieden in der Schöpfung" beizutragen, den er am meisten gefährdet hat und weiterhin am meisten gefährdet. Ohne derartige christologische Fundierung wäre, scheint mir, erst recht in unserer Zeit eine Schöpfungstheologie, als separierte "Theologie des ersten Glaubensartikels", auf Sand gebaut; sie wäre entschieden zu eindimensional und kaum geeignet, den Dualismen unserer Gegenwart (einschließlich der "negativen Utopien" à la G. Orwell!) die Stirn bieten zu helfen.

Wer jedenfalls nicht über die Gabe verfügt, "Gras wachsen" zu hören, der dürfte, wenn ich mich nicht sehr täusche, Mühe haben, vor der Neuzeit, genauer gesagt: vor R. Descartes und dem "kopernikanischen Schock", auf den er sichtlich reagierte, merkliche Unterschiede zwischen östlicher und westlicher Naturtheologie und -frömmigkeit wahrzunehmen!

Dazu paßt, was A. C. Crombie selbst als eindrucksvollstes Ergebnis seiner lehrreichen Untersuchungen über die "Emanzipation der Naturwissenschaft" bezeichnet hat, nämlich die "Kontinuität der abendländischen wissenschaftlichen Tradition von der Zeit der Griechen bis zum 17. Jahrhundert".[42] Wie überhaupt alle mir *[241]* bekannten einschlägigen Arbeiten, sofern ihre Verfasser etwas von Spätantike und Mittelalter verstanden, zu dem Resultat gelangten: es gibt in der Geschichte der Naturerkenntnis mit dem Eintritt des Christentums in die Mittelmeerwelt oder auch mit dem Wirksamwerden von Augustins Willenschristentum keinen schroffen Bruch, sondern allenfalls Akzentverschiebungen. Denn es lassen sich, auch von Augustin her, gute christliche Gründe für ein Interesse an der Natur namhaft machen. Man denke nur an das von Augustin bis zu Cusanus wirksame Motiv der Gottebenbildlichkeit, kraft deren der Mensch Gottes schöpferische Gedanken nachzudenken vermag! So nimmt es denn auch nicht weiter wunder, daß Francesco Petrarca bei seiner Besteigung des Mont Ventoux im Jahre 1335, einem Ereignis, das die ältere Forschung als epochal anzusehen neigte und das ihr wie fast nichts sonst das Wesen der Renaissance als "Entdeckung des Menschen und der Welt" zu symbolisieren schien, Augustins "Konfessionen" im Rucksack mit sich

---

42 *A. C. Crombie*, Von Augustinus bis Galilei. Die Emanzipation der Naturwissenschaft (1959), München 1977 (dtv WR 4285), S. XII.

führte;[43] wie Augustin überhaupt in Renaissance und Humanismus zu einer besonders intensiven Nachwirkung gelangte.[44]

* * *

Worauf will ich mit alledem hinaus? Es liegt mir völlig fern, das Seufzen unter der "Last des augustinischen Erbes" für gänzlich grundlos und die Kritik abendländischer Theologen an Augustin und der von ihm begründeten Tradition für mutwillige "Nestbeschmutzung" zu halten. Kritik ist - natürlich - erlaubt und erweist sich im Einzelfall auch als nur zu berechtigt.[45]

Das gewählte Beispiel der Natur- oder Schöpfungstheologie aber dürfte deutlich gemacht haben: es ist Widerspruch am Platze, wenn das augustinische Erbe rein als Last bezeichnet und für die abendländische Theologie die Parole ausgegeben wird, sich von dieser Tradition ebenso entschlossen loszusagen, wie sich einst die frühchristliche Theologie vom Gnostizismus, vom Platonismus und vom Aristotelismus selbst befreite (s. oben). *[242]*

So falsch, ja verhängnisvoll es m.E. wäre, vom Gespräch mit Augustin im Grunde nichts mehr zu erwarten, so illusionär wäre es, fürchte ich, stattdessen alle Hoffnung auf einen Ausweg aus unseren "Hilflosigkeiten" auf das Gespräch mit Athanasius, Kyrill von Alexandrien, Maximus Confessor oder auch Gregor Palamas zu richten. Es wäre das, fürchte ich, eine Illusion und eine Überforderung.[46] Dagegen halte ich es für ganz und gar realistisch, damit zu rechnen, daß wir in der griechischen theologischen Tradition auf Einsichten treffen, "die später nicht allgemein von der westlichen Theologie rezipiert wurden und die in unseren zeitgenössischen theologischen Diskussionen einen nützlichen Dienst erweisen könnten."[47]

Der Fehler oder doch zumindest das Problem liegt m.a.W. in der Alternative, darin, daß ein unversöhnlicher Gegensatz zwischen östlicher und westlicher Tradition konstruiert wird. Was dagegen dringend vonnöten ist, das ist eine ökumenische Hermeneutik, welche uns die Ver-

---

43 Vgl. dazu u.a. *C. Calcaterra*, S. Agostino nelle opere di Dante e del Petrarca, in: ders., Nella selva del Petrarca, Bologna 1942, S. 247 ff [= Estratto dal supplemento specíale al vol XXIII della Rivista di filosofia neo-scolastica, gennaio 1931].

44 Vgl. *C. Andresen*, Bibliographia Augustiniana, 2. Aufl., Darmstadt 1973, Teil B VI,9.

45 Man denke etwa an den Bereich der Sozialethik; dazu beispielhaft *U. Duchrow*, Christenheit und Weltverantwortung. Traditionsgeschichte und systematische Struktur der Zweireichelehre, Stuttgart 1970 [2. Aufl., 1983], Kap. II (Augustin).

46 Die Sache hat, wenn ich so sagen darf, auch einen "dialogpolitischen" Aspekt. Wenn in letzter Zeit wiederholt, ja in verstärktem Maße darüber geklagt wird, daß in multilateralen ökumenischen Gesprächen einige orthodoxe Teilnehmer die einzigen Menschen auf Erden zu sein scheinen, die keine Fragen oder - auf jede Frage eine Antwort haben, so ist das m.E. auch eine Quittung für das mißverständlich, um nicht zu sagen irreführend interpretierte "ex Oriente lux", wie es seit *F. Heilers*, Urkirche und Ostkirche, München 1937, unter uns im Schwange ist.

47 D. Ritschl (Anm. 9), S. 100.

schiedenheit zwischen östlichen und westlichen Traditionen als einen *Reichtum* verstehen lehrt!

Dionysios Areopagites

Daß in der Reihe der "christlichen Denker von Origenes bis Erasmus" auch Dionysios Areopagites erscheint, mag den Leser auf den ersten Blick überraschen. Schon die Tatsache, daß wir nicht einmal um seinen wirklichen Namen wissen - "Dionysios vom Areopag" also ein Pseudonym ist - und sich über seine Lebensumstände allenfalls mehr oder weniger gut begründete Hypothesen aufstellen lassen, weist ihm unter den hier Porträtierten eine Sonderstellung zu.

Gleichwohl gibt es triftige Gründe für seine Aufnahme in diesen Band. Sie sind vor allem wirkungsgeschichtlicher Natur und haben mit dem überragenden Einfluß zu tun, den Dionys auf die Denkgeschichte des abendländischen Mittelalters ausgeübt hat. Diese "abendländische" Perspektive aber diente bei der Konzeption des Bandes ersichtlich als Auswahlprinzip.

Wieso Dionys auf das Denken (wie übrigens auch auf die Kunst) des abendländischen Mittelalters so stark hat einwirken können, ist kaum losgelöst von der mittelalterlichen Dionyslegende zu erklären. Von ihr muß daher zunächst kurz die Rede sein.

I. Der Dionys der mittelalterlichen Tradition

Die neuzeitliche historische Kritik hat zur gesicherten Erkenntnis geführt, daß sich die mittelalterliche Dionystradition aus drei Quellen speist. Genauer, sie basiert auf der Ineinssetzung dreier verschiedener Dionyse: 1) des von Paulus bekehrten "Areopagiten", d.h. Mitglieds des (vor allem für die Blutsgerichtsbarkeit zuständigen) Athener Rates (Areopags), von dem sich eine kurze Notiz in der Apostelgeschichte[1] findet - einer beim Kirchenhistoriker Euseb[2] aufbewahrten und auf Dionys von Korinth in der zweiten Hälfte des zweiten Jahrhunderts zurückgeführten Überlieferung gilt er überdies als erster Bischof von Athen; 2) des Märtyrers aus dem dritten Jahrhundert, der nach Gregor von Tours[3] zur Zeit *[112]* des Kaisers Decius (249 - 251) als einer von sieben Missionsbischöfen nach Gallien kam, in Paris wirkte und dort auch das Martyrium erlitt - nach anderen Quellen wurde er alsbald als erster Bischof von Paris und Apostel Galliens in hohen Ehren gehalten; 3) des Verfassers eines spätestens seit dem zweiten Jahrzehnt des sechsten Jahrhunderts bekannten Schriftencor-

Zuerst veröffentlicht in: "Nimm und lies". Christliche Denker von Origenes bis Erasmus von Rotterdam, mit Beiträgen von Hans Freiherr von Campenhausen u.a., Stuttgart usw. 1991, S. 111-126.

1 Act 17,34.

2 *H.e.* III 4,10; IV 23,3.

3 *Hist. Franc.* I,30.

pus, der sich selbst - ein einziges Mal! - zwar wohl nur als "Dionysios" bezeichnete, durch Einfügung von (aufs Ganze gesehen, geringfügigen) "zeitgeschichtlichen" Details jedoch den Eindruck erweckte - und wohl auch zu erwecken suchte -, als sei er ein Zeitgenosse der Apostel (s. unten); was wunder, daß man ihn umgehend mit dem "bekannten" Dionysios Areopagites von Act 17,34 identifizierte.

Obwohl uns im folgenden lediglich der Verfasser des *Corpus Areopagiticum* (*CA*), der Sammlung areopagitischer Schriften, näher beschäftigen soll, bleibt es doch um einer richtigen Einschätzung seiner wirkungsgeschichtlichen Bedeutung willen erforderlich, im Gedächtnis zu behalten, daß fast das ganze Mittelalter über seine Identität mit dem Märtyrerbischof von Paris so gut wie unbestritten war. Dessen zentraler Kultort, St. Denis bei Paris, ist mit Höhepunkten und Krisensituationen der westfränkisch-französischen Geschichte aufs engste verbunden. Seit dem frühen zwölften Jahrhundert, unter König Ludwig VI. und Abt Suger von St. Denis, ist er gar zu *dem* französischen Nationalheiligtum schlechthin avanciert: Hier wurde die Fahne des hl. Dionys aufbewahrt, die fortan die französischen Könige auf ihren Feldzügen begleitete und von der man sich erzählte, daß sie mit dem legendären Banner Karls des Großen ("Oriflamme") identisch sei. Hier wurde auch erstmals (wohl von Suger) der Gedanke ausgesprochen, der König von Frankreich erhalte seine Herrschaft vom hl. Dionys zu Lehen und schulde ihm deshalb einen Kopfzins.[4]

Ältestes Zeugnis für die Ineinssetzung des Märtyrerbischofs mit dem Paulusschüler Dionys ist u.W. die um 750 verfaßte zweite "Leidensgeschichte (*Passio*) des hl. Dionysius"[5], in der wir auch zum ersten Mal dem für die Ikonographie des Heiligen so wichtigen "Kephalophoren"-Motiv begegnen (der Legende, der Märtyrer Dionys habe sein abgeschlagenes Haupt eigenhändig von der Hinrichtungsstätte weggetragen), wie es auf bildlichen Darstellungen immer wieder erscheint. Rund 100 Jahre später schmückte Abt Hilduin von St. Denis, mit dessen Namen auch die erste vollständige Übersetzung des *CA* ins Lateinische verbunden ist, in einer dritten *Passio sanctissimi Dionysii*[6] weiter aus, indem er u.a. den Paulusschüler *[114]* vom Areopag, den glorreichen Märtyrer von Paris und den Autor "sublimer" Abhandlungen und Briefe über die "Theologie" (gemeint ist das *CA*) in eins setzte. In dieser Form hat sich die Dionyslegende im Abendland jahrhundertelang eines nahezu kanonischen Ansehens erfreut.

---

4 *G. M. Spiegel*, The Cult of Saint Denis and Capetian Kingship, Journal of Medieval History 1 (1975), S. 43-69; *A. Patschovsky*, Der hl. Dionysius, die Universität Paris und der französische Staat, Innsbrucker Historische Studien 1 (1978), S. 9-31.

5 BHL 2178.

6 BHL 2175.

II. Die Verfasserfrage

Zweifel an seiner Echtheit und dogmatischen Korrektheit begleiten allerdings das *CA* fast so lange, wie es überhaupt bekannt geworden ist. Erstmals hören wir davon im Zusammenhang einer in Konstantinopel abgehaltenen Konferenz zwischen Gegnern und Anhängern der Zwei-Naturen-Christologie des Konzils von Chalkedon (451) im Jahre 532/33.[7] Auch im Abendland fehlte es nicht völlig an Vorbehalten, zumindest gegenüber der offiziellen Dionyslegende.[8] Das ist um so weniger überraschend, als dort noch immer konkurrierende Traditionen bekannt waren, z.B. aus den vielgelesenen Schriften des Beda Venerabilis (gest. 735). Auf dessen beiläufige Bemerkung, der Act 17,34 erwähnte Dionys sei nicht Bischof von Athen, sondern von Korinth gewesen,[9] bezog sich Pierre Abaelard (1079-1142) im Gespräch mit Mönchen der Abtei von St. Denis, erregte damit freilich einen Sturm der Entrüstung,[10] so, als habe er sich "am ganzen Königreich" Frankreich "vergangen" und ihm "seine besondere Ehre" geraubt! Wie die Streitfrage zu entscheiden sei, hielt Abaelard für vollkommen belanglos. Im übrigen weist sein Werk einen ähnlich großen inneren Abstand zum *CA* auf wie dasjenige des "Vaters der Scholastik" Anselm von Canterbury (s. unten).

Nachdem erste Zweifel an der Frühdatierung des *CA*, als Folge der traditionellen Gleichsetzung seines Verfassers mit dem Paulusschüler Dionysios Areopagites, bei Nikolaus von Kues (s. unten) laut geworden waren,[11] brachte dann der Humanist Lorenzo Valla, dem es zuvor (1440) bereits gelungen war, die berühmt-berüchtigte "Konstantinische Schenkung" endgültig als eine Fälschung zu erweisen und damit der Kirchenherrschaft eine wesentliche Stütze zu entziehen, jenen Stein ins Rollen, der am Ende einem eher geschichtlichen und damit, wie wir heute überzeugt sind, sachgemäßeren Verständnis der rätselhaften Texte des *CA* den Weg bahnte. Zwei kurze Bemerkungen aus dem Jahre 1457, Vallas Todesjahr, sind es, auf die es *[115]* hier ankommt: die eine findet sich in einer (recht merkwürdigen) "Lobrede auf den hl. Thomas von Aquin"[12], in der er den Verfasser des *CA* als einen der "Fürsten der Theologie" mit Papst Gregor dem Großen (um 600) zusammenstellt, allerdings hinzufügt, bei keinem lateinischen Schriftsteller vor Gregor[13] und bei keinem älteren Griechen sei er jemals zitiert worden; die zweite ist in einer ausführlicheren Note zu Act 17,34 innerhalb seiner "Anmerkungen zum Neuen Testament" ent-

---

7 ACO IV/2,172.

8 Zu Zweifeln der Griechen am "göttlichen Dionys" s. *I. Hausherr*, Doutes au sujet du 'Divin', OrChrP 2 (1936), S. 484-490.

9 PL 92,981.

10 *Hist. cal.* (PL 178,154 f).

11 *E. F. Rice*, The Prefatory Epistles of Jacques Lefèvre d'Étaples and Related Texts, New York 1972, S. 68 mit Anm. 10.

12 Opera omnia, ed. E. Garin, Turin 1962 (Monumenta politica et philosophia rariora S. I,5-6), Bd. II, S. 351.

13 Gemeint ist die Stelle *in evang.* 34,12 (PL 76,1254).

halten.[14] Valla bezeichnet es hier zum einen als höchst zweifelhaft, ob der Paulusschüler von Act 17,34 überhaupt Schriftliches von sich gegeben habe, da der Begriff "Areopagites" auf einen Richter, nicht einen Philosophen hindeute. Zum andern sei die Behauptung des "Dionys" in einem seiner Briefe (*ep*. 7,2)[15], er habe von außerhalb Palästinas die Sonnenfinsternis während der Todesstunde Jesu (Mt 27,45 par) beobachtet, eine ebenso eklatante Fiktion wie die Briefform des ganzen Berichts. Gewisse zeitgenössische Gelehrte griechischer Zunge, fügt Valla hinzu, hielten zudem (den großen christologischen Häretiker des vierten Jahrhunderts, Erfinder der "Ein-Naturen"-Christologie) Apollinaris von Laodikeia für den wirklichen Verfasser.

Vallas Kritik ist weiteren Kreisen erst bekannt geworden, als Erasmus von Rotterdam (s. unten) ein Exemplar der "Annotationen" in die Hand bekam und sich umgehend entschloß, sie im Druck herauszubringen (Paris 1505). 1516 fügte er seiner berühmten Ausgabe des griechischen Neuen Testamentes eine Note zu Act 17,34 bei, in der er Vallas Argumente wiederholte, sie um die Erwägung ergänzte, die vom Autor des *CA* erwähnten und (allegorisch) gedeuteten kirchlichen Riten paßten kaum in das apostolische Zeitalter, und endlich sich entschieden gegen die Identifizierung des Autors mit Apollinaris aussprach.[16] Von altgläubiger Seite, besonders von Karthäusermönchen, deswegen heftig attackiert, hat sich Erasmus am ausführlichsten in seiner Antwort auf den 31. Artikel der "Zensur" durch die Pariser theologische Fakultät im Jahre 1531 verteidigt und betont, daß er sich lediglich einem wohlbegründeten wissenschaftlichen Konsens angeschlossen habe.[17]

Seinem Einfluß ist es i.w. zuzuschreiben, wenn am Ende des 16., des Reformationsjahrhunderts, im protestantischen Lager zumindest, kaum noch ein Zweifel am "pseudepigraphischen" Charakter des *CA* herrschte, während es den Altgläubigen, zumal westlich des *[116]* Rheins, begreiflicherweise sehr viel schwerer fiel, der Dionyslegende den Abschied zu geben. Bestenfalls sahen die Protestanten fortan den Verfasser Dionys, wer immer er sein mochte, gleichwohl als einen "alten und gelehrten Schriftsteller" an; davon allerdings waren sie überzeugt, daß er mit dem in der Apostelgeschichte erwähnten Areopagiten und Paulusschüler mit Sicherheit nichts zu tun habe.[18]

Im Laufe des 19. Jahrhunderts wurde die Echtheit des *CA* auch über den protestantischen Bereich hinaus immer allgemeiner verneint, bis 1895 den beiden katholischen Patristikern Josef Stiglmayr und Hugo Koch in unabhängig voneinander geführten Untersuchungen, die später durch weitere Arbeiten, eigene und fremde, vertieft wurden, der Nachweis gelang: das *CA* kann überhaupt erst gegen Ende des fünften Jahrhunderts

---

[14] Opera omnia (Anm. 12), Bd. I, S. 852b.
[15] PG 3,1081.
[16] Opera omnia, ed. J. Clericus, Leiden 1706, Bd. VI, Sp. 503C-F.
[17] Ebd. IX, S. 916 f.
[18] *G. Calixt*, Werke in Auswahl, hg. von I. Mager, Göttingen 1982, Bd. II, S. 198; vgl. 237.

entstanden sein, da es nicht nur aus Plotin (204-270) schöpft, sondern offensichtlich auch die Kenntnis des späteren Neuplatonismus der Athener Schule, Syrians und vor allem seines Schülers Proklos (ca. 411-485), voraussetzt. Grundlage bildete für beide, Stiglmayr und Koch, ein Vergleich zwischen dem areopagitischen Traktat "Über die göttlichen Namen" (s. unten) und der Proklosschrift "Über die Subsistenz des Bösen", der zweifelsfrei ein Abhängigkeitsverhältnis feststellte. Weitere Untersuchungen haben in der Zwischenzeit eine erdrückende Fülle von gedanklichen wie sprachlich-begrifflichen Parallelen zutage gefördert und keinen Zweifel daran gelassen, daß der Autor des *CA* als der entlehnende Teil, Proklos und andere frühere Philosophen und Theologen als Quelle zu gelten haben. Darüber hinaus sind Syrien bzw. syrische Kreise in der Reichshauptstadt Konstantinopel als Heimat des *CA* wahrscheinlich gemacht worden. Darauf deutet zum einen hin, daß die Liturgieerklärungen des *CA* mehrere Besonderheiten des syrisch-antiochenischen Ritus widerspiegeln (Myronweihe, Taufwasserepiklese, Rezitation des nizänokonstantinopolitanischen Symbols in der Messe, u.W. erstmals 476 für Antiochien bezeugt, u.a.m.), zum andern, daß es unmittelbar nach seiner Abfassung ins Syrische übersetzt worden sein muß, und schließlich, daß es sich inhaltlich (christologisch) am ehesten einem gemäßigt "monophysitischen" (jeder Zweiheit im Gottmenschen Jesus Christus absagenden und darum auch dem Dogma von Chalkedon ablehnend gegenüberstehenden) Milieu zuordnen läßt, wie es z.B. der bedeutende Syrer Severos (Patriarch von Antiochien zwischen 512 und 518) eindrucksvoll repräsentiert; bei diesem finden sich denn auch die ersten uns bekannten Zitate aus dem *CA*.[19] *[117]* Versuche, den Verfasser mit einem bekannten Theologen des ausgehenden fünften Jahrhunderts, etwa dem "theologischen Abenteurer" (R. Riedinger) und zeitweiligen Patriarchen von Antiochien Petros "dem Walker" (Knapheus bzw. Fullo), zu identifizieren, haben bislang zu keinem allgemein überzeugenden Resultat geführt.[20] Dann aber bleibt es auch dabei: man muß vor allem die Schriften selbst befragen, "um wenigstens einige Indizien über den unbekannten Verfasser" des *CA* "zu gewinnen".[21]

---

19 3. Brief an den Higumenos Johannes; *Adversus apologiam Iuliani; Contra additiones*; vgl. *R. Roques*, Art. Denys l'Aréopagite, in: DSp, Bd. III, 1957, Sp. 244-286 (hier: 249).

20 Gegen *U. (= R.) Riedinger*; eine Zusammenfassung seiner zahlreichen Beiträge zum Autorproblem des *CA* findet sich in seinem Art. Akoimeten in TRE, Bd. II, 1977, S. 149-151. Zur Auseinandersetzung siehe meinen Beitrag zur demnächst erscheinenden Festschrift für G. C. Stead, Leiden 1993, und meine Gesamteinleitung zur kommentierten Übersetzungsausgabe der Areopagitica: Pseudo-Dionysius Areopagita. Mystische Theologie und Briefe, eingeleitet, übersetzt und mit Anmerkungen versehen von A. M. Ritter, Stuttgart 1993 (BGL).

21 *J. Stiglmayr*, in: Des Heiligen Dionysius Areopagita angebliche Schriften über die beiden Hierarchien, übers. von J. Stiglmayr, Kempten usw. 1911 (BKV, 2. Aufl.), S. VIII.

III. Das Werk

Zu den Besonderheiten der (ungewöhnlich reichhaltigen) handschriftlichen Überlieferung des *CA* - wir kennen mindestens 157 griechische Handschriften, davon 120, die das Corpus als solches überliefern, - gehört, wie schon Stiglmayr richtig erkannte, ihre Geschlossenheit. Keine der Einzelschriften hat, soviel wir wissen, je einen anderen Verfassernamen als den des Dionysios Areopagites getragen; alle sind gleichzeitig bekannt geworden; und von späteren Bearbeitungen fehlt in der handschriftlichen Überlieferung, auch der (älteren) syrischen, jede Spur. Das aber heißt auch: andere Areopagitica als die uns überlieferten, und wären sie auch im *CA* selbst erwähnt oder gar resümiert (wie z.B. die "Theologischen Skizzen" oder die "Symbolische Theologie"[22]), hat es so gut wie sicher nie gegeben! Geschlossen ist die Überlieferung des *CA* endlich auch insofern, als von den 120 verschiedenen Möglichkeiten, die fünf Werke des *CA* anzuordnen, nur drei tatsächlich geboten werden, Zufälligkeit der Anordnungen eher auszuschließen ist.[23] - Wir stellen diese Einzelschriften hier in folgender Reihenfolge kurz vor:

a) "Über die himmlische Hierarchie" (Περὶ τῆς οὐρανίας ἱεραρχίας, *De caelesti hierarchia* [= *CH*]). In dieser Schrift werden in 15 Kapiteln die über die Bibel verstreuten Namen und Klassen der Engel oder (reinen) Geistwesen zusammengetragen. Aus dem Material wird sodann eine "Hierarchie" der Engelwelt entworfen, wobei das griech. Wort, das - im Unterschied zu dem vereinzelt schon vorher begegnenden "Hierarch" - wohl als dionysianische Wortschöpfung anzusehen ist, und zwar als diejenige mit der größten Nachwirkung(!), zunächst so viel bedeutet wie "Gewalt über die geheiligten Dinge"; es schwingt jedoch meist auch die Bedeutung des - in einer Stufenpyramide von oben nach unten sich mitteilenden - "Heiligungsprinzips" und, so *[118]* gesehen, auch der "Rangordnung" mit. Dabei gliedert sich für den Autor die "himmlische Hierarchie" in drei - wiederum in je drei Ordnungen unterteilte - Ränge, die sich - entsprechend dem Dreischritt von Reinigung, Erleuchtung und Vollendung (Einung) - einander über- und unterordnen, so daß die "Erleuchtungen des Vergottungsprinzips" (θεαρχικαὶ ἐλλάμψεις) dem obersten Rang in ungeminderter Reinheit zukommen, von ihm dem mittleren zufließen, der, sowohl aufnehmend wie mitteilend, sie darauf dem dritten, nurmehr empfangenden weitergibt (*CH* 8,1[24]; vgl. 3,3 und 7,2). Der oberste Rang, dessen Vorzug in seiner Gottunmittelbarkeit besteht und dem daraus die besondere Aufgabe des "Einweihenden" gegenüber den beiden folgenden Rängen erwächst, unterteilt sich in "Seraphen", "Cheruben" und "Throne", der zweite in "Herrschaften", "Mächte" und "Ge-

---

22 Vgl. R. Roques (Anm. 19), Sp. 259 ff.

23 Vgl. *B. R. Suchla*, Eine Redaktion des griechischen Corpus Dionysiacum Areopagiticum im Umkreis des Johannes von Skythopolis, des Verfassers von Prolog und Scholien. Ein dritter Beitrag zur Überlieferungsgeschichte des CD, Göttingen 1985 (NAWG.PH 1985,4), S. 183.

24 PG 3,240B.

walten", der dritte in "Fürstentümer", "Erzengel" und "Engel" (im engeren Sinne). "Das nämlich hat ganz allgemein das göttliche Ordnungsprinzip in gottgeziemender Weise als Gesetz aufgerichtet: daß das jeweils Zweite mittels des je Ersten an den Erleuchtungen des Vergottungsprinzips teilhabe" (*CH* 8,2[25]).

b) "Über die kirchliche Hierarchie" (Περὶ τῆς ἐκκλησιαστικῆς ἱεραρχίας), *De ecclesiastica hierarchia* [= *EH*]). Diese Schrift, 7 Kapitel enthaltend und nach *CH* verfaßt (*EH* 1,2[26]), knüpft daran insofern an, als sie die dort beschriebenen Strukturen des nur geistig erfaßbaren (intelligiblen) Bereiches auf den sinnlichen überträgt. Die darin waltende (wiederum hierarchische) Ordnung bietet sich unserm Blick "in einer Fülle mannigfaltiger einzelner sinnlich faßbarer Symbole" dar, "die uns im Sinne der Hierarchie nach Maßgabe unseres Erkenntnisvermögens zu einer Gottwerdung nach Art des Einen emporführen" (ebd.[27]). Es ist, wie wir erfahren, der "menschlichen" oder "kirchlichen Hierarchie" eigentümlich, daß sie im Unterschied zur himmlischen nur aus zwei Rängen zu je drei Ordnungen besteht: dem Rang der einweihenden ("hieratischen") Ordnungen, d.h. der des "Hierarchen" (= Bischofs), der der "Priester" und der der "Liturgen" (= Diakonen), und dem Rang der "Weiheempfänger", d.h. der Ordnungen der "Mönche", des "heiligen Volks" und der "Stände der Reinigung" (= Katechumenen und Büßer). Dafür ordnen sich den beiden (jeweils triadisch aufgebauten) lehrenden und untergebenen Ständen die "heiligen Handlungen" der Sakramente (μυστήρια), wiederum in einem aufsteigenden Dreischritt von Taufe (φωτισμός), Eucharistie (σύναξις) und Firmung (μύρον) zu, deren Riten in Kapitel 2-4 eingehend beschrieben und anschließend "geistlich" gedeutet werden. "Auf diese Weise ist die Hierarchie bei uns (sc. die menschliche *[119]* oder kirchliche Hierarchie), weil sie durch die von Gott überlieferten Ordnungen in geheiligter Weise gegliedert ist, den himmlischen Hierarchien gleichgestaltig und bewahrt deren Gott nachahmende, gottähnliche Züge, soweit das menschenmöglich ist" (*EH* 6,6)[28].

c) "Über die göttlichen Namen" (Περὶ θείων ὀνομάτων, *De divinis nominibus* [= *DN*]). So ist die längste, 13 Kapitel umfassende Einzelschrift des *CA* betitelt, die fast so umfangreich ist wie die übrigen zusammen. Verweisungen auf die beiden Hierarchienschriften gibt es ebensowenig wie umgekehrt, so daß sich selbst eine relative Chronologie verbietet. Stattdessen werden nicht weniger als fünf Abhandlungen - als bereits vorliegend oder in Vorbereitung befindlich - erwähnt,[29] die aber sämtlich als fiktiv oder verloren (wahrscheinlich ersteres) zu betrachten sind und also nicht weiterhelfen. *DN* enthält, von der Welt der reinen Geister zu den "wohltätigen Hervorgängen des Vergottungsprinzips" (θεαρχία) selbst em-

---

25 240D.
26 372C.
27 373A.
28 536D-537A.
29 R. Roques (Anm. 19), Sp. 262.

porsteigend (*DN* 1,4[30]), die Gotteslehre des Autors, die als Exegese der in der Bibel Gott beigelegten Namen und Prädikate entwickelt wird. Man müsse unterscheiden zwischen Aussagen über Gottes Wesen und solchen über sein Wirken. Wesensaussagen von Gott seien uns unmöglich, weil Gott wesenhaft unerkennbar und daher namenlos sei (ebd. 4; 5[31]). Wolle man dennoch zu Wesensaussagen über ihn gelangen, so könne das nur auf zweierlei Weise geschehen: entweder in negativen Beschreibungen (wie der, daß Gott "jeder Beschaffenheit und Bewegung, jedem Leben, jeder Vorstellung und Meinung, jedem Wort, Gedanken, geistigen Begreifen, jedem Sein und jedem Stand, jeder Setzung, Einung, Grenze und Unendlichkeit wie allem, was existiert, überweit entzogen" ist [ebd. 5[32]]), oder aber durch "geeignete Symbole" (ebd. 4[33]). Aussagen über Gottes Wirken sind dagegen, fährt der Autor fort, möglich, ja in der Bibel offenbart. Diesen geoffenbarten intelligiblen Benennungen des Wirkens Gottes solle denn auch die Untersuchung von *DN* gewidmet sein, während die Behandlung der symbolisch-bildhaften Umschreibungen des Wesens Gott der (fiktiven) "Symbolischen Theologie" vorbehalten bleibe (ebd. 8[34]). Dabei ergibt sich, daß die intelligiblen Benennungen des Wirkens Gottes in zwei große Gruppen zerfallen: die erste umfaßt jene, die Gott in seiner Einheit, die zweite, die ihn in seiner Unterschiedenheit betreffen (ebd. 2,4[35]). Jene Namen, die Gottes Einheit betreffen, beziehen sich auf die eine, ganze Gottheit, nicht auf die einzelnen göttlichen Personen. Es sind dies u.a. solche, die wir durch "gesteigerte Abstraktion" (ὑπεροχικὴ ἀφαίρεσις) gewinnen, indem wir zur Aussage gelangen, daß Gott "das Übergute, das Übergöttliche, *[120]* Überwesentliche, Überlebendige, Überweise ist", oder solche, die wir von Gott aussagen, weil er die Ursache für all das ist, was die Namen ausdrücken; das sind die "ätiologischen" Benennungen wie: "das Gute, das Schöne, das Seiende, das Lebenerzeugende, das Weise und all das, was infolge seiner dem Guten geziemenden Gaben als Ursache aller Wohltaten bezeichnet wird". Die Namen dagegen, die Gott in seiner Unterschiedenheit betreffen, beziehen sich auf die trinitarischen Personen ("Vater", "Sohn", "Hl. Geist") und dürfen nur von diesen ausgesagt werden, gelten also nicht unterschiedslos von der gesamten Gottheit (ebd. 3[36]). Im Zusammenhang der Behandlung "des Guten" als des eigentlichen Gottesnamens (ebd. 4[37]) geht der Verfasser auch auf die naheliegende Frage nach dem Ursprung des Bösen ein (ebd. 4,17 ff[38]) und beantwortet sie in einer Weise, die seine Abhängigkeit von Proklos ebenso

30 589D.
31 592D-593D.
32 593D.
33 592B.D.
34 597B.C.
35 640D.
36 640B.C.
37 693B-736B.
38 713D ff.

deutlich werden läßt wie die Verschiedenheit des gewonnenen Ergebnisses im einzelnen.[39]

d) "Über die mystische Theologie" (περὶ μυστικῆς θεολογίας, *De mystica theologia* [= *MTh*]). Es ist dies - von der Mehrzahl der Briefe abgesehen - die kürzeste Einzelschrift des *CA*, nicht annähernd so umfangreich wie das eine Kapitel 4 von *DN*, und doch - vielleicht - die wirkungsvollste von allen. Sie beschreibt in überaus dichter Sprache und eindringlicher Form die absolute Weltüberlegenheit Gottes, eine Transzendenz, wie sie bereits die (nicht zuletzt an Platon und erst recht Proklos gemahnende) Gebetsanrufung des Anfangs (*MTh* 1,1[40]) anklingen läßt: "Dreieinigkeit, erhaben über alles Sein, alles Göttliche und alles Gute, die Du über die Gottesweisheit (θεοσοφία) der Christen wachst, geleite uns zum Gipfel der geheimnisvollen WORTE (Orakel [sc. der Hl. Schrift]) empor, über alles Nichtwissen wie über alles Lichte hinaus. Dort liegen ja der Gotteskunde (θεολογία) Mysterien in überlichtem Dunkel geheimnisvoll verhüllten Schweigens verborgen: einfach, absolut und unwandelbar. Inmitten undurchdringlichen Dunkels lassen sie hervorstrahlen, was an Leuchtkraft alles übertrifft; inmitten des gänzlich Unbegreiflichen und Unsichtbaren machen sie die (dafür) blinden Geister jenes Glanzes übervoll, welcher an Schönheit alles übertrifft". Nur indem man den Sinneswahrnehmungen ebenso den Abschied gibt wie den Verstandesregungen und stattdessen auf nicht-erkenntnismäßigem Wege, soviel es irgend möglich ist, zur Einung mit demjenigen emporstrebt, "der alles Sein und Erkennen übertrifft", nur indem man sich bedingungslos und uneingeschränkt seiner selbst wie der Dinge "in Reinheit entäußert", besteht die Aussicht, "zum überseienden Strahl des göttlichen Dunkels empor*[121]*getragen" zu werden, "alles loslassend und von allem losgelöst" (ebd.[41]). Besonderen Eindruck gemacht haben in der Geschichte der christlichen Theologie, wie es scheint, der Gedanke des "Erkennens *durch* Nichterkennen" (ebd. 1,3; 2[42]), die Unterscheidung zwischen "kataphatischer" und "apophatischer Theologie", d.h. bejahenden und verneinenden Gottesprädikaten (ebd. 3[43]), und endlich die Überzeugung: je weiter unsere Rede von Gott "von unten her zum Transzendenten empor" gelangt, "um so mehr büßt sie an Umfang ein; ist das Ende des Aufstiegs erreicht, wird unsere Rede vollends verstummen und mit dem ganz einswerden, der unaussprechlich ist" (ebd.[44]). Dabei störte es kaum, war auch sicher nur den wenigsten bewußt, daß gerade hier der proklische Hintergrund mit Händen zu greifen ist. Es war ja ein christlicher Theologe und dazu ein Zeitgenosse der Apostel, aus dessen Mund man dergleichen vernahm!

---

[39] *E. Mühlenberg*, Das Verständnis des Bösen in neuplatonischer und frühchristlicher Sicht, KuD 15 (1969), S. 226-238 (hier: 230-234).

[40] 997A.B.

[41] 997B-1000A.

[42] 1000C-1025B.

[43] 1032C-1033D.

[44] 1033C.

e) Daß man darin lange Zeit so sicher war, lag vor allem an den (10) "verschiedenen Briefen" (Ἐπιστολαὶ διάφοροι, *Epistulae* [= *Epp*.]), die von Anfang an so gut wie konstant als Schlußteil des *CA* überliefert worden sind.[45] Schon die Briefadressaten lassen keinen Zweifel daran, in welcher Zeit wir uns befinden; handelt es sich dabei doch - mit zwei Ausnahmen (*Epp*. 5 und 8) - um aus dem Neuen Testament bzw. der frühchristlichen Literatur bekannte Namen: So(si)pater, Polykarp, Titus und Johannes, den (wie in der Alten Kirche üblich, mit dem Seher von Patmos identifizierten) Evangelisten. In den Briefen selbst werden dazu noch der Kreter Karpos und der Paulusmitarbeiter Timotheus (Adressat sämtlicher Areopagitica außer den Briefen!) erwähnt, ferner die Behauptung gewagt, der Verfasser sei vom (ägyptischen oder syrischen) Heliopolis aus Augenzeuge der "Sonnenfinsternis während der Kreuzigung des Erlösers" (*Ep*. 7,2[46]) gewesen, und endlich die (aus Clemens Alexandrinus[47] bekannte) Freilassung des Seher-Evangelisten aus dem patmischen Gefängnis und seine Rückkehr zu apostolisch-missionarischem Wirken nach Kleinasien prophezeit (*Ep*. 10[48]). Überhaupt hat der ganze letzte Brief keine andere Funktion (und im Grunde auch keinen anderen Inhalt), als den Verfasser in die Zeit und den Kreis der Apostel zu versetzen und seine absolute Vertrauenswürdigkeit damit zu unterstreichen. Eine der beiden Ausnahmen von der Regel, daß nur aus dem Neuen Testament oder der "Apostolischen Väter"-Literatur bekannte Namen in den Briefadressen erscheinen, betrifft Brief 8, gerichtet an den (unbekannten) "Therapeuten" (= Mönch) Demophilos. Der Brief fällt auch sonst aus dem Rahmen, nicht nur seines *[122]* ungewöhnlichen Umfangs wegen, sondern auch deshalb, weil er die kunstvoll eingehaltene aufsteigende Linie hinsichtlich des hierarchischen Rangs der Adressaten jäh unterbricht: *Epp*. 1-4 sind an einen Mönch, 5 an einen Diakon, 6 an einen Presbyter, 7 und 9 an einen Bischof und endlich 10 an einen Apostel gerichtet (vgl. zu dieser Rangordnung außer *EH* etwa noch *Ep*. 8,4[49]). Und das paßt auch vortrefflich zu seinem Inhalt: eine gravierende Ordnungswidrigkeit und Kompetenzüberschreitung seitens eines Mönches veranlaßt den Verfasser zu einer ebenso massiven, wortreich vorgetragenen Apotheose der bischöflich-hierarchischen Macht.[50] Ansonsten werden in den Briefen bereits aus den übrigen Areopagitica bekannte Themen wiederaufgegriffen und vertieft, bis auf das des respektvollen Umgangs mit anderen Religionen oder Anschauungen (*Ep*. 6[51]), der Irenik im Verhältnis zwischen Christen und Heiden (*Ep*. 7[52]), ein Thema, welches dem Verfasser offenbar besonders

---

45 1065A-1120A.
46 1081A.B.
47 Euseb *h.e.* III,23, 1.
48 1120A.
49 1093C.
50 *R. F. Hathaway*, Hierarchy and the Definition of Order in the Letters of Pseudo-Dionysius, The Hague 1969, S. 64 ff.
51 1077A.B.
52 1077B-1081C.

am Herzen liegt. "In Sanftmut" soll die Wahrheit der christlichen Religion "in Erfahrung" zu bringen sein, "(jene Wahrheit), die alle Weisheit übertrifft" (ebd. 7,3[53]).

IV. Absicht und Wirkung

Es liegt nahe, das letztgenannte Anliegen in Verbindung zu bringen mit der Tatsache, daß unter Justinian I. (ca. 483-565), dem intolerantesten aller spätantiken Kaiser, die Heidenverfolgung seitens des "christlich" gewordenen römischen Staates ihren Höhepunkt erreichte. Die Schließung der traditionsreichen Universität Athen im Jahre 529 war nur eine unter vielen Maßnahmen, die Justinian ergriff, vielleicht aber die mit der größten Symbolkraft. Genauer müßte man (mit Joh. Malalas, *chron.* 18,451) vom Verbot des Philosophie- und des Rechtsunterrichtes an jener Hochschule sprechen, die gerade im Jahrhundert zuvor, nicht zuletzt ihrer bedeutenden Philosophen wegen, wieder eine Blütezeit erlebt hatte, allerdings auch in dem Rufe befestigt worden war, ein Hort der "heidnischen Reaktion" zu sein. Erst in dieser Perspektive bekommt die areopagitische Irenik ihr volles Profil und Gewicht; allein, führt sie uns auch zu der Absicht, die dem Ganzen zugrundeliegt? Das Gleiche wird von anderen Indizien (wie den - aufs Ganze gesehen, marginalen - Anspielungen auf die christologischen Kontroversen der Zeit oder das bestens in die Situation nach dem Konzil von Chalkedon passende Postulat der Unterordnung des Mönchtums unter die bischöfliche Gewalt) gelten, über die es teilweise *[123]* eine lebhafte Forschungsdebatte gegeben hat: sie erlauben uns wohl, die Umwelt des *CA* annähernd zu bestimmen, aber kaum, dessen leitende Intention zu erkennen.

Weiter führt auch hier nur die sorgsame Analyse des Corpus insgesamt, bei der dann auch den Titeln der Werke Aufmerksamkeit zu schenken ist, die der Autor geschrieben haben will, ohne daß sich die geringsten Spuren von ihnen erhalten hätten. "Ob er sie nun verfaßt hat oder ob die Hinweise nur literarische Fiktion sind", es wird aus allem jedenfalls ein Wille "zur Abrundung einer enzyklopädischen Theologie, einer Gesamtwissenschaft der christlichen Offenbarung" erkennbar, der "bei seiner Beurteilung dauernd im Blick bleiben muß".[54] Und zwar ist es, wenn nicht alles täuscht, der zeitgenössische Platonismus, speziell die Philosophie des Proklos, von der sich das Glaubensdenken des (Pseudo-)Areopagiten hat herausfordern lassen. Man wird fragen können, ob die versuchte "Christianisierung", ob die Synthese von Platonismus und Christentum, ontologischer Seinsdeutung und "Heilsgeschichte", kosmischer Emanations- bzw. Retroversionslehre und christlichem Gottesbegriff als gelungen und stimmig zu bezeichnen ist, ja, ob sie auf den eingeschlagenen Wegen über-

---

53 1081C.

54 *E. von Ivánka*, Einleitung zu seiner Auswahlübersetzung: Dionysius Areopagita. Von den Namen zum Unnennbaren, Einsiedeln o.J., S. 16.

haupt erreichbar war. Aber daß es der unbekannte Verfasser des *CA* vorzüglich eben darauf abgesehen hat, scheint gewiß zu sein.

Wie haben, so fragen wir zum Schluß, seine Schriften nachgewirkt? Im Osten, in Byzanz vor allem, wurden sie zwar viel gelesen, wie die Fülle erhaltener Handschriften beweist; sie haben dort aber offenbar einen begrenzteren Einfluß ausgeübt als im lateinischsprachigen Westen. Das hängt wohl (auch) damit zusammen, daß das *CA* erst auf den Plan trat zu einem Zeitpunkt, als im Osten bereits, in Theologie wie Asketik (durch die "großen Kappadokier" Basileios von Kaisareia, Gregor von Nazianz und Gregor von Nyssa einerseits, Evagrios Pontikos andererseits), die Fundamente gelegt waren, und es trifft selbst auf denjenigen östlichen Theologen zu, dem üblicherweise das Hauptverdienst an der Einbürgerung des *CA* in der östlich-orthodoxen Tradition zugeschrieben wird: Maximos "den Bekenner" (gest. 662).

Anders im Westen, vor allem, seit dort das *CA* durch die Übersetzungen Hilduins (ca. 832) und, etwa drei Jahrzehnte später, des Johannes Scotus Eriugena zugänglich geworden war. Schon die eigentümliche (und nachgerade unübersetzbare) Sprache und erst recht natürlich der in seiner Andersartigkeit durchaus empfundene Inhalt, das in die Form ostkirchlicher Geistigkeit gegossene Denken des neuplatonischen "Scholastikers" Proklos, übten auf das abendländi*[124]*sche Mittelalter eine fast nur noch mit Aristoteles und Augustin vergleichbare Faszination aus. Man konnte sich dieser Faszination umso weniger entziehen, als man sich spätestens durch Hilduins *Passio* (s. oben) - allermeist zumindest - von der Identität des Verfassers dieses "sublimen" Schrifttums mit dem Apostelschüler Dionysios Areopagites und dem hl. Dionys von Paris hatte überzeugen lassen. So führte das Empfinden der Andersartigkeit nicht, wie sonst meist, zur Ablehnung, sondern bis in die frühe Neuzeit hinein zu immer erneuten Übersetzungsversuchen und Kommentierungen.

Das *CA* inspirierte nicht nur die geistig überragende Gestalt der "karolingischen Renaissance", den schon erwähnten Scotus Eriugena (gest. 877), zu der wohl kühnsten und geschlossensten begrifflichen Fassung der christlichen Lehre - und das hieß für ihn: der Wahrheit -, die die lateinische Welt zwischen Augustin und Thomas von Aquin hervorbrachte (in Gestalt seiner drei Bücher *Periphyseon*). Es ist vielmehr auch in dem zentralen hochscholastischen 13. Jahrhundert sozusagen allgegenwärtig und für dieses Jahrhundert kaum weniger charakteristisch als die Aristotelesrezeption. Der Neuplatonismus des (Pseudo-)Areopagiten ist, wie man an der Schule von Chartres, Albertus Magnus und Robert Grosseteste (gest. 1253) ersehen kann, an Hauptstationen der wissenschaftsgeschichtlichen Entwicklung hin zur modernen Naturwissenschaft ebenso anzutreffen wie dort, wo man ihn auch am ehesten vermutet: in der Geschichte der mittelalterlichen Mystik, angefangen bei den Viktorinern über Meister Eckhart bis hin zu den Mystikern und Mystik-Diskussionen des Spätmittelalters. Er schlägt sich in den hochscholastischen Debatten um die Ordnung der Kirche und den päpstlichen Primat (und entsprechend auch in der - alles summierenden, ja übersteigernden - Bulle *Unam sanctam* Papst Bonifaz' VIII. vom 18. Nov. 1302) ebenso nieder wie in den theoretisch-ideologischen Begründungen der Gotik, besonders der gotischen Baukunst, durch Suger von St. Denis und Thierry von Chartres. Es ist vor allem die Theologie und Ästhetik des Lichts, die sich aus dionysischem Geist in architektonische Form übersetzte, zuerst in dem von Suger veranlaßten Neubau der Abteikirche von St. Denis (ab der Mitte des zwölften Jahrhunderts), und dann von dort aus prototypisch ausstrahlend auf den gotischen Kirchenbau überhaupt.[55]

---

[55] *O. von Simson,* The Gothic Cathedral. The Origins of Gothic Architecture and the Medieval Concept of Order, 2. Aufl., New York 1962; deutsch unter dem Titel: Die gotische Kathedrale. Beiträge zu ihrer Entstehung und Bedeutung, Darmstadt 1968 [2. Aufl. 1972].

Das frühchristliche Alexandrien im Spannungsfeld zwischen Judenchristentum, "Frühkatholizismus" und Gnosis

Es handelt sich im folgenden um einen weiteren Beitrag[1] zu einer Ortsbestimmung clementinisch-alexandrinischer Theologie im Rahmen des Gesamtphänomens "Frühkatholizismus". Als dessen Repräsentant soll uns hier, mangels eines passenden alexandrinischen Beispiels, Polykarp von Smyrna nach seinem Philipperbrief (bzw. seinen Philipperbriefen) dienen, einem in mancher Hinsicht besonders typischen "frühkatholischen" Dokument, wie mir scheint.

Anlaß, Abfassungszeit und Eigenart von Polyk.

Der (schlecht) überlieferte[2] Brief ist wahrscheinlich aus zwei verschiedenen Schreiben Polykarps von Smyrna an die Gemeinde zu Philippi zusammengewachsen. Das eine (Polyk. 13 [und 14?]), ein kurzes Begleitbillet zu einer von den Philippern erbetenen Sammlung von Ignatiusbriefen (13,2), muß bald nach der Durchreise des Ignatius durch Philippi geschrieben worden sein. Denn Polykarp weiß von dessen Martyrium in Rom (ca. 115 n.Chr.) noch nichts. Er zeigt sich vielmehr bestrebt, die von Ignatius kurz zuvor erhaltenen Anweisungen getreulich zu befolgen (13,11). Das zweite Schreiben (Polyk. 1-12 [und 14?]) setzt dagegen bereits den Tod des Ignatius und seiner Begleiter (Zosimus und Rufus) voraus (9,1). Es muß daher einige Zeit später als der erste Brief verfaßt worden sein, ohne daß man allerdings genötigt wäre, sich den zeitlichen Abstand zwischen beiden allzu groß vorzustellen, wohl gar als Zeitraum von 20 Jahren und mehr.[3]

Klar ist immerhin: Der Verfasser kennt und benutzt (außer den Ignatianen) nicht nur I Clem, wie bereits das ganz ähnliche Präskript beweist. Er zitiert vielmehr ausgiebig aus dem Corpus Paulinum, aus Mt und Lk, Act, I Joh und I Petr. Dabei scheint er in der Tat bereits eine Kenntnis *schriftlicher* Evangelien zu verraten und die Zitate von "Herrenworten" in I Clem (13,2) nach dem ihm aus Mt und Lk geläufigen Text zu korrigieren (Polyk. 2.3 [Köster]). Um so mehr fällt bei der Zitierfreudigkeit des (kleinasiatischen!) Verfassers auf, daß sich vom *Vier*evangelienkanon (speziell von Joh) keine Spur bei ihm findet. Dies muß davor warnen, mit

---

[1] Vgl. *A. M. Ritter,* Clement of Alexandria and the Problem of Christian Norms, in: StPatr, Bd. XVII/3, 1989, S. 421-439.

[2] S. dazu *W. Bauers / H. Paulsen,* Die Briefe des Ignatius von Antiochia und der Brief des Polykarp von Smyrna, Tübingen 1985 (HNT 18), S. 111.

[3] Vgl. dazu das nach wie vor grundlegende Buch von *P. N. Harrison,* Polycarp's Two Epistles to the Philippians, Cambridge 1936, mit den Korrekturen von *L. W. Barnard,* Studies in the Apostolic Fathers and Their Background, Oxford 1966, S. 31-39.

der zeitlichen Ansetzung des Schreibens allzuweit ins zweite Jahrhundert hinabzugehen.[4] Auch die Polemik gegen die Irrlehrer (Polyk. 7,1.2) erzwingt keineswegs eine solche Spätdatierung des Schreibens,[5] schließt sie allerdings auch nicht aus.

Veranlaßt worden ist auch das zweite Schreiben durch die Philipper selbst (3,1). Diese hatten wohl den Todesweg des Ignatius immer noch in lebhaftem Gedächtnis (1,1). Sie waren überdies irritiert durch eine Veruntreuung, die sich einer ihrer Presbyter, Valens, und dessen Frau hatten zuschulden kommen lassen (11,1.4). Womöglich sahen sie sich auch durch Irrlehre bedroht (2,1; 6,3-7,2). In jedem Falle aber mußten sie - mindestens im Augenblick - ohne eigene bischöfliche Leitung auskommen.[6] Aus allen diesen Gründen hatten sie sich an den Mann mit der Bitte um Rat und geistlichen Zuspruch gewandt, der nicht erst gegen Ende seines langen Lebens als "apostolischer Lehrer und prophetischer Bischof" galt (MartPolyc 16,2). Vielmehr hatte bereits Ignatius "die geistige Bedeutung seines damals noch jüngeren Amtsbruders offenbar richtig erkannt, ihn vor anderen ausgezeichnet und für seine kirchlichen und geistlichen Ideale zu gewinnen gesucht"[7].

Fragt man danach, welches Kirchenverständnis Polyk. zugrundeliege, so erweist sich als ertragreichste Stelle fast noch das (mit dem von I Clem, wie gesagt, nahe verwandte) Präskript. Hier wird nämlich die Empfängerin des Schreibens als "Kirche Gottes" angeredet, "wie sie zu Philippi in der Fremdlingschaft weilt" (τῇ ἐκκλησίᾳ τοῦ θεοῦ τῇ παροικούσῃ Φιλίππους). Das ist schwerlich nur Zitat. Es entspricht vielmehr, wie es scheint, exakt dem Selbstverständnis des von Polyk. repräsentierten Christentums in seiner der "Welt" entfremdeten, auf dem Sprung ins Zukünftige befindlichen eschatologischen Existenz (8,1). Dabei ist ἐκκλησία gewiß als "Aufgebot" verstanden, und zwar als Aufgebot der "in Wahrheit von Gott und unserem Herrn Auserwählten" (1,2) als *Volk* der "Heiligen", die "die Welt richten werden, wie Paulus lehrt" (11,2; vgl. I Kor 6,2).

Ansonsten greift der Briefschreiber nur noch einmal auf eine der ältesten christlichen Selbstbezeichnungen zurück, die des "Leibes (Christi)" (11,4); er deutet diese jedoch rein ethisch, macht dabei allerdings den Organismusgedanken kräftig geltend! Die johanneischen Bilder (Herde Jesu als des guten Hirten, Weinstock - Reben etc.) fehlen demgegenüber völlig. Endlich bleibt das gesetzestreue Judenchristentum wie auch das Verhältnis zum zeitgenössischen Judentum in demselben Maße außerhalb des

---

[4] So m.E. mit Recht L. W. Barnard (Anm. 3).

[5] Zur Begründung s. unten.

[6] S. unten.

[7] *H. von Campenhausen*, Polykarp von Smyrna und die Pastoralbriefe, Heidelberg 1951 (SHAW.PH 1951/2), (jetzt) in: *ders.*, Aus der Frühzeit des Christentums. Studien zur Kirchengeschichte des ersten und zweiten Jahrhunderts, Tübingen 1963, S. 197-252 (hier: 214 f).

Blickfeldes, wie - ganz im Gegensatz zu I Clem - der alttestamentliche Schriftbeweis zugunsten des neutestamentlichen[8] vollkommen zurücktritt.

Ohne jeden Zweifel ist dagegen auch der Verfasser von Polyk. davon überzeugt, in der durch Christus heraufgeführten eschatologischen Heilszeit zu leben (s. Praescr.; 1,3; 8,1 u.ö.). Zudem wird in dem kurzen Schreiben nicht weniger als drei Mal in betonter Weise an den Apostel Paulus erinnert (3,2; 9,1 f; 11,2 f). Auch begegnen so unverkennbar paulinisch klingende Wendungen wie: "aus Gnaden seid ihr gerettet, nicht aufgrund von Werken" (1,3). Endlich findet sich wiederholt das Stichwort δικαιοσύνη (3,1.3; 8,1; 9,1 f; vgl. auch 2,3; 4,1). So ist man dann geneigt, mit einer im ganzen an Paulus orientierten Antwort auf die Frage nach der Heilsbegründung zu rechnen.[9]

Indessen zeigt sich bei näherem Zusehen sehr rasch, daß der Begriff δικαιοσύνη schwerlich paulinisch, am ehesten vielmehr matthäisch verstanden ist. Er begegnet in Polyk. erstmalig ja auch im Zitat von Mt 5,10 (2,3). Man wird ihn folglich als bündigen Ausdruck jenes Rechtverhaltens zu deuten haben, um das es im Ganzen von Polyk. entscheidend geht. Im übrigen wirken die Anklänge an die paulinische Sprache und Gedankenwelt weit formelhafter als etwa in den Pastoralbriefen und ist mit den erwähnten Paulusapostrophen (3,2; 9,1 f; 11,2 f), die doch wohl eher rhetorisch bedingt, nämlich durch die Beziehungen gerade dieses Apostels zu den Adressaten veranlaßt sein werden, alles andere beabsichtigt, als Paulus gegenüber den übrigen Aposteln zu isolieren.

So wortkarg sich der Verfasser gibt, soweit es um die Begründung für das Heil geht, und so formelhaft seine diesbezüglichen Ausführungen wirken, so locker ist bei ihm auch der Zusammenhang zwischen Heilsbegründung und Heilskonsequenzen. Das gilt auch und gerade hinsichtlich der Ethik. An ihr zeigt er sich, wie schon hervorgehoben, vornehmlich interessiert, wogegen über theologische Konsequenzen in Polyk. nirgends reflektiert wird.

Wie ein Nachklang der paulinischen Begründung des Imperativs aus dem Heilsindikativ wirkt es, wenn in Polyk. 2,1 die Paränese an die Erinnerung: "aus Gnaden seid ihr gerettet...", folgendermaßen anschließt: "Gürtet darum eure Lenden und dienet Gott in Furcht und Wahrheit". Denselben Eindruck könnte man gewinnen, wenn es an anderer Stelle (8,2), nach dem Hinweis auf Christi Leiden für unsere Sünden heißt: "Laßt uns also Nachahmer (μιμηταί) seiner Geduld werden". Dennoch dürfte R. Bultmann Recht behalten mit dem Urteil: daß "der Glaubende zur Freiheit des Gehorsams befreit ist, hat der Verfasser nicht von Paulus gelernt, wie denn der Begriff der ἐλευθερία ganz fehlt".[10] Oder anders gesagt: die Aussagen über Christus - daß er "im Fleische gekommen" (7,1)

---

[8] S. oben.

[9] Den "deuteropaulinischen" Charakter von Polyk betont in der neueren Literatur am stärksten H. von Campenhausen (Anm. 7).

[10] *R. Bultmann,* Theologie des Neuen Testaments, 9. Aufl., Tübingen 1984 (UTB 630), § 58 h.

ist, daß er um unseretwillen bzw. "für unsere Sünden duldete bis ans Todesziel" (1,2; 8,1; 9,2) und endlich auferstand und zum Herrscher und Richter erhöht ward (1,2; 2,1 f; 9,2) - sie "laufen doch nur darauf hinaus, daß dadurch die christliche Auferstehungshoffnung begründet" (2,2; 8,1)[11] oder, richtiger, mitbegründet sei. Denn, genau genommen, sieht Polykarp in Christi Tod "nur" die erste Anzahlung für unsere "Gerechtigkeit", unser Rechtsein vor Gott, während es fortan von uns und unserem Rechthandeln abhängt, ob wir das Heil erlangen werden oder nicht (vgl. 2,2 f; 5,1 f; 10,2).

So ist es auch zu verstehen, wenn Christus (nicht der Geist) als ἀρραβὼν τῆς δικαιοσύνης ἡμῶν bezeichnet (8,1) und (in Abwandlung von Gal 4,26) davon gesprochen wird, daß "der Glaube" "unser aller Mutter" sei, "wobei" (oder auch: sofern) "die Hoffnung folgt, die Liebe zu Gott (dagegen), zu Christus und dem Nächsten vorangeht" (3,3; vgl. I Kor 13,13). Die Begründung lautet: "Wenn einer in diesen (Tugenden) lebt, dann hat er das Gebot der Gerechtigkeit erfüllt. Denn wer Liebe besitzt (ὁ γὰρ ἔχων ἀγάπην), der ist weit von jeglicher Sünde entfernt" (ebd.).

An Ämtern werden in der Gemeinde Polykarps ebenso wie in Philippi erkennbar: das Amt der Presbyter (Praescr.; 5,3-6,1), das der Diakonen (5,2 f) sowie das quasi-Amt der Witwen (4,3). Die letzten werden hier bemerkenswerterweise - wohl im Hinblick auf ihre stete Fürbittepflicht (vgl. 4,3 mit I Tim 5,5; I Thess 5,17; IgnEph 10,1) wie überhaupt ihre spezifischen Standespflichten, besonders aber vermutlich deshalb, weil sie als kirchlicher Stand von den (letzten Endes natürlich Gott dargebrachten) Opfergaben der Gläubigen leben[12] - als "Altar Gottes" (θυσιαστήριον θεοῦ) bezeichnet. Das läßt, nebenbei bemerkt, darauf schließen, daß es zu dieser Zeit noch keinen Altar (im strikten Sinne) im Gottesdienst der Christen gab.

Daß im Präskript der Bischofstitel Polykarps unterschlagen ist, beweist nichts. Denn Ignatius hatte das in seinen Briefen genauso getan. Wohl aber läßt die Tatsache, daß in Polyk. die Adressaten zur Unterordnung (lediglich) "unter Presbyter und Diakone wie unter Gott und Christus" ermahnt werden (5,3), so gut wie sicher darauf schließen, daß Philippi zu dieser Zeit noch presbyterial geleitet wurde. "In jedem Fall" aber hielt es Polykarp "im Unterschied zu Ign(atius) nicht für seine Pflicht, den monarchischen Episkopat zu befestigen."[13]

Erkennbar werden an spezifischen Funktionen der Diakonen die Gemeinde-caritas (ἐπιμέλεια), die διακονία nach der Weise dessen, der aller Diener geworden ist (5,2). Den Presbytern dagegen obliegen das seelsor-

[11] Ebd.; vgl. neuerdings auch *A. Bovon-Thurneysen*, Ethik und Eschatologie im Philipperbrief des Polykarp von Smyrna, ThZ 29 (1973), S. 241-256, mit allerdings unwesentlichen Korrekturen an Bultmann; etwas anders akzentuiert *E. Dassmann*, Der Stachel im Fleisch. Paulus in der frühchristlichen Literatur bis Irenäus, Münster 1979, S. 153-158.

[12] *J. A. Fischer*, Schriften des Urchristentums, Bd. I: Die Apostolischen Väter, Darmstadt 1956 (2. Aufl., 1958), z. St.

[13] W. Bauer / H. Paulsen (Anm. 2), Kommentar zum Präskript.

gerische "Zurechtbringen" der Verirrten, ferner der Besuchsdienst (6,1) und endlich die Unterweisung (11,2). Werden sie deshalb auch gelegentlich hervorgehoben als diejenigen, denen man sich unterzuordnen habe (5,33), so bleibt die Gemeinde doch insgesamt verantwortlich für das Tun und noch mehr für das Lassen ihrer "Amtsträger" (vgl. bes. 11,4).

Zum "Amt" tritt als weitere ekklesiale Norm das "Bekenntnis" (regula fidei). Wird doch in Polyk. die Lehre von der Inkarnation und dem Kreuzestod Christi gelegentlich folgendermaßen gegen die "Falschlehre" verteidigt: "Jeder, der nicht bekennt, daß Jesus Christus im Fleische gekommen ist, ist ein Antichrist; und wer das Zeugnis des Kreuzes nicht bekennt, ist vom Teufel; und wer die Worte des Herrn entsprechend seinen eigenen Lüsten verfälscht und weder die Auferstehung noch das Gericht lehrt, der ist der Erstgeborene des Satans" (7,1). Das weist unverkennbar auf jenen erstmals in den Johannesbriefen greifbaren Typus christlichen Bekenntnisses zurück, nach dem es geradezu Hauptfunktion des Bekenntnisses ist, zur "innerchristlichen" Grenzziehung und Sammlung zu dienen. Das Bekenntnis steht jetzt vorwiegend "in der Defensive und lenkt den Blick weniger auf die Heilserfüllung und Heilsverheißung, die Jesus ist und bringt, als auf die Wirklichkeit und das Wesen seiner Person, die hierzu die Voraussetzung bilden"[14].

Diese "geschichtliche" Fundierung des Bekenntnisses und vor allem die Akzentuierung der Hauptaspekte und Hauptkonsequenzen christlichen Glaubens entsprechend dem jeweiligen aktuellen Herausgefordertsein (challenge-response!) verbindet den "johanneischen" Bekenntnistyp[15] mit der später sog. "Glaubensregel" (regula fidei, κανὼν τῆς ἀληθείας). Diese ist eine freie Zusammenfassung des wesentlichen Inhalts christlich-kirchlicher Verkündigung zu allen Zeiten und an allen Orten. Sie liegt in den Grundzügen wohl fest, ist aber im einzelnen und besonders in der Formgebung frei beweglich[16] (vgl. dazu auch etwa Polyk. 1,2).

Entfaltet oder doch wenigstens angedeutet werden allerdings in Polyk. (wiederum) lediglich die ethischen Aspekte. So gilt die Leugnung des "im Fleische Kommens" Christi als Lähmung der Bereitschaft zur Nachfolge in der Geduld Christi (8,2) und zum Martyrium (ebd.; vgl. auch 1,1-3). Demgegenüber dient die Leugnung von Auferstehung und Gericht, dem Verfasser zufolge, lediglich dazu, den eigenen Lüsten freien Lauf zu lassen, und sie macht sittliches Bemühen sinnlos oder doch wenigstens "unproduktiv". Entsprechend scheint für ihn das den Christen "seit Anbeginn überlieferte" (7,2), etwa vom Apostel Paulus "genau und zuverlässig" gelehrte "Wort von der Wahrheit" (3,2) vorwiegend ethisch-paränetischen Inhalts gewesen zu sein.

---

[14] *H. von Campenhausen,* Das Bekenntnis im Urchristentum, ZNW 63 (1972), S. 210-253 (hier: 239); wieder abgedruckt in: ders., Urchristliches und Altkirchliches. Vorträge und Aufsätze, Tübingen 1979, S. 217-272 (hier: 253).

[15] Vgl. dazu neben Polyk etwa die ignatianischen "Glaubensformeln" (*IgnEph* 18,2; *IgnTrall* 9; *IgnSn* 1,1-2).

[16] Vgl. dazu jetzt *A. M. Ritter,* Art. Glaubensbekenntnisse, V. Alte Kirche, in: TRE, Bd. XIII, 1984, S. 399-412, bes. 402 ff (mit weiterer Lit.).

Was endlich den Prozeß neutestamentlicher Kanonbildung anlangt, so spiegelt sich in Polyk., wie wir sahen, ein relativ fortgeschrittenes, allerdings noch eindeutig "vormarkionitisches" und erst recht "vormontanistisches" Stadium wider.[17] Denn die Frage nach den Grenzen des Kanonischen stellt sich dort allenfalls erst insoweit, als die "Worte des Herrn" in Gefahr stehen, von den "Falschlehrern" den eigenen "Lüsten" zuliebe "verdreht" zu werden (7,1). Hiergegen wird nun nicht etwa mit der Festlegung eines eindeutig umgrenzten Kanons autoritativer apostolischer Schriften reagiert; von diesen ist in Polyk. nicht einmal von ferne etwas in Sicht. Vielmehr operiert der Verfasser mit dem Appell an die regula fidei bzw. das "seit Anbeginn überlieferte Wort" (7,1.2). Dieses Festhalten am Ursprünglichen aber vollzieht sich konkret im Sichvertiefen (ἐγκυπτεῖν[18]) beispielsweise in die paulinischen Briefe (3,2; vgl. 6,1) und das (genauso wie das "prophetische Zeugnis" des Alten Testaments schriftlich überlieferte) "Wort" und "Gebot" des Herrn (6,3; 7,1 u.ö.). Das schließt die Lektüre sonstigen erbaulichen Schrifttums wie der Ignatianen selbstverständlich nicht aus (Polyk. 13,2). Auf eine davon unabhängige mündliche Überlieferung wird in Polyk. dagegen nirgends abgehoben.

Zu den entscheidenden Stichworten in Polyk. gehören bei alledem ἀπέχεσθαι bzw. *abstinere* (2,2; 5,3; 6,1.3; 11,1 f), ἀπολείπειν (2,1; 7,2), ἀνακόπτεσθαι (5,3), χαλιναγωγεῖν (ebd.), σωφρονεῖν (4,3) u.ä.m. Sie durchziehen dessen Mahnungen wie ein roter Faden. Dabei geht es gewiß in erster Linie um die Enthaltung von allen "weltlichen Lüsten" (5,3; vgl. 7,1 und 4,2: ἐγκράτεια). Es geht aber doch auch um Abgrenzung gegenüber allem "leeren, eitlen Geschwätz und allem Irrtum der Menge" (2,1), um die Scheidung von jenen, die Gott nicht gehorchen und von denen Gott darum das Blut dessen fordern wird, der gekreuzigt und zum Herrn und Richter über Lebende und Tote erhöht ward (ebd.). Es geht auch um das Sichfernhalten von den "Ärgernissen und den falschen Brüdern und denjenigen, die heuchlerisch den Namen des Herrn tragen, die da eitle Menschen in die Irre führen" (6,3), kurzum: den Irrlehrern.

Wenn diese sodann als Leugner des "im Fleische Kommens" Christi (7,1) gekennzeichnet werden, im offensichtlichen Anschluß an I Joh (4,2.3), dann soll ihnen aller Wahrscheinlichkeit nach damit Doketismus vorgeworfen werden. Auch die folgende Rede vom Leugnen des "Zeugnisses des Kreuzes" ist womöglich durch I Joh (5,6-8) veranlaßt. "Sicherer ist, was sie besagen will. Die Häretiker nehmen das Zeugnis nicht an, das die Passion des Christus für seine wahrhaftige Leiblichkeit ablegt ... Mit der Behauptung" endlich, "die Gegner bestritten, daß es eine Auferstehung und ein Gericht" gebe, wird dem aus den Ignatianen bekannten Bild der (doketistischen) Irrlehre ein neuer Zug hinzugefügt. Man hat es "offenbar mit einer Überzeugung zu tun, die den Gedanken an

---

[17] Vgl. dazu die nach wie vor grundlegende Monographie von *H. von Campenhausen*, Die Entstehung der christlichen Bibel, Tübingen 1968 (BEvTh 39), bes. S. 174 ff und 257 ff.

[18] Vgl. I Clem 40,1 u.ö.

eine Auferstehung im Fleisch und die damit gegebene Vorstellung, daß die Menschen in ganzer Person vor den Richterstuhl Christi treten werden, um ihr Urteil zu empfangen" (vgl. 6,2), "weit von sich weist".[19]

Daß Markion hiermit gemeint sei, wie vor allem wegen des πρωτότοκος τοῦ σατανᾶ (7,1) seit Hilgenfeld vielfach angenommen worden ist,[20] hat mit der Schwierigkeit zu kämpfen, daß die Bestreiter des Markion ihm sonst niemals den Vorwurf machen, er leugne die Auferstehung und das Gericht. Dagegen fehlen andere Vorwürfe wie die Aufspaltung des Gottesbegriffes, die Verwerfung des Alten Testaments und die Antithese von Gesetz und Evangelium in der Polemik so gut wie nie. Polyk. 7,1 als antimarkionitische Polemik wäre also in jeder Hinsicht singulär.

Wenn dem so ist, dann muß man sich die bekannte Tatsache, daß Polykarp nach dem Zeugnis des Irenäus[21] Markion als "den Erstgeborenen des Satans" bezeichnet hat, entweder so erklären, daß Polykarp einen Ausdruck auf Markion anwandte, den er schon Jahrzehnte zuvor anderen Irrlehrern beigelegt hatte. Die andere Erklärungsmöglichkeit wäre, daß Irenäus bzw. seine Tradition, denen beiden Polykarp bekannt war, die fragliche Episode erfunden hat. Er mag dabei angeregt worden sein durch die Wendung vom "Verdrehen der Worte des Herrn", die natürlich (auch) auf Markions "textkritische" Manipulationen vorzüglich paßte.

Bedenklich an der bekämpften "Falschlehre" findet Polykarp, wie gesagt, vor allem deren ruinöse ethische Konsequenzen. Mit ihnen allein setzt er sich demzufolge des näheren auseinander.

Als eigentliches Rätsel an Polyk. erscheint nach allem, daß dieser Brief einem Manne gehören soll, der sich im Altertum als Gewährsmann der echten, apostolischen Überlieferung und als Blutzeuge seines Herrn ganz besonderer Wertschätzung erfreute.[22] Nun aber gewinnt aus der Lektüre von Polyk. wohl niemand "das Gefühl, einer wirklich bedeutenden, geistig überragenden Persönlichkeit begegnet zu sein. Gewiß, der Polyk. ist ein ernstes und würdiges Dokument christlich-kirchlicher Gesinnung. Seine Schätzung in der katholischen Kirche der Folgezeit ist insofern nicht unverständlich". Indessen sind seine Darlegungen "ohne jede Selbständigkeit und Eigenart, in der Form so gut wie in der Sache". Man möchte, kurz gesagt, einem Polykarp "ein so mattes Schriftstück nicht zutrauen".[23]

Beim Versuch, sich einen Reim auf diese Merkwürdigkeit zu machen, wird man sich entweder mit einem *Non liquet* begnügen müssen. Oder aber man wird mit Martin Dibelius auf den "Gegensatz zwischen Ge-

---

19 W. Bauer, Kommentar zur Stelle; ähnlich auch J. A. Fischer, Kommentar zur Stelle.

20 Vgl. jetzt auch *R. J. Hoffmann*, Marcion: On the Restitution of Christianity. An Essay on the Development of Radical Paulinist Theology in the Second Century, Chico, Calif. 1984 (American Academy of Religion, Academy Series 46), S. 39, 49 ff.

21 *Haer*. III,3,4.

22 Vgl. dazu Euseb *h. e.* III,36; H. von Campenhausen (Anm. 7), S. 213.

23 H. von Campenhausen (Anm. 7), S. 220.

schichte und Literaturgeschichte" hinweisen.[24] Daß den antiken Zeugnissen über Polykarp dadurch mehr Glaubwürdigkeit zu verleihen ist, daß man ihm auch die deuteropaulinischen Pastoralbriefe zuschreibt[25], ist zwar nicht völlig ausgeschlossen. Es ist aber doch wenig wahrscheinlich, und zwar nicht zuletzt wegen des beträchtlichen "Niveauunterschiedes" (H. von Campenhausen) zwischen Polyk. und den Pastoralen.

In jedem Falle bezeugt uns Polyk. ein Christentum, das sich in erster Linie als Verband "zu einem heiligen Leben auf Grund einer gemeinsamen Hoffnung"[26] versteht. Es ist ein Christentum, welches gekennzeichnet ist durch eine ausgeprägte Diasporamentalität und durch Observanzfrömmigkeit. Insofern fügt sich Polyk. gut in den Rahmen der sog. "Apostolischen Väter"-Literatur ein.[27]

So unangebracht es wäre, hier deswegen von "Abfall" zu sprechen, so wenig läßt sich auf der anderen Seite ein gewisser Abstand zur urchristlichen Glaubensüberlieferung, keinesfalls nur zu Paulus, übersehen. Das widerspricht nicht im geringsten dem tiefen Respekt vor Polykarp, auch vor der geschichtlichen Leistung jenes Christentums, das in dessen Philipperbrief(en) zur Sprache kommt. Es läßt aber allen Ernstes fragen, ob dieses Christentum wirklich *in jeder Hinsicht* den Vorzug verdiene vor demjenigen, das für die Anfänge der Kirchengeschichte Alexandriens - mehr oder minder gut - bezeugt oder doch wenigstens zu erschließen ist.[28]

---

24 *M. Dibelius*, Geschichte der urchristlichen Literatur, 2. Aufl., hg. von F. Hahn, München 1975, S. 119.

25 So bekanntlich H. von Campenhausen (Anm. 7); dagegen jetzt etwa E. Dassmann (Anm. 12), S. 149.

26 *A. von Harnack*, Lehrbuch der Dogmengeschichte, Bd. I: Die Entstehung des christlichen Dogmas, 4. Aufl., Tübingen 1909 (Sammlung theologischer Lehrbücher; Nachdr. Darmstadt 1980), S. 243.

27 Vgl. dazu nach wie vor in erster Linie *C. Andresen*, Die Kirchen der alten Christenheit, Stuttgart usw. 1971 (RM 29/1,2), S. 17-115, bes. 86 ff.

28 Vgl. zum folgenden vor allem die zusammenfassenden Berichte von *A. von Harnack*, Die Mission und die Ausbreitung des Christentums, Bd. II, 4. Aufl., Leipzig 1924, S. 705 ff; *W. Bauer*, Rechtgläubigkeit und Ketzerei im ältesten Christentum, Tübingen 1932 (2. Aufl., 1964) (BEvTh 10), S. 49 ff; *C. D. G. Müller*, Grundzüge des christlich-islamischen Ägypten von der Ptolemäerzeit bis zur Gegenwart, Darmstadt 1969 (Grundzüge 11), S. 89 ff; *M. Krause*, Das christliche Alexandrien und seine Beziehungen zum koptischen Ägypten, in: Alexandrien. Kulturbegegnungen dreier Jahrtausende im Schmelztiegel einer mediterranen Großstadt, Mainz 1983 (Aegyptiaca Treverensia 1), S. 53-62; *C. H. Roberts*, Manuscript, Society and Belief in Early Christian Egypt, Oxford 1979 (SchL); *A. Martin*, Aux origines de l'église copte: l'implantation et le développement du christianisme en Egypte (Ie-IVe siècles), REA 83 (1981), S. 35-56 (mit weiterer Lit.); *B. A. Pearson*, Earliest Christianity in Egypt: Some Observations, in: B. A. Pearson / J. E. Goehring (Hgg.), Roots of Egyptian Christianity, Philadelphia 1986 (Studies in Antiquity and Christianity), S. 132-160. - Daß wir über die "Einpflanzung des Christentums in Alexandrien und Ägypten" bis zum Ende des zweiten Jahrhunderts gar "nichts" wüßten (A. Martin [s.oben], S. 35), ist glücklicherweise eine gelinde Übertreibung!

Alexandrinisches Christentum in den ersten zwei Jahrhunderten

Es ist kaum zu bezweifeln, daß das Christentum noch im Verlauf des ersten Jahrhunderts auch nach Alexandrien gelangt ist. Schon Paulus erwähnt den alexandrinischen Judenchristen Apollos (vgl. Act 18,24 f) als einen eifrigen Missionar (I Kor 3,5.6; 16,12)[29]. Ferner ist die christliche Mission, wie wir wissen, in ihren Anfängen bewußt in die Fußstapfen der jüdischen getreten. So läßt sich denn für das erste wie das zweite Jahrhundert "an fast allen Schwerpunkten christlicher Mission ... eine Synagoge nachweisen". Das "bestätigt sozusagen archäologisch das von Lukas theologisch motivierte Prinzip paulinischer Heidenmission, zunächst die örtliche Synagoge einer Stadt aufzusuchen" (vgl. Act 17,1 f).[30] Nun aber war die Mission in Alexandrien besonders lohnend, weil dort seit seiner Gründung eine starke und einflußreiche jüdische Gemeinde existierte:[31] zwei von fünf Stadtteilen - bei einer Gesamteinwohnerschaft von etwa einer Million[32] - sollen ausschließlich oder doch wenigstens überwiegend von Juden bewohnt gewesen sein.[33] Schließlich hatte es sich Paulus zum Grundsatz seines missionarischen Wirkens gemacht, niemals "auf fremdem Grunde" zu bauen (Röm 15,20, vgl. Jes 52,15); d.h. er wollte nur dort missionieren, wo andere noch nicht entsprechend tätig geworden waren. "Als er" deshalb "in der Mitte der 50er Jahre in Kleinasien und Griechenland einen gewissen Abschluß seiner Missionstätigkeit erreicht hatte und überlegte, wo er nun als Missionar tätig werden solle, ging er nicht nach Ägypten, sondern dachte nach Römer 15,24 an Spanien, obwohl dort lateinisch gesprochen wurde, was er erst noch lernen mußte. In Alexandrien hätte er griechisch sprechen können. Also war damals Alexandrien und Ägypten bereits ein christliches Missionsgebiet."[34]

Gleichwohl ist bis zum Ende des zweiten Jahrhunderts so gut wie nichts von einer alexandrinischen Christen*gemeinde* zu hören. Es ist das wohl die "empfindlichste Lücke in unserem Wissen von der ältesten Kirchengeschichte"[35] und mit das größte Rätsel, vor das uns diese stellt. Gewiß behauptet Euseb, Kunde davon zu besitzen, daß der Evangelist Markus als Dolmetscher Petri "als erster in Ägypten das Evangelium predigte, an dessen Niederschrift er ja auch beteiligt war", daß er "in Alexandrien

---

[29] Ob Apollos bereits "in seiner Vaterstadt" (ἐν τῇ πατρίδι) Christ geworden ist, wie der (seiner Sonderlesearten wegen) berühmte Codex D (s. V/VI) zu Act 18,25 überliefert, ist freilich nicht mehr auszumachen.

[30] Vgl. C. Andresen (Anm. 27), S. 18.

[31] Vgl. u.a. Josephus *Ant.* XIX 5,2 mit III Makk 2,30 (!); dazu B. A. Pearson (Anm. 29), S. 145 ff (mit weiterer Lit.).

[32] Diese Zahl ergibt sich, wenn Diodor Siculus, der zwischen 60/50 v.Chr, in Alexandrien weilte, recht hat mit der Behauptung, die freien Bürger Alexandriens haben die Kopfzahl von 300 000 erreicht (XVII,52,6).

[33] Vgl. Philo *Flacc.* 8,55; Josephus, *Bell.* II,18,8; *Ap.* II,4,34 f.

[34] M. Krause (Anm. 28), S. 53.

[35] A. von Harnack (Anm. 28), S. 706.

selbst erstmals Kirchen (sic!) gründete"[36] und bischöfliche Nachfolger fand.[37] Doch handelt es sich dabei schwerlich um mehr als um eine Legende, um den nachträglichen Versuch, eine Kluft des Schweigens zu überbrücken, die nachgerade unerträglich geworden war, wenn es natürlich auch nicht völlig auszuschließen ist, daß diese ägyptische Markustradition irgendeinen historischen Kern besitzt. Wir sind in der Tat über das Leben des Markus viel zu dürftig informiert, als daß wir kategorisch zu erklären vermöchten, "in seiner Biographie sei kein Platz für eine Tätigkeit in Ägypten"[38]. Fest steht allerdings, daß für eine alexandrinische Bischofsliste bis zum Episkopat des Demetrius (189-231), Zeitgenossen des Clemens und des Origenes, "schlechterdings jede begleitende Tradition"[39] fehlt.

Eine Erklärung für dieses mysteriöse "Schweigen" ist nach W. Bauers bekannter These in dem Umstand zu suchen, daß das alexandrinische Christentum "bis tief ins zweite Jahrhundert hinein deutlich abseits von allem Kirchentum gewachsen" ist[40]: die beiden Evangelien, die mit hoher Wahrscheinlichkeit bereits zu Beginn des zweiten Jahrhunderts für Alexandrien nachzuweisen sind[41], nämlich das "Evangelium der Hebräer" und das (heidenchristliche) "Evangelium der Ägypter", basieren gleichermaßen auf "synkretistisch-gnostischer Grundlage";[42] und die einzigen alexandrinischen Christen, die sich wenigstens mit einiger Sicherheit bis zur Mitte des zweiten Jahrhunderts *namhaft* machen lassen, sind bezeichnenderweise die beiden bedeutendsten christlich-*gnostischen* Schulhäupter,

---

[36] Euseb *h. e.* II,16; vgl. dazu B. A. Pearson (Anm. 28), S. 137 ff. Wenn das von Morton Smith publizierte Fragment eines Briefs des Alexandriners Clemens echt ist (*M. Smith,* Clement of Alexandria and a Secret Gospel of Mark, Cambridge 1973), dann hat nicht länger Euseb, sondern Clemens als ältester Zeuge der alexandrinischen Markustradition zu gelten!

[37] Ebd. II,24; III,14.21; IV,1.4; 5,5; 11,6; 19; V,9.

[38] C. D. G. Müller (Anm. 28), S. 91; ähnlich B. A. Pearson (Anm. 28), S. 144.

[39] *A. von Harnack,* Geschichte der altchristlichen Litteratur bis Eusebius, T. II: Die Chronologie der altchristlichen Litteratur bis Eusebius, Bd. I: Die Chronologie der Litteratur bis Irenäus nebst einleitenden Untersuchungen, Leipzig 1897, S. 205 (im Original gesperrt).

[40] W. Bauer (Anm. 28), S. 53. Zur Kritik an Bauers Ägypten betreffende These s. bes. *H. I. Bell,* Evidences of Christianity in Egypt during the Roman Period, HThR 37 (1944), S.185-208; ders., Cults and Creeds in Graeco-Roman Egypt. Being the Forwood Lectures for 1952, 4. Aufl., Liverpool 1957 (Liverpool Monographs in Archaeology and Orient Studies); *C. H. Roberts,* Early Christianity in Egypt. Three Notes, JEA 40 (1954), S. 92-96; ders., Manuscript, Society and Belief (Anm. 28); *R. van den Broek,* Niet-gnostisch Christendom in Alexandrie voor Clemens en Origenes, NedThT 33 (1979), S. 287-299; A. Martin (Anm. 28), S. 39 ff. Zur grundsätzlichen Problematik s. jetzt etwa *A. Schindler,* Art. Häresie, II. Kirchengeschichtlich, in: TRE, Bd. XIV, 1985, S. 318-341, bes. 336, sowie meinen Beitrag "Die Einheit der Kirche in vorkonstantinischer Zeit. Grundlagen und Grundfragen", in: F. von Lilienfeld / A. M. Ritter (Hgg.), Einheit der Kirche in vorkonstantinischer Zeit. Vorträge, gehalten bei der Patristischen Arbeitsgemeinschaft, 2.-4. Januar 1985 in Bern, Erlangen 1989 (Oik 25), S. 1-18, 126-132.

[41] Vgl. die NTApo, Bd. I, 5. Aufl., 1987, S. 146 f und S. 174 ff (hauptsächlich aus Clemens Alexandrinus) zusammengestellten Fragmente und Nachrichten.

[42] W. Bauer (Anm. 28), S. 57.

Basilides und Valentinus[43], während die ersten "rechtgläubigen" Christen Alexandriens, von denen wir hören, Pantaenus und Clemens, nachweislich "Zugereiste" waren, die das rege geistig-religiöse Leben der Stadt angelockt hatte.[44] Kurzum: alles spricht nach Bauer dafür, daß das Christentum am Nil in den Anfängen bereits gnostisch beeinflußt war; eben deshalb sei über diese Anfänge, seit auch in Ägypten die Orthodoxie zum Siege gelangte, fast völliges Stillschweigen bewahrt worden.

Eine "verführerische These"[45], zweifelsohne. Aber sind die für sie ins Feld geführten Argumente auch wirklich stichhaltig? Trifft unsere Annahme zu, daß Alexandrien (und Ägypten) bereits um die Mitte der 50er Jahre des ersten Jahrhunderts christliches Missionsgebiet war(en) und Paulus eben deshalb einen weiten Bogen darum machte, um stattdessen, nach vorläufiger Beendigung seiner Missionstätigkeit in Kleinasien und Griechenland, über Rom nach Spanien zu eilen, so standen die Anfänge des Christentums in Alexandrien unter judenchristlichen, nicht unter gnostischen Vorzeichen![46] Unter dieser Voraussetzung wird man sich die Be-

---

43 Vgl. zu Basilides das Zeugnis des Clemens Alexandrinus *str.* VII,106,4, nach dem B. während der Regierungszeit Hadrians und des Antoninus Pius in Alexandrien lebte und lehrte; zu Valentinus die Nachrichten bei Epiphanius *haer.* 31,2; Fragmentum Muratori; Tertullian *Adv. Valent.* 4. Danach soll V. aus (einem der fünf) Arsinoe(s Ägyptens) gebürtig sein (Epiph., Murator.) und in Alexandrien mit griechischer Bildung vertraut gemacht worden sein (Epiph.), ehe er für längere Zeit nach Rom ging (Tert.). Nach Tertullian *praescr.* 30, wäre auch der selbständige Schüler Markions, Apelles, zeitweilig in Alexandrien tätig gewesen. Dasselbe wird man mindestens noch vom Sohn des Basilides, Isidor (vgl. Clemens Alexandrinus *str.* VI,53,2; Nag Hammadi Codex IX,3, S. 57,6), annehmen können.

44 Vgl. zu Pantaenus, der "sizillianischen Biene", Clemens Alexandrinus *str.* I,11,2; Euseb *h. e.* V,10; VI,14, 9; zu Clemens Epiphanius *haer.* 31,3 (athenische Herkunft); Clemens Alexandrinus *str.* I,11 ("Lehrjahre"); danach auch Euseb *h. e.* V,11.

45 A. Martin (Anm. 28), S. 39. Die Verf. denkt allerdings nicht daran, sich dieser These anzuschließen, sondern folgt in der Hauptsache der Kritik von Roberts ([Anm. 28], S. 49 ff), dessen wesentliche Einwände sind: a) Der Eindruck von Alexandrien als "Welthauptstadt" des christlichen Gnostizismus rührt nicht zuletzt von verschiedenen Zuweisungen gnostischer oder gnostisierender Literatur her, Zuweisungen, die jedoch voraussetzen, was erst zu beweisen wäre. Nimmt man dagegen beispielsweise die erhaltenen Papyri aus dem zweiten Jahrhundert zum Maßstab, so wird man schwerlich finden können, wir seien über die Gnostiker besser informiert als über die Orthodoxen. b) Der Grund für das allgemeine Schweigen über die Anfänge des alexandrinischen Christentums ist nach Roberts in den besonders engen Beziehungen zwischen Christentum und Judentum bis zu dem tumultus iudaicus des Jahres 115 zu suchen, der in der Auslöschung eines Großteils des alexandrinisch-ägyptischen Judentums endete; bis dahin waren für Außenstehende Christen und Juden in Alexandrien überhaupt nicht voneinander unterscheidbar. c) teilt Roberts die Auffassung vieler Historiker des frühen Christentums, daß unsere Unkenntnis hinsichtlich der Anfänge des Christentums am Nil zu einem Guttteil darauf beruhe, daß Ägypten nicht zum paulinischen Missionsfeld gehörte, dem die erhaltenen ur- und frühchristlichen Zeugnisse i.w. zugeordnet sind. - Auch an dieser gehaltvollen Bauerkritik ist allerdings Kritik möglich (vgl. dazu im einzelnen unten). Generell wird man sagen können, daß dieser Erklärungsversuch zu monokausal angelegt sei. Man müßte die Geschichte der Stadt Alexandrien im Kopf und einen Plan der Stadt vor Augen haben und dann die Nachrichten über das frühe Christentum in dieser Stadt in konkrete Anschauung zu übersetzen versuchen!

46 Natürlich weiß auch ich, daß es zwischen Gnosis und Judenchristentum zahlreiche Verbindungsmöglichkeiten und Übergänge gegeben hat; aber gilt das auch bereits für

schaffenheit dieses frühen alexandrinischen Christentums, ungefähr wenigstens, so vorzustellen haben wie die von Petrus, Jakobus und dem Zebedaiden Johannes begründeten Gemeinden. Mit diesen "Säulenaposteln" hatten sich ja (Gal 2,7-9 zufolge) Paulus und Barnabas das "Missionsfeld" aufgeteilt, dergestalt, daß die einen unter den Heiden, die anderen unter den Juden predigten (vgl. auch Act 15,1-21). In diesem Sinne wäre dann auch von der Frühgeschichte des alexandrinischen Christentums zu sagen, daß sie - bei aller (gleich noch zu besprechenden) Eigengeprägtheit - von einem "Substrat gemeinchristlicher Frömmigkeit"[47] ihren Ausgang genommen habe.

Für die Annahme judenchristlicher Ursprünge des alexandrinischen Christentums[48], und zwar ungefähr des Zuschnitts, wie wir ihn aus der Jerusalemer Urgemeinde kennen, spricht u.a. eine Eigenart, die bereits im Altertum bemerkt und vielfach hervorgehoben worden ist. Die einzigartige Lage und die politisch-rechtliche Sonderstellung des (überragend wichtigen) Handels- und Kulturzentrums Alexandria sowie die besonderen Bedingungen, unter denen das Christentum dort zur Entfaltung gelangte, werden dafür gesorgt haben, daß sich diese Eigenart nicht so schnell verlor. Gemeint ist die herausragende Rolle, die dort die "Ältesten" (Presbyter) noch zu einer Zeit spielten, als sich auch in Alexandrien (spätestens seit der Zeit des Demetrius) der monarchische Episkopat längst durchgesetzt hatte. Es blieb dabei, daß der Bischof Alexandriens

---

die Anfänge? In jedem Fall besteht die oben statuierte Alternative dann wohl zu Recht, wenn wir uns das Christentum um 50 in Alexandrien eingedrungen denken, und zwar von Palästina (Jerusalem), nicht von Rom her (gegen M. Krause [Anm. 28], S. 53, und seine Gewährsleute). Denn von dem Grundkonsens zwischen Paulus und den "Säulenaposteln", von dem wir um diese Zeit, trotz aller erkennbaren Spannungen, auszugehen haben (vgl. noch einmal Act 15 und Gal 2), war zwar ein mildes Judenchristentum, aber gewiß kein synkretistisch-mythologischer Gnostizismus gedeckt, falls es den derzeit überhaupt schon gegeben haben sollte. Wenn es ferner richtig ist, wie fast allgemein angenommen wird, daß das alexandrinische Christentum seinen Herd zunächst in der jüdischen Gemeinde der Stadt hatte, dann gilt es sich dessen bewußt zu bleiben, daß das Judentum in Alexandrien zwar noch im ersten nachchristlichen Jahrhundert eine erhebliche Variationsbreite aufgewiesen haben muß; aber trotz der in dieser Stadt herrschenden starken Tendenz zur Assimilierung und Nivellierung blieb es dabei, daß die Juden der Stadt i.a. ihre durch Privilegien gewährleistete *Exklusivität* betonten. Das war auch einer der Gründe für die ständigen Feindseligkeiten zwischen Juden und Griechen, wie sie sich am grausamsten in der Judenhatz des Jahres 38 entluden, die alles in den Schatten stellte, was die griechisch-römische Geschichte bisher an derartigen Pogromen erlebt hatte (vgl. dazu noch immer *A. Bludau,* Juden und Judenverfolgungen im alten Alexandria, Münster 1906, sowie *H. I. Bell,* Juden und Griechen im römischen Alexandreia. Eine historische Skizze des Alexandrinischen Antisemitismus, Leipzig 1926 [BAO 9]).

[47] So *H. D. Altendorf* in seiner vielbeachteten Miszelle: Zum Stichwort: Rechtgläubigkeit und Ketzerei, ZKG 80 (1969), S. 61-74, hier: 65 mit Anm. 7 (im Blick auf Edessa). Ich verstehe diese Formulierung im Sinne der Sammlung der Urgemeinde im Spannungsbogen zwischen Paulus (und Barnabas) einerseits, den "Säulenaposteln" andererseits.

[48] Vgl. dazu neuerdings u.a. C. D. G. Müller (Anm. 28), S. 89 f, 93; C. Andresen (Anm. 28), S. 439; C. H. Roberts (Anm 29), S. 44 ff, 49 ff; A. Martin (Anm. 28), S. 39 ff.

vom Presbyterium der Stadt aus seiner Mitte gewählt wurde[49] und daß die alexandrinischen Presbyter weiterhin ein Ansehen und eine Selbständigkeit besaßen, die andernorts unüblich geworden waren.[50] Das Ältestenamt aber entstammt wohl der Jerusalemer Mutterkirche, wo es zuerst bezeugt ist (Act 11,30) und spätestens beim Übergang der Jerusalemer Kirchenleitung von Petrus auf den Herrenbruder Jakobus zum grundlegenden verfassungsmäßigen Element geworden zu sein scheint.[51] Zumindest dürfte die Presbyterialverfassung im judenchristlichen Bereich entstanden und "nach Art und Muster der Diaspora-Synagoge" entwickelt worden sein.[52]

Wenn das alles richtig ist, dann läßt sich ohne weiteres vorstellen, wie sehr das Geschick der Judenschaft Alexandriens anfangs auch die Christen der Stadt in Mitleidenschaft zog. Zu denken ist vor allem an die Beteiligung alexandrinischer Juden an der antirömischen Erhebung des Jahres 66, die nach Josephus 50 000 Menschen das Leben kostete.[53] Ca. 50 Jahre später, während des tumultus iudaicus von 115 bis 117, hatten die Juden Alexandriens wiederum schwer zu leiden:[54] die "sehr große und hochberühmte"[55] Hauptsynagoge der Stadt, genannt der "Ruhm Israels", ging in Flammen auf, die wirtschaftliche Situation der jüdischen Bevölkerung war fürs erste unterminiert und ihre Zahl ging rapide zurück.[56] Die Erschütterung reichte in solche Tiefen, daß spätestens nach der Wende vom ersten zum zweiten Jahrhundert die an Früchten so reiche Tradition hellenistischen Judentums, kulminierend in dem Alexandriner Philo, welcher in gewisser Hinsicht als "Prototyp der gesamten spätantiken Religiosität"[57] gelten darf, vollkommen abbrach und wohl auch in der

---

[49] So u.a. noch bezeugt von Hieronymus, *ep.* 146, und Severus von Antiochien in seinem Brief an die monophysitische Gemeinde zu Emesa (ed. E.W. Budge, JThS 3 [1901], S. 612).

[50] Vgl. *H. I. Marrou,* L'arianisme comme phénomène alexandrin, CRAI 1973 (BHTh 14), S. 533-542, bes. 536 f.

[51] Dazu vor allem *H. von Campenhausen,* Kirchliches Amt und geistliche Vollmacht in den ersten drei Jahrhunderten, Tübingen 1953 (2. Aufl., 1963) (BHTh 14), S. 82 ff; *G. Bornkamm,* Art. πρέσβυς κτλ., in: ThWNT, Bd. IV, 1959, S. 651-683, hier: 651 ff, und die dort angegebene Literatur.

[52] G. Bornkamm (Anm. 52), S. 664. Darauf deutet auch etwa hin, daß im Jakobusbrief als einziges kirchliches Amt das der "Ältesten" genannt wird (Jak 5,14).

[53] Josephus *bell.* II,497.

[54] Vgl. dazu etwa Euseb *h. e.* IV,2.

[55] Philo *LegGai.* 20.

[56] Manche Forscher nehmen sogar an, daß die jüdische Gemeinde Alexandriens in dieser Revolte völlig eliminiert wurde (so etwa H. I. Bell, Cults and Creeds [Anm. 40], S. 79). Doch stimmt das nicht nur nicht mit Eusebs Bericht überein, nach dem man vielmehr recht schnell und ohne Einsatz von römischem Militär mit der Revolte in Alexandrien selbst (nicht in der Cyrenaica und erst recht Mesopotamien) fertig wurde *(h. e.* IV,2,3). Vielmehr dürfte das positive Bild, das die jüdische Sibylle und auch die rabbinischen Quellen - zunächst! - vom Trajannachfolger Hadrian zeichnen (vgl. dazu U[riel] R[appaport], Art. Hadrian, Publius Aelius, in: EJ, Bd. VII, 1971, Sp. 1054 f) darauf hindeuten, daß der erst im Jahr der Machtübernahme Hadrians beendete tumultus iudaicus nicht überall unheilbare Wunden hinterlassen hatte.

[57] *C. Colpe,* Art. Philo, 1. von Alexandria, in: RGG, Bd. V, 3. Aufl., 1961, Sp. 341-346 (hier: 346).

alexandrinischen Judenschaft jetzt die rabbinische Orthodoxie zur Herrschaft gelangte. Daß sich von Philos Schrifttum - in der Hauptsache allegorisierenden Kommentaren zum Pentateuch - so erstaunlich viel erhalten hat, ist, soviel wir wissen, ausschließlich dem griechischen Christentum zu verdanken, welches - mit der "Entschuldigung", Philo habe Umgang mit den Aposteln gehabt[58] - seine Schriften fast wie Väterliteratur benutzt und in Ehren gehalten hat, während sein Name in rabbinisch-jüdischen Quellen konsequent verschwiegen worden zu sein scheint. Jedenfalls schied Alexandrien von nun an als eigenständiges jüdisches Zentrum aus und trat hinter Babylon und Jerusalem vollkommen in den Hintergrund.

Es ist gut möglich, daß dieser Kurswechsel dem Judenchristentum der Stadt vorübergehend Auftrieb gab, da dieses der philonischen Tradition einer Vermittlung zwischen "Athen" und "Jerusalem", Sokrates und Mose, dem "Gott der Philosophen" und dem "Gott Abrahams, Isaaks und Jakobs" eine neue Heimstatt zu bieten vermochte. Auf die Dauer aber mußte der innerjüdische Regenerations- bzw. Konzentrationsprozeß unter Führung der pharisäischen Richtung (Schule Hillels) auch in der Nilmetropole dem Judenchristentum zum Nachteil gereichen und es in Gefahr bringen, zwischen Kirche und Synagoge, die sich immer stärker gegeneinander abgrenzten, am Ende zerrieben zu werden.

Von der Jahrhundertwende an muß indes die Entwicklung des Christentums in Alexandrien bis auf weiteres bifokal verlaufen sein. Zu dem alten "Herd" im (ehedem privilegierten) Judenviertel nahe dem "Königs"- oder Palastbezirk (**βασίλειος**, regia) trat ein zweiter, ausgerechnet im "sozialen Souterrain" (C. Andresen) des im äußersten Südwesten der Stadt gelegenen Ägypterviertels "Rhakotis". Hierfür scheint es sogar eine archäologische Bestätigung in Gestalt von Gräberfunden zu geben;[59] wie wir denn überhaupt Alexandria, trotz allem, was hier "die Bodenforschung in mühsamer und erfolgreicher Arbeit geleistet hat, trotz aller Baureste, die bis in die neueste Zeit hinein bei Ausschachtungen zutage traten, ... eigentlich nur aus seinen Gräbern kennen, die vor seinen Toren lagen".[60]

Eindeutiger aber ist der bereits kurz gestreifte literarische Befund, daß nämlich für den Anfang des zweiten Jahrhunderts in Alexandrien zwei Evangelien nachgewiesen werden können: ein "Hebräer"- (**καθ' Ἑβραίους εὐαγγέλιον**) und ein "Ägypterevangelium" (**κατ' Αἰγυπτίους εὐαγγέλιον**). Darunter ist das erste, wie W. Bauer wohl richtig gesehen hat, "das Leben Jesu der alexandrinischen Judenchristen gewesen. 'Hebräer' heißen auch griechisch sprechende Juden, wenn es darauf ankommt, ihre Volksmäßig-

---

58 So z.B. Euseb *h. e.* II,17,1 f.

59 S. C. Andresen (Anm. 28), S. 439 f mit Anm. 113 (Lit.!).

60 *Th. Kraus,* Das hellenistische Alexandria, in: Koptische Kunst. Christentum am Nil (Katalog der Ausstellung vom 3. Mai - 15. August 1963 in der Villa Hügel, Essen), S. 17-22 (hier: 20).

keit zu kennzeichnen".[61] Dagegen hat er es als "merkwürdig" empfunden, daß der Name "Ägypterevangelium" in Ägypten selbst auftauche und von dortigen Christen gebraucht werde.[62] Allein ist keineswegs ausgemacht, daß dieser Name Selbst- und nicht vielmehr Fremdbezeichnung ist. In alexandrinischem Kontext jedenfalls hat er durchaus nichts Merkwürdiges an sich, da es dort ganz geläufig ist, etwa zwischen "Alexandrinern" und "Ägyptern" säuberlich zu unterscheiden. Er verweist vielmehr von vornherein auf die "Rhakotis" bzw. das Um- und Hinterland Alexandriens (die sog. χώρα)[63]. Wenn allerdings, und damit dürfte W. Bauer wieder recht behalten, dieselben Alexandriner (Clemens und Origenes vor allem), die als erste die Existenz eines "Ägypterevangeliums" bezeugen, noch ein anderes Evangelium, unter der Bezeichnung "Hebräerevangelium", anführen, dann ist dieses Faktum allein bezeichnend genug. Man wird es kaum anders interpretieren können als so, daß es in Alexandrien am Anfang des zweiten Jahrhunderts - "wie lange zuvor schon, entzieht sich unserer Kenntnis - Heidenchristen neben Judenchristen" gab, "beide offenbar nicht in einer Gesamtgemeinde vereint, sondern jede Gruppe um ein besonderes Evangelium geschart, die Judenchristen daneben gewiß auch gottesdienstlich und verfassungsmäßig von der Synagoge bestimmt. Daß diese Leute, deren Haupterbauungsbücher als Ägypter- und Hebräerevangelium unterschieden worden sind, sich selbst einfach 'Christen' genannt haben, erscheint mir selbstverständlich."[64]

Von beiden Evangelien ist uns viel zu wenig erhalten, als daß sich über deren Inhalt oder auch nur Tendenz Näheres sagen ließe. Nur so viel scheint klar zu sein, daß im "Hebräerevangelium" gewisse Spezifika ju-

---

[61] W. Bauer (Anm. 28), S. 56. Bauer irrt allerdings, wenn er meint, die "κατά-Konstruktion" sei "hier wie in den gleichgebauten Überschriften der kanonischen Evangelien ... gutgriechischer Ersatz für den Genitiv" (S. 54). Ebensowenig ist anzunehmen, daß die Bezeichnungen "Hebräer-" und "Ägypterevangelium" auf die Gruppen selbst zurückgehen, die sich um diese Evangelien scharten (ebd., S. 55); wie auch etwa Basilides, der sich wohl um eine Evangelienrezension bemüht hat, das Ergebnis seiner Bemühungen schwerlich selbst als "Basilidesevangelium" (κατὰ Βασιλείδην εὐαγγέλιον) tituliert hat (vgl. Origenes *hom. 1 in Lc.).* Die Analogie zu den kanonischen Evangelien ist sicherlich in all diesen Fällen gewollt, dient aber, wie mir besonders beim "Ägypter-" und "Basilidesevangelium" auf der Hand zu liegen scheint, wohl dazu, die fraglichen Apokryphen der Lächerlichkeit preiszugeben!

[62] Ebd., S. 55. Zu dem in den Funden von Nag Hammadi gleich in zwei koptischen Versionen entdeckten "Hl. Buch des Großen Unsichtbaren Geistes", das im Kolophon auch als "Ägypterevangelium" betitelt und so auch in der Literatur zitiert wird, s. die kritische Ausgabe von *A. Böhlig / F. Wisse*, Nag Hammadi Codices III,2 and IV,2. The Gospel of the Egyptians (The Holy Book of the Great Invisible Spirit), Leiden 1975 (NHS4), und die kommentierte Übersetzungsausgabe von *A. Böhlig*, Das Ägypterevangelium von Nag Hammadi (Das Heilige Buch des Großen Unsichtbaren Geistes), Wiesbaden 1974 (GOF. Hellenistica 1). Beide Texte haben schlechterdings nichts miteinander zu tun.

[63] Vgl. dazu bes. *M. A. H. El-Abbadi,* The Alexandrian Citizenship, JEA 48 (1962), S. 106-123. - Bezeichnend ist die Verachtung, mit welcher z.B. ein Josephus, im stolzen Bewußtsein, selbst Traditionsträger der ältesten ("makedonischen") Besiedlung der Nilmetropole zu sein, seinen Gegner, den Antisemiten Apion, als "Ägypter" abstempelt (vgl. *Ap.* II,4,38-41 mit 33-36).

[64] W. Bauer (Anm. 62), S. 57.

denchristlicher Tradition zur Geltung kamen (wie die Herausstellung des Herrenbruders Jakobus[65] oder das Verständnis des Hl. Geistes als weiblichen Elements in Gott[66]), während die dem "Ägypterevangelium" mit einiger Wahrscheinlichkeit zuzuschreibenden Fragmente einen nicht gerade extremen "Enkratismus" widerspiegeln;[67] daß sie "stark gnostische Züge" trügen,[68] läßt sich jedenfalls beim besten Willen nicht feststellen, obwohl sich nachweislich Gnostiker wie Theodot und der (laut Clemens) aus der Schule Valentins hervorgegangene Erzdoket Julius Cassianus für dieses Evangelium interessierten und es gelegentlich zitierten.[69] Aber das beweist so gut wie nichts. Denn interessiert haben sich die Gnostiker bekanntlich für alles mögliche, z.B. für so zweifelsfrei nichtgnostische Schriften wie Platons *Politeia*, die "Sentenzen des Sextus", den *Authentikos Logos* und die "Lehren des Silvanus", alles Texte, die in koptischer Übersetzung durch den Fund von Nag Hammadi (wieder) ans Tageslicht befördert worden sind.[70]

Gleichwohl muß auch das Christentum in Alexandrien im Laufe des zweiten Jahrhunderts von der "gnostischen Krise" erfaßt worden sein, und zwar nicht nur an den Rändern.[71] Hält man sich vor Augen, daß es sich beim Synkretismus im Grunde um ein "altägyptisches Glaubensdenken" handelt, "entstanden, als der Ägypter seinen Gott, Orts- und Gaugott, im Laufe der Geschichte zu nachbarlichen oder übergeordneten Göttern in Beziehung hatte setzen müssen"[72], so wird man am ehesten (wiederum) an die "Rhakotis" denken und geneigt sein, *sie* für den geeignetsten Nährboden einer fortschreitenden Gnostizierung des Christentums zu halten. Hier könnten sich sehr gut jener Bilderreichtum entwickelt und jene mythologischen Züge ausgebildet oder doch verstärkt haben, für die sich die Ketzerbestreiter von Irenäus und Hippolyt bis Epiphanius stets besonders interessierten.

---

65 Fr. 7.

66 Fr. 3. Die Michaelsapostrophe in Fr. 1 wird - auch - ein Tribut an ägyptisches Lokalkolorit sein: vgl. dazu W. Bauer (Anm. 62), S. 57, und C. D. G. Müller (Anm. 28), S. 110.

67 Sämtliche Fragmente bei Clemens, die dieser ausdrücklich als Teile des Ägypterevangeliums deklariert - außer ihnen läßt sich "nichts mit Sicherheit für dieses apokryphe Evangelium in Anspruch" nehmen (W. Schneemelcher, NTApo, Bd. I, 5. Aufl., 1987, S. 117) - haben eine "enkratitische" Tendenz, aber so gemäßigt, daß sich Clemens gelegentlich auf sie wider diejenigen, die sie für ihre radikale Ablehnung von Ehe und Kinderzeugung in Anspruch nehmen wollen, berufen zu können glaubt (*str.* III,66 [ed. Stählin II,226,11-16]).

68 Gegen W. Schneemelcher (Anm. 67) und viele andere (von W. Bauer angefangen).

69 S. Clemens Alexandrinus *Exc. ex Theod.* 67; *str.* III,91 ff.

70 Vgl. dazu bes. R. van den Broek (Anm. 31); *J. Zandde,* The Teaching of Silvanus (NHC VII,4) and Jewish Christianity, in: R. van den Broek / M. J. Vermaseren (Hgg.), Studies in Gnosticim and Hellenistic Religions. Presented to Gilbes Quispel on the Occasion of His 65th Birthday, Leiden 1981 (EPRO 91), S. 498-584.

71 Das tritt bei C. H. Roberts (Anm. 40) und A. Martin (ebd.) ungebührlich in den Hintergrund. Der Hinweis auf den einen Basilides wiegt alle rein quantitativen Argumente leicht auf!

72 M. Krause (Anm. 28), S. 53 f.

Einen Mann wie Basilides aber kann man sich schwerlich in diesem Milieu vorstellen. Er paßt am besten in jene Welt hinein, in der später der junge Origenes einem Ammonios Sakkas gewissermaßen über den Weg laufen und von diesem für den Platonismus gewonnen werden konnte.[73] Es ist die Welt der griechischen "Alexandreis", in der Blick- und Reichweite der weltberühmten Akademie und des Μουσεῖον: vor allem also das "Brucheion"-Viertel, wo nach der Schilderung des Ammianus Marcellinus "seit langem bedeutende Persönlichkeiten wohnten. Von hier nahmen ihren Ausgang Aristarch, der sich im Rankenwerk der Grammatik hervortat, ferner Herodian, der gründlichste Forscher auf wissenschaftlichem Gebiet, Saccas Ammonius, der Lehrmeister des Plotin, und zahlreiche andere Schriftsteller, welche durch ihre literarischen Bemühungen zu Ansehen gelangten..."[74] Jedenfalls wird man Basilides in dieser Welt, sozusagen dem "quartier latin" von Alt-Alexandria (C. Andresen), am ehesten dann angesiedelt sein lassen, wenn den Nachrichten beim Alexandriner Clemens (mit denen sich höchstens noch der Basilidesbericht Hippolyts[75] halbwegs vermitteln läßt) mehr Glauben zu schenken ist als der vielberühmten Darstellung des Irenäus.[76] Beide Basilidesbilder, das des Clemens-Hippolyt und das des Irenäus, unterscheiden sich so tiefgreifend, wie sich einst Griechen- und Ägypterviertel Alexandriens, "Broucheion" und "Rhakotis", voneinander unterschieden.[77]

Doch das ist ein "weites Feld" (Th. Fontane), zu weit, als daß wir uns hier darauf hinauswagen sollten. Fragen wir stattdessen rasch noch nach den Anfängen der "großkirchlichen" Gemeinde Alexandriens, nach der Wiege des späteren Patriarchats.

Auch am Nil wird die christliche Botschaft zumindest von einer Minderheit ungefähr in der Form weitertradiert worden sein, in der sie ursprünglich gepredigt worden war.[78] Daran hat sich später u.a. ein christlicher Platonismus anschließen können, als dessen Niederschlag uns die erwähnten Zeugnisse eines nicht-gnostischen Christentums in Alexandrien vor Clemens und Origenes, Schriften wie der *Authentikos Logos* oder die "Sentenzen des Sextus", erhalten geblieben sind. In Verbindung mit diesen Dokumenten von "Rechtgläubigkeit" oder "Ketzerei" zu sprechen, macht wenig Sinn. Wohl aber läßt sich sagen, daß sich in ihnen das Christentum - wahrscheinlich in apologetischer Absicht - noch ganz unbestimmt und indirekt ausdrückt, so daß es überhaupt nicht verwundert,

---

[73] Vgl. Euseb *h. e.* VI,19,6 ff.

[74] Ammianus Marcellinus XXII,16,16 (Übersetzung von *O. Veh*, BAW [1974], S. 383; zit. von C. Andresen [Anm. 28], S. 450).

[75] Hippolyt *haer.* VII,20-27.

[76] Irenäus *haer.* I,24.

[77] Vgl. zu Basilides bes. *H. Langerbeck,* Die Anthropologie der alexandrinischen Gnosis. Interpretationen in den Fragmenten des Basilides und Valentinus und ihrer Schulen bei Clemens von Alexandrien und Origenes, in: ders., Aufsätze zur Gnosis, hg. von H. Doerries, Göttingen 1967 (AAWG.PH III/69), S. 38-82; *E. Mühlenberg,* Art. Basilides, in: TRE, Bd. V, 1979, S. 296-301.

[78] So mit Recht M. Krause (Anm. 28), S. 53, und jetzt auch B. A. Pearson (Anm. 28), passim.

wenn spätere christliche Generationen an derart unspezifisch-"christlicher" Literatur keinerlei Geschmack mehr fanden und sie nicht länger der Überlieferung für wert erachteten.

Wäre der (vermutlich zwischen 130 und 132 abgefaßte[79]) Barnabasbrief, wie viele es nahezu gesichert ansehen, alexandrinischer Herkunft, so käme er als weiterer (gewichtiger) Zeuge für ein nicht-gnostisches, vielmehr (nach wie vor) stark judenchristlich geprägtes Christentum in Alexandrien in Betracht; mit seiner entschieden antijüdischen Tendenz spiegelte er zugleich den endgültigen Bruch zwischen alexandrinischem Juden- und Judenchristentum im Gefolge des tumultus iudaicus von 115 bis 117 wider. Doch ist das eine Möglichkeit, mehr nicht.[80]

Sichere Anzeichen dafür, daß auch in Alexandrien jene christliche Hauptrichtung vertreten war, aus der sich später die Orthodoxie entwikkeln sollte, sind dagegen, wie es den Anschein hat, einigen sensationellen Papyrusfunden der letzten Generation zu verdanken. Darunter muß in erster Linie die älteste Handschrift des Neuen Testaments überhaupt, p^{52} aus der Zeit um 125 mit einem Fragment des (auch späterhin in Alexandrien, bei Clemens und Origenes zumal, besonders geschätzten) Johannesevangeliums, genannt werden. Sie sind dies zumindest dann, wenn wir annehmen dürfen, "daß alle griechischen Schriften, die in Ägypten so oder später (sc. frühestens ab dem dritten Jahrhundert) in koptischer Übersetzung zur Wirkung gelangten, auch in Alexandrien bekannt waren und zum größten Teil über Alexandrien den Weg in das ägyptische Land fanden."[81]

Gegen Ende des zweiten Jahrhunderts hellt sich dann das Dunkel mehr und mehr auf. Es ist nicht zweifelhaft, daß Pantaenus, der Lehrer des Clemens, wie dieser selbst der großkirchlich-antignostischen Entwicklungslinie zuzuordnen ist.[82] Erst recht ist klar, wohin Demetrius, die erste greifbare und eindeutig bezeugte Bischofsgestalt in Alexandrien[83] gehört. Daß unter ihm die großkirchliche Gemeinde Alexandriens verhältnismäßig rasch Konturen und eine reich ausgebildete Gestalt gewann, läßt gewiß auf einen längeren Werdegang schließen. Auf äußere Einflüsse jedenfalls, speziell auf eine massivere Hilfestellung Roms, deutete m.E. nichts hin.

Versucht man, auch diese Vorgänge etwas genauer zu "verorten", so ist es äußerst verlockend, mit C. Andresen sowohl die spätere "Katechetenschule"[84] als auch das Zentrum großkirchlichen Christentums in Alexan-

---

79 Dazu *K. Wengst* in der Einleitung zu seiner kommentierten Übersetzungsausgabe in: Schriften des Urchristentums, Bd. II: Didache (Apostellehre), Barnabasbrief, Zweiter Klemensbrief, Schrift an Diognet, Darmstadt 1984, S. 114 ff.

80 K. Wengst (Anm. 79), mit m.E. durchschlagenden Gründen.

81 *C. D. G. Müller,* Art. Alexandrien, I. Historisch, in: TRE, Bd. II, 1977, S. 248-261 (hier: 252).

82 S. dazu nochmals meinen (Anm. 1) angeführten Beitrag.

83 Vgl. zu diesem *P. Nautin*, Origène. Sa vie et son oeuvre, Paris 1977 (Christianisme antique 1)(s. Register s.v.).

84 S. dazu *A. le Boulluec*, L'École d'Alexandrie. De quelques aventures d'un concept historiographique, in: **ΑΛΕΞΑΝΔΡΙΝΑ**. Hellénisme, Judaïsme, Christianisme à Ale-

drien im "Griechenviertel" Broucheion zu lokalisieren,[85] wiewohl die früheste nachweisbare Kirche der Stadt, die Kirche des hl. Theonas (Bischof von 282-300), im nordwestlichen Teil der Stadt gelegen haben muß.[86] Es wäre dies der dritte "Herd" christlicher Gemeindebildung in der Nilmetropole, der die beiden anderen rasch an Bedeutung überflügelte. Fest steht indes, daß es von Anfang an enge Beziehungen zwischen Episkopeion und "Katechetenschule" gegeben haben muß, seit Demetrius Origenes mit deren Leitung betraute. In der Folgezeit hatten sich die alexandrinischen Bischöfe zunächst einmal als Leiter der "Katechetenschule" zu bewähren, bevor sie "auf der Kathedra des hl. Markus Platz nehmen konnten. Das gilt nachweislich für Heraklas (Bischof von 231-247 n.Chr.: [Euseb] *h. e.* VI,26) und für Dionys den 'Großen' (247-265 n.Chr.: *h. e.* VI,36). Nur auf diese Weise konnte das orthodoxe Christentum katholischer, d.h. großkirchlicher Prägung sich im Griechentum durchsetzen."[87]

Polykarp, Clemens Alexandrinus und das "alexandrinische Milieu"

Wir haben uns oben, zum Abschluß unserer Präsentation des Philipperbriefes Polykarps von Smyrna als eines besonders typischen "frühkatholischen" Dokumentes, ernstlich gefragt, ob das in diesem Dokument zu Wort kommende Christentum wirklich in jeder Hinsicht den Vorzug verdiene vor demjenigen, das für die Anfänge der Kirchengeschichte Alexandriens bezeugt oder doch wenigstens erschließbar ist. Wir nehmen diese Frage zum Schluß dieses Beitrages noch einmal auf und beziehen sie jetzt speziell auch auf die christliche Gnosis, die wir im voraufgehenden nur gestreift haben. Es spricht manches dafür, daß in der christlichen Gnosis, jedenfalls in der Gestalt, in der sie in Alexandrien von Basilides, seinem Sohn Isidor und vielleicht auch von Valentinus und dessen Schüler Herakleon vertreten worden ist, "die mächtige Erscheinung einer ersten christlich-paulinischen Theologie" zu sehen ist, "die, getragen von großen Denkern, die gewaltigen Bilder der urchristlichen Eschatologie in ein philosophisch-mythisches Weltbild umsetzte und eben dadurch im Augenblick der Krise der 'naiven' eschatologischen Erwartungen das eigentliche Anliegen dieser Eschatologie wachhielt und damit das Christentum davor bewahrte, zu einer bloß moralisch-sozialen Institution herabzusinken."[88]

Doch wie dem auch sei: Wir sind, wenn ich mich nicht täusche, keineswegs die ersten, die so fragen. Vielmehr hat dieselbe Frage sich auch bereits ein Clemens Alexandrinus gestellt. Und er hat eine völlig unzweideutige Antwort darauf gegeben! Er sieht die Gefahren, die mit dem Weg der religiösen Regression verbunden sind, wie ihn seit dem Ende des er-

---

xandrie. Mélanges offerts au P. Claude Mondésert, Paris 1987 (Patrimones), S. 403-417.

[85] C. Andresen (Anm. 28), S. 440 ff.

[86] B. A. Pearson (Anm. 28), S. 151 f.

[87] C. Andresen (Anm. 28), S. 452.

[88] H. Langerbeck (Anm. 77), S. 81.

sten nachchristlichen Jahrhunderts auch das Judentum unter Führung der Rabbinen beschritt. Und er ist bestrebt, alles in seiner Macht Stehende zu tun, um zu verhindern, daß die "Überwindung der gnostischen Krise" mit einem Rückfall in jene Diasporamentalität und Observanzfrömmigkeit erkauft würde, wie sie die "Apostolische Väter"-Literatur weithin widerspiegelt und wie wir sie speziell an Polykarps Philipperbrief(en) haben ablesen können. Es ist das ein Christentum, das auch bereits ein Basilides und ein Valentinus zu überwinden trachteten. Dagegen fand es noch zu Zeiten des Clemens und des Origenes bei nicht wenigen Gemeindegliedern Gefallen, wie die Polemiken beider gegen die "simpliciores" beweisen.

So stellt denn meines Erachtens das Werk des Clemens und des Origenes die entschieden überzeugendere Antwort auf die Herausforderung der "gnostischen Krise" dar als Polykarp. Hingegen ist der Ruhm des durch Polykarp bezeugten "Frühkatholizismus", der Kirche in gefahrvoller Zeit ihre Identität haben bewahren und sie gegen die Auflösung durch den Synkretismus immunisieren zu helfen.

Das Konzil von Konstantinopel 381

und seine Rezeption

Gregor von Nyssa "In suam ordinationem"

Eine Quelle für die Geschichte des Konzils von Konstantinopel 381?

Carl Andresen zum 60. Geburtstag

Die kleine, überwiegend unter dem Titel **Εἰς τὴν ἑαυτοῦ χειροτονίαν** überlieferte und seit der Übersetzung des Fr. Ducaeus (1596) üblicherweise als *In suam ordinationem* zitierte Rede Gregors von Nyssa[1] ist bisher zumeist mit Lenain de Tillemont[2] auf die Endemusa- bzw. die "Enkäniensynode" von Chalkedon-Konstantinopel 394[3] datiert worden.[4] In jüngster Zeit jedoch hat sich vor allem J. Daniélou für ihre Ansetzung auf das II. Ökumenische Konzil von Konstantinopel 381 ausgesprochen.[5] Andere wie E. Gebhardt, der Herausgeber dieser Rede in der großen Leidener Ausgabe der Werke des Nysseners, haben sich diesem Vorschlag angeschlossen und ihn teilweise noch präzisiert, ohne die für die Datie-

---

Zuerst veröffentlicht in: ZKG 79 (1968), S. 308-328.

Fußnote Nr. 55 fehlt in der Vorlage, in diesem Abdruck findet sich eine fortlaufende Numerierung.

1 PG 46,544A-553B = Gregorii Nysseni Opera [im folgenden abgekürzt GNO], Bd. IX, ed. A. Spira, S. 331-341.

2 *S. Lenain de Tillemont,* Mémoires pour servir à l'histoire ecclésiastique des six premiers siècles, Bd. IX, Paris 1703, note IV, S. 733 f.

3 Vgl. *E. Honigmann,* Trois mémoires posthumes d'histoire et de géographie de l'Orient chrétien, Bd. I: Le concile de Constantinople de 394 et les auteurs du "Syntagma des XV titres", Brüssel 1961 (SHG 35), S. 3-82, bes. 21 ff.

4 Vgl. etwa *O. Bardenhewer,* Geschichte der altkirchlichen Literatur, Bd. III: Das vierte Jahrhundert mit Ausschluß der Schriftsteller syrischer Zunge, Freiburg i. Br. 1912 [2. Aufl., 1923], S. 205, sowie neuerdings wieder *R. Staats,* Die Asketen aus Mesopotamien in der Rede des Gregor von Nyssa *In suam ordinationem*, VigChr 21 (1967), S. 165-179, bes. 173 ff.

5 *J. Daniélou,* La chronologie des sermons de saint Grégoire de Nysse, RSR 29 (1955), S. 346-372 (hier: 357 f), zuletzt und am eingehendsten in der Besprechung meines Buches: Das Konzil von Konstantinopel und sein Symbol. Studien zur Geschichte und Theologie des 2. Ökumenischen Konzils, Göttingen 1965 (FKDG 15) in: RSR 55 (1967), S. 105-113, bes. 110 ff. Daß in meiner Monographie jeder Bezug auf die Diskussion um *In suam ordinationem* fehlt, wie Daniélou mit Recht rügt, rührt nicht daher, daß mir diese Diskussion nicht bekannt gewesen wäre oder ich sie ignorieren zu können geglaubt hatte. Vielmehr erschienen mir die mit dieser Rede verbundenen Probleme einer eingehenderen Erörterung zu bedürfen, als sie im Rahmen einer Geschichte des Konzils von Konstantinopel möglich gewesen wäre. Durch ein Versehen, auf das ich leider erst zu spät aufmerksam wurde, unterblieb jedoch der vorgesehene Hinweis darauf, daß ich auf diese Fragen zurückzukommen gedenke.

rung auf 381 vorgebrachten Argumente wesentlich zu vermehren.[6] Sie sehen es mit Daniélou als "end*[309]*gültig gesichert" an,[7] daß wir in der Rede *In suam ordinationem* eine bisher unerschlossene Quelle für die Geschichte des Konstantinopler Konzils besitzen, die namentlich hinsichtlich der Rolle Gregors von Nyssa auf diesem Konzil wichtige neue Aufschlüsse biete. Über die Deutung des überlieferten Titels freilich sowie über die Frage, welcher Phase des Konzilsgeschehens diese zweite Rede Gregors von Nyssa vor den "150 Vätern"[8] des näheren zuzuordnen sei, ob Gregor sie bei einer nicht näher bestimmbaren Gelegenheit während der ersten Konzilssession unter Leitung des Meletios[9] oder im Zusammenhang mit den Unionsverhandlungen mit der Pneumatomachendelegation[10] oder endlich im Rückblick auf deren Scheitern, kurz vor dem Eintreffen der nachträglich eingeladenen ägyptischen und makedonischen Bischöfe,[11] gehalten habe, gehen die Meinungen auseinander. *[310]*

---

[6] *E. Gebhardt,* Titel und Zeit der Rede Gregors von Nyssa "In suam ordinationem", Hermes 89 (1961), S. 503-507; vgl. auch *G. May,* Gregor von Nyssa in der Kirchenpolitik seiner Zeit, JÖBG 15 (1966), S. 105-132 (hier: 117 f); ders. in seiner Besprechung meines oben angegebenen Buches in ZKG 77 (1966) S. 144 f. (hier: 145); ferner *J. Quasten,* Patrology, Bd. III: The Golden Age of Greek Patristic Literature. From the Council of Nicaea to the Council of Chalcedon, Antwerpen 1960, S. 280.

[7] E. Gebhardt (Anm. 6), S. 505.

[8] Vgl. neben der *oratio funebris* auf Meletios (PG 46,852A-864A = GNO IX,441-457), die nach *J. Bauer,* Die Trostreden des Gregorios von Nyssa in ihrem Verhältnis zur antiken Rhetorik, Theol. Habil. Schr. Marburg 1892, S. 33, am 30. Tag nach dem Todestag des Meletios, unmittelbar vor der Überführung seiner Leiche nach Antiocheia, gehalten wurde. So versteht sich nach Bauer ähnlich wie in des Ambrosius Trauerrede auf den Kaiser Theodosius (CSEL 73, S. 372) die Anspielung auf die dreißigtägige Trauer um den Patriarchen Jakob (Gen 50,2-11 im Vergleich mit Dt 34,8: PG 46,853B = GNO IX,445,1-6). Einen weiteren Hinweis darauf, daß diese Rede jedenfalls nicht bei der Leichenfeier selbst gehalten sei, auf die Gregor vielmehr bereits zurückblicke (456,5 ff), sieht Bauer in der Bezeichnung des Meletios als "Vater eures (sc. der Synodalen) Vaters" (456,13); gemeint sei mit letzterem Gregor von Nazianz, der inzwischen bereits offiziell die Nachfolge des Meletios im Konzilsvorsitz angetreten habe. Doch ist dies schwerlich richtig. Vielmehr stellt der Nyssener hier Meletios, "unsern Jakob", dem alttestamentlichen Patriarchen zum Vergleich gegenüber: Weil beide einander darin gleich waren (wie Vater und Sohn) daß es bei dem einen wie dem andern nicht üblich war, "Kinder von niederer, knechtischer Abkunft nachträglich der Zahl derer von echer Glaubensabkunft beizuzählen" darum (οὐκοῦν) "ist jener (sc. Jakob) auch euer Vater, weil er der Vater eures Vaters (sc. Meletios) war". Und so, darauf kommt es Gregor bei dieser σύγκρισις an, ist die Schwere des Trauerfalls, den es in diesem Augenblick zu beklagen gilt, nicht geringer als einst beim Tod des Patriarchen Jakob, ja muß die Klage umso anhaltender sein, als es jetzt nicht mehr "Fremdvölkische" sind, die den toten Jakob beweinen (Dt 34,8), sondern, wie gezeigt wurde, "Brüder" und "Stammesgenossen" (445,1-13).

[9] J. Daniélou, Chronologie (Anm. 5), S. 358.

[10] J. Daniélou, Rezension (Anm. 5), S. 110 ff; vgl. auch E. Gebhardt (Anm. 6), S. 505, der *In suam ordinationem* ebenfalls auf die Periode vor dem Tode des Meletios ansetzen und mit den Beratungen über die Frage des Verhältnisses zu den Pneumatomachen in Verbindung bringen möchte, sich die Situation freilich dadurch verunklärt, daß er irrigerweise annimmt die Pneumatomachen seien "zur Teilnahme am Konzil eingeladen worden", aber nicht erschienen (ebd.)!

[11] G. May, Gregor von Nyssa (Anm. 6), S. 117. Inzwischen scheint auch E. Gebhardt zu einer ähnlichen Ansicht gelangt zu sein, wenn er in seiner Ausgabe - etwas voreilig,

Leider hat man es bisher unterlassen, die Rede einer eingehenden Analyse nach Inhalt, Form und Stil zu unterziehen,[12] anscheinend unter dem Eindruck, der Gedankengang der Rede sei "nicht konsequent",[13] Gregors Beweisführung sei hier bisweilen "vollkommen systemlos",[14] ja es sei zu fragen, ob *In suam ordinationem* "überhaupt völlig überliefert" sei und uns nicht vielmehr "ein fragmentarischer Text" vorliege.[15] Wo aber die Nötigung zu entfallen scheint, die Deutung der einzelnen Aussagen am Kontext zu kontrollieren und zu bewähren, ist der Phantasie und Kombinationsgabe ein weiter Spielraum gelassen. Ehe die These Daniélous und ihre Begründung nachgeprüft werden kann, ist daher zunächst zu fragen, ob der Eindruck der Formlosigkeit, inkonsequenten Gedankenführung und fragmentarischen Textüberlieferung der Rede zu Recht besteht.

1. Wovon also handelt *In suam ordinationem*? - In einer repräsentativen[16] Versammlung nikäisch-orthodoxer Bischöfe,[17] die sich aus festlichem Anlaß[18] in einem prächtig ausgestatteten Raum, wohl einer Kirche,

---

wie man finden wird! - der Rede den neuen Titel gibt: "De deitate adversus Euagrium oratio *qua sententiam suam in concilio Constantinopolitano prolatam confirmavit*".

[12] Die "kurze Durchmusterung des Inhalts", deren Ergebnis E. Gebhardt (Anm. 6), S. 504 ff, vorlegt, hat Wichtigstes wie etwa das Thema des Ganzen nicht wahrgenommen und geht zudem i.w. nicht über die erste Hälfte der Rede hinaus, während sich R. Staats ([Anm. 4], S. 166 ff) nur für den Schluß interessiert hat. J. Daniélou endlich begnügt sich damit, eine Reihe von Anspielungen auf die Situation des Konzils von 381 namhaft zu machen (Rezension [Anm. 5], S. 110 f), ohne sich des Zusammenhangs zu vergewissern, in dem sie stehen.

[13] R. Staats (Anm. 4), S. 165.

[14] E. Gebhardt (Anm. 6), S. 504.

[15] R. Staats (Anm. 4), S. 166.

[16] Gregor sieht in dieser Versammlung offenbar die Kirchengemeinschaft angemessen repräsentiert, der er sich selbst zurechnet. Wer hier nicht vertreten ist, gehört zu den "Abgefallenen", zu den "Außenstehenden" (vgl. etwa 334,10 ff mit 338,22 ff). Darum kann Gregors Blick, was gelegentlich irritiert, ohne weiteres überwechseln von der pars zum totum (vgl. 334,4 ff mit 338,22 ff und 341,3 ff).

[17] Vgl. bes. 336,3 ff. Daß es sich bei den Anwesenden um Bischöfe handelt, wird dadurch nahegelegt, daß sie insgesamt als "Väter" (336,1 f), als "Tagelöhner" angesprochen werden, "die ... im Weinberg des Herrn arbeiten" (335,24 f), sowie daß Gregor abwechselnd in der 1. Person Singularis (vgl. 334,4 ff) und Pluralis (vgl. 338,10) reden und dann dieselben Aussagen von "den Lehrern (der Kirche)" machen kann (334,8 ff; 337,8 ff).

[18] Vgl. die Fülle der diesbezüglichen Metaphern zu Beginn der Rede (dieses "geistliche Gastmahl", "dieser gute und reiche Gastgeber" usw.) sowie den fast scherzenden Ton in Wendungen wie: "Wir halten euch noch ein wenig mit unserm Geplapper beim Prooimion auf ..." (ἔτι ὑμῖν ἐν προοιμίοις ἀδολεσχοῦμεν: 332,22), wie auch die Aufbietung von nicht weniger als vier ausgeführten Vergleichen zum Ausdruck von Gregors angeblicher rhetorischer Unfähigkeit (331,4-18; 331,18-332,5; 332,13-22 und 333,1-7) wegen ihres offenkundig hyperbolischen Charakters auf seine Zuhörer kaum weniger erheiternd gewirkt haben wird als auf uns. Auf den festlichen Anlaß läßt auch die Charakterisierung der zuvor gehaltenen Reden schließen: sie waren "geistlicher Honigseim", an dem sich das Ohr delektierte ("... τοῖς πνευματικοῖς τούτοις κηρίοις τὴν ἀκοὴν ὑμῶν ἐντρυφήσασαν ...": 331,16 f); sie haben bei den Hörern nachhaltige Bewunderung hervorgerufen (332,6 f), haben sie mit "Süßigkeiten" verwöhnt und zu ihrer wohligen "Sättigung" geführt (332,7 ff); weiter ist von ihrer "Schönheit" (κάλλος: 332,12), von ihrem "Leuchtglanz" (λαμπηδών: 332,20 f) die Rede; auch ist nicht ausgeschlossen, daß sie zumindest mitgemeint sind, wenn Gregor später von den

zusam*[311]*mengefunden haben,[19] ergreift Gregor nach mehreren Vorrednern[20] als letzter das Wort.[21] Nicht aus eigenem Antrieb redet er, sondern

---

"zu unsrer Zeit" gehaltenen "langen", "überaus prächtigen" und "ausgefeilten Reden" spricht (vgl. 337,9 mit 334,8 f bei dem Ausdruck: **τρίβονται λόγοι** [sc. **ὑπὸ τῶν διδασκάλων**] wird man wohl auch an das **τρίβωνα λόγων** von *Contra Eunomium* I/12 = GNO IX,25,26 zu denken haben). Kurzum: wenn bei ihnen nicht Absicht und Wirkung gänzlich auseinanderklafften, so zielten diese Reden - zumindest auch - darauf ab zu ergötzen, zu erheben, waren also epideiktisch-enkomiastischen Charakters (vgl. zur epideiktischen Beredsamkeit und ihren verschiedenen Arten *R. Volkmann,* Die Rhetorik der Griechen und Römer in systematischer Übersicht dargestellt, 2. Aufl., Leipzig 1885, S. 314 ff; *H. Lausberg,* Handbuch der literarischen Rhetorik. Eine Grundlegung der Literaturwissenschaft, Bd. I, München 1960, S. 129 ff). Das Gleiche gilt aber auch von der Rede Gregors selbst, zumindest von deren Prooimion, das ganz auf den zu vermutenden festlichen Anlaß abgestimmt ist, nicht nur seinem Stil nach, sondern auch in seiner Anlage, in der es weitgehend den Vorschriften entspricht, die etwa bei Menander, **Περὶ ἐπιδεικτικῶν** (in: *L. Spengel,* Rhetores Graeci, Bd. III, Leipzig 1856 [Nachdr. Fankfurt/Main 1966], S. 369 f) für die epideiktische Rede aufgestellt sind und dem Prooimion vornehmlich die Aufgabe der **αὔξησις**, der Amplifikation des behandelten Gegenstandes zuweisen. Bei Gregor ist der amplifikatorische Charakter des Prooimions freilich auf den ersten Blick nur schwer zu erkennen, weil er hier vor allem die indirekte Form der sog. "ratiocinatio" (vgl. H. Lausberg, a.a.O., Bd. I, S. 223 f) gewählt hat, d.h. er amplifiziert die Begleitumstände (in diesem Fall die festlichen Reden, den prächtigen Versammlungsort, den würdigen Versammlungsleiter!) und suggeriert damit den Hörern den Rückschluß auf die Größe des zu lobenden Gegenstandes selbst. Dazu erstrebt er, ganz im Sinne der Vorschriften Menanders, die amplifikatorische Wirkung mittels der **ἀπόρησις**, der Betonung der eigenen rhetorischen Unzulänglichkeit!

19 Vgl. die kleine Ekphrasis 332,13 ff, die nicht nur stilistisch reizvoll, sondern möglicherweise auch von einigem kunstgeschichtlichen Interesse ist und darum hier im Wortlaut mitgeteilt sei: "Siehst du zu deinen Häupten diese Decke (**ὄροφος**), wie schön sie anzuschauen ist, wie strahlend das Gold an dem Schnitzwerk erblüht (**ὡς γλαφυρῶς ταῖς γλυφαῖς ἐπανθεῖ τὸ χρυσίον**)? Obwohl sie auf den Beschauer wirkt, als wäre sie ganz aus Gold (oder: obwohl sie an der Oberfläche ganz aus Gold ist - **χρύσεος ὢν ὅλος τὴν ἐπιφάνειαν**), sind ihr doch in regelmäßiger Folge mit Blau ausgemalte Vielecke eingegraben (**κύκλοις τισὶ πολυγώνοις κυάνῳ διακεχρισμένοις ὑποκεχάρακται**). Was hat das Blau für den Künstler zu bedeuten? (Es dient), wie ich glaube, dazu, daß das Gold mehr Leuchtkraft gewinne, indem es (der Künstler) mit der Farbe abwechseln läßt. Wenn nun das Blau, dem Golde beigemischt, dessen Leuchtkraft steigert, so ist es vielleicht auch nicht unangebracht, wenn dem Glanz der zuvor gehaltenen Reden nun auch noch unser Schwarz beigefügt wird". - Wie so oft bringt Gregor hier also zu Beginn eines Vergleiches eine veritable Ekphrasis (vgl. dazu *L. Méridier,* L'influence de la seconde sophistique sur l'oeuvre de Grégoire de Nysse, Thèse Paris 1906, S. 139 ff), d.h. eine der kunstgerechten "Beschreibungen", bei denen er es zu einiger Meisterschaft gebracht hat (vgl. *P. Friedländer,* Johannes von Gaza, Paulus Silentiarius und Prokopios von Gaza. Kunstbeschreibungen justinianischer Zeit, Leipzig usw. 1912 (Sammlung wissenschaftlicher Kommentare zu griechischen und römischen Schriftstellern 8) [Nachdr. Hildesheim 1969], S. 73 f; *G. Downey,* Art. Ekphrasis, RAC, Bd. IV, 1959, Sp. 921-944, bes. 936 f). Schwierig ist die Verbindung **κύκλοις** ... **πολυγώνοις**, ein Oxymoron, wie es dank Gregors ausgeprägtem "goût du paradoxe" (Méridier, a.a.O., S. VII) in seinem Schrifttum häufig begegnet (s. Méridier, a.a.O., S. 200 ff). Die Übersetzung, die nur einen Versuch darstellt, versteht **κύκλος** im übertragenen Sinne als Ausdruck des Zyklischen, der regelmäßigen Folge, während das Adjektiv **πολυγώνοις** hier wohl für den "langweiligeren" Genitiv **πολυγώνων** (von **τὸ πολύγωνον**) eintritt. Aber das, worauf es hier ankommt, ist völlig klar: nach Gregors Beschreibung tagt die Versammlung in einem (basilikalen) Raum mit einer vergoldeten Kassettendecke (vgl. bes. die Ausdrücke: **ὄροφος**, **αἱ γλυφαί** und

weil er sich dem Drängen des Versammlungsleiters nicht verschließen kann und will,[22] ob*[312]*wohl er sich alt und matt fühlt und seine Redeweise "zitternd und ein wenig schleppend" geworden ist.[23] Allein, es mag deshalb angehen, daß auch er etwas zu diesem Symposion beisteuert, weil der Kontrast zwischen seiner und vor allem der unmittelbar zuvor gehaltenen Rede, die noch immer alle in ihrem Bann gefangenhält,[24] deren Glanz nachträglich nur noch steigern kann; so wie zu Häupten der Versammlung das Dunkelblau, mit dem die polygonalen Vertiefungen der Decke ausgemalt sind, das Gold am Schnitzwerk der Kassetten umso strahlender hervortreten läßt.[25] Auch darf vielleicht daran erinnert werden, daß einst beim Bau der Stiftshütte (vgl. Ex 35) Mose und Bezaleel, "der durch göttlichen Geist die Kunstfertigkeit eines Zimmermanns erlangt hatte, ohne daß ihn ein anderer darin angelernt hätte",[26] an die Freigebigkeit aller Israeliten appellierten und über dem Gold, dem Purpur und den Edelsteinen der Reichen die Gaben der Armen, Hölzer, Häute und Ziegenhaare, keineswegs verachteten.[27]

Doch dient Gregor diese Geschichte aus dem Buche Exodus nicht nur zum - für unsren Geschmack reichlich monströsen! - Vergleich. Vielmehr gewinnt er ihr auch selbst eine unmittelbare aktuelle Bedeutung ab[28] oder doch wenigstens einem bestimmten Zug in ihr, den er vorher bereits absichtsvoll ins Licht gerückt hatte[29] und nun noch einmal hervorhebt, um ihn gleichsam als Thema seiner folgenden Darlegungen kenntlich zu machen: "Durch göttlichen Geist (πνεύματι θείῳ) wurde Bezaleel aus einem Laien (ἰδιώτης) ein Fachmann (σοφός)."[30]

ὑποχαράττεσθαι die wohl keine andere Deutung zulassen), was wohl am ehesten an eine Kirche denken läßt (vgl. *F. W. Deichmann,* Art. Decke, RAC, Bd. III, 1957, Sp. 629-643, bes. 638 ff; P. Friedländer, a.a.O., S. 44, 99 f zu Eusebs Beschreibungen der großen Kirchenbauten unter Konstantin).

20 Vgl. 331,4-332,20 f.

21 Vgl. bes. 331,16 ff (δεξιώσασθαι ist hier wohl im Sinne von "Lebewohlsagen" zu verstehen).

22 331,6-14.

23 332,2 ff.

24 332,6-9.

25 332,11-22.

26 "... ὃς πνεύματι θείῳ τὴν σοφίαν ἔσχε τῆς ἀρχιτεκτονικῆς αὐτοδίδακτον" (333,2 f).

27 333,1-7.

28 "... οὐκ ἄκαιρος τῆς ἱστορίας ἴσως ἡ μνήμη" (333,7 f).

29 Nach Exodus 35,4 ff rief Mose allein zu Spenden für den Bau der Stiftshütte auf und stellte im Anschluß daran Bezaleel den Israeliten als den vor, den der Herr neben Oholiab zum Baumeister berufen und "erfüllt" habe "mit dem Geist Gottes, daß er weise, verständig, geschickt sei zu allerlei Werk ..." (Ex 35,30 ff). Gregor hingegen läßt Bezaleel bereits an dem Aufruf an die Israeliten beteiligt sein ('Ακούω Μωυσέα τὸν μέγαν ... καὶ τὸν Βεσελεὴλ ... κοινῇ προθεῖναι τὴν φιλοτιμίαν πλουσίοις καὶ πένησι...") und führt ihn dort umständlich ein (vgl. Anm. 26), was im Blick auf den Vergleich, auf den es ihm zunächst ankommt, als völlig überflüssig erscheint, nachträglich sich aber als geschickte Vorbereitung auf das Kommende erweist.

30 333,9 f.

Die Aktualität dieser Aussage liegt für Gregor einmal darin, daß hier, wie er in einem kurzen fingierten Dialog[31] mit "dem Pneumatomachen" *[313]* ausführt, die Gottheit (θειότης) des Geistes bezeugt wird. Und zwar muß sie ihm φύσει und nicht etwa κτήσει zukommen, wie sich aus dem Gedanken der Einfachheit und Unzusammengesetztheit der göttlichen Natur zwangsläufig ergibt. Hält man dies Zeugnis ferner zusammen mit dem christlichen Grunddogma ("Kerygma") von der Einheit der θεία φύσις so erhebt sich die Frage, mit welchem Recht die Pneumatomachen "mit dem Worte trennen (sc. den Geist von Vater und Sohn), was von Natur aus zusammengehört".[32] Noch wichtiger aber ist im Augenblick, was hier über das *Wirken* des göttlichen Geistes gesagt wird. Gregor nimmt es in der Formulierung auf, daß die "Herabkunft (ἐπίβασις)" des Geistes "der Seele wie eine Fußstapfe die Gnade", das Charisma "der Weisheit (σοφία) einprägt".[33] Hieran zu erinnern tut umso mehr not, als sich im Blick auf die namentlich vom Streit um Wesen und Würde des Hl. Geistes beherrschte Gegenwart[34] die Frage erhebt, warum die Verkündigung, die "Lehre" der Kirche heute anders als zur Zeit der Apostel trotz aller reichentfalteten Beredsamkeit so wenig ausrichtet. Es ist vielmehr so, wie der

---

[31] Der fiktive Charakter geht schon daraus hervor, daß es kurz hintereinander heißt: "welcher Gedanke mir dabei durch den Sinn kam, will ich gern auch der Allgemeinheit mitteilen ... Der Pneumatomache höre also gut zu" (333,8 f.11)! Solche fingierten Dialoge, eines der Hauptcharakteristika der "Diatribe" (vgl. *E. Norden,* Die antike Kunstprosa vom VI. Jahrhundert v. Chr. bis in die Zeit der Renaissance, Bd. I, 4. Aufl., Leipzig usw. 1923 [5.Aufl., Darmstadt 1958], S. 129 ff; *W. Capelle / H. I. Marrou,* Art. Diatribe, RAC, Bd. III, 1957, Sp. 990-1009, bes. 997 f), begegnen überaus häufig beim Nyssener (vgl. in unserer Rede noch 337,11 ff; 339,10 ff).

[32] 333,11-334,4.

[33] 333,12 f. Σοφία dürfte hier im Sinne des paulinischen Charismas des λόγος σοφίας (I Kor 12,11) verstanden sein. Darum kann Gregor später hieran anknüpfen mit der Frage: "Wer aber wird mir die Überzeugungskraft jener Verkündigung geben..." (ἀλλὰ τίς μοι δώσει τὴν δύναμιν τοῦ λόγου ἐκείνου...: 334,4). Die "Dynamis" der Verkündigung ist in der Tat das Kernproblem, um das es in der ganzen weiteren Rede geht! - Im Gegensatz zu E. Gebhardt, nach dem der im Codex Taurinensis Bd. II/4 singulärerweise überlieferte Titel Περὶ θεότητος (πρός Εὐάγριον) "den Inhalt der Rede genau" trifft! ([Anm. 6], S. 506), hat R. Staats richtig gesehen, daß die Anrede an die pneumatomachischen Bestreiter der Gottheit des Geistes vom Kontext insofern absticht, als Gregor im weitern der Rede nie wieder ausdrücklich auf die Frage der Gottheit des Geistes zurückkommt. Trotzdem handelt es sich hierbei schwerlich um ein "Fremdstück" (R. Staats [Anm. 4], S. 169, Anm. 12; vgl. auch S. 175, Anm. 30), etwa um einen "Brief an Euagrius", der versehentlich in die Überlieferung von *In suam ordinationem* "mit hineingeraten" wäre (S. 166), wohl aber um eine digressio (vgl. H. Lausberg [Anm. 18], Bd. I, S. 187ff), die, vorbereitet durch das zweimalige hervorgehobene πνεύματι θείῳ (333,2.9), angesichts der kirchengeschichtlichen Situation, auf die Gregor deutlich genug Bezug nimmt (vgl. bes. 334,8 ff), vollauf verständlich ist.

[34] Wohl fällt in der Rede gelegentlich auch einmal ein Wort über die Anhomoier (335,2 ff; vgl. auch 339, 6ff). Doch gelten sie bereits als "Außenstehende" (335,10), als ausgemachte Häretiker (vgl. 335,18ff: mit den "häretischen Dirnen" kann kaum jemand anderes als sie gemeint sein). Im Mittelpunkt des Interesses jedenfalls steht hier das Verhältnis zu den "abgefallenen Brüdern" (335,10-337,7), die unschwer als "Rechtsmakedonianer" erkennbar sind (vgl. unten S. 152 f.), und damit der Streit um Wesen und Würde des Hl. Geistes.

Prophet sagt: "Es bleibt fern, was sich trennte, es stirbt, was sterben will, und es bekehrt sich nicht, was sich verirrte" (vgl. Sach 11,9; Ez 34,4). Und nun zeigt sich, daß es nicht nur zum Scherz gesagt war, wenn Gregor im Prooimion bemerkte, es sei "wohl angebracht", nach dem "Glanz" der zuvor gehaltenen Reden nun etwas dunklere Töne zu wählen.[35] Darf man doch nicht vergessen, in welch beklagenswerter Lage sich die Kirchen gegenwärtig befinden, daß nämlich das "Band der Liebe" und des Friedens, welches bis dahin als kostbares väterliches Erbe in Ehren *[314]* gehalten und bewahrt wurde, in "dieser heillosen Generation" gänzlich zu zerreißen droht. Immer wieder hat sich in der Gegenwart wiederholt, daß sich Brüder von Brüdern trennten, wie der verlorene Sohn des Evangeliums ihr Erbteil an sich rissen und es in Gemeinschaft mit den "häretischen Dirnen" verschleuderten, ohne daß sie bisher in der Fremde zur Einkehr gelangt wären. Es hieße allem Anschein nach, eitlen Träumen nachhängen, wenn man auf ihre Rückkehr hoffte, selbst wenn sich alle hier versammelten orthodoxen Bischöfe wie der Vater des Gleichnisses auf den Weg machten, den "verlorenen Söhnen" entgegen, und ihre Bereitschaft bekundeten, sie wieder in die Gemeinschaft des nikäischen Glaubens aufzunehmen. Denn "das Herz der Brüder ist verstockt"; sie lassen sich nicht davon abbringen, zwischen den kirchlichen Fronten hin und herzutreiben. So täte man am besten, sie, die "weder kalt noch warm" sind, "auszuspeien" (vgl. Apk 3,15 f)![36]

Warum aber ist das so, fragt Gregor und kehrt damit zu seinem Thema zurück. "Was ist der Grund dafür, daß einst, zur Zeit der Jünger, durch den Herrn viel Volks der Kirche zugeführt wurde (vgl. Act 11,24), jetzt aber die langen und prächtigen Reden der Lehrer an den Ohren vorbeirauschen, ohne etwas auszurichten (παρατρέχειν ἀπράκτους)?" Soll man sagen, es liege daran, daß die Predigt der Apostel "durch die Charismen ihre Beglaubigung empfing (τὸ ἀξιόπιστον ... διὰ τῶν χαρισμάτων εἶχε)"? Allein, daß machtvolle Taten dem Wort zu Hilfe kommen und seine Wahrheit bezeugen, ist das eine heutzutage gänzlich unerschwingliche Möglichkeit? Doch wohl nicht! Vielmehr ist auf das Beispiel der Asketen aus Mesopotamien zu verweisen, die, "Landsleute unsres Vaters Abraham", wie dieser "aufgebrochen" sind "aus ihrem Vaterland und ihrer Verwandtschaft (Gen 12,1), ja "die ganze Welt" verlassen haben. Zwar "wissen sie nicht, mit Worten zu fechten, und Streitgespräche zu führen haben sie nicht gelernt; aber über die Dämonen haben sie eine solche Macht, daß auf ihren bloßen Befehl hin geschieht, was sie sich vorgenommen (ὡς προστάγματι μόνῳ τὸ δοκοῦν κατεργάζεσθαι), und die Dämonen das Weite suchen, (in die Flucht geschlagen) nicht durch syllogistische Künste, sondern durch eine Vollmacht, die aus dem Glauben erwächst, nicht indem sie so lange in die Enge getrieben werden, bis ihnen der Widerspruch vergeht (οὐκ εἰς ἀπορίαν ἀντιφάσεως περιαγόμενα), sondern indem man sie in die äußerste Finsternis verbannt". Mit all dem aber

35 332,20-22.

36 334-337,7.

bezeugen diese einfältigen Leute als eine noch gegenwärtig erfahrbare Wirklichkeit, was von Bezaleel geschrieben steht, daß er, ein ἰδιώτης, durch die Einwohnung des Geistes mit dem Charisma der "Weisheit" begabt wurde.[37] *[315]*

Nein, niemand soll argwöhnen, Gregor achte die gegenwärtig zu erfahrende Gnade gering. Wenn Verkündigung und Lehre der Kirche heute so wenig Überzeugungskraft besitzen, so liegt das nicht daran, daß der Geist, der "all dies wirkt und jedem das Seine zuteilt, wie er will" (I Kor 12,11), etwa aufgehört hätte, sich solchermaßen zu versichtbaren!

Dann aber braucht man auch nicht zu resignieren und sich etwa abzufinden mit dem, was an kirchlicher Gemeinschaft auf dieser Bischofsversammlung in Erscheinung tritt. "Ich freue mich", gesteht Gregor, "an dem, was ich (hier anwesend) sehe, aber es betrübt mich, was (alles) ich nicht sehe".[38] Es bleibt der Kummer über die, die sich von dieser Gemeinschaft fernhalten. Gewiß kann und soll man ihnen mit theologischen Argumenten entgegenzutreten suchen. Gregor liefert dafür selbst noch ein Exempel, indem er denen, die in der Weise des Eunomios "spitzfindige Untersuchungen" über eine Seinshierarchie "anstellen" (οὐσίας τινὰς τεχνολογοῦσιν ...), in die auch Vater und Sohn, freilich in gebührendem Abstand voneinander, einzustufen wären, entgegenhält, daß es angesichts der "Unendlichkeit" Gottes geradezu aberwitzig ist, das Wesen des Vaters und des Sohnes vergleichend nebeneinanderzustellen, um eine Unter- oder Überordnung zu statuieren.[39] Doch nicht daran sollte sich die Hoffnung

---

[37] 337,7-338,9. Zu welchem Zweck Gregor auf das Beispiel der Asketen aus Mesopotamien verweist, darüber läßt er keinen Augenblick im unklaren, wenn er einleitend fragt: "Siehst du nicht die gleichen Wunder (gegenwärtig geschehen wie zur Zeit der Apostel)?" und die Charakterisierung der exemplarischen Charismatiker abschließt mit den Worten: "So weiß der Christ, Schlüsse zu ziehen (συλλογίζεσθαι), dies sind die Taten (κατορθώματα), zu denen unser Glaube befähigt ..." Es ist vielleicht nicht ganz abwegig, darüber hinaus auf Gregors Schrift *De virginitate* zu verweisen. Wie dort nach dem Schema der Εἰσαγωγή-Literatur (vgl. etwa Horaz, *Ars poetica,* und dazu *E. Norden,* Die Composition und Litteraturgattung der horazischen Epistula ad Pisones, Hermes 40, [1905], S. 481-528 [hier: 481 f] [auch in: ders., Kleine Schriften zum Klassischen Altertum, hg. von B. Kytzler, Berlin 1966, S. 314-357] zunächst der βίος ἀσκητικός "als τέχνη oder δύναμις im griechischen Sinn dieser Worte" vorgestellt wird und die Darstellung schließlich "in dem Idealbild des Mannes kulminiert, der die τέχνη verkörpert", einem Bild, das die Züge des Gregor-Bruders Basileios trägt (*W. Jaeger,* Two Rediscovered Works of Ancient Christian Literature: Gregory of Nyssa and Macarius, Leiden 1954, S. 132 f), so erscheinen hier die mesopotamischen Asketen gleichsam in der Rolle der τεχνῖται. In jedem Fall dient ihr Beispiel dazu, um als δυνατόν (vgl. H. Lausberg [Anm. 18], S. 125 f), als noch gegenwärtig erfahrbar zu erweisen, was Altes und Neues Testament über die Wirklichkeit des Charismatischen bezeugen.

[38] 338,22-339,1. Auf die Gesamtheit der Anwesenden und nicht etwa auf die "nun gar selbst an(geredeten)" und womöglich "unter seinen Zuhörern" zu vermutenden Asketen (so R. Staats [Anm. 4], S. 167) bezieht es sich auch, wenn Gregor wenig später sagt: "Wenn ich auf euch schaue, so kommt meine Sehnsucht bei euch zur Ruhe". Lautet doch die Fortsetzung: "wenn ich aber an das denke, was hier fehlt, so weiß ich nicht, wie ich das Unglück beklagen soll ..." (339,4-6).

[39] 338,13-339,26. Daß Gregor hier konkret die Theologie der Eunomianer vor Augen hat und nicht allgemein gegen die "Spitzfindigkeiten einer zeitgenössischen Theologen-

heften, sondern an die Verheißung: "Selig sind, die nach dem Herren dürstet" (vgl. Mt 5,6), was meint, daß wir einen Wanderer nachahmen sollten, der auf sonnendurchglühter, staubi*[316]*ger Straße plötzlich auf eine reichlich sprudelnde Quelle trifft und sich nun nicht etwa in Spekulationen über das Woher, Wie und Wodurch des Wassers ergeht, sondern eilends niederkniet, seinen brennenden Durst zu löschen sucht "und dem dankt, der ihm diese Gnade gewährt hat". Wir sollten um den Geist als die Quelle aller guten Gaben bitten! "Tue weit deinen Mund auf", sagt der Prophet (vgl. LXX-Ps 80,11), "und es wird ihn der füllen, der da Macht hat, die Charismen zu schenken".[40]

Weil er, der Geist, nicht nur künftige Güter, "Unsterblichkeit der Seele", "ewiges Leben" und "Freude ohne Ende", bereithält, sondern schon jetzt als Spender der Charismen in Anspruch genommen sein will, darum richtet sich der Blick dankbar in die Gegenwart und zuversichtlich in die Zukunft, weil zu hoffen ist, daß, wie schon jetzt "die Schatzkam-

---

schaft" polemisiert (so wiederum R. Staats [Anm. 4], S. 167), unterliegt angesichts der völligen Übereinstimmung in der Charakterisierung und Widerlegung des Gegners, wie sie sich zwischen dieser Passage von *In suam ordinationem* und dem großen Werk *Contra Eunomium* (vgl. dazu vor allem *E. Mühlenberg,* Die Unendlichkeit Gottes bei Gregor von Nyssa. Gregors Kritik am Gottesbegriff der klassischen Metaphysik, Göttingen 1966 [FKDG 16], S. 95-147) aufzeigen ließe, nicht dem geringsten Zweifel. Auch deutet nichts darauf hin, daß Gregor in den mesopotamischen Asketen nicht nur exemplarische Charismatiker, sondern dazu noch tiefgründige spekulative Denker gesehen und ihnen den Gedanken der "Unendlichkeit und Unausmeßbarkeit der göttlichen Macht" (richtiger: des göttlichen Wesens) zugeschrieben hätte, wie R. Staats (Anm. 4) anzunehmen scheint.

40 340,1-341,2. Gregor führt den Vergleich, dessen erste Hälfte auch hier zu einer wohlgelungenen "Beschreibung" ausgestaltet ist (340,4-19), nach dem freien Zitat von Mt 5,6 mit der etwas rätselhaften Wendung ein: "Es ist also der Gedanke wohl nicht unzeitgemäß (oder: es ist wohl nicht unzeitgemäß, folgendes zu beherzigen - **τάχα οὖν οὐκ ἔξω τοῦ καιροῦ τὸ ἐνθύμιον**), und nehmt mein Wort an, auch wenn es sich in Diskrepanz zur gegenwärtigen Lage zu befinden scheint (**κἂν ἀπηρτῆσθαι τῶν παρόντων δοκῇ**)". Daß es Gregor für "zeitgemäß" hält, seinen Hörern die Bitte um den Charismengeist, der auch die **δύναμις τοῦ λόγου** (334,4) geben kann, ans Herz zu legen, ist im voraufgehenden hinreichend begründet. Aber worin liegt die von den Hörern möglicherweise empfundene "Diskrepanz" zur Gegenwart? Etwa darin, daß der Vergleich mit dem "in der Mittagshitze seines Weges ziehenden" Wanderer eine Situation beschwört ("... die Sonne glüht mit sengenden Strahlen über seinem Haupt und saugt mit ihrer Feuersglut alle Feuchtigkeit aus dem Körper; auch sei in dem Beispiel vorausgesetzt, daß der Boden rauh, unwegsam und ausgedörrt ist..."), in die sich die festlich gestimmte Versammlung nur schwer hineinzuversetzen vermag? Oder meint Gregor, damit rechnen zu müssen, daß es von einigen der anwesenden Bischöfe als Zumutung, als Widerspruch zu den Erfordernissen der Gegenwart empfunden werden könnte, wenn er mit diesem Vergleich scheinbar dazu auffordert, statt sich in müßigen Spekulationen über "Woher", "Wie" und "Wodurch" des Geistes zu ergehen, sich an seine Gaben zu halten, was den Wünschen der Gegner wohl allzusehr entgegengekommen wäre? In diesem Falle konnte er darauf vertrauen, daß alsbald erkennbar werde, es gehe ihm anders als seinem bischöflichen Kollegen Kyrillos von Jerusalem (vgl. bes. dessen Katechese XVI/24 [PG 33,952B-953A]) nicht im geringsten darum, den Fragen um Wesen und innertrinitarische Stellung des Geistes auszuweichen, sondern es komme ihm allein darauf an, daß der Geist, dessen Gottheit ihm ebenso unbezweifelt feststand wie seinen Zuhörern (vgl. 333,11 ff), nun auch als Spender der Charismen in Anspruch genommen werde!

mern voll sind von dem Golde Arabiens" (vgl. LXX-Ps 71,15), so "vielleicht schon bald auch Gesandte aus Ägypten kommen und ihre Hand zu Gott erheben werden und die Königreiche auf Erden mit uns das Siegeslied anstimmen dem, der alle in sein Reich ruft ..." (vgl. LXX-Ps 67,32 f).[41]

2. Ist damit der Inhalt der Rede zutreffend wiedergegeben, so weist sie einen in sich geschlossenen Gedankengang auf, wenn es Gregor auch an einigen Stellen seinen Hörern (und Lesern) überlassen hat, den gedanklichen Anschluß selbst herzustellen. Aber wie durch diese bisweilen etwas unvermittelten Übergänge die Durchsichtigkeit des Inhalts nie ernstlich beeinträchtigt *[317]* wird, so besteht auch sonst schwerlich ein Anlaß, die Integrität der Textüberlieferung von *In suam ordinationem* in Zweifel zu ziehen.

Es ist hier leider nicht möglich, die Rede auch auf ihre literarische Gestalt hin näher zu untersuchen und das Ergebnis dem zu konfrontieren, was L. Meridier über den "Einfluß der zweiten Sophistik auf das Werk Gregors von Nyssa" ermittelt hat. Danach wäre Gregor als Rhetor und Schriftsteller zeitlebens nicht über die Rolle des willfährigen und darüber hinaus zuweilen recht linkischen Schülers der Sophisten hinausgelangt. Um die "Anleihen bei der heidnischen Rhetorik" zu retuschieren, habe er "nicht die geistige Schmiegsamkeit des Basileios oder die künstlerische Delikatesse Gregors von Nazianz" besessen.[42] Allein, es würde über den uns gesteckten Rahmen weit hinausführen, wollten wir anhand der von Meridier fast gar nicht berücksichtigten Rede *In suam ordinationem* die Probe aufs Exempel machen.[43] Vielmehr haben wir uns nun der Frage nach der Datierung der Rede zuzuwenden und dabei zunächst die von J. Daniélou für deren Ansetzung auf 381 vorgebrachten Argumente auf ihre Stichhaltigkeit zu überprüfen.

Nach Daniélou sind der Rede einmal Indizien zu entnehmen, die ganz allgemein auf die Situation des Konzils von 381 verweisen; sie seien hier vorweg besprochen. Sodann wartet Daniélou mit einer imposanten Liste von Anspielungen auf, die für ihn den geschichtlichen Ort der Rede, die Gelegenheit, bei der sie im Verlaufe des Konzils gehalten wurde, noch genauer erkennen lassen.

a) Auf das Konzil von 381 führen nach Daniélou folgende allgemeinen Erwägungen: erstens sind die theologischen Themen der Rede ganz die des Konzils; zweitens entspricht, was in der Rede wenigstens andeutungsweise über Größe und Zusammensetzung der Zuhörerschaft Gregors ver-

---

41 341,2-12.

42 L. Méridier (Anm. 19), S. 6.

43 Ein empfindlicher Mangel der im übrigen sehr verdienstvollen Arbeit Méridiers dürfte darin liegen, daß sie nur die ausgesprochenen Enkomien und die Paramythetikoi, also nur einen kleinen Ausschnitt des "oeuvre" Gregors von Nyssa, einer zusammenhängenden literarischen Analyse unterzieht und dabei auch stärker auf das Verhältnis von Form und Inhalt achtet, an dem sich die schriftstellerische Qualität Gregors doch vor allem erweisen muß und an dem sich auch allein das Maß seiner Beeinflussung durch die Sophistik abschätzen läßt.

lautet, gut der Zusammensetzung des Konstantinopler Konzils; drittens, und das ist für Daniélou der "entscheidende Zug",[44] enthält der Schluß der Rede eine völlig unzweideutige Anspielung auf das Konzil, sofern man dort, wie wir namentlich durch Gregor von Nazianz wissen, lange Zeit die Ankunft einer ägyptischen Delegation erwartete, ohne daß von Anfang an festgestanden hätte, ob sie auch wirklich kommen werde.[45]

Um mit diesem letzten, auch von E. Gebhardt für besonders wichtig gehaltenen Argument[46] zu beginnen: Daniélou bezieht sich hier auf die oben im Wortlaut wiedergegebene Schlußpassage der Rede, in der Gregor seiner Erwartung Ausdruck gibt, daß "vielleicht schon bald auch Gesandte aus Ägypten kommen werden". Für sich genommen läßt sich dies zweifellos als *[318]* Anspielung auf das bevorstehende Eintreffen ägyptischer Bischöfe verstehen, auch wenn es sich hierbei, was Daniélou und Gebhardt zunächst übersahen, um ein weiteres Psalmzitat (LXX-Ps 67,32 f) handelt.[47] Könnte Gregor doch dies Zitat, in amplifizierender Absicht, eben wegen der Erwähnung der πρέσβεις ἐξ Αἰγύπτου gewählt haben, wie es auch kein Zufall sein könnte, daß er das LXX-Ps 67,32 ebenfalls erwähnte "Äthiopien" übergangen hat, dessen Episkopat auf dem Konzil von 381 weder zugegen war noch erwartet wurde! Äthiopien besaß zu dieser Zeit noch den Status einer von Alexandreia abhängigen Missionskirche.[48] Doch läßt es m.E. der Kontext als ausgeschlossen erscheinen, daß Gregor hier auf das in Bälde zu erwartende Eintreffen der beiden ägyptischen Bischöfe Timotheus von Alexandreia und Dorotheos von Oxyrhynchos anspielt. Denn wenn es im weiteren heißt: "... und werden ihre Hand zu Gott ausstrecken, und die Königreiche auf Erden werden mit uns das Siegeslied anstimmen dem, der alle in sein Reich ruft...", so rechnet Gregor hier offensichtlich wenn nicht gerade mit der vom Psalmisten verheißenen eschatologischen Völkerwallfahrt, so doch wenigstens mit der Rückgewinnung der Häretiker und der Wiederherstellung der Kircheneinheit. Die Ankunft einiger weiterer nikäisch-orthodoxer Bischöfe jedoch, deren Rechtgläubigkeit, soweit wir wissen, von niemandem angezweifelt wurde und die mit der Mehrzahl der in Konstantinopel anwesenden Vertreter des orientalischen Episkopats in ununterbrochener Kirchengemeinschaft gestanden haben werden, konnte schwerlich auch nur als Symbol für die anhebende Verwirklichung dieser hochgespannten Erwartungen gewertet werden. Denn zwar gab es im Verhältnis der das Konzil von 381 beherrschenden Meletianer zu den Inhabern des alexandrinischen Thronos zeitweilig beträchtliche Spannungen. Es finden sich aber in Gregors Rede auf solche Differenzen innerhalb des nikäischen Lagers auch nicht die leisesten Hinweise. Überdies ist, wie wir sahen, die Frage, wie die "Lehre"

---

[44] J. Daniélou, Rezension (Anm. 5), S. 111.
[45] Vgl. A. M. Ritter (Anm. 5), S. 97ff.
[46] E. Gebhardt (Anm. 6), S. 505.
[47] R. Staats (Anm. 4), S. 174.
[48] Vgl. *J.-R. Palanque,* in: A. Fliche / V. Martin (Hgg.), Histoire de l'Église, Bd. III: De la paix constantinienne à la mort de Théodose, o.O. 1947, S 489 ff, und die dort (S. 489, Anm. 1) angegebene Literatur.

der Kirche solche Überzeugungskraft gewinnen könnte, daß sie die "Abgefallenen" zur Rückkehr in die nikäische Kirchengemeinschaft zu bewegen vermöchte, das Kernproblem von *In suam ordinationem*, und es spricht nichts dafür, daß ausgerechnet zum Schluß von etwas völlig anderem die Rede sein sollte.

Was ferner die Angaben Gregors über die Zusammensetzung und Größe seines Auditoriums anlangt, so passen sie gewiß zu den Nachrichten über das Konzil von 381, sofern es sich im einen wie im anderen Falle wohl um eine repräsentative Versammlung nikäisch-orthodoxer Bischöfe handelte und hier wie dort, von der Episode der von Theodosius inaugurierten und alsbald gescheiterten Unionsverhandlungen abgesehen,[49] keine Vertreter anderer kirchlicher Parteien, auch nicht der Pneumatomachen, zugegen waren.[50] Aller*[319]*dings trifft dies ebenso auf die Synoden von Antiocheia 379 und Konstantinopel 382 zu.[51] Die Möglichkeit einer eindeutigen Eingrenzung auf das Konzil von 381 wäre wohl selbst dann nicht gegeben, wenn wir mit Daniélou den Hinweis auf die mesopotamischen Asketen als weiteren Anhaltspunkt für die Zusammensetzung der Zuhörerschaft Gregors anzusehen hätten. Wohl weil Gregor sie als seine "Mitknechte" bezeichnet,[52] hält sie Daniélou für bischöfliche Konzilsteilnehmer aus Mesopotamien,[53] wie sie die uns erhaltenen Subskriptionslisten für 381[54] (genannt sind drei Bischöfe) ausweisen. Allein, sollte Gregor wirklich ein so lückenlos geschlossenes hierarchisches Bewußtsein gehabt haben, daß er nicht auch Mönche, zumal exemplarische Charismatiker wie die mesopotamischen Asketen, als seine "Mitknechte" bezeichnen konnte? Daß diese Asketen Konzilsteilnehmer gewesen seien und sich unter den Zuhörern Gregors befunden haben, scheint aber vor allem darum wenig wahrscheinlich zu sein, weil Gregor, wie wir sahen, die Anwesenden generell fragen kann: "Warum besitzen wir so wenig Überzeugungskraft? ... Warum wird" unter uns "die Zahl der Geretteten nicht mehr?"[55] und ebenso uneingeschränkt dazu aufrufen kann, den Charismengeist auf sich herabzuflehen;[56] ganz davon abgesehen, daß "Mangel an Rhetorik", exorzistische Kraft und vor allem Heilungsgabe zumindest nicht gerade "gewöhnliche Kennzeichnungen von Bischöfen" sind.[57]

Daß schließlich die theologischen Themen der Rede mit denen des Konzils sich decken, dürfte noch weniger als Kriterium für die Datierung zu gebrauchen sein. Jedenfalls ist aus der puren Tatsache der Anspielung auf

---

49 Vgl. A. M. Ritter (Anm. 5), S. 68 ff.

50 J. Daniélou, Rezension (Anm. 5), S. 110; vgl. dazu oben S. 141, Anm. 16.

51 Vgl. einerseits *E. Schwartz*, Über die Sammlung des Cod. Veronensis LX, ZNW 35 (1936), S. 1-23 (hier: 19-23); andererseits die Nachrichten Theodorets (V,8,10;9,15) über das Konzil von 382.

52 337,16.

53 J. Daniélou, Chronologie (Anm. 5), S. 357; ders., Rezension (Anm. 5), S. 111.

54 *S. C. H. Turner*, Canons Attributed to the Council of Constantinople A.D. 381, JThS 15 (1913/14), S. 161-178 (hier: 168, 171).

55 338,9 f.13; vgl. auch 334,8 ff.

56 340,19 ff.

57 R. Staats (Anm. 4), S. 174.

die Kontroverse mit den Pneumatomachen und den Anhomoiern wie überhaupt auf Spaltungen innerhalb der Kirche[58] kaum sehr viel mehr zu entnehmen, als daß diese Rede nicht gerade der Frühzeit Gregors entstammen wird.

b) Allein, nach Daniélou beschränken sich die aus der Rede zu erhebenden Situationsangaben durchaus nicht auf solche im allgemeinen nur vage gehaltenen Anspielungen, sondern er glaubt auch, eine Fülle von Indizien entdeckt zu haben, die sie einem ganz bestimmten, unverwechselbaren Moment des Konzils von 381 zuweisen, nämlich den vom Kaiser durchgesetzten Einigungsverhandlungen mit der Pneumatomachendelegation unter Leitung des Eleusios von Kyzikos und des Markianos von Lampsakos.[59] Nicht nur paßt es nach Daniélous Meinung zu diesen Pneumatomachen, daß Gregor die "Brüder", deren Abfall er beklagt und um deren Rückgewinnung es ihm zu *[320]* tun ist, charakterisiert durch ihre Weigerung, die Gottheit des Geistes anzuerkennen,[60] daß er ihnen nachsagt, sie seien teils orthodox,[61] teils aber in geheimem Einverständnis (σύμπνοια) mit den Anhomoiern,[62] eine "Anspielung auf die radikalen Tendenzen des Eleusios".[63] Vielmehr trägt es für Daniélou auch der spezifischen Diskussionslage mit ihnen Rechnung, wenn Gregor die Treue gegenüber dem Konzil von Nikaia unterstreicht[64] und sich, dem für die Pneumatomachen bezeichnenden Biblizismus entgegenkommend, auf die Schrift beruft, um aus ihr die umstrittene Gottesprädikation des Geistes zu rechtfertigen.[65] Schließlich meint Daniélou, die ganze Rede als einen ausdrücklich auf die Pneumatomachen gemünzten Appell verstehen zu können, wenn sie auch kaum in Gegenwart des Eleusios und seiner Begleitung gehalten sei,[66] sondern eher der die von einer Kommission geführten Unionsverhandlungen vorbereitenden und begleitenden Konzilsdebatte angehöre, in der Gregor, was seine führende Rolle auf dem Konzil unterstreiche, das abschließende Votum zugekommen sei.[67] Gleichwohl gehe es eindeutig und direkt an die Adresse dieser Pneumatomachendelegation, wenn Gregor versichere, die Tür sei noch offen, und in diesem Sinn das Gleichnis vom

---

58 J. Daniélou, Chronologie (Anm. 5), S. 357.
59 J. Daniélou, Rezension (Anm. 5), S. 110 ff.
60 333,11 ff.
61 336,10 ff.
62 335,9. Doch scheint mir Daniélou diese Stelle nicht ganz richtig verstanden zu haben. Nicht von einer "geheimen Übereinkunft" zwischen Pneumatomachen und Anhomoiern ist hier die Rede. Vielmehr spricht Gregor hier von der beneidenswerten Eintracht unter den anhomoischen "Feinden", die einen unter geringfügiger Abwandlung ("Parodie") des Psalmworts: "Ich bin eifersüchtig auf die Gottlosen (ἀνόμοι)" zu dem Ausruf veranlassen könnte: "Ich bin eifersüchtig auf die Anhomoier (ἀνόμοιοι)" (vgl. LXX-Ps 72,3). Doch habe der "Seelendieb (ὁ τῶν ψυχῶν λωποδύτης)" dafür gesorgt, daß ihnen daraus keine Wohltat erwachse, sondern daß es mit ihnen dank ihrer περὶ τὸ κακὸν σύμπνοια nur immer schlimmer werde (334,21-335,10).
63 J. Daniélou, Rezension (Anm. 5), S. 111.
64 336,3 ff.
65 333,9 ff.
66 338,22 ff; 341,5 f.
67 336,16 ff; 332,19 ff.

verlorenen Sohn beschwöre,[68] wenn er ferner an das "Band der Liebe" als das von den Vätern überkommene kostbare Erbe appelliere,[69] allerdings auch Drohungen nicht verschmähe, indem er gelegentlich den Eindruck zu erwecken suche, als halte er die Partie bereits für verloren, da "das Herz der Brüder verstockt" sei,[70] und zum Schluß seiner Rede die Pneumatomachen wissen lasse, man könne zur Not auch auf sie verzichten; denn das Haus sei bereits "voll"![71]

Die Auseinandersetzung mit Daniélou spitzt sich also auf die Frage zu, ob die Charakterisierung der Pneumatomachen in der Rede *In suam ordinationem* zu den Nachrichten paßt, die wir über die von Eleusios von Kyzikos repräsentierte und an den Einigungsverhandlungen in Konstantinopel beteiligte pneumatomachische Richtung besitzen, und zum anderen, ob Gregors Rede insgesamt als Appell zur Rückkehr in die nikäische Kirchengemeinschaft in der Form eines Diskussionsbeitrages im Rahmen der Konzilsdebatte *[321]* über Möglichkeiten und Grenzen einer Einigung mit den Pneumatomachen verstanden werden kann. Erst wenn man Daniélou auch hierin die Gefolgschaft verweigern muß, dürfte sein Datierungsvorschlag aus den Angeln gehoben sein.

Wie Daniélou richtig gesehen hat, kennzeichnet es die Pneumatomachen, die Gregor in dieser Rede vor Augen stehen, daß ihre Haltung, jedenfalls in der Sicht des Nysseners, zutiefst widersprüchlich ist. Gregor bringt dies in einer Reihe scharf geschliffener Antithesen zum Ausdruck: "Sie berufen sich auf die gemeinsamen Väter und nehmen doch das von diesen (ihnen zugedachte) Erbe nicht an; sie erheben Anspruch auf die gemeinsame edle Abkunft und verleugnen doch die Verwandtschaft mit uns; unsren Feinden stellen sie sich entgegen, und doch sind sie gegen uns mißgünstig gesinnt; gleichsam im Niemandsland zwischen uns und den Feinden postiert (ὥσπερ τι μεθόριον ἡμῶν τε καὶ τῶν πολεμίων γενόμενοι), sind sie gleichzeitig beides und nichts von beidem; zwar bekennen sie nicht den rechten Glauben, finden es aber ungebührlich, wenn man sie als Häretiker bezeichnet."[72] Berücksichtigt man den Zusammenhang, in dem diese Äußerungen stehen,[73] so ist nicht zweifelhaft, wovon hier konkret die Rede ist. Gregor wirft diesen Pneumatomachen vor, daß sie zwar einmal ausgegangen sind von der Kirchengemeinschaft mit den Nikäern und wohl auch jetzt noch am Bekenntnis der "gemeinsamen Väter" von Nikaia festhalten möchten, soweit es wenigstens die Wesenseinheit von

---

68 335,10 ff.

69 334,12 ff.

70 336,8 ff.

71 341,5 ff.

72 336,9-17.

73 Aufschlußreich ist insbesondere der unmittelbar vorausgehende Passus, in dem Gregor in Anlehnung an das Gleichnis vom verlorenen Sohn die Bereitschaft der anwesenden Bischöfe zur Verständigung mit den Pneumatomachen bekundet, allerdings auf der Basis des nikäischen Bekenntnisses (335,20-336,8), zu dem auch sie sich einmal bekannten (vgl. 336,3 ff: "Dort wird ihr ursprüngliches Glaubensgewand bereitgehalten [ἐκεῖ ἡ στολὴ τῆς πίστεως ἡ πρώτη], das die 318 Seelen in edlem Wettstreit der Kirche webten, dort der Fingerring, der das ihm eingeprägte Siegel des Glaubens bewahrt").

Vater und Sohn betrifft; die Folgerungen aber, die sich für Gregor und seine Gesinnungsgenossen aus diesem Bekenntnis für die gegenwärtige Kontroverse um Wesen und Würde des Hl. Geistes ergeben, sind sie nicht zu ziehen gewillt. Vielmehr nähern sie sich hier den anhomoiischen "Feinden"[74] und stehen so zwischen den Fronten, ungewiß, wohin sie eigentlich gehören. - Von Eleusios von Kyzikos dagegen wissen wir, daß er nicht nur persönlich das Nicaenum nie akzeptiert und selbst in der Zeit der gemeinsamen Bedrückung durch Valens ein kirchenpolitisch taktisches Zusammengehen mit den Nikäern abgelehnt hat, sondern daß es wohl auch hauptsächlich seinem Einfluß zuzuschreiben ist, wenn sich auf der entscheidenden Synode im karischen Antiocheia (378) die Mehrheit der dort vertretenen Pneumatomachen unter Rückkehr zur 2. antiochenischen Formel von 341, dem sogen. "Bekenntnis Lukians des Märtyrers",[75] und unter Auf*[322]*kündigung der formell noch bestehenden Union mit den Homousianern zur eigenen Kirchengemeinschaft zusammenschlossen.[76] So zeugte es von einer völlig unrealistischen Einschätzung der Lage, wenn Theodosius ausgerechnet eine Delegation dieser antinikäisch gesinnten Pneumatomachen um Eleusios zu Unionsverhandlungen nach Konstantinopel einlud. Aber daß sich auch ein Mann wie Gregor von Nyssa, nach allem, was sich in dem dem Konstantinopler Konzil voraufgegangenen Jahrzehnt zwischen nikäischer Orthodoxie und Homoiusianismus abgespielt hatte, dermaßen in seinem Gegenüber verrechnet haben sollte, daß er in seiner Rede der Meinung Vorschub leistete, als lasse sich einem Eleusios gegenüber mit der Treue zum Nicaenum operieren, erscheint als ausgeschlossen, zumal wenn man mit Daniélou annimmt, die Verhandlungen mit der pneumatomachischen Delegation seien bereits in Gang gewesen, als Gregor in die Debatte eingriff, so daß er hinreichend Gelegenheit gehabt hätte, etwa noch bestehende Unklarheiten über die Position des Verhandlungspartners auszuräumen.

Aber selbst wenn wir voraussetzen, es haben sich in der Begleitung des Eleusios auch solche Pneumatomachen befunden, die in der "Christologie" nikäisch dachten und lediglich in der Pneumatologie von dem "rechten Glauben" abwichen, was ja immerhin möglich wäre, obwohl die Quellen nichts darüber verlauten lassen, so erhebt sich die Frage, ob es wirklich denkbar sei, daß Gregor mit dieser Rede in die Konzilsdiskussion über die den Pneumatomachen zu präsentierende Verhandlungsgrundlage eingegriffen habe. Kann diese Rede wirklich, vom Inhaltlichen einmal abgesehen, als "Diskussionsbeitrag"[77] Gregors im Zusammenhang mit den

---

[74] Vgl. 333,13-18 mit 335,15-20.

[75] Zu diesem Bekenntnis s. neuerdings *W.-D. Hauschild,* Die Pneumatomachen. Eine Untersuchung zur Dogmengeschichte des vierten Jahrhunderts, Theol. Diss. Hamburg 1967, S. 158 ff.

[76] Hierfür wie auch für das Folgende sei auf die Belege in A. M. Ritter (Anm. 5), S. 68 ff, verwiesen.

[77] So bereits E. Gebhardt (Anm. 6), S. 505, dem sich von da aus auch der Sinn des rätselhaften Titels der Rede erschloß, wie er in der handschriftlichen Überlieferung überwiegend geboten wird. **Χειροτονία** sei hier, vom ursprünglichen Wortsinn

Konzilsberatungen über das Verhältnis zu den Pneumatomachen aufgefaßt werden? Einem geübten Rhetor wie dem Nyssener mußte sich dafür die Form der "Demegorie" (Suasoria) nahelegen, falls er nicht nur eine kurze "Sentenz" abzugeben, sondern, wie es die von Daniélou vermutete Situation erforderte, auf den Prozeß der Meinungsbildung unter den Konzilsvätern einzuwirken gedachte. Doch weist sein angebliches Votum mit der Gattung der "beratenden" Rede (genus deliberativum), ihrer Einteilung und ihrer Topik[78] keine Berührungspunkte auf. Vielmehr beginnt *In suam ordinationem* nach Art der epideiktischen Rede.[79] Im weiteren freilich verfällt Gregor teils in den *[323]* Stil der Diatribe,[80] teils greift er zu an den Threnos[81] gemahnenden pathetischen Ausdrucksmitteln und begibt sich mit all dem - wie auch mit der Kürze seiner Darlegungen - wohl in bewußten Gegensatz zu den vor ihm gehaltenen "langen und prächtigen" Reden,[82] ohne sich jedoch von dem Muster des λόγος ἐπιδεικτικός völlig zu lösen.[83] - Aber auch inhaltlich sind schwerlich irgendwelche Anhaltspunkte dafür gegeben, daß Gregor mit dieser Rede einen Beitrag zu leisten gedachte zu einer Diskussion, die dem Bericht Gregors von Nazianz

---

"Stimmabgabe" ausgehend, als "Meinungsäußerung" zu verstehen. Allein, wären damit nicht die Schwierigkeiten bloß verschoben? Hätte man doch in diesem Fall den Titel Εἰς τὴν ἑαυτοῦ χειροτονίαν mit "(Rede) auf seine eigene Meinungsäußerung" zu übersetzen, was aber schwerlich einen Sinn gäbe, es sei denn, man nähme an, daß die Rede nicht selbst Gregors "Diskussionsbeitrag" darstelle, sondern auf ihn lediglich zurückblicke. Damit aber wäre wohl der von Gebhardt und Daniélou postulierte Zusammenhang der Rede *In suam ordinationem* mit der Konzilsdiskussion über das Verhältnis zu den Pneumatomachen preisgegeben.

78 Vgl. R. Volkmann (Anm. 18), S. 294 ff; H. Lausberg (Anm. 18), Bd. I , S. 123 ff.

79 Vgl. oben S. 141 f, Anm. 18.

80 Vgl. oben S. 144, Anm. 31.

81 Vgl. vor allem den Passus 334,10-337,7, speziell die klagenden Ausrufe: "O der Übel!" (334,13), "Wie soll ich den Verlust der Brüder ertragen, ohne in Tränen auszubrechen ...!" (335,11), "O der Ungereimtheit!" (336,17), sowie die propositionsartige Wendung: "Denn es drängt mich, das Unglück zu beseufzen (προάγομαι γὰρ ἐπιστενάξαι τῷ πάθει": 334,13 f).

82 Vgl. 332, 20 ff mit 337, 9 und dazu oben S. 141 f, Anm. 18.

83 So sehr es sich auch in der Form der Rede widerspiegelt, daß Gregor zwar anknüpft an den festlichen Anlaß, der seine Hörer zusammengeführt hat, daß er es gleichwohl für unangebracht hält, ihn in einer reinen "Lobrede" zu amplifizieren (vgl. 332,20 ff), sosehr schlägt das Muster der epideiktischen Rede doch immer wieder durch, ohne freilich zu dominieren. Wenn Quintilian für die Lobrede auf Menschen folgendes Schema vorschlägt: "Laudantur ... homines I. ex tempore quod ante eos fuit ..., II. ex tempore quo ipsi vixerunt (resp. vivunt), III. ex tempore quod est insecutum ..." (III, 7,10-25; vgl. H. Lausberg (Anm. 18), Bd. I, 133 f), so scheint dies auch dem Aufbau von *In suam ordinationem* zugrunde zu liegen: vgl. ad I, 334,14-19; ad II, 337,11-339,4; ad III, 340,1-341,12, bes. 341,2 ff. 7 ff, wie hier auch wenigstens die Haupttopen der "Epideixis" anklingen dürften, insbesondere der Topos der πράξεις (337,11 f), hier allerdings in der Form der συνοικείωσις τῶν μὴ προσόντων (vgl. Anaximenes, τέχνη ῥητορική, Kap. III, ed. L. Spengel / C. Hammer, Rhetores Graeci, Bd. I, Leipzig 1894, S. 186, und dazu Gregor 337,15 f: οἰκειοῦμαι γὰρ τῶν ὁμοδούλων ἡμῶν τὰ κατορθώματα!), sowie der σύγκρισις (vgl. 337,7-339,4), und zusammen mit der eindrücklichen peroratio (341,5 ff, vorbereitet durch 338,13 ff) jene amplifizierende Wirkung erzielen, wie sie nach Aristoteles, *Ars rhetorica*, A, 9 (ed. W. D. Ross, Oxford 1959, S. 42) "am passendsten für die Schaurede" ist (... ἡ μὲν αὔξησις ἐπιτηδειοτάτη τοῖς ἐπιδεικτικοῖς).

zufolge mit großer Leidenschaft geführt wurde und in der es über die Frage, ob und wieweit man den Pneumatomachen entgegenkommen solle, zu beträchtlichen Meinungsverschiedenheiten unter den Konzilsteilnehmern kam. Nicht nur wäre es völlig deplaciert gewesen, von dieser bewegten Debatte als von einer πνευματικὴ ἑστίασις zu reden, in der ein Votum das andere an "Glanz" und rhetorischer Finesse übertraf und das Auditorium in Entzücken und Bewunderung versetzte,[84] sondern es wäre auch nicht recht zu verstehen, warum Gregor zu den Sachfragen, um die es in dieser Debatte anscheinend ging, nirgends ausdrücklich Stellung bezieht.[85] Er benutzt vielmehr das Problem des Verhältnisses zu den Pneu*[324]*matomachen, die nicht erst und nicht nur in Konstantinopel zu machende Erfahrung der Schwierigkeit, ja Aussichtslosigkeit von Einigungsversuchen mit diesen "verirrten Brüdern"[86] lediglich als Ausgangspunkt für die ihn hier thematisch beschäftigende Frage nach der δύναμις τοῦ λόγου.

So viel zu dem Datierungsvorschlag Daniélous, dem man, wie sich gezeigt hat, in allen entscheidenden Punkten die Zustimmung versagen muß, sofern es Daniélou nicht gelungen sein dürfte, Gründe geltend zu machen, die eine sichere Zuweisung der Rede *In suam ordinationem* an das Konzil von Konstantinopel 381 erlauben.

Allerdings dürfte die Rede auch nichts enthalten, was ihre Zugehörigkeit zu diesem Konzil ausschlösse! Denn daß Gregor im Prooimion von seinem "weißen Haar" und seinem mit den Jahren nachlassenden Redevermögen spricht, was bei Tillemont den Ausschlag gab für die Datierung auf das Konzil von 394 statt auf dasjenige von 381, für das er sonst plädiert hätte,[87] wird man mit Gebhardt und Daniélou kaum ernster und wörtlicher nehmen können als Gregors übrige Beteuerungen seiner rhetorischen Unfähigkeit[88] und darin jedenfalls kein Argument sehen, das so gewichtig wäre, daß es, ohne daß weitere Argumente bestätigend hinzuträten, eine Ansetzung der Rede auf Gregors Spätzeit erzwänge.

---

[84] 331,4-332,22.

[85] So verwundert es keineswegs, wenn Daniélou und Gebhardt bei dem Versuch aufgrund von *In suam ordinationem* die Position zu fixieren, die Gregor in der Kontroverse über Möglichkeiten und Grenzen einer Einigung mit den Pneumatomachen eingenommen habe, zu entgegengesetzten Ergebnissen kommen: Nach Gebhardt ([Anm. 6], S. 505) vertrat Gregor "den radikalen Standpunkt, der nur die Alternative zwischen Unterwerfung unter das ὁμοούσιος auch für den Geist und Anathematisierung ließ"; nach Daniélou hingegen (Rezension [Anm. 5], S. 112) hielt der Nyssener im Gegensatz zu seinem Namensvetter Gregor von Nazianz dafür, "daß es gegebenenfalls aus psychologischen Gründen zu rechtfertigen sei, wenn man schwieg" (d.h. wenn man das explizite Bekenntnis zu Gottheit und Homousie des Geistes vermied).

[86] Man denke nur an den Streit zwischen Basileios und Eustathios von Sebasteia (vgl. W.-D. Hauschild [Anm. 75], S. 191 ff, und die dort genannte Literatur) sowie an die offenbar nicht sonderlich erfolgreichen Bemühungen Gregors von Nazianz um die Pneumatomachen Konstantinopels (vgl. A. M. Ritter [Anm. 5], S. 77, Anm. 3).

[87] S. oben S. 139, Anm. 2.

[88] Vgl. E. Gebhardt (Anm. 6), S. 503; *J. Daniélou,* Le traité "Sur les enfants morts prématurément" de Gregoire de Nysse, VigChr 20 (1966), S. 159-182 (hier: 181).

Nun aber lassen sich der Rede nicht nur keine weiteren stichhaltigen Argumente für diese Spätdatierung entnehmen.[89] Es steht der Datierung auf 394 *[325]* vielmehr auch die Schwierigkeit entgegen, daß Gregors an die Adresse der Pneumatomachen gerichtete Versicherung, die Tür zur Rückkehr in die nikäische Kirchengemeinschaft stehe ihnen noch offen, nach dem spektakulären Mißerfolg der Unionsverhandlungen von Konstantinopel und erst recht nach der namentlichen Anathematisierung der "Semiarianer oder Pneumatomachen" (Kanon I) gegen Ende des Konzils von 381 kaum vorstellbar wäre.[90] Auf der anderen Seite ist aus der Rede der Eindruck zu gewinnen, als sei sie zu einer Zeit gehalten, als sich die Lage der nikäischen Orthodoxie des Ostens bereits soweit konsolidiert hatte, daß sie sich von einer verhältnismäßig gesicherten Position aus den

---

89 Anders R. Staats, dem sich vor allem von der von ihm angenommenen Identität der von Gregor erwähnten mesopotamischen Asketen mit den Messalianern Symeons von Mesopotamien her diese Datierung nahelegte, da "die Beziehung zu Symeon erst spät bei Gregor zutage getreten" sei (Anm. 4, S. 173). Doch ist das eine wie das andere zumindest nicht mit Sicherheit auszumachen. Von den Gründen, die es nach Staats "zur Gewißheit erhärten, daß Gregors Rede ausläuft in einen Lobpreis der Messalianer" (S. 172), ist völlig einleuchtend nur der erste, nämlich der Hinweis auf die übereinstimmende Herkunftsbezeichnung (S. 168), während die äußeren Kennzeichen der von Gregor geschilderten Asketen kaum etwas spezifisch Messalianisches enthalten dürften (S. 169 f: vor allem ist πνεῦμα mitnichten "ein messalianisches Kennwort"! Es sollte tunlichst vermieden werden, daß der Begriff des "Messalianismus" zu einer ähnlich abgegriffenen Münze wird wie der der "Gnosis"); auch dürfte der Nachweis einer "enge(n) literarische(n) Beziehung" zwischen Gregors Rede und den "Geistlichen Homilien" des Symeon-Makarios (S. 170 ff) nicht gelungen sein (nicht nur im Wortlaut, sondern auch im Skopus weichen die von Staats aufgebotenen Parallelen viel zu sehr voneinander ab); schließlich beweist die Nähe der Rede zu dem Gregortraktat *De instituto christiano*, bei dem es sich, wie *J. Gribomont* (Le De instituto christiano et le messalianisme de Grégoire de Nysse, in: StPatr, Bd. V, Berlin 1962 [TU 80], S. 312-322) und *R. Staats* (Der Traktat des Gregor von Nyssa "De Instituto Christiano". Beweis seiner Abhängigkeit vom Großen Brief des Symeon von Mesopotamien, Theol. Diss. Göttingen 1964) gezeigt haben, um die Umschrift des sogen. Großen Briefes Symeons handelt, nicht mehr, als daß es zumindest noch ein weiteres Dokument der positiven Einstellung Gregors zu den Messalianern gäbe, falls *In suam ordinationem* tatsächlich in einem Lob dieser mönchischen Bewegung ausklänge. Aber selbst wenn man dies mit Staats für erwiesen ansähe, so wäre damit insofern keine brauchbare Grundlage für eine chronologische Einordnung von *In suam ordinationem* gewonnen, als es über den Zeitpunkt, zu dem Gregor mit Symeon und seinen Messalianern in Berührung kam, nur Vermutungen gibt. Praktisch kommt dafür der ganze Zeitraum von 381 bis zum Tode Gregors (394/395) in Betracht. Zudem wäre *In suam ordinationem* wohl in jedem Fall früher anzusetzen als *De instituto christiano*, da Gregor in der Rede noch nicht mit der Möglichkeit zu rechnen scheint, er gebe sich vor seinen Zuhörern eine Blöße, indem er ihnen die mesopotamischen Asketen als Vorbild vor Augen stelle während *De instituto christiano* einer Zeit angehört, als der Kampf um die "Beter" schon in vollem Gange war; hallt doch bereits die Vorlage des Traktats, der Große Brief Symeons, von diesem Kampf wider (s. die Nachweise in der Dissertation von Staats, S. 17 ff, 83 ff).

90 So mit Recht J. Daniélou, Rezension (Anm. 5), S. 111. Wie grundlegend sich die Lage alsbald gewandelt hat, spiegelt sich etwa in Gregors Rede *De deitate filii et spiritus sancti* wider (PG 46,553-576), die, wie J. Daniélou einleuchtend gezeigt hat, während des ebenfalls auf die Initiative des Kaisers zurückgehenden "Religionsgesprächs" von Konstantinopel (Juni 383) gehalten worden ist (J. Daniélou, Chronologie [Anm. 5], S. 363 f). Hier ist von Verständigungsbereitschaft nichts mehr zu spüren, sondern führt kalte Polemik das Wort.

Fragen des Verhältnisses zu den anderen kirchlichen Parteien stellen konnte.[91] Man wird deshalb zögern, bei der zeitlichen Ansetzung von *In suam ordinationem* hinter das Datum des triumphalen Einzuges des Theodosius in die Metropole des Ostreichs (November 380) und des Erlasses des Edikts *Nullus haereticis mysteriorum locus* (Januar 381) zurückzugehen, mit dem sich der neue Kaiser unmißverständlich auf die Seite der meletianischen Mehrheit unter den Orthodoxen des Orients gestellt hatte.[92] Zieht man endlich in Betracht, welche Rückschlüsse sich aus Gregors Rede auf die Größe und Zusammensetzung seiner Zuhörerschaft ergeben, so deutet in der Tat vieles darauf hin, daß *In suam ordina[326]tionem* in Gegenwart des von Mai bis Anfang Juli 381 tagenden Konzils von Konstantinopel gehalten worden ist.

Vielleicht aber läßt sich der Kreis noch enger ziehen. Denn dieselben Gründe, die gegen die von Daniélou vorgeschlagene Ansetzung auf die Unionsverhandlungen mit der pneumatomachischen Abordnung unter Leitung des Eleusios von Kyzikos sprechen, lassen es auch als unwahrscheinlich erscheinen, daß Gregor hier auf das Scheitern dieser Einigungsverhandlungen zurückblicke und "Erwägungen" anstelle "über die durch den Bruch mit den Pneumatomachen gegebene Situation".[93] Dagegen könnte die Rede zu einem Zeitpunkt gehalten sein, als eine Konfrontation mit den Pneumatomachen vom Schlage des Eleusios noch nicht in Aussicht stand[94] und die das Konzil beherrschenden Meletianer sich noch ganz dem Gefühl der Genugtuung über die Besiegelung ihres kirchenpolitischen Triumphes ergeben konnten, deren Zeugen sie waren,[95] während der Phase also, in der die Leitung der Konzilsverhandlungen noch bei Meletios in festen Händen lag[96] und die durch die Inthronisation Gregors von Nazianz als Bischof der Reichshauptstadt ihr festliches Gepräge erhielt.[97] Ja, es könnte die in den *Parallela Rupefucaldina* des Joannes Damaskenos überlieferte Notiz durchaus das Richtige treffen, nach der unsre Rede mit eben diesen Festlichkeiten aus Anlaß der "Installation

---

91 Vgl. dagegen die beiden Schriften *Ad Eustathium de sancta trinitate* (ed. F. Müller, in: GNO III, 1,1 ff) und *Adversus Macedonianos* (ebd., S. 87 ff), die wohl der Zeit kurz vor 381 angehören (vgl. *W. Jaeger,* Gregor von Nyssa's Lehre vom heiligen Geist, hg. v. H. Doerries, Leiden 1966, S. 5 ff, 27 ff) und in denen sich Gregor von der "unsagbaren Bosheit" der "Feinde" (S. 3,14) ungleich stärker beeindruckt zeigt als in *In suam ordinationem.*

92 Vgl. A. M. Ritter (Anm. 5), S. 32 f.

93 G. May, Gregor von Nyssa (Anm. 6), S. 117.

94 336,10 ff und dazu oben S. 152, Anm. 73.

95 Vgl. insbesondere 334,14 ff und 341,5 ff, wo wenigstens als Unterton die Freude über das Erreichte anklingt.

96 Vgl. 331,13. Es ist wesentlich wahrscheinlicher, daß es der von Gregor offenbar hochgeschätzte Meletios ist, der solchermaßen apostrophiert wird, als dessen Nachfolger, Gregor von Nazianz, zu dem Gregors Verhältnis recht kühl gewesen sein muß, oder gar als der letzte Präsident des Konzils, Nektarios, mit dem Gregor zunächst noch gar nichts verbunden haben wird.

97 Vgl. oben S. 141 f, Anm. 18.

(κατάστασις) des heiligen Gregorios (sc. von Nazianz) in Konstantinopel" in Zusammenhang stünde![98]

Sollte in dieser Überlieferung eine ursprüngliche geschichtliche Erinnerung festgehalten sein, so ließe sich einmal das Rätsel des überlieferten Titels verhältnismäßig einfach lösen, indem man lediglich anzunehmen brauchte, es sei in einem frühen Stadium der Textüberlieferung eine Namensverwechslung unterlaufen, die aus des Nysseners "Rede auf die Ordination Gregors" von Nazianz (Εἰς τὴν χειροτονίαν τοῦ ... Γρηγορίου...) eine "Rede auf seine eigene Ordination (Εἰς τὴν ἑαυτοῦ χειροτονίαν)" werden ließ, was aber, wie schon Fr. Ducaeus bemerkt hat, nicht nur am Text der Rede *[327]* keinerlei Anhalt hat,[99] sondern sie auch einer Zeit zuweist (371/372), die aus inhaltlichen Gründen völlig außer Betracht fällt.

Zum anderen fände diese Zuordnung möglicherweise eine Bestätigung an der Gedächtnisrede Gregors auf Meletios, in der er sich zu Beginn auf eine frühere Feier bezieht, die seine Zuhörer nicht lange zuvor an der gleichen Stätte, der Apostelkirche,[100] zusammengeführt habe; gemeint sind wohl die Feierlichkeiten aus Anlaß der Inthronisation Gregors von Nazianz. Er sagt: "Wie verschieden sind doch die Reden, die jetzt an dieser Stätte gehalten werden, von den zuvor gehaltenen. Damals führten wir einen hochzeitlichen Reigentanz auf; nun aber seufzen wir kläglich ob des Leids ... Denn ihr gedenkt gewiß des Augenblicks, als wir für euch das geistliche Hochzeitsmahl ausrichteten, indem wir dem edlen Bräutigam die Braut, euch, zuführten, und als wir nach unsrem besten Vermögen die Brautgeschenke der Reden überbrachten...".[101] Mit Recht hat sich F. Loofs hierbei an den Anfang von *In suam ordinationem* erinnert gefühlt und geurteilt, daß die Rede, auf die Gregor hier anspiele, entweder mit *In suam ordinationem* identisch oder aber für uns verloren sei.[102]

Schließlich, und das dürfte am schwersten wiegen, fügte sich die Rede thematisch gut in den Rahmen der Feiern aus Anlaß der Bischofsweihe

---

[98] PG 96,509. Der Damaszener zitiert hier aus *In suam ordinationem* (339,6 ff), und zwar folgendermaßen: τοῦ αὐτοῦ ἐκ τοῦ περὶ τῆς ἐν Κωνσταντινουπόλει καταστάσεως τοῦ ἁγίου Γρηγορίου. Man wird dieser Überlieferung umso höheren Aussagewert zuerkennen, als es, um diesen Titel aus dem Inhalt der Rede zu erschliessen, ein Maß an Vertrautheit mit den geschichtlichen Verhältnissen voraussetzte, das weder dem Damaszener noch seinen Tradenten ohne weiteres zuzutrauen sein dürfte.

[99] PG 46,553.

[100] Vgl. A. M. Ritter (Anm. 5), S. 42 f, 54,108. Mein Kritiker H.-D. Altendorf möge Verständnis dafür haben, wenn ich mich von der Annahme, daß zur Zeit des Konzils von 381 die Apostelkirche die Kathedralkirche von Konstantinopel wie auch die Stätte war, an der die Inthronisationsfeierlichkeiten für Gregor von Nazianz, der Gedenkgottesdienst für den hier aufgebahrten Meletios und endlich die Versammlung stattfand, in der sich Gregor von Nazianz vom Konzil wie von seinem Bistum verabschiedete, nicht durch den Verweis auf mir wohlbekannte Literatur, sondern nur durch die Widerlegung der von mir vorgebrachten Argumente abbringen lasse (vgl. *H.-D. Altendorf,* ThLZ 92 (1967), Sp. 513-517 (hier: 514, Anm. 4).

[101] GNO IX,442,18-443,4.

[102] *F. Loofs,* Art. Gregor von Nyssa, RE, Bd. VII, 3. Aufl., 1899, S. 146-153 (hier: 150); vgl. auch J. Daniélou, Chronologie (Anm. 5), S. 358.

Gregors von Nazianz ein, bei denen sie dann das Schlußglied einer Kette festlicher Reden gebildet hätte.[103] Denn wenn man wie der Nyssener, seiner eigenen Neigung und Begabung entsprechend, das Bischofsamt vor allem als "Lehramt" verstand,[104] was lag da näher, als bei Gelegenheit dieser Bischofsweihe die Frage nach der δύναμις τοῦ λόγου, der Vollmacht und Überzeugungskraft der Verkündigung, der "Lehre", zu stellen? Gewiß war der Neugeweihte, Gregor von Nazianz, ein wegen seiner rhetorischen Fähig*[328]*keiten hochgeschätzter Mann, von dem man auch als theologischem Lehrer in seiner Stellung als Bischof der Reichshauptstadt viel erwarten konnte. Doch mochte vielleicht gerade darum die Erinnerung an die Geschichte des Bezaleel, der "durch göttlichen Geist aus einem ἰδιώτης ein σοφός wurde", samt der sich daran anschließenden Frage nach der "Glaubwürdigkeit" der Predigt als besonders aktuell erscheinen und eine versteckte Warnung vor einer Überschätzung der Rhetorik am Platze sein![105] In jedem Falle hätte Gregor von Nyssa die Antwort auf diese Frage nach der "Dynamis" des Verkündigungswortes, entgegen der moralisierenden Tendenz in der Amtstheologie seiner Zeit, die die Vollmacht des Amts vorwiegend von der moralischen Untadeligkeit des Amtsträgers abhängig zu sehen schien,[106] in überraschender Nähe zu urchristlichem Denken in der Bitte um den Geist als den Spender der Charismen gefunden, einer Bitte, die ihm über den unmittelbaren Anlaß seiner Rede hinaus als das Gebot der Stunde erschien.

Wir brechen hier ab und halten als Ergebnis fest, daß sich die Rede *In suam ordinationem* zwar keineswegs mit Sicherheit dem Konzil von Konstantinopel 381 zuweisen läßt, daß sie aber zumindest mit einiger Wahrscheinlichkeit auf dies Konzil zurückgehen dürfte. Und zwar ist sie am ehesten als während der Feiern anläßlich der Inthronisation Gregors von Nazianz gehalten zu denken. Als Quelle für die Geschichte des Konstantinopler Konzils ist sie denkbar unergiebig. Selbst über die Rolle Gregors von Nyssa auf diesem Konzil bietet sie kaum neue Aufschlüsse.[107] Hinge-

---

103 S. oben S.143 mit Anm. 20, 21.

104 So kann denn von den Bischöfen schlechthin als von "den Lehrern" gesprochen werden (s. oben S. 141, Anm. 17); vgl. auch die Ratschläge zur Auswahl eines Kandidaten für das Bischofsamt in dem Brief an die Presbyter von Nikomedien *(ep.* XVII, in: GNO VIII,2, ed. G. Pasquali, 2. Aufl., Leiden 1959, S. 51-58) sowie den für Gregors Verständnis der Ordination äußerst wichtigen, wenn auch nicht isoliert zu betrachtenden Text *In baptismum Christi* (in: GNO IX, ed. E. Gebhardt, Leiden 1967, S. 225 f), der als die entscheidenden Funktionen des Amts die des "Wegweisers, Vorstehers, Lehrers der Gottesfurcht und Mystagogen" nennt, "der in die verborgenen Mysterien einführt".

105 Vgl. 334,8 ff; 337,7 ff; 338,2 ff.

106 Vgl. meinen Beitrag in: *A. M. Ritter / G. Leich,* Wer ist die Kirche? Amt und Gemeinde im Neuen Testament, in der Kirchengeschichte und heute, Göttingen 1968, S. 82, Anm. 330.

107 Höchstens wäre die Rede ein weiterer Beleg für das kühle Verhältnis zwischen den beiden Gregoren. Wäre der Nyssener doch mit keinem Wort näher auf die Person des Gefeierten eingegangen. Oder sollten die voraufgegangenen Reden den konkreten Anlaß der Feier für Gregors Empfinden hinreichend gewürdigt und amplifiziert haben, so daß es ihm geraten erschien, sich einem Thema von grundsätzlicherer Bedeutung zu-

gen dürfte sie unsre Kenntnis der *Theologie* Gregors, seines Geist-, Kirchen- und Amtsverständnisses, um ein wesentliches Detail bereichern. Doch dies näher auszuführen, muß einer eigenen Untersuchung vorbehalten bleiben.

zuwenden? - Wenn J. Daniélou findet, in meiner Darstellung der Geschichte des Konstantinopler Konzils sei die bedeutsame Rolle Gregors von Nyssa nicht gebührend zur Geltung gekommen (Rezension [Anm. 5], S. 112 f), so scheint mir sein Einwand auf eine petitio principii hinauszulaufen. Ist es wirklich undenkbar, daß ein theologischer "Riese" wie Gregor von Nyssa ein kirchenpolitischer "Zwerg" war?

Zum Homousios von Nizäa und Konstantinopel

Kritische Nachlese zu einigen neueren Diskussionen

Für meinen Beitrag zur Festschrift für C. Andresen dies Thema zu wählen, lag für mich schon aus biographischen Gründen nahe. Waren es doch Studien zum Konstantinopler Konzil,[1] die meine Rückkehr aus dem Pfarramt an die Universität, als sein Assistent, veranlaßten. Überdies gaben die Vorbereitungen zur Drucklegung dieser Studien, ihr (zumindest von mir fieberhaft erwartetes) Erscheinen auf dem Buchmarkt und die Reaktionen der Fachwelt den Göttinger Assistentenjahren - wissenschaftlich gesehen - ihr Hauptgepräge und bildeten immer wieder einen bevorzugten Gesprächsstoff auch zwischen Professor und Assistent. Als dann nach anfänglich überwiegend positivem Echo auch kritische Stimmen nicht ausblieben, wurde wohl hin und wieder die besorgte Frage laut, ob es denn bei meinen Aufstellungen bleiben könne. Doch die Versicherung: "Im Prinzip, ja" ließ solche Fragen immer wieder verstummen. Und noch in seiner für die Hand der Studenten gedachten und darum gegenüber Hypothesen i.a. zurückhaltenden Skizze der "Geschichte des Christentums von den Anfängen bis zur Hochscholastik"[2] hat sich C. Andresen beherzt auf meine Seite gestellt.[3] - Hat er recht daran getan?

I.

Am wenigsten würde ich für den mit Herkunft und ursprünglicher Bedeutung des nizänischen *homousios* zusammenhängenden Fragenkomplex heute noch in Anspruch nehmen, das Richtige getroffen zu haben, und sei es auch nur "im Prinzip". Gewiß habe ich mich seinerzeit mit die*[405]*sen Fragen nur am Rande, in einem Exkurs, beschäftigt.[4] Aber ich habe doch dazu eindeutig Position bezogen, eine Position, an der ich nun in dieser Form nicht länger festhalte. Am meisten hat mein Verständnis für die Kompliziertheit des Sachverhaltes wohl G. C. Stead gefördert, zuletzt mit

---

Zuerst veröffentlicht in: A. M. Ritter (Hg.), Kerygma und Logos. Beiträge zu den geistesgeschichtlichen Beziehungen zwischen Antike und Christentum. Festschrift für Carl Andresen zum 70. Geburtstag, Göttingen 1979.

[1] *A. M. Ritter,* Das Konzil von Konstantinopel und sein Symbol. Studien zur Geschichte und Theologie des II. Ökumenischen Konzils, Göttingen 1965 (FKDG 15), überarbeitete Fassung einer Heidelberger Dissertation von 1962.

[2] Erschienen in der von *Carl Andresen* mitherausgegebenen Grundriß-Reihe "Theologische Wissenschaft", Bd. VI, Stuttgart 1975.

[3] *C. Andresen* (Anm. 2), S. 55 f.

[4] *A. M. Ritter* (Anm. 1), S. 270-293, bes. 273 ff.

seinem Buch "Divine Substance"[5]. In zweiter Linie wären etwa zu nennen R. Hübners Beitrag zur (patristischen) Festschrift für Kardinal J. Danielou[6] und F. Rickens einschlägige Aufsätze, angefangen mit dem seither vielzitierten Forschungs- und Diskussionsbeitrag von 1969 (bzw. 1970) über "Das Homousios von Nikaia als Krisis des altchristlichen Platonismus"[7]. Inzwischen kann aber auch auf eine zusammenfassende deutschsprachige Publikation hingewiesen werden, die tüchtige Kieler evangelisch-theologische Dissertation von F. Dinsen über den Homousiosbegriff,[8] deren Materialreichtum ebenso zu rühmen ist wie ihre umsichtige Argumentationsweise.

Nach dieser neuerlichen Diskussion wird man in der Tat sagen müssen, daß auch mein forschungsgeschichtlicher Überblick, wie die dort besprochene Literatur überhaupt, viel zu sehr noch im Banne der Zahnschen Deutung[9] stand, derzufolge die Einfügung des *homousios* in das Nicaenum westlichen Einflüssen (Ossius!) zuzuschreiben, ὁμοούσιος also als Übersetzung des Tertullianschen *unius* oder *eiusdem substantiae*, d.h. als Ausdruck der "numerischen Einheit" eines in sich Geschlossenen, eines nur einmal existierenden (göttlichen) Einzelwesens aufzufassen wäre. Statt dessen scheint es inzwischen als durchaus zweifelhaft angesehen werden zu müssen, ob die Frage der "numerischen Identität" von Vater und Sohn auf dem nizänischen Konzil überhaupt *[406]* zur Debatte gestanden hat und ob man dort mit dem - von Arius,[10] nicht etwa seinen "orthodoxen" Gegnern in die Diskussion eingeführten! - ὁμοούσιος mehr im Sinne hatte als das "Kontradiktorium zur arianischen Lehre", dies, daß "der Sohn bei

---

5 Oxford 1977, bes. Kap. VIII und IX (S. 190-222, 223-266); vgl. aber auch ders., "Homousios" dans la pensée de Saint Athanase, in: Ch. Kannengießer (Hg.), Politique et théologie chez Athanase d'Alexandrie. Actes du Colloque de Chantilly 23.-25. Sept. 1973, Paris 1974 (ThH 27), S. 231-253, bes. 233 ff, sowie bereits die frühen Beiträge dess., The Significance of the Homousios, StPatr 3 (1961), S. 397-412; Divine Substance in Tertullian, JThS NS 14 (1963), S. 46-66, denen ich seinerzeit leider nicht die ihnen gebührende Aufmerksamkeit geschenkt habe. [Jetzt wieder abgedruckt als Nr. I bzw. II in: ders., Substance and Illusion in the Christian Fathers, London 1985]. - Weitere neuere Literatur bei *M. Simonetti,* La crisi ariana nel IV. secolo, Rom 1975 (SEAug 11), S. 89-94; *A. Grillmeier,* Christ in Christian Tradition, Bd. I, 2. Aufl., London 1975, S. 268 ff [vgl. jetzt: ders., Jesus der Christus im Glauben der Kirche, Bd. I, Freiburg usw. 1990, S. 408 ff].

6 *R. Hübner,* Gregor von Nyssa als Verfasser der sog. ep. 38 des Basilius. Zum unterschiedlichen Verständnis der οὐσία bei den kappadozischen Brüdern, in: J. Fontaine / Ch. Kannengießer (Hgg.), Epektasis. Mélanges patristiques offerts au card. Jean Daniélou, o.O. (Paris) 1972, S. 463-490.

7 In: B. Welte (Hg.), Zur Frühgeschichte der Christologie. Ihre biblischen Anfänge und die Lehrformel von Nikaia, 3. Aufl., Freiburg 1970, S. 74-99; vgl. jetzt auch *F. Ricken,* Zur Rezeption der platonischen Ontologie bei Eusebios von Kaisareia, Areios und Athanasios, ThPh 53 (1978), S. 321-352.

8 *F. Dinsen,* Homoousios. Die Geschichte des Begriffs bis zum Konzil von Konstantinopel (381), Theol. Diss. Kiel 1976, bes. S. 83-96, 270-286.

9 *Th. Zahn,* Marcellus von Ancyra. Ein Beitrag zur Geschichte der Theologie, Gotha 1867.

10 S. *H. G. Opitz,* Urkunden zur Geschichte des arianischen Streites (318-328), Berlin 1934 (Athanasius Werke III/1), Urk. 6,3.5; vgl. auch das "Thalia"-Fragment bei Athanasius *De syn.* 15,3.

der von den Arianern grundgelegten Zweiteilung des Seienden nicht dem Bereich der Geschöpfe" zugehöre, sondern gleichen göttlichen Ranges wie der Vater sei.[11]

Dies ist als These gewiß nicht neu. Und beispielsweise G. C. Stead macht daraus auch gar kein Hehl.[12] Warum auch? Kommt es doch, wie wir alle spätestens als junge Studenten gelernt haben, weniger auf Thesen als auf Argumente an und läßt sich in der Historie ein Erkenntnisfortschritt vielfach nur noch dadurch erzielen, daß für alte Thesen neue (haltbarere) Begründungen gefunden werden.[13] Diese Auffassung hat indessen mit einigen noch immer nicht ausgeräumten Schwierigkeiten zu kämpfen. Die stärkste Stütze für die Annahme, daß es in Nizäa sehr wohl auch um das Problem der Einheit von Gott - Vater und Sohn gegangen sei, bleibt, wie auch etwa F. Ricken einräumt,[14] die von Marcell von Ancyra in *fr.* 81 berichtete Episode.[14a] Danach hatte sich der kirchliche Ratgeber Konstantins, Ossius von Corduba, irgendwann vor dem nizänischen Konzil (wahrscheinlich im Verlauf der antiochenischen Vorsynode von 324/325) bei dem Arianer Narcissus von Neronias erkundigt, ob er wie Euseb von Caesarea zwei göttliche οὐσίαι annehme, worauf dieser ihm zur Antwort gegeben habe, er nehme sogar drei οὐσίαι an. Mithin wurden Ossius und über ihn wohl auch Konstantin beizeiten darauf aufmerksam, daß die Mehrheit des origenistisch gesinnten orientalischen Episkopats wohl wie von mehreren Hypostasen, so auch von mehreren οὐσίαι der Gottheit redete und *[407]* damit für westliche Begriffe die göttliche "Monarchie" aufs schwerste gefährdete. Sollte das für ihre Politik in Nizäa ganz ohne Folgen geblieben sein? Hinzu kommt zu dieser bei Marcell aufbewahrten Nachricht u.a. der "grobe Brief" (Kraft), den Konstantin 8 Jahre nach dem nizänischen Konzil an Arius richtete. Darin insistiert der Kaiser (in an Marcell erinnernder Weise) auf der Einheit der οὐσία des Vaters und des Sohnes, während er den "bösen Glauben" an

---

[11] F. Ricken (Anm. 7), S. 95.

[12] Vgl. Divine Substance (Anm. 5), S. 250 ff (= Homousios [Anm. 5], S. 233 ff).

[13] Ich verstehe deshalb auch nicht ganz die Zielrichtung von *E. Mühlenbergs* Polemik gegen meinen Beitrag: Die Gnadenlehre Gregors von Nyssa nach seiner Schrift 'Über das Leben des Mose', in: H. Dörrie u.a. (Hgg.), Gregor von Nyssa und die Philosophie. 2. Internationales Kolloquium über Gregor von Nyssa. Freckenhorst bei Münster 18.-23. September 1972, Leiden 1976, S. 195-239 in seinem Aufsatz: Synergism in Gregory of Nyssa, ZNW 68 (1977), S. 93-122. Zumindest muß ich insofern mein Unverständnis bekunden, als M. eingangs ausführlich auf die Genealogie des zwischen uns strittigen Problems, auf die Forschungsgeschichte, rekurriert und man den Eindruck gewinnen kann, als solle der Leser von Anfang an auf das Urteil über meinen Versuch eingestimmt werden: nil novi. Dies wird in der Tat von M. behauptet, wenn er dann im "polemischen Anhang", in dem er sich ausdrücklich mit mir auseinandersetzt, an einer Stelle (natürlich rhetorisch) fragt, ob das von mir (kritisch zu Gregor von Nyssa) Vorgebrachte "wirklich so sehr verschieden" sei "von dem bereits vor rund 100 Jahren von W. Herrmann Gesagten" (S. 114). M. konzediert wenig später zwar, es gebe bei mir "ein zusätzliches Element", um jedoch sogleich hinzuzufügen, dies sei von A. Dihle ausgeborgt (S. 115)!

[14] *F. Ricken* (Anm. 7), S. 91.

[14a] GCS Euseb, ed. Klostermann, Bd. IV, Leipzig 1906, S. 202 f.

eine ὑπόστασις ξένη entschieden abweist.[15] D.h. er widerlegt in diesem Brief[16] die (origenistisch-)arianische Drei-Hypostasen-Lehre mit Hilfe der (nizänischen) Gleichsetzung von οὐσία und ὑπόστασις. Es ist allerdings zweifelhaft, ob dieses kaiserliche Schreiben in allen seinen Teilen als authentisch gelten kann. Unzweifelhaft dagegen ist, daß es unter den antiarianisch gesonnenen Bischöfen zumindest bestimmte Kreise (Zahns "Altnizäner") gegeben hat, für die mit dem nizänischen Bekenntnis in der Tat das Bekenntnis zur *einen* οὐσία und ὑπόστασις der Gottheit gemeint war. Das beweisen nicht nur Marcells antiarianische Schriftstellerei in der Zeit nach Nizäa,[17] sondern beispielsweise auch das Schreiben des Ossius und Bischof Protogenes' von Serdica an den "geliebtesten Bruder" Julius von Rom aus dem Jahre 342, der Begleit- bzw. Empfehlungsbrief für das (westliche) Serdicense. Um dem Verdacht zu wehren, als solle mit dem Serdicense das nizänische Bekenntnis entthront werden, wird darin gleich zu Beginn festgestellt: "Meminimus et tenemus et habemus illam scripturam quae continet catholicam fidem factam aput Nicaeam: et consenserunt omnes qui aderant episcopi!"[18]

Allein, es läßt sich nicht beweisen, ja es ist, wie ich inzwischen begriffen zu haben glaube, nicht einmal wahrscheinlich zu machen, daß dies alles auch mit der Frage nach Herkunft und ursprünglicher Bedeutung des *homousios* zu tun habe. Und damit wären die angedeuteten Probleme nicht unlösbar.

II.

a) Verglichen mit dem nizänischen Konzil ist die epochale Bedeutung der Konstantinopler Synode von 381 zweifelsohne ungleich weniger in *[408]* die Augen springend. Darum verwundert es auch nicht, daß sie immer wieder mehr oder weniger unverhohlen in Zweifel gezogen wird. In welchem Sinne kann diese Synode im Ernst als Schlußpunkt der arianischen Streitigkeiten gelten, wie es die Tradition ja behauptet?[19] Das ist nicht nur deshalb die Frage, weil sie zunächst, aller Merkmale eines "ökumenischen" Konzils scheinbar ermangelnd, lediglich die Parteisynode der "Jungnizäner" um Meletius von Antiochien war und ihre Verhandlungen sich zudem vorwiegend um organisatorisch-kirchenpolitische Fragen

---

[15] S. H. G. Opitz (Anm. 10), Urk. 34,14.

[16] Vgl. auch seinen Brief "An die Nikomedier" (= Opitz, Urk. 27), der ähnliche markellisch klingende Wendungen enthält wie Urk. 34.

[17] Vgl. dazu jetzt auch F. Dinsen (Anm. 8), S. 76 ff, deren Literaturangaben in diesem Falle allerdings sehr dürftig sind. Es fehlen vor allem *E. Schendel*, Herrschaft und Unterwerfung Christi. 1 Kor 15,24-28 in Exegese und Theologie der Väter bis zum Ausgang des 4. Jahrhunderts, Tübingen 1971 (BGBE 12), S. 111 ff; *M.Tetz*, Zur Theologie des Markell von Ankyra, III, ZKG 81 (1972), S. 145-194; ders., Markellianer und Athanasius von Alexandrien, ZNW 64 (1973), S. 75-121.

[18] Zum Text s. *C. H. Turner*, Ecclesiae Occidentalis Monumenta Iuris Antiquissima, Bd. I/2, Oxford 1939, S. 644.

[19] Vgl dazu A. M. Ritter (Anm. 1), S. 209 ff.

drehten.[20] Vielmehr hat es den Anschein, als sei die wesentlich tiefer greifende und folgenreichere Zäsur mit dem Herrschaftsantritt Kaiser Theodosius' I. verbunden, unter dem, wie es in einer jüngst erschienenen Studie über "Kaiserliches Selbstverständnis in der Religionsgesetzgebung der Spätantike" wieder heißt, "eine auf die Durchsetzung des Christentums als Staatsreligion und gegen alle davon abweichenden Religionsgruppen gerichtete Gesetzgebung in voller Schärfe durchbrach"[21]. Zudem hatte Theodosius bald nach seiner Machtübernahme in dem Edikt *Cunctos populos* vom 28. 2. 380 (*cod. Theod.* XVI,1,2) jedermann kundgetan, was jetzt die Stunde schlug. Es war dies, so hat man gefunden, eine Entscheidung, die "als endgültig begriffen werden" wollte. M.a.W. sei durch sie das kaiserliche Credo "als das einzige im Sinne eines Staatsgesetzes gültige Bekenntnis erklärt" worden und habe sich "der energische Wille des kaiserlichen Gesetzgebers" angeschickt, "die Spaltung, die seit einem halben Jahrhundert die Kirche beunruhigte, ohne Mitwirkung einer Synode allein mit staatlichen Zwangsmitteln beheben zu wollen".[22]

Ich habe versucht, diese in neuerer Zeit namentlich von W. Enßlin nachdrücklich und gewichtig vertretene Auffassung der theodosianischen Religionspolitik und besonders des Ediktes *Cunctos populos* zwar nicht rundweg zu bestreiten, wohl aber an entscheidenden Punkten *[409]* zu problematisieren.[23] Doch ist dieser Versuch, wenn ich nicht irre, unter allem, was ich in meinem Konzilsbuch aufgegriffen habe, am ehesten auf ungläubiges Kopfschütteln, vernehmliche Reserve[24] oder gar, wie bei A. Lippold in seinem Taschenbuch "Theodosius der Große und seine Zeit" und in seinem Theodosius-Artikel im "Pauly-Wissowa", auf entrüsteten

---

[20] So bereits Gregor von Nazianz in seinem autobiographischen Gedicht *(carm. hist.* XI), V. 1513, falls die handschriftlich bestbezeugte Lesart (nämlich θρόνον statt λόγον; vgl. dazu jetzt vor allem *Chr. Jungck*, Gregor von Nazianz De vita sua. Einleitung, Text, Übersetzung, Kommentar, Heidelberg 1974 [WKLGS], zur Stelle) auch als die ursprüngliche anzusehen ist, was ich jedoch (u.a. wegen der m.E. schwierigen Verbindung von εὐσεβής und θρόνος) noch nicht für ausgemacht halte. Aber angenommen, es wäre so, dann besagte dieser Vers, es sei überhaupt die Zielsetzung der Synodalen von 381 gewesen: "zusammenzukommen" ὡς πήξοντες εὐσεβῆ θρόνον, d.h. um die Rückgewinnung des hauptstädtischen Thronos für die (im Sinne der Nizäner) "Orthodoxen" abzusichern.

[21] *H. H. Anton*, Kaiserliches Selbstverständnis in der Religionsgesetzgebung der Spätantike und päpstliche Herrschaftsinterpretation im 5. Jahrhundert, ZKG 88 (1977), S. 38-84 (hier: 54).

[22] *W. Enßlin*, Die Religionspolitik des Kaisers Theodosius d. Gr., München 1953 (SBAW.PH 1953/2), S. 27 f.

[23] A. M. Ritter (Anm. l), Exkurs 1, S. 221 ff.

[24] Selbst bei *H. Doerries,* was z.B. seine Abhandlung über "Konstantinische Wende und Glaubensfreiheit" (in: ders., Wort und Stunde, Bd. I: Gesammelte Studien zur Kirchengeschichte des vierten Jahrhunderts, Göttingen 1966, S. 1-117), in der auch die Polarisierung von Konstantin und Theodosius eine beträchtliche, wenn nicht gar konstitutive Rolle spielt, noch deutlich erkennen läßt (s. bes. S. 46 ff), während *G. Kretschmar* in seinem (im übrigen vorzüglichen!) Forschungsbericht: Der Weg zur Reichskirche, VuF 13 (1968), S. 3-44, bes. 40 ff die Kontroverse - wohl mit Absicht - nicht einmal registriert.

Widerspruch gestoßen.[25] Gleichwohl meine ich nach reiflichem Überlegen, an meinen Anfragen an die Enßlinsche Sicht, und zwar nicht nur "im Prinzip", festhalten zu sollen. Darüber hinaus bin ich davon überzeugt, daß die Rekonstruktion dessen, was Theodosius kirchen- und religionspolitisch gewollt, getan und bewirkt hat, und erst recht seine exakte Verortung innerhalb der Entwicklung des Verhältnisses Staat-Kirche von Konstantin bis zu Justinian eine noch immer nicht wirklich bewältigte, dafür aber, wie ich finde, um so reizvollere und dringlichere Aufgabe ist. Zu ihrer Bewältigung bedarf es m.E. außer sensibler interpretatorischer Bemühung um die Texte, einschließlich derer, die in Voraussetzungen und Folgen kaiserlicher Religionsgesetzgebung Einblick nehmen lassen, nicht zuletzt eines gerüttelten Maßes an Common sense.[26] *[410]*

Es ist hier jedoch nicht der Ort, auch nur erste Schritte in die genannte Richtung zu tun. Nicht einmal kann und will ich mich hier im einzelnen mit der Kritik A. Lippolds auseinandersetzen. Vielmehr sei lediglich, um es wenigstens nicht einfach bei Behauptungen zu belassen, in aller Kürze angedeutet, aus welchen Gründen vor allem ich dem althistorischen Kollegen gegenüber einstweilen auf meiner Auffassung des Verhältnisses "Kaiser und Konzil" unter der Regentschaft des Theodosius beharre: 1. Wenn Lippold - wie bereits Enßlin - so großen Wert darauf legt, daß es sich bei dem Edikt vom 28. 2. 380 "um ein Gesetz und nicht nur um eine Art kirchenpolitisches Programm" handelte,[27] dann ist er damit formal und dem Buchstaben nach ohne Zweifel im Recht. Er hat aber keine überzeugende Erklärung dafür zur Hand, daß dies "Gesetz" sogar im Herrschaftsbereich des Theodosius ohne nachweisbare Folgen blieb und nir-

---

[25] *A. Lippold,* Theodosius der Große und seine Zeit, Stuttgart 1968 (UB 107) [2.Aufl., München 1980]; ders., Art. Theodosius I., in: PRE Suppl., Bd. XIII, 1973, Sp. 837-961, 1043 f. "Entrüstung" scheint u.a. darin spürbar zu werden, daß L. in seiner Kritik die Grenzen der Sachlichkeit mehrfach überschreitet, so etwa, wenn er mir vorhält, auch mir sei es "nicht gelungen", in allen Einzelheiten des Konzilsverlaufs "überzeugend Klarheit zu schaffen" (ebd., Sp. 855), als habe ich nicht selbst oft genug betont, daß bei der Rekonstruktion der Vorgeschichte und Geschichte des Konzils von 381 über Vermutungen oder bestenfalls wahrscheinliche Ergebnisse vielfach nicht hinauszugelangen sei; aber hätte ich mir deswegen die Mühe sparen sollen? Ähnlich unsachlich ist es auch, wenn wenig vorher bemerkt wird, entgegen meiner Darstellung sei der Ansatz der Einigungsverhandlungen mit den "Makedonianern" auf die Zeit "nach Meletius' Tod nicht erweisbar" (ebd., Sp. 854); denn dies habe ich weder an der von L. angegebenen Stelle noch sonstwo behauptet, wohl aber, daß es eine Reihe von Gründen gebe, die eine solche Datierung wahrscheinlich machen. Anderes wird dagegen auf schierem Mißverständnis L.s beruhen und sei daher mit Schweigen übergangen.

[26] Zumindest darin, daß sie in ihren Feststellungen und Urteilen i.a. mehr "gesunden Menschenverstand" verrät, dürfte auch die Darstellung *N. Q. Kings,* The Emperor Theodosius and the Establishment of Christianity, London 1961, derjenigen W. Enßlins überlegen sein, die bei allen ihren unleugbaren Verdiensten doch auch irgendwo ein "typisch deutsches" Buch ist, was ich aber nicht länger ohne weiteres und in jeder Hinsicht als ein Kompliment zu betrachten vermag. Doch - das ist "ein weites Feld"!

[27] Theodosius der Große und seine Zeit (Anm. 25), S. 139 u.ö.

gends unzweideutig bezeugt wird,[28] so daß man gar daran gedacht hat, der Kaiser habe es überhaupt stillschweigend unter den Tisch fallen und niemals veröffentlichen lassen.[29] Jedenfalls hat Theodosius im weiteren nicht nur die Methoden seines Vorgehens modifiziert,[30] sondern auch den mit *Cunctos populos* eingeschlagenen Kurs überhaupt preisgegeben, wenn es denn je seine ernstliche Absicht war, das Prinzip des Glaubenszwanges rigoros anzuwenden und das kaiserliche Kirchenregiment sozusagen auf die Spitze zu treiben. Weder beharrte er dabei, den Kirchenstreit per Gesetz und allein mit staatlichen Zwangsmitteln zu beenden, sondern ließ einer synodalen Lösung Raum; noch hielt er an seiner ursprünglichen einseitigen Orientierung an Rom und Alexandrien als alleinigen Garanten der Rechtgläubigkeit fest, sondern strebte eine Lösung der strittigen Glaubensfragen an, die von der Mehrheit des östlichen Episkopates getragen werden konnte. Wie er auch sonst, ungeachtet eigener fester Überzeugungen und Vorstellungen, eher das Bild des "Zauderers" bot[31] oder, richtiger wohl, des Realpolitikers, der im *[411]* Angesicht einer ohnehin schon verzwickten Situation alle vermeidbaren Risiken und Belastungen scheute. 2. Wenn Lippold nicht zuletzt im Ablauf des Konstantinopler Konzils von 381 allenthalben die straffe Lenkung des Geschehens durch Theodosius zur Auswirkung kommen sieht,[32] während er mir eine durchgängige Unterschätzung der kaiserlichen Einflußnahme vorwirft,[33] dann zeigt dies

---

[28] Darum verliert auch die Tatsache, daß uns nichts von kirchlichen Protesten gegen das in *Cunctos populos* verkündigte Programm bekannt ist (ebd., S. 103), jede Beweiskraft.

[29] *A. Ehrhardt,* The First Two Years of the Emperor Theodosius I., JEH 15 (1964), S. 1-17 (hier: 14 f). Die an E. zu richtende Frage wäre nur, ob die "Byzantine autocracy" (ebd., S. 13) bereits zur Zeit des Theodosius so weit ausgebildet war, daß sich jede andere, an dem Charakter von *Cunctos populos* als lex festhaltende Erklärung verbietet

[30] Gegen *A. Lippold,* PRE Suppl., Bd. XIII (Anm. 25), Sp. 849. Richtiger W. Enßlin (Anm. 22), S. 28, wonach Theodosius "bald (sc. nach der Veröffentlichung von *Cunctos populos)* in die herkömmliche Bahn der Regelung kirchlicher Fragen einschwenkte".

[31] Dies auch schon der Eindruck Gregors von Nazianz, wie sein autobiographisches Gedicht *(carm. hist.* XI), V. 1282 ff, bezeugt; vgl. dazu A. M. Ritter (Anm. 1), S. 225 f. Allerdings hat *H. Chadwick* in seiner Rezension meines Buches, JThS 19 (1968), S. 330-332 (hier: 332), die dort versuchte Interpretation, "wenn auch zugegebenermaßen mit einigem Zögern", für falsch erklärt. Sein eigener Deutungsvorschlag scheitert jedoch m.E. z.B. an Gr. Naz. *ep.* 202 (vgl. dazu nochmals mein Konzilsbuch, S. 226, mit Anm. 6) und *ep.* 173 (vgl. ebd., S. 80, mit Anm. 1), während vom Verständnis des **ἀντισῶσαι** in V. 1288 wenig oder nichts abhängt. Tenor und Fazit des Gregorschen "character-sketch of Theodosius" (Chadwick) bleiben vielmehr (V. 1303 f): "Aus solchen Erwägungen (sc. daß in Glaubensdingen aller Zwang ein Übel sei) hielt er, wie mir scheint, mit der Einschüchterung zurück und suchte alle freundlich mitzuziehen, indem er nur seinen Willen kundtat als ungeschriebenes Gesetz der Überzeugung" (**προθεὶς τὸ βούλεσθ' ἄγραφον πειθοῦς νόμον**), wie hier Chr. Jungck (Anm. 20) schön übersetzt hat. Überhaupt scheint sich dessen Auffassung der Verse 1282 ff von Gregors *De vita sua* mit der meinen sachlich völlig im Einklang zu befinden. Strittig ist allein, ob Gregors Beifall für die von Theodosius geübte Zurückhaltung ganz ehrlich ist. Doch das steht auf einem anderen Blatt, ist jedenfalls von der fraglichen Gregorstelle aus allein nicht zu entscheiden.

[32] Theodosius der Große und seine Zeit (Anm. 25), S. 22 u. ö.

[33] Ebd., S. 139 mit Anm. 25 u.ö.

womöglich einen Dissens im Methodischen an. Ich hielt es für richtig, mich nicht vorschnell mit der in der Tat naheliegenden und in der Literatur ja auch nur zu bereitwillig aufgegriffenen Erklärung, daß die Synodalen eben unter kaiserlichem Einfluß oder gar "Diktat" gestanden hätten, zufrieden zu geben, sondern ernsthaft auch nach anderen Erklärungsmöglichkeiten Ausschau zu halten, und ich kann darin auch nachträglich nichts Falsches erblicken; im Gegenteil erscheint mir die sorgfältige Prüfung *aller* Erklärungsmöglichkeiten als das methodisch Gebotene! 3. Wenn endlich Lippold besonders in den Lehrdekreten von 381 die "Bekenntnisentscheidung des Kaisers" nachträglich bestätigt und zugleich den Beweis dafür geliefert sieht, daß die Konzilsväter "die Autorität des Kaisers in Glaubensfragen anerkannt und sich die Lenkung durch ihn (haben) gefallen lassen"[34], dann dürfte damit die kirchlich-kirchenpolitische Situation zu Beginn der theodosianischen Herrschaft einigermaßen verkannt sein. Nachdem bereits mit Julian "Apostata" eine Ära staatlicher Kirchenpolitik eingeleitet worden war, in der i.w. "frei von allem staatlichen Einfluß im theologischen Ringen die Gegensätze ausgetragen werden konnten, um nach dem Prinzip des Ausgleichs auf höherer Ebene sich zusammenzufinden",[35] sind es weniger die Synodalen von 381 gewesen, die sich, auch in dogmaticis, der kaiserlichen Autorität fügten. Vielmehr *[412]* hatte sich inzwischen Theodosius der Position der Mehrheitspartei unter den Nizänern des Ostens, die 381 auch die Konzilsmehrheit stellte, angenähert, so daß sich in Konstantinopel eine Übereinstimmung in Glaubensfragen zwischen Kaiser und Konzil, zumindest dessen Majorität, i.a. ungezwungen ergab. Auch sonst zeigt sich bei Lippold eine gewisse Unsicherheit in kirchen- und dogmengeschichtlichen Fragen,[36] die der Plausibilität seiner Aufstellungen zur theodosianischen Kirchen- und Religionspolitik insgesamt abträglich ist.

b) Was die Quellen für die Theologie des Konstantinopler Konzils anlangt, so ist eine der wichtigsten in ihrer Echtheit lange Zeit umstritten gewesen, nämlich das sog. Nicaeno-Constantinopolitanum (NC). C. Andresen hat den status controversiae auf folgenden knappen Nenner ge-

---

[34] Ebd., S. 103 u.ö.

[35] C. Andresen (Anm. 2), S. 53.

[36] So etwa, wenn im Zusammenhang des Referates über Nizäa behauptet wird, dort sei dem *homousios* arianischerseits das *homoiusios* (!) "gleichsam schlagwortartig entgegengestellt" worden (ebd., S. 14); oder wenn es zur Schlußphase der "arianischen Streitigkeiten" u.a. heißt, in ihr sei "Valens, der zunächst nicaenisch gewesen sein soll, . . . alsbald durch Bischof Eudoxius von Konstantinopel auf eine Glaubensrichtung festgelegt" worden, "die nicht nur die Wesensgleichheit, sondern auch die Wesensähnlichkeit von Gott Vater und Gott Sohn leugnete (Anhomöer [sic!])"; oder wenn, um ein letztes Beispiel anzuführen, in Anlehnung an eine Formulierung W. Enßlins ([Anm. 22], S. 34 f) über "das auf der Schlußsitzung am 9. Juli zusammengefaßte Ergebnis der Beratungen" des Konstantinopler Konzils u.a. gesagt wird: "Kanon 1 enthält (sic!) ... ein Bekenntnis, das dem Sinne nach ganz der Formel des kaiserlichen Erlasses vom 10. Januar (sc. 381) entspricht und das noch heute als Symbolum Nicaeno-Constantinopolitanum im Gebrauch der ganzen Christenheit ist (sic!)" (Theodosius der Große und seine Zeit [Anm. 25], S. 22; PRE Suppl., Bd. XIII [Anm. 25], Sp. 855 unten), was, wenn ich es richtig verstanden habe, - mit Verlaub - barer Unsinn ist.

bracht: "Eine fast hundertjährige Forschungsgeschichte beurteilte zunächst NC als eine zufällige Verbindung von C(onstantinopolitanum) mit dem Konzil von 381 (Hort-Harnack). Später plädierte man dafür, 381 habe man ein eigenständiges Bekenntnis (C) formuliert, das man mit dem N(icaenum) als gleichrangig betrachtete (Ed. Schwartz). Wahrscheinlich ist aber C eine für die Verhandlungen mit den 'Pneumatomachen' auf dem Konzil von 381 entworfene Kompromißformel, die N pneumatologisch erweiterte, aber nicht von der Gottheit des Geistes und seiner Homousia aus taktischen Gründen sprach (Ritter-Kelly)".[37]

Als Andresen dies niederschrieb, hatte jedoch bereits D. L. Holland in einem Aufsatz unter dem Titel "The Creeds of Nicea and Constantinople Reexamined"[38], einer ausführlichen Rezension des Buches von G. L. *[413]* Dossetti, Il simbolo di Nicea e di Costantinopoli (Rom 1967), die Frage neu aufzurollen versucht und entschiedene Zweifel an der neuerdings vor allem von J.N.D. Kelly[39] und mir verteidigten Zugehörigkeit von NC zum Konzil von 381 angemeldet, doch, wie mir scheint, ohne durchschlagenden Grund. Ich will dies in aller Kürze wie folgt belegen: 1. scheint Holland nur solche Aussagen zulassen zu wollen, für die sich die Evidenz des schlüssigen Beweises geltend machen läßt. Andernfalls zielte seine Kritik weitgehend ins Leere. Was aber würde aus der Historiographie, welch verheerende Wirkung für das Bemühen, einem oft genug kärglichen Quellenmaterial ein Höchstmaß an Information abzugewinnen, die Grenzen des Wißbaren, Wahrscheinlichen oder auch nur mit Grund zu Vermutenden so weit wie möglich auszudehnen, müßte davon ausgehen, wenn das zur allgemeinen Maxime würde! 2. Hollands Hauptargument - es ist zugleich, wenn ich nichts übersehen habe, das einzig Neue an seiner Argumentation im Vergleich zu derjenigen von Hort und Harnack[40] - stützt sich auf den seit Caspari und Lebon bekannten Tatbestand, daß das, was man zur Zeit des Konstantinopler Konzils und noch bis weit ins sechste Jahrhundert hinein als "nizänischen Glauben" o.ä. bezeichnete, keineswegs immer N in seiner reinen, ursprünglichen Form war.[41] Er zieht daraus den kühnen Schluß: "If Constantinople was not overly much concerned with the ipsissima verba of N, why should one assume Chalcedon (sc. dessen Akten wir die entscheidenden Informationen über Herkunft und authentischen Wortlaut von C verdanken) to be terribly concerned

---

[37] C. Andresen (Anm. 2), S. 55 (eine Hervorhebung des Originals ist im Zitat unberücksichtigt geblieben).

[38] ChH 38 (1969), S. 1-14, bes. 3-7. Zu dem zweiten in diesem Aufsatz von H. angeschnittenen Problem, dem der "Ahnenschaft" der Vorlage (n) von N, vgl. (zustimmend) *H. von Campenhausen*, Das Bekenntnis Eusebs von Caesarea (Nicaea 325), ZNW 67 (1976), S. 123-139 [jetzt auch in: ders., Urchristliches und Altkirchliches. Vorträge und Aufsätze, Tübingen 1979, S. 278-299].

[39] *J. N. D. Kelly*, Early Christian Creeds, 3. Aufl., London 1972 (dt. unter dem Titel: Altchristliche Glaubensbekenntnisse, Göttingen 1972), Kap. X.

[40] *F. J. A. Hort*, Two Dissertations, Cambridge 1876; *A. von Harnack*, Art. Konstantinopolitanisches Symbol, in: RE, Bd. XI, 3. Aufl., 1902, S. 12-28; vgl. dazu A. M. Ritter (Anm. 1), 135 ff, 148 ff.

[41] Vgl. ebd., S. 183 f, mit Hinweisen auf ältere Literatur.

with historical accuracy vis-à-vis C?"[42] Doch ist darin sowohl ein Denkfehler als auch ein historischer Irrtum enthalten. Der Denkfehler: zwischen dem Desinteresse am genauen Wortlaut, den ipsissima verba von N oder auch C und dem Desinteresse an ihrer exakten Herkunft besteht schwerlich ein logischer Zusammenhang. So wird denn auch kein Theologe des vierten oder fünften Jahrhunderts, der gegebenenfalls mit dem Etikett "nizänischer Glaube" recht großzügig verfahren konnte, den geringsten Zweifel daran gehabt haben, daß "N" in seinem Kern eine eindeutig identifizierbare Größe und, so gesehen, in der Tat das Werk der "318 Väter" von Nizäa sei. Der historische Irrtum: seit Athanasius auf *[414]* der Synode von Alexandrien 362[43] und erst recht sein Nachfolger Kyrill und das I. Ephesinum die Suffizienz von N verfochten, war dieses in ganz anderer Weise als zuvor auch als Formel, nicht mehr nur um seines "Dogmas" willen, wichtig geworden. Auch blieb es bis weit ins sechste Jahrhundert hinein dabei, daß die Situation von N und diejenige von C eben nicht miteinander vergleichbar waren, während alle Anzeichen darauf hindeuten, daß die Lancierung von C in Chalkedon anfangs auf beträchtliche Reserve stieß und kaum zum Ziel geführt hätte, wären an der bona fides derer, die sich - aus welchen Gründen auch immer - für das "Symbol der 150 Väter" von Konstantinopel einsetzten, irgendwelche Zweifel geblieben.[44] 3. hält es Holland wieder für völlig offen, ob C bereits vor dem Konzil von 381, nämlich im *Ankyratos* des Epiphanius, bezeugt ist oder nicht,[45] begründet aber seinen Zweifel nicht näher, so daß auch ich mich auf dies Problem nicht erneut einlassen muß, sondern mit dem Hinweis begnügen kann, daß es inzwischen, durch Forschungen B. M. Weischers, fast zur Gewißheit gemacht sein dürfte, "daß Epiphanios C nicht verfaßt ... hat ... Es ist durch Interpolation in den Text des Ankyratos gekommen. Nur der äthiopische Text gibt den ursprünglichen griechischen Text des ersten Symbols im Ankyrotos wieder: es war das nikäische Glaubenssymbol. Daraus ergibt sich weiter, daß hiermit der bisherige Hauptgrund gegen die Authentizität von C wegfällt ..."[46]

Mein eigner Beitrag zur Erforschung von Geschichte und Theologie des nizänokonstantinopolitanischen Symbols über Kelly hinaus bestand jedoch in der Hauptsache in dem Versuch, die Stelle zu ermitteln, die die Auf-

---

42 D. L. Holland (Anm. 38), S. 4 im Vergleich mit S. 13 (auch hier sind Hervorhebungen des Originals im Zitat ausgelassen).

43 S. dazu *M. Tetz*, Über nikäische Orthodoxie. Der sog. Tomus ad Antiochenos des Athanasios von Alexandrien, ZNW 66 (1975), S. 194-222.

44 Vgl. dazu A. M. Ritter (Anm. 1), S. 174 ff.

45 Vgl. ebd., S. 162 ff.

46 *B. M. Weischer,* Die ursprüngliche Form des ersten Glaubenssymbols im Ankyrotos des Epiphanios von Salamis. Ein Beitrag zur Diskussion um die Entstehung des konstantinopolitanischen Glaubenssymbols im Lichte äthiopischer Forschungen, ThPh 53 (1978), S. 407-414. Zur dort (S. 413, mit Anm. 41) angekündigten kritischen Ausgabe des äthiopischen Textes von Ank. 118-119 mit deutscher Übersetzung und Rekonstruktion des ursprünglichen griechischen Textes s. bereits ders., Die Glaubenssymbole des Epiphanios von Salamis und des Gregorios Thaumaturgos im Qerellos, OrChr 61 (1977), S. 20-40.

stellung von NC im Rahmen der Konstantinopler Konzilsverhandlungen einnahm. Die Hauptstütze war mir dabei ein längerer Passus im großen autobiographischen Gedicht Gregors von Nazianz *(carm. hist.* XI,V.1703-1796), dessen Deutung auf die Einigungsverhandlungen mit den "Makedonianern" und die, wie ich meine, in diesem Zusammenhang erfolgte Aufstellung von NC von der Kritik i.a. günstig aufgenommen worden ist. Nicht so jedoch von Chr. Jungck, der sich, mit einer - als Baseler phil. Diss. geplanten - zweisprachigen, kommentierten *[415]* Ausgabe von Gregors *De vita sua* beschäftigt, schon frühzeitig, und zwar in einer Kurzanzeige meines Buches, zu Wort meldete[47] und mir "folgenschwere Übersetzungsfehler" vorwarf. Und obwohl er lediglich zwei Beispiele anführte, die - mich zumindest - von Anfang an nicht überzeugten, sich im übrigen aber mit dunklen Andeutungen begnügte, scheute er sich nicht, seine Anzeige damit zu schließen, daß er es dem Leser anheimstellte, selbst zu entscheiden, wieweit meine Darstellung (nota bene das ganze Buch!) auch unabhängig von meiner "mißglückten Gregor-Interpretation Bestand" habe! Seit vier Jahren nun liegt auch Jungcks Dissertation - gründlich überarbeitet, wie es heißt - im Druck vor[48] und erlaubt somit, sich von den editorisch-interpretatorischen Fähigkeiten ihres Verfassers wie auch von der Haltbarkeit seiner an mir geübten Kritik selbst ein Bild zu machen. Da aber W. D. Hauschild im vorletzten Jahrgang des "Annuarium Historiae Conciliorum"[49] eine ausführliche Besprechung veröffentlicht hat, der ich in fast allem zustimmen kann, genügen hier wenige Bemerkungen: l. sind es i.w. wieder dieselben beiden "Übersetzungsfehler", an denen Jungck seine pauschale Ablehnung meiner Deutung der fraglichen Gregorstelle aufhängt, indem er die von ihm anders als von mir gedeuteten Verse 1754 und 1756 zum Kernpunkt meiner Beweisführung macht,[50] was aber, wie Hauschild richtig gesehen hat, vollkommen willkürlich und haltlos ist. 2. ist mir völlig klar gewesen, daß das ἐν μέσῳ κήρυγμα von V. 1754 auch im Sinne Jungcks (wie schon der bei Migne abgedruckten lat. Übersetzung) gedeutet werden könne, als ich mich seinerzeit gegen diese Deutung entschied, weil es mir der Zusammenhang, weil es schon der unmittelbar vorausgehende Vers (1753: τῇ διπλόῃ ... *τῶν διδαγμάτων*) zu verlangen schien. Die wichtigsten Argumente für meine Auffassung der Stelle im Rahmen ihres Kontextes sind noch einmal von Hauschild zusammengestellt worden,[51] so daß ich mich hier darüber nicht zu verbreiten brauche. Der zweite "Übersetzungsfehler", das συρφετὸν ... χριστεμπόρων in V. 1756 betreffend, basiert in Wirklichkeit auf einer anderen Deutung des Genitivs (genitivus auctoris statt, wie J. es will, genitivus subiectivus oder auch epexegetus), die aber, wer wollte das leugnen, genauso gut möglich ist. Dagegen dürfte von der Übersetzung von

47 In: ThZ 24 (1968), S. 145.

48 S. oben Anm. 20.

49 9 (1977), S. 213-216.

50 S. (Anm. 20), S. 221.

51 W. D. Hauschild (Anm. 49), S. 215.

συρφετός mit "Mischmasch" (Ritter) oder "Kehricht" (Jungck) gar nichts abhängen, da es, wie wohl auch die Baseler Stadtstreicher und "Penner" ad oculos demonstrieren, für das, was da tagtäglich "zusammengekehrt" und zum *[416]* "Abfall" getan wird, kennzeichnend ist, daß es außer Dreck auch allerlei Brauchbares, wenn nicht sogar Kostbares enthält. Eben das aber ist mit "Mischmasch" gemeint, wovon Gregor in den beiden folgenden Versen ja auch ausdrücklich spricht. 3. stelle ich so wenig wie Hauschild in Abrede, daß sich Jungck um die Gewinnung eines kritisch gesicherten Textes und um die Deutung der vielfach dunklen Verse von *De vita sua* Verdienste erworben hat. Je mehr er sich aber den kirchengeschichtlich brisanten Partien des Gedichts nähert, um so mehr halten sich Glückstreffer, gelungene und einleuchtende Deutungen und offensichtliche interpretatorische Fehlleistungen annähernd die Waage. Es ließe sich leicht eine "Blütenlese" zusammenstellen; doch will ich sie ihm, dem Leser wie mir selbst ersparen. Den Grund für seine nicht eben seltenen Fehlgriffe sehe auch ich in "mangelnde(r) Vertrautheit mit der Dogmengeschichte des vierten Jahrhunderts"[52], wie sie ihm von Hauschild mit Recht vorgehalten worden ist, dessen Fazit lautet: "Unter Berufung auf Jungck sollte es ... in Zukunft nicht zulässig sein, die gut begründete Deutung von V. 1703-1765 auf die Auseinandersetzung um das pneumatologische 'Dogma' des Konzils abzulehnen."[53] Demgegenüber würde ich zwar daran festhalten, daß auch die folgenden Verse bis einschließlich V. 1796 für das "Dogma" von 381 einschlägig sind und berücksichtigt zu werden verdienen; im übrigen aber könnte ich diesem Fazit um so eher zustimmen, als Hauschild den fraglichen Textzusammenhang gleichfalls als Zeugnis für die Aufstellung von NC ansieht,[54] wenn er nicht gleichzeitig den Zusammenhang mit den vom Kaiser betriebenen Unionsverhandlungen mit den "Makedonianern" leugnete und dafür "keinen plausiblen Anhalt am Text des Gedichts" entdecken zu können glaubte.[55] Ich dagegen halte diesen Zusammenhang nach wie vor wenn auch nicht für absolut sicher, so doch wenigstens für in hohem Maße wahrscheinlich; und ich sehe dafür auch am Text von *De vita sua*, V. 1703 ff, insofern einen Anhalt gegeben, als dort von einer Einflußnahme der kaiserlichen "Macht", von Rücksicht auf "Moabiter und Ammoniter" (worunter nach Gr. Naz. *or.* 42,18, die "Makedonianer" vom Schlage des Eleusius von Cyzicus zu verstehen sein dürften), ferner von "Wankelmütigkeit" der Konzilsmehrheit und mangelnder "Parrhesie" die Rede ist, um nur das Wichtigste in Erinnerung zu bringen.[56] Überdies läßt sich sehr schwer abschätzen, inwieweit die von Basilius geübte "Ökonomie", wie es der Nazianzener nannte, also die bewußte Zurückhaltung im öffentlichen Bekenntnis der Gottheit und Ho*[417]*mousie des Hl. Geistes, von denen auch

---

52 Ebd., S. 214.
53 Ebd., S. 215.
54 Ebd.
55 Ebd., S. 216 .
56 Vgl. A. M. Ritter (Anm. 1), S. 253 ff, bes. 258 ff.

das NC schweigt, zur Zeit des Konzils von 381 noch immer von erheblichem Einfluß war, während vieles dafür spricht, daß unter den führenden Männern des Konzils (Meletius, den beiden Gregoren, Amphilochius usw.) an und für sich wenig Neigung zu einem Entgegenkommen gegenüber den Pneumatomachen oder gar zu einer Union mit ihnen bestand, erst recht, soweit sie durch Eleusius von Cyzicus repräsentiert wurden.[57] Wie dann ja auch allem Anschein nach der *Tomus* des Konzils eindeutig antipneumatomachisch abgefaßt war,[58] woraus folgt, daß es mit der Aufstellung von NC in Konstantinopel seine besondere Bewandtnis gehabt haben muß.

c) Dieser (verlorene) *Tomus*, dessen wesentlichen Inhalt der Synodalbrief von Konstantinopel 382 (bei Theodoret, *h. e.* V,9,1-18) wiedergibt, wird am ehesten der Theologie des Konzils authentischen Ausdruck verliehen haben, indem es sich darin, wie es scheint, nachdrücklich zum "nizänischen Glauben" als dem Palladium der Orthodoxie bekannte, aber das *homousios* von Nizäa nun auch ausdrücklich auf den Hl. Geist übertrug, indem es sich ferner gerade auch der "Blasphemie" der mit Anhomöern (Eunomianern) und Homöern (Arianern) auf eine Stufe gestellten Pneumatomachen gegenüber schärfstens abgrenzte und endlich die eigene trinitätstheologische Position in einer Weise entfaltete, die zu irgendwelchen Mißverständnissen, besonders auch im Abendland und unter den "Altnizänern" des Ostens, kaum mehr Anlaß bot.[59] Nachdem sich bereits mit den Ergebnissen der Synodalverhandlungen von Alexandrien (362) ein Ausgleich zwischen (abendländisch-"altnizänischer") Ein- und (morgenländisch-origenistischer) Drei-Hypostasen-Lehre angebahnt hatte und es vor allem der theologischen Arbeit der drei "großen Kappadozier" gelungen war, für diesen Kompromiß eine theoretisch-terminologische Basis zu schaffen, die im Osten zunehmend an Plausibilität gewann, war somit durch Konstantinopel 381 nicht nur ein offizieller Schlußpunkt der "arianischen Streitigkeiten" auch für den Ostteil des Imperium Romanum markiert (Kanon I),[60] sondern auch sachlich insofern ein Abschluß erreicht, als die nunmehr erzielten Resultate die - bis in die Neuzeit hinein nicht mehr ernsthaft in Frage gestellte - Grundlage aller trinitätstheologischen Reflexion blieben.

In den zurückliegenden anderthalb Jahrzehnten nun ist die Forschungsdiskussion einmal mit der Frage nach dem philosophiegeschichtlichen Hintergrund der Analyse des Verhältnisses von οὐσία und *[418]* ὑπόστασις bzw. πρόσωπον beschäftigt gewesen, wie sie der von den Kappadoziern erarbeiteten "Lösung" des trinitätstheologischen Problems zugrunde liegt. Nach der mir selbst einmal am meisten einleuchtenden Theorie G. L. Prestiges und J. Lebons[61] wäre hier auf den platonischen "Universalienre-

---

[57] Vgl. ebd., S. 71 ff.
[58] Vgl. ebd., S. 116 ff.
[59] Vgl. ebd., S. 119 f, 303 ff.
[60] Vgl. ebd., S. 121 ff.
[61] *G. L. Prestige,* God in Patristic Thought, London 1956; *J. Lebon,* Le sort du "consubstantiel" nicéen, RHE 47 (1952), S. 485-529; 48 (1953), S. 632-682.

alismus" zu verweisen gewesen. Mit dieser Interpretation der kappadozischen οὐσία als real existierender platonischer Idee, an welcher die Einzeldinge partizipieren, glaubte Lebon auch, die Zahn-Harnacksche These vom "Jungnizänismus", der "Neugläubigkeit" der Kappadozier eindeutig widerlegen zu können.[62] Doch ist er inzwischen selbst ins Schußfeld der Kritik geraten und haben sich viele (nicht alle!) seiner Argumente als unhaltbar erwiesen.[63] Statt dessen ist, zuerst von A. Grillmeier in seinem vielbeachteten Aufsatz über das "Scandalum oecumenicum des Nestorios",[64] im Anschluß an Erwägungen von L. I. Scipioni,[65] der Versuch unternommen worden, den kappadozischen Hypostasis-Begriff bzw. das Verhältnis οὐσία - ὑπόστασις, wie es von den Kappadoziern für die Deutung von Einheit und Verschiedenheit in der Trinität verwendet worden war, von der stoischen Analyse des ens physicum her verständlich zu machen. R. Hübner hat dem zugestimmt und die Gründe für die stoische Interpretation noch vermehrt, diese Interpretation allerdings auf Basilius beschränkt sehen wollen,[66] während Gregor von Nyssa, zumal der Gregor der pseudobasilianischen *ep.* 38 und der Schrift *Ad Graecos ex communibus notionibus*, die οὐσία überwiegend aristotelisch verstanden habe.[67]

Und damit ist auch bereits das zweite Problem von zentralerer Bedeutung gestreift, das in der neuesten Forschung zum Homousios von Konstantinopel eine Rolle gespielt hat, die Frage nämlich, ob es überhaupt angängig sei, wie üblich von "der" Trinitätstheologie "der" Kappado*[419]*zier zu sprechen und ihre Grundformel μία οὐσία - τρεῖς ὑποστάσεις einer Einheitsinterpretation zu unterziehen, oder nicht. R. Hübner hat sich entschieden dagegen ausgesprochen und gemeint, die "erstaunliche(n) Unterschiede", deren man ansichtig werde, sobald man die von den Kappadoziern gegebenen Definitionen von οὐσία und ὑπόστασις aufsuche und sich bemühe, "sorgfältig den jeweiligen philosophischen Hintergrund zu ermitteln und zu vergleichen", machten es möglich, "den je eigenen Weg dieser Männer zu erkennen, den sie zur Lösung der gemeinsamen Problematik eingeschlagen haben, ihre Anfänge, ihre Rückschläge und ihr Wachstum bei diesem Unternehmen zu registrieren und schließlich unter ihrer Führung Einsichten in die Tragweite theologi-

---

62 Vgl. bes. RHE 48 (1953), S. 649-655.

63 S. dazu namentlich R. Hübner (Anm. 6), bes. S. 474 ff; ders., Die Einheit des Leibes Christi bei Gregor von Nyssa. Untersuchungen zum Ursprung der "physischen" Erlösungslehre, Leiden 1974 (PhP 2), S. 73-94 u.ö.; F. Dinsen (Anm. 8), 155 ff, sowie bereits die Vorbehalte in meinem oben (Anm. 1) angegebenen Buch, S. 290, mit Anm. 3.

64 Vollständiger Titel: Das Scandalum oecumenicum des Nestorios in kirchlich-dogmatischer und theologiegeschichtlicher Sicht, zuerst erschienen in: Schol. 3 (1961), S. 321-356 (hier: 341 ff); in überarbeiteter Form neu veröffentlicht in der Aufsatzsammlung: *A. Grillmeier*, Mit ihm und in ihm. Christologische Forschungen und Perspektiven, Freiburg usw. 1975, S. 245-282 (hier: 265 ff).

65 *L. J. Scipioni*, Ricerche sulla cristologia del "Libro di Eraclide" di Nestorio. La formulazione teologica e il suo contesto filosofico, Fribourg 1956 (Par. 11), S. 45-67, 98-109.

66 R. Hübner (Anm. 6), S. 484 ff.

67 Ebd., S. 470 ff.

scher Spekulation zu gewinnen, die einem bei pauschaler Betrachtung durchaus versagt bleiben, aber unschätzbare Hilfe bei der interpretierenden Verwaltung der Tradition leisten können".[68] F. Dinsen hat dem ebenso entschieden widersprochen. Für sie litt die bisherige Diskussion darunter, daß sie sich zu sehr an den von den Kappadoziern benutzten Vergleichen und Schemata orientierte und deshalb zu sich widersprechenden Ergebnissen (platonische, stoische, aristotelische Einflüsse) führte.[69] Überdies sei nicht immer ausreichend beachtet worden, daß die philosophischen οὐσία-Begriffe für Basilius und seine Freunde erklärtermaßen nur den Wert einer Hilfskonstruktion haben, daß er sich mit den Gregoren darin einig gewesen sei, "daß die göttliche ousia mit keinem dieser drei ousia-Begriffe identisch ist"[70]. Halte man sich weniger an die Bilder als an die klaren Aussagen, so trete die Grundansicht der drei Kappadozier, unbeschadet charakteristischer Unterschiede im einzelnen,[71] als i.w. einheitlich vor Augen.[72] Ich meine, es sei im Augenblick noch verfrüht, zu dieser Kontroverse abschließend Stellung zu nehmen. Dazu fehlt es wohl noch an zu vielen Voraussetzungen, vor allem, aber nicht nur, was die Analyse der den Kappadoziern zeitgenössischen philosophischen Literatur anlangt. Ich halte es jedoch nicht für verfrüht, auf das Niveau und die Tragweite dieser Kontroverse hinzuweisen!

Von womöglich noch größerer Tragweite ist, wie man sich am Ende in einer anderen, in der neueren Literatur zur kappadozischen Trinitätstheologie sich abzeichnenden Streitfrage zu entscheiden habe. Vermit*[420]*telt namentlich das glänzende Buch von E. Mühlenberg über "Die Unendlichkeit Gottes bei Gregor von Nyssa"[73] den Eindruck, als komme der theoretisch-terminologischen Vorbereitung des trinitätstheologischen Dogmas der alten Kirche durch die Kappadozier auch ein hoher philosophischer Rang zu, so wird eben dies, zumindest in Hinsicht auf die Sauberkeit der Begriffsbildung und die Folgerichtigkeit ihrer Anwendung, von G. C. Stead energisch bestritten. Selbst dem Nyssener, der allgemein, und das schwerlich ohne Grund, als die stärkste spekulative Begabung unter den kappadozischen Freunden betrachtet wird, "fehlen" danach "die wesentlichen Attribute eines Philosophen, das Streben nach Konsistenz und die Achtung vor der Wahrheit in allen ihren Formen, auch vor der unbequemen und unvorteilhaften Wahrheit".[74] Und von der vielgerühmten kappadozischen "distinction between *ousia* and *hypostasis*, which is presented

---

68 Ebd., S. 464.

69 F. Dinsen (Anm. 8), S. 358 (= S. 159, mit Anm. 2).

70 Ebd., S. 250 (= S. 155, mit Anm. 10).

71 Vgl. dazu bereits *K. Holls* berühmte Darstellung der kappadozischen Trinitätstheologie mit seiner (überscharfen) Beleuchtung und Akzentuierung ihrer mannigfachen Differenzen in dem Buch Amphilochius von Ikonium in seinem Verhältnis zu den großen Kappadoziern, Tübingen 1904, S. 116-235.

72 F. Dinsen, (Anm. 8), S. 350 f, im Vergleich mit 358.

73 Göttingen 1966 (FKDG 16).

74 *G. C. Stead,* Ontology and Terminology in Gregory of Nyssa, in: H. Dörrie (Anm. 13), S. 107-127 (hier: 126 [englisch = 107]) [jetzt auch in: ders., Substance and Illusion (Anm. 5), Nr. IX].

as fixing the 'correct' sense of the two words", gilt nach Stead: "(it) draws on textbook logic without mentioning any previous theological analysis of *ousia*."[75] Freilich beruht seine Kritik bisher, wie scharfsinnig und kompetent sie auch vorgetragen werden mag, auf einer wohl noch zu schmalen Materialbasis,[76] nachdem auch sein wichtiges Buch über "Divine Substance", anders als zu erwarten stand, mit Nizäa endet und die Diskussionen der zweiten Hälfte des vierten Jahrhunderts allenfalls streiflichtartig einbezieht. So wird man mit dem Urteil noch zurückhalten, bis Steads Kritik, wie angekündigt, etwa durch eine Untersuchung des Prosopon-Begriffes im Verständnis der Kappadozier weiter substantiiert worden ist, und im übrigen darauf achthaben, daß über der sachlichen Würdigung, bei der legitimerweise ähnlich kritische Maßstäbe angelegt werden mögen, wie es moderne Philosophen z.B. Platon oder Aristoteles gegenüber tun, der Gesichtspunkt der historischen Gerechtigkeit nicht zu kurz kommt. Es muß verständlich bleiben, daß die von den Kappadoziern erarbeitete "Lösung" des trinitätstheologischen Problems, unbeschadet möglicher logischer Inkonsistenzen, bis in die Neuzeit hinein weithin überzeugt hat; und es darf nicht verdunkelt werden, daß ihr, gemessen am Maßstab der dem Christentum ihrer Zeit möglichen theologischen Einsichten, mehr Wahrheit und Recht zukommt als den zu ihrer Zeit zu Gebote stehenden Alternativen. *[421]*

Unberührt von den genannten Kontroversen besteht in der neuesten Forschung, soweit ich sehe, Einmütigkeit darüber, daß die Zahn-Harnacksche These von der "Neugläubigkeit" der Kappadozier und damit auch des Dogmas von Konstantinopel hinreichend widerlegbar ist, also aufgegeben werden muß. Der Sinn der Homousiosformel ist bei ihnen "im Grund kein anderer als bei Athanasius". Es "besteht kein Unterschied in der Sache, sondern nur in der Terminologie"; konkret gesprochen "unterscheidet sich die kappadokische Interpretation des Nizänums von der der Altnizäner nur dadurch, daß sie aus dem Credo nicht die Redeweise μία ὑπόστασις, sondern τρεῖς ὑποστάσεις herauslesen", daß ihr *homousios* damit "nicht nur eine antiarianische, sondern auch eine antisabellianische Bedeutung" gewinnt.[77]

III.

Was hat das alles, so fragen wir zum Schluß, mit dem Thema dieser Festschrift, der Frage nach dem Verhältnis von "Kerygma und Logos" zu tun? Nun, es dürfte wenige Vorgänge der alten Kirchen- und Theologiegeschichte geben, in denen sich die Problematik der geistesgeschichtlichen Beziehungen zwischen Antike und Christentum so sehr verdichtet wie beim Dogma von Nizäa und Konstantinopel. Denn um F. Rickens be-

[75] G. C. Stead (Anm. 5), S. 258 (Auszeichnungen des Originals wurden nicht berücksichtigt).

[76] Vgl. dazu auch die Kritik an seinem Anm. 75 zitierten Vortrag, S. 120 ff.

[77] F. Dinsen (Anm. 8), S. 166; vgl. auch S. 162 sowie bereits die Einleitung, mit Anm. 3 (= S. 185 f); S. 166, mit Anm. 9 (= S. 372 f).

kannte Formulierung zu gebrauchen, verband sich damit so etwas wie eine "Krisis des altchristlichen Platonismus", eher eine "Enthellenisierung" als eine "Hellenisierung" (Harnack) des christlichen Kerygmas, sofern mit der - dezidiert unplatonischen - Behauptung der ontologischen Gleichartigkeit und doch Unterschiedenheit der göttlichen Hypostasen (Konstantinopel) festgehalten wurde, daß der Gott des christlichen Glaubens nicht die Monade der Griechen, nicht ein abstraktes, inaktives Konzept, sondern ein lebendiges Wesen ist, dessen Handeln gerade zu seinem Wesen gehört: "die sich ewig an ihr personales Gegenüber verschenkende Liebe".[78]

Ja, wenn E. Mühlenberg mit der Kernthese seines schon erwähnten Buches über die Unendlichkeitstheologie Gregors von Nyssa recht hat, dann ist dieser "Enthellenisierungsprozeß" gegen Ende des vierten Jahrhunderts noch wesentlich verschärft worden, indem Gregor im Vollzuge seines Bemühens, das Dogma von der Wesenseinheit (Homousie) des Sohnes (und des Geistes) mit dem Vater plausibel zu machen und gegen die Kritik des - wesentlich mit Hilfe aristotelischer Dialektik argumentierenden - *[422]* Neuarianers Eunomius von Cyzicus zu verteidigen, "als erster Denker die Unendlichkeit Gottes gegen die platonisch-aristotelische Philosophie beweist und in die Theologiegeschichte einführt."[79] Man wird zwar füglich bezweifeln können, ob es angebracht sei, in diesem Zusammenhang von "Beweisen" im strengen Sinne zu reden. Aber daß es sich bei Gregors Kritik an Eunomius und dessen philosophischen Prämissen um einen Akt schöpferischer Auseinandersetzung christlicher Theologie mit dem antiken Geisteserbe handelt, bei der sich die Kritik weder nur an Nebensächlichkeiten entzündet oder im rein Postulatorischen steckenbleibt, noch - ohne alle assimilierende Kraft - auf eine bloß oberflächliche Synthese aus ist, scheint mir E. Mühlenberg gezeigt zu haben. Allerdings bin ich gegen ihn der Meinung, daß mit alledem zwar ein höchst bedeutsamer Anfang gemacht, aber der "Gottesbegriff der klassischen Metaphysik" schwerlich überwunden worden sei. Ich habe dies in einer Untersuchung zur Gnadenlehre des Nysseners (vor allem) anhand seines "Moselebens" näher zu begründen versucht.[80] Mühlenberg wiederum hat auf diese "clear-cut provocation" mit eigenen Reflexionen über "Synergism in Gregory of Nyssa" geantwortet, die inzwischen auch, erweitert um einen "polemical appendix", in dem er sich explizit mit mir auseinandersetzt, veröffentlicht worden sind.[81] Doch ist diese Antwort eher polemisch als weiterführend ausgefallen, da bereits der status controversiae falsch dargestellt wird und die Einzelkritik an meiner Argumentation, gelinde gesprochen, recht "selektiv" verfährt.

Nach Mühlenbergs Meinung ist unser Streit eher in unterschiedlichen "Grundvoraussetzungen" (basic presuppositions), eher im Methodischen

---

[78] F. Ricken (Anm. 7), S. 352.
[79] E. Mühlenberg (Anm. 73), S. 26.
[80] Vgl. oben Anm. 13, S. 195 ff.
[81] ZNW 68 (1977), S. 93 ff (vgl. ebd.).

als in unterschiedlicher Exegese bestimmter Texte begründet.[82] Das kann wohl so sein. Aber wie er dies begründet, entstellt es den wahren Sachverhalt, soweit es wenigstens mich betrifft. Beschreibt er doch sein eigenes Vorgehen so: "(it) consists in that the inner consistency of Gregory's anthropology based on his new understanding of God be examined; when this is done one will have to ask what his anthropology contributes for human self-understanding ...", während ich folgenden Weg beschreite: "He takes Gregory's anthropology and drives it through the screen of Neo-Protestant categories; and he concludes that Gregory's anthropology does not conform to the standard of his categories." Beweis: "Ritter wanted to find 'restitution of grace by Christ', 'grace of the Holy Spirit', 'gift of baptism', 'grace of priesthood', 'prevenient grace'; *[423]* instead, he finds 'grace as grace of creation', 'Law as gift of god'."[83] Mühlenberg bezieht sich hier auf die Untertitel des eigentlichen Corpus meiner Untersuchung. Man könnte meinen, das seien die "neuprotestantischen Kategorien", durch deren Raster ich Gregors Anthropologie mit aller Gewalt zwänge. In Wahrheit handelt es sich bei allen, auch den letzten beiden, um Formulierungen Gregors selbst, von denen ich ausgehe, um dann zu fragen, was sie besagen und wie sie sich zueinander fügen. Wie ich mich überhaupt, nachweislich, darum bemüht habe, Gregors Gedanken so vorzuführen, wie er sie selbst entwickelt hat, und sie in einem Bezugsrahmen zu belassen, wie er aus seinem Schrifttum selbst zu erheben ist. Daß sich Mühlenberg darüber hat täuschen können, ist schon eine "kritische" Leistung besonderer Art und erweist ihn als einen recht "monologischen" Dialogpartner.[84]

Darum gilt auch von seiner Einzelkritik, daß sie sich auf meine Argumentation eben nicht wirklich eingelassen hat, wovon man sich bei vergleichender Lektüre leicht selbst überzeugen kann. Etwas vergröbernd gesprochen, gleicht sie einem - ganz gewiß gedankenreichen - Spiel mit und Fortspinnen von Einzelmotiven, unter Ausblenden all dessen, was sich nicht (dem eigenen Gedankengang des Kritikers) fügen will. Heraus kommt so eine Gregordeutung, die diesem Autor nicht selten Konsequenzen zuschreibt, die er gezogen haben *könnte*, die - möglichen oder tatsächlichen - Gegeninstanzen zu der gegebenen Deutung aber nicht einmal diskutiert.[85]

---

82 Ebd., S. 93, im Vergleich mit S. 113.

83 Ebd.

84 Dasselbe dürfte übrigens auch von seiner "Auseinandersetzung" mit G. Ruhbach in seinem (sehr problematischen) Aufsatz Gott in der Geschichte. Erwägungen zur Geschichtstheologie von W. Pannenberg (KuD 24 [1978], S. 244-261 [hier: 244 ff]) gelten.

85 Dafür nur ein Beispiel. Mühlenberg behauptet: "The way Gregory understands προκοπή and τελειότης makes it impossible to acquire a righteousness with which one could step before God and to which one could point in God's judgement" (S. 118). Gregor aber kann etwa von der "unbestechlichen Gerechtigkeit Gottes" sprechen, "die unseren freien Entscheidungen (προαιρέσεσι) nach Verdienst nachfolgt" (*v.Mos.* II,86 = Gregorii Nysseni Opera, Bd. VII/1, ed. H. Musurillo, S. 58,22 f; vgl. dazu meinen oben [Anm. 13] zitierten Aufsatz, S. 227 f). Wieso ist das kein Widerspruch?

Was mich betrifft, bleibt es daher dabei, was ich Mühlenberg bereits früher ausdrücklich, auch schriftlich, konzediert habe: Gregors Unendlichkeitstheologie samt der ihr korrespondierenden Wesensbestimmung der christlichen "Vollkommenheit" als im Vergessen des zuvor Erreichten (vgl. Phil 3,12) bestehender und gleichfalls ins Unendliche fortschreitender προκοπή stellt einen bedeutenden Fortschritt in Richtung auf eine kritische Rezeption des antiken Erbes dar, bleibt aber bei Gregor selbst eher episodisch, ohne allzu weitreichende assimilierende Kraft; sie ist eher ein Anfang als ein Durchbruch.

Die Einberufung des Konzils in seinem geschichtlich-lehrmäßigen Zusammenhang

Gliederung : I. Konstantinopel und die "Konstantinische Wende"; II. Konstantinopel als Exempel für die "kaiserliche Synodalgewalt"; III. Kirchenrechtliche Entscheidungen des Konzils; IV. Das Dogma des Konzils.

Obwohl es ganz natürlich und bis zu einem gewissen Grade auch berechtigt ist, daß sich unser Gedenken des Konzils von Konstantinopel (381) auf sein Bekenntnis oder, allgemeiner gesprochen, auf sein Dogma konzentriert - denn das ist es ja, was diesem Konzil seinen "ökumenischen" Rang verschafft und bis heute gesichert hat -, wird der allgemeingeschichtliche Rahmen und Hintergrund dieser Dogmen- oder Bekenntnisbildung nicht völlig außerhalb des Blickfeldes bleiben dürfen. So soll denn darauf in meinem Beitrag zu diesem Seminar ein besonderer Akzent liegen.

I.

Von den geschichtlichen Rahmenbedingungen des Dogmas von Konstantinopel zu reden aber heißt zunächst, jenes Umbruchs zu gedenken, wie er sich zwischen dem 23. Februar 303 und dem 28. Februar 380 in der Kirchen- und Weltgeschichte zugetragen hat. Was ist damit gemeint?

In den frühen Morgenstunden des 23. Februar 303 erschien der Polizeipräfekt der Residenzstadt Nikomedien (des heutigen Izmit in der Türkei, auf der Istanbul gegenüberliegenden kleinasiatischen Landzunge gelegen) mit einer Anzahl anderer Beamter vor der Kirche des kaiserlichen Palastes. Die Türen wurden aufgebrochen; man suchte das *simulacrum Dei,* das Gottesbild - was sonst sollte sich in einem Tempel befinden? -, stieß aber "nur" auf heilige Schriften, die sofort verbrannt wurden. Alsdann wurde die Kirche zur Plünderung freigegeben. Da es zu gefährlich schien, sie in Brand zu setzen, der leicht auf die angrenzenden Palastgebäude hätte übergreifen können, ließ man eine Abteilung Soldaten anrücken, die binnen weniger Stunden das Kirchengebäude dem Erdboden gleichmachten. Am folgenden Tage wurde ein kaiserliches Edikt angeschlagen, in dem *[32]* allen Christen, gleich welchen Standes, Alters oder Geschlechts, jeglicher Rechtsschutz entzogen wurde. Damit begann, nach dem Bericht des Laktanz, eines Augenzeugen, die diokletianische Christenverfolgung, die sich dem Gedächtnis der Geschichte als der schauerlichste und syste-

---

Zuerst veröffentlicht in: La signification et l'actualité du IIe Concile Oecuménique pour le monde chrétien d'aujourd hui. Chambesy/Genf 1982 (Les études théologiques de Chambesy 2), S. 31-42.

matischste Versuch der ersten Jahrhunderte unserer Zeitrechnung eingeprägt hat, das Christentum auszurotten.

Am 28. Februar 380 erließ der gerade eben ernannte Kaiser Theodosius von Thessalonike aus ein Edikt an die Bevölkerung Konstantinopels - ein "rechtgläubiger" Bischof, mit dem er hätte verkehren können, war offenbar noch nicht zur Stelle -, das indessen seinem ganzen Tenor nach über den engeren Adressatenkreis hinaus Gültigkeit beanspruchte: "Alle Völker, über die wir ein mildes und maßvolles Regiment führen *(Cunctos populos, quos clementiae nostrae regit temperamentum)*, sollen, so ist unser Wille, in der Religion verharren, die der göttliche Apostel Petrus ... den Römern überliefert hat und zu dem sich der Pontifex Damasus wie auch Bischof Petrus von Alexandrien, ein Mann von apostolischer Heiligkeit, offensichtlich bekennen". Dieser Glaube wird alsdann als der Glaube an die eine Gottheit Vaters, Sohnes und Hl. Geistes "bei gleichartiger Majestät und heiliger Dreifaltigkeit *(sub parili maiestate et sub pia trinitate)*" beschrieben. Nur wer diesem Glaubensgesetz folge, dürfe sich katholischer Christ nennen. Alle anderen aber seien Häretiker und sollten dem göttlichen wie weltlichen Gericht anheimfallen; was das konkret heiße und worin speziell das Walten des weltlichen Gerichtes bestehen werde, wurde allerdings nicht präzisiert. Gleichwohl unterliegt es keinem Zweifel, daß mit diesem Edikt *Cunctos populos* des Theodosius ein entscheidender Schritt nicht nur zur Beendigung der trinitätstheologischen Auseinandersetzungen - meist unter dem Namen "arianischer Streit" bekannt - , sondern auch in Richtung auf die Einheit von Kirche und Staat getan wurde. In diesem Edikt hat die *Staatskirche* gewissermaßen ihre Grundlegung erfahren.

Eben dieser Umbruch ist für gewöhnlich gemeint, wenn man von der "Konstantinischen Wende" spricht, einer Zäsur, deren Folgen bis zum heutigen Tage wirksam sind. Aus einer kleinen Schar galiläischer Juden war eine im gesamten Imperium verbreitete Kirche geworden. Dieser Kirche hatten Diokletian und seine Mitkaiser in aller Form den Kampf angesagt. Niemals zuvor war die Verfolgung der Christen von seiten des römischen Staates dermaßen als ein Entscheidungskampf auf Leben und Tod angepackt worden.

Diokletian aber scheiterte; seine Erben warfen das Steuer herum. Die Kirche wurde gleichberechtigte und bald auch bevorrechtigte Religion des Reiches.

Es ist hier jedoch weder möglich noch notwendig, auf diese Entwicklung von der Christenverfolgung über deren Einstellung durch den Mitkaiser Diokletians, Galerius, bis zur offenen Begünstigung des Christentums (bei Tolerierung allerdings auch der "Ungläubigen": Heiden und Juden) durch Konstantin näher einzugehen oder die Weiterentwicklung bis zur Etablierung der katholischen Reichskirche, des "Staatskirchentums", noch im Laufe des Jahrhunderts Konstantins, unter Theodosius nämlich, umständlicher zu erörtern. Auch die Reaktion der Kirche auf die sog. "Konstantinische Wende" kann und soll im Augenblick nicht behandelt werden, wobei u.a. zu sprechen wäre von einer so *[33]* umstrittenen Gestalt wie derjenigen Eusebs von Caesarea, des widerlichsten Hofredners aller Zeiten bzw. des "erste(n) durch und durch unredliche(n) Geschichtsschreiber(s)", wie ihn der Historiker J. Burckhardt, schwerlich ganz zu Recht, genannt hat, dessen, der, so ein anderes Verdikt Burckhardts, als herausragender Exponent ganz die "fatale Art" der "im Siege so rasch ausgeartete(n) Kirche" zeige. Schließlich kann und soll hier auch nicht die Rede sein von den Rückwirkungen des politischen Umschwungs auf fast alle Gebiete des kirchlichen Lebens.

Wohl aber sei - im Vorübergehen - wenigstens die Frage gestellt, ob es wirklich zureiche, die "Konstantinische Wende", wie es seit der spiritualistischen Kirchenkritik bereits des hohen und späten Mittelalters üblich geworden ist, einseitig als Anfang oder gar als Ursache der "Verweltlichung" der Kirche zu beschreiben; ob es die "Konstantinische Wende" nicht auch zuwege gebracht oder doch wenigstens mitbewirkt hat, daß die Kirche aus dem Ghetto herausgeführt wurde, in welchem sie sich bis dahin - durch eigene Entscheidung wie durch äußeren Druck - aufgehalten hatte. Gewiß ist die Reichskirche des ausgehenden vierten Jahrhunderts heutzutage so gut wie nirgends mehr die Lebensform eines Teiles der Christenheit. Insofern hat es seinen guten Sinn, vom "Ende des Konstantinischen Zeitalters" zu reden. Aber: wer wollte bestreiten, daß Christen Weltverantwortung tragen, daß sie auch politische Verantwortung zu übernehmen haben, und zwar nicht gespaltenen Gewissens und im faktischen Widerspruch zur Kirchenordnung, sondern gerade als Christen; selbst dort, wo sie Minderheit sind; bisweilen sogar selbst dort, wo sie verfolgt werden? Und das heißt: wer könnte oder wollte ernsthaft hinter die "Konstantinische Wende" zurück?

Die Scheidung von Kirche und Welt war noch am Ende des Jahrhunderts Konstantins längst nicht überwunden. Aber: theologisch war diese Scheidung seit Konstantin nicht mehr zu halten. Und damit konnte die Kirche auf die Dauer auch nicht mehr nur Alternative zur "Welt" bleiben. Was freilich unter diesen Umständen christliche Existenz "in der Welt - nicht von der Welt" heißen solle, das war ein völlig ungelöstes Problem. Da wir jedoch an diesem Problem noch heute - oder heute wieder neu - zu buchstabieren haben, besteht, wie ich meine, nicht der geringste Anlaß, hochmütig auf all die Halbheiten und Unzulänglichkeiten herabzublicken, von denen die kirchlichen Entscheidungen zu Beginn des "Konstantinischen Zeitalters" ohne Zweifel vielfach gekennzeichnet sind.

II.

Verglichen mit dem Konzil von Nizäa, dessen Abhaltung nicht nur der bis dahin symbolträchtigste und augenfälligste Ausdruck für den religionspolitischen Umschwung durch und unter Konstantin war, sondern das auch als Modellfall der "kaiserlichen Synodalgewalt" in der alten Kirche und darüber hinaus eine überragende Bedeutung gewann, ist die epochale

Bedeutung des Konstantinopler Konzils von 381 zweifelsohne ungleich weniger in die Augen springend. Darum verwundert es auch nicht, wenn sie immer wieder mehr oder weniger unverhohlen *[34]* in Zweifel gezogen wird. In welchem Sinne kann diese "Synode der 150 Väter" im Ernst als Schlußpunkt der "arianischen Streitigkeiten" gelten, wie es die Tradition ja behauptet? Das ist nicht nur deshalb die Frage, weil sie zunächst einmal, aller Merkmale eines "ökumenischen" Konzils scheinbar ermangelnd, lediglich die Parteisynode der "Jungnizäner" um Bischof Meletios von Antiochien war und ihre Verhandlungen sich zudem vorwiegend um organisatorisch-kirchenpolitische Fragen drehten. Vielmehr hat es den Anschein, als sei die wesentlich tiefer greifende und folgenreichere Zäsur mit dem Herrschaftsantritt Kaiser Theodosius' I. verbunden, unter dem, wie es in einer neuerlich erschienenen Studie über "Kaiserliches Selbstverständnis in der Religionsgesetzgebung der Spätantike"[1] wieder heißt, "eine auf die Durchsetzung des Christentums als Staatsreligion und gegen alle davon abweichenden Religionsgruppen gerichtete Gesetzgebung in voller Schärfe durchbrach". Zudem hatte Theodosius, wie erwähnt, bald nach seiner Machtübernahme in dem Edikt *Cunctos populos* jedermann kundgetan, was jetzt die Stunde schlug. Es war dies, so hat man gefunden, eine Entscheidung, die "als endgültig begriffen werden" wollte. M.a.W. sei durch sie das kaiserliche Credo "als das einzige im Sinne eines Staatsgesetzes gültige Bekenntnis erklärt" worden und habe sich "der energische Wille des kaiserlichen Gesetzgebers" angeschickt, "die Spaltung, die seit einem halben Jahrhundert die Kirche beunruhigte, ohne Mitwirkung einer Synode allein mit staatlichen Zwangsmitteln beheben zu wollen".[2]

In meiner 1965 im Druck erschienenen Heidelberger Dissertation über "Das Konzil von Konstantinopel und sein Symbol" habe ich den Versuch gemacht, diese in neuerer Zeit namentlich von W. Enßlin nachdrücklich und gewichtig vertretene Auffassung der theodosianischen Religionspolitik und besonders des Ediktes *Cunctos populos* zwar nicht rundweg zu bestreiten, wohl aber an entscheidenden Punkten zu problematisieren. Doch ist dieser Versuch, wenn ich nicht irre, unter allem, was ich in meinem Konzilsbuch aufgegriffen habe, am ehesten auf ungläubiges Kopfschütteln, vernehmliche Reserve oder gar entrüsteten Widerspruch gestoßen. Gleichwohl meine ich nach reiflichem Überlegen, an meinen Anfragen an die Enßlinsche Sicht, und zwar nicht nur "im Prinzip", festhalten zu sollen, will das hier jedoch nicht im einzelnen begründen, sondern verweise statt dessen auf meinen Beitrag zur Andresenfestschrift "Kerygma und Logos", Göttingen 1979.[3] M.a.W. bin und bleibe ich einstweilen der Auf-

---

1 *H. H. Anton,* Kaiserliches Selbstverständnis in der Religionsgesetzgebung der Spätantike und päpstliche Herrschaftsinterpretation im 5. Jahrhundert, ZKG 88 (1977), S. 38-84 (hier: 54).

2 *W. Enßlin*, Die Religionspolitik des Kaisers Theodosius d. Gr., München 1953 (SBAW. PH 1953/2), S. 27 f.

3 *A. M. Ritter,* Zum Homousios von Nizäa und Konstantinopel. Kritische Nachlese zu einigen neueren Diskussionen, in: ders. (Hg.), Kerygma und Logos. Beiträge zu den

fassung, daß sich Theodosius bei der Berufung und Durchführung des Konzils von 381 an das von Konstantin begründete Führungsprinzip in der Wahrnehmung der "kaiserlichen Synodalgewalt" gehalten und von seinem "Herrscherrecht in Glaubensfragen"[4] - vorausgesetzt, er hat ein solches Recht in Anspruch genommen - i.a. keinen die Entscheidungsfreiheit des Konzils ernsthaft gefährdenden Gebrauch gemacht hat.

Die Entstehung der kaiserlichen Synodalgewalt, des Rechtes also, Synoden einzuberufen, an ihren Beratungen, in welcher Form auch immer, teilzunehmen und ihre Beschlüsse zu "bestätigen", d.h. ihnen die Rechtskraft von Reichsgesetzen zu verleihen, ist bis heute umstritten. Es ist aber überaus wahrscheinlich, daß staatliche Maßnahmen im Zusammenhang der Rückgabe von in der Verfolgung beschlagnahmtem Kirchengut, die Konstantin eher wider Willen in eine *[35]* Schiedsrichterrolle zwischen den verschiedenen kirchlichen Parteien und ihren konkurrierenden Besitzansprüchen hineindrängten, den entscheidenden Schritt bedeuteten. Des weiteren muß Konstantins Selbstverständnis als **ἐπίσκοπος τῶν ἐκτός**, d.h. entweder: als "Bischof ('Oberaufseher') über die äußeren Belange (**τὰ ἐκτός**) der Kirche", oder: als "Bischof für die Außenstehenden (**οἱ ἐκτός**)", mitsamt dem Anspruch des Kaisers, seinen Untertanen im Glauben an den wahren Gott voranzuschreiten und über ihre Glaubenseinheit - als Grundlage und Garantie auch für die Einheit und Wohlfahrt des Staates - zu wachen, eine wesentliche Rolle gespielt haben.

Wir fragen: Wie hat sich die Kirche zu dieser kaiserlichen Synodalgewalt gestellt? Man muß diese Frage, darin stimme ich W. Schneemelcher zu,[5] als den Kernpunkt in einer Erörterung des Verhältnisses von Staat und Kirche in der Spätantike ansehen. Denn in diesem Synodalwesen kommen die schwierigen und höchst differenzierten Reaktionen der Kirche besonders klar zum Ausdruck. Es genügt sicherlich nicht, festzustellen, die Kirche habe in der Reichssynode ein Organ ihrer rechtlichen Einheit erhalten, das sie aus eigener Kraft (noch) nicht zu entwickeln und zu nutzen wußte, oder zu behaupten, diese Synoden hätten in mehr oder minder totaler Abhängigkeit vom kaiserlichen Willen gestanden, wie es unter dem Einfluß des um die Erforschung der alten Kirchengeschichte im übrigen hochverdienten Altertumswissenschaftlers E. Schwartz und seiner doch wohl zu einseitigen Darstellung der Geschichte des vierten Jahrhunderts vielfach geschah und geschieht. Denn es läßt sich gerade an der Wirkungsgeschichte des Konzils von 381, wie ich finde, schlagend beweisen, daß die kaiserliche "Bestätigung" die Durchsetzung von Synodalbeschlüssen zwar erheblich erleichterte, daß aber Annahme oder Verwerfung des Beschlossenen letzten Endes von der gesamtkirchlichen Rezeption abhängig waren. M.a.W. ist es - unerachtet der kaiserlichen

---

geistesgeschichtlichen Beziehungen zwischen Antike und Christentum. Festschrift für Carl Andresen zum 70. Geburtstag, Göttingen 1979, S. 404-423 (hier: 407 ff).

4 W. Enßlin (Anm. 1), S. 49.

5 *W. Schneemelcher,* Kirche und Staat im 4. Jahrhundert, Bonn 1970 (Bonner Akademische Reden 37), S. 13.

"Synodalgewalt" und des Einsatzes staatlicher Zwangsmittel (wie der Verhängung empfindlicher Geldbußen, der Enteignung von Kirchengut oder der Verbannung renitenter Kleriker) - auf die Dauer zumindest niemals möglich gewesen, einer Mehrheit den Willen einer Minderheit aufzuzwingen!

Und eben, weil es sich so verhielt, darum haben die Bischöfe, soweit wir wissen, die reichskirchliche Situation und das kaiserliche Kirchenregiment weithin akzeptiert. Wohl wurde gelegentlich gefragt: "Was hat der Kaiser mit der Kirche zu schaffen?", doch das meist in Konfliktfällen und meist von solchen, die die ersten gewesen waren, den Kaiser als Schiedsrichter anzurufen, aber als die Unterlegenen das Nachsehen hatten ... Gewiß hat die durch Konstantin erstmals in Anspruch genommene kaiserliche Synodalgewalt schon bald zu einem erheblichen Druck auf die Kirche geführt, die auf diese Weise über die "Segnungen" eines "christlichen Kaisertums" nüchterner zu denken lernte als ein Mann der ersten Stunde wie Euseb von Caesarea. Gegen die einem Konstantinssohn zugeschriebene Maxime wenigstens: "Was ich will, das hat als Kanon (also als Kirchengesetz) zu gelten", hat es eine vielstimmige und vielgestaltige Opposition gegeben, die auch bereits das Motiv der Gewaltenteilung anklingen ließ, welches in einer allerdings sehr fernen Zukunft so bedeutsam werden sollte. Zweifellos hat man in dieser Zeit die Problematik nicht zu Ende gedacht und noch keine Theorie vom Verhältnis der Kirche zum Staat entfaltet. Aber die nun empfundene und auch *[36]* formulierte Spannung hat doch vielen Theologen und Kirchenmännern den Weg gewiesen, gegen eine allzu nahtlose Einpassung der Kirche in den Staatsapparat als ideologische Basis der Reichseinheit zu opponieren und, ohne das geordnete Zusammenwirken beider Gewalten in Frage zu stellen, die Gefahr einer Herrschaft des Kaisers über die Kirche zu erkennen oder doch wenigstens zu erahnen.

Trotzdem bleibt ein sehr ernstes Problem bestehen: die Inanspruchnahme der Zwangsgewalt des Staates bei der Durchsetzung von Synodalbeschlüssen, namentlich bei der Bekämpfung der "Irrlehre". Viele Bischöfe haben im Verlauf der durch das nizänische Konzil weniger beendeten als vielmehr erst eigentlich eingeleiteten Lehrstreitigkeiten am eigenen Leibe erfahren, was es heißt, mit der offiziellen Kirchenpolitik in Widerstreit zu geraten, und sind doch nicht klüger geworden! *Cogite intrare* ("nötigt sie, hereinzukommen") ist - in sehr freier Anlehnung an Lukas 14,23 - von und seit Augustin als biblische Begründung für die Zwangsgewalt gegenüber Irrgläubigen, Häretikern, in Anspruch genommen worden. Und diese "barmherzige Strenge", die den Irrenden auch wider dessen eigenen Willen dem Verderben zu entziehen sucht, ist der christliche Rechtstitel des intoleranten Staates für mehr als ein Jahrtausend geblieben.

Eben darin aber, sosehr Augustin unter dem Eindruck stand, daß Nötigung zum Kircheneintritt, die - und sei es auch zwangsweise - Bekehrung des Irrgläubigen zur katholischen Wahrheit, eine Wohltat sei, eben darin wird man eines der unzweideutigsten Anzeichen für die "Verweltlichung" der Kirche im "Konstantinischen Zeitalter" zu erblicken haben, von der in der Tat zu reden ist. - Ich werde auf dies Problem gleich noch einmal zurückkommen, wende mich aber zunächst einem anderen Aspekt unseres Themas zu.

III.

Unter den verschiedenen disziplinären Regelungen - zumeist Personalentscheidungen -, welche im Verlauf der ziemlich genau zwei Monate dauernden Verhandlungen des Konzils von Konstantinopel beschlossen wurden, dürfte die größte geschichtliche Bedeutung denjenigen beizumessen sein, die die in Nizäa - wohl unter dem bestimmenden Einfluß Konstantins - grundgelegte Neuordnung der Kirchenstruktur in enger Anlehnung an die von Konstantins Vorgänger Diokletian geschaffene Reichsgliederung fortführten. War in Nizäa als Einheit über den einzelnen bischöflichen Paroikien der Provinzialverband geschaffen worden, womit der bis dahin vorherrschenden - eher patriarchalischen, auf der Autonomie des Stadtbischofs aufbauenden, aber auch dessen Isolierung begünstigenden! - Ordnung ein neues, "politisch-geographisches" Ordnungssystem zur Seite trat und sie wesentlich einschränkte, ohne sie vollkommen aufzuheben, und hatte dieser neugeschaffene Kirchenverband in der Provinzialsynode als - vorläufig - oberster kirchlicher Berufungsinstanz (Nizäa, *can.* 5) und als dem Gremium dem die Bischofswahlen in den einzelnen, den staatlichen kongruenten kirchlichen Provinzen oblagen (Nizäa, *can.* 4), wie in dem mit besonderen Vollmachten ausgestatteten Amt des "Metropoliten", des Bischofs der Provin*[37]*zialhauptstadt, seine festen Stützen erhalten, so wurde nun (Konstantinopel, *can.* 2) der Instanzenweg weiter ausgebaut, indem man die "Diözese" als neue Einheit über den Provinzen einführte, die in sich autonom war und in die die großen Bischofsthrone des Ostens, Alexandrien vor allem, aber auch Rom und die Kirchen des Westens, nicht mehr ohne weiteres hineinregieren konnten. Im Verhältnis zu den Bischöfen ihres Obermetropolitansprengels waren die Leiter einer "Diözese", für die sich später der Titel "Patriarch" durchsetzte, - so wie die Metropoliten für ihren Bereich - primi inter pares; im Verhältnis zu einander waren sie gleichberechtigt, obschon der Bischof von Rom wie derjenige der nach ihrem Gründer benannten neuen Hauptstadt des Reiches, Konstantinopel, einen Ehrenvorrang zuerkannt erhielten. Das geschah erstmals, zumindest was Konstantinopel betrifft, in *can.* 3 von 381, der bei weitem folgenschwersten Disziplinarentscheidung dieses Konzils, so lapidar sie auch formuliert ist: "Der Bischof von Konstantinopel soll nach dem Bischof von Rom den Ehrenvorrang (τὰ πρεσβεία τῆς τιμῆς) besitzen, weil diese Stadt das neue Rom ist. Und eben dies, daß das in kirchlicher Hinsicht so gut wie völlig traditionslose Konstantinopel nach und neben Rom einen Ehrenprimat innerhalb der Gesamtkirche zuerkannt erhielt, ist das deutlichste, für die Mal für Mal weitergreifenden Ansprüche Roms freilich auch ärgerlichste Signal dafür, daß sich die Reichskirche immer mehr der Organisation des Reiches und der Reichsverwaltung einfügte.

Es waren und sind denn auch vor allem römisch-katholische Theologen, die diesen Vorgang als "Politisierung" der Kirche beklagen. Der evangelische Theologe indes, der Fragen der kirchlichen Ordnung nüchterner zu betrachten gewohnt ist und der überdies den Anteil politischer Faktoren an der allmählichen Ausbildung des römischen Primats unmöglich als gering einzuschätzen vermag, wird hier zurückhaltender urteilen. Es will jedenfalls beachtet und gewürdigt werden, daß im Altertum selbst, auch von seiten der römischen Bischöfe, niemals gegen diesen Prozeß als solchen Widerspruch laut geworden ist. Der Protest Roms - erstmals anscheinend auf dem Konzil von Chalkedon[6] - richtete sich vielmehr ausschließlich gegen die rangmäßige Gleichstellung mit Konstantinopel und vor allem deren Begründung, dagegen, daß auch der Vorrang Roms analog demjenigen Konstantinopels, also ebenfalls rein politisch, nämlich mit Roms hervorragender Stellung als "Kaiserstadt" und Herrin der Welt begründet wurde.

Lassen wir jedoch die strittige Primatsfrage einmal außer acht, so müßte man sich m.E. darauf verständigen können, daß es an sich nur sachgemäß war, wenn sich die Kirche innerhalb des Imperium Romanum seit Nizäa auch organisatorisch ganz auf den Bereich einstellte, an den sie mit ihrem Auftrag gewiesen war. Zur Illustration dessen sei nur auf einen Vorgang aus der neuesten deutschen Kirchengeschichte verwiesen: die - gewiß unter Schmerzen - vollzogene organisatorische Verselbständigung der Kirchen in der DDR!

Wohl aber wird man es als Negativum werten müssen, daß die Einpassung der Kirche in den Organismus des spätantiken römischen Reiches in ihr das Bewußtsein ihres "ökumenischen" Charakters und ihrer "ökumenischen" Verantwortung, die an den Grenzen des Imperiums und der griechisch-römischen Zivilisation nicht haltmachte, sondern auch die "Barbaren"-Christen jenseits dieser Grenzen (vor allem im Osten) umschloß, weiter verkümmern ließ. Statt*[38]*dessen erhielt der Geschmack an der Macht gewaltigen Auftrieb! Es ist schon erwähnt worden, daß der große Altphilologe und -historiker E. Schwartz die Lehrstreitigkeiten des vierten und fünften Jahrhunderts, deren Ergebnis uns im altkirchlichen Dogma vorliegt, rein als Machtkampf zwischen den großen Bischofsstühlen Rom, Alexandrien, Antiochien und Konstantinopel um die Vorherrschaft in der Reichskirche hat beschreiben können. Das ergibt zwar schwerlich ein *voll* gültiges Bild des Zeitalters. Es ist aber überhaupt kein Zweifel daran

---

[6] ACO II/3,3, S. 114. Sowohl Leo I. (*ep.* 106,5) als auch Gregor I. (*ep.* 34) behaupteten, die Kanones von 381 seien Rom nicht mitgeteilt worden (s. *K. Baus / E. Ewig,* Die Reichskirche nach Konstantin dem Großen. Halbbd. I: Die Kirche von Nikaia bis Chalkedon, Freiburg usw. 1973, [2. Aufl., 1985], [HKG II/1]), S. 78, mit Anm. 84); vgl. dazu aber *A. M. Ritter,* Das Konzil von Konstantinopel und sein Symbol. Studien zur Geschichte und Theologie des II. Ökumenischen Konzils, Göttingen 1965 (FKDG 15), S. 95, mit Anm. 2.

möglich, daß bei diesen Streitigkeiten oft genug herzlich wenig Theologie und dafür um so mehr Kirchen- und Machtpolitik im Spiele war.

Jedenfalls, und damit möchte ich diesen Gedankengang abschließen, vermag einem die Beschäftigung mit der Geschichte der spätantiken Reichskirche seit Nizäa und Konstantinopel die Augen dafür zu öffnen, daß der "Pluralismus", mit dem wohl alle Kirchen seit dem "Ende des Konstantinischen Zeitalters" zu leben haben, nicht nur eine - gelegentlich schwer erträgliche - Last, sondern auch - ein Segen ist, daß er nicht nur als Schicksal hingenommen, sondern durchaus bejaht werden will, allerdings wohl nur unter der Voraussetzung, daß darüber die Wahrheitsfrage nicht völlig in Vergessenheit gerät, daß sie nicht als inopportun oder gar als illegitim betrachtet wird!

IV.

Die wichtigsten Entscheidungen des Konzils von Konstantinopel betrafen jedoch nicht Fragen der Kirchenordnung, sondern des Dogmas, der kirchlichen Lehre. Es ist deshalb nur billig, daß sie im Mittelpunkt unseres Konstantinopelgedenkens stehen. Dabei handelt es sich zum einen um das Bekenntnis, das bis in die Gegenwart hinein die ganze Christenheit eint wie kein zweites, das *Symbolum Nicaeno-Constantinopolitanum*; zum zweiten um den die von nun an geltenden Grenzen markierenden *can.* 1 mit seiner Verurteilung "jeglicher Häresie", "namentlich derjenigen der Eunomianer oder Anhomöer (= radikale Arianer), der Arianer oder Eudoxianer (so benannt nach dem 369 verstorbenen "Arianer"führer und Hofbischof Eudoxios von Konstantinopel), der der Semiarianer oder Pneumatomachen (= "Geistbekämpfer", die sich in den Lehrstreitigkeiten unmittelbar vor 381 der Anerkennung der Gottheit und Homousie auch des Hl. Geistes widersetzten) und der verschiedenen ketzerischen Richtungen auf dem rechten Flügel, von den (monarchianischen) "Sabellianern" angefangen bis zu den "Apollinaristen" als den Anhängern der allerneuesten, "christologischen" Häresie (im engeren Sinne); zum dritten um das (verloren gegangene) ausführliche Lehrdekret *(Tomos)*, dessen wesentlichen Inhalt der Synodalbrief von Konstantinopel 382 (bei Theodoret, *h. e.* V,9,1-18, bes. 11) folgendermaßen wiedergibt: "... (Der zu Nizäa festgestellte, evangeliumsgemäße Glaube) muß ... allen genügen, welche nicht das Wort des wahren Glaubens verdrehen wollen (vgl. Act 13, 10); ist er doch sehr alt, entspricht dem Taufbefehl (wörtlich: der Taufe) und lehrt uns, zu glauben an den Namen des Vaters, des Sohnes und des Hl. Geistes, so nämlich, daß *eine* Gottheit, Macht und Wesenheit (οὐσία) Vaters, Sohnes und Hl. Geistes geglaubt wird, ebenso gleiche Ehre, Würde und gleichewige Herrschaft, in *[39]* drei ganz vollkommenen Hypostasen oder drei vollkommenen Personen (Θεότητος καὶ δυνάμεως καὶ οὐσίας μιᾶς ... πιστευομένης, ὁμοτίμου τε τῆς ἀξίας καὶ συναϊδίου τῆς βασιλείας, ἐν τρισὶ τελειοτάταις ὑποστάσεσιν, ἤγουν τρισὶ τελείοις προσώποις ...)".

Mit der Frage nach Entstehung, Herkunft, Struktur und Inhalt des Konstantinopler Bekenntnisses habe ich mich nicht nur in meiner Dissertation ausführlich beschäftigt, sondern bin auch in meinem schon erwähnten Beitrag zur Andresenfestschrift auf die seither geführte Forschungsdiskussion eingegangen und werde dies in einem in diesem Jahrgang der neubegründeten Zeitschrift "Cristianesimo nella Storia" vorgesehenen Forschungsbericht noch ausführlicher tun.[6a] So sei mir gestattet, mich hier auf den (verlorenen) Tomos des Konstantinopler Konzils zu konzentrieren. Er hat nach meiner Auffassung am ehesten der Theologie des Konzils authentischen Ausdruck verliehen, indem es sich darin, wie es scheint, nachdrücklich zum "nizänischen Glauben" als dem Palladium der Orthodoxie bekannte, aber das *homousios* ("wesenseins") von Nizäa nun auch ausdrücklich auf den Hl. Geist übertrug; indem es sich ferner gerade auch der "Blasphemie" der (mit den Arianern schlimmster Sorte auf eine Stufe gestellten) Pneumatomachen gegenüber schärfstens abgrenzte und endlich die eigene trinitätstheologische Position in einer Weise entfaltete, die zu irgendwelchen Mißverständnissen, besonders auch im Abendland und unter den sog. "Altnizänern" des Ostens, kaum mehr Anlaß bot.

Stellen wir dies so bündig wie möglich in seinen geschichtlichen Zusammenhang, so läßt sich sagen, daß die Endphase des "arianischen Streits" längst begonnen hatte, schon bevor mit dem einstigen spanischen Militär Theodosius ein engagierter Nizäner die politischen Geschicke des Ostreichs in die Hand genommen hatte. Denn seit sich mit den Ergebnissen der Synodalverhandlungen von Alexandrien (362), festgehalten in dem berühmten *Tomus ad Antiochenos* des Athanasius, ein Ausgleich zwischen (abendländisch-"altnizänischer") Ein- und (morgenländisch-origenistischer) Drei-Hypostasen-Lehre angebahnt hatte und es vor allem der theologischen Arbeit der drei "großen Kappadokier" gelungen war, für diesen Kompromiß eine theoretisch-terminologische Basis zu schaffen, die im Osten zunehmend an Plausibilität gewann, war das Ende der Streitigkeiten im Grunde nur noch eine Frage der Zeit, selbst wenn die von Basilius initiierten Ausgleichsbemühungen zwischen dem Westen und der Mehrheitspartei unter den Nizänern des Ostens (den sog. "Jungnizänern") vor allem des antiochenischen Schismas wegen immer wieder ins Stocken gerieten und die schließlich mehr und mehr ins Zentrum rückende neue Lehrfrage nach Wesen und gottheitlicher Würde des Hl. Geistes noch einmal beträchtliche Verwirrung stiftete; zumal die ehedem bedeutende "homöusianische" Partei geriet über sie in eine Krise, von der sie sich nie wieder erholen sollte.

Weshalb es gegen Ende der "arianischen Streitigkeiten" immer mehr um das Problem der Pneumatologie ging, ist noch immer nicht recht klar und bedürfte dringend einer eingehenden, auch die Sozialgeschichte einbeziehenden Untersuchung. Doch soviel hier im einzelnen noch nicht zu deuten ist, sowenig wir uns oftmals einen Vers darauf zu machen vermögen,

---

[[6a] Vgl. jetzt: *A. M. Ritter*, Il Secondo Concilio Ecumenico e la Sua Ricezione: Stato della Ricerca, Cristianesimo nella Storia 2 (1981), S. 341-365.]

warum in diesem, dem sog. "pneumatologischen" Streit die Fronten so und nicht anders verliefen, so *[40]* viel scheint doch deutlich zu sein, daß hinter der Geistlehre zumal des Basilius von Caesarea und seiner Freunde nicht die Lust an der Spekulation oder dogmatische Konsequenzmacherei, sondern - religiöse Erfahrung steckt. Man wird sein Engagement und seine Argumentationsweise ferner "im Zusammenhang der Identitätskrise des Christentums im Imperium Romanum in der zweiten Hälfte des vierten Jahrhunderts zu sehen haben. Seit die Kaiser Christen geworden waren, ungetaufte zwar noch, aber doch unbestreitbar Christen, und der christliche Glaube zur Mehrheitsreligion im Reich zu werden begann, war Kirche nicht mehr in der alten Weise des ausgehenden zweiten und dritten Jahrhunderts als Sozialverband beschreibbar. Die scharfe Grenze zwischen Kirche und nichtchristlicher Gesellschaft im Sinne eines Hippolyt oder Cyprian war nicht mehr deutlich zu erkennen. Was heißt es, Christ zu sein in einer christlichen Gesellschaft? Hier werden die Kategorien der Entscheidung, des Bekenntnisses, letztlich eben des einzelnen neues Gewicht bekommen. Für Basilius handelt es sich dabei nicht primär um Forderungen, sondern um Beschreibung einer geistlichen Wirklichkeit, der umgestaltenden Kraft des im Christen anwesenden Heiligen Geistes".[7] Ein weiterer erkennbarer Faktor ist das allmähliche Auseinandertreten, die gegenseitige Abgrenzung von Logostheologie und Pneumatologie im Laufe der ersten christlichen Jahrhunderte, die auch aus einer Vielfalt anderer Möglichkeiten die eine immer klarer hervortreten läßt, die Trias Vater - Sohn - Geist. Schon bei Origenes war das Logosprädikat zurückgetreten; in den Lehrentscheidungen des vierten Jahrhunderts wird es nun "geradezu ausgeschmolzen. In analoger Weise ist nun das Pneuma als drittes Glied der Trias festgemacht und damit ja auch inhaltlich präzisiert. Der Grund dieser Entwicklung liegt auf der Hand, es ist die Sprache der Heiligen Schrift, die sich durchsetzt." Unbestrittene Norm für die Trinitätstheologie ist nun Mt 28,19, "das Sendewort des Auferstandenen, das nicht eigentlich als Einsetzung der Taufe verstanden wurde, wohl aber als Anweisung für die rechte Lehre und rechte Taufe".[8]

Doch wie dem auch sein mag: mit den Beschlüssen von Konstantinopel 381 war nicht nur ein offizieller Schlußpunkt der "arianischen Streitigkeiten" auch für den Ostteil des Imperium Romanum markiert (*can.* 1), sondern auch sachlich insofern ein Abschluß erreicht, als die nunmehr erzielten Resultate die bis in die Neuzeit hinein nicht mehr ernsthaft in Frage gestellte Grundlage aller trinitätstheologischen Reflexion blieben.

Was ist ihr Sinn? Was besagt speziell das nizänische ὁμοούσιος in der Auslegung durch das Konzil von Konstantinopel, im Sinne also der Formel von der einen οὐσία "in" den drei ὑποστάσεις oder πρόσωπα? Kurz gesagt dies, daß - unter den Bedingungen eines Denkens, für das der

---

7 *G. Kretschmar*, Der Heilige Geist in der Geschichte. Grundzüge frühchristlicher Pneumatologie, in: W. Kasper (Hg.), Gegenwart des Geistes. Aspekte der Pneumatologie, Freiburg i.Br. usw. 1979 (QD 85), S. 92-130 (hier: 94).

8 Ebd., S. 127.

"geschichtliche" Bereich von geringerer Wirklichkeit und Wichtigkeit ist als der des "absoluten" Seins - die dreifache Nennung Gottes (vgl. Mt 28,19 u.ö.) in seinem Zeit und Ewigkeit unterscheidenden und zugleich umgreifenden Heilshandeln nicht auf eine nur heils- oder offenbarungsgeschichtliche Bedeutung eingeschränkt werden darf, ebensowenig, wie untergeordnete, zwischen dem Sein Gottes und dem der kreatürlichen Welt vermittelnde gottähnliche Nebengestalten mit dem Namen des das Heil der Welt in letzter Gültigkeit (ἐφάπαξ) ereignenden Sohnes und des ihn "vergegenwärtigenden" Geistes zu belegen sind. Vielmehr ist - unter diesen, den *[41]* "griechischen" Denkbedingungen, wohlbemerkt - das Bekenntnis unausweichlich, daß Gott in sich selbst und nicht erst oder nur in seinem Wirken auf Welt und Menschen hin der Dreifaltige ist: "eine Wesenheit in drei Hypostasen oder Personen". In dieser, von den Kappadokiern wenn schon nicht erarbeiteten, so doch wenigstens durchgesetzten Formel: μία οὐσία - τρεῖς ὑποστάσεις ist der Hypostasenbegriff auf den Bedeutungsinhalt "Realisierung" zurückgenommen, was freilich auch dem philosophischen Wortgehalt, zumal in seiner neuplatonischen Prägung, entgegenkam: Ein Göttliches realisiert sich in drei Ausprägungen. Das hatte aber auch die origenistische Tradition der griechischen Theologie immer schon ausdrücken wollen. Doch nun erst gelang, um H. Doerrie zu zitieren, die dogmatische Fixierung auf transzendentale Ausschließlichkeit.[9] Nun trug man der Grundauffassung Rechnung, daß Gott Hypostasen habe. Ja man machte diesen Satz gar zu einem Fundament des Dogmas. Im völligen Widerspruch aber zur neuplatonischen Grundanschauung steht, daß die Hypostasen des Göttlichen keine *Stufung* mehr bedeuten sollen; daß die drei Hypostasen der Gottheit einander koordiniert, nicht subordiniert gedacht sind.

Trotz wichtiger Verstehenshilfen, wie sie unter den Alten besonders bei Athanasius und bei Basilius zu erhalten sind - man denke etwa an die für die athanasianische Konzeption kennzeichnende Wechselbeziehung zwischen "Christologie" und Soteriologie, wonach sich sein Verständnis von Christi Person und Werk erleuchtet von seinem Verständnis der Sünd- und Todverfallenheit des Menschen und deren Überwindung her, so, wie sein Verständnis des Heils nur möglich ist im Zusammenhang seines Christusverständnisses - , trotz solcher Verstehenshilfen besitzt die heutige Theologie, wie ich meine, über den Zusammenbruch der über ein Jahrtausend gültig und wirksam gewesenen "Synthese" von Platonismus und Christentum hinweg, unter den Bedingungen neuzeitlichen, nachaufklärerischen Denkens, keinen unmittelbaren Zugang zum Dogma von Konstantinopel mehr. Darüber kann es m.E. gar keinen Zeifel geben, sondern das haben wir als feste Gegebenheit hinzunehmen.

Die heutige Theologie sollte sich indes angesichts der nachgerade so überaus strittigen "Sache mit Gott" durch die dogmatische Tradition daran

---

9 *H. Dörrie*, Ὑπόστασις. Wort- und Bedeutungsgeschichte, Göttingen 1955 (NGWG. PH 1955/3) 1955, S. 3-92; wieder abgedr. in: ders., Platonica Minora, München 1976 (Studia et Testimonia Antiqua 8), S. 13-69.

erinnern lassen, daß maßstäbliche christliche Lehre - wie die von Konstantinopel - Gott nie nur schlichtweg metaphysisch, als ein transzendentes Subjekt, gedacht hat. Sie sollte ferner das Dogma von Konstantinopel nicht einfach zum alten Eisen werfen, sondern es vielmehr als eine Herausforderung annehmen, mit ihrem Reden von Gott nichts Geringeres zu beabsichtigen als die Väter dieses Dogmas, um nicht schließlich vom biblischen Zeugnis, dessen sachgerechte, zeitgerechte Auslegung das Dogma einst sein wollte, nur noch einen Trümmerhaufen zurückzubehalten! Sie könnte sich dabei u.a. von der Einsicht der Reformatoren, speziell Luthers, leiten lassen, für den die Aufnahme der biblischen Rechtfertigungsbotschaft, so wie er sie verstand, zugleich die konsequente Rückübersetzung der Trinitätslehre war. Leite sie doch dazu an, das Werk Jesu Christi in Menschwerdung und erlösendem Tod und das Werk des Hl. Geistes im Zuspruch der Gnade nicht als bloß gottgewirkte Veränderungen auf der Basis des Geschaffenen und seiner Möglichkeiten, sondern als neue Weisen zu verstehen, in denen Gott selbst sein eigentliches Wesen betätigt und er*[42]*schließt.[10]

Endlich sollte sie sich der Verborgenheit Gottes in der heute begegnenden Wirklichkeit, auch den zu lange überhörten Anfragen des jüdischen und des islamischen Monotheismus an das trinitarische Reden der Christen von Gott aussetzen, sich an die "Übersetzung" des biblischen Christuszeugnisses halten und das Wagnis eigener Beantwortung der Frage: "Wer sagt denn ihr, daß ich sei?" nicht scheuen!

---

[10] Vgl. besonders *M. Luther*, Vom Abendmahl Christi. Bekenntnis (1528), WA 26,499 ff, und dazu *W. Maurer*, Historischer Kommentar zur Confessio Augustana, Bd. II: Theologische Probleme, Gütersloh 1978, S. 11-29; *R. Jansen*, Studien zu Luthers Trinitätslehre, Bern usw. 1976 (Basler und Berner Studien zur historischen und systematischen Theologie 26).

Kirche und Kircheneinheit

Die frühchristliche Gemeinde und ihre Bedeutung für die heutigen Strukturen der Kirche*

Daß jede Fragestellung ihre eigenen Voraussetzungen, um nicht zu sagen: ihre Vorurteile hat, ist eine alte Erfahrung und zeigt sich auch hier. Wir tun gut daran, uns diese Voraussetzungen bewußt zu machen. So stellt sich einmal die Frage, in welchem Sinne hier der Begriff "frühchristlich" zu verstehen sei. Im wissenschaftlichen Sprachgebrauch hat er sich, jedenfalls als fester Periodisierungsbegriff, bislang nicht durchgesetzt. J. N. D. Kelly z.B. in seinen auch auf dem Kontinent viel benutzten Lehrbüchern zur alten Dogmen- und Symbolgeschichte[1] hat ihn so weit gefaßt, daß er de facto zur Bezeichnung der gesamten Christentumsgeschichte bis zum Ende der Spätantike, ja in einzelnen Strängen sogar noch darüber hinaus, dient. Aus eher praktischen als prinzipiellen Erwägungen heraus möchte ich ihn für das Folgende jedoch auf die ersten beiden Jahrhunderte eingrenzen, ihn dabei allerdings nicht nur auf diejenigen Entwicklungslinien beziehen, die schließlich zum sog. "Altkatholizismus" des endenden zweiten Jahrhunderts führten, auch wenn wir - "selbst Erben" dieser "erfolgreichsten und geschichtsmächtigsten Entwicklungsform" des Frühchristentums[2] - *[124]* über andere Entwicklungsmöglichkeiten ungleich schlechter unterrichtet sind als über diese.

Eine ähnliche Unbestimmtheit haftet auch dem Begriff der "Strukturen der Kirche" an, der sich gleichwohl in der letzten Zeit - spätestens seit H. Küngs so betiteltem Buch[3] - steigender Beliebtheit erfreut. Doch was sind das eigentlich: "Strukturen"? Gibt es sie überhaupt? Gibt es sie jedenfalls

---

Zuerst veröffentlicht in: H. W. Schütte / F. Wintzer (Hgg.), Theologie und Wirklichkeit. Festschrift für Wolfgang Trillhaas zum 70. Geburtstag, Göttingen 1974, S. 123-144.

* Überarbeitete Fassung eines Vortrags, gehalten vor der Gemeinsamen Arbeitsgruppe des vatikanischen "Sekretariats für die Förderung der Einheit der Christen" und des Lutherischen Weltbundes auf ihrer zweiten Sitzung in Rom vom 8. bis 12. Januar 1974, die unter dem Gesamtthema stand: "Die Bedeutung der Welt für das Selbstverständnis der Kirche". Damit geht es auch im folgenden um einen Aspekt der Frage nach dem Verhältnis von "Theologie und Wirklichkeit", des Themas also, das Wolfgang Trillhaas von Anfang seiner wissenschaftlichen Laufbahn an in besonderer Weise begleitet hat. Möge der verehrte Jubilar in dem, was ich zu diesem, "seinem" Thema beizutragen habe, zugleich etwas von dem wiedererkennen können, was der einstige Göttinger Student und spätere Kollege von ihm hat lernen dürfen.

[1] *J. N. D. Kelly,* Early Christian Doctrines, London 1958 [5. Aufl., 1977]; ders., Early Christian Creeds, 3. Aufl., London 1971 (dt. unter dem Titel: Altchristliche Glaubensbekenntnisse. Geschichte und Theologie, Göttingen 1972).

[2] *U. Luz,* Erwägungen zur Entstehung des "Frühkatholizismus", ZNW 65 (1974), S. 88-111 (hier: 94).

[3] *H. Küng,* Strukturen der Kirche, Freiburg 1962 (QD 17) [2. Aufl., München 1987 (Serie Piper 762)].

im geschichtlichen Bereich? Und, wenn ja: Ist ihre Erkenntnis, wenn es sie denn überhaupt gibt, für den Historiker bei seinem Bemühen, Einzelfakten und -daten in einen geordneten und verstehbaren Zusammenhang zu bringen, unerläßlich, förderlich oder aber abwegig?

Unberührt oder doch allenfalls am Rande berührt vom sog. "Strukturalismus", der auf diese - als Problem historischer Forschung wie "Vermittlung" im höchsten Maße akute! - Frage die gültige Antwort zu geben beansprucht, läßt sich in der gegenwärtigen ekklesiologischen Diskussion im wesentlichen ein doppelter Sprachgebrauch feststellen. Einerseits versteht man unter "Strukturen" der Kirche bestimmte *Wesensmerkmale* kirchlicher Wirklichkeit, wie sie, als in Gottes Heilstat und ihrer Bekanntgabe im Credo begründet und vorgegeben, "zu allen Zeiten die Gestalt der Kirche - ihres Zeugnisses, ihres Gottesdienstes, ihrer Sitte, ihrer Ordnung, ihres Verhältnisses zur Welt sowie ihres theologischen Selbstverständnisses - bestimmen".[4] Auf der andern Seite aber gelten als "Strukturen" (gegebenenfalls im Unterschied zu *der* Struktur) der Kirche (als ihrer "göttlichen Ordnungsgestalt"[5]) "die - mittelfristig - beständigen Elemente" der Kirche als "einer gesellschaftlichen Wirklichkeit", "deren konkrete Organisation von Menschen abhängig ist"[6] und sich je nach den aktuellen Erfordernissen des kirchlichen Sendungsauftrags, nicht zuletzt auch nach der "Rolle" richtet, die der Kirche jeweils von der Gesellschaft zuerkannt wird. Dieser letztere Sprachgebrauch dürfte auch vorausgesetzt sein, wenn es im folgenden um die Bedeutung der frühchristlichen Gemeinde für die *heutigen* "Strukturen" der Kirche gehen soll. *[125]*

Allein, läßt sich eine derartige Unterscheidung zwischen einer "wesenhaften" Ordnungsgestalt der Kirche und ihren jeweils verschiedenen "geschichtlich bedingten" Organisationsformen überhaupt verifizieren? Wie und wo werden wir denn eines - geschichtlicher Bedingtheit nicht unterworfenen - "Wesens" der Kirche, ihrer ebenso "grundsätzlich ... jeder rein menschlich verfaßten Gemeinschaft oder Gesellschaft" unvergleichlichen wie bleibend verpflichtenden "innere(n) Struktur"[7] ansichtig, wo doch bereits das Neue Testament als das für alle christlichen Kirchen maßgebliche Zeugnis ihres Selbstverständnisses zunächst nur eine - für das Empfinden einer späteren Zeit nachgerade "peinliche" - *Vielfalt* ekklesiologischer Ansätze erkennen läßt?

---

[4] *E. Schlink,* Einheit und Mannigfaltigkeit der Kirche, in: R. Groscurth (Hg.), Christliche Einheit. Forderungen und Folgerungen nach Uppsala, Genf 1969 (SÖR 7), S. 34-54 (hier: 51).

[5] *Y. Congar,* Wesentliche Strukturen für die Kirche von morgen, in: Die Zukunft der Kirche. Berichtband des Concilium-Kongresses 1970, Zürich usw. 1971, S. 139-149 (hier: 139).

[6] Ebd.

[7] *R. Schnackenburg,* Die Kirche im Neuen Testament, 3. Aufl., Freiburg i. Br. 1961 (QD 14), S. 24.

I.

Daß jedenfalls von einer ungebrochenen Einheit neutestamentlicher Ekklesiologie nicht gesprochen werden kann, daß sich vielmehr geschichtlicher Betrachtung im Neuen Testament zunächst nur bestimmte Grundtypen oder, besser gesagt, Rudimente des Verständnisses von Kirche zeigen, ist eine Erkenntnis, die sich nicht nur unter Fachexegeten der verschiedenen Konfessionen und Schulrichtungen längst durchgesetzt, sondern auch in den offiziellen ökumenischen Dialog der Kirchen und somit auch in die Beratungen und Ergebnisse der römisch-katholisch / lutherischen Studienkommission "Das Evangelium und die Kirche" Eingang verschafft hat (vgl. das sog. "Malta Dokument", Nr. 51 ff[8]). Doch wird man die darin - und zwar einvernehmlich! - getroffenen Feststellungen wohl noch wesentlich verschärfen müssen, dahingehend, daß sich die neutestamentlichen Schriften nicht einmal "als kontinuierliche Schritte auf dem Weg eines eindimensionalen historischen Prozesses begreifen" lassen. Anders gesagt, haben wir es im Neuen Testament "nicht mit zeitlich aufeinander folgenden und voneinander abhängigen 'Vermittlungen' einer ekklesiologischen 'Grundwahrheit' zu tun", sondern eher mit "gleichzeitigen und konkurrierenden Entwürfen".[9] *[126]*

Das Anfangsstadium des hier nur kurz zu rekapitulierenden historischen Prozesses wird vor allem durch die Paulusbriefe quellenmäßig belegt, während die übrigen neutestamentlichen Schriften, nicht zuletzt die lukanische Apostelgeschichte, bereits deutliche Spuren der Probleme und Problemlösungen einer zweiten und dritten Generation an sich tragen. Für Paulus aber ist Kirche primär der aus mannigfaltigen und einander ergänzenden Charismen und Charismatikern bestehende "Leib Christi",[10]

---

[8] S. dazu *H. Meyer,* Luthertum und Katholizismus im Gespräch. Ergebnisse und Stand der katholisch/lutherischen Dialoge in den USA und auf Weltebene, Frankfurt/Main 1973 (ÖkPer 3), S. 38 ff.

[9] *H. Thyen,* Zur Problematik einer neutestamentlichen Ekklesiologie, in: G. Liedke (Hg.), Frieden - Bibel - Kirche, Stuttgart usw. 1972 (SFF 9), S. 105; anders neuerdings wieder *J. Martin,* Die Genese des Amtspriestertums in der frühen Kirche, Freiburg 1972 (QD 48 = Der priesterliche Dienst, Bd. III), für den - vom 3. Johannesbrief abgesehen - mit Paulus einerseits, den Pastoralbriefen andererseits die Grenzen erreicht sind, innerhalb deren sich die verschiedenen Ausprägungen neutestamentlicher Ekklesiologie, mindestens hinsichtlich der Gemeindestruktur, der Sache nach bewegen (vgl. S. 61).

[10] Vgl. dazu nur die neuesten einschlägigen monographischen Abhandlungen: *G. Hasenhüttl,* Charisma. Ordnungsprinzip der Kirche, Freiburg usw. 1969 (ÖF.E 5), S. 73-242; *U. Brockhaus,* Charisma und Amt. Die paulinische Charismenlehre auf dem Hintergrund der frühchristlichen Gemeindefunktionen, Wuppertal 1972; *K. Kertelge,* Gemeinde und Amt im Neuen Testament, München 1972, S. 62 ff, 103 ff. Dabei bemüht sich allerdings U. Brockhaus im Gegensatz zur Mehrzahl der neueren Untersuchungen zur paulinischen Charismenlehre um den Nachweis, daß der "eigentliche Ort der Charismen" bei Paulus "weder die Gemeindeverfassung noch die Ethik - beides würde die Charismenlehre verkürzen - , sondern das paulinische Verständnis des Geistes als Kraft und Norm des neuen Lebens" sei (S. 239), m.a.W., daß die paulinische Charismenlehre keine Gemeindeverfassung - in welcher Form auch immer - sein wolle, sondern eine Mahnung, das Leben der Gemeinde offenzuhalten für das Wirken des Geistes.

wobei er unter Charisma "die durch das Heilsereignis geschenkte, (Zeit und Ewigkeit umspannende) je konkrete Berufung versteht, wie sie in der Gemeinde verwirklicht wird, sie konstituiert und dauernd aufbaut, und dem Mitmenschen in Liebe dient".[11]

In den Pastoralbriefen dagegen ist die Fülle der Charismen auf die *eine* Gabe der "Amtsgnade" reduziert und - ähnlich wie in der Apostelgeschichte - das charismatische Kirchenverständnis des Paulus von einem "institutionellen" Kirchenbegriff überlagert, wie er wohl seine Wurzeln in der Jerusalemer Urgemeinde hatte, wo auch das "Ältesten"-Amt zuerst bezeugt ist (Act 11,30) und spätestens beim Übergang der Jerusalemer Kirchenleitung von Petrus auf den Herrenbruder Jakobus zum grundlegenden verfassungsmäßigen Ele*[127]*ment geworden zu sein scheint.[12] Allerdings ist bei Lukas und dem Verfasser der Pastoralbriefe das Maß der Beeinflussung durch die paulinische Theologie durchaus verschieden. Es ist deshalb auch kaum möglich, sie ohne weiteres auf *ein* - wohl gar ein fixes "frühkatholisches" - Modell zu vereinigen.[13]

Auf der anderen Seite scheint der deuteropaulinische Epheserbrief darauf hinzudeuten, daß sich das von Paulus bestimmte und geprägte Christentum in *verschiedene* Richtungen entwickeln konnte. Es wies anscheinend sowohl Tendenzen zum "Frühkatholizismus" (Apostelgeschichte, Pastoralbriefe) als auch zum christlichen Gnostizismus des zweiten Jahrhunderts auf, was sich am Geschichtsverständnis und an der Eschatologie (vgl. etwa Eph 2,5 mit II Tim 2,18!) ebenso aufzeigen ließe wie an der Ekklesiologie und der Pneumatologie.[14] Kirche ist für den Verfasser des Epheserbriefes im Unterschied nicht nur zu Paulus, sondern auch etwa zu den Pastoralbriefen primär "die eine, himmlische, als Leib des Hauptes Christus qualifizierte", von deren "Wesen" er viel, von deren aktuellem Herausgefordertsein und deren konkreten Diensten und Funktionen er hingegen so gut wie nichts zu sagen weiß.[15]

Ein charakteristisch anderer Ansatz als bei Paulus und in seiner Schule tritt uns im johanneischen Schriftum entgegen. Hervorstechendstes Merk-

---

Doch bin ich mehr als skeptisch, ob dieser Nachweis als geglückt zu bezeichnen ist, kann dies hier jedoch nicht näher begründen; ich verweise vielmehr auf meine Skizze (*A. M. Ritter* [Anm. 13], S. 26-33, 222-229), an der ich gegen Br. im Grundsätzlichen festhalten möchte, wie ich mich auch durch die übrige seither erschienene Literatur zu keiner wesentlichen Korrektur veranlaßt sehe.

[11] G. Hasenhüttl (Anm. 10), S. 238.

[12] Vgl. dazu vor allem *H. von Campenhausen,* Kirchliches Amt und geistliche Vollmacht in den ersten drei Jahrhunderten, 2. Aufl., Tübingen 1963 (BHTh 14), S. 82 ff; *G. Bornkamm*, Art: πρέσβυς κτλ., in: ThWNT, Bd. VI, 1959, S. 651-683 (Lit.!).

[13] Vgl. dazu etwa *A. M. Ritter,* Amt und Gemeinde im Neuen Testament und in der Kirchengeschichte, in: ders. / G. Leich, Wer ist die Kirche? Amt und Gemeinde im Neuen Testament, in der Kirchengeschichte und heute, Göttingen 1968, S. 33 ff, bes. S. 38 mit Anm. 111 ff.

[14] S. dazu jetzt vor allem die noch ungedruckte theol. Dissertation von *A. Lindemann,* Die Aufhebung der Zeit, Diss. (masch.) Göttingen 1973 [jetzt gedruckt unter dem Titel: Die Aufhebung der Zeit. Geschichtsverständnis und Eschatologie im Epheserbrief, Gütersloh 1975 (StNT 12)].

[15] U. Luz (Anm. 2), S. 99.

mal dieses johanneischen Kirchenbegriffes ist es, daß er nahezu jeder Anschaulichkeit und Konkretheit entbehrt. Anscheinend kommt Johannes ohne expliziten Kirchenbegriff wie auch ohne jede "Amts"-Lehre und ohne ausgeführte Sakramentstheologie aus, wenn es gilt, sich auf Wesen und Substanz der Kirche zu besinnen. Und auch bei ihm ist die Fülle der Gaben auf eine einzige reduziert: die Gabe, die der Geber selbst ist. "In der Präsenz *des Geistes* wird Christus geschenkt, der das Leben ist und gibt."[16] Überdies hat der johanneische Kirchenbegriff - namentlich in den Briefen - mit am stärksten unter allen neutestamentlichen Ekklesiologien ein Gefälle zum *[128]* "Sektentypus". Greift hier doch eine bedenkliche Introversion Platz und treten Kirche und Missionsgedanke wohl nirgends im Neuen Testament so weit auseinander wie hier.[17] Allerdings scheint es in der Johannesschule eine ähnliche Krise, ja Spaltung, gegeben zu haben wie in derjenigen des Paulus. Nur, daß uns in diesem Falle lediglich die eine Seite direkt greifbar ist (vgl. I Joh 2,19-22; 4,1.2).[18]

Spuren eines Enthusiasmus, der sich für eine Gnostisierung als besonders anfällig erweisen mußte, weil er bestimmte Affinitäten zum Gnostizismus von vornherein besaß, wie auch des Konflikts zwischen "Freiheit" und "Autorität", sei es der des "Amtes" oder sei es der der "Tradition", lassen sich aber, wie jüngst U. Luz wahrscheinlich gemacht hat, nicht nur im paulinischen und johanneischen, sondern auch im synoptischen Bereich nachweisen. Luz denkt dabei etwa an die Perikope "Vom fremden Exorzisten" (Mk 9, 38-41), "jene kurze und wichtige Gemeindebildung, wo Jesus zu dem der Gemeinde ... nicht nachfolgenden christlichen Exorzisten meint: Laßt ihn; wer nicht wider mich ist, der ist für mich"! Dieses Dokument der "Offenheit der markinischen Gemeinde... gegenüber anderen christlichen Pneumatikern" gehöre zu "den ganz wenigen Stoffen, die Matthäus aus dem Markusevangelium nicht übernommen hat." Der Grund dafür sei wohl aus Mt 7,15-23, "der matthäischen Auseinandersetzung mit christlichen Enthusiasten",[19] zu entnehmen. Auch hier werde gegen Pneumatiker auf die "Tradition" zurückgegriffen. Und zwar sei es die von Matthäus in seinem Evangelium "programmatisch überlieferte Auslegung des Gesetzes durch den historischen Jesus", die es nun auch erlaube, den echten und den falschen Pneumatiker an seinen Taten zu erkennen.[20]

Schließlich wird man außer verschiedenartigen Ansätzen zum werdenden "Frühkatholizismus" einerseits, zur Entwicklung zum christlichen

---

[16] G. Hasenhüttl (Anm. 10), S. 270.

[17] Vgl. dazu *F. Hahn,* Das Verständnis der Mission im Neuen Testament, Neukirchen-Vluyn 1963 [2. Aufl., 1965] (WMANT 13), S. 144 f.

[18] U. Luz (Anm. 2), S. 103.

[19] Vgl. dazu bes. *E. Schweizer,* Gesetz und Enthusiasmus bei Matthäus, in: ders., Beiträge zur Theologie des Neuen Testaments. Neutestamentliche Aufsätze (1955-1970), Zürich 1970, S. 49-70, bes. 53 ff, aber auch bereits *E. Käsemann,* Die Anfänge christlicher Theologie, ZThK 57 (1960), S. 162-185 (wieder abgedruckt in: ders., Exegetische Versuche und Besinnungen, Bd. II, Göttingen 1964 [3. Aufl., 1968], S. 82-104).

[20] U. Luz (Anm. 2), S. 103 f; vgl. zur markinischen Ekklesiologie auch etwa die eindrucksvolle Skizze von H. Thyen (Anm. 9), S. 158 ff.

Gnostizismus andererseits - und um mehr als "Ansätze" dürfte es sich in der Tat nicht handeln! - auch den "Judaismus" im Sinne *[129]* des später häretisch werdenden Judenchristentums mindestens in gewissen Spuren und Präfigurationen ins Neue Testament zurückverfolgen können.[21]

Kirchen*soziologisch* gesehen heißt das alles, daß sich bestimmte Grundtypen christlicher Gemeinschaftsbildung in allerlei Vorabschattungen bereits im Neuen Testament abzeichnen. So wird man in loser Anlehnung an E. Troeltschens bekannte Typologie[22] 1. einen "Kirchentypus" unterscheiden können, für den - in Entsprechung zu dem Bekenntnis zum realen Menschsein und Leiden Christi - die dienstwillige Unterordnung und bis in die Sphäre des Leibhaften reichende Solidarität im Leben der Gemeinde als des "Raumes" konstitutiv ist, in welchem die Herrschaft Christi als des *Kosmokrator* schon anerkannt wird.[23] Daneben aber zeichnet sich 2. der durch betonte Antithese zur als gottfeindlich geltenden "Welt" und das Bewußtsein besonderer Erwähltheit charakterisierte "Sektentypus" ab, und zwar vor allem da, wo man in Jesus den maßgeblichen *zukünftigen* Heilsbringer sieht, also in erster Linie in apokalyptischen Kreisen. Sektiererische Züge begegnen freilich, wie wir sahen, auch im Umkreis eines zur Gnostisierung tendierenden Enthusiasmus, hier gegebenenfalls 3. vermischt mit Merkmalen des "mystischen Typs", genauer gesagt eines "Individualismus", der "den christlichen Glauben ganz vom Maßstab der historischen Offenbarung in Jesus loszulösen vermag"[24] und für den die "Neigung zu Schul- und Zirkelbildung" ebenso charakteristisch ist wie die "Minimalisierung der Weltbeziehungen namentlich auf dem Feld des Sozialethos".[25] *[130]*

Blickt man vom Neuen Testament auf das außerkanonische frühchristliche Schriftum des endenden ersten und beginnenden zweiten Jahrhunderts hinüber, so spiegelt sich darin einerseits eine zunehmende Verschärfung des Gegensatzes zwischen "frühkatholischen" und "prägnostischen" Tendenzen als der beiden dominierenden Entwicklungslinien durch die Welt des frühen Christentums wider. Auf der anderen Seite aber hat sich allem

---

[21] Vgl. *G. Strecker,* Art. Ebioniten, in: RAC, Bd. IV, 1959, Sp. 487-500 (Lit.!).

[22] Am knappsten skizziert in seinem Aufsatz "Das christliche Naturrecht" (1913; wieder abgedruckt in: ders., Gesammelte Schriften, Bd. IV: Aufsätze zur Geistesgeschichte und Religionssoziologie, hg. von H. Baron, Tübingen 1925, S. 169-174); weiter ausgeführt u.a. in seinen "Soziallehren der christlichen Kirchen und Gruppen" (Gesammelte Schriften, Bd. I, 2. Aufl., Tübingen 1922 [3. Aufl., 1923; Nachdr. Aalen 1961], bes. S. 360-377, 418-422). Zur Kritik an dieser Typenlehre s. *M. Wichelhaus,* Kirchengeschichtsschreibung und Soziologie im 19. Jahrhundert und bei Ernst Troeltsch, Heidelberg 1965 (Heidelberger Forschungen 9), S. 177-194, sowie etwa noch *C. Andresen,* Die Kirchen der alten Christenheit, Stuttgart 1971 (RM 14,1/2), S. 6 ff.

[23] Vgl. *H. Köster,* Grundtypen und Kriterien frühchristlicher Glaubensbekenntnisse, in: ders. / J. M. Robinson, Entwicklungslinien durch die Welt des frühen Christentums, Tübingen 1971, S. 191-215 (hier: 208 ff).

[24] Ebd., S. 204.

[25] H. Thyen (Anm. 9), S. 122; vgl. auch etwa *W. C. van Unnik,* Die Gedanken der Gnostiker über die Kirche, in: J. Giblet (Hg.), Vom Christus zur Kirche. Charisma und Amt im Urchristentum, Wien usw. 1966, S. 223-238.

Anschein nach der Übergang vom Urchristentum zum "Altkatholizismus" des endenden zweiten Jahrhunderts so allmählich, von so unterschiedlichen Symptomen begleitet und mit so unterschiedlichen Konsequenzen vollzogen, daß man sich wohl - ohne zwingende Notwendigkeit, wie ich finde - der erforderlichen Differenzierungsmöglichkeiten beraubte, wenn man diese Phänomene des Übergangs unterschiedslos mit dem Etikett "frühkatholisch" versähe und auf diese Weise, gewollt oder ungewollt, den Anschein einer Einlinigkeit, ja Zwangsläufigkeit, der gesamten Entwicklung erweckte, der für mein Verständnis mit der wirklichen Geschichte wenig gemein hat.[26] Man denke nur an so unverwechselbar eigengeprägte Repräsentanten "großkirchlichen" Christentums um die Wende vom ersten zum zweiten Jahrhundert wie Ignatius von Antiochien, Polykarp von Smyrna, den Verfasser des 1. Klemensbriefes und den der "Zwölfapostellehre", unter denen insbesondere der große Märtyrerbischof Ignatius mit dem seine Theologie kennzeichnenden Ineinander von Enthusiasmus und eigentümlich "kirchlichem" Denken, von antidoketischen und mysterienhaften Tendenzen, wie ein erratischer Block inmitten der Entwicklung zum "Frühkatholizismus" wirkt.[26a]

Schließlich erweist sich im Rückblick, verglichen mit der christlichen Literatur des zweiten Jahrhunderts, einschließlich der christlich-gnostischen, und erst recht von der weiteren Wirkungsgeschichte her, das neutestamentliche Schriftum doch als einheitlicher, als wenn es lediglich für sich betrachtet wird, so, wie es die Neutestamentler normalerweise tun, die deshalb auch nicht selten Gefahr laufen, den "Wald vor Bäumen" nicht mehr zu sehen, oder aber versucht sind, "das Gras wachsen zu hören"! *[131]*

Aus dem Gesagten ergibt sich, daß sich die Entwicklung des Kirchenverständnisses und der Gemeindestrukturen im "nachapostolischen" Zeitalter, dem ja auch bereits die Mehrzahl der neutestamentlichen Schriften angehört, weder im Sinne der typisch protestantischen Figur des "Abfalls" vom Ursprung, noch mit einer weit verbreiteten katholischen These im Sinne eines immer schärfer werdenden Bewußtseins bezüglich der der Kirche "eingestifteten" Strukturen angemessen interpretieren läßt. Wollte man z.B. das Verständnis von kirchlicher Ordnung und kirchlichem Amt im 1. Klemensbrief, gemessen am paulinischen Kirchenbild, als "Abfall" deuten, so wäre dies schon deshalb unangemessen, weil Paulus die römische Gemeinde bekanntlich nicht gegründet hat. Statt einen Verfall zu signalisieren, einen Absturz aus einer Höhe, auf der sich das römische Gemeindechristentum so anfangs gar nicht befunden haben wird, bezeugt der 1. Klemensbrief vielmehr für die römische Gemeinde seiner Zeit ein von Paulus wenn überhaupt, dann nur vergleichsweise äußerlich affiziertes

---

[26] S. dazu meine Auseinandersetzung mit der These vom "Frühkatholizismus im Neuen Testament" in: A. M. Ritter (Anm. 13), S. 38, 231 f.

[26a] Vgl. dazu H. von Campenhausen (Anm. 12), S. 105 ff; *G. G. Blum,* Tradition und Sukzession. Studien zum Normbegriff des Apostolischen von Paulus bis Irenäus, Berlin 1963 (AGTL 9), S. 51 ff.

"hellenisiertes Judenchristentum"[27] und läßt zugleich ermessen, wie wenig der "Völkerapostel" die Geschichte des frühen Christentums beherrscht hat, wie sehr sein Missionswerk - zunächst wenigstens - Episode geblieben ist!

Ebensowenig dürfte es freilich angehen, der "großkirchlichen" Entwicklung in nachapostolischer Zeit irgendeinen "Ausschließlichkeitscharakter" zuzuerkennen oder auch nur im Neuen Testament bereits all jene "Prinzipien" zu entdecken, die auch weiterhin "mehr oder weniger ... maßgebend" blieben,[28] da sich eindeutig nachweisen läßt, daß von der Vielfalt der im Neuen Testament erkennbaren Ansätze in der Folgezeit von der werdenden Catholica in der Hauptsache nur einer aufgenommen worden ist, nämlich - etwas vereinfacht gesagt - das "lukanische Modell". Wie auch die Herleitung der *[132]* sich ausbildenden Kirchenstrukturen aus einer "Stiftung" Jesu oder der Apostel, wie sie auch der Idee der successio apostolica zugrunde liegt, der konkreten, geschichtlich bedingten Institutionalisierung nachweislich *nachgefolgt* und ihr nicht etwa vorausgegangen ist.[29]

Spürbarer noch als beim Übergang von der "apostolischen" zur "nachapostolischen" Zeit, und damit können wir unseren Überblick über die Vielfalt ekklesialer Strukturen im frühen Christentum einstweilen beenden, ist die Zäsur, die die Überwindung der "gnostischen Krise" und die Fixierung der sog. "katholischen Normen" mit sich brachte. Die Kirche des ausgehenden zweiten und des dritten Jahrhunderts läßt sich eben gerade nicht als "organische" Fortsetzung der vielfältigen Erscheinungsformen des Frühchristentums im zweiten Jahrhundert verstehen. Vielmehr entstand sie durch den entschlossenen Rückgriff auf das "apostolische" Evangelium als Norm der Kircheneinheit, in der Sammlung um den "Kanon" der zweiteiligen Hl. Schrift. Wie sehr insbesondere die Kanonbildung einen spürbaren Klimawechsel zur Folge hatte, wird sogleich sichtbar an der ersten kirchengeschichtlichen Gestalt, die eine umfassende Synthese zuwege brachte und eine wirkliche Theologie begründete, nämlich an Irenäus von Lyon. An ihm wäre auch mühelos aufzuzeigen, daß die seit Adolf von Harnack in der protestantischen Dogmengeschichtsschreibung dominierende Vorstellung, der "Altkatholizismus" sei durch

---

27 Dies hat für die Anfangskapitel des 1. Klemensbriefes *K. Beyschlag*, Clemens Romanus und der Frühkatholizismus. Untersuchungen zu 1 Clem, I-VII, Tübingen 1966 (BHTh 35), m.E. überzeugend nachgewiesen.

28 So etwa *H. Schlier*, Die neutestamentliche Grundlage des Priestertums, in: Der priesterliche Dienst, Bd. I: Ursprung und Frühgeschichte, Freiburg 1970 (QD 46), S. 81-114 (hier: 81). Erst recht spricht der nachapostolischen Zeit einen Ausschließlichkeitscharakter Küng zu, indem er faktisch den "Frühkatholizismus" zu dem Rahmen erklärt, innerhalb dessen das "Apostolische" allein bewahrt und überliefert werden kann (*H. Küng*, Der Frühkatholizismus im Neuen Testament als kontroverstheologisches Problem, in: ders., Kirche im Konzil, Freiburg 1963 [HerBü 140], S. 125-155; wieder abgedruckt in: E. Käsemann (Hg.), Das Neue Testament als Kanon. Dokumentation und kritische Analyse zur gegenwärtigen Diskussion, Göttingen 1970, S. 175-204).

29 So mit Recht auch J. Martin (Anm. 9), S. 19, 95 ff.

die Geltung dreier konstitutiver Normen gekennzeichnet: Kanon - regula fidei - Bischofsamt, eine einigermaßen irreführende Abstraktion ist.[30] Sie entspricht in gar keiner Weise dem Selbstverständnis der "altkatholischen" Kirche. Ja, es ist darüber hinaus sogar höchst zweifelhaft, ob sich aus der christlichen Antike insgesamt Texte beibringen ließen, in denen diese drei Großen wirklich als maßgeblich *nebeneinander* gestellt wurden. Vielmehr blieb die Hl. Schrift Alten und Neuen Testaments höchste, wenn auch gewiß nicht einzige, wohl aber einzig feste Lehr- und Lebensnorm der "rechtgläubigen" Kirche. Dies hatte - neben anderem - auch zur Folge, daß, obwohl sich im Laufe des zweiten Jahrhunderts zuerst die Presbyterordnung und einige Jahrzehnte später - mit einer deutlichen Phasenverschiebung zwischen Ost und West - dann auch der monarchische Episkopat allgemein durchsetzte und damit gewisser*[133]*maßen die "Grundstruktur" herausgebildet hatte, die in Zukunft, namentlich seit der sog. "Konstantinischen Wende", zwar noch verschiedenen "administrativen" Veränderungen unterliegen sollte, im ganzen aber um die Mitte des dritten Jahrhunderts fixiert war und seither die Grundlage aller katholischen Ämterordnungen bildete, die Entwicklung der altkirchlichen Ekklesiologie und Amtstheologie noch bei weitem nicht zum Abschluß gelangt war.[31]

II.

Gilt schon im Hinblick auf die eben skizzierte Entwicklung, zumal auf ihre Anfänge, daß wir uns aufgrund der Quellenlage oft genug in der "Verlegenheit" sehen, "die Tatsache einer Vielzahl von Typen behaupten zu müssen, ohne sehr viel gesicherte und aufschlußreiche Auskünfte über sie geben zu können",[32] so sind wir erst recht weithin auf Hypothesen angewiesen, wenn es um die im weitesten Sinne "sozialgeschichtliche" Frage nach der Interrelation von Theorie und Praxis geht. Ich meine

[30] Vgl. dazu vor allem H. von Campenhausen (Anm. 12); ders., Die Entstehung der christlichen Bibel, Tübingen 1968; ders., Das Bekenntnis im Urchristentum, ZNW 63 (1972), S. 210-253 [jetzt auch in: ders., Urchristliches und Altkirchliches. Vorträge und Aufsätze, Tübingen 1979, S. 217-272].

[31] Vgl. dazu *A. M. Ritter,* Charisma im Verständnis des Joannes Chrysostomos und seiner Zeit. Ein Beitrag zur Erforschung der griechisch-orientalischen Ekklesiologie in der Frühzeit der Reichskirche, Göttingen 1972 (FKDG 25). Darin habe ich zu zeigen versucht, daß es noch am Ende des vierten Jahrhunderts einem Manne wie Chrysostomos in einem überraschenden Maße gelungen ist, den echten Paulus zu rezipieren, was auch für seine Amtstheologie von weitreichenden Folgen ist, und zwar unerachtet der Tatsache, daß auch Chrysostomos von der überlieferten hierarchischen Ämterordnung ausging und sie u.W. nie in Zweifel zog. Gewiß kann er nicht einfach als ein typischer Vertreter seiner Zeit und ihrer kirchlichen Ideale gelten. Ebensowenig ist er aber eine Randfigur gewesen. Wurde er doch alsbald einer der angesehensten und meistgelesenen Autoren des christlichen Altertums. Das aber heißt, daß die Kirche, deren loyales Glied Chrysostomos war, für eine Rückbesinnung auf Paulus und seine Charismatik mindestens offen gewesen sein muß, ein Tatbestand, der auch für den heutigen ökumenischen Dialog nicht ohne Bedeutung sein dürfte.

[32] *N. Brox,* Profile des Christentums in seiner frühesten Epoche, Conc(D) 7 (1971), S. 471-479 (hier: 476).

damit die Frage, inwieweit es möglich ist, noch etwas über den allgemeinen kirchengeschichtlichen Hintergrund, die historischen und sozio-ökonomischen Faktoren in Erfahrung zu bringen, welche den geschichtlichen Befund mindestens mitbestimmt haben werden. In dieser Richtung wenigstens Verstehensbemühungen anzustellen, auch wenn sich gesicherte Forschungsergebnisse nur schwer gewinnen lassen sollten, dürfte nicht nur nach dem heutigen Stand historischer Grundsatz- und Methodendiskussion geboten sein. Vielmehr scheint mir auch der ökumenische Dialog, also auch unser Gespräch über die heutigen Kirchenstrukturen im Licht der frühchristlichen Geschichte, von einer solch neuen Fragestellung eher profitieren zu können als vom Fortspinnen des Streits um dies oder jenes exe*[134]*getische Detail, und sei es selbst das vielumstrittene Problem der Herkunft und des ursprünglichen Sinns von Mt 16,17-19.[33]

Daß man auf diesem Wege, unter einer konsequent *historischen* Fragestellung, jedenfalls im einen oder andern Fall auch tatsächlich zu bemerkenswerten Resultaten gelangen kann, sei nur durch ein paar Beispiele vor Augen geführt. So war etwa der Fall Jerusalems im Jahre 70 n.Chr. sicher nicht nur für das Judentum, sondern auch für das junge Christentum von einschneidender Bedeutung. Sah es sich doch durch den Verlust des palästinischen Ursprungslandes gezwungen, zunächst bei dem synagogalen Diasporajudentum Unterschlupf zu suchen, und teilte es mit diesem für Jahrzehnte sowohl das äußere Schicksal als auch eine "Diasporamentalität", die sich vorwiegend mit gruppeninternen Problemen beschäftigt zeigte und die als bedrohlich empfundene und erfahrene Umwelt gar nicht ins Bewußtsein dringen ließ,[34] ein Tatbestand, der besonders augenfällig wird, wenn man von der "Kleinliteratur" der Schriften der sog. "Apostolischen Väter" auf diejenigen der frühen Apologeten, Justins etwa, hinüberblickt!

Inzwischen freilich war im Zusammenhang der Reform des Judentums im Sinne der pharisäischen "Orthodoxie" auf der Synode von Jamnia (Ende des ersten Jahrhunderts) der Bann gegen ("Nozrim" und) Ketzer ausgesprochen und damit - zunächst allerdings wohl nur auf lokaler Ebene - ein Prozeß in Gang gesetzt worden, der Kirche und Synagoge sich immer mehr gegeneinander abschließen ließ. Es war die historische Tragik des Judenchristentums, daß es wohl immer wieder die Nähe der jüdischen

---

33 Wie etwa *K. Kertelge* (Anm. 10), S. 40 f, 50-54, 135 f, und vor allem *A. Vögtle,* Zum Problem der Herkunft von "Mt 16,17-19", in: P. Hoffmann (Hg.), Orientierung an Jesus. Zur Theologie der Synoptiker, für Josef Schmid zum 80. Geburtstag am 26. Januar 1973, Freiburg 1973, S. 372-393, erkennen lassen, haben sich selbst in dieser heiklen Frage die Auffassungen katholischer und protestantischer Exegeten weiter einander genähert, als es noch in meinem Diskussionsvotum von 1968 (A. M. Ritter [Anm. 13], S. 42-52, 236-239) abzusehen war.

34 S. dazu bes. C. Andresen (Anm. 22), S. 46 ff, 86 ff.

Synagogen suchte, daß es aber in allererster Linie den synagogalen Bannspruch über die "minim" zu spüren bekam.[35] *[135]*

Mit diesem Vorgang der Exkommunikation der "Ketzer" durch das Rabbinentum, das in und seit Jamnia das Heft an sich gerissen hatte, wird aber auch etwa zusammenhängen, daß im Johannesevangelium "die Juden" nur noch als "Repräsentanten der gottfeindlichen Welt" (R. Bultmann) in Erscheinung treten, während Jesus sich doch ausschließlich "zu den verlorenen Schafen des Hauses Israel gesandt" wußte (Mt 15,24) und auch Paulus nicht nur den heilsgeschichtlichen Vorrang Israels betonte, sondern sich ihm gegenüber auch stets zu dem Gott bekannte, welcher sich "seine Gnadengaben und seine Berufung nicht gereuen" läßt (Röm 11,26).

Ebensowenig wird man, um zu einem anderen Beispiel überzugehen, das Phänomen des christlichen Gnostizismus und seiner Vorformen und damit auch die mit dieser Entwicklung vermutlich in Wechselwirkung stehende Ausbildung "frühkatholischer" Strukturen" ausschließlich "geistesgeschichtlich" interpretieren können. Vielmehr dürften bei der Entstehung des "gnostischen Weltgefühls" in den unter die Stiefel der römischen Legionen geratenen kleinen Ländern des westlichen Vorderen Orients auch sozio-ökonomische Faktoren mitgewirkt haben.[36] Und Analoges wird auch von der geschichtlichen *Wirkung* der Gnosis zu vermuten sein.

Ferner ist es schwerlich ein Zufall, daß dasjenige frühchristliche Dokument, welches der Kirchenverfassung erstmals nicht mehr nur "regulative", sondern "konstitutive" Bedeutung beimißt, das Gemeindeamt erstmals *theologisch* - in einer gottgesetzten Ordnung, wie sie nicht zuletzt an dem (auf Christus hin geschaffenen) *Kosmos* abgelesen wird! - zu begründen sucht, alle nicht-amtlichen Funktionen der Gemeinde aber mit Schweigen übergeht, nämlich der 1. Klemensbrief, aus Rom stammt: "in der Hauptstadt des Reiches trat die ständisch-hierarchische Gliederung der

---

[35] Vgl. dazu *K. H. Rengstorf* in: ders. / S. von Kortzfleisch, Kirche und Synagoge, Bd. I, Stuttgart 1968 [= 2. Aufl., München 1988 (dtv 4478)], S. 23-83 (hier: 36, 52 ff); C. Andresen (Anm. 22), S. 93 u.ö.; vor allem aber *M. Simon,* Verus Israel. Étude sur les relations entre Chrétien et Juifs dans l'empire romain (135-425), 2. Aufl., Paris 1964, S. 214 ff ("Les chrétiens dans le Talmud"). Daß auch das "Nazarener und" kaum allzu lange nach der Synode von Jamnia in die 12. Benediktion des "Achtzehnbittengebetes" eingefügt sein wird, geht u.a. daraus hervor, daß Justin um die Mitte des zweiten Jahrhunderts "mehrmals und unwidersprochen durch seinen rabbinischen Gesprächspartner" erwähnt, "in den Synagogen wurden die Christgläubigen mit dem verfluchenden Anathema belegt" (C. Andresen [Anm.22], mit Stellenangaben).

[36] Vgl. *H.-G. Kippenberg,* Versuch einer soziologischen Verortung des antiken Gnostizismus, Numen 17 (1970), S. 211-231. Allerdings dürfte dieser Ableitungs- oder "Verortungs"-Versuch ein wenig zu kurz geschlossen sein: s. *K. Rudolph,* Gnosis und Gnostizismus, ein Forschungsbericht, ThR 38 (1973), S. 1-25, hier: 17 f, im Vergleich mit ThR 36 (1971), S. 89-124, hier: 119 ff; vgl. auch ders., Randerscheinungen des Judentums und das Problem der Entstehung des Gnostizismus, Kairos 9 (1967), S. 105-122, bes. 108 ff. Der Aufsatz von *P. Pokorny,* Der soziale Hintergrund der Gnosis, in: K.-W. Tröger (Hg.), Gnosis und Neues Testament, Berlin 1973, S. 77-87, war mir leider noch nicht zugänglich.

Gesellschaft am sichtbarsten in Erscheinung. Ob sie nun direkt auf den Klemensbrief ein*[136]*gewirkt hat oder über die antike Philosophie, die ja einmütig die Demokratie ablehnte, ist eine sekundäre Frage ... Entscheidend ist, daß die Theorie des Briefes in einem ganz bestimmten historischen Kontext entstanden ist, den man mit zu bedenken hat, wenn man sich auf sie beruft."[37]

Über der Rolle, die die historische Umwelt für die Genese des frühen Christentums, seines Selbstverständnisses und seiner "Strukturen", ohne Zweifel von Anfang an gespielt hat - man denke etwa noch an das "Ältesten"-Institut der Synagoge oder an das Vorbild der Stadtgemeinden der römisch-hellenistischen Welt samt deren politisch-gesellschaftlicher Organisation, an das ja bereits der ἐκκλησία-Name für nicht-jüdische Ohren erinnerte -, wird man allerdings nicht übersehen dürfen, daß wesentliche Impulse auch aus den eigenen Voraussetzungen des Christentums selbst herrührten. Am ehesten greifbar werden diese "immanenten" Antriebe, auf die schon Adolf von Harnack in seiner berühmten Kontroverse mit Rudolf Sohm über Wesen und Ursprung des kirchlichen Rechts[38] nachdrücklich hingewiesen hat, beim "Prozeß der kirchlichen Institutionalisierung".[39] Dagegen gelangen wir hinsichtlich der Entstehung des christlichen Gnostizismus und seiner Gemeinschaftsformen über das "bloße Daß" kaum hinaus, über die Feststellung nämlich, daß namentlich Paulus und Johannes an ihr einen nicht unwesentlichen Anteil gehabt haben dürften.[40] Der Entwicklungsgang aber von den im Neuen Testament begegnenden Präfigurationen zu den ausgebildeten christlich-gnostischen Systemen des zweiten Jahrhunderts entzieht sich im einzelnen bis zur Stunde der Rekonstruktion. Erst wenn die Texte der gnostischen Bibliothek von Nag-Hammadi vollständig ediert und ausgewertet sein werden, könnte sich das grundlegend ändern.

Halten wir uns also an diesen uns verhältnismäßig am ehesten durchschaubaren Prozeß, die Genese des "Frühkatholizismus", so dürfte die Tatsache, daß im Neuen Testament - mit Ausnahme vielleicht der Pastoralbriefe - Fragen der Gemeindestruktur nirgends zum zentralen Thema werden, gewiß nicht allein, aber doch auch *[137]* damit in Zusammenhang zu bringen sein, daß der Kirche, solange sie in der Spontaneität des Anfangs lebte und das Kommen ihres Herrn in Bälde erwartete, organisatorische Probleme weitgehend gleichgültig bleiben mußten. Überdies standen ihr ja fürs erste in den Aposteln und in anderen unmittelbaren Zeugen der Jesusgeschichte noch anerkannte Autoritäten zur Verfügung, die in Konflikts- oder Zweifelsfällen Entscheidungen treffen konnten, ein Recht, das

---

37 J. Martin (Anm. 9), S. 75.

38 Vgl. nur *A. von Harnack,* Entstehung und Entwicklung der Kirchenverfassung und des Kirchenrechts in den ersten zwei Jahrhunderten, Leipzig 1910 [Nachdr. Darmstadt 1980], S. 121-186.

39 J. Martin (Anm. 9), S. 22.

40 Vgl. dazu, der Einfachheit halber, nochmals den Forschungsbericht von K. Rudolph (Anm. 36), S. 289-360, hier: 295 ff, wo alle einschlägige neuere Literatur verzeichnet und besprochen ist.

auch Paulus bei allem Respekt vor der Freiheit der Gemeinde für sich in Anspruch genommen hat.[41]

Das alles mußte sich nun mit dem Zurücktreten der Naherwartung, dem Aussterben der Apostelgeneration unter gleichzeitigem Rückgang der Prophetie zweifellos ändern. Entstand doch jetzt ein Vakuum, gleichsam ein "Autoritätsloch" (U. Luz), das die werdende "Großkirche" überwiegend durch den Rekurs auf den zur autoritativen Tradition geronnenen Geist der Vergangenheit und auf ein diese "apostolische" Tradition sicherndes Amt zu schließen bemüht war.

Die Antwort, die man so auf die Herausforderungen der Zeit nach dem Verschwinden der ersten Autoritätsträger fand, war insofern von Anfang an, schon im Jüngerkreis des historischen Jesus, vorbereitet, als die Kirche - anders als die Qumran-Gemeinde - "überweltlich" niemals qua Organisation war! Diese blieb daher frei, wandlungs- und anpassungsfähig. Und doch wird man immerhin fragen können, ob wirklich das Nachlassen der eschatologischen Spannung zwangsläufig in die Verstärkung der *Organisation* führen, ob sich die Kirche mit zunehmender Dauer den Tatsachen beugen und in der Welt einrichten *mußte*? Ist nicht vielmehr gerade das die Frage, ob sie dies - als Kirche - durfte? Blieb sie dabei noch Kirche? Wurde sie nicht darüber selbst zur "Welt", auch und gerade, wenn sie sich als Sonder- *[138]* oder Gegenwelt zu "diesem verderbten Geschlecht" (Act 2,4) etablierte?

Ebenso wird man es sicher nicht als illegitim, als einen Bruch mit den Ursprüngen des Christentums ansehen können, wenn die Kirche in nachapostolischer Zeit mehr und mehr ihre rückwärtigen Verbindungen bedroht sah und infolgedessen auf die Bewahrung ihrer ursprünglichen Lehre und Tradition besonderes Gewicht legte. Gehört doch zu den "Struktureigentümlichkeiten der christlichen Überlieferungsgeschichte" ganz wesentlich die "Identität des christlichen Gottes mit dem der Juden und die normative Bedeutung der christlichen Anfangszeit, die letztlich auf den eschatologischen Charakter des Auftretens und der Geschichte Jesu selbst zurückgeht". "Jesus, die alttestamentlichen Überlieferungen, in deren Licht das Urchristentum Jesu Bedeutung verstand, und die apostolische Botschaft (haben) den christlichen Überlieferungsprozeß ausgelöst"

---

41 Vgl. zu dem kontroverstheologisch nach wie vor heftig umstrittenen Problem des Verhältnisses zwischen apostolischer Vollmacht und der Freiheit der Gemeinde bei Paulus die umsichtige Erörterung von J. Martin (Anm. 9), S. 30 ff. Vielleicht läßt sich in der Tat, wie schon *K. Holl* (Der Kirchenbegriff des Paulus in seinem Verhältnis zu dem der Urgemeinde, in: SBAW 1921, S. 920-947; wieder abgedruckt in: ders., Gesammelte Aufsätze zur Kirchengeschichte, Bd. II: Der Osten, Tübingen 1928, S. 44-67 [hier: 64]) annahm, die hier zutage tretende Spannung gedankenmäßig nicht auflösen, "ohne daß entweder grundsätzlich die Freiheit der Gemeinde oder die Befehlsgewalt des Apostels eingeschränkt wird" (J. Martin [Anm.9], S. 32). Wie auch dem Verfasser darin zuzustimmen sein wird, daß es keineswegs genügt, irgendwelche neutestamentlichen Theologumena, also auch diejenigen der paulinischen Charismatik, einfach zu reproduzieren, ohne daß man sich "klarmacht, ob und wie (sie) *im konkreten Fall,* d.h. in der alltäglichen kirchlichen Praxis, ... eingelöst werden können", wenn anders sie nicht "in die Nähe von Ideologien" geraten sollen (ebd., Anm. 41).

und lösen ihn immer wieder aus, "weil der Glaube jeder späteren Zeit als Glaube an Jesus Christus immer wieder auf sie zurückverwiesen wird".[42] Und doch wird man fragen können, ob der "Frühkatholizismus", der sich so entschlossen am "Apostolischen" orientieren wollte, dieser seiner Intention auch wirklich gerecht geworden sei.[42a] War denn die "frühkatholische" Bindung des Geistes an die Tradition der Vereinnahmung der Tradition durch pneumatische Gnosis im prägnostischen Enthusiasmus und erst recht im ausgebildeten christlichen Gnostizismus, am Maßstab des "Apostolischen" gemessen, wirklich *in jeder Hinsicht* vorzuziehen? Kann das Pochen der Gnostiker auf die lebendige Offenbarung des Geistes in der Gegenwart so generell als die verabscheuungswürdige "Neuerung" gelten, als die sie ihre "großkirchlichen" Gegner hinzustellen pflegten? Kann man das "Apostolische" bewahren, ohne es zugleich jeweils neu zu "übersetzen"? Gibt es in der "Nachfolge der Apostel" "Unterscheidung der Geister", ohne daß man diese zuvor selbst beschworen und sich ihrer Bedrohung selbst ausgesetzt hat?

Jedenfalls wird sich wohl jeder, der hinter diesem "Prozeß der kirchlichen Institutionalisierung" eine geschichtliche Notwendigkeit walten sieht und meint, es habe dazu ernsthaft gar keine Alternative gegeben, "es sei denn den Verzicht auf Kirche als sichtbare Gemein*[139]*schaft"[43] mit der Tatsache auseinandersetzen müssen, daß die "Sicherung und Erhaltung der Apostolizität der Kirche und ihrer Lehre",[44] die als treibende Kraft auch hinter dem Vorgang der Konzentration aller entscheidenden kirchlichen Funktionen auf das Gemeindeamt stand und für die frühe Christenheit ganz gewiß eine Frage des Überlebens war, mit einem sehr hohen Preis erkauft worden ist, nämlich mit dem weitgehenden Verlust der charismatisch-diakonisch-missionarischen Dimension der Kirche.[45]

---

42 *W. Pannenberg,* Wissenschaftstheorie und Theologie, Frankfurt a. M. 1973 [2. Aufl., 1978 (stw 676)], S. 378, 380.

42a So auch U. Luz (Anm. 2), S. 107 f.

43 J. Martin (Anm. 9), S. 84. Ähnlich argumentierte auch etwa schon A. von Harnack gegen R. Sohm ([Anm. 38], passim, bes. S. 148 f); und er fand darin bis zur Gegenwart zahllose Nachfolger. Dabei schloß und schließt man sich zumeist, ob ausdrücklich oder nicht, der Theorie M. Webers über die drei "reinen Typen der legitimen Herrschaft" an, nach welcher ein spezifisches Gefälle "charismatischer" Herrschaftsformen, die, wo sie in reiner Form begegnen, in der Regel höchst instabil seien, über "traditionale" hin zu den Formen einer rein bürokratisch-"legalen" Herrschaft besteht. Doch dürfte diese Typologie der Herrschaftsformen, die M. Weber in nicht weniger als drei Fassungen überliefert hat (vgl. *W. F. Mommsen,* Max Weber, in: H.-U. Wehler [Hg.], Deutsche Historiker, Bd. III, Göttingen 1972 [KVR 343-345], S. 81-106 [= H.-U. Wehler (Hg.), Deutsche Historiker, Göttingen 1973, S. 299-324]), dringend der wissenschaftstheoretischen Hinterfragung bedürfen und in keinem Falle mehr unbedenklich zu übernehmen sein!

44 *J. Gewiess,* Art. Amt, I. Biblisch, in: HThG, Bd. I, 1962, S. 31-41 (hier: 40; vgl. 2. Aufl., München 1973 [dtv Bd. 4055], S. 63).

45 Vgl. dazu A. M. Ritter (Anm. 13), S. 67, 246 ff, sowie G. Hasenhüttl (Anm. 10), S. 283 ff ("Die Entwicklung zu einer Gemeindestruktur ohne Charismen").

III.

Was folgt aus diesem historischen Befund, der natürlich in der oder jener Einzelheit angezweifelt werden kann, bei dem ich mich aber nach Möglichkeit darum bemüht habe, Auskünfte zu geben, die auf einem weitgehenden wissenschaftlichen Konsens basieren? Inwiefern könnte die Berücksichtigung der Geschichte des frühen Christentums, seiner Fragen, seiner Lösungsversuche, aber auch seiner unübersehbaren Aporien, von Bedeutung sein für die heutigen Strukturen der Kirche?

Daß wir nicht *beati possidentes*, sondern "Bettler" (Luther) sind, in der Elementarschule des Verstehens auf die Anfangsgründe zurückgeworfen und also der Orientierung dringend bedürftig, darüber wird es, wie ich denke, zwischen uns kaum Meinungsunterschiede geben. Dann aber ist auch die Gefahr nicht übermäßig groß, daß uns die Geschichte im Grunde lediglich als "Legitimationsinstanz" dienen soll, von der wir uns einen "Verstärkereffekt" für die jeweils eigene Position erhoffen, während wir ihr eine kritische Funktion allenfalls im Blick auf die fremde Kirchenlehre beimessen. *[140]*

Ich jedenfalls kann für meine Person nur bekennen, daß ich zwar davon überzeugt bin, in der Reformation Martin Luthers sei es zu einem so grundlegenden ekklesiologischen Neuansatz gekommen wie in der Kirchengeschichte wohl niemals zuvor und niemals wieder danach,[46] daß ich aber ebensowenig leugne, daß dieser Neuansatz in der weiteren Geschichte reformatorischen Kirchentums im großen und ganzen nie in die Tat umgesetzt worden ist.[47] So kann ich leider auch der Diagnose nur weitgehend zustimmen, wie sie jüngst das Soziologenehepaar Günther Bormann und Sigrid Bormann-Heischkeil in dem wahrhaft aufregenden Buch "Theorie und Praxis kirchlicher Organisation. Ein Beitrag zum Problem der Rückständigkeit sozialer Gruppen"[48] vorgelegt hat, oder auch der einigermaßen ernüchternden Bilanz, die der inzwischen tödlich verunglückte Münsteraner Sozialethiker Wolf-Dieter Marsch in seinem Traktat "Institution im Übergang. Evangelische Kirche zwischen Tradition und Reform"[49] aus seinen langjährigen Erfahrungen und Bemühungen um Kirchenreform gezogen hat, dabei bemüht, einen realistischen Weg in die Zukunft ausfindig zu machen.

Marsch kommt darin u.a. zu dem Ergebnis, daß wir in einer Zeit der "zweiten Aufklärung" leben, in der sich auch absehen lasse, daß die Kirche als "Institution" wohl nirgends mehr als eine "dogmatische Macht" einen lebens- und meinungsregulierenden Führungsanspruch werde durch-

---

[46] S. A. M. Ritter (Anm. 13), S. 92 ff (Lit.!).

[47] Ebd. S. 109 ff, 271; vgl. dazu jetzt vor allem *E. Winkler,* Die Gemeinde und ihr Amt. Historische, empirische, hermeneutische Aspekte, Stuttgart 1973, S. 7 ff.

[48] Erschienen in der Reihe Beiträge zur soziologischen Forschung, Bd. III, Opladen 1971.

[49] Erschienen in der Sammlung Vandenhoeck, Göttingen 1970; vgl. besonders den die "Folgerungen für die Chancen von Kirchenreform" eröffnenden "Negativ-Katalog" (S. 250 ff).

setzen oder sich als "sakrale Macht" im Gegenüber zur profanen Gesellschaft werde behaupten können. Ja, er stellt sogar in Frage, ob die Kirche als "paradigmatische Macht" die Gesellschaft werde reformieren und als ganze, als "Institution" eben, etwas werde leisten können, was die Gesellschaft nicht zu leisten imstande ist, genau das also, worauf heute die überwiegende Mehrzahl der Kirchenreformbestrebungen in allen Kirchen, jedenfalls aber in der evangelischen, abzielen.[49a] *[141]*

Weil dies wohl so ist, darum sind auch seit langem Entwicklungen zu beobachten, "die es notwendig machen, von einer Krise des kirchlichen Amtes, ja der kirchlichen Strukturen insgesamt zu sprechen"[50]. Um so dringlicher wäre es daher, "zwischen den wandelbaren (und heute schon überholten) Strukturen ... und dem wesentlichen Auftrag" klar zu unterscheiden, "den die Kirche durch ihre Gemeinden und Ämter noch heute auszurichten hat".[51]

Hierbei könnte, wie ich meine, die Berücksichtigung des frühchristlichen Befunds in dreierlei Hinsicht bedeutsam werden: 1. könnte sie den Blick für die geschichtliche Bedingtheit heutiger kirchlicher Strukturen schärfen helfen, indem deutlich wird, in welchem Ausmaß die konkreten Lebensformen der Kirche bereits in frühchristlicher Zeit geschichtlichen Bedingungen unterworfen waren. Zumindest läßt sich die "spätere Behauptung, alle Gemeindegründungen und alle Gemeindeämter gingen in ununterbrochener Linie auf die Apostel" oder gar auf eine "Stiftung" des historischen Jesus "zurück", eindeutig als "eine historische Fiktion" erweisen.[52] Ja, es ist zu fragen, ob selbst die sehr viel vorsichtigere Formulierung des Malta-Berichts (Nr. 56), daß nämlich "das Amt konstitutiv zur Kirche" gehöre "und auch eine bleibende Grundstruktur" besitze, auch wenn "die konkreten Ausprägungen" situationsbedingt und wandelbar seien, insoweit es sich dabei um eine dezidiert *historische* These handelt, am frühchristlichen Befund verifizierbar ist. Denn wie verträgt sie sich z.B. mit den Nachrichten über den Jüngerkreis des historischen Jesus,[53] die es doch wohl - unerachtet der auch mir durchaus geläufigen semantischen und historischen Differenz zwischen "Basileia" und "Ekklesia" - als Kriterium von Kirche mit zu berücksichtigen gilt? Oder wie läßt sie sich in Einklang bringen mit dem paulinischen Kirchenbild, das zwar eine Fülle von Diensten und Funktionen, bei denen zum Teil mindestens

---

49a Marsch will damit allerdings nicht in Abrede stellen, daß die Sehnsucht nach einer "paradigmatischen" Funktion und Existenz der Kirche ihr "tiefes Recht" habe, sondern nur bestreiten, daß die "Organisierung der Kirche als Paradigma von Welt" möglich sei (S. 258). Wohl aber müsse es das Ziel von Kirchenreform sein, daß "die Kirche in unserer Gesellschaft Freiräume einer 'symbolisch vermittelten Interaktion' [J. Habermas]" schaffe und erhalte (S. 265) oder - "traditioneller gesprochen" - daß sie ein "Ort der Versöhnung" sei (S. 268).

50 Reform und Anerkennung kirchlicher Ämter. Ein Memorandum der Arbeitsgemeinschaft ökumenischer Universitätsinstitute, München usw. 1973, S. 13.

51 Ebd., S. 15.

52 J. Martin (Anm. 9), S. 66; vgl. auch S. 102 u.ö.

53 Vgl. dazu A. M. Ritter (Anm. 13), S. 22 ff, 217 ff, im Vergleich mit S. 42 ff, 236 ff.

durchaus mit Stetigkeit gerechnet wird, aber keine "Ämter" im strengen Sinne kennt, oder gar mit dem der johanneischen Schriften, in denen *[142]* noch in spätneutestamentlicher Zeit eine Gemeindeordnung vorzuliegen scheint, welche "noch weit freier ist als die der Paulusgemeinden und stark an die der heutigen Quäker oder des no-church-movement in Japan erinnert"?[54] Diese These läßt sich, wie ich meine, aber auch nicht so begründen, wie es der Malta-Bericht tut (Nr. 48), daß nämlich "das Heil ausschließlich der ein für allemal geschehenen Heilstat Gottes in Jesus Christus, wie sie im Evangelium bezeugt wird", zu "verdanken" sei, daß aber zum "Werk der Versöhnung ... auch der Dienst der Versöhnung" gehöre und das "Zeugnis des Evangeliums ... als Voraussetzung" habe, "daß es Zeugen des Evangeliums" gebe. Denn so richtig und biblisch gut begründet das alles auch ist, so wenig läßt sich daraus ohne weiteres die Schlußfolgerung ziehen, daß der Kirche als *creatura et ministra verbi* (ebd.) allererst konstituierende und ermächtigende Zeugendienst unbedingt "amtlich" geregelt sein müsse. Eine solche Verallgemeinerung des Sendungsprinzips, wie sie freilich in der Kirchengeschichte schon früh begonnen hat und dann auch von den Reformatoren, speziell von Calvin, übernommen worden ist, ließe sich vom Zeugnis Jesu, des Paulus und des Johannes her schwerlich rechtfertigen.

Wohl aber scheint sich mir aus dem frühchristlichen Befund zu ergeben, daß es sowohl erlaubt sein müßte, nicht bei den vorhandenen kirchlichen Traditionen stehenzubleiben, sondern ganz neue, in der bisherigen Kirchengeschichte noch nicht verwirklichte Strukturen zu entwickeln, als auch die überkommenen Strukturen, die im römischen Katholizismus wie im Luthertum am ehesten den "frühkatholischen" Entwicklungslinien im frühen Christentum folgen, darauf zu überprüfen, inwieweit und unter welchen Modifikationen sie dazu dienen könnten, daß der wesentliche Auftrag der Kirche heute nicht verfehlt wird.

2. Daß überhaupt so nach dem "Wesentlichen" der Kirche und ihres Auftrags gefragt werden kann, ist wiederum dem frühen Christentum zu verdanken, das im "Kanon" des Neuen Testaments die historische Ur-Kunde christlicher Offenbarung und darin - soll man sagen: *errore hominum et providentia dei*? - auch das Zeugnis des Paulus und des Johannes bewahrt und übermittelt hat, von denen es sich, wie wir sahen, in seinem Selbstverständnis und in seinen Organisations*[143]*formen im ganzen schwerlich hat bestimmen lassen, ja, die, historisch gesehen, im Schnittpunkt später auseinanderstrebender Linien gestanden zu haben scheinen. Dieser "Kanonizität" des Neuen Testaments, allen künftigen Zeiten und Gestaltwandlungen der Kirche und ihrer Theologie gegenüber, stünde die Einsicht in seinen situationsbedingten Charakter, in das Faktum seiner

---

54 So *E. Schweizer* in seiner Rezension des Buches von K. Kertelge (s. oben Anm. 10) ThLZ 98 (1973), Sp. 344 f; vgl. dazu ders., Gemeinde und Gemeindeordnung im Neuen Testament, 2.Aufl., Zürich 1962 (AThANT 35), S. 105-124.

Vermittlung in geschichtlichen Formen nur dann entgegen,[55] wenn man die griechische Seinsmetaphysik, die das Sein des Seienden einzig als Nicht-Nichtsein zu bestimmen wußte und deshalb alle Bewegung und Veränderung als defiziente Seinsmodi denunzieren mußte, an Stelle des christlichen Offenbarungsverständnisses zum Maßstab nähme! Allerdings macht diese Einsicht den naiven Rückgriff auf das Neue Testament im Namen eines formalen *sola-scriptura*-Prinzips unmöglich, "als gälte es einzig, die Strukturen neutestamentlicher Gemeinden samt den sie legitimierenden Ekklesiologien zu rekonstruieren, um sie dann als eine Art zeitloser Offenbarungswahrheit unvermittelt zum Maß heutiger Kirchenstrukturen zu machen".[56] Sie diskreditiert aber nicht das Neue Testament als "Predigttext" der Kirche wie als - noch längst nicht ausgeschöpfte! - Quelle der Inspiration zu neuen Formen kirchlicher Lebenspraxis, auch und gerade zur Wiederentdeckung der Kirche als communio.[57]

3. Nimmt man die sich bereits im Neuen Testament und erst recht in der Geschichte des frühen Christentums insgesamt wiederspiegelnde Ambiguität, geschichtliche Wandelbarkeit und Anpassungsfähigkeit kirchlicher Strukturen ernst, statt sie zu bagatellisieren oder aber ihre Vielfalt und nicht selten auch kontradiktorische Widersprüchlichkeit zu harmonisieren, so wird man darin der *Nicht-Identität zwischen Christus und Kirche* ansichtig, wie sie dem Neuen Testament neben der Solidarität der an Christus Glaubenden und der Kontinuität der Kirche mit ihrem Ursprung ekklesiologisch allein wesentlich gewesen zu *[144]* sein scheint.[58] Gerade in dieser "Zweideutigkeit" aber ist Kirche "Verkörperung des Neuen Seins" (P. Tillich), das mit Jesus von Nazareth historisch manifest wurde - freilich sub contrario! Sie kann dies jedoch nur sein, indem sie, als "Dienstgemeinschaft", als ecclesia crucis nicht mehr sein wollend als ihr Herr, "das futurum des Auferweckten weiter verkörpert"[59], indem sie "mit ihrem konkreten Sein inmitten einer unversöhnten Welt als die Gemeinde der versöhnten Feinde das Evangelium verkündet".[60]

---

55 S. dazu etwa J. Martin (Anm. 9), S. 16: "es widerspricht ... dem Sinn der Rede vom Wort Gottes, daß es auch geschichtlich bedingt ist"!

56 H. Thyen (Anm. 9), S. 100; vgl. auch den Malta-Bericht, Nr. 42 ff, bes. 44.

57 Vgl. dazu außer dem Beitrag von H. Thyen (Anm. 9), dessen leitendes Interesse eben diesem "kommunialen" Aspekt gilt, etwa noch *H. J. Kraus*, Aktualität des "urchristlichen Kommunismus"?, in: H.-G. Geyer (Hg.), Freispruch und Freiheit. Theologische Aufsätze für Walter Kreck zum 65. Geburtstag, München 1973, S. 306-327.

58 Vgl. dazu W.-D. Marsch (Anm. 49), S. 204 ff. Gerade auch die im Kolosser- und Epheserbrief anscheinend aufgenommenen gnostischen Vorstellungen (Kol 1,18.24; Eph 1,23; 5,23.29) verwehren, "was die Theorien des corpus mysticum daraus haben ableiten wollen: Christus bleibt der Initiator des Lebens der Kirche und ihre Zukunft" (S. 205).

59 Ebd. S. 206 im Vergleich mit S. 193 ff.

60 H. Thyen (Anm. 9), S. 170.

Patristische Anmerkungen zur Frage "Lehrverurteilungen - kirchentrennend"? am Beispiel des Konzils von Chalkedon *

I. Der "Fall"

Er braucht an dieser Stelle schwerlich in extenso dargestellt zu werden.[1] Es genügt vielmehr die Erinnerung, daß das Konzil von Chalkedon, ermöglicht durch einen Wechsel an der Spitze des römischen Reiches, nach dem Willen der neuen Machthaber (des Kaiserpaares Markian und Pulcheria) hauptsächlich dazu dienen sollte, die Beschlüsse der sog. " Räubersynode"[2] von Ephesus (449), die im Abendland einen Sturm der Entrüstung hervorgerufen hatten, aufzuheben.[3] Doch auch im Osten hatten sich zuletzt immer mehr Stimmen gegen die Vorgänge auf dem ephesinischen Konzil von 449 vernehmen lassen,[4] so daß dem römischen Bischof, Leo,

---

Zuerst veröffentlicht in: D. Papandreou / W. A. Bienert / K. Schaeferdiek (Hgg.), Oecumenica et Patristica. Festschrift für Wilhelm Schneemelcher zum 75. Geburtstag, Stuttgart usw. 1989, S. 269-279.

* Überarbeitete Fassung eines Referates bei der "zweiten Begegnung zwischen Theologen der EKD und der Altorientalisch-Orthodoxen Kirche vom 4.-8.3.1988 in Kröffelbach/Taunus".

1 Vgl. zum folgenden meine Skizze in: C. Andresen (Hg.), Handbuch der Dogmen- und Theologiegeschichte, Bd. I: Die Lehrentwicklung im Rahmen der Katholizität, Göttingen 1982, S. 261 ff.

2 Man wird auf diesen die Gespräche mit den Non-Chalkedonensern belastenden Begriff in Zukunft tunlichst verzichten - und dies um so leichter tun können, als das Ephesinum von 449 die einseitige Stigmatisierung - leider - nicht verdient hat, die ihm seit Leos Zeiten in der westlichen Geschichtsschreibung zuteil geworden ist. Ob man freilich so weit gehen und mit *K. Khella* sagen darf: "Gemessen an den Maßstäben seiner Zeit, kann man dem alexandrinischen Bischof" Dioskur, dem Beherrscher des Ephesinums von 449, "kaum einen Vorwurf machen" (Dioskoros I. von Alexandrien. Theologie und Kirchenpolitik, in: Die Kopten, Bd. II, Hamburg 1981, S. 91), möchte ich ebenso bezweifeln wie, daß von der "Freiheit der Kirche vom Kaiser" (wer wollte die im Ernst?) das Heil oder auch nur eine fairere Behandlung von Minderheiten zu erwarten gewesen wäre (gegen Khella, ebd., S. 125).

3 K. Khella rechnet mit rein kirchenpolitischen Motiven hinter dem Vorgehen des Kaiserpaares, so gewaltig die dogmatischen Konsequenzen auch gewesen seien. Es sei dem Kaiserpaar darum gegangen, "die allzu selbständig gewordenen Patriarchen, vor allem den von Alexandrien, aber auch den von Rom, der kaiserlichen Kirchenleitung zu unterwerfen. Infolge der zwischen Rom und Alexandrien ausgebrochenen Feindschaft war diese Aufgabe nicht schwer. Alexandrien wurde durch Rom in dogmatischer Hinsicht und Rom durch Konstantinopel in politischer Hinsicht gedemütigt" ([Anm. 2], S. 103). Allein: Warum ist nicht der Vorgänger, Theodosius II., auf die gleiche Idee gekommen?

4 Man behauptete, 449 unter unzumutbaren Druck gesetzt worden zu sein, und war bestrebt, Dioskur *alles* in die Schuhe zu schieben, wogegen die illyrischen Bischöfe in

der seit langem beharrlich auf die Einberufung eines Konzils hingearbeitet hatte, plötzlich daran nicht mehr viel gelegen war. Indessen blieb das Kaiserpaar bei seinem Vorsatz. Nach allem, was geschehen war, schienen ihm wohl Staat und Kirche einer Autorität zu bedürfen, die im Reiche anerkannt wurde. Und das war eben eine "ökumenische" (oder Reichs-) Synode. Also ergingen im Mai 451 die Einladungen zu dem Konzil, dessen Ziel es war, unter den durch Nestorius und den Konstantinopler Archimandriten Eutyches heraufbeschworenen Lehrstreit einen Schlußpunkt zu setzen, und zwar dadurch, daß der möglichst zahlreich versammelte reichskirchliche Episkopat sich unterschriftlich auf einen Bekenntnistext festlegte, welcher die Lehrübereinstimmung auf den Begriff brächte.

Oberflächlich betrachtet verlief in Chalkedon alles ungefähr so wie zwei Jahre zuvor in Ephesus, nur mit umgekehrtem Vorzeichen.[5] Doch sind auch die Unterschiede nicht gut zu übersehen. Nicht allein, daß der Episkopat, auch der östliche, in Chalkedon weit besser repräsentiert war als in Ephesus 449.[6] Es wirkte sich auch positiv aus, daß nun das Konzilspräsidium, bestehend aus 19 hohen kaiserlichen Beamten unter Führung des "ersten Reichsfeldherren und Patriziers" Anatolius, des Prätorianer-Präfekten Palladius als des höchsten zivilen Machthabers der 5 Reichsdiözesen und endlich Tatians, des für Gerichtswesen, Wirtschaft und öffentliche Ordnung in der Hauptstadt zuständigen Eparchen Konstantinopels, die Wogen der Erregung immer wieder zu glätten und für ei*[270]*nen Ablauf der Verhandlungen zu sorgen wußte, der selbst einem Mann wie Dioskur eine halbwegs faire Chance ließ. Dioskur hat sie auch, bis er die Aussichtslosigkeit seines Unterfangens einsehen mußte, tapfer und geschickt zu nutzen verstanden. Auf diese Weise gelang es zu vermeiden, daß am Ende mehr personelle Opfer gebracht wurden als unbedingt nötig - es blieb bei der Absetzung des einen Dioskur und zwar aus Gründen der kirchlichen Disziplin, nicht des Dogmas.[7] Und obgleich es auch jetzt an Einschüchterungen - z.B. der Drohung, das Konzil nach Italien zu verlegen - nicht fehlte, blieb doch jederzeit erkennbar, wie die große, übergroße Mehrheit der Synodalen dachte: nämlich - kyrillisch!

Chalkedon zu Recht betonten: "Wir alle haben gefehlt, wir alle bitten um Verzeihung" (ACO II/1,1, S. 195, Nr. 1070; 1,2, S. 83, Nr. 41). Die Intervention nützte jedoch nichts; Dioskur allein mußte büßen.

[5] So u.a. *K. Müller / H. von Campenhausen*, Kirchengeschichte, Bd. I/1, 3. Aufl., Tübingen 1941, S. 652.

[6] Während für das Ephesinum von 449 mit etwa 130 Teilnehmern zu rechnen ist, umfaßt die längste chalkedonische Unterschriftenliste 452 Namen, wobei allerdings in vielen Fällen Metropoliten für abwesende Bischöfe ihrer Kirchenprovinz mit unterschrieben haben (ACO II/1,2, S. 141-155; zur Subskriptionsliste von 449 siehe ebd. 3,1, S. 252-258).

[7] Vgl. das Absetzungsurteil, ACO II/1,2, S. 41 f, mit der entsprechenden Benachrichtigung des alexandrinischen Klerus, ebd. S. 42, sowie die völlig korrekte Einlassung des Konstantinopler Patriarchen Anatolius: "Aus Glaubensgründen ist Dioskur nicht abgesetzt worden, sondern weil er Herrn Leo, den Erzbischof, exkommuniziert hat" - das wie auch die ungerechtfertigte Absetzung Flavians von Konstantinopel wird im Absetzungsurteil mit der "Verachtung der heiligen Kanones" gemeint sein - "und trotz dreimaliger Vorladung nicht erschienen ist, darum ist er abgesetzt worden": ebd. 124!

So versteht es sich, weshalb die Absicht des Hofes, zur endgültigen Bereinigung der durch Nestorius und Eutyches heraufbeschworenen Situation vom Konzil eine Glaubenserklärung erarbeiten und unterzeichnen zu lassen, in der die Übereinstimmung zwischen Ost und West, Kyrill und Leo, zum Ausdruck käme, auf den kaum zu überwindenden Widerstand der Synodalen stieß, dem sich diesmal auch die päpstlichen Legaten anschlossen. Diese waren von Rom angewiesen worden, auf der Verlesung und Billigung des *Tomus* Leos an Flavian von Konstantinopel aus dem Jahre 448 zu insistieren und im übrigen dafür zu sorgen, daß die personellen Fragen (vor allem die Absetzung Dioskurs!) in Ordnung kamen. Sprecher der Konzilsmehrheit dagegen führten die Bestimmung der Kyrillsynode von 431 ins Feld. Danach war es untersagt, eine neue, von der in Nizäa beschlossenen abweichende Glaubensformel aufzustellen. Sie sei im übrigen ganz unnötig, da die Glaubensgrundlagen feststünden und zu Eutyches bereits im *Tomus* Leos das Nötige gesagt sei - ein Stichwort, das die kaiserlichen Kommissare selbst ausgegeben hatten. Allerdings wurden im Verlauf der Verhandlungen auch Vorbehalte gegenüber Leos Lehrschreiben und dem darin entworfenen Christusbild laut, zumal gegenüber der Wendung: "Jede der beiden Naturen vollbringt nämlich in Gemeinschaft mit der anderen, was ihr eigentümlich ist (agit enim utraque forma [sc. dei et servi: vgl. Phil 2,6 f]) cum alterius communione quod proprium est)".[8] Es ist darum schon verständlich, wenn sich das Konzilspräsidium in Abstimmung mit dem Hof nicht davon abbringen ließ, dem Konzil eine förmliche Glaubensdarlegung abzuverlangen. Denn mit einer summarischen Zustimmung zum *Tomus* Leos schien nicht viel gewonnen zu sein.

Der Text, auf den man sich schließlich und nach langem Hin und Her einigte und der in der sechsten Sitzung am 25. Oktober 451 in Gegenwart des Kaiserpaares und eines besonders stattlichen Gefolges feierlich verlesen und von den Bischöfen durch Unterschrift bekräftigt wurde, führt nach einer längeren Präambel zunächst als normatives Bekenntnis dasjenige von Nizäa samt seiner Bekräftigung und Ergänzung (im Hinblick auf die Lehre vom Heiligen Geist) durch das Symbol der "150 Väter" von Konstantinopel an. Eigentlich sei dieser nizänische Glaube - wie zu Ephesus 431 beschlossen - ausreichend. Wegen der neuaufgekommenen Irrlehren aber habe es die Synode für richtig gehalten, als dessen zeitgerechte Auslegung die "Konzilsbriefe des seligen Kyrill an Nestorius *[271]* und die Orientalen"[9] - zur Widerlegung des Nestorius - und den Lehrbrief Leos an Flavian - als Bollwerk wider die Irrlehre des Eutyches anzunehmen. Dann heißt es wörtlich: "In der Nachfolge der heiligen Väter lehren wir also alle übereinstimmend, daß unser Herr Jesus Christus als ein und derselbe Sohn zu bekennen sei: derselbe vollkommen in der Gottheit, der-

---

8 Zu den Bedenken, die dies bei Kyrillianern erwecken mußte, s. *A. Grillmeier,* Jesus der Christus im Glauben der Kirche, Bd. I: Von der Apostolischen Zeit bis zum Konzil von Chalcedon (451), 2. Aufl., Freiburg i. Br. usw. 1982 [3. Aufl., 1990], S. 746 f.

9 Gemeint sind der zweite Brief Kyrills an Nestorius (ACO I/1,1, S. 25-28) und der sog. "Laetenturbrief", mit dem Kyrill die Union mit den gemäßigten Orientalen besiegelte (ebd. I/1,4, S. 15-20).

selbe vollkommen auch in der Menschheit, derselbe wahrhaft Gott und wahrhaft Mensch aus Vernunftseele und Leib, mit dem Vater wesenseins der Gottheit nach und als derselbe mit uns wesenseins der Menschheit nach, in allem uns ähnlich, ausgenommen die Sünde; vor den Zeiten aus dem Vater geboren der Gottheit nach, am Ende der Tage aber als derselbe um unseret- und um unseres Heiles willen aus der Jungfrau Maria, der Gottesgebärerin, geboren, der Menschheit nach, als ein und derselbe Christus, Sohn, eingeborener Herr, in zwei Naturen unvermischt, unverwandelt, ungetrennt, ungesondert erkennbar; dabei wird jedoch die Unterschiedenheit der Naturen um der Einung willen keineswegs aufgehoben, sondern bleibt die Eigentümlichkeit einer jeden Natur gewahrt und verbindet sich zu einer Person und einer Hypostase, nicht als in zwei Personen geteilt oder getrennt, sondern als ein und derselbe eingeborene Sohn, Gott, Logos, der Herr Jesus Christus, wie vor Zeiten die Propheten von ihm kündeten und (danach) er selbst, Jesus Christus, uns unterwies und das Symbol unserer Väter uns überliefert hat."

Folgt zum Schluß eine Verfluchung derer, die es wagen sollten, anders zu lehren.

Die ältere westliche Forschung bis in das katholische Standardwerk "Das Konzil von Chalcedon" hinein, das, von H. Bacht und A. Grillmeier herausgegeben, aus Anlaß des Konzilsjubiläums von 1951 zu erscheinen begann und am Ende drei voluminöse (seither mehrfach wieder aufgelegte) Bände umfaßte,[10] neigte dazu, in dieser christologischen Formel von Chalkedon einen Triumph für Papst Leo zu sehen. Nur in der Bewertung dieses Tatbestandes gingen die Auffassungen teilweise weit auseinander. Während es auf der einen Seite (bei Adolf von Harnack z.B.) als "Schmach des Konzils" erschien, daß sich die große Mehrheit der Bischöfe eine Formel von Fremden, vom Kaiser und vom Papst habe aufnötigen lassen, "die ihrem Glauben nicht entsprach",[11] bewunderte man auf der anderen - vornehmlich römisch-katholischen - Seite in derselben Formel "ein Werk der Klugheit der Kirche und gerade 'ein Werk der römischen Klugheit'".[12] So oder so aber hielt man dafür, daß das Chalcedonense vom *Tomus Leonis* her interpretiert werden müsse, der hinter und über ihm stehe.[13]

---

[10] Würzburg 1951-54 [5. Aufl., 1979]. Vgl. darin, Bd. I, nicht zuletzt *Grillmeiers* eigenen Beitrag: Zur dogmatischen Vorgeschichte des Konzils von Chalkedon, S. 1-242), sowie die Beiträge von *H. Rahner*, Leo der Große, der Papst des Konzils, S. 323-339, und *I. Ortiz de Urbina*, Das Glaubenssymbol von Chalkedon - sein Text, sein Werden, seine dogmatische Bedeutung, S. 389-418.

[11] *A. von Harnack*, Lehrbuch der Dogmengeschichte, Bd. II: Die Entwicklung des kirchlichen Dogmas, 4. Aufl., Tübingen 1909 [Nachdr. Darmstadt 1980], S. 391.

[12] So noch *P.-Th. Camelot*, Ephesus und Chalkedon, Mainz 1963, S. 168.

[13] So außer dem bedeutenden Erlanger Dogmatiker und Dogmenhistoriker *W. Elert* auch und vor allem *A. Grillmeier* in den deutschen und englischen Erstfassungen seiner Nachzeichnung der theologischen und sprachlichen Vorbereitung der christologischen Formel von Chalkedon bzw. von Christ in Christian Tradition, Bd. I: From The Apostolic Age to Chalcedon (451), 2. Aufl., London usw. 1975); vgl. ferner *W. Schneemelcher*, Gesammelte Aufsätze zum Neuen Testament und zur Patristik, hg. von W.

Inzwischen aber sind neuere Quellenanalysen vorgelegt worden. Zu nennen ist insbesondere ein glänzender Artikel von A. de Halleux über "Die christologische Definition in Chalkedon".[14] All diese Quellenanalysen[15] haben es so gut wie gewiß gemacht, daß an dem eben skizzierten traditionell-westlichen Bild kräftige Korrekturen angebracht werden müssen. Von den 27 "Versen" oder Zeilen, in die sich die eigentliche Glaubensdefinition des Konzils einteilen läßt, enthalten ganze zwei eine wörtliche Anführung aus dem *Tomus* Leos, mit dem der ursprüngliche (von einer Kommission unter Leitung des Konstantinopler Patriarchen Anatolius ausgearbeitete) Definitionsentwurf nach dem Willen der kaiserli*[272]*chen Kommissare und der römischen Legaten harmonisiert werden sollte, das einzige sichere Leo-Zitat überhaupt! Es ist das die Feststellung, daß "die Eigentümlichkeit einer jeden Natur gewahrt bleibt und sich zu einer Person ... verbindet", eine wortwörtliche Übersetzung aus dem *Tomus*, bei der allerdings "und einer Hypostase" hinzugefügt und der Gedanke, daß jede "Natur" (in Gemeinschaft mit der anderen) je nach ihrer Besonderheit *handele* (das ominöse *agit utraque forma)*, fortgelassen wurde. Der ganze erste Teil bietet dagegen eine Auslegung der Unionsformel von 433, welche dem die Union mit den (gemäßigten) Orientalen besiegelnden sog. Laetenturbrief Kyrills als Richtschnur folgt. In dem die eigene, weiterführende Stellungnahme des Konzils enthaltenden zweiten Teil aber ist die - gewöhnlich als typisch römisch bzw. antiochenisch angesehene - Zwei-Naturen-Formel (ein und derselbe Christus "in Zwei-Naturen"), die die kaiserlichen Kommissare in der Tat dem Papst zuschrieben und auf deren Aufnahme zusammen mit den paarweise gegen den Eutychianismus und den Nestorianismus gerichteten Adverbien ("unvermischt, unverwandelt, ungetrennt, ungesondert") anstelle der (von der Anatoliuskommission) ursprünglich vorgeschlagenen Wendung "aus Zwei-Naturen" sie unnachsichtig bestanden, wohl ebenfalls nicht antiochenischer, auch nicht römischer, sondern kyrillischer Herkunft! Und zwar wird sie weiterentwickelt worden sein aus einer (aus der Rückschau als besonders hilfreich betrachteten) Stelle des Laetentur-Briefes Kyrills, wo es heißt, der "Gott-Logos" sei, "als Einheit gedacht mit seinem eigenen Fleisch", "vollkom-

---

Bienert / K. Schaeferdiek, Thessaloniki 1974 (Analekta Vlatadon 22), S. 386; K. Khella (Anm. 2), S. 114: "Der Kaiser gedachte, ... dem Beispiel Konstantins zu folgen, und die Einigung der ganzen Kirche unter eine abendländische Formel zu erzwingen", u.ö., sowie neuerdings wieder *F. Winkelmann,* Die östlichen Kirchen in der Epoche der christologischen Auseinandersetzungen (5. bis 7. Jahrhundert), Berlin-Ost 1980 (Kirchengeschichte in Einzeldarstellungen I/6), S. 46 ff.

[14] Veröffentlicht in RTL 7 (1976), S. 3-23, 155-170. Unter den wichtigsten Vorarbeiten, an die *de Halleux* vielfach anknüpfen konnte, wären insbesondere Untersuchungen von *M. Richard, I. Ortiz de Urbina, R. V. Sellers* und *Th. Sagi-Bunic* zu nennen. Noch ohne Kenntnis der Analyse kam *P. T. R. Gray,* The Defense of Chalcedon in the East (451-533), Leiden 1979 (SHCT 20; vgl. bes. S. 7-17), zu einem ganz ähnlichen Ergebnis.

[15] Ihnen hat sich inzwischen auch der Altmeister der Erforschung der altkirchlichen Christologie, A. Grillmeier, in seiner bereits zitierten Gesamtdarstellung (Anm. 8, S. 753 ff) uneingeschränkt angeschlossen.

men in der Gottheit und als derselbe vollkommen in seiner Menschheit" und werde "als eine (einzige) Person gedacht", "wenn auch der Unterschied der Naturen nicht verkannt" werde.[16] Ebenso sind die berühmten Adverbien, in denen man früher mit Vorliebe den Anteil Leos an der chalkedonischen Formel sich verdichten sah, weder für die römische, noch für die antiochenische Tradition ohne weiteres kennzeichnend. Sie sind vielmehr in den christologischen Auseinandersetzungen zwischen Ephesus 431 und Chalkedon ganz geläufig. Und so finden sie sich denn auch verstreut bei Kyrill und einem so prominenten Vertreter der kyrillischen Mehrheitstheologie in Chalkedon wie Basilius von Seleucia. Ja, selbst das einzige Leozitat hat sich vor seiner Aufnahme in die chalkedonische Formel noch eine "stilistische Kyrillisierung"[17] gefallen lassen müssen, um den Eindruck einer völligen Lehrübereinstimmung zwischen dem *Tomus* Leos und Kyrill, speziell dessen zweitem Brief an Nestorius, zu erwecken. Der Zusatz "und eine Hypostase" endlich sollte ganz offenkundig den verbreiteten Vorbehalten gegen eine Beschreibung der christologischen Einheit mithilfe des Person (πρόσωπον)-Begriffes, wie sie Theodor von Mopsuestia zuerst versucht und dann Nestorius in den Augen vieler bloßgestellt hatte, begegnen. Als nächstliegende Quelle kommt wohl auch hier wieder der zweite Brief Kyrills an Nestorius in Betracht. In diesem findet sich die Idee der "Einung der Hypostase nach" mit der Zurückweisung einer bloßen "Annahme des Prosopon" vereinigt.[18]

Alles scheint also dafür zu sprechen, daß man sich bei der Formulierung der christologischen Formel von Chalkedon in ihrer endgültigen Gestalt so viel wie *[273]* möglich Kyrill und so wenig wie - zur Vermeidung des offenen Bruchs - unbedingt nötig Leo anschloß. Allerdings ist, wie L. Abramowski gelegentlich zu Recht bemerkte,[19] die Beweiskraft und Tragfähigkeit dieses quantitativen Arguments auch nicht zu überschätzen, vielmehr zu prüfen, "was die Einfügung des leoninischen Zitats und der vier berühmten Adverbien... für den theologischen Gehalt des gesamten Textes bedeutet"!

Trifft die eben vorgetragene historische Analyse zu, so läßt sich zum einen weder das nahezu uneingeschränkt negative Urteil Harnacks und der älteren protestantischen Dogmengeschichtsschreibung aufrecht erhalten, wonach der großen Mehrheit der Bischöfe von 451 Verrat (eine "Sünde wider den heiligen Geist des Monophysitismus" sozusagen) vorzuwerfen wäre; noch ist es möglich, hier mit einem schwungvollen Loblied zu schließen, wie es römisch-katholischer und auch anglikanischer Tradition entspricht und noch für das westliche Chalkedon-Gedenken von 1951 weithin kennzeichnend war. Danach hatte das Dogma von 451 "als das

---

[16] ACO II/1,1, S. 110.
[17] A. de Halleux (Anm. 14), S. 162 f.
[18] ACO II/1,1, S. 105.
[19] In einer Besprechung des Buches von Gray (s. oben Anm. 14): ThLZ 107 (1982), Sp. 210-212 (hier: 211).

reife Ergebnis und gewissermaßen als der Abschluß aller Bemühungen" zu gelten, "die in den vorangegangenen Jahrhunderten unternommen worden waren, um den Offenbarungsgehalt über die Person Christi richtig zum Ausdruck zu bringen".[20] Dies vor allem deshalb, weil es der am Ende beherrschende Einfluß Roms (und Antiochiens) möglich gemacht habe, die Wahrheitsmomente beider christologischer Traditionen, der alexandrinischen wie der antiochenischen, richtig zur Geltung zu bringen.[21] Nun aber ist, wie wir sahen, das Chalcedonense weder ein römisches, noch gar ein antiochenisches, sondern ganz überwiegend ein kyrillisches Bekenntnis, wie es die östliche (chalkedonensische!) Orthodoxie spätestens seit dem 5. ökumenischen Konzil von 553 stets aufgefaßt hat; allerdings mit einem leoninischen "Stachel im Fleisch"!

Zum andern erweist sich der immer wieder gegen Chalkedon erhobene Vorwurf als zumindest fragwürdig, seine christologische Formel sei ein rein äußerlicher Kompromiß und erschöpfe sich in reinen Negationen. "Die kahlen, negativen vier Bestimmungen...", heißt es in Harnacks "Dogmengeschichte"[22], "mit denen Alles gesagt sein soll, ... entbehren des warmen, concreten Gehaltes; sie machen aus der Brücke, die dem Gläubigen sein Glaube ist ... eine Linie, die schmaler ist als das Haar, auf dem die Bekenner des Islam einst in das Paradies einzugehen hoffen". Allein, nichts weniger war in Chalkedon beabsichtigt als, "alles" zu sagen. Man beschränkte sich im Gegenteil streng auf die gerade strittigen, mit den Namen des Nestorius und des Eutyches verknüpften Fragen. Dieser inhaltlichen Beschränkung auf ein einziges Problem entspricht ja auch die Form der Definition von Chalkedon: genau genommen besteht diese nämlich aus einem einzigen, ungefügen Satz! Und was die vier Adverbien ("unvermischt, unverwandelt, ungetrennt, ungesondert [erkennbar]") betrifft, so kann man in deren unleugbarer Dialektik gewiß ein höchst unbefriedigendes Ergebnis sehen. Genauso gut aber, scheint mir, läßt es sich als sachgemäßer "Ausdruck für den göttlichen, übermenschlichen Charakter der Einheit von Gott und Mensch in Christus" betrachten, "deren Wunder für uns eben darin besteht, daß all dies von einem gesagt werden kann, der gelebt und gelitten hat wie wir".[23] Es werden *[274]* weniger theologische Lösungen als vielmehr Kriterien an die Hand gegeben, "die bei jeder christologischen Theorie unbedingt beachtet sein müssen".[24]

Allerdings hat das Konzil von Chalkedon vieles ungeklärt gelassen, nicht zuletzt in terminologischer Hinsicht - z.B. was das Verhältnis von φύσις (οὐσία) - ὑπόστασις betrifft. G. C. Stead hat das jetzt in einer Mo-

---

20 *J. Liébaert*, Christologie. Von der Apostolischen Zeit bis zum Konzil von Chalkedon, Freiburg i. Br. usw. 1965 (HDG III/1a), S. 127.

21 So *R. V. Sellers,* The Council of Chalcedon. A Historical and Doctrinal Survey, London 1961, S. 203; noch "dithyrambischer" *A. Grillmeier* selbst in der 2. Aufl. von Christ in Christian Tradition, Bd. I (Anm. 13), S. 544.

22 (Anm. 11), S. 397.

23 *L. Abramowski*, Drei christologische Untersuchungen, Berlin 1981 (BZNW 45), S. 108.

24 *W. Pannenberg,* Grundzüge der Christologie, 5. Aufl., Gütersloh 1976, S. 301.

nographie, die annähernd zu gleicher Zeit in Englisch und in Deutsch erscheinen wird, mit gewohntem Scharfsinn deutlicher als zuvor zum Vorschein gebracht![25] Das Konzil hat auch schon bald die Rechnung dafür präsentiert bekommen.[26] Allein deshalb kann es kaum als der strahlende End- und Höhepunkt der christologischen Entwicklung in der Zeit der Alten Kirche angesehen werden.

II. Auswertung

So viel zu dem "Fall", der am ehesten als altkirchliches Analogon für das Problem in Betracht kommen dürfte, das hierzulande, seit (um die Jahreswende 1985/1986) die ersten Nachrichten über die hektographierten Texte der Gemeinsamen Ökumenischen Kommission zur Überprüfung der Verwerfungen des 16. Jahrhunderts in die Öffentlichkeit drangen,[27] viele kluge Köpfe beschäftigt und zu dem natürlich auch die Zunft der Kirchenhistoriker nicht schweigen kann. Nicht nur, daß die Verfluchung derjenigen, die "anders lehren" (s. oben), alsbald mit der Anathematisierung der Anhänger des Chalcedonense beantwortet wurde; so spätestens bereits runde 30 Jahre nach dem Konzil im sog. *Henotikon* des Kaisers Zeno vom Jahre 482.[28] Analog ist vielmehr auch, daß im Unterschied von nahezu[29] allen anderen Kirchenspaltungen der Antike die zwischen Chalkedonensern und Nonchalkedonensern bis in die Gegenwart auch in zahlenmäßiger Hinsicht ein Problem von Gewicht darstellt *und* - das ist fast noch wichtiger - daß es auf beiden Seiten immer fraglicher wird, ob die Verwerfungssätze von einst "die gemeinte Position korrekt getroffen" haben, zumindest aber, ob sie "noch die heute eingenommene Position" des Partners treffen.[30]

Welche dogmatischen Gründe für den Widerstand vieler östlicher Theologen in der alexandrinisch-kyrillischen Tradition gegen das Chalcedonense maßgebend waren, zeigt das "Glaubensbekenntnis" des Syrers Philoxenus von Mabbug (gest. 523), nach und neben Severus von Antiochien (gest. 538) gewiß des bedeutendsten Vorkämpfers der Ein-Naturen-

---

[25] *G. C. Stead*, Philosophie und Theologie, Bd. I: Alte Kirche, Stuttgart 1989 (ThW), bes. Kap. 17; vgl. aber auch bereits A. Grillmeier (Anm. 8), S. 768 ff.

[26] Vgl. dazu außer der schon mehrfach zitierten Arbeit von *P. T. R. Gray* (Anm. 14) den Fortsetzungsband von *A. Grillmeier*, Jesus der Christus im Glauben der Kirche, Band II/1: Das Konzil von Chalcedon (451). Rezeption und Widerspruch (451-518), Freiburg i. Br. usw. 1986.

[27] Vgl. jetzt den von *K. Lehmann* und *W. Pannenberg* herausgegebenen Dokumentationsband: Lehrverurteilungen - kirchentrennend? Bd. I: Rechtfertigung, Sakramente und Amt im Zeitalter der Reformation und heute, Freiburg i. Br. usw. 1986 [3. Aufl., 1988].

[28] Bei Euagrius Scholasticus *h. e.* 3,14 (PG 86,2,2620-2625).

[29] Die Einschränkung betrifft die Nestorianer, von denen sich ebenfalls (allerdings verschwindend geringe) Reste bis in die Gegenwart hinein erhalten haben. Alle übrigen Abspaltungen sind, selbst wenn sie (wie vor allem der nordafrikanische Donatismus) es, regional zumindest, mit der "Großkirche" durchaus aufnehmen konnten und in gewissen "Nischen" z.T. jahrhundertelang überdauerten, längst spurlos verschwunden.

[30] Vgl. die Einführungen zu dem (Anm. 27) zitierten Dokumentationsband, S. 15.

Lehre (Monophysitismus) oder, besser, des Diplophysitismus (wie der von C. D. G. Müller vorgeschlagene Ausdruck lautet) in der Zeit nach 451, wohl am bündigsten: "Wir verdammen das Konzil von Chalkedon, weil es in dem einen Herrn Jesus Christus, dem einziggeborenen Sohn Gottes, eine Unterscheidung vornimmt in Naturen, Attribute und Tätigkeiten, in himmlische und irdische Merkmale, göttliche und menschliche Eigenschaften. Es sieht ihn an, als sei er zwei, und führt so die Vorstellung von vier [Personen in die Dreieinigkeit] ein. Es betet einen gewöhnlichen Menschen an, und in jeder Einzelheit umschreibt es ihn als ein Geschöpf; es stimmt mit dem verderblichen Nestorius überein, der verflucht und zur Vernichtung bestimmt *[275]* ist. Aus diesem und vielen ähnlichen Gründen haben wir das Konzil von Chalkedon verdammt und werden es [stets] verdammen."[31]

Weil die Kaiser gleichwohl die Glaubenseinheit für Kirche und Reich zu *erzwingen* trachteten, brachte der Glaubensstreit diesmal, zumal, wie es scheint, auch nationale und rassische bzw. ethnische Leidenschaften geweckt worden waren und sich vor allem an den Grenzen des Reiches der Widerstand gegen das vom Kaiser "aufoktroyierte" Bekenntnis mit dem Bestreben verband, sich der byzantinischen Herrschaft überhaupt zu entledigen, die Einheit von Kirche und Reich gerade in die allerschwerste Gefahr.[32] Am Ende bildete die Formel von Chalkedon den Anlaß zur ersten großen Konfessionsspaltung der Christenheit. Und diese wiederum führte, was aber hier nicht vertieft werden soll und muß, zur Schwächung des christlichen Kaisertums von Byzanz und zuletzt zum nahezu kampflosen Verlust der "monophysitischen" Gebiete Syriens, Palästinas und Ägyptens an den Islam.[33]

Wieviele Mißverständnisse bei dem allen tatsächlich im Spiele waren, wird rasch bedrückend deutlich, sobald man sich in die Quellen zu vertiefen beginnt: Die Gegner des Chalcedonense wurden den Verdacht nicht los, als laufe dies christologische Dogma letzten Endes auf Nestorianismus hinaus (vor allem Leo galt - und gilt - ihnen im Grunde als "Nestorianer"); schwerlich zu Recht. Umgekehrt warfen die Anhänger des Chalcedonense ihren Gegnern Monophysitismus vor, so als sei deren Absage nicht nur an Apollinaris, sondern auch an Eutyches nur ein Vorwand und darum nicht weiter ernst zu nehmen; auch das sicherlich zu Unrecht. Zumindest heutige westliche Historiker und Theologen sollten sich durch den

---

31 The Discourses of Philoxenus, Bishop of Mabbôgh, A.D. 485-519, ed. E. A. Wallis Budge, 2 Bde. London 1894, S. XXXV; Übersetzung von A. Adam.

32 Das wiederum hat Byzanz Mal um Mal veranlaßt, sich dieser Gefahr mit Waffengewalt zu widersetzen. Das hat tiefsitzende Verletzungen im Bewußtsein der non-chalkedonensischen Minderheit innerhalb des ehemaligen byzantinischen Reiches hinterlassen und ihr das Gefühl gegeben, alles Unheil resultiere aus der Einmischung der staatlichen Gewalt.

33 Das hatte zur weiteren Konsequenz, daß innerhalb der chalkedonensischen Orthodoxie, namentlich des Westens, die Neigung zu weiteren Zugeständnissen an die Adresse derer, denen es primär um die Betonung der Einheit in Christus zu tun war, spürbar zurückging. Die Konzilsgeschichte des 7. Jahrhunderts läßt das deutlich genug erkennen.

Protest dazu veranlaßt sehen, auf diese als diskriminierend empfundene Bezeichnung für die (kyrillisch gesinnten) Nonchalkedonenser oder "Altorientalisch-Orthodoxen", wie sie sich selber bezeichnen, zu verzichten.[34] Überdies bietet gerade der Streit um Chalkedon reichlich Stoff und Gelegenheit, um über die Unzulänglichkeit und Ergänzungbedürftigkeit *aller* Dogmen sowie die Spannungen durch *verschiedene Denk- und Sprachmuster* nachzusinnen.[35] Was die im vorangehenden skizzierten historisch-theologischen Neueinsichten für den Dialog zwischen Chalkedonensern und Nonchalkedonensern bedeuten können, sei zum Schuß wenigstens noch kurz angedeutet. Wenn man G. Martzelos in seinem Buch "Entstehung und Quellen der Definition von Chalkedon"[36] ohne weiteres folgen dürfte, so wäre dem allen eine gewaltige "historisch-dogmatische Bedeutung" beizumessen, "weil dadurch die Einheit der kyrillischen Christologie mit derjenigen von Chalkedon und, wenn man das verallgemeinert, die dogmatische Übereinstimmung und Einheit der ökumenischen Synoden unterstrichen wird, welche mit der christologischen Frage befaßt waren. Es hat gleichfalls große kirchliche Bedeutung, weil es neue Horizonte für den theologischen Dialog zwischen Orthodoxen und Non-Chalkedonensern eröffnet ... M.a.W. schafft die Identifizierung des kyrillischen Charakters der chalkedonensischen Definition nicht allein die Voraussetzung für den erfolgreichen Fortschritt und das Ergebnis des theologischen Dialogs zwischen Orthodoxen und Non-Chalkedonensern; es unterstreicht gleichzeitig *[276]* den zeitübergreifenden Wert der kyrillischen Christologie für die Formulierung der christologischen Lehre und läßt auf diese Weise Kyrill als das in Erscheinung treten, was er wirklich ist: als einen ökumenischen Lehrer der Kirche."[37]

Nun, vielleicht ist - auch - das ein wenig zu dithyrambisch und unterschätzt die Schwierigkeiten, die noch zu bewältigen sind. Aber ich kann mir nicht vorstellen, daß nicht in der Tat positive Impulse von der neuen Forschungslage ausgehen werden. Wenn es wahr ist, wie Prof. V. C. Samuel in vielen Veröffentlichungen und Gesprächen wiederholt betont hat, daß nämlich "die alte Orthodoxe Kirche des Ostens, welche das Konzil von Chalkedon verwarf, von Anfang an ebenfalls die Häresien ausge-

---

[34] Als Sammeletikett für das gesamte Spektrum der kyrillisch gesinnten Gegner von Chalkedon ist die Bezeichnung zudem viel zu vage und bedarf dringlich der Differenzierung. Für einen der wichtigsten Theologen aus diesem Lager, nämlich Severus von Antiochien, hat schon *J. Lebon* dafür plädiert, ihn eher von *vor*chalkedonischen Traditionen her zu verstehen (vgl. sein nach wie vor wichtiges Buch Le monophysisme sévérien. Étude historique, littéraire et théologique sur la resistance monophysite au concile de Chalcédoine jusqu'à la constitution de l'église jacobite, Löwen 1909 (Universitas Catholica Lovaniensis dissertationes II/4), sowie seinen Beitrag La christologie du monophysisme syrien, in: Das Konzil von Chalcedon (Anm. 10), Bd. I, S. 425-580.

[35] Vgl. dazu u.a. den schönen Beitrag von *Ph. Harnoncourt,* Die Notwendigkeit von bleibenden Spannungen in der Ökumene, in: N. Brox (Mitverf.), Anfänge der Theologie. **Χαριστεῖον** Johannes B. Bauer zum Jänner 1987, Graz 1987, S. 337-353.

[36] Erschienen Saloniki 1986.

[37] (Anm. 36), S. 230 f.

schlossen hat, welche das Konzil verdammte",[38] und sich darüber hinaus erweist, daß die christologische Formel von Chalkedon im Grundzug kyrillisch ist, dann muß das bedeutende Möglichkeiten zum Gespräch, zu einer "Konvergenz in rechtgläubiger Christologie" eröffnen.

Doch muß es den Non-Chalkedonensern selbst überlassen bleiben zu entscheiden, ob und inwieweit die neue Forschungslage geeignet ist, ihnen das Dogma von Chalkedon in einem anderen Licht erscheinen zu lassen. Was ich dagegen mit Sicherheit glaube sagen zu können, ist dies, daß wir Chalkedonenser allen Anlaß haben, die Christologie Kyrills und derer, die sich vor, in und nach Chalkedon auf ihn beriefen, ich nenne nur den großen Severus von Antiochien, mit neuen Augen anzuschauen.[39] Und da ist ja nicht erst, aber besonders in den letzten Jahren doch einiges in Gang gekommen.[40] Einige westliche Theologen haben, um nur dies zu nennen, "auf die enormen theologischen und wissenschaftstheoretischen Implikationen einer Christologie aufmerksam gemacht, die letzten Endes auf Kyrill und der Trinitätstheologie des vierten Jahrhunderts, namentlich derjenigen des Athanasius, beruht. Es war vor allem Prof. T. F. Torrance, der den Versuch unternommen hat zu zeigen, daß hier die verheißungsvollen Anfänge einer Theologie (oder Philosophie der Naturwissenschaft) liegen, welche in der Lage ist, jede Form von Dualismus zu überwinden. Seine These ist, daß diese Inkarnationstheologen Einsichten in die Unzulänglichkeit eines kosmologischen und philosophischen Dualismus hervorgebracht haben, welcher in der Physik des 20. Jahrhunderts lediglich radikal demaskiert worden ist."[41] Ich bin - mit D. Ritschl - nicht sicher, ob T. F. Torrance völlig im Recht ist, wenn er unmittelbare Explikationen solcher hilfreicher Theorien bei Kyrill und den Vätern zu finden behauptet, welche ihm sich anschlossen. Aber ich bin davon überzeugt, daß die Non-Chalkedonenser im besonderen Schätze bewahren, die wir Westler noch zu entdecken haben. Besonders die Veröffentlichungen von Prof. Samuel[42] dürften von großer ökumenischer Bedeutung sein in Hinblick auf die Beziehungen zwischen den alten orthodoxen Kirchen und den Chalkedonensern. Und die westliche Theologie kann direkt bei ihm lernen, wie

---

38 So etwa in seinem wichtigen Beitrag One Incarnate Nature of God the Word in dem Sammelheft: P. Gregorios / W. H. Lazareth / N. A. Nissiotis (Hgg.), Does Chalcedon divide or unite? Towards Convergence in Orthodox Christology, Genf 1981, S. 76-92 (hier: 83).

39 Vgl. u.a. *W. H. C. Frend,* The Rise of the Monophysite Movement. Chapters in the History of the Church in the Fifth and Sixth Centuries, Cambridge 1972, sowie *R. C. Chesnut,* Three Monophysite Christologies. Severus of Antioch, Philoxenus of Mabbug and Jacob of Sarug, London 1976 (OTM), und dazu die (begeisterte) Rezension von Frend in JEH 28 (1977), S. 319 f.

40 S. oben Anm. 34; dazu D. Ritschl, in seinem Beitrag zur Samuel-Festschrift: M. K. Kuriakose (Hg.), Orthodox Identity in India. Essays in honour of V. C. Samuel, Bangalore 1988, S. 165-174.

41 Ebd., unter Hinweis bes. auf *T. F. Torrance*, Theology in Reconciliation. Essays Towards Evangelical and Chatholic Unity in East and West, London 1975.

42 Vgl. sein Hauptwerk The Council of Chalcedon Reexamined. A Historical and Theological Survey, Madras 1977, sowie seinen oben (Anm. 38) zitierten Diskussionsbeitrag.

den herkömmlicherweise als "monophysitisch" bezeichneten Bewegungen mehr Gerechtigkeit und Verständnis entgegenzubringen wäre. *[277]*

Grundlagen und Grundfragen der Kirchengemeinschaft in vorkonstantinischer Zeit *

Bei der Vorbereitung dieses Beitrages zur Ehrung Antonio Orbes, des Liebhabers des Irenäus und sensiblen Erforschers des Gnostizismus namentlich valentinianischer Provenienz, erging es mir wie schon so oft: Ich sah mich alsbald umgeben von einem Gewirr abgerissener und achtlos liegengelassener Gesprächsfäden. Der "Dialog" hat in unserem gegenwärtigen Wissenschaftsbetrieb, woran immer das liegen mag, offensichtlich schlechte Zeiten!

Weil ich das jedoch zunehmend als bedrückend empfinde, darum will ich jetzt keinen weiteren "Monolog" zum besten geben. Vielmehr nehme ich meinen Ausgang bei drei markanten Gesprächsbeiträgen aus neuerer Zeit: 1) Hans von Campenhausens Vortrag auf dem Wiener Theologenkongreß von 1973 über "Einheit und Einigkeit in der Alten Kirche"[1], 2) Martin Elzes Tübinger Gastvorlesung aus demselben Jahr über "Häresie und Einheit der Kirche im 2. Jahrhundert"[2] und 3) dem vielbeachteten RAC-Artikel "Häresie" von Norbert Brox[3]. Natürlich ist damit die Liste einschlägiger Literatur bei weitem nicht erschöpft, selbst wenn man sich auf neuere und neueste Publikationen beschränkte. Allerdings ist die Literatur zu unserem Thema auch wiederum nicht so reichhaltig, wie man das angesichts der Bedeutung des Einheitsgedankens für die interkonfes*[522]*sionellen Gegebenheiten und Aktivitäten,[4] aber auch im Hin-

---

Zuerst veröffentlicht in: Pléroma, Comp. 35 (1990) [Festschrift für Antonio Orbe], S. 521-543.

* Überarbeitete Fassung eines Vortrages vor der "Patristischen Arbeitsgemeinschaft" im Januar 1985 in Bern/Schweiz.

1 Erschienen zuerst in: EvTh 33 (1973), S. 280-293; wieder abgedruckt in: *H. von Campenhausen*, Urchristliches und Altkirchliches. Vorträge und Aufsätze, Tübingen 1979 (danach zitiert), S. 1-19.

2 Veröffentlicht in: ZThK 71 (1974), S. 389-409.

3 RAC, Bd. XIII, 1986, Sp. 248-297.

4 Vgl. dazu jetzt etwa den Literaturbericht von *G. Gassmann*, Das Ringen um die Einheit der Kirche, ThR 50 (1985), S: 284-298; ferner das Studienheft Konzile und die ökumenische Bewegung, Genf 1968 (SÖR 5). - Aus neuerer Zeit scheinen mir für unser Thema besonders wichtig zu sein der ebenso material- wie gedankenreiche "Häresie"-Artikel von *A. Schindler* in der TRE (Bd. XIV, 1985, S. 318-431, bes. 318-326, 335-338); ferner wäre etwa hinzuweisen auf *A. le Boulluec,* La notion d'hérésie dans la littérature grecque, IIe-IIIe siècles, 2 Bde., Paris 1985 (EAug); Eresia ed eresiologia nella chiesa antica (= Sammelveröffentlichung der Vorträge des XIII. Incontro di Studiosi dell'Antichità cristiana), Aug. 24 (1985), fasc. 3. Zu den Anfängen des Christentums s. jetzt bes. *K. M. Fischer,* Das Urchristentum, Berlin-Ost 1985 (KGE I/1); *W. Kern* u.a. (Hgg.), Handbuch der Fundamentaltheologie, 3. Traktat Kirche, Freiburg usw. 1986, S. 49-152; *J. Becker* u. a., Die Anfänge des Christentums. Alte Welt und neue Hoffnung, Stuttgart usw. 1987; vor allem aber *Chr. Link / U. Luz / L. Vischer,* Sie aber hielten fest an der Gemeinschaft ... Einheit der Kirche als Prozeß im Neuen

blick etwa auf interkonfessionelle Spannungen und Probleme (wie etwa die innerkatholischen Auseinandersetzungen um die Folgen des II. Vatikanums)[5] erwarten sollte. Immerhin ist mit den genannten drei Voten nicht nur ein charakteristischer Ausschnitt aus der neueren Debatte um Häresie und Einheit der Kirche in vorkonstantinischer Zeit gewonnen. Es steht vielmehr auch zu hoffen, daß sich im Gespräch mit ihnen die wesentlichen Gesichtspunkte berühren und die wesentlichen Fragen stellen, vielleicht sogar auch ein Stück weit beantworten lassen, die mit unserem Thema verknüpft sind.

Ich stelle die drei Voten zunächst rasch vor:

1) Während die "wissenschaftliche Bemühung der letzten Jahrzehnte" die Einheit der Kirche "häufiger in Frage gestellt als hervorgehoben" habe, indem sie "schon im Urchristentum eine Fülle verschiedener Glaubensformen und -richtungen" aufwies und "auch in der Folgezeit vor allem über die Kämpfe und Gegensätzlichkeiten der auseinandergehenden Gruppen und Sekten" berichtete, die "relative Einheit der Großkirche" hingegen, "die sich trotz allem nicht leugnen ließ, in eine mitunter recht problematische Beleuchtung" rückte, möchte Hans von Campenhausen "gegenüber dieser vorherrschenden Betrachtungsweise nichts vertuschen oder idealisieren". Wohl aber geht es ihm darum, deutlich zu machen, "daß die Vielfalt der Auffassungen ... noch nicht das Ende der Gemeinsamkeiten" ist; "harte Auseinandersetzungen können auch den Ernst der Zusammengehörigkeit und der Sache zum Ausdruck bringen, und unvermeidliche Absplitterungen, die meist kein größeres Gewicht und keine Dauerbedeutung gewonnen haben, können die erstaunliche Tatsache der weiten und bleibenden Einheit der frühen Kirche nicht aus der Welt *[523]* schaffen. Sie ist das eigentlich Überraschende und Bedenkenswerte und in der Alten Welt sonst fast ohne Analogie ..."[6]

Ausgehend vom johanneischen "ut omnes unum sint", welches, wenn man es isoliert zitiere, nicht immer hinreichend deutlich werden lasse, "daß es ursprünglich durchaus kein Aufruf zur Überwindung des Zwiespalts ... gewesen ist, sondern daß es vielmehr von einer schon geschenkten Einheit ausgeht, die im anfänglichen Sinn nur fortdauern und weiter wachsen soll", hebt von Campenhausen an dem Joh 17,21 verkündeten Einheitsgedanken vier Momente hervor, die er als für dessen Eigenart wesentlich betrachtet und "unter verschiedenen Vorstellungsweisen und Begriffen der Sache nach im ganzen Neuen Testament" bezeugt findet:

a) "Die Einheit der Christenheit gründet in ihrer unlöslichen Verbindung mit Christus, der seinerseits mit Gott selbst verbunden, johanneisch gesprochen: mit dem Vater eins ist".

Testament und heute, Zürich 1988. Auf diese Veröffentlichungen wird im folgenden wiederholt Bezug genommen.

5 Vgl. dazu etwa *P. Stockmeier* (Hg.), Konflikt in der Kirche. Droht eine Kirchenspaltung?, Düsseldorf 1977 (Schriften der Katholischen Akademie in Bayern 78).

6 H. von Campenhausen (Anm. 1), S. 1 f.

b) "Es gilt, diese Einheit nicht zu schaffen, sondern durch die Kraft des geschenkten Gottesgeistes bei ihr zu bleiben und sie in der Verkündigung des Christuswortes weiterzugeben".

c) "Der Heilige Geist und die Gemeinschaft Christi bewirken die Zusammengehörigkeit aller Christen in Liebe, Freiheit und Freiwilligkeit".

d) "In solcher Verbundenheit stehen die Christen in einem unüberbrückbaren Gegenüber zu der nicht an Christus glaubenden, ihm nicht folgenden Welt, die darum niemals aufhören kann, sie zu bedrohen und zu verfolgen".[7]

Das geschichtliche Wirksamwerden dieses Einheitsgedankens sucht von Campenhausen sodann in der Weise zu veranschaulichen, daß er für jedes der vier ersten Jahrhunderte nacheinander jeweils eines der genannten Charakteristika (nämlich: bestimmende Bindung an Christus: Rückbezug auf das Vorgegebene seiner Offenbarung; freier Charakter der christlichen Gemeinschaft; bleibender Abstand zur Welt) in den Vordergrund rückt.

Am Ende seiner - zugegebenermaßen nicht erschöpfenden und "unzählige Fragen und Einwände einfach beiseite" lassenden - Untersuchung steht ihm als Ergebnis fest, "daß der ursprüngliche, geistliche Einheitsgedanke für die Kirche der ersten Jahrhunderte nicht so unwesentlich war, wie man gelegentlich wohl meint. Die Kirche des ersten Jahrhunderts, die allein im Namen Jesu ihre Einheit hat, setzt sich auch ins zweite Jahrhundert fort, das sich bewußt zum Bleiben bei dem entschloß, was im Anfang war; sie hält auch *[524]* im dritten Jahrhundert an der Unerzwingbarkeit ihres Einsseins fest und hat selbst in der schweren Belastung des vierten die Erinnerung an ihren geistlichen Ursprung und an ihr überweltliches Ziel nicht vergessen"[8] (wie vor allem Augustins *De civitate dei* entnommen wird).

Die Nutzanwendung dieser historischen Analyse lautet: "Man kann nichts wiederholen, und alle gegenwärtigen ökumenischen Bemühungen unterscheiden sich schon dadurch vom urchristlichen 'ut omnes unum sint' grundlegend, daß wir nicht mehr bei einer Kirche bleiben, sondern sie in der Zerspaltenheit weit getrennter Kirchen von neuem erst einmal suchen müssen. Wir müssen weiter zurück (sc. als zur Kirche des vermeintlichen consensus quinquesaecularis), um dort die Einheit wieder zu entdecken, wo sie einst ihren Anfang nahm. Denn wir glauben noch immer an die Eine heilige Kirche; aber wir dürfen, meine ich, auch dann nicht vergessen, daß diese Kirche in all ihrer Fehlsamkeit und Brüchigkeit einmal keine Hoffnung und kein leeres Wort gewesen ist, sondern eine lebendige, geglaubte und erfahrene Wirklichkeit"[9].

Kein Zweifel, daß sich der "Meister kritischer Synthese", als der von Campenhausen vor einiger Zeit apostrophiert wurde[10], in diesem Wiener

---

[7] Ebd., S. 2 f.

[8] Ebd., S. 18 f.

[9] Ebd., S. 19.

[10] *W. D. Hauschild,* Grundprobleme der altkirchlichen Dogmengeschichte, VF 29/2 (1984), S. 4-31 (hier: 20).

Vortrag erneut auch als ein Meister der Komposition erwiesen hat! Entscheidender aber ist für uns natürlich, wie er sein Ergebnis gewann. Ehe ich darauf jedoch näher eingehe, stelle ich zunächst die beiden anderen Positionen vor und beziehe sie alsdann in das Gespräch ein.

2) Auch der zweite hier eingehender zu berücksichtigende Diskussionsbeitrag geht, wie erwähnt, auf einen 1973 gehaltenen Vortrag zurück. Da der Vortragstext anscheinend unverändert blieb, sucht man darin vergebens nach einem Echo auf Hans von Campenhausens Votum aus demselben Jahr (obwohl das von den Erscheinungsterminen her möglich gewesen wäre). Dafür bezieht sich der Verfasser, Martin Elze, eingangs auf Walter Bauers Kritik des "traditionellen" Geschichtsbildes, demzufolge die Einheitsgestalt der Kirche als am Anfang ihrer Geschichte gegeben und folglich die Pluralität als ein sekundäres Moment zu gelten hätte. Mögen Bauers Einzelnachweise auch vielfach überspitzt und korrekturbedürftig sein, so bleibe es doch sein Verdienst, den "unhistorischen Charakter" jenes weithin bis in unsere Tage vorausgesetzten Geschichtsbildes eindeutig erwiesen zu haben. Wenn Bauer allerdings "die herkömmlichen Kategorien von Rechtgläubigkeit und Ketzerei" beibehalte und "beide Größen sozusagen in ihrem Folgeverhältnis" lediglich umkehre, dann bleibe er dem traditionel*[525]*len Bild in einem wesentlichen Stück verhaftet: er teile "offenbar die Anschauung, daß Einheit und Pluralität von vornherein im Element der Lehre aufzufassen seien".[11]

An diesem Punkt nun setzt Elze an. Er möchte zeigen, "daß und wie überhaupt erst in der Mitte des 2. Jahrhunderts die Bedingung dafür entstand, Einheit der Kirche im Sinne von Lehreinheit zu postulieren, und daß erst im Zusammenhang damit Pluralität der Lehre als untragbar und als Häresie angesehen wurde - ein Ergebnis geschichtlicher Entwicklung, an dem die Kirche zwar im allgemeinen bis heute festgehalten" habe, "das aber vom neuzeitlich-christlichen Bewußtsein her entschieden in Frage zu stellen wäre"[12]. Inwiefern, wird allerdings nicht näher entfaltet. Statt dessen wird in einem ersten Abschnitt untersucht, "was in der damaligen Zeit unter Häresie verstanden wurde, wobei allerdings der Gesichtspunkt der Einheit immer schon mitbedacht" wird. "In einem zweiten Abschnitt" rückt der Verfasser sodann "den Einheitsgesichtspunkt in den Vordergrund..., um schließlich von dort aus noch einmal zu dem Häresiebegriff zurückzukehren".[13]

Auch in diesem Falle wollen wir es einstweilen dabei bewenden lassen, das Ergebnis zu benennen, um uns erst später damit auseinanderzusetzen, wie es gewonnen wurde. Es lautet: "Der Bezugspunkt für die älteste Verwendung des Begriffes im Christentum ist die Einheit der Gemeinde im Leibe Christi, und zwar in eschatologischer Qualifikation" (was immer

[11] M. Elze (Anm. 2), S. 389 f.
[12] Vgl. dazu unten, Teil II.
[13] M. Elze (Anm. 2), S. 390.

das im einzelnen bedeuten mag).[14] "Das heißt aber zugleich, daß in dieser ersten Phase seines christlichen Gebrauchs der Begriff αἵρεσις primär (sc. überwiegend) nichts mit dem Element der Lehre zu tun hat, nicht als Bezeichnung für Irrlehre verstanden werden darf."[15] Seit der Mitte des zweiten Jahrhunderts aber ist nach Meinung des Verfassers ein entschiedener Wandel des Befundes zu konstatieren, am deutlichsten belegbar bei Irenäus, und zwar erstmals in Buch I, Kapitel 10, seiner "Entlarvung und Widerlegung der fälschlich sog. Gnosis". Hier bezieht sich Irenäus ausdrücklich auf die eine, weltweite Kirche, deren Einheit auf dem einheitlichen Zeugnis der Apostel beruht, welches seinerseits in der (als Überlieferungsgut verstandenen) πίστις verwahrt und vergegenwärtigt wird.[16]

Wie ist es, fragt Elze anschließend, nach der anfangs anzutreffenden "vielgestaltigen Überlieferungssituation des Christentums in der Jahr*[526]*hundertmitte zu dieser so betont vorgetragenen Einheitsauffassung gekommen?"[17] Daß es etwa mit einer ausschlaggebenden Rolle der Kirchenpolitik Roms in Zusammenhang zu bringen sei, diese Bauersche Hypothese wird vom Verfasser - in Übereinstimmung mit Hans Dieter Altendorf, auf dessen vielbeachtete ZKG-Miszelle "Zum Stichwort: Rechtgläubigkeit und Ketzerei"[18] er sich ausdrücklich bezieht[19] - von vornherein ausgeschlossen. Es läßt sich für ihn aber ebensowenig "mit gewissen Sachzwängen" argumentieren, weil diese zumeist erst im Rückblick auf die zu deutenden Phänomene einsichtig werden und also "nicht den Anlaß zur Ausgestaltung der orthodox gefaßten Lehre und Einheit der Kirche" (sic!), die es hier zu erklären gilt, abgegeben haben können.[20]

Was aber dann? Als Brücke zur Beantwortung dieser Frage dient Elze folgende Überlegung: "Die Überlieferungsbildungen des ältesten Christentums spiegeln mehr oder weniger das Erfordernis, das Erbe des Urchristentums mit den Vorstellungen und dem Denken des Hellenismus zu vermitteln; aber das Verhältnis dieser beiden Größen zueinander wird nicht reflektiert. Es sind die sogenannten Apologeten..., die seit der Mitte des 2. Jahrhunderts diese grundsätzliche Reflexion aufnahmen".[21] Sehe man recht, so gehe von da "die für unsere Thematik entscheidende Wende" aus; und zwar dergestalt: "Die Apologeten sahen das Christentum der hellenistischen Philosophie konfrontiert, sie begegneten einem von dort erhobenen Wahrheitsanspruch und ergriffen die Aufgabe, ihm gegenüber den Wahrheitsanspruch des Christentums herauszuarbeiten und zu

---

[14] Gedacht ist wohl in erster Linie an die Gegenwart des Kommenden in der Eucharistie, wie sie im "Maranatha" bezeugt wird; vgl. dazu die Formulierung, Elze (Anm. 2), S. 408.
[15] Ebd., S. 394.
[16] Ebd., S. 398.
[17] Ebd., S. 401.
[18] ZKG 80 (1969), S. 61-74 (hier: 64).
[19] M. Elze (Anm. 2), S. 401, Anm. 25.
[20] Ebd., S. 402.
[21] Ebd., S. 404.

begründen."[22] Der von Justin in die christliche Gedankenbildung eingeführte Logosbegriff, mit welchem Christus mit dem Logos der hellenistischen Denktradition identifiziert wurde, mache das vor allem deutlich. Dabei geht es dem Verfasser in diesem Zusammenhang weniger um den Begriff selbst und seine christologisch-trinitätstheologischen Implikationen als vielmehr um die "Wirkungen seiner Aufnahme".[23]

Drei Gesichtspunkte sind ihm hier vor allem wichtig:

a) "Die Rezeption des Logosbegriffes besiegelt eine Umorientierung des christlichen Bewußtseins", sofern es sich nicht länger auf den kommenden bzw. den eucharistisch gegenwärtigen Herrn bezieht. Sein Bezugspunkt ist nunmehr "der ur-ewig präexistente Gottessohn", der sich mittels der durch die Geschichte fortschreitenden Offenbarung bezeugt hat. Dementsprechend blickt das Christentum, das sich *[527]* seines Lebens und Heils vergewissern will, nicht länger nach vorn, sondern es blickt zurück. "Damit ist zugleich das Alte Testament ... als Zeugnis jener fortschreitenden Logosoffenbarung ... theologisch endgültig legitimiert. Und es ist weiter die Voraussetzung und der Anlaß dafür gegeben, ihm die Dokumente des urchristlichen Zeugnisses in Gestalt des Neuen Testamentes zur Seite zu stellen". - b) "Die Rezeption des Logosbegriffes gestaltet das Christentum um zu einer Lehre ..., eben insofern es Christus ist, der nun als der Logos ein Moment der Rationalität und des Doktrinären annimmt ... Gleichzeitig tritt in den apologetischen Schriften der Hinweis auf die Einheit im Leib Christi in den Hintergrund." - c) "Die Rezeption des Logosbegriffs ermöglicht aufgrund der damit erschlossenen offenbarungsgeschichtlichen Konzeption die Vermittlung von Schöpfung und Erlösung" und damit auch das Festhalten an der Einheit der Wirklichkeit einerseits, an der Universalität des Heils andererseits.[24] Infolgedessen sei es keineswegs zufällig, daß sich Justin als erster in eigenen Schriften mit Markion und den Gnostikern sowie mit dem Judentum auseinandergesetzt[25] und damit selbst bereits "die Leistungsfähigkeit der Logos-Theologie für diese Zwecke wahrgenommen" habe; wie er "auf Grund des Gesagten überhaupt als eine höchst bedeutsame Erscheinung der Christentumsgeschichte vor uns" stehe. Irenäus jedenfalls baue "seine Theologie ganz auf dem von Justin gelegten Fundament auf". Speziell sei nur und erst "unter der Voraussetzung der Logos-Theologie ... in seinem Sinne die Einheit der Kirche aussagbar geworden".[26]

Fragen wir auch hier noch im Vorübergehen nach der Nutzanwendung, so liegt sie nach allem auf der Hand: Es ist die Warnung, sich länger "unbedacht auf althergebrachte, aber nicht mehr zutreffende Modelle einzulassen",[27] und das heißt in diesem Falle: auf die Vorstellung von der Einheit der Kirche im Sinne der Lehreinheit. Entsprechend sei in Fortset-

---

[22] Ebd.
[23] Ebd.
[24] Ebd., S. 404 f.
[25] Erhalten ist freilich nur der antijudaistische "Dialog mit Tryphon".
[26] M. Elze (Anm. 2), S. 305.
[27] Ebd., S. 409.

zung spätestens in der Aufklärung einsetzender Prozesse der Häresiebegriff konsequent abzubauen bzw. - mit Schleiermacher, gegen Karl Barth, der diesen Begriff (ohne durchschlagenden Erfolg allerdings) in seiner "Kirchlichen Dogmatik"[28] zu repristinieren versuchte - für historisch antiquiert anzusehen. Mit der Frage, worin dann heutzutage "die Identität des Christlichen aufzusuchen" sei, ein Problem, von dem der Schlußsatz beteuert, daß "wir uns" ihm "alle ernstlich zu stellen haben"[29], läßt der Autor den Leser - mehr oder weniger - allein! *[528]*

3) Neben seinen sonstigen Vorzügen weist der "Häresie"-Artikel von Norbert Brox den eines opulenten Literaturverzeichnisses auf. Doch stößt man selbst darin auf Lücken. Z.B. werden dort die eben vorgestellten Diskussionsvoten nicht aufgeführt. Im Artikel selbst wird zwar einmal, in relativ unspezifischem Zusammenhang, auf Martin Elze verwiesen; auf Hans von Campenhausens Votum dagegen fehlt jeder ausdrückliche Bezug, wenn auch vorausgesetzt werden darf, daß dem Verfasser bei seinen Bemerkungen über die (im Artikel selbst nicht eigens darzustellende) "hauptsächlich im 2. Jahrhundert geleistete Entfaltung von formaltheologischen Argumenten gegen die H(äresie) in Form des Traditions- u(nd) Sukzessionsbeweises u(nd) des biblischen Kanons sowie die inhaltlich-dogmatischen Repliken auf die H(äresie)"[30] nicht zuletzt dessen fast vollendete "Normen"-Trilogie (über Amt, biblischen Kanon und Bekenntnis) vor Augen stand. Gleichwohl befinde ich mich (wieder einmal)[31] in der Situation desjenigen, der den Versuch unternimmt, nachträglich eine Diskussion in Gang zu bringen, die bislang, in der literarischen Öffentlichkeit zumindest, unterblieb, obwohl sie sich gelohnt hätte!

Bevor das jedoch geschieht, sei auch der dritte Gesprächsbeitrag kurz vorgestellt. Als eine umfassende Aufarbeitung des antik-christlichen Materials zum Häresiebegriff insgesamt ist er mit dem bisher Besprochenen nur bedingt kommensurabel und im Blick auf unser Thema nur partiell einschlägig, da er sich - natürlich - nicht auf die "vorkonstantinische Zeit" beschränkt und zum andern die theologische Auseinandersetzung mit der Häresie - verständlicherweise - allenfalls streift.

Wie sehr er dennoch von prinzipieller Bedeutung für uns ist, wird sogleich erkennbar, sobald ich seinen Hauptertrag zusammenzuraffen versuche. Danach läßt sich unter "Berücksichtigung aller terminologischen wie ideengeschichtlichen Daten" konstatieren, daß es im Bereich der griechisch-römischen (und auch der alttestamentlich-jüdischen) Religions- und Geistesgeschichte - ob auch im Qumran und im rabbinischen Judentum, bliebe also zu fragen![32] - "eine exakte Entsprechung zum frühchristlichen

---

[28] KD I/1, S. 31 ff.

[29] M. Elze (Anm. 2), S. 409.

[30] N. Brox (Anm. 3), Sp. 278.

[31] Vgl. meinen Literaturbericht Platonismus und Christentum in der Spätantike, ThR 49 (1984), S. 31-56.

[32] Vgl. dazu einerseits *G. Forkman,* The Limits of the Religious Community. Expulsion from the Religious Community within the Qumran Sect, within Rabbinic Judaism, and within Primitiv Christianity, Lund 1972; andererseits *K. Rudolph,* Einige grund-

Begriff der H(äresie) als *[529]* Verstoß gegen eine religiös verbindliche Orthodoxie nicht gab. Hauptsächlicher Grund dafür ist, daß jeweils auch das korrespondierende Phänomen einer Idee von kanonisierter Orthodoxie in einer dem Christentum vergleichbaren (inhaltlich-dogmatischen) Form fehlte."[33] Oder anders gesagt: "Die Schärfe des Gegensatzes von H(äresie) u(nd) Orthodoxie in der alten Kirche ist unmittelbar aus der besonderen Wertstellung affirmativer Aussagen zu verstehen, in denen das Christentum sich aufgrund des Offenbarungsglaubens von Anfang an als festzuhaltende διδαχή (Röm 6,17; 16,17; Phil 4,9) definierte."[34] Kein Wunder also, wenn "doktrinäre Zerstrittenheit" von Anfang an "zum Erscheinungsbild des Christentums" gehörte und schon im zweiten Jahrhundert negativ auffiel. "Diese negative Optik gehört zu den Folgelasten der christl(ichen) Auseinandersetzungen um das Dogma." Brox führt zum Beleg vor allem Kelsos an, der bekanntlich "an dem zunehmenden Zerfall in immer zahlreichere Gruppen die στάσις als tatsächliche Basis des Christentums" demonstrierte,[35] welche "auch der Grund für dessen Entstehung aus dem Judentum" gewesen sei;[36] Kelsos "beschreibt die Spaltung so, wie die Kirchenväter es für die H(äresie) tun: Jeder will rechthaberisch u(nd) ehrgeizig einen eigenen Anhang haben." Aber auch innerkirchlich habe man das "Klima von Intoleranz u(nd) Gehässigkeit, das dann hauptsächlich in reichskirchlich-byzantinischer Zeit seine Verhärtung" erfahren habe, "zumindest vereinzelt als Skandal empfunden", nicht zuletzt deshalb, weil es die Mission blockiere, wenn "das Christentum in dieser Selbstdarstellung" nicht gerade anziehend wirke, ja sich selbst kompromitiere.[37]

Auf einige Einzelheiten des nicht nur informativen, sondern auch an scharfsinnigen Analysen reichen Artikels wird gleich noch zurückzukommen sein. Zur Kennzeichnung der von Verfasser vertretenen Position genügt es, denke ich, im Augenblick, wenn ich noch erwähne, daß er seiner Beschreibung der Geschichte des Häresiebegriffes und ihrer Bedingungen in Antike und Christentum (bis zum Ende des sechsten Jahrhunderts ungefähr) zum Schluß eine methodologische Besinnung auf die Nomenklatur, auf Resultate und Wertsetzungen dieser Geschichte folgen läßt. Es heißt da u.a.: "Grundsätzlich ist zu unterscheiden zwischen dem Nachsprechen der altkirchlichen Vorstellungen von Konsens u(nd) Dissens (bzw. von Wahrheit u[nd] Irrtum) u(nd) der historisch-wissenschaftlichen Rede davon. Die Verteilung von H(äresie) u(nd) Orthodoxie auf historische Grup-

sätzliche Bemerkungen zum Thema "Schisma und Häresie" unter religionsvergleichendem Gesichtspunkt, in: Ex orbe religionum. Studia G. Widengren oblata, Leiden 1972 (SHR 21/22), S. 326-339, bes. 335; *J. Blank,* Zum Problem "Häresie und Orthodoxie" im Urchristentum, in: G. Dautzenberg u.a. (Hgg.), Zur Geschichte des Urchristentums, Freiburg 1979 (QD 87), S. 142-160, bes. 159; *H. Paulsen,* Schisma und Häresie. Untersuchungen zu I Kor 11,18.19, ZThK 79 (1962), S. 160-211, bes. 202-204.

33 N. Brox (Anm. 3), Sp. 248.

34 Ebd., Sp. 255.

35 Origenes *c. Cels.* III,10.12.14.

36 Ebd., III,5.

37 N. Brox (Anm. 3), Sp. 271 f.

pen des Christentums ist nur dogmatisch (bzw. parteilich), nicht in einem historischen Fest*[530]*stellungsverfahren durchführbar."[38] "Historisch konstatierbar ist, daß das Christentum von seiner ersten Generation an eine vielfältige, nicht nur oberflächlich differenziert verlaufende Geschichte seiner Sozialisation u(nd) Lehre hatte". "Die Begegnung der verschiedenen Gruppen u(nd) Traditionen wurde ... schon früh u(nd) zunehmend polemisch praktiziert u(nd) von allen Beteiligten als prinzipielle Kontroverse zwischen Wahrheit u(nd) Irrtum (mit Heilsrelevanz) interpretiert, obwohl die Differenzen oft nicht-theologischer Natur waren."[39] "Für den Historiker ist die Verwendung auch der parteilichen Begriffe ... unvermeidlich. Sie sind ein heuristisch nützliches Instrumentar, wenn eine bestimmte Distanz zur nachgesprochenen Diktion gewonnen ist ..." M.a.W. "ist historisch nicht ein konspiratives Nachgebrauchen, sondern nur ein deskriptiver Einsatz dieser Terminologie möglich. Auf der Seite inhaltlicher Beschreibung wird dann eine Nachfrage veränderter Art nach den Gründen u(nd) Motiven der alten H(äresien) möglich. Es lassen sich" unter Umständen "alternative Bedürfnisse als zugrundeliegende Impulse nennen, z.B. einerseits das gnostische Frageverhalten u(nd) Forschungsbedürfnis ..., oder andererseits das schlichte Bedürfnis der Gemeinde nach einer einfältigen, etwa monarchianischen Theologie ..."[40] "Rechtgläubigkeit u(nd) Ketzerei sind Kategorien, mit deren Hilfe die altchristl(ichen) Kirchen wertend u(nd) Stellung nehmend ihre eigene Geschichte u(nd) darin den historischen Prozeß beschrieben, der im Medium einer produktiven Diskussion um das Dogma einen (meist nur partiellen) Konsens herbeiführte. Historisch sichtbar sind dabei 'Gegner', separate Gruppen, theologische u(nd) kirchliche Differenzen sowie die polemisch ausgetragenen Konflikte. Insgesamt überwiegt in dieser Geschichte die Perpetuierung u(nd) Verstärkung der Differenzen, während die Konsensbildung nur innerhalb der ohnehin bestehenden Richtungen Fortschritte machte."[41]

So weit das Zitat, und so weit die Vorstellung der Positionen, an denen wir uns im weiteren orientieren wollen. Es ist spätestens durch das zuletzt Zitierte wohl jedermann deutlich geworden, daß man "Häresie" und "Einheit der Kirche" in der Tat kaum losgelöst voneinander betrachten kann. Zum andern liegen die Differenzen zwischen den genannten Positionen keineswegs nur im Bereich der Bewertung, sondern schon in dem der Beschreibung; bei ihm empfiehlt es sich, in einem historischen Referat zumal, auch einzusetzen.

Unstrittig ist, daß wir bei der Nachfrage nach der Einheit der Kirche in vorkonstantinischer Zeit auf Entwicklungen und mehr oder *[531]* weniger tiefgreifende Zäsuren treffen. - Was ist, wenn das richtig ist, über die Anfänge, über das "Urchristentum", zu sagen?

---

[38] Ebd., Sp. 290.
[39] Ebd., Sp. 291.
[40] Ebd., Sp. 293 f.
[41] Ebd., Sp. 295.

1) Nach Martin Elze stehen am Anfang "anstelle einer dogmatisch vorausgesetzten Einheit biblisch-neutestamentlicher Lehre verschiedene Gedankenbildungen" und Theologien (paulinische, johanneische u.a.m.), "die auch in verschiedenen Trägerkreisen mehr oder weniger unabhängig von einander entstanden und überliefert worden sind"[42]. Daß an dieser Beschreibung sehr viel Richtiges ist, wird - selbstverständlich - auch von Hans von Campenhausen und Norbert Brox nicht bestritten, wenn beide auch, wie wir sahen, jeder auf seine Weise, auf der besonderen "Wertstellung affirmativer Aussagen" insistieren, "in denen das Christentum sich aufgrund des Offenbarungsglaubens von Anfang an als festzuhaltende διδαχή ... definierte"[43]. Die Frage aber ist, ob mit dem Hinweis auf die gar nicht zu leugnenden Unterschiede, ja Gegensätze der Lehre, Organisation und Frömmigkeit schon in den Anfängen des Christentums bereits alles gesagt sei. Ist nicht ebenso wahr und zu gehöriger Geltung zu bringen, daß das Urchristentum - trotz allem - die Einheit der Kirche nicht nur proklamiert, sondern auch insoweit "realisiert" hat, als es eben nicht in eine Vielzahl von Konfessionen oder Denominationen zerfallen ist, sondern die noch heute jedem aufmerksamen Bibelleser sichtbar werdenden Spannungen ausgehalten hat, ohne über ihnen auseinanderzubrechen? Das gilt, jedenfalls "de parte potiori", im Blick auf das durch Jakobus, Petrus, Paulus, Johannes und den "Hellenisten" Stephanus repräsentierte Christentum; es gilt m.a.W. mit Ausnahme allenfalls von Randgruppen (s.u.)! "Dieser Sachverhalt muß", wenn ich ausnahmsweise einmal mich selbst zitieren darf, "auch dem Historiker des Urchristentums zu denken geben und ihn davor warnen, die Mannigfaltigkeit und teilweise auch Gegensätzlichkeit der verschiedenen Ausprägungen urchristlichen Kerygmas und Selbstverständnisses so wenig zu verschleiern wie zu übertreiben."[44]

"Daß es nicht etwa nur auf Mißverständnisse oder einen Mangel an prinzipiellem Denken zurückzuführen ist, wenn die Urchristenheit trotz aller Differenzen auch und gerade hinsichtlich des Wesens, der Gestalt und der Sendung der Kirche an der Einheit 'aller' festhielt, 'die den Namen unseres Herrn Jesus Christus anrufen, an jedem Ort' (I Kor 1,2), wird schon dadurch nahegelegt, daß es gerade Paulus war, der zu seiner Zeit wesentlich zur Ausbildung eines gesamtkirchlichen Bewußtseins beigetragen hat und dessen Theologie, zumindest *[532]* sachlich gesehen, ein Hauptverdienst daran zukommt, daß sich die schnell in die Breite wachsende Kirche nicht aufspaltete, ein Mann also, von dem wir keinen Grund haben anzunehmen, daß ihm die 'Einheit' über die 'Wahrheit' gegangen wäre ... Damit aber stellt sich ... die Frage nach den Gründen, die es der

---

42 M. Elze (Anm. 2), S. 395 f.

43 N. Brox (Anm. 3), Sp. 255; vgl. auch K. Rudolph (Anm. 32), S. 327 ff; *S. L. Greenslade,* Heresy and Schism in the Later Roman Empire, in: D. Baker (Hg.), Schism, Heresy and Religious Protest. Papers Read at the Tenth Summer Meeting and the Eleventh Winter Meeting of the Ecclesiastical History Society, Cambridge 1972, S. 1-20 (hier: 4).

44 *A. M. Ritter,* in: *ders. / G. Leich,* Wer ist die Kirche? Amt und Gemeinde im Neuen Testament, in der Kirchengeschichte und heute, Göttingen 1968, S. 55.

Gemeinde des Neuen Testaments erlaubten, das Gespräch zwischen den vielfältig differierenden theologischen Konzeptionen auszuhalten."[45]

Weder Martin Elze noch Norbert Brox haben sich ausdrücklich der Frage nach den Gründen dieser Einheit inmitten aller Pluralität gestellt, wobei allerdings Brox das triftige Argument für sich ins Feld führen könnte, daß er in einem "Häresie"-Artikel verständlicherweise eher dem Dissens und seinen Bedingungen als den Gründen des Konsenses auf der Spur gewesen ist.[46] Um so mehr hat Hans von Campenhausen, wie wir sahen, danach gefragt. Für ihn ist das "innere Band" schlicht und einfach darin gegeben, daß man sich ursprünglich "als ein einziges Jesus gehörendes Volk" begriff. Das finde in der "seltsame(n) Erscheinung" seinen "bezeichnendste(n) Ausdruck ... , daß es zwar nur eine Kirche geben soll, daß aber gleichzeitig jede einzelne Gemeinde sich als Kirche verstehen kann, deren Herr und Haupt Jesus Christus ist. In diesem einen Namen ist alles beschlossen"[47]. Gut urchristlich heiße es daher bei Ignatius (*IgnSm* 8,2): ὅπου ἂν ᾖ Ἰησοῦς Χριστός, ἐκεῖ ἡ καθολικὴ ἐκκλησία, was von Campenhausen so paraphrasiert: "Er (Jesus Christus) bildet die Substanz der Kirche und den wahren Grund ihrer Katholizität."[48]

Man hüte sich, das Gewicht und die Tragweite dieses - auf den ersten Blick in der Tat vielleicht allzu "schlicht und einfach" anmutenden - Einheitsmotivs zu unterschätzen. Denn mit vollem Recht, so meine ich, beruft sich von Campenhausen in diesem Zusammenhang auf den u.W. ernstesten Konflikt innerhalb der Urkirche, an dem ihre Einheit zeitweilig zu zerbrechen drohte, nämlich den Gegensatz zwischen Juden- und Heidenchristen. Es ging, "auf eine Formel gebracht, hierbei um die Frage, ob die Bindung an Jesus Christus allein wirklich ausreiche, um das Heil und die Heilsgemeinschaft zu begründen, oder ob darüber hinaus auch die Übernahme des jüdischen Gesetzes noch zusätzlich zu fordern sei."[49] Die Aufrechterhaltung der Kirchenge*[533]*meinschaft trotz dieser tiefgreifenden Differenz bedeutete, daß es bei dem "Jesus Christus allein" bleiben sollte, was - gegen Martin Elze[50] - ja ganz gewiß auch ein Element der Lehre enthält.

---

[45] Ebd., S. 55 f.

[46] Für M. Elze scheint der alles entscheidende Vorgang das Zurücktreten des ursprünglichen apokalyptischen Bezugs- und Deutungssystems als Folge des Nachlassens der Naherwartung und des Übergangs des Christentums in den hellenistischen Bereich zu sein (vgl. S. 394 f u.ö). Von anderen Motiven und Faktoren ist jedenfalls bei ihm nirgends die Rede (s. dazu auch unten, Anm. 71).

[47] H. von Campenhausen (Anm. 1), S. 3 f.

[48] Ebd., S. 4. - Zu einer differenzierteren Sicht dieses Konflikts - einschließlich der nichttheologischen Faktoren, die darauf eingewirkt haben mögen! - s. jetzt *U. Luz*, Unterwegs zur Einheit: Gemeinschaft der Kirche im Neuen Testament in: Sie aber hielten fest... (Anm. 4), S. 43-183, bes. 62 ff, 75-97.

[49] H. von Campenhausen (Anm. 1), S. 4.

[50] Allerdings leugnet Elze nicht rundweg das "Phänomen von Lehrunterschieden und Lehrabweichung für das Urchristentum" (S. 394), bringt dieses Zugeständnis aber sofort wieder um sein Gewicht, indem er darauf beharrt, daß "nie ... dafür das Wort αἵρεσις oder αἱρετικός", gebraucht worden sei (ebd.). Doch erstens stimmt das, wie er selbst einräumen muß (S. 395), nicht ohne die Ausnahme von II Petr 2,1; zweitens ist

2) Auf das zweite Jahrhundert hinüberblickend gewinnt man nach Martin Elze den Eindruck, als setzten sich die verschiedenen urchristlichen Überlieferungszweige lediglich fort. Dabei nehme die "Pluralität der Gedankenbildungen" allerdings zu. "Besonders ausgeprägt erscheint" ihm "der paulinische Überlieferungszweig". Ihm rechnet er "nicht nur die deuteropaulinischen Schriften des neutestamentlichen Kanons und doch wohl Erscheinungen wie das Markus- und Lukasevangelium samt der Apostelgeschichte" zu, sondern auch den Polykarpbrief. "Mit welchem Recht diesem Zweig später der Hebräerbrief zugewiesen wurde", möge dahinstehen. Ihm wiederum schließe sich "jedenfalls der Barnabasbrief" an. Eindeutig "als Repräsentant paulinischer Überlieferung" sei hingegen "natürlich Markion", und es sei "zumindest eine fruchtbare Hypothese", wenn H. Langerbeck in seinen "Aufsätzen zur Gnosis"[51] "auch den Gnostiker Valentinus in diesem Sinne" deute, "obwohl manches dafür spräche, ihn eher an den johanneischen Überlieferungszweig anzuschließen."[52] Es liege "in der Natur der Sache, daß sich mit fortschreitender Zeit nicht nur Annäherungen, Übergänge und Mischformen ursprünglich getrennter Überlieferungszweige ergeben" hätten, "sondern daß es auch innerhalb der einzelnen Überlieferungszweige selber zu verschiedenen Auslegungen und Ausprägungen des Überlieferungsbestandes" gekommen sei; dieser sei "ja (noch) durch keine Norm fixiert, sondern ganz offen und variabel" gewesen, "ja die Aneignung der Überlieferung" sei "vielmehr in der Form der Anpassung, Veränderung und Erweiterung ihres Bestandes selbst" erfolgt.[53]

Soweit es um die Existenz von "Richtungen" und "Überlieferungszweigen" geht oder auf regionale Unterschiede in den Anfängen des Christentums abgehoben wird, deren Formen sich bis ins zweite Jahrhundert hinein "noch nicht als exklusiv und antithetisch, sondern rezep*[534]*tiv und assimilationsfähig" präsentieren,[54] wird dieser Beschreibung kaum zu widersprechen sein.[55] Insoweit könnten ihr jedenfalls auch Norbert Brox und

---

mit *M. Simon,* From Greek Hairesis to Christian Heresy, in: W. R. Schoedel / R. L. Wilken (Hgg.), Early Christian Literature and the Classical Intellectual Tradition. In Honorem Robert M. Grant, Paris 1979 (ThH 54) [jetzt auch in: ders., Le christianisme antique et son contexte religieux. Scripta Varia, Bd. II, Tübingen 1981 (WUNT 23), S.821-836], S. 101-116, ernstlich zu fragen, ob man sich so ausschließlich, wie es Elze tut, am Begriff αἵρεσις orientieren dürfe!

[51] Aus dem Nachlaß hg. von H. Dörries, Göttingen 1967 (AAWG.PH III/69), S. 25 u.ö.

[52] M. Elze (Anm. 2), S. 396.

[53] Ebd., S. 397.

[54] So im Hinblick auf Syrien *H. J. W. Drijvers,* Rechtgläubigkeit und Ketzerei im ältesten syrischen Christentum, in: Symposium Syriacum 1972, Rom 1974 (OChrA 197), S. 291-310 (hier: 303).

[55] Höchstens insofern sind Fragen erlaubt, als man sich die Vielfalt schon im frühen Christentum nicht einfach als ein Nebeneinander weithin unabhängiger und isolierter Traditionskreise, Gemeinden oder Konventikel, sondern als "Vielfalt mit Kommunikation und Kontakten" vorzustellen haben wird (*U. Luz,* Einheit und Vielfalt neutestamentlicher Theologien, in: ders. / H. Weder (Hgg.), Die Mitte des Neuen Testaments. Einheit und Vielfalt neutestamentlicher Theologie. Festschrift für Eduard Schweizer

in gewissem Sinne selbst Hans von Campenhausen zustimmen, letzterer freilich nur unter gleichzeitigem energischem Protest gegen die Behauptung, der Überlieferungsbestand sei zu dieser Zeit "(noch) durch keine Norm fixiert, sondern ganz offen und variabel" gewesen. Wie wenig davon im Ernst die Rede sein kann, ergibt sich für von Campenhausen u.a. aus dem 1. Johannesbrief und dem Corpus Ignatianum oder, ganz allgemein gesprochen, aus dem Beginn der Bekenntnisbildung.[56] Sobald sich "in der Christenheit Gegensätze bemerkbar" machen, "die nicht mehr als Irrtümer und Verfehlungen innerhalb der Gemeinschaft, sondern schlechthin als deren Aufhebung erscheinen", genügt das schlichte Bekenntnis zu dem einen Jesusnamen, in welchem alles beschlossen liegt, nicht länger, sondern wird es nachgerade zur Hauptfunktion christlichen Bekenntnisses, zur "innerchristlichen" Grenzziehung und Sammlung zu dienen; das Bekenntnis steht fortan vorwiegend "in der Defensive und lenkt den Blick weniger auf die Heilserfüllung und Heilsverheißung, die Jesus ist und bringt, als auf die Wirklichkeit und das Wesen seiner Person, die hierzu die Voraussetzung bildet".[57]

Wir haben uns angewöhnt, in diesem Zusammenhang von der "gnostischen Krise" zu sprechen und diese als einen wirklich umfassenden Konflikt anzusehen, der sich in (mindestens drei) ganz unterschiedlichen Bereichen abgespielt hat: im paulinisch geprägten Heidenchristentum, in der Johannesschule und im Judenchristentum.[58] Inzwischen ist es jedoch fraglich geworden, ob wir uns nicht nach einem anderen Ausdruck umsehen müssen. Denn einmal kann man, wie vor kurzem Norbert Brox in einer "Problemanzeige" in Erinnerung *[535]* gerufen hat,[59] den "Doketismus", an dem sich mit am frühesten und energischsten "großkirchlicher" Widerspruch entzündet hat, nicht so ohne weiteres mehr mit der Gnosis in Zusammenhang bringen, wie man das bisher meist angenommen hat. Brox hätte sich dafür nicht zuletzt auch auf Antonio Orbe berufen können.[60] Zum andern hat sich u.a. Klaus Koschorke in verschiedenen Arbeiten zu zeigen bemüht, daß es weithin erst infolge der Abgrenzungsversuche der werdenden Großkirche zur Bildung eigener gnostischer Gemeinschaften gekommen ist, während sich zumindest viele christliche Gnostiker dezidiert als "Christen" verstanden, freilich als "Christen höherer Ordnung",

---

zum 70. Geburtstag, Göttingen 1983, S. 142-161 [hier: 144]). Zumindest wird es beides gegeben haben: den Austausch wie das Leben in verschiedenen Welten ... Auch ist in der neutestamentlichen Einleitungswissenschaft neuerdings die Tendenz festzustellen, von der Spätierung mancher neutestamentlicher Schriften wieder ins erste Jahrhundert zurückzukehren, was die Vielfalt schon im Urchristentum noch vermehrt (ebd., S. 143).

56 Vgl. dazu auch *H. von Campenhausen,* Das Bekenntnis im Urchristentum, ZNW 63 (1972), S. 210-253 (auch in: ders., [Anm. 1], S. 217-272, wonach hier zitiert wird).

57 Ebd., S. 235,239.

58 Vgl. U. Luz (Anm. 55), S. 149 ff.

59 *N. Brox,* Doketismus - eine Problemanzeige, ZKG 95 (1984), S. 301-314.

60 Vgl. u.a. *A. Orbe,* La Encarnación entre los Valentinianos, Gr. 53 (1972), S. 201-235; La Pasión según los gnósticos, ebd. 56 (1975), S. 5-43.

denen es um die Vertiefung, Integration und Interpretation des kirchlichen Glaubens zu tun war.[61]

Doch wie dem auch sei: Unbestreitbar hat nach allem, was wir wissen, nicht nur bei einzelnen, sondern auch in weiten christlichen Kreisen die Tat Markions einen tiefen Schock ausgelöst. Markion allerdings ist nur partiell der Gnosis zuzuordnen: Mit seiner Gottes- und Schöpfungslehre ist er sogar auf dem radikal-gnostischen Flügel anzusiedeln. Unter dem Gesichtspunkt der Normenfrage gehört er dagegen auf die Linie, auf der dann in der zweite Hälfte des zweiten Jahrhunderts die "katholische Kirche" bestimmtere Gestalt annimmt und nach der "konstantinischen Wende" zu wesentlich weitergehender äußerer Einheit gelangt (oder auch genötigt wird); beharrt er doch auf einer schriftlichen Norm anstelle "gnostischer" Geheimüberlieferungen. Durch die Preisgabe des AT endlich trennt er sich sowohl von den Katholiken wie von der Mehrzahl der Gnostiker.[62]

3) Zu dieser catholica und ihrer Genese müssen meinerseits im Augenblick wenige Bemerkungen genügen. Man bezeichnet sie seit *[536]* Albrecht Ritschl[63] als "Altkatholizismus" bzw., zur Unterscheidung von der seit 1870 bestehenden "Altkatholischen Kirche", als "Frühkatholizismus"; so zuerst wohl Ernst Troeltsch[64].

Mit dem Begriff "Frühkatholizismus" haben sich bekanntlich, besonders in der Bultmannschule, aber keineswegs nur dort,[65] Wertungen verbunden, die es als nur zu verständlich erscheinen lassen, wenn sich römisch-katholische Kollegen verletzt fühlten und den Terminus nach Möglichkeit

---

61 Vgl. vor allem die grundlegende Untersuchung Die Polemik der Gnostiker gegen das kirchliche Christentum. Unter besonderer Berücksichtigung der Nag-Hammadi-Traktate "Apokalypse des Petrus" (NHC VII,3) und "Testimonium Veritatis" (NHC IX, 3), Leiden 1978 (Nag Hammadi Studies 12).

62 Diese - m. E. zutreffende - Sicht hat G. May im Rahmen einer aus katholischen und evangelischen Exegeten und Patristikern bestehenden Projektgruppe "Frühkatholizismus" entwickelt, deren Arbeitsunterlagen und -ergebnisse leider noch immer der Veröffenlichung harren; er wird sie in einer Buchveröffentlichung näher entfalten und begründen. Vgl. zu Marcion jetzt aber auch das Buch von *R. J. Hoffmann,* Marcion: On the Restitution of Christianity. An Essay on the Development of Radical Paulinist Theology in the Second Century, Chico, Calif. 1984 (American Academy of Religion, Academy Series 46), mit der m.E. höchst problematischen These von einer "projüdischen Orientierung" der Theologie Marcions (227), ja vom Marcionitismus als einem "jüdischen Irrtum" (229), einer "im Kern jüdischen Häresie" (307). Diese These hängt so lange völlig in der Luft, als nicht plausibel zu machen ist, inwiefern sich eine dualistische Aufspaltung des Gottesbegriffes und einer Gesetzeslehre, die das Gesetz nicht nur relativiert, sondern die es in solemner Weise als Heilsweg *verwirft,* noch als jüdisch bezeichnen läßt, und als Marcion einstweilen der einzige uns bekannte Repräsentant derartigen "Judentums" ist!

63 *A. Ritschl,* Die Entstehung der altkatholischen Kirche. Eine kirchen- und dogmengeschichtliche Monographie, 2. Aufl., Bonn 1857.

64 *E. Troeltsch,* Gesammelte Schriften, Bd. I: Die Soziallehren der christlichen Kirchen und Gruppen, Tübingen (1911) 2. Aufl., 1922 [3. Aufl., 1923; Nachdr. Aalen 1961].

65 Extremstes Beispiel aus neuerer Zeit: *S. Schulz,* Die Mitte der Schrift. Der Frühkatholizismus im Neuen Testament als Herausforderung an den Protestantismus, Stuttgart usw. 1976.

ganz gemieden sehen wollten. Ferdinand Hahn hat deshalb mehrfach vorgeschlagen, den ominösen Begriff durch die Kategorie des "Nachapostolischen" zu ersetzen.[66] Das hätte den Vorteil, daß alles Abwertende verbannt und der Blick nicht so sehr vorweg auf die Folgewirkungen als vielmehr auf die vom Ursprung, vom "Apostolischen" ausgehende Entwicklung gerichtet wäre; es hätte aber den Nachteil mangelnder Präzision.

"Nachapostolisch" - vorausgesetzt, es besteht über die zeitliche Eingrenzung des "Apostolischen" halbwegs Klarheit - "nachapostolisch" ist ja alles: die "katholische" Entwicklungslinie, die vom I. Clemensbrief bis zu Origenes und Cyprian führt; die "gnostische" Entwicklungslinie, die von allerlei "prägnostischen" Vorformen und Ansätzen des ersten zu den ausgebildeten Systemen der christlichen Linie führt, die im zweiten Jahrhundert teilweise in der Separation, der "häretischen" Selbstabschließung judenchristlicher Gruppen endet. Während nämlich noch Justin auf dem Standpunkt des - von ihm übrigens nicht besonders geschätzten - Apostels Paulus stand: wer das Gesetz für seine Person halte, könne trotzdem als christlicher Bruder gelten, vorausgesetzt, er verweigere seinerseits nicht die Gemeinschaft mit dem gesetzesfreien Heidenchristentum,[67] haben sich nicht unbedeutende judenchristliche Kreise gegen die paulinische Lösung gewandt und in Paulus gar eine Inkarnation des Bösen erblickt.[68] "Nachapostolisch" ist endlich aber auch der Montanis*[537]*mus, gleichgültig, ob es sich bei ihm um eine Fortentwicklung urchristlicher Ansätze (johanneische Apokalyptik und Prophetie) oder aber um den "Versuch einer Restauration" (Kurt Aland) handelt, einen Archaismus ähnlich manchen Formen des Judenchristentums;[69] eine ernste Herausforderung für die werdende "Großkirche" bedeutete er allemal!

Um nun auf den Begriff bringen zu können, was, wenn auch ganz allmählich und von ganz unterschiedlichen Symptomen begleitet und mit ganz unterschiedlichen Konsequenzen, in spezifischer Weise das Kirchentum hat vorbereiten helfen, das dann gegen Ende des zweiten Jahrhunderts z.B. von Irenäus von Lyon repräsentiert wird, scheint mir der Terminus "frühkatholisch", sofern er nur wertneutral verstanden und ge-

---

[66] S.u.a. *F. Hahn,* Das Problem des Frühkatholizismus, EvTh 38 (1978), S. 340-357; dort, S. 348 ff, auch eine nähere Begründung und Präzisierung des Begriffes.

[67] Justin *dial.* 47.

[68] Vgl. *G. Strecker,* Das Judenchristentum in den Pseudoklementinen, 2. Aufl., Berlin 1981 (TU 70^2); ders., Art. Ebioniten, RAC, Bd. IV, 1959, Sp. 487-500 (hier: 496 mit den Hauptstellen); ferner die wertvolle Skizze von *C. Colpe,* Die ältere judenchristliche Gemeinde, in: J. Becker u.a. (Anm. 4), S. 59-79 [jetzt auch in: ders., Das Siegel der Propheten. Historische Beziehungen zwischen Judentum, Judenchristentum, Heidentum und frühem Islam, Bonn 1990 (Arbeiten zur neutestamentlichen Theologie und Zeitgeschichte 3), S. 59-89]; *G. Lüdemann,* Paulus der Heidenapostel, Bd. II: Antipaulinismus im frühen Christentum, Göttingen 1982 (FRLANT 130).

[69] Vgl. die (christlich bearbeiteten) "Testamente der XII Patriarchen" und dazu *J. Jervell,* Ein Interpolator interpretiert. Zu der christlichen Bearbeitung der Testamente der Zwölf Patriarchen, in: W. Eltester (Hg.), Studien zu den Testamenten der Zwölf Patriarchen, Berlin 1989 (BZNW 36), S. 30-61. Zur Frage, ob es sich beim Montanismus etwa nur um einen Archaismus gehandelt habe, vgl. auch etwa S. L. Greenslade (Anm. 43).

braucht wird (ebenso wie frühscholastisch, frühpietistisch, frühkapitalistisch u.dgl.) gute Dienste zu leisten, ja, bis zum Vorschlag eines geeigneteren, unentbehrlich zu sein.[70]

Daß uns bei Irenäus auch eine betont vorgetragene Auffassung von der Einheit der Kirche begegnet, was schlechterdings nicht bezweifelt werden kann,[71] ist nach Martin Elze entscheidend vorbereitet worden durch Justin. Nun wird man gewiß zugeben müssen, daß die Aufnahme des Logosbegriffes in die christliche Theologie ein höchst folgenreicher Vorgang gewesen ist. Auch ist Elze darin völlig zuzustimmen, daß die Bedeutung Justins weithin unterschätzt wird, indem man ihn der Spezialabteilung "Frühchristliche Apologetik" zuordnet, als deren Hauptrepräsentant er gleichzeitig zu gelten hätte. In Wirklichkeit ist er eine Schlüsselfigur, die im Schnittpunkt verschiedener Entwicklungslinien steht.[72] *[538]*

An kirchen- und theologiegeschichtlicher Bedeutung aber scheint mir alles, was sich hier sagen ließe,[73] in den Schatten gestellt zu werden durch jene Sammlungsbewegung, aus der die im Laufe des zweiten Jahrhunderts fast verlorene Einheit der Kirche von neuem hervorging. Sie aber stand weniger unter dem Vorzeichen der Aufnahme des philosophischen

---

70 In jedem Falle dürfte K. Kertelge in seinem Beitrag "Die Wirklichkeit der Kirche im Neuen Testament" zum Handbuch der Fundamentaltheologie (Anm. 4), S. 97-121, völlig zuzustimmen sein, wenn er feststellt, daß man heute - nach allem - die Bezeichnung "frühkatholisch" "ohne Erklärung des damit gemeinten Sachverhaltes" nicht mehr werde verwenden können (S. 120).

71 Ob es allerdings glücklich ist, hier von "Lehreinheit" zu sprechen (so M. Elze (Anm. 2), S. 390, 400 u.ö), steht auf einem anderen Blatt. Jedenfalls sollte man, wenn man das schon zu tun für richtig hält, nicht versäumen, auf die großartige irenäische Freiheit im Umgang mit der *regula fidei* bzw. dem κανὼν τῆς ἀληθείας (vgl. dazu meinen Artikel Glaubensbekenntnisse, V. Alte Kirche, in: TRE, Bd. XIII, 1984, S. 399-412; hier: 402-405) wie auch darauf hinzuweisen, daß der Schrifttheologe Irenäus sich auf einen Bibelkanon bezieht, der im Unterschied zu demjenigen Markions "Pluralität bewußt festhält" *(G. Kretschmar,* Frühkatholizismus. Die Beurteilungen theologischer Entwicklungen im späten ersten und zweiten Jahrhundert nach Christus, in: J. Brantscher / P. Selvatico (Hgg.), Unterwegs zur Einheit. Festschrift für Heinrich Stirnimann, Fribourg 1980, S. 573-587 (hier: 586).

72 Auch hier würde ich mich gern auf eine treffende Charakterisierung durch G. May in den Akten der evangelisch-katholischen Projektgruppe "Frühkatholizismus" (Anm. 61) beziehen, wenn diese endlich veröffentlicht wären. Nach M. sammeln sich bei Justin "die Fragestellungen und Entwicklungsmöglichkeiten der Zeit wie in einem Brennpunkt. a) Er nimmt mit doppelter Frontstellung gegen Juden und Marcioniten teil am Ringen um das AT als christliches Buch. Das ist auch ein Thema der Gnostiker. b) Er steht theologisch auf der katholischen Seite gegen Gnostiker und Marcioniten. c) Er vertritt die philosophische Öffnung des Christentums zur antiken Welt. d) Als christlicher Philosoph ist er nach Status und Art seines Lehrens und Schreibens von den gnostischen Theologen nicht zu unterscheiden".

73 Elzes Deutung reproduziert m.E., bei allem Berechtigten, das ich ihr gar nicht abspreche, die "Fehler" (bzw. Übertreibungen) der alten "konsequenten Eschatologie" (Einfluß Pannenbergs?) einerseits, der Harnackschen "Hellenisierungs"-These (vgl. dazu jetzt *E. P. Meijering,* Die Hellenisierung des Christentums im Urteil Adolf von Harnacks, Amsterdam usw. 1985 [VNAW NR 128]) andererseits. Schon *A. von Harnack* hat Justin und der Rezeption der Logoslehre eine ähnliche Rolle zugeschrieben wie später Elze (Lehrbuch der Dogmengeschichte, Bd. I: Die Entstehung des kirchlichen Dogmas, 4. Aufl., Tübingen 1909, S. 507 ff, 530 ff).

Logosbegriffes als dem der Rückbesinnung auf Jesus Christus und das ursprüngliche Verständnis seiner Person (*regula fidei*, κανὼν τῆς ἀληθείας). Dabei schlug jetzt als entscheidender Gewinn zu Buche, daß die "Richtschnur" nun "in einen weiteren Rahmen" gestellt "und ihr ursprüngliches Recht auch historisch und gewissermaßen 'urkundlich'" nachgewiesen werden konnte,[74] am Kanon des Neuen Testaments nämlich, der gewissermaßen die Sammlung der Urgemeinde "in der Spannweite zwischen Petrus, Jakobus, Stephanus und Paulus" bestätigte und neu rezipierte und jedenfalls, im Unterschied zum Kanon Markions, Pluralität bewußt festhielt.[75] Daß dieser grundlegend wichtige Vorgang in Martin Elzes Überlegungen, jedenfalls in dem hier besprochenen Votum, so gut wie keine Rolle spielt,[76] ist für mich das größte Rätsel daran.

Von der Kirche, die sich auf dieser Grundlage neu festigte und zum "Bleiben" entschloß, sagt Hans von Campenhausen[77], daß für sie - einstweilen wenigstens - "die Zusammengehörigkeit aller Christen in Liebe, Freiheit und Freiwilligkeit" charakteristisch gewesen sei, der freie, geistliche "Zusammenhalt der einen christlichen Großkirche". Die Kämpfe des zweiten Jahrhunderts hatten die Einzelgemeinde gestrafft; die bischöfliche Verfassung war, soweit wir sehen, allgemein geworden und hatte sich in den Augen der Zeitgenossen bewährt. Noch immer aber fehlte es (wie bei uns heute) an einer organisatorischen Darstellung der gesamtkirchlichen Einheit - und an einem bracchium *[539]* saeculare selbstverständlich, dem politischen "Beistand", ohne den schon sehr bald kirchliche Einheit kaum mehr denkbar sein sollte.[78] Brachen Zwistigkeiten aus, so blieb gar nichts anderes übrig, als daß man sich (mit Hilfe von Disputationen,[79] Korrespondenzen,[80] Synoden u.dgl.) um friedliche Lösungen bemühte. Wo das nichts fruchtete, mußte man sich in Geduld fassen oder eben Scheidungen ertragen (wie das novatianische Schisma, die schwerwiegendste Kirchen-

---

[74] H. von Campenhausen (Anm. 1), S. 7.

[75] G. Kretschmar (Anm. 69), S. 578, 586; vgl. auch den schönen Beitrag von *P. Grech,* Criteri di ortodossia ed eresia nel Nuovo Testamento, Aug. 25 (1985), S. 583-596, dem ich in allem Wesentlichen zustimmen kann.

[76] Wenn ich nichts übersehen habe, ist er ein einziges Mal, und zwar im oben, Anm. 24, zitierten Zusammenhang, beiläufig erwähnt.

[77] H. von Campenhausen (Anm. 1), S. 3, 7.

[78] Vereinzelt allerdings war der römische Kaiser schon vor der "konstantinischen Wende" von Christen als Schiedsrichter bemüht worden (s. Euseb über den antiochenischen Kirchenstreit: *h. e.* VII,30,19). Niemand sah darin anscheinend ein Problem; galt es doch allgemein als Aufgabe des Kaisers, oberster Rechtswahrer im Reiche zu sein.

[79] Erinnert sei nur an die Disputation des Origenes (und dazu an den Bericht Eusebs *h. e.* VI,33,1-3; 37, wie vor allem an den wiederaufgefundenen "Dialog mit Heraclides" selbst). Welches Konzept von "Rechtgläubigkeit" und "Ketzerei" Origenes dabei im Kopf hatte, dazu ist jetzt der II. Bd. von *A. le Boulluec* (Anm. 4) mit Nutzen zu konsultieren.

[80] Vgl. etwa die umfangreiche Korrespondenz des Dionysius von Alexandrien und dazu jetzt etwa die kommentierte Übersetzungsausgabe von W. A. Bienert: Dionysius von Alexandrien. Das erhaltene Werk. Eingel., übers. und mit Anm. versehen von W. A. Bienert, Stuttgart 1972 (BGL 2).

spaltung des dritten Jahrhunderts). Es ist erstaunlich, wie selten das gerade im dritten Jahrhundert notwendig wurde!

Ihren Ausdruck fand die Kirchengemeinschaft etwa darin, daß man - längst vor der "Konstantinischen Wende" bereits - Listen von Bischöfen in Umlauf brachte, die in Kommunion mit anderen standen und dies z.B. auch durch Wahlanzeigen dokumentierten,[81] oder aber daß man als Symbol der von der Eucharistie her geprägten Gemeinschaft einander das "Fermentum" überbrachte.[82] Oder um Tertullians berühmtes Wort über die "apostolischen Kirchen" aus *De praescriptione haereticorum* zu zitieren: Die Einheit der Kirche erwies "sich in der wechselseitigen Gewährung der pax, im Brudernamen *(appellatio fraternitatis)* und im Freundschaftszeichen der Gastfreundschaft *(contesseratio hospitalitatis),* drei Vorrechten *(iura),* welche keinen anderen Grund und kein anderes Richtmaß haben als die eine Überlieferung ein und derselben Glaubensregel *(eiusdem sacramenti una traditio).*"[83]

Mit einem Wort: es ist schwerlich Schönfärberei, sondern hat ein solides fundamentum in re, wenn hier von "Freiheit und Freiwilligkeit" gesprochen wird. Es ist derselbe Realgrund, der uns auch am ehesten an das dritte Jahrhundert denken läßt, wenn wir nach historischen Vor-*[540]*bildern für die heutige Zielvorstellung von der "Konziliarität" der Kirche Ausschau halten![84]

Zum Schluß noch ein paar Bemerkungen zur Problematik der Beurteilung, der Bewertung. Wie viele andere theologische Zeitgenossen auch plädieren Martin Elze und Norbert Brox, wenn auch mit durchaus unterschiedlicher Begründung, für völlige Enthaltsamkeit! Indessen muß sich m.E. Martin Elze die Frage gefallen lassen, wie nach ihm denn die "Einheit und Identität mit dem geschichtlichen Ursprung" zu gewährleisten sei, um die es sich bei der auch von ihm als unumgänglich betrachteten Frage nach der Identität, dem eigentlich Christlichen des Christentums immer auch handeln muß,[85] wenn anders es mit der spezifischen Geschichts- und Traditionsbezogenheit christlichen Glaubens nach wie vor seine Richtigkeit hat. Und was das Rezept von Norbert Brox anlangt, im historischen Geschäft auf eine theologische Beurteilung und Bewertung des Befunds zugunsten der Dogmatik tunlichst zu verzichten,[86] so fragt man sich, woher denn der Dogmatiker nun plötzlich die Kriterien bekommen solle. Sind diese nicht auch (ob der Dogmatiker das nun anerkennt oder nicht) geschichtlich vermittelt, so daß der Exeget und der Kir-

---

[81] Vgl. dazu noch immer *L. Hertling,* Communio und Primat, Rom 1943 (MHP 9).

[82] *L. Voelkl,* Apophoretum, Eulogie und Fermentum als Ausdrucksformen der frühchristlichen Communio, in: Miscellanea Georgio Belvederi, Rom 1954 (CACat 23), S. 391-414; *A. Stuiber,* Apophoreton, JAC 3 (1960), S. 155-159 [jetzt auch in: RAC, Supplement, Lieferung 4, 1986, Sp. 514-522].

[83] Tertullian *praescr.* 20,8.9.

[84] Vgl. dazu noch einmal das oben, Anm. 4, zitierte Studienheft Konzile und ökumenische Bewegung, in dem allerdings ausschließlich über die Reichskonzilien des vierten bis sechsten Jahrhunderts gehandelt wird.

[85] M. Elze (Anm. 2), S. 389 im Vergleich mit S. 409.

[86] N. Brox (Anm. 3), Sp. 290 ff.

chenhistoriker zumindest eine Teilzuständigkeit besitzen und sich schwerlich einfach von der Aufgabe theologischer Urteilsbildung dispensiert fühlen dürften?

Es steht hier, wenn ich mich nicht völlig im Irrtum befinde, nicht mehr und nicht weniger als der theologische Charakter kirchengeschichtlicher Arbeit überhaupt - und damit wohl auch die Rezipierbarkeit ihrer Ergebnisse im Ganzen der Theologie - zur Debatte. Trotz allen aufmerksamen Hinhörens darauf, was jüngst E. Stöve[87], H. R. Seeliger[88] und Chr. Weber[89] zur Theorie- und Methodendiskussion innerhalb unserer Disziplin beigesteuert haben, vermag *[541]* ich nicht zu sehen, was diese Nachfrage nach dem theologischen Charakter von Kirchengeschichte mittlerweile obsolet gemacht hätte. Ist das aber richtig, so kann ich auch nach wie vor nur Gerhard Ebeling im Prinzip zustimmen: Zu einer theologischen Disziplin wird Kirchengeschichte nicht durch Ausgrenzung eines speziellen Gegenstandsbereiches, auch nicht durch eine spezielle Methodik, sondern einzig und allein durch das kritische theologische Urteil.[90]

Was das heißen und wie es in Anschlag zu bringen sein möchte, soll noch wenigstens ganz rasch angedeutet werden. Als Beispiel diene uns die Scheidung zwischen Kirche und christlicher Gnosis. Es kann überhaupt keinem Zweifel unterliegen, daß auch in diesem Falle der Prozeß historischer Erkenntnis, so schwer sie im einzelnen zu gewinnen sein mag, durch nichts verkürzt werden darf, sondern alle zu Gebote stehenden Methoden kritischer Geschichtswissenschaft einzusetzen sind. Nur das ist vielmehr die Frage, was mit den so gewonnenen Ergebnissen theologisch "anzufangen" sei. Muß es, kann es damit sein Bewenden haben, daß man von hoher ("konsequent-überlieferungsgeschichtlicher") Warte herab "sich

---

[87] *E. Stöve*, Kirchengeschichte zwischen geschichtlicher Kontinuität und geschichtlicher Relativität. Der Institutionalisierungsprozeß der Kirchengeschichte im Zusammenhang neuzeitlichen Geschichtsverständnises, Theol. Habil. Schr., Heidelberg 1978.

[88] *H. R. Seeliger*, Kirchengeschichte - Geschichtstheologie - Geschichtswissenschaft: Analysen zur Wissenschaftstheorie und Theologie der katholischen Kirchengeschichtsschreibung, Düsseldorf 1981 (Patmos Paperback); vgl. dazu u.a. *E. Iserloh*, Kirchengeschichte - eine theologische Wissenschaft, ThJb(L) 1984, S. 34-56 [jetzt auch in: ders., Kirche - Ereignis und Institution. Aufsätze und Vorträge, Bd. I: Kirchengeschichte als Theologie, Münster/Westf. 1985 (RGST Suppl. 3/1), S. 1-29].

[89] *Chr. Weber*, Kirchengeschichte, Zensur und Selbstzensur. Ungeschriebene, ungedruckte und verschollene Werke vorwiegend liberal-katholischer Kirchenhistoriker aus der Epoche 1860-1914, Köln usw. 1984 (Kölner Veröffentlichung zur Religionsgeschichte 4).

[90] Vgl. *G. Ebeling*, Kirchengeschichte als Geschichte der Auslegung der Heiligen Schrift (1947: wieder abgedruckt), in: ders., Wort Gottes und Tradition. Studien zu einer Hermeneutik der Konfessionen, Göttingen 1964 (KiKonf 7), S. 9-27, und dazu vor allem die weiterführenden Beiträge von *F. de Boor*, Kirchengeschichte oder Auslegungsgeschichte?, ThLZ 97 (1972), Sp. 401-414, und *K. Bornkamm*, Kirchenbegriff und Kirchengeschichtsverständnis, ZThK 75 (1978), S. 436-466. - In diesem Interesse am "theologischen Charakter" von Kirchengeschichte weiß ich mich anscheinend mit *Chr. Uhlig*, Funktion und Situation der Kirchengeschichte als theologische Disziplin, Frankfurt/Main usw. 1985 (EHS.T 269), eins. Leider hat U. die Auseinandersetzung mit Stöve, Seeliger und Weber in seine bereits 1977 abgeschlossene Untersuchung nicht mehr eingearbeitet.

die verschiedenen urchristlichen Überlieferungszweige in das 2. Jahrhundert hinein fortsetzen" sieht, bis plötzlich die (anfangs unverdächtige) Pluralität als mit dem christlichen Einheitsbewußtsein nicht länger vereinbar erscheint (Martin Elze), oder aber daß dem durchdringenden Blick des historischen Analytikers "alternative Bedürfnisse als zugrundeliegende Impulse" erkennbar werden, nämlich "einerseits das gnostische Frageverhalten u(nd) Forschungsbedürfnis" und "andererseits das schlichte Bedürfnis der Gemeinde nach einer einfältigen, etwa monarchianischen Theologie" (Norbert Brox)?

Hans von Campenhausen hat nie ein Hehl daraus gemacht, daß auch er hinter dem der Scheidung zwischen Kirche und christlicher Gnosis einhergehenden "Prozeß der kirchlichen Institutionalisierung" eine geschichtliche Notwendigkeit walten sieht und der Meinung ist, es habe dazu ernsthaft gar keine Alternative gegeben, "es sei denn den Verzicht auf Kirche als sichtbare Gemeinschaft".[91] Mich hat diese *[542]* seine Auffassung nie wirklich überzeugt. Und die neuesten Entwicklungen innerhalb der Gnosisforschung, auf die oben kurz hingewiesen wurde, haben meine Skepsis noch verstärkt, wiewohl ich gestehen muß, daß ich es schwerlich als reinen Zufall ansehen kann, wenn der Gnostizismus im Laufe des zweiten und frühen dritten Jahrhunderts - ohne "Heer oder Kraft", notabene! - bis auf Randbereiche oder "Nischen", in denen er womöglich noch jahrhundertelang zu überdauern vermochte, ausgeschieden wurde. Sollte das wirklich möglich gewesen sein, wenn alles, was an ihm der "Glaubensregel" zu widersprechen schien, auf (gegebenenfalls gewollten) Mißverständnissen "frühkatholischer" Ketzerbestreiter basierte?

Gleichwohl führt m.E. kein Weg an der theologischen Einsicht vorbei, daß die Sicherung und Erhaltung der Apostolizität der Kirche und ihrer Lehre, wie sie für die frühe Christenheit ganz gewiß eine Frage des Überlebens war, mit einem sehr hohen Preis erkauft worden ist, u.a. mit dem weitgehenden Verlust der charismatisch-diakonisch-missionarischen Dimension der Kirche.[92] Auch vermag ich schlechterdings nicht einzuse-

---

[91] So *J. Martin,* Die Genese des Amtspriestertums in der frühen Kirche, Freiburg usw. 1972 (QD 48), S. 84. Ähnlich argumentierte u.a. auch bereits *A. von Harnack* gegen R. Sohm (s. bes. Entstehung und Entwickelung der Kirchenverfassung und des Kirchenrechts in den ersten zwei Jahrhunderten, Leipzig 1910 [Nachdr. 1980], passim, bes. 148 f) und fand damit bis zur Gegenwart zahllose Nachfolger, unter ihnen *H. von Campenhausen* (s. vor allem Kirchliches Amt und geistliche Vollmacht in den ersten drei Jahrhunderten, 2. Aufl., Tübingen 1963 [BHTh 14]) und U. Luz (Anm. 41), S. 148.

[92] Vgl. zur näheren Begründung *A. M. Ritter,* Die frühchristliche Gemeinde und ihre Bedeutung für die heutigen Strukturen der Kirche, in: H. W. Schütte / F. Wintzer (Hgg.), Theologie und Wirklichkeit. Festschrift für Wolfgang Trillhaas zum 70. Geburtstag), Göttingen 1974, S. 123-144 [oben S. 197-214]. - Ein weiterer Preis war das "Zurücktreten des Fraueneinflusses" innerhalb der Großkirche, mit dem "ein stärkeres Hervortreten von nun fester umrissenen Ämtern Hand in Hand" ging *(P. Lampe / U. Luz,* Nachpaulinisches Christentum und pagane Gesellschaft, in: Die Anfänge des Urchristentums [Anm. 4], S. 185-216 [hier: 191]). Wer in dem allen unbedenklich ein Walten des Geistes bzw. der göttlichen Providenz sehen möchte, muß sich fragen lassen, welches deren Kriterien seien. Ist auch die Verschiebung im Verhältnis Kirche-

hen, wieso das Christentum, das etwa im I. Clemensbrief und in Polykarps Philipperbrief(en) zur Sprache kommt, in jeder Hinsicht den Vorzug verdiene vor demjenigen, das uns die christlich-gnostische Literatur, die Zeugnisse valentinianischer und basilidianischer Gnosis vor allem, zu erkennen geben. Das meint nicht einfach, daß alle irgendwie Anteil haben an der Wahrheit; es ist gerade der Versuch eines theologischen, am Ursprünglichen, an der ursprünglichen, prinzipiell unüberholbaren Wahrheit des Evangeliums, orientierten Urteils und nicht der Verzicht darauf.[93]
[543]

Ich weiß wohl, daß Erkenntnisse wie diese in der heutigen ökumenischen "Dialog"-Landschaft nicht gerade ein begeistertes Echo finden, genauer, daß sie unerwünscht sind. Aber als "Legitimationswissenschaft" hat sich Historie nie verstehen dürfen. Ihre Aufgabe ist es, nachdenklich zu machen.

Israel, weg von der paulinischen Sicht, hin zu einer theologisch höchst bedenklichen "Substitutionstheorie", wie sie wahrscheinlich schon dem Johannes- und dem Matthäusevangelium zugrunde liegt, providentiell und geistgeleitet zu nennen - oder aber ist hier im eminenten Maße Sachkritik zu üben?

[93] Vgl. *A. M. Ritter,* De Polycarpe à Clément: Aux origines d'Alexandrie chrétienne, in: **ΑΛΕΞΑΝΔΡΙΝΑ**. Hellénisme, judaïsme et christianisme à Alexandrie. Mélanges offerts au P. Claude Mondésert, Paris 1987 (Patrimoines), S. 151-172 [dt. unter dem Titel: Das frühchristliche Alexandrien im Spannungsfeld zwischen Judenchristentum, 'Frühkatholizismus' und Gnosis, hier: S. 117-136], sowie *U. Luz,* Erwägungen zur Entstehung des "Frühkatholizismus", ZNW 65 (1974), S. 88-111; ders., Einheit und Vielfalt neutestamentlicher Theologien (Anm. 55). Es entstand in der christlichen Gnosis "so etwas wie eine Toleranz der Aufgeklärten, die in hohem Maße gemeinschaftsfähig und gemeinschaftswillig war. Ihre Gefahr bestand darin, daß die inhaltliche Basis dieser Gemeinschaft verloren ging" (ders., Sie aber hielten fest an der Gemeinschaft [Anm. 4], S. 178).

"Orthodoxie", "Häresie" und die Einheit der Kirche in vorkonstantinischer Zeit*

Vor zwei Jahren ist eine patristische Festschrift für Henry Chadwick erschienen unter dem Titel "The Making of Orthodoxy" (Cambridge 1989). Sie wurde herausgegeben durch R. D. Williams, der gleichfalls den (ebenso gedanken- wie ergebnisreichen) Einleitungsartikel beisteuerte, in welchem er die Frage stellte: "Ist es sinnvoll, von vornizänischer Orthodoxie zu sprechen?" Obwohl er die historischen und theologischen Probleme nicht in Abrede stellte, wie sie in der Idee der Orthodoxie beschlossen liegen, wagte er, vorsichtig eine positive Antwort auf diese von ihm selbst gestellte Frage zu geben, wobei er den Versuch machte, "sowohl Walter Bauer wie seinen Kritikern Genüge zu tun."[1] In seinem Artikel "Non-Separation: Closeness and Co-operation Between Jews and Christians in the Fourth Century"[2], der zu Beginn dieses Jahres veröffentlicht wurde, zieht Wolfram Kinzig die scheinbar entgegengesetzte Schlußfolgerung, daß es nämlich nicht sehr sinnvoll sei, im Blick auf die verschiedenen Gruppen inmitten des frühen Christentums "von 'Rechtgläubigkeit' und 'Ketzerei' zu sprechen"; eher schiene es historisch angemessen zu sein, auf diese Begrifflichkeit frühestens vom Ende des vierten Jahrhunderts an zurückzugreifen.

Bis zur Stunde scheint die Sache also umstritten und recht unklar zu sein, besonders wenn man nicht allein an den Bereich der Patristik, sondern auch an den der Erforschung des Neuen Testaments denkt.

Es bedarf in diesem Kreise kaum der ausdrücklichen Erwähnung, daß es die ganze Zeit über, seit der Veröffentlichung von Walter Bauers "Rechtgläubigkeit und Ketzerei im ältesten Christentum"[3] oder, richtiger, seit dessen internationalem Bekanntwerden, eine lebhafte Forschungsdiskussion bezüglich seiner provokativen Voraussetzungen gegeben hat. Diese Diskussion hat ihren Niederschlag gefunden in zahlreichen Literaturberichten, in noch zahlreicheren Aufsätzen und sogar in einigen Büchern,[4] und sie dauert noch immer an. Dies allein beweist schlagartig die

---

*Vortrag vor der 11. Internationalen Konferenz für patristische Studien (Oxford, August 1991), der in seinem englischen Original in den von E. Livingstone herausgegebenen Akten (StPatr) erscheinen wird.

[1] S. IX.

[2] VigChr 45 (1991), S. 27-53.

[3] Zuerst erschienen Tübingen 1934; 2. Aufl. 1964, hg. v. G. Strecker. Eine englische Übersetzung (unter dem Titel: Orthodoxy and Heresy in Earliest Christianity) wurde von R. A. Kraft und G. Krodel (Philadelphia 1971; London 1972) herausgegeben.

[4] Vgl. *D. J. Harrington,* The Reception of Walter Bauer's Orthodoxy and Heresy in Earliest Christianity During the Last Decade, HThR 73 (1980), S. 289-298. Die Liste von Büchern und Artikeln, wie sie Harrington bietet, muß inzwischen ergänzt werden mindestens durch *R. L. Wilken,* Diversity and Unity in Early Christianity, The Second

überragende Bedeutung von Bauers Buch. Wer immer sich in diese Veröffentlichungen vertieft, sieht sich allerdings "alsbald umgeben von einem Gewirr abgerissener und achtlos liegengelassener Gesprächsfäden. Der 'Dialog' hat in unserem gegenwärtigen Wissenschaftsbetrieb, woran immer das liegen mag, offensichtlich schlechte Zeiten!"[5]

Weil ich dies jedoch zunehmend als bedrückend empfinde, darum habe ich in meinem Beitrag zur Festschrift für Antonio Orbe, die im letzten Jahr veröffentlicht wurde, keinen weiteren "Monolog" zum Besten gegeben, vielmehr meinen Ausgang bei drei markanten Gesprächsbeiträgen aus neuerer Zeit genommen; ich habe diese ausführlich referiert und eingehend diskutiert, in der Erwartung, daß sich im Gespräch mit ihnen die wesentlichen Gesichtspunkte berühren und die wesentlichen Fragen stellen, vielleicht sogar auch ein Stück weit beantworten lassen, die mit unserem Thema verknüpft sind.

Heute würde ich gerne einen anderen Zugang versuchen, indem ich R. D. Williams' eher sozialpsychologischem, nichtsdestoweniger aber äußerst eindrucksvollem und hilfreichem Versuch um eine "Neudefinition von Häresie", dem wir letzten Dienstagnachmittag mit offenem Munde beiwohnen konnten, weniger widerspreche als ihn ergänze. Im ersten Teil dieses heutigen Beitrages werde ich die hauptsächlichen Forschungsergebnisse eines einzelnen großen Patristikers dieses Jahrhunderts, Hans von Campenhausens, resümieren, soweit sie mit unserem Gegenstand zu tun haben; zweitens möchte ich gerne zu klären versuchen, inwieweit seine Anregungen in der Zwischenzeit weiterentwickelt worden sind; schließlich möchte ich fragen, welche Defizite gleichwohl bleiben und wie man mit ihnen umzugehen hat.

I.

Hans von Campenhausen kam mit unserem Problem schon sehr früh in seiner akademischen Laufbahn in Berührung. Er hat sich damit ähnlich hingebungsvoll und beharrlich beschäftigt wie Adolf von Harnack, der andere große Deutschbalte, dem innerhalb der Kirchengeschichtsschreibung, insbesondere der Patristik, dieses Jahrhunderts ein herausragender Platz zukommt.[6] Mir scheint jedoch, daß Hans von Campenhausen, aus

---

Century 1 (1981), S. 101-110; *G. T. Burke,* Walter Bauer and Celsus: The Shape of Late Second-Century Christianity, The Second Century 4 (1984), S. 1-7; aber ich möchte gerne noch den - sehr gedankenvollen und zum Nachdenken herausfordernden - Artikel von *N. Brox,* Konflikt und Konsens. Bewältigung von Meinungsverschiedenheiten in der Alten Kirche, in: W. Beinert (Hg.), Kirche zwischen Konflikt und Konsens. Versöhnung als Lebensvollzug der Glaubensgemeinschaft, Regensburg 1989, S. 63-83, hinzufügen.

[5] *A. M. Ritter,* Grundlagen und Grundfragen der Kirchengemeinschaft in vorkonstantinischer Zeit, in: Pléroma, Comp. 35 (1990) [Festschrift für Antonio Orbe], S. 521-543 (hier: 521). Vgl. oben S. 227-257 (hier: 227).

[6] Vgl. hierzu wie auch zum Folgenden meine Gedenkrede im Rahmen der Gedenkveranstaltung der Theologischen Fakultät Heidelberg, die in überarbeiteter und erweiterter Form in ZThK 87 (1990), S. 332-339 unter dem Titel: Hans von Campenhausen und

ganz anderen Gründen zu diesem Thema gelangt sei als Harnack. Dieser hatte gegen Ende seiner akademischen Activitas, in zwei sich ergänzenden Vorträgen aus den Jahren 1917 und 1920 unter dem Titel "Über die Sicherheit und die Grenzen geschichtlicher Erkenntnis" und "Was hat die Historie an fester Erkenntnis zur Deutung des Weltgeschehens zu bieten?",[7] der Überzeugung Ausdruck gegeben, daß es im Bereich der Historie gesicherte wissenschaftliche Erkenntnis nur von den großen Ereignissen, nur von den geschichtlichen Denkmälern und den Institutionen gebe. Dabei galt ihm als "Institution" all das, "was sich in Form von Gesetzgebungen, Rechtsbüchern, Verordnungen, Verträgen, Agenden, Liturgien ... usw. niedergeschlagen hat". Für die Geschichte des Christentums hieß das für ihn, Harnack, daß sich das historische Bemühen vorwiegend dem Dogma in seiner Erscheinung als formuliertes Bekenntnis, als Schriftkanon und als hierarchisch gegliedertes Amt zuzuwenden habe.

Bei Hans von Campenhausen war die Hinwendung zur Normen-, Rechts- und Institutionenproblematik wohl weniger in methodologisch-theoretischen Erwägungen begründet als vielmehr "existentiell" motiviert. Es war, scheint mir, die Erfahrung abgründigen geschichtlichen Wandels - Hans von Campenhausen hat mit noch nicht 14 Jahren die russische Oktoberrevolution, die bald auch in das heimatliche Baltikum übergriff, als ein Schreckensregime erlebt, welches ihm selbst Gefängnis, den Verlust des Vaters, der Heimat, der dominierenden Stellung und den Absturz in Armut und Enge eintrug -, es war nicht zuletzt das bedrückende Erlebnis der Irrungen und Wirrungen des "Kirchenkampfes" während des Dritten Reiches, das ihn nach dem Bleibenden Ausschau halten ließ. Dies Bleibende aber hatte für ihn sehr wohl mit Recht und Ordnung, mit Normen und Institutionen zu tun, war aber damit keineswegs einfach identisch!

Der größte Teil des Campenhausenschen Oeuvres ist diesem Thema gewidmet, angefangen mit der in der "Evangelischen Theologie" 1937 veröffentlichten (leider in die späteren Aufsatzsammlungen nicht aufgenommenen) kleinen Abhandlung über "Die Schlüsselgewalt der Kirche"[8], dem (Hans von Soden gewidmeten) Aufsatz über "Recht und Gehorsam in der ältesten Kirche"[9] und der allgemeiner gehaltenen Skizze "Tradition und Geist im Urchristentum"[10], über die große und vielbeachtete Monographie "Kirchliches Amt und geistliche Vollmacht in den ersten drei Jahrhunderten"[11] sowie die (gleichfalls durch eine Reihe von Einzelstudien vorbereitete und begleitete) zweite umfassende Untersuchung (innerhalb einer offensichtlich geplanten Normen-Trilogie), "Die Entste-

---

Adolf von Harnack erschien; ferner den Aufsatz Recht und Einheit der Kirche in den ersten drei Jahrhunderten, ZEvKR 36 (1991), S. 1-17.

[7] Vgl. *F. Smend*, Adolf von Harnack. Verzeichnis seiner Schriften, Leipzig 1927 (Nr. 1251.1311).

[8] EvTh 4 (1937), S. 143-169.

[9] Zuerst erschienen in ThBl 20 (1941), S. 279-295.

[10] Zuerst veröffentlicht in StGen 4 (1951), S. 351-359.

[11] Tübingen 1953 (BHTh 14); 2. Aufl. 1963.

hung der christlichen Bibel"[12], bis hin zu den späten Einzelbeiträgen zu den Fragen um Bekenntnis und "Glaubensregel"[13].

Schaut man jedoch näher zu, so läßt sich feststellen, daß alle diese Beiträge zur Normen- und Institutionenproblematik sich von denjenigen Harnacks nicht allein in der Motivation, sondern auch in den Ergebnissen, im einzelnen wie im ganzen, unterscheiden. Ich kann und will hier nur das eine oder andere andeuten:

Rudolf Sohm[14] ist bekanntlich der Ansicht gewesen, Kirchenrecht stehe mit dem Wesen der Kirche in Widerspruch, weil das Wesen der Kirche geistlich, das Wesen des Rechts hingegen weltlich, da am Maßstab des formalen Zwangs und der Durchsetzbarkeit zu messen, sei. Sein Kontrahent Harnack wollte dieser, wie er meinte, feinsinnigen, aber überspitzten Theorie gegenüber den gesunden historischen Realismus zur Geltung bringen.[15] Campenhausen jedoch gelangt in "Kirchliches Amt und geistliche Vollmacht" zu dem Ergebnis: es gibt in dieser Kontroverse gar kein schlüssiges Ja oder Nein; die Wahrheit liegt *über* dem aufgebrochenen Gegensatz, ja zum Teil jenseits desselben, auf einem ganz anderen Feld. Er macht ferner deutlich, daß es bei aller Vielfalt der lokalen und regionalen Entwicklungen wie auch der treibenden Kräfte keine radikalen Umbrüche gibt, mit denen sowohl Sohm als auch Harnack rechneten, beides ausgeprägte "Abfallstheoretiker". Wo vielmehr Altes stirbt, steht Neues auf, lebt aber mit *von* den Kräften des Alten. Zur kritischen Frage, was an dieser Entwicklung vom Evangelium her zu rechtfertigen sei und was nicht - einer Frage, die der Jurist Sohm viel nachdrücklicher gestellt hatte als der Theologe Harnack! -, lautet von Campenhausens Antwort: Kriterium ist der Geist, jener göttliche Geist, der ständig auf die Offenbarung des Vaters im Sohn zurückweist. Dieser Geist schafft Recht in der Kirche Jesu Christi; und nur wo *er* es schafft, existiert Recht, geistliches Recht. - Das ist von Rudolf Sohm gleich weit entfernt wie von Adolf von Harnack, bei dem ein im Grunde "profanes" Genossenschaftsrecht den Mittelpunkt des Kirchenrechtes bildet.[16]

Der zweite Teil der geplanten Trilogie, "Die Entstehung der christlichen Bibel", ist inzwischen längst zum Standardwerk nicht so sehr über die Geschichte des christlichen Schriftenkanons als vielmehr über die Kräfte und Motive geworden, die zu seiner Bildung führten. Er läßt

---

[12] Tübingen 1968 (BHTh 39).

[13] Sie sind nun vollständig versammelt in Bd. III seiner gesammelten Aufsätze: Urchristliches und Altkirchliches. Vorträge und Aufsätze, Tübingen 1979.

[14] Um genau zu sein: der "junge" Sohm; denn gegen Ende seines Lebens (1918) revidierte er diese These in seinem Buch über "Das altkatholische Kirchenrecht und das Dekret Gratians", obwohl er sie nicht förmlich widerrief *(H. Dombois,* Grundlagen und Grundzüge der Kirchenrechtslehre, in: G. Picht / E. Rudolph (Hgg.), Theologie - was ist das?, Stuttgart usw. 1977, S. 261-270); vgl. ebenfalls *W. Maurer,* Vom Ursprung und Wesen kirchlichen Rechts, ZevKR 5 (1956), S. 3-32.

[15] Zu seiner Kontroverse mit Sohm vgl. seine Abhandlung Entstehung und Entwikkelung der Kirchenverfassung und des Kirchenrechts in den ersten zwei Jahrhunderten, Leipzig 1920 (Nachdr. Darmstadt 1980).

[16] So mit gutem Grund W. Maurer (Anm. 14), S. 3.

bereits im Titel die Anknüpfung an Harnack wie den Widerspruch gegen ihn erkennen. Harnacks entsprechende Untersuchung aus dem Jahre 1914 suchte die "Entstehung des Neuen Testaments" zu erforschen und "den wichtigsten Folgen der neuen Schöpfung" nachzufragen. Der Unterschied betrifft also die Stellung zum Alten Testament, christlich gesprochen, zur Hebräischen Bibel der Juden. Harnack hatte dazu oft genug erklärt, er könne niemals zugeben, daß sich die Stellung der Kirche (zum Alten Testament) seit dem zweiten Jahrhundert nicht gründlich verändert habe bzw. sich nicht verändern müsse. Das Alte Testament sei veraltet und nur in Einzelheiten schön und wertvoll; es sei der Juden Gesetz und Geschichte; *unser* Testament sei das Neue.[17]

Anknüpfung und Widerspruch im Hinblick auf Harnack kommen erst recht in den beiden auf den ersten Blick einander widersprechenden Hauptthesen von Campenhausens "Entstehung der christlichen Bibel" zum Ausdruck. Wird dort doch zum einen davon gesprochen, daß sich dieser zweiteilige christliche Bibelkanon "selbst durchgesetzt habe und jedenfalls nicht ein Werk der Kirche" sei, die er im Gegenteil "verpflichtete".[18] Zum andern aber heißt es - im Anschluß an Harnack, ja dessen Sichtweise noch verschärfend -: "Idee und Wirklichkeit einer christlichen Bibel sind von Markion" (dem großen gnostischen Häretiker oder, richtiger, dem radikalen Pauliner aus der Mitte des zweiten Jahrhunderts) "geschaffen worden, und die Kirche, die sein Werk verwarf, ist ihm hierin nicht vorangegangen, sondern - formal gesehen - seinem Vorbild nachgefolgt".[19] Allein, wer sich auf das Buch näher einläßt, begreift, daß sich beide Thesen, bei Lichte betrachtet, keineswegs widersprechen: die These von der "Selbstdurchsetzung" der christlichen Bibel, die zunächst - aber auch nur zunächst - deren alttestamentlichen Teil im Auge hat und insoweit völlig unstrittig sein dürfte, und die These vom Bibelkanon als "Schöpfung" der (nach- und antimarkionitisch-antignostischen) Kirche. Diese Thesen widersprechen einander deshalb nicht, weil es völlig verschiedene Aspekte sind, unter denen sie jeweils den neutestamentlichen Kanon betrachten: ein inhaltlicher (das Neue Testament als Ur-Kunde des kirchengründenden "apostolischen Zeugnisses") und ein eher formaler (das Neue Testament als "kanonische" Schriftensammlung).[20]

Den dritten Teil der geplanten Trilogie, der dem Bekenntnis gewidmet ist, vermochte Hans von Campenhausen wegen des sich versagenden Augenlichts nicht mehr auszuführen. Immerhin gelang es ihm, Anfang und Ende der Entwicklung in jener Periode, die von Campenhausen wie von Harnack stets als grundlegend betrachteten, weil sich in ihr alle wesentlichen altkirchlichen Institutionen von den ersten Keimen bis zur klassischen Vollendung entfalteten, so klar zu erfassen und so einleuchtend zu

[17] So z.B. in seinem Brief an K. Holl (31.12.1920), zit. bei A. von Zahn-Harnack, Adolf von Harnack, Berlin 1936 (2. Aufl. 1951), S. 245 f.
[18] (Anm. 12), S. 282.
[19] Ebd., S. 174.
[20] S. unten S. 256 mit Anm. 29.

analysieren und zu beurteilen, daß man auf die Ausführung des Ganzen um so eher verzichten kann, als sich von Campenhausen in diesem Bereich auf eine Reihe von Bundesgenossinnen und -genossen (Flesseman-van Leer, Hägglund, Hanson und vor allem Kelly sowie in Deutschland besonders M. Tetz und Luise Abramowski) berufen konnte. Von Campenhausen formulierte einen neuen Konsensus (im Vergleich zu dem einst von Harnack mitheraufgeführten und -repräsentierten), wenn er in seinem großen, fast eine Monographie ersetzenden Aufsatz "Das Bekenntnis im Urchristentum"[21] ausführte: "Das Christentum ist seinem Wesen nach eine bekennende Religion, und von Bekenntnissen braucht man nicht erst dort zu reden, wo wörtlich festgelegte Glaubensbekenntnisse oder 'Symbole' kirchenrechtlich in Geltung stehen. Es ist keinesfalls unberechtigt, schon im Urchristentum nach dem christlichen Bekenntnis zu fragen, wie es seit langem geschieht. Nur muß man dann auch wissen, was im urchristlichen Sinne ein Bekenntnis hieß und war, und darf diesen Terminus nicht beliebig oder anachronistisch nach dem Verständnis einer späteren Zeit gebrauchen ... Das urchristliche Bekenntnis ist ursprünglich keine Aufzählung der dem Glauben wesentlichen Überlieferungsstücke und Lehrwahrheiten (die vielmehr ihre eigenen Wege gegangen sind), sondern die ebenso kurze wie unmißverständliche Bezeichnung des einen göttlichen Gegenübers, dessen Bejahung den einzelnen Christen zum Christen macht und von jedem Nichtchristen unterscheidet, also der Person Jesu. In einem zweiten Stadium wird es, gegen christliche Irrlehren gewandt, gleichzeitig zu einem Panier, um das sich die Gläubigen scharen und so von den Irr- und Ungläubigen getrennt halten können. Endlich kann das sich ausweitende Bekenntnis auch zu einem Leitfaden der Lehre werden und allgemein-katechetische, unter Umständen auch liturgisch-doxologische Bedeutung gewinnen. Doch wird diese Stufe innerhalb der urchristlichen Entwicklung nicht mehr erreicht".[22] Darüber hinaus läßt sich zeigen, daß die Kirche - über die urchristliche Periode hinaus - noch mindestens zwei Jahrhunderte lang eine substantielle Bekenntniseinheit ohne Bekenntnis*formel*, ohne ein normatives, im einzelnen wie im ganzen verbindliches Lehrbekenntnis oder Symbol auskam und auch die Berichte aus ältester Zeit, die den Taufvorgang schildern, "keine Spur eines der Taufe voraufgehenden 'Bekenntnisses' erkennen lassen".[23] Aus diesen Gründen dürfte die gesamte Theorie der "klassischen" Symbolforschung (einschließlich Harnacks) als widerlegt zu betrachten sein; für sie war kennzeichnend, daß sie allenthalben in den Texten der ersten Jahrhunderte Taufbekenntnisse oder doch wenigstens Spuren davon (resp. Paraphrasen) zu finden neigte.

Aber auch das Gesamtbild ändert sich tiefgreifend, sofern man Campenhausens statt Harnacks Sicht folgt. Es verflüchtigt sich dann die Vor-

---

[21] ZNW 63 (1972), S. 210-253 (auch in: Urchristliches und Altkirchliches [Anm. 13], S. 217-272).
[22] Ebd., S. 210, 211 f.
[23] Ebd., S. 227.

stellung eines bald einsetzenden und nahezu alle Bereiche erfassenden Verfalls, nämlich, wie Harnacks "Dogmengeschichte" sagen wird, der "Fixirung und allmähliche(n) Verweltlichung des Christenthums als Kirche" und später der "Fixirung und allmähliche(n) Hellenisierung des Christenthums als Glaubenslehre".[24] Entsprechend erweist sich die seit Harnack gängige Idee, der "Frühkatholizismus" sei durch die Geltung dreier konstitutiver Normen gekennzeichnet - Bibel, Bekenntnis und Bischofsamt -, als "eine irreführende Abstraktion", die in gar keiner Weise dem Selbstverständnis der Alten Kirche entspricht. Sogar aus dem späteren Altertum, so Hans von Campenhausen in "Die Entstehung der christlichen Bibel"[25], dürfte kein einziger Text vorzuweisen sein, "der diese drei Größen als maßgeblich *nebeneinander* stellte"[26]. - Alles läuft mithin auf die Einsicht zu, daß das frühe Christentum in seinen maßgeblichen Motiven und Lebensformen eine fundamentale Einheit gebildet hat (ich unterstreiche "maßgeblich" und "fundamental"!).

II.

Mit dem zuletzt Bemerkten ist bereits der Übergang markiert zum zweiten Teil meines Vortrages, in dem es um die Frage gehen soll, wie Hans von Campenhausens einschlägige Forschungen aufgenommen worden sind und weitergewirkt haben. Ich unterscheide wiederum nach den drei Hauptthemenbereichen, in denen sich von Campenhausens Untersuchungen zur Institutionen- und Normenproblematik bewegten, und beginne mit dem letzten: Bekenntnis und "Glaubensregel". Obwohl die diesbezüglichen Forschungsbeiträge noch nicht allzu lange zurückliegen, läßt sich doch ihre Wirkung oder, wie manche lieber sagen, ihre Rezeption einigermaßen sicher abschätzen. Sie haben, wenn ich mich nicht irre, eine weitgehend positive Aufnahme gefunden, zumal, wie gesagt, in gewisser Weise der Boden bereitet war.[27] Wenn es noch immer Vorbehalte gab, dann am ehesten im Hinblick auf die neutestamentlichen Grundlagen des Bekenntnisprozesses und des Übergangs zu den festen Formen in der Reichskirche (verbunden mit der Frage nach dem Alter der Praxis von Taufbekenntnissen). Gerade hier aber hat Hans von Campenhausen angesetzt, und, wenn ich mich nicht täusche, geradezu glänzende Siege errungen. Eben dieses "durchschlagenden" Erfolges wegen habe ich auch in

---

24 *A. von Harnack,* Lehrbuch der Dogmengeschichte, Bd. I: Die Entstehung des christlichen Dogmas, 4. Aufl., Tübingen 1909 (Sammlung theologischer Lehrbücher; Nachdr. Darmstadt 1980), S. 353-496, 496-796.

25 (Anm. 12), S. 380, Anm. 6.

26 Ebd., S. 279 f.

27 Vor allem durch das Buch von *J. N. D. Kelly,* Early Christian Creeds, London 1950, 3. Aufl. 1972 (dt. unter dem Titel: Altchristliche Glaubensbekenntnisse. Geschichte und Theologie, Göttingen 1972); vgl. ebenfalls *E. Flesseman-van Leer*, Tradition and Scripture in the Early Church, Assen 1954; *R. P. C. Hanson*, Tradition in the Early Church, London 1962; *B. Hägglund*, Die Bedeutung der "regula fidei" als Grundlage theologischer Aussagen, StTh 12 (1958), S. 1-44.

meinem Artikel "Glaubensbekenntnis(se) V" in der TRE[28] im wesentlichen die "reine" Campenhausensche "Lehre" darlegen können. Meine "Korrekturen" betreffen eher Randfragen. Ein sachlich entsprechender Artikel "Creeds" in dem als Festschrift für W. H. C. Frend angelegten (in diesem Jahre erschienenen) Werk "Early Christianity: Origins and Evolution to AD 600" mag dazu dienen, im englischsprachigen Bereich noch verbliebenen "Ungläubigen", sit venia verbo, das Maul zu stopfen. Etwas schwieriger hatte es von Campenhausens große Monographie über die Kräfte und Motive, die zur "Entstehung der christlichen Bibel" führten, anfangs zumindest. Nicht daß irgend jemand an der überragenden Forschungs- und Arbeitsleistung als solcher Zweifel gehegt hätte. Wohl aber war spürbar, daß mit der angeschnittenen Thematik ein kontroverstheologisch wesentlich heiklerer Fragenkomplex berührt war als mit den Arbeiten zum Bekenntnisproblem: der Komplex "Schrift und Tradition" nämlich. Darüber hinaus lösten die - wie ich gezeigt zu haben hoffe: zu Unrecht[29] - als widersprüchlich empfundenen Hauptthesen dieses Buches Irritationen aus. Schließlich traf das Buch in eine Situation, in der die Kanonkrise im modernen Protestantismus, besonders unter deutschen Exegeten, - erneut - einem Höhepunkt entgegentrieb, auf dem es als durchaus normal galt, "Frühkatholizismus" nicht nur in den Deuteropaulinen, sondern auch bei Paulus selbst, ja sogar bei Jesus von Nazareth zu konstatieren und in sehr freier Anlehnung an die Reformation mit dem Begriff des "Kanons im Kanon" so umzugehen, daß dieser "Kanon im Kanon" weniger als "Leitfaden" zum richtigen Verständnis der Schrift als vielmehr als kritisches Sichtungsprinzip diente.[30]

Inzwischen haben sich die Dinge, selbst in der protestantischen Exegese, allem Anschein nach wieder etwas beruhigt, wie immer das zu erklären sein und womit immer das zusammenhängen mag. Vielleicht erklärt es sich in manchen Fällen einfach damit, daß man die Frage nach der Schrift als Kanon schon gar nicht mehr versteht! In jedem Falle bleibt viel zu tun und darf man sich unter keinen Umständen gegenseitig in Ruhe lassen.

Soweit es die *historische* Problematik der Entstehung der "christlichen Bibel" angeht, ist mir keine Kritik an den Thesen und Hypothesen von Campenhausens bekanntgeworden, die ernsthafter Rückfrage standhielte; die einzige Ausnahme machen, soweit ich sehe, Markion und seine Bedeutung für die Idee eines normativen neutestamentlichen Kanons, einer neuen Schriftensammlung aus Evangeliums- und Apostelteil. Nach von Campenhausen ist diese Idee das Ergebnis des Auftretens Markions, eines Ultra-Pauliners, der "die gesamte zu seiner Zeit lebendige Christusüber-

---

[28] TRE, Bd. XIII, 1984, S. 399-412.

[29] Vgl. *A. M. Ritter,* Die Entstehung des neutestamentlichen Kanons: Selbstdurchsetzung oder autoritative Entscheidung, in: A./J. Assmann (Hgg.), Kanon und Zensur. Beiträge zur Archäologie der literarischen Kommunikation, Bd. II, München 1987, S. 93-99.

[30] Vgl. *S. Schulz,* Die Mitte der Schrift. Der Frühkatholizismus im Neuen Testament als Herausforderung an den Protestantismus, Stuttgart usw. 1976.

lieferung" verwarf, von der er meinte, sie sei durch und durch "judaistisch" verfälscht. Stattdessen "verpflichtete" er "seine Kirche ihr gegenüber auf eine kleine, dogmatisch bearbeitete Auswahl urchristlicher Dokumente". Es waren das ein "gereinigtes" Lukasevangelium und zehn Paulusbriefe (mit Ausnahme der Pastoralen), die er allein als echt ansah. "Dadurch wurde die Großkirche genötigt, ihm und allen anderen Irrlehrern eine entsprechende, aber erheblich weitere und nicht-korrigierte Sammlung echter Urkunden entgegenzustellen."[31]

Mit dieser Behauptung, daß die Idee eines verpflichtenden christlichen Kanons anfangs "noch nirgends" begegne, "mit einem Schlage" jedoch "bei Markion und nur bei ihm und bei ihm sofort in voller Konsequenz gegenwärtig" sei,[32] verschärfte von Campenhausen nicht nur Harnacks (im übrigen ganz ähnliche) Kanonthese. Er verließ vielmehr auch nach fast einhelliger Auffassung von Exegeten und Historikern den Boden dessen, was sich angesichts einer insgesamt dürftigen Quellenlage wissen läßt, und wollte einigen seiner Feststellungen zuviel abgewinnen.

Wie die Dinge nun einmal stehen, läßt sich schlechterdings die Möglichkeit nicht ausschließen, daß Markion einen bereits existierenden, wenn auch noch nicht eindeutig begrenzten Mehrevangelienkanon verstümmelt hat. Mit Sicherheit aber verstümmelte er einen ihm vorliegenden, akzeptierten Text des Lukasevangeliums. Es muß darüber hinaus ganz offen bleiben, ob die von Markion rezipierte Sammlung von Paulusbriefen überhaupt nur den Umfang seines "Apostolos" (zehn Briefe, ohne die Pastoralen) besaß oder ob sie von ihm bewußt begrenzt wurde; die Erweiterung des neutestamentlichen Briefteils allerdings um Schriften der "Säulenapostel" von Gal 2,9 (nämlich Jakobus, Kephas [= Petrus], Johannes) wird später sein. Nicht zuletzt um diesen Teil des Neuen Testaments, die sog. "katholischen Briefe", sollte dann jahrhundertelang der Streit um die Grenzen des neutestamentlichen Kanons gehen. Dagegen steht fest oder ist doch wenigstens in hohem Maße wahrscheinlich, daß sich nach dem Tode der Apostel und ihrer unmittelbaren Hörer, in Anbetracht des dadurch verursachten "Autoritätslochs", früher oder später die Notwendigkeit ergab, die Stimme des "Herren" und der Apostel dort zu suchen, wo sie allein noch vernehmbar war: in den schriftlichen Fixierungen ehemals mündlicher Überlieferung. Dann aber mußte sich früher oder später auch die Frage nach der Autorität dieser Schriften selbst, nach und neben derjenigen der alttestamentlichen "Heiligen Schrift", stellen. M.a.W. scheint alle Wahrscheinlichkeit dafür zu sprechen, daß es zur Ausbildung eines zweiteiligen neutestamentlichen Kanons (welchen Umfangs auch immer) auch ohne Markion, rein aus "immanenten", innerkirchlichen Antrieben gekommen wäre.[33]

---

[31] (Anm. 12), S. 379.
[32] Ebd., S. 174.
[33] Vgl. zu diesem Problem wie auch zur weiteren Diskussion der von Campenhausenschen Thesen bezüglich des Bibelkanons meinen Beitrag Die Entstehung des neutestamentlichen Kanons: Selbstdurchsetzung oder autoritative Entscheidung? (Anm. 29).

Bleibt zum Schluß noch über die Wirkungsgeschichte von "Kirchliches Amt und geistliche Vollmacht" kurz zu berichten. Wilhelm Maurer hat 1956 einen Aufsatz unter dem Titel "Von Ursprung und Wesen kirchlichen Rechts"[34] veröffentlicht, der sich - bescheiden - als eine Würdigung der Campenhausenschen Monographie präsentiert, obwohl es sich dabei in Wirklichkeit um eine umfassende, weit über eine Rezension hinausgehende Problematisierung handelt. Darin hat Maurer nicht nur die große Dankbarkeit zum Ausdruck gebracht, zu der sich Neutestamentler, Kirchenhistoriker und Kirchenrechtler Hans von Campenhausen gegenüber, ob dieser reichen Gabe, verpflichtet sehen müssen. Er hat vielmehr am Ende auch einige offene Fragen aufgereiht: "Wie bewirkt der Geist das Recht in der Urchristenheit, und wie sieht sie selbst das heilige Recht an? Hier haben die Neutestamentler das letzte Wort noch nicht gesprochen. - Wie wirkt dieses urchristliche Verständnis heiligen Rechts in nachapostolischer Zeit nach? Welche Faktoren beteiligen sich an seiner Veränderung? Und bis zu welchem Grade schreitet sie fort? Hier haben die Kirchenhistoriker noch nicht das letzte Wort gesprochen..."[35]

Wesentlicher Kritikpunkt Maurers war: "Trotz aller Ansatzpunkte für eine kirchliche Ordnung, die von Campenhausen im Paulinismus aufgewiesen hat, hat er es doch nicht vermocht, die Entstehung des Kirchenrechts aus einem grundsätzlich rechtlosen Zustand zu erklären. Jene Ansatzpunkte machen nur die geschichtliche Synthese begreiflich, die später stattfand. Bei ihr bildet aber nicht der Paulinismus, sondern das vor- und nebenpaulinische Christentum die treibende Kraft. In ihm hat das kirchliche Recht seine Wurzel, in ihm war es von Anfang an da, in ihm ist es als eine Umbildung jüdischen Rechts entstanden."[36] Hier werde "die weitere neutestamentliche Forschung einsetzen müssen. Und vielleicht" werde "dabei die Beziehung zwischen Geist und Kultus, die bei von Campenhausen sehr" zurücktrete, "eine besondere Rolle spielen."[37]

Hat die "weitere neutestamentliche Forschung" hier eingesetzt? Nun, es hat auch unter Exegeten zunächst noch eine lebhafte Beschäftigung mit den Fragen um Ursprung, Wesen und Bedeutung des urchristlichen Kirchenrechts gegeben, in Parallele zu den bekannten rechtstheologischen Grundlagendiskussionen unter Rechtswissenschaftlern und systematischen Theologen und unter der gleichen Herausforderung, dem auf der Bekenntnissynode zu Barmen 1934 - nicht erst mit der "Erklärung zur Rechtslage", sondern bereits mit der 3. Barmer These - gesetzten rechtstheologi-

---

[34] S.o., Anm. 14.

[35] W. Maurer (Anm. 14), S. 32. - H. von Campenhausen hätte allerdings niemals zugegeben, daß es im "Paulinismus" ein "prinzipiell gesetzloses Stadium" gegeben habe, wie etwa seine Abhandlung über "Die Begründung kirchlicher Entscheidungen beim Apostel Paulus. Zur Grundlegung des Kirchenrechts", Heidelberg 1957 (SHAW.PH 1957/2) (wieder abgedr. in: Aus der Frühzeit des Christentums. Studien zur Kirchengeschichte des ersten und zweiten Jahrhunderts, Tübingen 1963, S. 30-80) unzweideutig klar macht (vgl. vor allem S. 64, 68 f).

[36] W. Maurer (Anm. 14), S. 21.

[37] Ebd., S. 20.

schen Signal[38] nach Möglichkeit zu entsprechen. Darin war nämlich, über Art. VII der Augsburger Konfession und dessen rein funktionalen Kirchenbegriff hinausgehend, auch der "kommuniale", der Gemeinschaftsaspekt von Kirche zur Geltung gebracht und allen Tendenzen, über die Rechtsgestalt von Kirche andere entscheiden zu lassen und die "äußere Ordnung als etwas Selbständiges zu behandeln" (E. Fiedler), eine entschiedene Absage erteilt worden. Wurde doch der Zeugnischarakter des Glaubens *wie* des Gehorsams, der Botschaft *wie* der kirchlichen Ordnung hervorgehoben, wenn dieser auch eingespannt blieb "in das nicht umkehrbare Verhältnis zwischen Jesus Christus als unserem Heilsmittler *(sacramentum)* und Vorbild *(exemplum)*, zwischen Heilsindikativ und Gnadenimperativ, zwischen Rechtfertigung und Heiligung" (A. Peters)[39]. Von einer "Gleichrangigkeit von Botschaft und Ordnung" sollte man deshalb im Blick auf Barmen III besser nicht sprechen.[40]

Die exegetische Diskussion jener Jahre kreiste z.B. um die Frage, ob es so etwas gebe wie "Sätze heiligen Rechts" im Neuen Testament,[41] ein Ansatz, der sich jedoch nach dem Eindruck der meisten nicht bewährte, oder um die Frage nach der Vielfalt und Einheit des neutestamentlichen Zeugnisses über die Ordnung der Gemeinde.[42] Dies verband sich alsbald mit der aufgeregten Diskussion um das Problem des "Frühkatholizismus im Neuen Testament". Was jedoch das von Maurer erwähnte Problem anlangt, so blieb die Scheu vor einer zu weit gehenden Sakralisierung des Kirchenrechts, die Maurer an von Campenhausen monierte, auch bei anderen leitend. Auch von Campenhausen selbst hat sich in seiner weiterführenden Akademieabhandlung von 1957 über "Die Begründung kirchlicher Entscheidungen beim Apostel Paulus. Zur Grundlegung des Kirchenrechts"[43] nicht wirklich aus der Reserve locken lassen. Erst recht wagte niemand, dabei der "Beziehung zwischen Geist und Kultus ... eine besondere Rolle" zuzuschreiben, weil es dafür kaum exegetisch-historische

---

[38] Gegen *M. Honecker* in seinem Artikel Kirchenrecht, II. Evangelische Kirchen, in: TRE, Bd. XVIII, 1989, S. 724-749 (hier: 731).

[39] *A. Peters*, Die Barmer Theologische Erklärung und das Luthertum, in: W.-D. Hauschild u.a. (Hgg.), Die lutherischen Kirchen und die Bekenntnissynode von Barmen. Referate des Internationalen Symposiums auf der Reisensburg 1984, Göttingen 1984, S. 319-359 (hier: 358); vgl. auch meinen Beitrag Die Bekenntnissynode zu Barmen - Epoche oder Episode?, ZEvKR 32 (1987), S. 518-534 (hier: 531 f) mit ergänzenden bibliographischen Hinweisen.

[40] Gegen M. Honecker (Anm. 38).

[41] Vgl. *E. Käsemanns* ähnlich betitelten Aufsatz Sätze heiligen Rechtes im Neuen Testament, NTS 1 (1954/55), S. 248-260; auch in: ders., Exegetische Versuche und Besinnungen, Bd. II, Göttingen 1964 (3. Aufl., 1968), S. 69-82.

[42] Vgl. *E. Schweizer*, Gemeinde und Gemeindeordnungen im Neuen Testament, Zürich 1959 (AThANT 35), und jetzt z.B. *J. D. G. Dunn*, Unity and Diversity in the New Testament. An Inquiry Into the Character of the Earliest Christianity, Philadelphia 1977; *J. Roloff*, Ansätze kirchlicher Rechtsbildungen im Neuen Testament, in: K. Schlaich (Hg.), Studien zu Kirchenrecht und Theologie. Bd. I, Heidelberg 1987 (Texte und Materialien der Forschungsstätte der Evangelischen Studiengemeinschaft A 26), S. 83-142.

[43] Jetzt in: Aus der Frühzeit des Christentums (Anm. 35).

Grundlagen gibt. Es ist also alles andere als zufällig, daß diese Beziehung in von Campenhausens Monographie "sehr zurücktritt".[44]

In der Diskussion über "Frühkatholizismus im Neuen Testament" und darüber hinaus, in der auch unsereiner sich die ersten wissenschaftlichen Sporen verdiente, hat am Ende das besonnene historische Räsonnement über systematische Konsequenzmacherei obsiegt. M.a.W. hat sich von Campenhausens Zurückweisung der (spiritualistisch-pietistisch-) neuprotestantischen Abfallstheorien glänzend bewährt und durchgesetzt. Dies hat dann auch einer Versachlichung des evangelisch-katholischen Gesprächs über den Komplex "Kirche im Neuen Testament" gedient und eine Annäherung der Standpunkte zwischen evangelischen und katholischen Exegeten und Patristikern mit heraufgeführt, wie man sie früher für völlig ausgeschlossen gehalten hätte.[45] Wenn es im weiteren Verlauf Fortschritte gegenüber dem in "Kirchliches Amt und geistliche Vollmacht" erreichten Stand gegeben hat, dann bestanden diese am ehesten darin, daß man lernte, sich den Prozeß der kirchlichen Institutionalisierung *noch* weniger einlinig vorzustellen als von Campenhausen und erst recht W. Maurer.[46]

Doch ich muß zum Ende kommen und darum der Versuchung widerstehen dies im einzelnen zu erläutern. Ich will stattdessen fragen:

III.

Was sind die Hauptkonsequenzen einer solchen Sicht im Hinblick auf unser Problem "Orthodoxie", "Häresie" und die Einheit der Kirche in vorkonstantinischer Zeit? Ich sehe zumindest drei wichtige Konsequenzen:

a) Obwohl es sich nicht leugnen läßt, daß bereits in den Anfängen des Christentums gewisse Unterschiede, ja Gegensätze der Lehre, Organisation und Frömmigkeit existierten, hat sich erwiesen, daß dies allenfalls die

---

[44] W. Maurer (Anm. 14), S. 20. - In seiner Akademieabhandlung von 1957, die bereits (Anm. 35) zitiert wurde, unterstreicht von Campenhausen seine Absicht, das alte Problem einer Grundlegung des Kirchenrechts einmal in einer rein historischen Weise zu behandeln (S. 31). Natürlich würde er nicht abstreiten, daß ein anderer - z.B. phänomenologischer oder systematischer - Zugang ebenfalls berechtigt sein könnte; er würde jedoch darauf bestehen: Wenn unsere Quellen in dieser Hinsicht beharrlich schweigen, so hängen alle Spekulationen bezüglich der "Natur" des Rechtes in der frühen Kirche in der Luft. Sie sind moderne Theologumena, die mehr oder weniger vereinbar sein mögen mit den alten Tatsachen; aber von einem historischen Blickwinkel aus betrachtet, sind sie allesamt Konstruktionen und nichts sonst (S. 31 f).

[45] Ich möchte hier lediglich aufmerksam machen auf die sehr fruchtbare Arbeit einer Projektgruppe, bestehend aus katholischen und protestantischen Exegeten und Patristikern, zum Problem des "Frühkatholizismus". Deren Arbeitsmaterialien und Ergebnisse harren noch immer der Veröffentlichung!

[46] Vgl. lediglich W. Maurers Bemerkungen bezüglich der Beziehung zwischen Clemens von Rom und dem Apostel Paulus (Anm. 14, S. 29 f). Offensichtlich stellte er sich diese Beziehung im Sinne kontinuierlicher Schritte auf dem Wege eines eindimensionalen historischen Prozesses vor. Vgl. zur Kritik einer solchen Vorstellung meine Skizze "Die frühchristliche Gemeinde und ihre Bedeutung für die heutigen Strukturen der Kirche", in: H. W. Schütte / F. Wintzer (Hgg.), Theologie und Wirklichkeit. Festschrift für Wolfgang Trillhaas zum 70. Geburtstag, Göttingen 1974, S. 123-144, bes. S. 129-133. Vgl. oben S. 197-214, bes. S. 202-205.

eine Seite der Medaille ist. Die andere Seite ist, daß die frühen Christen *nicht* allein die Einheit aller "proklamierten", die "den Namen Jesu Christi unseres Herrn an allen Orten" anrufen (I Kor 1,2); sie "verwirklichten" vielmehr diese Einheit aller Glaubenden insoweit, als sie eben nicht in eine Vielzahl von "Konfessionen" oder Denominationen zerfielen, sondern den Spannungen widerstanden und sie aushielten, die noch heute von jedem aufmerksamen Leser der Bibel wahrgenommen werden können. Dies gilt jedenfalls de parte potiore, d.h. im Hinblick auf die frühe Christenheit, wie sie durch Jakobus, Petrus, Paulus, Johannes und den "Hellenisten" Stephanus repräsentiert wird; es trifft mit anderen Worten zu mit Ausnahme allenfalls von Randgruppen. D.h., daß ein umsichtiger Historiker bemüht sein wird, die Differenzen weder zu verschleiern, noch zu übertreiben, wie manche Neutestamentler (in der Nachfolge Walter Bauers) zu tun geneigt waren und sind.

b) Auf die Situation im zweiten Jahrhundert hinüberblickend entdecken wir, wie eine Anzahl von Tendenzen, Überlieferungen und regionalen Abweichungen überleben und Profil gewinnen. Nichtsdestoweniger wäre es vermutlich völlig verkehrt anzunehmen, daß der allgemeine Überlieferungsbestand zu dieser Zeit noch durch keine Norm fixiert, sondern ganz offen und variabel gewesen sei. Daß eher das Gegenteil zutraf, erfahren wir aus dem 1. Johannesbrief, dem Corpus Ignatianum und, allgemein gesprochen, aus dem Beginn der Bekenntnisbildung (regula fidei, κανὼν τῆς ἀληθείας). Wann immer Gegensätze sich bemerkbar machten, die nicht länger als Irrtümer und Verfehlungen innerhalb der Gemeinschaft, sondern schlechthin als deren Aufhebung erschienen, wurde es zur Hauptfunktion des christlichen Bekenntnisses (welches ursprünglich "nur" das eine göttliche Gegenüber bezeichnen sollte, dessen Bejahung ausreicht, einen Christen von einem Nichtchristen zu unterscheiden), zur "innerchristlichen" Grenzziehung und Sammlung zu dienen. Davon abgesehen scheint keine andere theologische Errungenschaft in dieser Zeit von einer gleichen oder mindestens ähnlichen Bedeutung gewesen zu sein wie jene Sammlungsbewegung, der die Wiederherstellung der in der sog. "gnostischen Krise" des zweiten Jahrhunderts nahezu verlorenen Kircheneinheit zu verdanken ist. Diese Wiederherstellung stand unter dem Vorzeichen der Rückbesinnung auf Jesus Christus und das ursprüngliche, authentische Verständnis seiner Person. Es erwies sich als ein entscheidender Vorzug in dieser Situation, daß die "Glaubensregel" jetzt in einen weiteren Rahmen gestellt werden konnte und sich ihr ursprüngliches Recht auch historisch und gewissermaßen "urkundlich" nachweisen ließ, am Kanon des Neuen Testaments nämlich, der gewissermaßen die Sammlung der Urgemeinde in der Spannweite zwischen Petrus, Stephanus und Paulus bestätigte und neu rezipierte und jedenfalls, im Kontrast zum Kanon Markions, *Pluralität* bewußt festhielt!

c) Falls dies zutreffen sollte, lassen sich die Kirchen des dritten Jahrhunderts nicht einfach als organische Entwicklung derjenigen der ersten beiden Jahrhunderte verstehen. Sie sind vielmehr von diesen durch eine tiefe Kluft getrennt: die "gnostische Krise" und ihre Überwindung. Im übrigen haben die Kämpfe des zweiten Jahrhunderts die Einzelgemeinden gestärkt und gestrafft; die bischöfliche Verfassung war, soweit wir sehen, allgemein akzeptiert und hatte sich in den Augen der Zeitgenossen bewährt. Was den Christen noch immer fehlte, war eine organisatorische Darstellung der gesamtkirchlichen Einheit - und natürlich das bracchium saeculare, der politische "Beistand", ohne den schon sehr bald kirchliche Einheit kaum mehr denkbar sein sollte. Brachen Zwistigkeiten aus, so blieb gar nichts anderes übrig, als daß man sich (mithilfe von Disputationen, Korrespondenzen, Synoden u.dgl.) um friedliche Lösungen bemühte. Wo das nichts fruchtete, mußte man sich entweder in Geduld fassen oder aber eben Scheidungen, Spaltungen ertragen (wie das novatianische Schisma, das anscheinend folgenschwerste des ganzen Jahrhunderts). Es ist erstaunlich genug und alles Nachdenkens wert, wie selten solche Trennungen sich als unumgänglich erwiesen in einem Jahrhundert, das am ehesten in Frage kommt, wenn man Ausschau hält nach historischen Vorbildern für die heutige Zielvorstellung von der "Konziliarität" der Kirche!

Es ist kaum nötig zu unterstreichen, daß einer solchen Sicht kaum der Vorwurf zu machen ist, sie ordne die Geschichte theologischen Interessen unter. Allerdings widerstreitet diese Sicht bestimmten unter protestantischen Theologen (heute so gut wie früher) recht verbreiteten Tendenzen: die Geschichte in ein mehr oder weniger chaotisches Gemisch theologischer Optionen aufzulösen, die einander entgegengesetzt sind und sich wechselseitig ausschließen; das höchste, was sich unter diesen Voraussetzungen sagen ließe, ist, daß keine dieser Optionen völlig im Recht ist, mit Ausnahme bestenfalls einiger weniger Außenseiter, oder daß die später sog. "Orthodoxie" nichts anderes ist als die erfolgreichste Häresie! Einer solchen Gesamtanschauung weiterhin zu huldigen, wäre in meinen Augen weit weniger, als sich historisch feststellen und theologisch verantworten läßt!

Das Problem ist nicht, daß eine solche Sicht wie die eben nachgezeichnete geeignet ist, eine nüchterne historische Analyse zu korrumpieren. Das Lebenswerk Hans von Campenhausens ist ein unzweideutiger, eindrucksvoller Beleg für das Gegenteil. Ich bin ebenfalls außerstande zu verstehen, daß sich alle entscheidenden Voraussetzungen mittlerweile so tiefgreifend geändert haben sollten, daß dieser Zugang, mitsamt seinen Kriterien, obsolet geworden wäre. Ein oft gehörtes Argument besagt, wir seien in ein post-modernes Zeitalter eingetreten; ein völliger Paradigmenwechsel habe sich ereignet, mit revolutionären Konsequenzen für das überkommene Selbstverständnis der Patristik(er). Sieht man genauer hin, so findet man indessen eine Situation beschrieben, welche grundsätzlich bereits die Aufklärung heraufgeführt hat, eine Situation, die wir alle inzwischen zu "verinnerlichen" versucht haben, wie ich denke!

Aber es *besteht* ein erhebliches Defizit. Und dieses Defizit bezieht sich auf die Zentralfrage im Hinblick auf die Anfänge des Christentums, so wie ich sie sehe: "Wie kam es zur Verselbständigung der ἐκκλησία τοῦ θεοῦ, die Gottes eschatologisches Heilshandeln in Jesus, dem Galiläer aus Nazaret, glaubt, lebt und proklamiert, gegenüber der Synagoge, dem geschichtlichen Volk Israel als Bluts- und Kultverband?"[47] Daß man zu diesem Problem nahezu nichts in von Campenhausens Büchern lesen kann, ist keineswegs singulär und nichts spezifisch Deutsches oder Protestantisches; es entspricht einfach einer langen christlichen Tradition. Nichtsdestoweniger können *wir* kaum anders, als diesem Problem jenen hohen Rang zuzuerkennen, den es zweifellos beanspruchen kann.

Was würde sich ändern innerhalb der Rekonstruktion der Geschichte des frühen Christentums, wie ich sie zuvor in diesem Vortrag resümiert und erörtert habe, falls dieser Aspekt in Betracht gezogen würde? Ich muß mich damit begnügen, sehr kurz und andeutungsweise zu antworten. Obwohl wir noch immer weit weniger erkennen und wissen, als wir erkennen und wissen sollten, obwohl wir in vielerlei Hinsicht mehr Fragen als Antworten parat haben, hat es den Anschein, als haben die innerjüdischen Spannungen im Gefolge der Hinrichtung Jesu, des Erzmärtyrers Stephanus und des Zebedaiden Jakobus zu einem Bruch zwischen den beiden Gemeinschaften geführt, von denen die eine von der anderen ausgeschlossen zu werden drohte. Eine Entwicklung, wie sie von keiner Seite geplant war, führte zu einem Ergebnis, das niemand vorherwissen und -wünschen konnte. Doch von nun an waren sämtliche religiösen und sozialen Konflikte, die Zug um Zug die beiden Flügel einer recht komplexen Gemeinschaft hatten auseinanderdriften lassen, im Sinne einer unversöhnlichen Feindschaft zwischen Juden und Christen interpretierbar.[48]

Ziemlich bald gab es somit eine frühe judenchristliche Gemeinde, die ethnisch und religiös als jüdisch zu gelten hatte, wenn sie auch Konvertiten aus dem Heidentum umfaßte; nach der Mission des Paulus allerdings und der stürmischen Debatte, die er heraufbeschwor, nahm man die Heiden in die Kirche auf, auch ohne die Übernahme jüdischer Observanz zu verlangen. Ebenso bald machte man freilich die Erfahrung, "daß es eine theologisch befriedigende Lösung offenbar nicht gab. Judenchristentum gemäß der Aufgabenverteilung des Apostelkonzils war, wie nun heraustrat, nur möglich unter den Voraussetzungen einer intakten und geschlossenen jüdischen Gesellschaft. Dort, wo Juden und Heiden beisammen lebten, mußte es Probleme geben, eben um des Postulates der einen Kirche aus Juden und Heiden willen."[49]

Vom Beginn des zweiten Jahrhunderts an galt das Christentum weithin als eine von Judentum wie Heidentum verschiedene Größe (als "drittes Geschlecht"). Einige Christen stimmten mit dieser Entwicklung nicht überein und wurden da und dort im Sinne einer Judaisierung bzw. Reju-

---

47 *G. Kretschmar*, Die Kirche aus Juden und Heiden. Forschungsprobleme der ersten christlichen Jahrhunderte, in: J. van Amersfoort / J. van Oort (Hgg.), Juden und Christen in der Antike, Kampen 1990, S. 9-43 (hier: 9).

48 Vgl. *C. Colpe*, Das Siegel der Propheten. Historische Beziehungen zwischen Judentum, Judenchristentum, Heidentum und frühem Islam, Berlin 1989 (Arbeiten zur neutestamentlichen Theologie und Zeitgeschichte 3), S. 86.

49 Vgl. G. Kretschmar (Anm.47), S. 29.

daisierung von Christengemeinden aktiv. Mit "Orthodoxie" hatte das alles weit weniger zu tun als mit "Orthopraxie", mit dem Festhalten an jüdischer Praxis und Gesetzesobservanz.[50]

Welche Schlußfolgerungen ergeben sich daraus? Die wichtigste Schlußfolgerung besteht m.E. in der Erkenntnis, daß selbst die früheste, in mancher Hinsicht formative Periode der christlichen Kirche nicht allein durch "Gewinne", sondern auch durch "Verluste" gekennzeichnet ist. Einer der schmerzlichsten Verluste ist die wachsende (und am Ende endgültige) Trennung zwischen Kirche und Synagoge, begleitet durch eine Marginalisierung und, schließlich, ein nahezu völliges Verschwinden des Judenchristentums.

Eine entsprechende Reaktion würde deshalb sein, unter Christen das Bewußtsein ihrer jüdischen Wurzeln zu stärken und solche Juden zu ermutigen, welche zusammen mit der Kirche den Namen unseres Herrn anzurufen und zur selben Zeit zusammen mit Israel der Thora gegenüber loyal zu bleiben wünschen.

Weil die Marginalisierung und das schließliche Verschwinden des Judenchristentums in der Hauptsache nichts mit "Orthodoxie" und "Häresie" zu tun hatte, scheint es mir weder notwendig noch ratsam zu sein, die Christologie zu eliminieren oder zu minimalisieren (m.a.W.: die "Immanuel"-Dimension der biblischen Überlieferung), wohl aber sie in einer solchen Weise zu interpretieren, daß antijudaistische Konsequenzen ausgeschlossen werden können.

---

[50] Ebd., S. 27.

Zur Kanonbildung in der Alten Kirche*

In meiner Jugend (und noch einige Zeit darüber hinaus) war ich davon überzeugt, das Problem der "Kanonbildung in der Alten Kirche" habe es vor allem mit dem zweiten, neutestamentlichen, Teil der zweiteiligen "Heiligen Schrift" der Christen zu tun. In *diesem* Bereich seien die offenen, strittigen Fragen konzentriert (biblischer Kanon und kirchliche Autorität; Apostolizität als Prinzip der Sammlung und Ausscheidung bei der Bildung des Kanons; das Problem des "Kanons im Kanon"; die Rolle Markions und des Montanismus im Kanonbildungsprozeß etc.). Inzwischen habe ich längst den Eindruck gewonnen, es sei nahezu umgekehrt: während hinsichtlich der Entstehung des neutestamentlichen Kanons ein weitgehender Konsens erreicht zu sein scheint, gehen die Auffassungen über die Rezeption des Alten Testaments im frühen Christentum gerade neuerdings wieder weit auseinander. Daß dieser Eindruck nicht ganz unberechtigt ist, läßt sich u.a. damit belegen, daß unter den insgesamt 17 Einzelbeiträgen des dem "Problem des biblischen Kanons" gewidmeten dritten Bandes des Jahrbuchs für Biblische Theologie (Neukirchen 1988) ein einziger sich mit dem neutestamentlichen Kanon beschäftigt; und das ist auch noch eine (weitgehend zustimmende) Buchbesprechung (des neuesten Buches von B. M. Metzger[1]).

Dem altbewährten hermeneutischen Prinzip folgend, "vom Hellen zum Dunklen" fortzuschreiten, beginne ich mit einer kurzen Beschreibung des augenblicklich weitgehend erreichten Konsenses über Ursprung, Geschichte und Bedeutung des *neutestamentlichen* Kanons und wende mich anschließend, notgedrungen etwas ausführlicher, den mit der Rezeption des Alten Testaments in der Alten Kirche verknüpften Fragen zu.

I.

a. Es ist gegenwärtig, wenn nicht unumstritten, so doch meinem Eindruck nach weniger umstritten als früher, daß die Rede vom neutestamentlichen Kanon als "Werk" oder "Schöpfung" der Kirche ungenau ist, um es vorsichtig auszudrücken. Keines der großen Konzilien der Alten Kirche hat sich je mit dem Kanon befaßt. Kirchenamtliche Entscheidungen kommen anfangs überhaupt noch nicht in Frage. Synodale Urteile und

---

* Unveröffentlicht. Der Text geht zurück auf einen Vortrag vor der Projektgruppe "Biblische Theologie" der Wissenschaftlichen Gesellschaft für Theologie am 23.3.1992 in Pforzheim/Hohewart.

[1] *B. M. Metzger*, The Canon of the New Testament. Its Origin, Development and Significance, 2. Aufl., Oxford 1988 (5. Aufl., 1992); vgl. *E. Dassmann*, Wer schuf den Kanon des Neuen Testaments?, Zum neuesten Buch von Bruce M. Metzger, in: I. Baldermann u.a. (Hgg.), Zum Problem des biblischen Kanons, Neukirchen-Vluyn 1988 (Jahrbuch für Biblische Theologie 3), S. 275-283.

bischöfliche Hirtenbriefe (wie der berühmte 39. Osterfestbrief des Athanasius) über den Bestand der Bibel werden erst gegen Ende des vierten Jahrhunderts üblich; sie haben zudem zunächst meist nur lokale oder regionale Bedeutung. Sie suchen den Ausgleich zwischen griechisch-sprachigem Osten und lateinisch-sprachigem Westen vor allem, aber auch im Osten selbst zwischen Kleinasien und Syrien etwa, zu unterstützen, sind aber nicht imstande, einen vollkommen einheitlichen Kanon zustande zu bringen. (Den hat es bis zum Ende des Mittelalters nicht gegeben).

Trotzdem war man spätestens seit Irenäus von Lyon (ca. 130 - ca. 200) und den anderen "altkatholischen" oder, wenn man lieber will, "antignostischen Vätern" (Klemens von Alexandrien, Tertullian, Origenes, Hippolyt) - weithin zumindest - davon überzeugt, daß man überall ein und dieselbe Bibel besitze. Die Jesustradition galt ja längst als in den vier Evangelien abschließend und exklusiv fixiert.[2] Und auch über die Mehrzahl der "apostolischen Schriften" (über das Corpus paulinischer Briefe zumal), die man wohl schon bald nach dem Tode des Apostels auszutauschen (vgl. Kol 4,16) und zu sammeln begann,[3] war, soweit wir wissen, niemals Streit. Die nationalsyrische Kirche allerdings hat lange Zeit eine Sonderstellung eingenommen. Erst im fünften Jahrhundert war sie zur Annahme des 4-Evangelienkanons anstelle des bis dahin (allein?) gültigen "Diatessarons" Tatians bereit; sie zählte allerdings im Apostelteil Apk, II Petr, II/III Joh und Jud auch weiterhin nicht zum Kanon.

b. Daß es zur Idee eines normativen neutestamentlichen Kanons, einer neuen Schriftensammlung aus Evangeliums- und Apostelteil kam, hängt nach einer anscheinend von J. G. Eichhorn aufgebrachten, in unserem Jahrhundert besonders wirkungsvoll von Adolf von Harnack und Hans von Campenhausen vertretenen Theorie mit dem Auftreten Markions aus dem pontischen Sinope um die Mitte des zweiten Jahrhunderts zusammen. Markion, so Hans von Campenhausen in seiner "Entstehung der christlichen Bibel",[4] "verwarf die gesamte zu seiner Zeit lebendige Christusüberlieferung", von der er meinte, sie sei durch und durch "judaistisch" verfälscht. Stattdessen "verpflichtete" er "seine Kirche ihr gegenüber auf eine kleine, dogmatisch bearbeitete Auswahl urchristlicher Dokumente" (ein "gereinigtes" Lukasevangelium und zehn, ebenfalls korrigierte, Paulusbriefe ohne Pastoralbriefe), "die er allein als echt ansah. Dadurch wurde die Großkirche genötigt, ihm und allen anderen Irrlehrern eine entsprechende, aber erheblich weitere und nicht korrigierte Sammlung echter Urkunden entgegenzustellen." Mit dieser Behauptung verschärfte freilich von Campenhausen nicht nur Harnacks (im übrigen ganz ähnliche) Kanonthese. Er verließ vielmehr auch nach fast einhelliger Auffassung von Exegeten und Historikern den Boden dessen, was man ange-

---

[2] Vgl. Irenäus *haer.* III,1,2; 11,7 ff; Origenes *hom. 1 in Lc.* (zu Lk 1,1) u.a.m.

[3] Vgl. *IgnEph* 12,1; II Petr 3,15 f und dazu die Heidelberger Dissertation von *D. Trobisch,* Die Entstehungsgeschichte der Paulusbriefsammlung. Studien zu den Anfängen christlicher Publizistik, Göttingen 1989 (NTOA 10).

[4] *H. von Campenhausen,* Die Entstehung der christlichen Bibel, Tübingen 1968 (BHTh 39), S. 379.

sichts einer insgesamt dürftigen Quellenlage wissen kann, und wollte einigen seiner Feststellungen zu viel abgewinnen.

Es ist nach Lage der Dinge nicht auszuschließen, daß Markion einen schon existierenden, wenn auch noch nicht eindeutig begrenzten Mehrevangelienkanon verstümmelte. Mit Sicherheit aber verstümmelte er einen ihm vorgegebenen, akzeptierten Text des Lukasevangeliums. Es muß ferner ganz offen bleiben, ob die von Markion rezipierte Sammlung von Paulusbriefen überhaupt nur den Umfang seines "Apostolos" besaß, oder ob sie von ihm bewußt begrenzt wurde. Die Erweiterung des neutestamentlichen Briefteils um Schriften der "Säulenapostel" von Gal 2,9 allerdings dürfte später sein; nicht zuletzt um diesen Teil des Neuen Testaments, also die sog. "katholischen Briefe", sollte dann Jahrhunderte lang der Streit um die Grenzen des neutestamentlichen Kanons gehen. Sicher oder doch wenigstens in hohem Maße wahrscheinlich ist dagegen, daß sich nach dem Tode der Apostel und ihrer unmittelbaren Hörer, in Anbetracht des dadurch bewirkten "Autoritätslochs", früher oder später die Notwendigkeit ergab, die Stimme des κύριος und der Apostel dort zu suchen, wo sie allein noch vernehmbar war: in den schriftlichen Fixierungen ehemals mündlicher Überlieferung nämlich. Dann aber mußte sich früher oder später auch die Frage nach der Autorität dieser Schriften selbst, nach und neben der alttestamentlichen "Heiligen Schrift", stellen. Anders gesagt, scheint alle Wahrscheinlichkeit dafür zu sprechen, daß es zur Ausbildung eines zweiteiligen neutestamentlichen Kanons (welchen Umfangs auch immer) auch ohne Markion, rein aus innerkirchlichen Ansätzen und Antrieben gekommen wäre.[5]

Das Auftreten Markions wird dann aber diese Entwicklung wesentlich beschleunigt und einen tiefen, lange nachwirkenden Schock ausgelöst haben. Hinzu kam die Herausforderung durch die "Gnosis". Es ist gewiß schwierig, die gnostischen "Apokryphen" im einzelnen zu datieren und die darin verarbeitete Tradition näher zu bestimmen. Trotzdem unterliegt es wohl keinem Zweifel, daß nicht zuletzt die Auseinandersetzung mit der Gnosis die "Großkirche" dazu zwang, sich auf die "wahre", "echte" Tradition zu beziehen und diese deutlicher ein- und abzugrenzen.

Wenn es also seit Irenäus üblich wurde, "der kirchlichen Richtschnur ('εκκλησιαστικὸς κανών) entsprechend" zu betonen, daß es "weder eine größere noch eine geringere Zahl an Evangelien geben" dürfe als die vier von der Catholica anerkannten und verehrten,[6] dann war das sowohl auf die Verstümmelung der urchristlichen Tradition bei den Markioniten als auch auf die Wucherung der Tradition bei den Gnostikern gemünzt. Entsprechendes gilt von der Erweiterung des Apostelteils des neutestamentlichen Kanons auf Schriften des Paulus und der Säulenapostel von Gal 2,9; auch sie stellte, wie umstritten sie in ihren Zuordnungen und in ihrer Abgrenzung bis in die Reformationszeit auch sein und bleiben mochte, eine Absage sowohl an Markion als auch an die gnostische Vereinnahmung des

---

5 So jetzt auch mit triftigen Gründen B. M. Metzger (Anm. 1), S. 90 ff, bes. 97-99.

6 *Haer.* III,11,8; vgl. Origenes bei Euseb *h. e.* VI,25,3.

Paulus dar und zielte darauf ab, die Übereinstimmung des Paulus mit den "Säulenaposteln" zu dokumentieren.[7]

c. Was aber gab den Ausschlag für die Kanonizität, Echtheit und Wahrheit z.B. der vier Evangelien? Für einen Mann wie Origenes lautet die Antwort ganz eindeutig: sie "allein finden in Gottes unter dem Himmel (d.h. auf der ganzen Erde) ausgebreiteten Kirche keinen Widerspruch".[8] "Kanonisch" ist für ihn also gleichbedeutend mit "echt", und Ausweis der "Echtheit" ist die Anerkennung durch die Alten. Das aber gilt, wie ihm wohl bewußt gewesen sein wird, selbst für den Bereich der christlichen Gnosis, aus dem uns keinerlei Kritik an den vier Evangelien der Großkirche bekannt ist. Wenn es gleichwohl zur Produktion gnostischer Evangelien kam, so schwerlich in der Absicht, dadurch die "kirchlichen" Evangelien zu ersetzen; eher gedachte man sie zu ergänzen, ja zu überbieten (im Sinne von Gnosis als Überhöhung, als "Vervollkommnung" kirchlichen Christentums).

Trotzdem gab es, wie Ihnen allen bekannt sein wird, Streit um die Kanonizität einzelner früchristlicher Schriften (erinnert sei nur an den Konflikt zwischen Serapion von Antiochien und der Gemeinde des nahe gelegenen Rhossos über das sog. Petrusevangelium oder den innerkarthagischen Streit um Autorität und "Apostolizität" der sog. Paulusakten).[9] Immer war es ein sachlicher Anstoß, der die Kanonsfrage stellen ließ; und das ist bis zur Reformationszeit auch so geblieben.[10] Wie aber ist man mit den Konflikten fertig geworden? Was waren die Kriterien für Anerkennung oder Widerspruch? Von Campenhausen hatte sicherlich recht, wenn er kategorisch feststellte, die (anscheinend von Erasmus aufgebrachte) "heute herrschende Meinung, das ausschlaggebende Prinzip für die Aufnahme einer Schrift ins Neue Testament sei ihre Abfassung durch einen Apostel gewesen", entbehre "jeder Grundlage".[11] Die Quellen lassen vielmehr zwei "Prinzipien" erkennen. Man kann sie (mit W. G. Kümmel[12]) als "äußere" und "innere Apostolizität" bezeichnen; gemeint ist die zeitliche wie sachliche Nähe zum "Ursprung". Oder man kann (mit D. Lührmann) vom Zusammenwirken der beiden Kriterien "Apostolizität" (im Sinne der Herkunft von einem [Ur-]Apostel oder doch wenigstens der Autorisierung durch ihn) und *regula fidei* ("Glaubensregel") sprechen. "Beide bedingen einander, weil die *regula fidei* als Zusammenfassung der ursprünglichen Lehre der Apostel, wie sie in der Schrift vorliegt, verstanden wird; apostolisch kann deshalb aber auch nur sein, was der *regula fi-*

---

7 Vgl. dazu *D. Lührmann,* Gal 2,9 und die katholischen Briefe. Bemerkungen zum Kanon und zur regula fidei, ZNW 72 (1981), S. 65-87 (hier: 83 u.ö.).

8 Origenes bei Euseb *h. e.* VI,25,4; vgl. auch III,3,4.

9 Vgl. Euseb *h. e.*VI,12,2-6; Tert. *bapt.* 17,5.

10 Vgl. *H. J. Sieben,* Die Kontroverse zwischen Bossuet und Leibniz über den alttestamentlichen Kanon des Konzils von Trient, in: Zum Problem des biblischen Kanons (Anm. 1), S. 201-214 (hier: 202).

11 H. von Campenhausen (Anm. 4), S. 381.

12 *W. G. Kümmel,* Notwendigkeit und Grenze des neutestamentlichen Kanons, ZThK 47 (1950), S. 277-313 (auch in: E. Käsemann [Hg.], Das Neue Testament als Kanon, Göttingen 1970, S. 62-97).

dei entspricht"[13]. Man wird freilich ergänzen und präzisieren müssen, wenn anders erklärbar sein soll, weshalb bestimmte spätneutestamentliche Schriften kanonischen Rang erhalten haben, diejenigen der Apostolischen Väter aber nicht, obwohl sie sich zeitlich berühren: Voraussetzung ist wohl, daß "ein anonymer oder pseudepigraphischer Verfasser die Vermutung apostolischer Verfasserschaft" immerhin "offen läßt". War dagegen ein Autor der Person nach bekannt, so konnten seine Schriften nicht mehr kanonisch werden, weil sie "als sicher nichtapostolischen Ursprungs bekannt waren ... So haben es die Didache und der Barnabasbrief wenigstens für eine gewisse Zeit und an einigen Orten zu kanonischem Ansehen und gottesdienstlichem Gebrauch gebracht. Auch der Hebräerbrief hätte wohl keine Chance gehabt, auf Dauer kanonisch zu werden, wenn sich die von Origenes referierte Vermutung, der römische Bischof Klemens habe den Brief verfaßt, durchgesetzt hätte".[14]

d. Was schließlich die besonders im deutschen Sprachraum, zumal unter protestantischen Exegeten, heftig geführte Diskussion um einen "Kanon im Kanon" anlangt, so hat sich auch in dieser Hinsicht, meinem Eindruck nach, eine Annäherung der Standpunkte und eine Versachlichung des Gesprächs ergeben. Mir ist aus jüngster Zeit (sagen wir: seit S. Schulzens "Mitte der Schrift"[15]) kein substantieller Widerspruch dagegen bekannt geworden, daß die Idee eines "Kanons im Kanon" nur dann historisch angemessen und theologisch brauchbar ist, wenn dieser "Kanon im Kanon" als "Leitfaden zum rechten Verständnis und nicht als kritisches Prinzip zur Sichtung der Schrift verstanden wird"[16]. Auch und gerade B. M. Metzger stimmt damit ganz und gar überein. Er schließt sich K. Stendahl an, der meint: Es gibt keinen Generalschlüssel, der alle Sichten des Christuskerygmas aufschließt, sondern nur die vielen Schlüssel aller Schriften des Neuen Testaments, die durch den Schlüsselring des Kanons zusammengehalten werden.[17] Entschieden wendet sich Metzger gegen die Auffassung, eine Verengung des Kanons und die Eliminierung scheinbarer oder tatsächlicher Gegensätze erleichtere die Einheit der Kirchen; eher das Gegenteil ist für ihn der Fall.[18] Er (der Kanon) "ist und bleibt das beste Modell sichtbarer Einheit der Verschiedenen, das die Christenheit besitzt."[19]

Und nun zum schwierigeren Problem, dem des alttestamentlichen Kanons und seiner Rezeption in der Alten Kirche.

---

[13] D. Lührmann (Anm. 7), S. 83.

[14] E. Dassmann (Anm. 1), S. 277 unter Berufung auf Euseb *h. e.* VI,25,11-14.

[15] *S. Schulz,* Die Mitte der Schrift. Der Frühkatholizismus im Neuen Testament als Herausforderung an den Protestantismus, Berlin usw. 1976.

[16] H. von Campenhausen (Anm. 4), S. 335.

[17] B. M. Metzger (Anm. 1), S. 279.

[18] Ebd., S. 273 f, 280.

[19] *H. G. Link,* Der Kanon in ökumenischer Sicht, in: Zum Problem des biblischen Kanons (Anm. 1), S. 83-96 (hier: 96).

II.

In der Literatur findet man noch immer häufig die Ansicht vertreten, die frühe Christenheit habe sich bei ihrer Rezeption des Alten Testaments (wenn auch nicht von Anfang an) einfach an die Version gehalten, wie sie im hellenistischen Judentum zur Zeit Jesu und der Urapostel gebräuchlich war, d.h. an die Septuaginta. Diese übertrug, wie ich in Ihrem Kreise als bekannt voraussetzen darf, nicht nur stellenweise recht frei, sondern scheint in einigen biblischen Büchern auch einen anderen als den masoretischen Text vorauszusetzen. Aber auch dem Umfang nach wichen griechisches und hebräisches Altes Testament erheblich voneinander ab (der LXX-Überschuß umfaßt schließlich, wenn man nur vollständige Schriften nennt: I Esr, Jdt, Tob, I-IV Makk, Weish, Sir, PsSal). Dennoch sei, so lange Zeit die communis opinio, die LXX die Bibel der Christen geblieben, welche sich auch durch die spätere Eingrenzung des hebräischen Kanons nicht haben beeindrucken lassen.

Teilweise verband man dies mit der Annahme eines engeren, "palästinischen", und eines weiteren, "alexandrinischen", d.h. des hebräischen Schriftkanons des palästinischen Judentums im Unterschied zum umfangreicheren Kanon des hellenistischen, des Diasporajudentums, wie er natürlicherweise zum Kanon der Heidenchristen als der treibenden Kraft im frühen Christentum geworden sei. Doch ist diese Annahme seit A.C. Sundbergs Forschungen, vor allem seiner 1964 veröffentlichten Harvarder Dissertation mit dem Titel "The Old Testament of the Early Church" obsolet geworden, obwohl sich das noch nicht überall herumgesprochen zu haben scheint.[20] Zum andern hat man in der jüngeren Forschungsdiskussion wiederum der Tatsache stärkere Aufmerksamkeit geschenkt, daß mit Melito von Sardes für uns eine Tendenz in der griechischen Kirche Asiens und darüber hinaus erstmals in Erscheinung tritt, "welche", um den alten L. Diestel zu zitieren, "auf die hebräische Tradition möglichst zurückgeht, ohne indess das Recht auf ein eigenthümlich christliches Urtheil ganz aufzugeben"[21]; wie es freilich auch an Versuchen nicht fehlt, diese Tendenz weitgehend zu marginalisieren bzw. als Episode erscheinen zu lassen.[22] Schließlich ist mit der von dem bedeutenden jüdischen Historiker H. H. Graetz im vorigen Jahrhundert erfundenen "Synode zu Jamnia"[23] die gesamte Vorstellung von einem autoritativen Kanonsabschluß durch das "rabbinische Judentum" gegen Ende des ersten nachchristlichen Jahrhunderts und als Reaktion auf die Katastrophe des "Jüdischen Krieges" ins Gerede gekommen und dieser Hypothese gegen-

[20] Vgl. etwa *R. Williams*, The Bible, in: I. Hazlett (Hg.), Early Christianity. Origins and Evolution to AD 600. In Honour of W. H. C. Frend, London 1991, S. 81-91 (hier: 82).

[21] *L. Diestel*, Geschichte des Alten Testaments in der christlichen Kirche, Jena 1869 (Nachdr. Leipzig 1981), S. 22.

[22] Vgl. u.a. *St. G. Hall*, Doctrine and Practice in the Early Church, London 1991, S. 28.

[23] Vgl. dessen Buch Kohelet oder der salomonische Prediger, Leipzig 1871, Anhang I.

über namentlich von judaistischer Seite zu größter Vorsicht gemahnt worden. "Einen Kanon", so J. Maier, "gibt es streng genommen erst, nachdem eine jüdische Richtung, die pharisäisch-rabbinische, ihre Auffassung durchgesetzt hatte, im 3./4. Jahrhundert n.Chr. Aber auch die Rabbinen kämpften noch um die Kontrolle über den normativen Text und benützten dazu Vorschriften für die Erstellung tauglicher, rituell heiliger Schriftrollen-Exemplare. Wie vielfältig müssen die dabei noch spürbaren Differenzen erst vor 70 n.Chr. gewesen sein, als keine jüdische Richtung imstande war, ihren Willen der Mehrheit aufzuzwingen."[24]

Zu der Verwirrung der wissenschaftlichen Diskussion hat nicht wenig beigetragen, daß sie neben den Schwierigkeiten, wie sie sich aus der Quellenlage ergeben, von konfessionellen Interessen geprägt (gewesen) zu sein scheint. Dementsprechend, daß die Mehrzahl der Reformatoren den hebräischen Kanon als maßgeblich betrachteten, während die römisch-katholische Kirche im tridentinischen "Dekret über die kanonischen Schriften" (Sessio IV) die (zumindest im Umfang oder Bestand auf der LXX basierende) Vulgata "in öffentlichen Vorlesungen, Disputationen, Predigten und Auslegungen für authentisch" und verbindlich erklärte, neig(t)en evangelische Autoren dazu, den Nachweis zu versuchen, daß die Septuaginta-Zusätze in der Alten Kirche keine kanonische Geltung besessen haben, während katholische Autoren daran interessiert waren (und z.T. noch immer sind), das Gegenteil zu beweisen. Hier soll uns dieser Interessenkonflikt mitsamt seinen geschichtlichen Verwurzelungen im 16. Jahrhundert nur insoweit beschäftigen, als er seinen Anhalt an den Quellen selbst hat - und wir werden sehen, daß sich beide Auffassungen patristisch begründen lassen - ; im übrigen aber soll das "Werden des christlichen Alten Testaments"[25] hauptsächlich bedacht werden vor dem Hintergrund der christlich-jüdischen Beziehungen in der Antike. Diese Perspektive ist zwar nicht völlig neu, wohl aber weder in der Patristik noch in der kanongeschichtlichen Diskussion bislang eine Selbstverständlichkeit.

Über den geschichtlichen Vorgang der alttestamentlichen Kanonbildung als solchen werden Sie sich vermutlich morgen austauschen. Er liegt heute außerhalb unseres, jedenfalls meines Blickfeldes. Für uns ist von vorrangiger Bedeutung der Abschluß dieses Prozesses. Hier dürften die Zeugnisse des Josephus[26] aus der Zeit um 95 n.Chr. und des IV. Esrabuches

---

[24] *J. Maier*, Zur Frage des biblischen Kanons im Frühjudentum im Licht der Qumranfunde, in: Zum Problem des biblischen Kanons (Anm. 1), S. 135-146 (hier: 146).

[25] Vgl. *H. P. Rüger*, Das Werden des christlichen Alten Testaments, in: Zum Problem des biblischen Kanons (Anm. 1), S. 175-189; *E. Earle Ellis*, The Old Testament in Early Christianity, Tübingen 1991 (WUNT I/54); *N. Walter*, "Bücher: so nicht der Heiligen Schrifft gleichgehalten ..."? Karlstadt, Luther - und die Folgen, in: A. Freund u.a. (Hgg.), Tragende Tradition (Festschrift für M. Seils), Frankfurt/Main usw. 1992, S. 173-197 (hier: 175-181); *M. Hengel / R. Deines*, Die Septuaginta als "christliche Schriftensammlung" und das Problem ihres Kanons, in: W. Pannenberg / Th. Schneider (Hgg.), Verbindliches Zeugnis. I. Kanon - Schrift - Tradition, Freiburg i.Br. usw. 1992 (Dialog der Kirchen 7), S. 34-127.

[26] *Contra Apionem* I,7 f. - Zur Geschichte der alttestamentlichen Kanonbildung s. etwa den Art. von *G. Wanke*, Bibel I, in: TRE, Bd. VI, 1980, S. 1-8; dazu neuerdings vor

(Kapitel 14) ungefähr aus der gleichen Zeit[27] in der Tat einen sicheren Ausgangspunkt bilden und belegen, daß der Kanon der hebräischen Bibel am Ende des ersten nachchristlichen Jahrhunderts de facto in seinem jetzigen Umfang vorhanden ist, auch wenn es im Hebräischen und Aramäischen kein Äquivalent zum Kanonsbegriff gibt und dieser infolgedessen, an und für sich, "für die rabbinische Literatur ... unbrauchbar" ist.[28] Die Vorbehalte von judaistischer Seite lassen sich insoweit ohne weiteres aufnehmen, als man auf die Vorstellung verzichtet, "Pharisäer und Rabbinen" seien nach 70 n.Chr. rasch in "das Erbe der Sadducäer und Priester" getreten. "Schon seit zwei Jahrhunderten waren sie mehr und mehr zur führenden Macht geworden. Nun fiel ihnen mit einem Male die Alleinherrschaft zu."[29] Nein, nicht um eine plötzliche Machtergreifung kann es sich gehandelt haben, vielmehr um den Beginn eines (allerdings irreversiblen) Prozesses, analog demjenigen, den wir im zeitgenössischen Christentum vonstatten gehen sehen mit dem Werden des "Altkatholizismus", der ja auch nicht gegen Ende des zweiten Jahrhunderts "mit einem Male" da war, sondern sich seit dem Ende des ersten vorbereitet hat. (C. Andresen nennt das "Frühkatholizismus".) Auf die entsprechende Konzentrationsbewegung im Judentum gibt es in frühchristlicher Literatur so eindeutige Reflexe, daß ich davor warnen möchte, die historische Skepsis auf die Spitze zu treiben!

Blickt man von hier aus auf dieses frühchristliche Schrifttum hinüber, so ergibt sich aus dem Neuen Testament und dem Schrifttum der Apostolischen Väter im Grunde dasselbe Bild wie aus den Qumranrollen: Nicht ein weiterer Kanonbegriff liegt den Bezugnahmen auf die heiligen Schriften des Judentums zugrunde, verglichen mit jenem engeren, wie er sich seit der Wende vom ersten zum zweiten Jahrhundert über die Kreise des

---

allem *R. T. Beckwith*, Formation of the Hebrew Bible, und *M. J. Mulder*, The Transmission of the Biblical Text, in: ders. (Hg.), Mikra. Text, Translation, Reading and Interpretation of the Hebrew Bible in Ancient Judaism and Early Christianity, Assen/Maastricht usw. 1988 (CRI 2,1), S. 39-86. 87-135, sowie *E. Ulrich*, The Canonical Process, Textual Criticism, and Latter Stages in the Composition of the Bible, in: M. Fishbane / E. Tov (Hgg.), "Sha'arei Talmon". Studies in the Bibel, Qumran and the Ancient Near East Presented to Shemaryahu Talmon, Winona Lake/Indiana 1992, S. 267-291.

27 Vgl. dazu *J.-D. Kaestli*, Le récit de IV Esdras 14 et sa valeur pour l'histoire du canon de l'Ancient Testament, in: ders. / O. Wermelinger (Hgg.), Le Canon de l'Ancient Testament. Sa formation et son histoire, Genf 1984, S. 71-97; *Chr. Macholz*, Die Entstehung des hebräischen Bibelkanons nach 4 Esra 14, in: E. Blum u.a. (Hgg.), Die hebräische Bibel und ihre zweifache Nachgeschichte. Festschrift für Rolf Rendtorff zum 65. Geburtstag, Neukirchen-Vluyn 1990, S. 379-391. Das gilt, nebenbei, auch wenn M. Recht haben sollte mit der Vermutung, daß es im vorliegenden Text "vor allem auf die geheimen Bücher" ankomme.

28 *J. Maier*, Jüdische Auseinandersetzungen mit dem Christentum in der Antike, Darmstadt 1982 (EdF 177), S. 9.

29 So noch *E. Schürer*, Geschichte des jüdischen Volkes im Zeitalter Jesu Christi, Bd. I: Einleitung und politische Geschichte, 3./4. Aufl., Leipzig 1901 (Nachdr. Hildesheim 1964), S. 656 f.

protorabbinischen pharisäischen Judentums hinaus durchsetzen sollte,[30] sondern die Überzeugung, daß es noch gar keinen förmlich "abgeschlossenen" Kanon gebe, vielmehr zumindest der dritte Teil eines Kanons heiliger Schriften im Judentum nach unten hin offen sei (Ob man freilich in diesem Falle noch von "Kanon" sprechen solle und ein "offener Kanon" nicht eine contradictio in adiectu sei, ist eine sehr berechtigte Frage). So finden sich denn in der weit überwiegenden Mehrzahl Zitate und Anspielungen aus "Gesetz und Propheten", über die schon seit dem zweiten vorchristlichen Jahrhundert kein Streit mehr war, vereinzelt aber auch aus solchen Schriften, die später keinen Eingang in den dritten Teil der hebräischen Bibel fanden. Ich verzichte hier auf Einzelbelege. Die kritischen Ausgaben (einschließlich Nestle-Aland) lassen sie leicht auffinden.

Mit den frühchristlichen Apologeten, zumal mit Justin, dem bedeutendsten unter ihnen, beginnen sich die Dinge zu wandeln. Nicht nur, daß er sich in seinem "Dialog mit Tryphon"[31] dem jüdischen Gesprächspartner gegenüber beschwert, die Lehrer des Judentums, "welche die Richtigkeit der von den 70 Ältesten bei dem ägyptischen König Ptolemäus gefertigten Übersetzung nicht anerkennen, sondern eine eigene Übersetzung" versuchten, hätten "aus der Übersetzung, welche die Ältesten bei Ptolemäus hergestellt haben, viele Schriftstellen vollständig entfernt ..., in denen klar bewiesen wird, daß von unserem gekreuzigten Jesus verkündet war, er sei Gott und Mensch, er werde gekreuzigt und sterbe."[32] Vielmehr hat er sich in seinem erhaltenen Werk allem Anschein nach bewußt bei seinen Zitaten und Anspielungen an die "heiligen Schriften" gehalten, von denen er wußte, daß sie in dem von ihm als normativ betrachteten Judentum anerkannt waren.[33] M.a.W. es gibt bei Justin kein einziges Zitat aus "deuterokanonischen" oder gar "apokryphen" Schriften des Alten Testaments, und zwar bemerkenswerterweise auch nicht in seinen Apologien!

Wohl weil die Grenzen des alttestamentlichen "Kanons" noch immer als offen galten (falls es das gibt: einen "offenen Kanon"; s. oben) und auch in der großen und einflußreichen jüdischen Gemeinde von Sardes keine Klarheit zu gewinnen war (oder das direkte Gespräch vermieden wurde), machte sich gegen Ende des zweiten Jahrhunderts Melito von Sardes "in den Orient", genauer "an den Schauplatz der Predigten und Taten" unseres Erlösers, also nach Palästina auf, um "über die Bücher des Alten Testamentes", ihre Zahl und Reihenfolge, genaue Erkundigungen einzuziehen, und berichtet darüber in einem bei Euseb[34] erhaltenen Fragment aus seiner Schrift **Ἐκλογαί** ("Auszüge") "seinem Bruder Onesimus". Die von ihm mitgeteilte Liste entspricht exakt dem hebräischen Kanon, vor-

---

30 Vgl. *B. S. Childs,* Biblische Theologie und christlicher Kanon, in: Zum Problem des biblischen Kanons (Anm. 1), S. 13-27 (hier: 18).

31 *Dial.* 71,1-74,1.

32 Ebd. 71, 1.2.

33 So auch *E. Junod,* La formation et la compositon de l'Ancient Testament dans l'Église grecque des quatre premiers siècles, in: Le canon (Anm. 27), S. 105-134 (hier: 111, Anm. 13).

34 *H. e.* IV,26,13 f.

ausgesetzt, daß die Klagelieder zu Jeremia und Nehemia zu Esra (Esdras) gezählt werden, bis auf das Buch Esther, das hier wie in den meisten griechischen Kanonlisten fehlt.[35] Ich formulierte eben bewußt, daß sich mit Justin, der Koryphäe unter den frühchristlichen Apologeten, die Lage zu ändern beginne. Sehen wir doch selbst den jüngeren Zeitgenossen Melitos, den ebenfalls aus Kleinasien stammenden Irenäus von Lyon, eine ganz andere Position beziehen als Justin, indem er klar für die LXX Stellung bezieht.[36] Das betrifft wohl nicht nur den griechischen Text (z.B. die allein den Weissagungsbeweis für die Jungfrauengeburt tragende LXX-Fassung von Jes 7,10 ff), sondern auch den Textumfang.[37] Freilich überliefert Irenäus - wie Justin - keine Liste der von ihm für kanonisch gehaltenen Bücher, er zitiert aber immerhin aus II Makk, Weish, Sir, Baruch (als "Jeremia" angeführt) und endlich den griechischen Zusätzen zu Daniel. Um die Verläßlichkeit der LXX-Fassung von Jesaja 7 zu unterstreichen, greift Irenäus einmal die Aristeaslegende von der Entstehung der LXX auf und steigert noch (gemessen an Philo) die Wunderhaftigkeit des Vorgangs, wohl um zu unterstreichen, daß der griechische Text als ebenso inspiriert gelten müsse wie der hebräische. Zum andern weist er auf das höhere Alter der LXX-Übersetzung gegenüber neueren Versuchen wie denen des Aquila und Theodotion hin, deren antichristliche Tendenz ihnen auf der Stirne geschrieben stehe.[38]

Wenig später sehen wir den ersten großen Lateiner unter den Kirchenvätern, Tertullian, in seiner (noch in seiner "katholischen" Zeit, um 203, verfaßten) Schrift *De cultu feminarum* ("Über die weibliche Putzsucht") für die Annahme des Henochbuches streiten (I,3,1-3), welches den Engeln die Rolle zuschreibe, "den Weibern das Instrumentarium weiblicher Putzsucht *(muliebris gloria)* verschafft"[39] zu haben, wobei er einräumt, ihm sei wohl bewußt, daß diese Rezeption (im Lateinischen ist in der Tat von *recipi* die Rede) "von manchen" (offenbar Christen) nicht gebilligt werde, "weil (das Buch) keinen Eingang in den jüdischen Bücherschrank ('Thoraschrein', *armarium Iudaicum)* gefunden" habe. Möglicherweise, fährt Tertullian fort, spielte dabei die Erwägung eine Rolle, es sei unmöglich, daß ein vor der Sintflut verfaßtes Buch "bei dieser Heimsuchung des

---

35 Über die zu vermutenden Gründe s. E. Junod (Anm. 33), S. 112, Anm. 17; H. P. Rüger (Anm. 25), S. 185, und vor allem *G. Stemberger,* Jabne und der Kanon, in: Zum Problem des biblischen Kanons (Anm. 1), S. 163-174, bes. 169 f. Die Schwankungen in der Einstellung zu diesem Buch lassen sich offensichtlich am ehesten von den Parallelvorgängen im Judentum her erklären! - Interessant, daß als mögliche andere Bezeichnung für die "Sprüche" die "Weisheit" Salomos genannt wird (**Σολομῶνος Παροιμίαι ἢ καὶ Σοφία**) - nach Euseb IV,22,9 (unter Berufung auf Irenaeus *Haer.* 4,20,3) ein im zweiten Jahrhundert ziemlich verbreitetes Verfahren!

36 *Haer.* III,21,1 ff.

37 Auf diesen Unterschied gilt es in der patristischen Tradition genau zu achten. Insofern trifft E. Ulrichs wiederholte Feststellung: "in Judaism and in Christianity it is books, not the textual form of the books, that are canonical" (s. oben Anm. 25, hier: 273), für das Christentum nicht (völlig) zu.

38 Ebd.

39 Hen 8,1.3.

ganzen Erdkreises, bei der alles vernichtet wurde, unversehrt geblieben sein sollte". Entscheidender aber scheint ihm etwas anderes zu sein: "Da er noch in derselben Schrift vom Herrn kündete *(de domino praedicarit),* haben wir (Christen) wenigstens nicht das Geringste von dem zu verwerfen, was auf uns Bezug hat (bzw. was uns gehört). Zudem lesen wir (sc. II Tim 3,16), daß jede zur Erbauung dienliche Schrift von Gott eingegeben (inspiriert) ist, und sei sie nachträglich auch von den Juden verworfen worden - du verstehst schon, weshalb -, wie (sie) auch fast alles übrige (verworfen haben), was nach Christus(verheißung) klingt *(quae Christum sonant).* Es ist alles andere als verwunderlich, wenn sie einige Schriften, die von ihm (Christus) geredet haben, nicht rezipieren, ihm, den sie auch nicht annahmen, als er in eigener Person mit ihnen redete. Hinzu kommt ferner, daß er (Henoch) noch beim Apostel Judas (Jud 14) zitiert (bzw. als Zeuge aufgeboten) wird (*testimonium possidet*)." - So weit dieser ganze, interessante tertullianische Zusammenhang, aus dem 1. erhellt, daß "um das Jahr 200 die Anwesenheit oder Abwesenheit eines Buches in der jüdischen Bibel für die Christen oder doch wenigstens für bestimmte Christen nicht ohne Belang ist."[40] 2. scheint Tertullian freilich der Meinung zu sein, daß der Abschluß des jüdischen Kanons (des *armarium Iudaicum)* die Christen nichts angehe, zumal der Ausschluß mancher Schriften (bzw. die Tilgung mancher Stellen) sich durchsichtig-antichristlichen Motiven verdanke. 3. wagt Tertullian dem Henoch-Buch keinen förmlich "kanonischen" Rang zu vindizieren; wohl aber rechnet er es zu den "inspirierten" Schriften (ohne auch nur anzudeuten, wie weit er den Umkreis "inspirierten" Schrifttums bemißt).

Eine Generation später setzt sich im Osten die mit (Justin bzw.) Melito von Sardes begonnene Linie bei Origenes fort - der "Vorgänger" Clemens Alexandrinus, kann aus unseren Überlegungen ganz ausscheiden[41] -, und zwar in einer solch bemerkenswerten und wirkungsgeschichtlich so bedeutsamen Weise, daß es sich verlohnt, dabei einen Augenblick zu verweilen. Im Werke dieses größten Exegeten der Alten Kirche, der sich in seinen Kommentaren, Scholien und Homilien praktisch mit der Gesamtheit der biblischen Schriften intensiv beschäftigte und auch hermeneutisch bahnbrechend wirkte, stellt sich die Beziehung zwischen dem christlichen Alten Testament und der jüdischen Bibel als außerordentlich komplex dar, weil sie auf Abhängigkeit ebenso hindeutet wie auf Unabhängigkeit.[42]

In dem nur sehr fragmentarisch erhaltenen Psalmenkommentar gibt Origenes bei Gelegenheit der Auslegung des ersten Psalms ein Verzeichnis (**κατάλογος**) der heiligen Bücher des Alten Testaments. Euseb hat sich dafür so sehr interessiert, daß er das Stück in seine "Kirchengeschichte"[43]

---

[40] E. Junod (Anm. 33), S. 113.
[41] Zur Begründung siehe H. von Campenhausen (Anm. 4), S. 337-354, bes. S. 344.
[42] Vgl. zum Folgenden in erster Linie E. Junod (Anm. 33), S. 116 ff; *E. E. Ellis*, The Old Testament Canon in the Early Church, in: Mikra (Anm. 26), S. 653-690 (hier: 661-665). N. Walter (Anm. 25), S. 178 (mit zum Teil abweichenden Ergebnissen und Einschätzungen); M. Hengel / R. Deines (Anm. 25), S. 70-72 u.ö.
[43] *H. e.* VI,25,1-2.

aufgenommen hat. Und auch die "Philokalisten" (Basilius von Caesarea und sein Freund Gregor von Nazianz) hielten es der Berücksichtigung in ihrer "Blütenlese" aus Origenes für wert.[44] Als wörtliches Zitat ist uns überliefert: "Es ist zu bemerken, daß es nach der Überlieferung der Hebräer 22 kanonische Bücher gibt, entsprechend der Zahl der Buchstaben ihres Alphabetes, was nicht ohne Bedeutung sein dürfte." In der folgenden Liste, die Euseb ebenfalls aus dem ihm noch vorliegenden Kommentartext mitzuteilen behauptet, sind die Bücher des hebräischen Kanons im einzelnen aufgezählt, wobei erst der griechische Name, dann der hebräische in griechischer Umschrift genannt wird. Auffälligerweise fehlt in dieser Liste das Dodekapropheton, während "außerdem noch" (ἔξω δὲ τούτων) die "Geschichte der Makkabäer" aufgeführt wird. Das ist wohl nicht so zu verstehen, als rechne Origenes das Buch der Makkabäer zum hebräischen Kanon des Alten Testaments. Eher wird es sich um die "Lehnübersetzung der jüdischen Bezeichnung für die nicht in den hebräischen Kanon aufgenommenen Schriften... (*m San* X,1 u.ö.)" handeln.[45] Es ist richtig: es geht in dieser Liste nicht um das "christliche" Alte Testament, sondern um die jüdische Bibel, wie Origenes ausdrücklich sagt.[46] Nur darf man das Gewicht dieser durch Euseb dann sehr bekannt und einflußreich gewordenen Liste auch nicht unterschätzen. Es wird nämlich kein Zufall sein, daß Origenes dieser "jüdischen" Kanonliste nirgends in seinem uns erhaltenen Werk eine "christliche" gegenüberstellt. Dementsprechend gibt es auch aus der Feder des Origenes weder einen wissenschaftlichen Kommentar noch eine homiletische Auslegung eines Buches, das nicht im hebräischen Kanon enthalten war;[47] und das ist, in der griechischen Theologie und Kirche zumindest, fürs erste auch so geblieben.

Freilich hat Origenes auch die LXX-Überschüsse, die später sog. "deuterokanonischen" Schriften des Alten Testaments nicht aus dem christlichen Gebrauch verbannen wollen. Darum ja auch sein Riesenwerk der Hexapla. Es ist ihm darin nicht um Eliminierung des "Deuterokanonischen" zu tun, sondern um die Kenntlichmachung des Bezuges zum hebräischen Kanon. Daß unter den Christen seit langem eine Sammlung von heiligen Schriften in Gebrauch ist, die sich in ihrem Inhalt und in ihrem Umfang vom hebräischen Kanon unterscheidet, ist, wie es scheint, für Origenes einfach eine Tatsache, sozusagen eine kirchliche Tradition, und er ist bereit, dahinter durchaus das Walten der göttlichen Providenz zu sehen.[48] Abgesehen von dieser religiösen Rechtfertigung gibt es aber bei Origenes keine theoretische Begründung des "christlichen" Kanons des

---

[44] Kap. 3: SC 302, S. 261 ff.

[45] H. P. Rüger (Anm. 25), S. 186.

[46] E. Junod (Anm. 33), S. 120, Anm. 36, unter Berufung auf *J. Ruwet,* Les Antilegomena dans les oeuvres d'Origène, Bib. 23 (1942), S. 18-42; (1943), S. 15-58 (hier: [1943], S. 19).

[47] Vgl. E. Junod (Anm. 33), S. 119.

[48] Das ist u.a. Gegenstand seiner Korrespondenz mit dem ihm befreundeten Julius Africanus, hg. von N. de Lange, in: SC 302, S. 514-521; vgl. dazu *P. Nautin*, Origène, Paris 1977, S. 303-361.

Alten Testaments. Es ist für ihn eine Sache der Tradition, an der er nichts zu ändern wünscht. So widerspricht er denn in seinem berühmten Brief an Julius Africanus (aus der Zeit um 248?) dem Ansinnen des Freundes, welcher die Geschichte von Susanna aus der theologischen Argumentation ganz ausgeklammert sehen möchte, u.a. mit der Begründung, sie sei in den jüdischen Danieltexten nicht enthalten,[49] und gibt sich ganz traditionalistisch, indem er den Bibeltext (in Wahrheit einen Cento aus mehreren, nämlich Dt 19,14; Prov 22,28 und 23,10) zitiert: "Du sollst die ewigen Grenzen, welche deine Vorfahren gesetzt haben, nicht verrücken."

So sind denn von Origenes, wenn wir recht sehen, zwei Impulse ausgegangen; zum einen der der Rückbindung an die hebraica veritas, wie sie in der Kanonliste und der Hexapla zu deutlichstem Ausdruck kommt. Zum andern hat man sich durch den Brief an Julius Africanus das gute Gewissen geben lassen, an der Tradition festzuhalten und also eine Sammlung heiliger Schriften des Alten Testaments zu benutzen, die sich weder inhaltlich noch umfangmäßig *völlig* mit der jüdischen Bibel deckte. Es ist wohl kein Zufall, daß uns dieser Brief als einziger aus einer sicherlich umfangreicheren Korrespondenz erhalten geblieben ist! Freilich wirkte die Erinnerung an den jüdischen Kanon wie ein "Stachel im Fleisch" und ließ offensichtlich beim Gebrauch der LXX, zumindest ihrer "Überhänge", nicht mehr recht froh werden. Ohne es auf diesen Ausdruck zu bringen, unterschied man im (etwas weiteren) alttestamentlichen Kanon (verglichen mit dem der Synagoge) demzufolge zwischen "Proto-" und "Deuterokanonischem", während solche Schriften, die auf ausdrückliche Ablehnung im "normativen" Judentum der Zeit nach 70 n.Chr. gestoßen waren (wie etwas das Henochbuch), auch im Christentum auf die Dauer keinerlei Aussicht auf "kanonische" Geltung hatten. Hier ist schon bei Origenes selbst ein Klärungsprozeß zu verfolgen.[50]

Die weitere Entwicklung (nach Origenes) können wir jetzt nicht mehr im einzelnen verfolgen. Es genüge der Hinweis, daß a) im (griechisch- und syrisch- sprachigen) Osten die vorsichtig-pragmatische Linie des Origenes auch weiterhin gewiß viel Anklang und Nachahmung gefunden hat, so etwa bei Athanasius, wie sein berühmter 39. Osterfestbrief vom Jahre 367 beweist. Darin wird zwischen den 22 "kanonischen" Schriften des Alten Testaments und andererseits "Apokryphen" unterschieden, deren Lektüre in der christlichen Gemeinde strikt untersagt sei (genannt werden die Henochschriften sowie Mose- und Jesajaapokryphen oder, wie wir sa-

49 *Ep. Or. 7* in: SC 302, S. 518. Ob die Motive des J. A. zureichend erfaßt sind, indem seine "Haltung" als die eines "Gelehrten und Kenners des Judentums" (E. Junod [Anm. 33] S. 117), beschrieben wird, läßt sich sehr wohl bezweifeln!

50 Vgl. die frühe Äußerung in *princ.* I,3,2 und IV,4,8 mit der späten Äußerung in *Cels.* V,54 und dazu E. Junod (Anm. 33), S. 123; ferner E. E. Ellis (Anm. 42), S. 664 mit Anm. 52. Ellis macht ebd., Anm. 53, auch auf die Stelle *comm. in Mt.* (zu Mt 23,37-39) aufmerksam, an der Origenes zwischen "kanonischen" und solchen "Schriften" unterschieden wissen will, die gut und "nützlich" zu lesen sind (Rufin übersetzt hier: *canonizatas scripturas*, was auf griechisch wohl lautete: ἐνδιαθήκους γραφάς).

gen würden, -pseudepigraphen). Daneben aber gibt es nach Athanasius noch "andere Schriften", die er nicht völlig aus dem kirchlichen Gebrauch verbannt sehen möchte, weil die Vätertradition diese Schriften neben denen der hebräischen Bibel überliefert hat. Sie eignen sich, weil aller Geheimnisse bar, zur einführenden Lektüre der Katechumenen. Genannt werden Weish, Sir, Esther, Judith, Tobias, Didache und Pastor Hermae (!).

Es gibt aber auch in der griechischen Theologie des vierten und fünften Jahrhunderts eine andere Entwicklungslinie (b), nach welcher die "deuterokanonischen" Schriften als "apokryph" zu gelten und also ganz aus dem kirchlichen Gebrauch auszuscheiden hätten; so mit besonderer Schärfe Kyrill von Jerusalem, *catech.* IV,33-35, und wahrscheinlich auch Epiphanius von Salamis. Doch hat Kyrill selbst das seinen Täuflingen eingeschärfte Prinzip keineswegs sklavisch befolgt, ebensowenig wie Euseb von Caesarea sich in seinem Schriftgebrauch strikt an die von ihm mitgeteilten Listen des Josephus, des Melito von Sardes und des Origenes gehalten hat!

Gesiegt hat im Osten der Pragmatismus, um nicht zu sagen: die Konfusion. Denn auf dem Quinisextum von 692 n.Chr., das in seinem zweiten Kanon summarisch die Synodalbeschlüsse u.a. von Laodicea (zwischen 341 und 381) und Karthago (419) sowie die sog. "Apostolischen Kanones" rezipiert hat, wurden damit faktisch drei verschiedene Kanonlisten "kanonisiert": Die eine (Laodicea *can.* 59 [60]) enthält nur die Bücher der jüdischen Bibel; die andere (*Can. App.* 85) die Bücher der jüdischen Bibel und Judith, I/III Makk und, zum Besten der studierenden Jugend, Sir; die dritte enthält (nahezu) die proto- und deuterokanonischen Bücher der Vulgata. Das hat freilich nicht verhindert, daß ein so angesehener Theologe wie Johannes von Damaskus[51] im achten und ein byzantinischer Patriarch wie der bekannte Nikephoros im neunten Jahrhundert nur die 22 Bücher der hebräischen Bibel als kanonisch gelten lassen bzw. die LXX-Überhänge als "alttestamentliche Schriften" registrieren, "denen widersprochen wird und die nicht kirchlich anerkannt sind".

c) In der lateinischen Theologie und Kirche[52] war ein ungezwungenerer Umgang mit der Tradition üblich. Man benutzte (besonders in Nordafrika), anscheinend anstandslos, die lateinischen Bibelübersetzungen, die dem Vorbild (auch im Umfang?) der LXX folgten. Es gab im Westen ge-

---

51 *F.o.* 4,17.

52 Vgl. dazu *O. Wermelinger*, Le canon des Latins au temps de Jérôme et d'Augustin, in: Le Canon (Anm. 27), S. 152-196 (hier: 153 ff); E. E. Ellis (Anm. 42), S. 670-678; M. Hengel / R. Deines (Anm. 42), S. 53, wo die ansprechende Vermutung geäußert wird, daß im Westen "offensichtlich die Auseinandersetzung mit Juden und Judenchristen weniger bedrängend oder zumindest weniger kanongebunden war als im von Alexandrien beeinflußten Osten. Das mag auch der Grund dafür sein, daß sich der Westen gegenüber den Schriften, die weder im hebräischen Kanon noch auch im LXX-Kanon standen, größere Freiheiten erlauben konnte" (mit Hinweis auf Tertullians Stellung zum Henochbuch). Dem müßte man weiter nachgehen.

gen Ende des vierten Jahrhunderts drei Anstöße zu einer intensiveren Beschäftigung mit der Kanonsfrage. Zum einen die Auseinandersetzung mit dem Priszillianismus (mit seiner Tendenz, den Bereich des "Kanonischen" auf "apokryphe" Schriften auszudehnen - wir wissen nicht genau, auf welche); zum andern die Auseinandersetzung mit dem Manichäismus (und seiner genau gegenläufigen Tendenz [vgl. Markion]); schließlich die Auseinandersetzung mit dem Übersetzungswerk des Hieronymus und seiner Tendenz, zu den hebräischen Quellen zurückzukehren.

In einer noch heute als spektakulär wirkenden, sich über viele Jahre hinziehenden Korrespondenz[53] hat sich Augustin gegenüber Hieronymus weniger für einen weiteren (als den hebräischen) Kanon, als vielmehr für die Zuverlässigkeit des griechischen Textes der LXX verkämpft, wie er den geläufigen lateinischen Übersetzungen zugrunde lag. Was den Umfang des Kanons anlangt, so verschloß er durchaus nicht die Augen davor, daß dieser in der Christenheit auf Erden umstritten war. Darum sein Ratschlag in *De doctrina christiana* II, 8,12: "Bei den kanonischen Schriften (und das schließt bei ihm selbstverständlich die sog. Apokryphen ein) wird man also nachstehender Regel folgen: Diejenigen, welche von allen katholischen Kirchen akzeptiert werden, stellt man denjenigen voran, welche einige (Kirchen) nicht akzeptieren. Aber bei denjenigen, die nicht von allen (Kirchen) akzeptiert werden, stelle man diejenigen, welche die größeren und bedeutenderen Kirchen akzeptieren, denjenigen voran, welche nur die kleineren und weniger bedeutenden Kirchen annehmen. Wenn man aber feststellt, daß die einen von größeren, die anderen von bedeutenderen Kirchen angenommen sind, obwohl man das nicht so leicht wird feststellen können, dann bin ich jedoch der Meinung, daß ihnen gleiche Bedeutung zugemessen werden muß."[54]

Und auch das ist nicht zu übersehen: Augustin hat sich durchaus bewegt und sich am Ende nicht mehr einfach dem hieronymianischen Argument mit der hebraica veritas verschlossen. So kann er in dem späten Buch 18 von *De civitate Dei,* Kapitel 44, sagen: "So will ich denn mit meinen bescheidenen Kräften den Spuren der Apostel folgen, die ebenfalls aus beiden Quellen, dem hebräischen Text und der Septuaginta, prophetische Zeugnisse angeführt haben, und mich an beide Autoritäten halten, da sie beide in gleicher Weise göttlich sind". Ähnlich hat sich Rufin von seiner Gegnerschaft gegen Hieronymus nicht auf die Dauer blockieren lassen.[55]

Das einzige mir aus der Antike bekannte Beispiel, daß ein "deuterokanonisches" Buch einer eigenen Kommentierung gewürdigt wurde, ist des Ambrosius *De Tobia*[56]. Hier deutet sich, deutlicher als bei Augustin und

---

[53] Vgl. dazu jetzt die Heidelberger Dissertation von *R. Hennings,* Der Briefwechsel zwischen Augustinus und Hieronymus und ihr Streit um den Kanon des Alten Testaments und die Auslegung von Gal 2,11-14, Heidelberg 1991. Zur kanongeschichtlichen Bedeutung des Hieronymus s. ferner E. E. Ellis (Anm. 42), S. 670 ff.

[54] Zit. bei H. P. Rüger (Anm. 25), S.188.

[55] Vgl. seinen Kommentar zum apostolischen Symbol und dazu E. Wermelinger (Anm. 52), S.164 f, mit weiterer Lit.

[56] CSEL 32,2.

Rufin an, daß im Abendland sich eine andere Entwicklung als im Osten anbahnte!

Ich ziehe aus allem das vorläufige Fazit, daß in der Tat die Geschichte des Alten Testaments in der christlichen Kirche, gerade auch, was die ersten Jahrhunderte anlangt, erst noch zu schreiben ist.[57] Das Studium der Kanonlisten genügt gewiß nicht, um zu einigermaßen sicheren und aufschlußreichen Ergebnissen zu gelangen. Wer würde z.B. mit der Kanonliste von Karthago 419 n.Chr. (unter Bestätigung eines entsprechenden Beschlusses von 393 bzw. 397) eine so differenzierte Sicht, wie wir sie bei Augustin, einem der führenden Teilnehmer dieser Synode, feststellen können, in Verbindung bringen? Es ist vielmehr notwendig, den Schriftgebrauch der ältesten christlichen Schriftsteller gründlich zu untersuchen und dabei zu fragen, in welchem Maße die "deuterokanonischen" Texte zur dogmatischen Beweisführung herangezogen werden. Dienen sie lediglich zur Verstärkung eines Schriftbeweises, wo bereits unbezweifelt "kanonische" Texte existieren? Werden sie hauptsächlich herangezogen in Fragen der Moral, mehr als der Theologie?[58]

So viel aber scheint mir schon jetzt mit einiger Sicherheit gesagt werden zu können: "Neben der Geschichte des christlichen Gottesdienstes ist die Geschichte der christlichen Bibel das deutlichste Indiz dafür, daß schlechterdings keine Rede davon sein kann, Christentum und Judentum haben sich seit ihrem Bruch infolge der Ereignisse des Jahres 70 n.Chr. nichts mehr zu sagen gehabt, sondern seien ein jedes seiner Wege gegangen!"[59]

---

[57] So mit Recht vor mehr als 30 Jahren *A. Jepsen,* Zur Kanonsgeschichte des Alten Testaments, ZAW 71 (1959), S. 114-136 (hier: 125).

[58] Vgl. E. Junod (Anm. 33), S. 131; etwas andere Akzente setzt E. E. Ellis (Anm. 42), S. 677 f u.ö.

[59] *A. M. Ritter,* Die Entstehung des neutestamentlichen Kanons: Selbstdurchsetzung oder autoritative Entscheidung?, in: A. und J. Assmann (Hgg.), Kanon und Zensur. Beiträge zur Archäologie der literarischen Kommunikation, Bd. II, München 1987, S. 93-99 (hier: 94); ähnlich sieht die Dinge anscheinend E. E. Ellis (Anm. 42, S. 655 u.ö.). Und auch M. Hengel / R. Deines bestätigen diese Sicht in ihrem hervorragend gelehrten und anregenden Beitrag (Anm. 25) auf Schritt und Tritt. Nach ihnen ist selbst die Verbreitung und Durchsetzung der LXX- Überhänge (gegenüber der hebräischen Bibel) in der Kirche kaum anders als so zu erklären: "Sie waren für die sich stabilisierende, in breitere Gesellschaftsschichten hineinwachsende Kirche zu Beginn des 3. Jahrhunderts 'nützlich und gut zu lesen'. Das in ihnen vertretene, allen Extremen - abgesehen von der Bereitschaft zum Martyrium - abgeneigte, gleichwohl klare, an Gottes Geboten orientierte monotheistische und mitmenschliche Ethos seiner erzieherischen, echte παιδεία fördernden Wirkung verband im Grunde Kirche und Synagoge. Freilich, der durch die wachsende Gelehrsamkeit sich teilweise sogar noch verstärkende Stachel blieb: Sie waren eben doch 'der heiligen Schrift nicht gleichgehalten'- vor allem im Osten" (S. 124). Wieviel mehr verdankte sich dies Urteil, was der Heiligen Schrift (Alten Testaments) "gleichzuhalten" sei und was nicht, (im Osten zumindest) der Orientierung am (zeitgenössischen) Judentum! Für Hengels eigenes theologisches Räsonnement scheint freilich diese Orientierung keine Rolle mehr zu spielen (s. seine Schlußfragen S. 126 f).

Zur gesellschaftlichen Verantwortung des Christen

Christentum und Eigentum bei Klemens von Alexandrien auf dem Hintergrund der frühchristlichen "Armenfrömmigkeit" und der Ethik der kaiserzeitlichen Stoa*

Hermann Doerries, dem Achtzigjährigen, zum 17. 7. 1975 in bleibender Dankbarkeit

Nach marxistischer Auffassung, wie sie nach und neben F. Engels am geschlossensten wohl K. Kautsky in seiner weit ausgreifenden Monographie "Der Ursprung des Christentums"[1] dargelegt hat, ist das Christentum aus einer ursprünglich sozialrevolutionären, proletarisch-kommunistischen Bewegung spätestens seit seiner Anerkennung durch den römischen Staat zu einer Stütze von Unterdrückung und Ausbeutung geworden, womit auch als erwiesen gilt, daß es von Anfang an - wie jede Religion - nicht etwa eine selbständige geistige und materielle Potenz, sondern lediglich eine Funktion der jeweiligen politischen und ökonomischen Verhältnisse war. Ist diese These, jedenfalls für eine nicht-marxistische, dem "historischen Materialismus" weder verpflichtete, noch sich ihm a priori verschließende Geschichtswissenschaft, nur noch von historischem Interesse? Oder kann sie wenigstens in der Form aufgenommen werden, daß "die evangelische Botschaft ... primär den 'Armen' galt und auf die Umwandlung auch der empirischen Verhältnisse gerichtet war", daß aber über kurz oder lang das "Schockieren*[2]*de der Botschaft des Jesus von Nazareth ... zu einer gedämpften 'Kleinen Nachtmusik' der Seele" wurde

---

Zuerst veröffentlicht in: ZKG 86 (1975), S. 1-25.

* Überarbeitete Fassung eines Gastvortrags vor der Ev.-Theol. Fakultät Tübingen am 29. Mai 1973.

[1] 1910 zuerst erschienen und zu Lebzeiten Kautskys insgesamt zehnmal aufgelegt, ist sie innerhalb der Reihe "Sozialistische Klassiker in Neudrucken" (hg. v. G. Eckert) 1968 im Dietz-Verlag Hannover mit einer Einleitung von *K. Kupisch* neu herausgebracht worden. [Vgl. jetzt die 16. Aufl. (Nachdr. d. 10. Aufl., 1920), Berlin 1977 (Internationale Bibliothek 45)]. Zur Stellung Kautskys innerhalb der marxistischen Historiographie s. etwa die knappe Skizze von *H.-J. Steinberg*, Karl Kautsky und Eduard Bernstein, in: H.-U. Wehler (Hg.), Deutsche Historiker, Bd. IV, Göttingen 1972 (KVR 346,347,348), S. 53-64 [auch in ders. (Hg.), Deutsche Historiker, Göttingen 1973, S. 429-440]. Zur neueren marxistischen Theorie über Ursprung und Anfänge des Christentums auf den von Engels (und Kautsky) gelegten Grundlagen s. den informativen Überblick in dem Artikel "Christentum, B: Frühchristentum und kommunistische Ideologie" (R. Werner) in: Sowjetsystem und demokratische Gesellschaft. Eine vergleichende Enzyklopädie, Bd. I, Freiburg i. Br. 1966, Sp. 994-1006, 1010 f.

oder gar ganz "im neuplatonischen Spiritualismus menschlicher Innerlichkeit" versank, so daß der "Widerspruch der Mächtigen und Reichen ... sich in das beruhigte Lächeln von solchen" verwandeln konnte, "die von dieser Seite nichts mehr zu fürchten haben"?[2]

Ich meine nicht, daß über diese vieldiskutierte Frage[3] bereits die Akten geschlossen werden könnten, obwohl sich erfreulicherweise gerade in letzter Zeit - auch im Hinblick auf das Problem des "urchristlichen Kommunismus" - in der Forschung eine differenziertere Betrachtungsweise durchzusetzen beginnt, die endlich auch über die sattsam bekannten und seit Jahrzehnten wiederholten Abgrenzungen hinauszuführen verspricht.[4] So ist denn zu hoffen, daß auch der im folgenden unternommene Versuch, zu einer besseren Kenntnis und einem besseren Verständnis jener spezifischen Problemstellung beizutragen, wie sie sich für das Christentum um die Wende vom zweiten zum dritten Jahrhundert ergab, nicht als überflüssig empfunden wird.

I.

Im Mittelpunkt dieser Untersuchung steht die Beschäftigung mit einem Text, der allein schon deshalb besonderes Interesse verdient, weil er die erste uns bekannte ausführliche und zusammenhängende Stellungnahme zum Problem von Reichtum und Eigentum aus christlicher Sicht enthält. Es ist der Traktat **ΤΙΣ Ο ΣΩΙΖΟΜΕΝΟΣ ΠΛΟΥΣΙΟΣ** oder, wie er meist lateinisch zitiert wird, *Quis dives salvetur* (*q.d.s.*). Sein Verfasser, T. Flavius Clemens, um die Mitte des zweiten Jahrhunderts geboren und, wie es scheint, nicht anders als die älteren "Apologeten" zum Christentum bekehrt: indem er sich als "Philosoph" dem "Platonismus" (was immer das konkret bedeuten mochte!) zuwandte und durch ihn zum Christentum geführt wurde, er war nach langer Wanderschaft schließlich nach Alexandrien gelangt, wo er endlich auch den Lehrer fand, der ihm Genüge tat: Pantainos, einen, wie der Kirchenhistoriker Euseb zu berichten weiß,[5] zum Christentum übergetretenen stoischen Philosophen. Und hier, in der von Alexander d. Gr. gegründeten, mittlerweile zweitgrößten Stadt der Ökumene, die sich bis zum Ende der Römerherrschaft als bedeutendster

---

[2] K. Kupisch (Anm. 1), S. XLVII f.

[3] Zur älteren Literatur s. etwa die - nicht einmal vollständige - Zusammenstellung bei *K. Farner*, Theologie des Kommunismus?, Frankfurt/Main 1969, S. 81-87.

[4] Ich verweise insbesondere auf *U. Wilckens*, Urchristlicher Kommunismus. Erwägungen zum Sozialbezug der Religion des Urchristentums, in: W. Lohff / B. Lohse (Hgg.), Christentum und Gesellschaft, Göttingen 1969, S. 129-144; *H.-J. Kraus*, Aktualität des "urchristlichen Kommunismus"?, in: H.-G. Geyer (Hg.) Freispruch und Freiheit. Theologische Aufsätze für Walter Kreck zum 65. Geburtstag, München 1973, S. 306-327; vor allem aber *M. Hengel*, Eigentum und Reichtum in der frühen Kirche. Aspekte einer frühchristlichen Sozialgeschichte, Stuttgart 1973, bes. S. 39 ff (in der Vielfalt der Aspekte und der Abgewogenheit des Räsonnements augenblicklich wohl die beste Ausgangsbasis für eine Näherbeschäftigung mit der Sozialgeschichte und den Sozialideen des frühen Christentums!).

[5] Euseb *h. e.* V,10,1.

Umschlagplatz für den Warenverkehr zwischen Ost und West einer i.w. ununterbrochenen wirt*[3]*schaftlichen und kulturellen Blüte erfreute, verbrachte er den Hauptteil seines Lebens, und zwar - ähnlich wie Justin in Rom und vor ihm und wohl auch noch einige Zeit neben ihm Pantainos in Alexandrien - als freier "philosophischer" Lehrer.

Wie bei den meisten Autoren der christlichen Frühzeit, so ist auch vom Schrifttum des Klemens mehr verloren als erhalten. Immerhin ist der Rest, obwohl in der Hauptsache nur aus drei aufeinander aufbauenden[6] Werken bestehend, noch immer ansehnlich genug. Einen breiten Raum nehmen darin Reflexionen über alle möglichen Fragen des sittlichen und gesellschaftlichen Lebens ein. Ihr Ziel und "Leitmotiv" ist es, daß die christliche Morallehre nicht "gesetzlich", nicht als Summe von Forderungen verstanden werde, welche als solche, ohne auf ihre Gründe hin befragt zu werden, erfüllt werden müßten. Das von ihr geforderte "Gute" muß vielmehr "evident" sein, wenn anders die Christen nicht als "stumme Hunde" dastehen und sich, wie das liebe Vieh, zwar "abmühen" sollen, "doch nur getrieben vom Zwang der Furcht", ohne zu wissen, was sie tun und warum sie es tun.[7]

Dieser Wille, zu verstehen und - verstehen zu lehren, beherrscht auch unseren Traktat. Von seinem Inhalt her ist kaum auszumachen, ob es sich dabei ursprünglich um eine Gemeindepredigt handelt oder aber "um eine Art 'Bibelstunde' oder geistlichen Vortrag", der nur auf einen engeren Hörerkreis der gehobenen christlichen Gesellschaft Alexandriens berechnet war. Man "sieht hier jedenfalls, wie gut es Klemens versteht, einen Gedankengang, wenn es sein soll, in völliger Einfachheit und Klarheit zu entfalten und ohne alles prunkende Beiwerk warm und eindringlich zum Ziel zu führen."[8]

Der Form nach bietet er sich als Exegese der Perikope vom "reichen Jüngling" (Mk 10,17 ff par.) dar, die Klemens in der Art einer "Homilie", wenn auch, wie immer, "allegorisch" und unter ständiger Beiziehung anderer Bibelstellen, Wort für Wort auslegt. Daß dieser Evangelientext - wie alle Texte der Hl. Schrift, zumal die Worte Jesu! - nicht seinem buchstäblichen, "fleischlichen" Sinn, sondern seiner tieferen, "geistlichen" Bedeutung nach aufgenommen werden wolle, erhellt für ihn allein schon daraus, daß Jesus hier, anknüpfend an die Anrede des "Jünglings" ("Guter Meister"), von eben diesem Ausgangspunkt aus seine Unterweisung beginnt, "indem er den Jünger auf Gott als den Guten und

---

[6] Ist auch die Tatsache als solche nach den inneren Verweisungen (vgl. nur *str.* VI,1,3) kaum in Zweifel zu ziehen, so ist doch in der Forschung nach wie vor umstritten, inwieweit Klemens seinen in *paed.* I,1,1 f entwickelten Plan verwirklicht hat, m.a.W. ob wir die "Teppiche" als den dritten "dogmatischen" Teil der geplanten Trilogie oder doch wenigstens als Vorarbeiten dazu anzusehen haben oder ob bei ihrer Abfassung das ursprüngliche Konzept ganz fallengelassen wurde. Doch braucht das hier nicht vertieft zu werden.

[7] *Str.* I,45,6; vgl. dazu auch etwa Seneca *ep.* 94,11.

[8] *H. von Campenhausen,* Griechische Kirchenväter, Stuttgart 1955 (UB 14) [7. Aufl., 1986], S. 40 f.

ersten und einzigen Verwalter ewigen Lebens hinweist, das der Sohn von ihm empfangen hat und uns gibt". Das ist, folgert Klemens, die "größte und wichtigste der zum Leben führenden *[4]* Lehren", die Erkenntnis, "daß der ewige Gott der Geber *ewiger* Güter und der erste und höchste, der eine und gute Gott ist", von dem alles andere Leben und Bestehen empfangen muß.[9]

Aus seiner Freigebigkeit fließen uns aber auch die *irdischen* Güter zu.[10] Sie sind, an sich, ἀδιάφορα, weder gut noch böse.[11] Es kommt vielmehr allein darauf an, wie wir sie gebrauchen. Nicht die Reichtümer muß man darum wegwerfen, sondern die bösen Strebungen des Herzens, die πάθη, muß man unterdrücken.[12] Der Reiche ist ein "Nutznießer" von Gütern, die ihm nicht so sehr um seinet- als um des bedürftigen Nächsten willen anvertraut wurden.[13] Der Reichtum ist ein "Gut" für ihn, weil und insofern er ihm Gelegenheit bietet, den Hilfsbedürftigen beizustehen und sich, durch eben solche Übung der Nächstenliebe, aus den Banden der Begehrlichkeit zu lösen.[14]

Klemens sieht sich zu dieser Stellungsnahme, wie er sagt, aus seelsorgerischer Verantwortung gegenüber solchen Reichen veranlaßt, "die die Macht des Heilands und die in ihm erschienene Erlösung bereits kennengelernt haben", während er sich um die "Außenstehenden" ("Uneingeweihten") im Augenblick nicht weiter kümmern will.[15] Es geht ihm also nicht um die Erörterung sozio-ökonomischer oder auch sozial*philosophischer* Fragen nach Art von Platons "Politeia" oder der "Politik" des Aristoteles, sondern - zunächst - allein um einen konkreten Gewissensrat. Ebenso außerstande, sich selbstgefällig und selbstgerecht über die - wie "alle Welt" (Mt 28,19) - zum Heile geladenen Reichen erhaben zu dünken, wie, ihnen eilfertig ein gutes Gewissen zu verschaffen, sieht er sie nicht als "Untermenschen", sondern als solche an, die die Hoffnung aufgegeben haben, ähnlich jenem "Jüngling", der die Worte Christi von "Kamel" und "Nadelöhr" samt der Forderung, alle Habe zu "verkaufen", mißverstanden und deshalb seine Rettung für unmöglich gehalten habe. Dadurch, daß die Hoffnung in den Herzen der Reichen neu belebt wird, soll ihnen Sinn und Willigkeit zu einem "Teilen", zu einer κοινωνία, geweckt werden, bei der die Rechte nicht weiß, was die Linke tut.[16] Es gibt dafür kein Zuspät! Denn auch späte Reue gilt in den Augen Gottes als hinlänglich zur Rettung des Sünders.[17] In diesem Sinne läßt Klemens den Traktat ausklingen in eine Geschichte, die von Euseb in seine "Kirchen-

---

9 *Q.d.s.* 6,4-7,2.
10 *Q.d.s.* 12,5 ff.
11 *Q.d.s.* 15,3.
12 *Q.d.s.* 15,1-5.
13 *Q.d.s.* 16,3.
14 *Q.d.s.* 16 ff. im Vergleich mit 13,3; 14,1-6; 15,4; vgl. dazu unten Anm. 87.
15 *Q.d.s.* 2,4; vgl. auch 1,4; 2,5; 3,1.
16 *Q.d.s.* 13,1; vgl. 3,1-6; 39,1f.
17 *Q.d.s.* 39-51.

geschichte" aufgenommen[18] und so weithin bekannt geworden ist. Es ist die Geschichte von einem abtrünnigen Jünger des Apostels Johannes, der von diesem zur Umkehr bewogen und für die Kirche zurückgewonnen wurde, ein "Mythos", auf dessen Ernsthaftigkeit Klemens den Leser mit einer Anspielung auf den Schluß von Platons "Gorgias" wohl *[5]* zu achten bittet[19] als eine Illustration der Rettung auch des scheinbar Verlorenen durch die Kraft ungeheuchelter Buße.

II.

Wenn Klemens sich solchermaßen mit Entschiedenheit gegen ein "buchstäblich"-legalistisches Verständnis der Perikope Mk 10,17 ff ausspricht und sich gegen die Auffassung verwahrt, als vermöge Armsein allein einen religiösen Vorzug zu begründen, so erteilt er damit zugleich jener - namentlich in judenchristlich-apokalyptischen Kreisen gepflegten - "Armenfrömmigkeit" eine Absage, wie sie vor allem im Jakobusbrief begegnet und noch in der Turmbauallegorie des sog. "Hirten des Hermas", einer als Apokalypse stilisierten Bußpredigt aus der Zeit um 130/140 n. Chr., nachklingt. Darin beschreibt der als kleiner Gewerbetreibender in Rom lebende Verfasser, welches die wahren Glieder der Kirche oder, im Bilde gesprochen, welches die geeigneten Steine zum Turmbau seien und welche Steine nicht oder nur bedingt verwendet werden könnten. Zu den letzteren gehören auch solche Steine, die ihrer "runden" Form wegen nicht recht zum Bau passen wollen. Es sind dies diejenigen Christen, die zwar nicht - wie Heuchler, Zweifler, Unbußfertige oder vor der Taufe Abgefallene - als von der wahren Kirche endgültig ausgeschlossen zu betrachten sind. Vielmehr haben sie wohl Glauben, besitzen aber auch "dieser Welt Reichtum" und sind eben deswegen allenfalls bedingt verwendbar. Denn: "Wenn Drangsal kommt, so verleugnen sie ihren Herrn um ihres Reichtums und ihrer Geschäfte willen". "Wann aber werden sie zum Bau passen?", fragt der "Visionär". Und er erhält zur Antwort: "Wenn ihr Reichtum, der sie an sich fesselt, abgehauen wird; dann werden sie für Gott brauchbar sein" (*vis.* III,6,5.6).

Mit dieser scheinbar prinzipiellen Verdammung des Reichtums steht Hermas in seiner Zeit allem Anschein nach nicht allein. Ja, noch mehr als ein halbes Jahrhundert später kann der große Nordafrikaner Tertullian Gott als "Verächter der Reichen" und als "Helfer der Bettelarmen" (*divitum aspernatorem, mendicorum advocatorem*)[20] bezeichnen, welcher "immerfort die Armen für gerecht erklärt, die Reichen hingegen *von vornherein* verdammt (semper pauperes iustificat, divites *prae*damnat)"![21]

---

[18] *Q.d.s.* 42,1-20; vgl. Euseb *h. e.* III,23,6-19.

[19] Vgl. dazu außer dem Testimonienapparat der Stählinschen Ausgabe z. St. (*q.d.s.* 42,1) *U. Wickert,* Bemerkungen zu Clemens von Alexandrien (Quis dives salvetur 19 und 42), ZNW 50 (1959), S. 123-132 (hier: 129 ff).

[20] *Adv. Marc.* IV,15,8.

[21] *Patient.* 7. Freilich stehen Äußerungen wie die beiden zitierten bei Tertullian in einer scheinbar kaum auflösbaren Spannung etwa zu der, daß es "Gott nicht unangemes-

Die Begrün*[6]*dung, die hinter einer derart radikalen Eigentumskritik steht, ist, wie es scheint, für die frühchristliche "Armenfrömmigkeit" insgesamt charakteristisch: Reichtum bindet an die "Welt"; weil aber der Christ zum Dienst für das jenseitige Gottesreich berufen ist, muß er auf Reichtum als ein Hindernis verzichten. Gewiß schlägt dabei gelegentlich ein ausgesprochenes "Ressentiment" gegen die Reichen durch; so wohl auch in dem Drohwort Jak 5,1 ff ("Nun, wohlan, ihr Reichen weinet und jammert über die Drangsale die über euch hereinbrechen ..."). Die "ganze Geschichte", so hat man gefunden, kenne "kaum einen wilderen Ausbruch" als dies "haßerfüllte Frohlocken des Jakobusbriefes über den sicheren Untergang der Besitzenden am künftigen Schlachttag".[22] Nirgends jedoch ist hier *revolutionäre* Ungeduld im Spiel, welche eine Änderung der bestehenden Verhältnisse als solcher erstrebte und an eine Selbsthilfe der Unterdrückten dächte. Es ist vielmehr *Gottes* "Gerechtigkeit", deren Durchbruch in Bälde erwartet wird, von der man das Ende aller Ungerechtigkeit und die Sühne allen Frevels erwartet.

Nun aber schließen in der Umgebung des Jakobus und erst recht des Hermas die christlichen Gemeinden in zunehmendem Maße auch Angehörige begüterter Schichten ein, die sich durch die weithin übliche Gleichsetzung von Christsein und Armsein in einen ernstlichen Zwiespalt gestürzt sehen mußten. Diesem Zwiespalt sucht Hermas mit der eschatologisch begründeten, rigorosen Forderung ein Ende zu machen, daß ein Reicher, der Christ werden oder bleiben wolle, Buße zu tun und sein Vermögen an die Armen zu verschenken habe.

Allerdings ist dies nicht das Einzige, ja wohl nicht einmal das Eigentliche, was Hermas zu den ihn sichtlich selbst bedrückenden Problemen,[23] die das Eindringen des Reichtums in die christlichen Gemeinden mit sich brachte, zu sagen hat. Blickt man nämlich von der eben besprochenen Stelle aus den "Visionen" z.B. auf das ebenso wohlgelungene wie eindrucksvolle Gleichnis von "Ulme und Weinstock" im dritten Teil seiner "Apokalypse" (*sim.* II,1-10)[24] hinüber, so wird dort nicht nur die Hilfsbedürftigkeit gerade auch des Reichen unterstrichen, sondern auch die Lö-

---

sen" sei, "auch Reichtümer zu gewähren, durch welche auch die Reichen Trost und Hilfe finden und ... viele Werke der Gerechtigkeit und Liebe geschehen mögen" *(adv. Marc.* IV,15,8 Ende; vgl. auch etwa die auf den ersten Blick reichlich verwirrende Gedankenführung in *apol.* 39, der wohl wichtigsten Stelle zum Problem "Christentum und Eigentum" bei T.). Man kommt wohl auch hier nur weiter, wenn man fragt, was T. jeweils im Auge habe und worauf er konkret hinauswolle. Allein, daß diese Äußerungen überhaupt - ganz beiläufig, ohne anscheinend irgendeiner Begründung zu bedürfen - so fallen, wie sie fallen, setzt doch wohl die Fortwirkung jener "ebionitischen" Tradition voraus, um die es uns im Augenblick geht. Und nur das sollte hier beweisen werden!

22 *E. Salin,* Politische Ökonomie. Geschichte der wirtschaftspolitischen Ideen von Platon bis zur Gegenwart, 5. Aufl., Tübingen usw. 1967 (Hand- und Lehrbücher aus dem Gebiet der Sozialwissenschaften), S. 26.

23 Das ergibt sich etwa aus *vis.* III,6,7 im Vergleich mit II,3,1.

24 Vgl. ferner *sim.* I,7 ff; IX,30,4 ff; X,4,2 ff, und dazu den Exkurs im Kommentar von *M. Dibelius,* Der Hirt des Hermas, Tübingen 1923 (HNT-Ergänzungsbd. 4), S. 555 f.

sung, statt in der Forderung völligen Eigentumsverzichtes, in einer Art "Ausgleichstheorie" gefunden, nach der arm und reich aufeinander angewiesen sind und sich gegenseitig unterstützen sollen: die einen mit irdischen Gütern, die andern mit Gebet. "Denn der Arme ist reich in Bitt- und Dankgebet, und sein Gebet hat große Kraft bei Gott!" (*sim.* II,5). M.a.W. greift Hermas an dieser Stelle auf den jüdisch-weisheitlichen Gedanken vom *Almosen* als einer gottwohlgefälligen, sündentilgenden Frömmigkeitsübung zurück (vgl. Sir 3,30; Tob 12,9). Ist darum der Arme für ihn auch weiterhin sozusagen der "Fromme erster *[7]* Klasse" und der Reiche eo ipso religiös unterlegen, so kann er doch immerhin bereits sagen: "Selig, wer Besitz hat und begreift, daß sein Reichtum vom Herrn herrührt" (*sim.* II,10). Wo diese Einsicht Platz greife, da haben beide, arm wie reich, "Anteil am gerechten Werk" (*sim.* II,9). Das aber heißt, daß - wie auch sonst auf dem Felde der Ethik, aber nicht nur hier! - namentlich "das Judentum dem 'Frühkatholizismus' die Mittel geliefert" hat, "Probleme zu lösen, die diesem von der Entwicklung des Christentums in die Welt hinein gestellt waren".[25]

III.

Wir wissen nicht mit Bestimmtheit zu sagen, ob es eine "ebionitische" Strömung auch in der unmittelbaren Umgebung des Klemens gegeben hat[26] oder ob die Beunruhigung unter den reichen Christen Alexandriens, die ihn zur Abfassung von *q. d. s.* veranlaßte, einfach auf "Bedenken" zurückging, wie sie "jeder Reiche ... beim Lesen der Worte des Evangeliums über den Reichtum haben mußte".[27] Sicher scheint nur so viel zu sein: einmal, daß Klemens diese Bedenken und Besorgnisse weder erfunden,[28] noch durch frühere, eigentumskritischere Äußerungen selbst provoziert hat, so daß er sich nun zu einer Retraktation bemüßigt fühlte;[29]

---

[25] Ebd., S. 556.

[26] Auf "ebionitische" Strömungen auch in Ägypten dürfte z.B. das vor allem durch Klemens und Origenes bezeugte "Hebräerevangelium" hindeuten (s. dazu etwa *Ph. Vielhauer* in: E. Hennecke / W. Schneemelcher [Hgg.], Neutestamentliche Apokryphen in deutscher Übersetzung, Bd. I, 3. Aufl., Tübingen 1959, S. 104 ff [vgl. jetzt: *P. Vielhauer / G. Strecker,* in: ebd., 5. Aufl., 1987, S. 142 ff]). Im Vordergrund der Auseinandersetzung aber standen bei Klemens offensichtlich Enkratiten, die außer *paed.* II,33,1; *str.* I,71,5; VII,108,2 noch an zahlreichen anderen Stellen bekämpft werden, ohne namentlich genannt zu werden, sowie vor allem Gnostiker aller Schattierungen.

[27] So *O. Stählin* in der Einleitung zu seiner Klemensübersetzung in: BKV, 2. Aufl., Bd. VII, S. 37.

[28] Anders anscheinend *W.-D. Hauschild,* Christentum und Eigentum. Zum Problem eines altkirchlichen "Sozialismus", ZEE 1972, S. 34-39 (hier: 36).

[29] So - vermutungsweise - etwa *R. B. Tollinton,* Clement of Alexandria. A Study in Christian Liberalism, Bd. I, London 1914, S. 322. Dagegen spricht jedoch nicht nur, daß in *q.d.s.* jeder Hinweis darauf fehlt, daß wir es dabei mit einer "Retraktation" zu tun hätten. Vielmehr bietet der Traktat auch keinerlei Anhaltspunkte für eine auch nur relative Chronologie. Schließlich erweist es sich bei näherem Zusehen als unmöglich, bei Klemens in seiner Beurteilung von Reichtum und Eigentum eine *Entwicklung* festzustellen (anders u.a. *Markgraf,* Clemens von Alexandrien als asketischer Schriftsteller

zum andern, daß bei ihm *[8]* gegenüber der "ebionitischen" Eigentumskritik ein Sichtwechsel erstmals auch seinen theologisch-literarischen Niederschlag gefunden hat, wie er scheinbar radikaler nicht gedacht werden kann. Dem entspricht auch, daß die Naherwartung bei ihm so gut wie keine Rolle mehr spielt.[30]

In der Literatur wird dieser Sichtwechsel, wie sich denken läßt, seit jeher teils mit Befremden und Kritik, teils mit mehr oder weniger unverhohlener Genugtuung registriert. So ist gerade jüngst wieder die Position des Klemens kurz und bündig auf den Nenner einer "programmatischen Öffnung der kleinbürgerlich-pauperistischen Kirche für die Reichen" gebracht und aus seiner "Gesamtkonzeption einer Vermittlung von Christentum und römisch-hellenistischer Welt" heraus erklärt worden: "Wenn die Gebildeten der Weltstadt Alexandrien durch seine apologetische Theologie für das Christentum gewonnen werden sollen, dann können sie auf der anderen Seite doch nicht durch ein ebionitisch-rigoristisches Konzept zur Eigentumsfrage verprellt werden". Mithin bestehe ein "Zusammenhang zwischen der 'Hellenisierung' des Christentums im dogmatischen Bereich und einer solchen im ethischen".[31] Ganz anders beurteilte einst E. Troeltsch in seinen "Soziallehren der christlichen Kirchen und Gruppen" unseren Klemenstraktat als "die dem Reichtum günstigste und dabei ökonomisch verständigste" Erörterung der Eigentumsproblematik aus frühchristlicher Zeit, die "überdies von einer feinen und warmen Frömmigkeit erfüllt" sei.[32]

Doch stellen wir die Frage, wie hier zu urteilen sei, noch einen Augenblick zurück und halten zunächst nur so viel fest, daß Klemens zu seiner

---

in seiner Stellung zu den natürlichen Lebensgütern, ZKG 22 [1901] S. 487-515 [hier: 511 f]) und unterschiedliche Akzentuierungen auf einzelne Klemensschriften zu verteilen. So auch *W. Völker,* Der wahre Gnostiker nach Clemens Alexandrinus, Berlin 1952 (TU 57), S. 207, der freilich seinerseits die Spannungen, die die Aussagen des Klemens in dieser wie in anderen Fragen aufweisen, eher psychologisch deuten und ihre Ursachen in der Person des Klemens selbst suchen möchte, welcher "gerade die innere Ausgeglichenheit gefehlt" habe; "ein tiefer Riß ging durch sie hindurch" (ebd., S. 203). Allein, müßte nicht, ehe man an eine solche "Lösung" denkt, die in Wahrheit keine ist, zunächst sehr viel sorgsamer, als bisher zumeist geschehen, geprüft werden, ob sich nicht diese Spannungen zum guten Teil dadurch auflösen lassen, daß man sich von seiner "Zettelkastenmethode" trennt und möglichst geschlossene Textpartien seiner Interpretation zugrunde legt? Und wo dies Mittel versagt: wären nicht eventuell aus Klemens sachliche Gründe für sie geltend zu machen, z.B. die ihm so grundlegend wichtige und von ihm auch oft genug ausgesprochene Überzeugung, daß es im Christentum, unter der Leitung des "überaus menschenfreundlichen Logos" auf "wirksame *Bildung*" ankomme, darauf, "in heilsamem *Stufenfortschritt* vollkommen" zu werden (*paed.* I,3,3; vgl. auch etwa III,87,1 ff; *str.* II,85,3; VI,1,3, und dazu jetzt vor allem *A. Knauber,* Ein frühchristliches Handbuch katechumenaler Glaubensinitiation: der *Paidagogos* des Clemens von Alexandrien, MThZ 23 [1972] S. 311-334)? Wären m.a.W. gegensätzliche Äußerungen nicht vom "Stufengedanken" her verständlich zu machen?

30 Vgl. dazu etwa *str.* III,49,6 mit II,138,2.

31 W.-D. Hauschild (Anm. 28), S. 38.

32 *E. Troeltsch,* Die Soziallehren der christlichen Kirchen und Gruppen (= Gesammelte Schriften, Bd. I), Tübingen 1922 [Nachdr. Aalen 1977), S. 113, Anm. 57.

von der des apokalyptischen Christentums und seiner Tradition abweichenden Auffassung nicht ohne gewichtige Gründe gelangt ist. Auch dürfte er dem Sinn der Jesusworte über Armut und Reichtum[33] jedenfalls eher auf der Spur geblieben sein als die Moralisten und Rigoristen vom Schlage des Jakobus oder Tertullians und sich mindestens insoweit keiner "Umdeutung" oder Abschwächung des "Armenevangeliums" Jesu schuldig gemacht haben, als dessen "gesetzliche" Interpretation in der Tat in die Irre führen würde.[34] *[9]*

In jedem Falle aber wird man m.E. davon absehen müssen, die vergleichsweise günstige Beurteilung des Reichtums bei Klemens mit dem von ihm angeblich erstmalig unternommenen bewußten Versuch einer "Hellenisierung" des Christentums[34a] in ursächlichen Zusammenhang zu bringen. Denn wie hoch auch immer die philosophische Bildung des Klemens zu veranschlagen und wie weitreichend insbesondere - zumal auf dem Gebiet der Ethik - der Einfluß der *stoischen* Lebensweisheit gewesen sein mag:[35] in dieser Hinsicht scheinen mir - im Unterschied zur vorliegenden Klemensliteratur, in der, wenn ich nichts übersehen habe, so gut

---

[33] Vgl. dazu jetzt vor allem M. Hengel (Anm. 4), S. 31-38.

[34] Anders z.B. *M. Dibelius,* Der Brief des Jakobus, 10. Aufl., Göttingen 1959 (KEK 15), S. 44, der - ähnlich wie R. B. Tollinton (Anm. 29), S. 325 - eine Umdeutung der "evangelische(n) Geschichte vom Reichen" vor allem darin zutage treten sieht, daß Klemens das "verkaufe, was du hast" auf die "Reinigung der Seele von der Sucht nach Schätzen" deute *(Q.d.s.* 11,2; vgl. 19,3 u.ö.). Auch nach *E. Schwartz,* Zu Clemens **ΤΙΣ Ο ΣΩΙΖΟΜΕΝΟΣ ΠΛΟΥΣΙΟΣ**, Hermes 38 (1903), S. 75-100 (hier: 90 ff), hat Kl. das "Paradoxon des Herrenworts" aufgelöst (S. 90), weil er sich einer ganz ähnlichen Aufgabe gegenüber sah wie die Stoiker von Zenon bis Poseidonios, denen es darum ging, "den kynischen Rigorismus gesellschafts- und hoffähig zu machen"; "was Wunder, wenn der Christ (sc. Kl.) die fertig daliegenden Lösungen des Problems benutzt?" (S. 92). Dabei scheint mir jedoch einmal übersehen zu sein, daß sich Klemens der Schwierigkeiten einer reinen "Allegorisierung" der Aufforderung: "verkaufe, was du hast", die schon an der Fortsetzung: "und gib's den Armen" scheitern müßte, durchaus bewußt gewesen ist (vgl. *str.* IV,29,1; *q.d.s.* 19,6 und dazu unten Anm. 87); und zum andern, daß, worauf bereits seine einleitenden Bemerkungen zum modus procedendi *(Q.d.s.* 3,1 ff) hinweisen, die Beseitigung des mit einem "buchstäblichen" Verständnis des "verkaufe, was du hast" verbundenen Anstoßes wohl nur als erster Schritt und nicht als das Ganze dessen gedacht war, worauf seine Auslegung der Perikope vom "reichen Jüngling" abzielt.

[34a] So etwa *K. Beyschlag,* Vom Urchristentum zur Weltkirche, Bd. II: Das dritte Jahrhundert, Gladbeck/Westf. 1968 (KGQ 20), S. 34.

[35] S. dazu vor allem *M. Pohlenz,* Klemens von Alexandrien und sein hellenisches Christentum, NGWG.PH 1943/3, S. 103-180; ders., Die Stoa. Geschichte einer geistigen Bewegung, Bd. I, 3. Aufl., Göttingen 1964, S. 415-423; ferner etwa noch - außer E. Schwartz (Anm. 34) - *J. Stelzenberger,* Die Beziehungen der frühchristlichen Sittenlehre zur Ethik der Stoa, München 1933, S. 166-170, 226 f, 254 f, 261, 269 f, 283, 323-325, und *M. Spanneut,* Le stoicisme des pères de l'église de Clement de Rome à Clement d'Alexandrie, Paris 1957 (PatSor 1), S. 170 f, 234f, 244f, 247-251, 322, 343 f. - Gegen die weit verbreitete Ansicht, Klemens repräsentiere philosophisch lediglich "the common blend of Platonist metaphysics and Stoic ethics together with Aristotelian logic and terminology" *(H. Chadwick,* Early Christian thought and the classical tradition. Studies in Justin, Clement and Origen, Oxford 1966, S. 40 f), hat neuerdings *S. Lilla,* Clement of Alexandria. A Study in Christian Platonism and Gnosticism, Oxford 1971 (OTM), zu zeigen versucht, daß auch in ethicis von Mittelplatonikern und vor allem von Philo die stärksten Einflüsse auf Klemens ausgegangen seien.

wie durchweg das Gegenteil behaupten wird - die Divergenzen zwischen Klemens und der Stoa weitreichender zu sein als die unleugbaren Übereinstimmungen!

Aus gutem Grund gilt in der Literatur als besonders aufschlußreich ein Vergleich zwischen Klemens und *Seneca*, mit dessen Reflexionen über den rechten Gebrauch des Reichtums, zumal in der Spätschrift *De beata vita*, der Traktat *q.d.s.* die stärksten Berührungen aufweise.[36] So darf auch ich mich im folgenden der Kürze halber in der Hauptsache an diesen einen Repräsentanten der kaiserzeitlichen Stoa halten, obgleich seit langem be*[10]*kannt ist, daß sich bei Seneca - schon seiner persönlichen Lebensumstände wegen[37] - die eher auf "Genügsamkeit" hinführende Lehre der Gründer der Stoa manche Umbildung gefallen lassen mußte. Gleichwohl dürfte es ihm gelungen sein, auch wo er sich wie in *De beata vita* zur Selbstverteidigung genötigt sieht, "in das Zentrum der stoischen Ethik vor(zustoßen)".[38]

Übereinstimmung herrscht zunächst insoweit, als beide, Klemens wie Seneca, den Reichtum als für die rechte Einschätzung des Menschen ebenso belanglos betrachten wie die Armut. Er ist, sagt Klemens gut stoisch, ein **ἀλλότριον**, gehört also zu den unserer Verfügung entzogenen "Außendingen",[39] die uns nicht weiter angehen; er ist ein **ἀδιάφορον**, für unser wahres Wohl und Wesen schlechterdings gleichgültig[40] und, für sich genommen, ethisch indifferent,[41] ein auch bei Seneca wie in der Stoa überhaupt so häufig wiederkehrender Gedanke, daß sich hierfür ausführliche Belege erübrigen.[41a]

---

[36] So bes. M. Pohlenz, Klemens von Alexandrien (Anm. 35), S. 136 ff; ders., Die Stoa (Anm. 35), Bd. I, S. 421 f; W. Völker (Anm. 29), S. 204 ff; H. Chadwick (Anm. 35), S. 61.

[37] Seneca war seit der Zeit, da er am Hofe Neros eine Vertrauensstellung innehatte, mehrfacher Millionär und sah sich - nicht erst durch die Angriffe von Gegnern - vor die Frage gestellt, ob nicht zwischen seinem luxuriösen Lebensstil und den von ihm weiterhin bejahten und verfochtenen stoischen Grundsätzen ein tiefer Widerspruch klaffe (vgl. dazu vor allem seine Apologie, *De beata vita*, 17 ff). Dabei konnte er sich allerdings zunutze machen, daß mindestens seit Poseidonios manche der gelegentlich bis zum Paradox gesteigerten altstoischen Lehren durch die Aufnahme peripatetischer Züge namentlich in der Güter- und Affektenlehre abgemildert worden waren (darauf bezieht sich u.a. auch Seneca *ep.* 90, wo freilich Poseidonios, "einer von denen, die für die Philosophie am meisten getan haben", gerade wegen seines mangelnden Rigorismus heftig getadelt wird!). In jedem Falle aber konnte er, wenigstens dem Buchstaben nach, "jeden seiner Sätze aus den Schriften seiner Schule belegen" (M. Pohlenz, Die Stoa [Anm. 35], Bd. I, S. 312).

[38] M. Pohlenz (Anm. 35).

[39] Vgl. *q.d.s.* 12,1; 1,5 (**τὰ δὲ ἐκτός**) und dazu etwa noch *str.* IV,94,3; VII,78,3 mit Seneca *d.b.v.* 25,1; *ep.* 74,17; *de consol. ad Marc.* 10,1 f; *de const. sap.* 5,3 ff. Gegensatzbegriff ist **τὸ ἐφ' ἡμῖν**: vgl. *q.d.s.* 10,1 ff mit *str.* IV,153,1.

[40] Vgl. *q.d.s.* 15,3; 20,2 mit Seneca *d.b.v.* 24,4 *(indifferentia)*.

[41] Vgl. *q.d.s.* 14,4; 37, 5 mit Seneca *ep.* 94,7 ff.

[41a] Vgl. nur Epiktet *diss.* III,7,11.21; IV,12,15 sowie etwa noch I,4,18; IV,8.39; V,36; VII,22,52; VI,32; VIII,1,6; IX,1,9; X,33,8; XI,10,4 und dazu E. Schwartz (Anm. 34). - Entscheidend ist für Seneca wie Klemens der rechte Gebrauch, den man vom Reichtum macht: *d.b.v.* 20, 3; 21,2-4; 22; *de consol. ad Helv.* 10 f; *de const. sap.* 5,5.7; *ep.* 81,28; 94,23; 98,1.5 f.10 u.ö.

Ferner entspricht es - formal gesehen - auch der Auffassung des Klemens, wenn Seneca den Reichtum einerseits als gefährlich ansieht, ihm aber auf der anderen Seite - im Widerspruch zur altstoischen Lehre - einen gewissen "Nutzen" nicht abstreiten möchte. Gewiß sei er kein "Gut" *(bonum)* im strengen Sinne.[42] Als solches könne vielmehr einzig die "Tugend" gelten,[43] die allein auch ein "glückseliges Leben" gewährleiste.[44] Wohl aber dürfe man ihn zu den Dingen rechnen, die man, vor die Wahl gestellt, ihrem *[11]* Gegenteil vernünftigerweise "vorziehen" werde,[45] genausogut wie beispielsweise Gesundheit und eine kräftige Statur. Wann immer es daher moralisch vertretbar sei, werde der "Weise" ohne weiteres den annehmlicheren Weg wählen und den Reichtum, allerdings nur den "rechtmäßig" erworbenen,[46] der Armut vorziehen, überzeugt, daß "dem Philosophen das Geld nicht verboten" und "die Weisheit keineswegs zur Armut verdammt" sei![47]

Fragt man indes, was "Gefährlichkeit" und "Nutzen" des Reichtums im einzelnen zu bedeuten haben und an welchem Maßstab sie jeweils gemessen werden, so erhält man durchaus unterschiedliche Antworten. Nach Seneca nämlich liegt die vom Reichtum ausgehende Gefahr darin, daß er den Menschen seiner naturgemäßen Bestimmung zur "Selbstverwirklichung", zum *suum fieri,*[48] zu rauben, daß er ihn zu knechten droht, statt ihm dienstbar zu sein;[49] gar nicht davon zu reden, daß er in vielen Fällen nichts als eine Quelle unendlichen Verdrusses,[50] ein *onus bonae mentis* sei.[51] Im Gegensatz dazu steht für Klemens, wie bereits aus dem Titel seines Traktats hervorgeht, beim Reichtum nichts Geringeres als das "Heil" des Menschen, als Gemeinschaft mit oder Trennung von *Gott*, auf dem Spiel. Und während Seneca im Reichtum eine vom Wink des Schicksals abhängige, uns auf Widerruf gewährte Gabe des Zufalls[52] sieht und meint, wir brauchten ihn, seiner "Flüchtigkeit" eingedenk, nur zu

---

42 Vgl. Seneca *ep.* 120,1-3; *d.b.v.* 24,5; 25,1ff; *ep.* 76; 87,22ff; *de prov.* 5,2.

43 Vgl. Seneca *ep.* 71,32 ("unum bonum esse virtutem [i.e.] iudicium verum et immotum!"); *ep.* 66; 74; 76,6 ff; *d.b.v.* 4,1 ff; 22,4.

44 Vgl. Seneca *ep.* 27; 76,16; 92; *d.b.v.* 3,3 ("beata est ... vita conveniens naturae suae ..."); 8,2; *de const. sap.* 5,3-5.

45 Vgl. Seneca *ep.* 74,17; *d.b.v.* 22,4; 25,1 ff. Die Fachausdrücke lauten: *commoda, producta* (griech. προηγμένα), *potiora.* - Der Gedanke als solcher, daß es in ethischer Hinsicht "Mitteldinge" gebe, die man getrost "vorziehen" dürfe, findet sich wie schon in der älteren Stoa, so auch bei Klemens (z.B. *str.* IV,164,4), ohne allerdings gerade auf Reichtum bezogen zu werden.

46 Seneca *d.b.v.* 23,1 ff.

47 Ebd. (23,1); vgl. auch *d.b.v.* 25,5.

48 Vgl. Seneca *ep.* 75,18.

49 Seneca *d.b.v.* 26,1 ff.

50 Seneca *de tranqu. an.* 8,1 f.

51 Seneca *de prov.* 6,2; *ep.* 17. Darum der Rat: "si vis vacare animo, aut pauper sis oportet aut pauperi similis; non potest studium salutare fieri sine frugalitatis cura; frugalitas autem paupertas voluntaria est" (17,4).

52 Seneca *de const. sap.* 5,5.7; *de consol. ad Marc.* 10; *de tranqu. an.* 8,5; *ep.* 87,7 f. 12.

"verachten",[53] um seiner Herrschaft *(imperium)* zu entrinnen,[54] so daß es geradezu ein "Zeichen von geistiger Schwäche" wäre, wenn man ihn nicht zu ertragen *(pati)* verstünde,[55] sieht Klemens die Verführung des Reichtums zwar ebenfalls nicht - wie Gnostiker und möglicherweise auch manche simpliciores unter seinen Christenbrüdern - als durch den Angriff dämonischer Mächte verursacht, sondern als ein aus dem Innern des Menschen selbst rührendes πάθος an, das ihn in die "Sinnlichkeit" hinabzuziehen droht und ihn "nach unten blickend und durch *[12]* die Fangstricke der Welt gefesselt", nach immer mehr gieren läßt.[56] Zugleich aber geht es für ihn dabei um ein Aufbegehren, das den Menschen *Gott* streitig zu machen droht. Folglich bedarf es auch zu seiner Überwindung mehr als des eigenen entschlossenen Willens.[57] Es bedarf, sagt Klemens, der Erinnerung an den "verheißenen Schatz im Himmel" (Mk 10,21 par.),[58] vor allem aber, da die Aussicht auf himmlischen "Lohn" allenfalls ein sittliches Motiv für den "Anfänger" im Glauben sein kann,[59] an das Geheimnis der zuvorkommenden Liebe dessen, der im Angesicht seines Todes uns als seinen letzten Willen hinterließ: "Meine *Liebe* gebe ich euch."[60]

Und was umgekehrt den "Nutzen" des Reichtums betrifft, so erhält nach Seneca charakteristischerweise derselbe "Weise", den der Reichtum um seine "Freiheit",[61] "Leidenschaftslosigkeit" *(impatientia)*[62] und damit auch um seine "Glückseligkeit" bringen könnte, durch seinen Reichtum zugleich neue, größere Möglichkeiten zur Ausübung von Tugenden. Während nämlich bei der Armut "sich die Tugend nur auf eine einzige Weise äußern" könne, "daß sie sich weder beugen noch unterkriegen" lasse, öffne sich beim Reichtum für den weisen Mann ein "weites Feld", seine geistigen Anlagen und Möglichkeiten in den mannigfachsten Äußerungen

53 Seneca *ep.* 18,13 (Den Reichtum "verachten" heißt: ihn "furchtlos" benutzen, indem man sich davon überzeugt hat, daß man auch ohne ihn auskäme und glücklich zu leben vermöchte, und indem man ihn stets als vergänglich ansieht); vgl. auch *d.b.v.* 20,3; 21,2; *de consol. ad Marc.* 10,1.2 ("usus fructus noster est, cuius tempus ille arbiter muneris sui temperat"); *ep.* 87,7 f.

54 Vgl. Seneca *d.b.v.* 22,5; 26,1; *ep.* 87,1.

55 Seneca *ep.* 5,6.

56 *Q.d.s.* 17,1; vgl. *str.* IV,117,2.

57 *Q.d.s.* 21,1.2.

58 *Q.d.s.* 31 f; vgl. *prot.* 86,1.

59 Vgl. etwa *q.d.s.* 9,2 bes. mit *str.* IV,29, 4.135 f. 143 f (Der Vollkommene braucht, um das Gute zu tun, selbst die Aussicht auf die ewige Seligkeit nicht); VII,67,1 f. Daß Klemens in *q.d.s.* den Lohngedanken in z.T. recht massiver Weise ins Spiel bringt, ist wohl vor allem durch den Text (Mk 10,21 par.) und die dadurch ausgelösten Assoziationen bedingt. Aufs Ganze gesehen aber läßt er ihn auch hier gegenüber anderen Motiven wie dem der Gottesliebe (s. *q.d.s.* 37,2 im Vergleich mit *str.* VII,42; *ecl.* 21) oder der tatkräftigen Hilfe und Fürbitte der Brüder (*q.d.s.* 40,6) durchaus zurücktreten, was auch gewisse Rückschlüsse darauf erlaubt, wie er den "Glaubensstand" der von ihm Angeredeten einschätzt!

60 *Q.d.s.* 37,4; vgl. aber den ganzen Zusammenhang c. 36-38 und dazu etwa noch die schöne Auslegung des Gleichnisses vom barmherzigen Samariter c. 28 f.

61 Vgl. Seneca *ep.* 42,8; *ep.* 85,28.

62 Seneca *ep.* 9,2; *ep.* 85.

einer großartigen Gesinnung zu entfalten *(animum explicandi)*.[63] Nicht zuletzt setze ihn der Reichtum in den Stand, die schönste, und zugleich schwierigste Kunst zu üben und andern vorzuführen: die des rechten Schenkens,[64] eine Kunst, über die Seneca nicht nur seine umfangreichste Prosaschrift *(De beneficiis)* verfaßt, sondern die er auch in großzügigster Weise selbst praktiziert hat, so daß seine Freigebigkeit noch nach Jahrzehnten sprichwörtlich war.[65] Gleichwohl ist offensichtlich, daß bei ihm Schädlichkeit wie Nutzen des Reichtums nach ein und demselben Maßstab bemessen und auf ein und dasselbe Subjekt bezogen werden, wogegen sich für Klemens die Möglichkeiten, den Besitz von Gütern, welche das zur Fristung des eigenen Lebens Notwendige über*[13]*steigen, zu rechtfertigen, auf die eine reduzieren: daß keine "Möglichkeit zur κοινωνία in der Welt" mehr "übrig" bliebe, "wenn niemand etwas besäße".[66] Ein solches "pauperistisches" Ideal aber wäre seiner Meinung nach nicht nur niemanden von Nutzen, sondern es stünde auch "in offenem Gegensatz und Widerspruch zu vielen ... schönen Lehren des Herren",[67] die zu tätiger Nächstenschaft aufrufen.

Das heißt doch wohl, daß sich bei Klemens gegenüber Seneca und dessen zum Teil recht gekünstelt, um nicht zu sagen, fadenscheinig wirkenden Versuchen, seinen eigenen weltmännischen Lebensstil mit seinen stoischen Idealen in Einklang zu bringen,[68] der Gesichtspunkt verschiebt, indem der "Nächste" zum Maßstab wird! So fällt denn auch in *q.d.s.* z.B. kein Wort darüber, daß ein gewisser Komfort für den Weisen (bzw. den Christen) durchaus nicht unschicklich sei und er sich seiner ebenso unbefangen freuen dürfe wie der Seemann des günstigen Fahrtwinds,[69] geschweige denn davon, daß sich "der Weise der Gaben des Glücks *(munera*

---

63 Seneca *d.b.v.* 22,1; vgl. auch *ep.* 81,28.

64 Seneca *d.b.v.* 23,5-24,3 (Es gilt, mit der größten Überlegung den Würdigsten auszuwählen, statt nach Zufall oder Laune seine Gaben auszustreuen); vgl. dazu vor allem *benef.* I,1.2; 10,5; 15,1; IV,9.11.

65 M. Pohlenz, Die Stoa (Anm. 35), S. 312.

66 *Q.d.s.* 13,1.

67 *Q.d.s.* 13,2.

68 Fadenscheinig wirkt - und auch kaum sonderlich ernst gemeint ist - etwa, wenn Seneca, auf den Widerspruch zwischen seinem Leben und seiner Lehre angesprochen, zur Antwort gibt: "Ich bin kein Weiser ... und werde es niemals sein", mir genügt, "besser zu sein als die Schlechten" (*d.b.v.* 17,3; vgl. dazu aber 22,5 und 26,1 ff!).

69 Seneca *d.b.v.* 22,3. Allerdings kann sich auch Klemens, namentlich in seinem *Paidagogos*, bekanntlich durchaus "weltfreudig" geben und etwa erklären, es sei christlicherseits gar nichts dagegen einzuwenden, wenn man aus Alabastergefäßen trinke; lediglich das Streben, nur aus solchen zu trinken, sei als "hoffärtig" zu bekämpfen (*paed.* II,33,3; vgl. auch etwa II,78,1 ff zur Verwendung luxuriöser Betten). Es gilt jedoch im Auge zu behalten, welche Adressaten er in dieser Schrift vor Augen hat, nämlich: "für den Anschluß an die christliche Glaubensgemeinschaft 'protreptisch'" gewonnene "Initianden", denen er, die "sittliche Lebensführung und konkrete Lebensgestaltung des Christen in der Welt praktisch darzulegen beabsichtigt" (A. Knauber [Anm. 29], S. 334). Zudem läßt er es auch hier nicht an Hinweisen darauf fehlen, auf welches Ziel für ihn die Lebensgestaltung unter Leitung des "überaus menschenfreundlichen Logos" zustrebt, worin er die christliche "Vollkommenheit" sieht (vgl. nur *paed.* I,52; II,14,6; 120,1 ff mit *str.* VII,13,2; 16,1; 49,5; 52,3).

fortuita) in keinem Falle unwert" erachten werde![70] Vielmehr lautet hier die "Hauptbegründung dafür, weshalb man sein Vermögen nicht einfach - um etwa "Zeit für die Philosophie zu haben" oder "aus törichter Ruhmesliebe und Eitelkeit":[71] zur Demonstration seiner "Freiheit" und "Apathie" - "ins Meer werfen und als arglistigen Feind des Lebens verurteilen"[72] dürfe, regelmäßig: daß es "auch unserem Nächsten nützlich sein" könne, daß der "Besitz" (κτήματα), recht gebraucht, tatsächlich "besitzens*wert*" (κτητὰ ὄντα) sei und "Vermögen" heiße, "weil er etwas vermag" (χρήματα ... χρήσιμα ὄντα) und "nützt und zum Nutzen des Menschen von Gott geschaffen ist".[73] Die*[14]*ser rechte Gebrauch aber bemißt sich für Klemens offenbar i.w. danach, inwieweit die Nächstenliebe in die Tat umgesetzt wird. Oder um es mit seinen eigenen Worten zu sagen: Wer sein "Vermögen" als "Gottes Gabe besitzt und Gott, der es gegeben, damit zum Wohl der Menschen dient und sich dessen bewußt ist, daß er all dies mehr seiner Brüder als seiner selbst wegen besitzt ..., der wird vom Herrn selig gepriesen und 'arm im Geiste' genannt, würdig, ein Erbe des Himmelreiches zu heißen ... "[74]

Damit ist auch bereits, wenn ich nicht irre, der entscheidende Differenzpunkt zwischen Klemens und Seneca, ja der Stoa überhaupt,[75] zu Gesicht gekommen, ein Unterschied, der sich auch von anderen philosophischen Einflüssen her: denen des Mittelplatonismus etwa oder der jüdisch-alexandrinischen Philosophie, denen Klemens ohne Zweifel viel ver-

---

[70] Seneca *d.b.v.* 21,4. Denn: "wo soll das Glück den Reichtum sicherer deponieren als dort, von wo es ihn ohne Klagen zurückerhält, so es ihn zurückfordert?" (21,2).

[71] *Q.d.s.* 11,4.

[72] *Q.d.s.* 27,1.

[73] *Q.d.s.* 14,1.

[74] *Q.d.s.* 16,3. Noch in den "Teppichen" allerdings kann Klemens u.a. - gut stoisch - mahnen: ἀδιαφόρως τοῖς ἀδιαφόροις χρησώμεθα (*str.* II,109,4; vgl. auch 109,3; 173,1.3 f u.ö.). Danach scheint W. Völker völlig recht zu haben, wenn er sagt, daß das ἀπροσπαθῶς für Klemens "wie bei der Ehe, so auch bei der Verwendung des Reichtums oberstes Gesetz" sei (W. Völker [Anm. 29]), S. 205). Auf derselben Seite kann V. freilich als Meinung des Klemens herausstellen, daß lediglich "in der Wohltätigkeit ... Sinn und Berechtigung des Reichtums beschlossen" liege. Allein, ist diese "Doppelseitigkeit" (ebd., S. 207), dies scheinbar völlig unverbundene Nebeneinander der Gedanken wirklich Klemens und nicht vielmehr der - sit venia verbo! - unzulänglichen Methode seines Interpreten anzulasten? Daß für Klemens die Dinge in Wahrheit viel stärker zusammengehören: ein "indifferentes" Verhältnis zu den ἀδιάφορα, das "innere" Sichlösen von seinem Besitz und die tätige Nächstenschaft, darauf dürfte z.B. *q.d.s.* 16,3 hindeuten, eine Stelle, die bei V. seltsamerweise auseinandergerissen und in jeweils ganz verschiedenem Zusammenhang verbucht wird (s. S. 205, Anm. 3.4.6), aber auch etwa die Überlegung, daß, ginge es bloß um das ἀπροσπαθῶς, beim besten Willen nicht einzusehen wäre, wieso eigentlich das "Wegwerfen" des Besitzes nach dem Vorbild des Anaxagoras, Demokritos und Krates (s. *q.d.s.* 11,4) nicht ethisch genau so wertvoll sein soll wie das "Behalten" zum Nutzen anderer.

[75] Man denke nur an die stoische, auf frühperipatetische Anregungen zurückgehende οἰκείωσις-Lehre, nach welcher "alle sittlichen Postulate stufenweise aus dem ersten Naturtrieb aller Lebewesen, der Selbsterhaltung und Selbstentfaltung, abgeleitet werden" (*A. Dihle,* Art. Ethik, in: RAC, Bd. VI, 1966, Sp. 646-796 [hier: 649]); vgl. dazu aus Seneca bes. *ep.* 121.

dankte,[76] kaum zureichend wird erklären lassen. Vielmehr dürfte hier jene grundlegende Umorientierung der Ethik nachwirken, wie sie das Neue Testament, besonders die Verkündigung Jesu und das paulinische Kerygma, gegenüber der gesamten antiken Tradition vollzogen hat, mit der wichtigsten Konsequenz, daß nunmehr Gottes- und Menschenliebe in eins gesehen werden, daß die "Freiheit" des Christen in der dienstwilligen "Unterordnung" unter den Nächsten ihren "notwendigen Komplementärbegriff" findet[77] und nicht länger προκοπή, sondern οἰκοδομή Sinn und Ziel der Paränese ist.

Dieser Neuorientierung entspricht es wohl auch, daß, während bei Seneca alles, selbst das auf *[15]* das "gemeine Beste" bezogene ethische Handeln, auf das keine "Schule" so sehr Bedacht nehme wie die eigene, stoische,[78] auf die absolute Wertschätzung des Individuums und sein Streben nach der αὐτάρκεια τῆς ἀρετῆς πρὸς εὐδαιμονίαν, wie die Alten sagten, ausgerichtet ist,[79] für Klemens der Reichtum einzig dadurch an positiver Bedeutung gewinnt, daß unter denen, "die die Macht des Heilands und die in ihm erschienene Erlösung ... kennengelernt haben",[80] Gott als der über alle sozialen Schranken hinweg Gemeinschaft Stiftende sich je neu als wirksam erweist. M.a.W. ist die Problematik, die Reichtum und Sondereigentum in sich bergen, für Seneca im Unterschied zu Klemens rein *individual*ethischer Natur!

Dies tritt auch etwa darin zutage, daß sich bei Seneca wie in der stoischen Literatur überhaupt auch "nicht eine einzige Stelle" findet, "wo die Frage einmal von der Tatsache her aufgerollt würde, daß es doch ein schreiendes Mißverhältnis ist, wenn mein Bruder darbt, während ich selbst prassen kann, und daß dieser Zustand von Grund auf überwunden werden muß",[81] eine Sicht, die Seneca auch schon deshalb fernliegen

---

[76] Vgl. dazu vor allem die Nachweise bei S. Lilla (Anm. 35), S. 60 ff.

[77] A. Dihle (Anm. 75), Sp. 725; vgl. dazu Sp. 701 ff, 721 ff sowie ders., Die goldene Regel. Eine Einführung in die Geschichte der antiken und frühchristlichen Vulgärethik, Göttingen 1962 (SAW 7), bes. S. 109 ff.

[78] Seneca *de clem.* II,5,2 ff; vgl. auch I,3,2 ("Hominibus prodesse natura me iubet"); 4,3 ("Sanis hominibus publica privatis potiora sunt"). Anders freilich der Tenor der Schrift *De otio,* bes. 1(28); 4(31); 8,3.

[79] Vgl. dazu etwa *ep.* 9,8 ("Der Weise will, auch wenn er sich selbst genug ist, gleichwohl einen Freund haben, und wäre es auch aus keinem anderen Grunde, als um Freundschaft zu üben, damit eine so wichtige Tugend nicht brachliege ..."); *ep.* 81, 19 f ("Stets nützt man, indem man einem anderen nützt, sich selbst ..."); *ep.* 109, 9 ff. Gegen diesen individualistisch-utilitaristischen Ansatz auch der "Sozialethik" Senecas bildet weder das Humanitätsideal (vgl. dazu etwa *ep.* 5,4; 81,26; 88,30; 95,52 ff; 115,3; *de otio* 3 [30]; *d.b.v.* 20, 4 f) noch der Gedanke, daß der Mensch den Göttern gegenüber Rechenschaft über seine Taten und Worte schuldig sei (*d.b.v.* 20,5; 23,5; vgl. auch etwa *ep.* 41; *de ira* III,36), ein genügendes Korrektiv.

[80] *Q.d.s.* 2,4.

[81] *H. Greeven,* Das Hauptproblem der Sozialethik in der neueren Stoa und im Urchristentum, Gütersloh 1935 (NTF III,4), S. 75. In der Sokratik lagen die Dinge allerdings ganz anders, worüber man sich noch immer am eingehendsten bei *R. von Poehlmann,* Geschichte der sozialen Frage und des Sozialismus in der antiken Welt, 2 Bde., 3. Aufl., München 1925, Bd. I, S. 419-488; Bd. II, S. 1-268, unterrichten kann; vgl. auch unten S. 21 f [303 f].

mußte, weil er als Stoiker davon überzeugt war, daß uns in allem ein Schicksal leite,[82] das es nun einmal so gewollt und gefügt habe, daß das Leben kein Zuckerschlecken sei,[83] sondern teilweise unter Bedingungen gelebt werden müsse, die man gewiß beklagenswert finden könne.[84] Doch stehe es dem Weisen weit besser zu Gesicht, alles tapfer zu ertragen und sich, was immer das Schicksal über ihn verhänge, als "Material" für die sittliche Bewährung dienen zu lassen.[85] Komme es aber einmal dahin, daß es selbst am letzten "Bissen Brot" *(frustum panis)* fehle, so sei auch das in Wahrheit nichts Schreckliches, weil *[16]* noch immer der Ausweg offen stehe, freiwillig aus dem Leben zu scheiden.[86] Bei Klemens dagegen lesen wir beispielsweise: "Gott hat unser Geschlecht zu enger Gemeinschaft (**κοινωνία**) erschaffen, indem er von sich aus (**πρότερος**) Anteil an dem Seinigen gab, und allen Menschen gemeinsam seinen eigenen Logos zu Hilfe sandte, nachdem er alles für alle geschaffen hatte. Alle Dinge sind mithin Gemeineigentum (**κοινὰ οὖν τὰ πάντα**), und die Reichen sollen für sich selbst nicht mehr in Anspruch nehmen als die übrigen ... Gott hat uns, wie ich wohl weiß, das Recht gegeben, das Vorhandene zu nutzen (**τῆς χρήσεως ... τὴν ἐξουσίαν**), aber nur, soweit es das Notwendige nicht übersteigt; und sein erklärter Wille ist es, daß die Nutzung allen gemeinsam sein soll. Hingegen ist es widersinnig, wenn ein einzelner in Überfluß lebt, während die Mehrzahl Mangel leidet" (**ἄτοπον δὲ ἕνα τρυφᾶν πενομένων πλειόνων**). [87]*[17]*

---

[82] Seneca *de prov.* 5,7; vgl. auch *ep.*, 94, 7 f; 96,1 f; 98,1 f.

[83] Seneca *ep.* 119,15 ("id actum est ab illo mundi conditore, qui nobis vivendi iura discripsit, ut salvi essemus, non ut delicati ...!"); *ep.* 107,2 ("non est delicata res vivere!").

[84] Seneca *ep.* 91,15; 119,15 f.

[85] Seneca *ep.* 98,1 f ("materia bonorum ac malorum"); vgl. *de prov.* 5,7-11; *ep.* 94,7 f; 107,7 ff.

[86] Seneca *d.b.v.* 25,1.

[87] *Paed.* II,120,3.5; vgl. auch *protr.* 122,2.3. Daß die Reichen von dem, was ihnen gehört, nicht mehr für sich selbst in Anspruch nehmen als die andern, daß sie zwar nicht einfach wegwerfen ("verkaufen"), was sie haben, wohl aber so "nutzen", daß alles, was den eigenen notwendigsten Lebensbedarf übersteigt, denen zugute kommt, die es nicht nur nötig, sondern darauf auch einen Anspruch haben, eben dies scheint mir auch (mit *A. Jülicher*, in: ThLZ 19 [1894], 1, Sp. 20) der naheliegendste Sinn des vielfach als so "dunkel" empfundenen 19. Kapitels von *q.d.s.* und insbesondere seines letzten Satzes zu sein (gegen U. Wickert [Anm. 79], S. 123-128). Wäre es anders, ginge es Klemens in diesem Kapitel ausschließlich um das Sichlösen von den "verderblichen Besitztümern der *Seele*", so wüßte ich nicht, inwiefern dies Kapitel als "Höhepunkt einer Auslegung der Geschichte vom reichen Jüngling, die von der Art Zeugnis gibt, wie sich das alexandrinische Christentum ... das paulinische **ὡς μή** zu eigen gemacht hat" (U. Wickert [Anm. 79], S. 128), und nicht vielmehr als Zeugnis eines stoischen Mißverständnisses sowohl dieser evangelischen Geschichte wie des paulinischen **ὡς μή** zu gelten hätte! Doch dürfte W.s Deutung im Sinne einer reinen "Allegorisierung" oder "Spiritualisierung" (ebd., S. 128, Anm. 24) des "verkaufe, was du hast, und gib's den Armen" an dreierlei scheitern: 1. an der Erläuterung des "dem Geiste nach arm" in 19,2 mit "am Eigenen arm", die es in der Tat, wie Jülicher (a.a.O.) richtig gesehen hat, als ausgeschlossen erscheinen läßt, daß "dem Geiste nach arm" hier im Sinne von Mt 5,3 positiv gemeint sei; 2. an der strikt Parallelität von (I) **τῷ δὴ κατὰ κόσμον (οὐ) πτωχῷ καὶ πλουσίῳ κατὰ τὰ πάθη** und (II) **ὁ κατὰ πνεῦμα**

Mit dieser Grunddifferenz dürfte weiterhin zusammenhängen, daß, während Seneca im Geschick dessen, der über den Versuchungen des Reichtums nicht zu seiner wahren Bestimmung findet, gewissermaßen etwas vom Schicksal so Gewolltes sich vollziehen sieht und z.B. sagen kann: "Wir alle sind an das Schicksal gekoppelt: die einen mit goldener und weiter, die anderen mit eng anliegender und rostiger Kette. Doch, was tut's? ... Das ganze Leben ist ja ein Sklavenstand *(servitium)*",[88] für Klemens über den Lockungen des Reichtums doch nie die *Schuld* des Reichen aus dem Blick gerät, welche der Buße bedarf, dies, daß es "seinem *Wesen nach* ungerecht" ist, "wenn einer seinen Besitz allein für sich, als sein (frei verfügbares) Eigentum" behalten möchte "und nicht den Bedürftigen zum allgemeinen Gebrauch zur Verfügung stellt".[89]

Daß Senecas Ideen über den rechten Gebrauch des Reichtums primär an der Autonomie des sich selbst genügenden Individuums statt an den Bedürfnissen des Nächsten und der von ihm ausgehenden ethischen Forderung orientiert sind, tritt schließlich auch in seiner Beurteilung der "Armut" zutage, deren Loblied er noch zu einer Zeit anstimmen kann, da ihn längst Neros Gunst mit Gütern überhäufte. Er denkt dabei freilich weniger an wirklichen Hunger als an die *frugalitas*, eine Lebensweise, die sich aus freien Stücken - und sei es auch nur für bestimmte "Diättage" - an dem genügen läßt, was die "Natur" verlangt,[90] so wie sie auch die Popularphilosophie seit langem als für das Streben nach Weisheit unge-

---

[οὐ] πτωχὸς καὶ κατὰ θεὸν πλούσιος (gemeint ist Jesus) in 19,3, die entweder dazu zwingt, das οὐ in I mit Jülicher zu konjizieren und den Text in II so zu belassen, wie er überliefert ist, oder aber auf die Konjektur in I zu verzichten und dafür mit Segaar das οὐ in II zu tilgen (s. den kritischen Apparat bei Stählin z. St.); doch dürfte nach 19,2 Ende nur die erste Möglichkeit ernstlich in Betracht kommen. 3. steht W.s Deutung als m.E. unüberwindliches Hindernis entgegen, daß in 19,6 vom "Verkauf" der ὑπάρχοντα τὰ πολλὰ καὶ περισσὰ die Rede ist, was doch sinnlos wäre, falls man τὰ ὑπάρχοντα (Mt 19,21!) mit τὰ πάθη gleichzusetzen hätte (anders auch E. Schwartz [Anm. 34], S. 93 ff, bes. S. 97). Denn von den "verderblichen Reichtümern der Seele", den "Leidenschaften" gälte es doch wohl im Sinne des Klemens nicht nur das "Überflüssige", sondern alles hinzugeben! Es können hier also nur die materiellen, irdischen Güter gemeint sein. Von ihnen heißt es: "Laß (all das Viele und Überflüssige deiner Habe, das dir, falls du es nicht loszulassen vermagst, den Himmel verschließt) den materiell (fleischlich) Armen (zugute kommen), die es nötig haben; du aber empfange dafür, (was du - nicht nur "gewissermaßen" [Wickert], sondern tatsächlich! - hingegeben hast) den geistigen Reichtum (den Reichtum in Gott); 'so wirst du einen Schatz im Himmel haben'". Kapitel 19 schließt also "mit der Aufforderung, doch den falschen Reichtum (sc. an vergänglichen Gütern) zur Beseitigung beider Arten von Armut (sc. der fremden "fleischlichen" und der eigenen "geistigen") zu benutzen" (A. Jülicher). Beides gehört für Klemens zusammen: das "gib den fremden Besitz, der in deiner Seele ist, preis" (19,3) und das "verteile es an die Armen", die "Apathie" und die Hingabe!

88 Seneca *de tranqu. an.* 10,3.

89 *Q.d.s.* 31,6.

90 Seneca *ep.* 60; vgl. auch *de consol. ad Helv.* 11,4; *de tranqu. an.* 8,9 ("Optimus pecuniae modus est, qui nec in paupertatem cadit, nec procul a paupertate discedit!"); *ep.* 5,3 f *(frugalitas)*; 17,4 f; 18,8 f; 24,17; 25,4 ff; 80,6 ff; 85,25. 28; 87,1; 123,16 u.ö.

wöhnlich förderlich propagierte.[91] Wo er einmal auf jene "äußersten Notlagen" *(necessitudines ultimae)*[92] zu sprechen kommt, in denen es selbst am Nötigsten fehlt, da weiß er im Grunde wenig Rat. Auf Wohltaten anderer jedenfalls hat für ihn nur der einen Anspruch, der ihrer "würdig" ist,[93] der nicht *verdient,* daß ihn die Armut herabwürdige, so daß er sich nicht mehr selbst zu regen und zu helfen ver*[18]*mag,[94] sondern entweder bereits "gut" ist oder doch "gut" gemacht werden kann, indem man sich ihm hilfreich zuwendet.[94a] Überdies müsse er die Gewähr dafür bieten, daß er irgendwann einmal imstande sein werde, die empfangene Wohltat zu vergelten. "Denn eine Wohltat will so angelegt sein wie ein tief vergrabener Schatz, den man nicht ausgräbt, es müsse denn notwendig sein." Wo dagegen ein Notstand nicht durch eine einmalige Hilfeleistung abzustellen sei, da werde man eben nichts geben, auch wenn einer sich in Not befinde.[95] So bleibt denn nur der Rat zu "fliehen", wenn man nicht mehr "kämpfen" wolle oder könne,[96] freiwillig dorthin zurückzukehren, woher man gekommen, wenn einem das Leben unerträglich geworden sei.[97]

Keine Frage also, daß Seneca, wiewohl es ihm Ernst gewesen sein wird mit dem stoischen Grundsatz: "homo sum, humani nihil a me alienum puto",[98] die Armut doch eher "von oben her" beurteilte.[99] Nun wird sich auch Klemens - jedenfalls während der Lebensspanne, von der allein wir uns ein ungefähres Bild machen können, nämlich in den Jahren seiner Lehrtätigkeit in Alexandrien - mindestens "in auskömmlichen Verhältnissen" befunden,[100] also den Hunger gleichfalls nicht aus eigener bitterer Erfahrung kennengelernt haben. Und doch fehlt es ihm keineswegs an der Einsicht, daß es *"unmöglich und undenkbar"* sei, "daß einer, dem es an dem für das Leben Notwendigsten fehlte, nicht in seinem Denken niedergebeugt und vom Höheren abgehalten wird, da sein Sinnen stets darauf gerichtet ist, sich jenes (Existenzminimum) auf irgendeine Weise und von irgendwoher zu beschaffen".[101] *[19]*

---

[91] Vgl. dazu vor allem *R. Vischer,* Das einfache Leben. Wort- und motivgeschichtliche Untersuchungen zu einem Wertbegriff der antiken Literatur, Göttingen 1965 (SAW 11). Auch der Klemens des *Paidagogos* kann sich verschiedentlich die Forderung der "Einfachheit", freilich nicht in ihrer "idyllischen", sondern in ihrer "philosophischen" Fassung, zu eigen machen (vgl. *paed.* II,2,1; 16,4; 38,3-5).

[92] Seneca *ep.* 17,9.

[93] Vgl. Seneca *de clem.* II,6,3; *d.b.v.* 20,4; 23,5; 24,1 ff; *de benef.* II,14-17; III,14.

[94] Seneca *d.b.v.* 24,1.

[94a] Ebd., c. 23,5; vgl. auch *ep.* 81,10 ff ("Nur der Weise versteht, sich dankbar zu erweisen, wie auch er allein Wohltaten zu erweisen vermag.").

[95] Seneca *d.b.v.* 24,1 f.

[96] Seneca *de prov.* 6,6 f *(patet exitus).*

[97] Seneca *ep.* 70,15; 91,15 ff; *d.b.v.* 25,1 ("Quid enim ad rem, an frustum panis desit, cui non deest mori posse?"); vgl. auch *ep.* 77.

[98] Seneca *ep.* 95,53.

[99] H. Greeven (Anm. 81), S. 75.

[100] M. Pohlenz (Anm. 35), S. 135.

[101] *Q.d.s.* 12,5; vgl. auch etwa *str.* IV,21,1-22,1; 31,5. Es ist dies ein Gedanke übrigens, der, wo er mehr als 1300 Jahre später, in *Müntzers* "Ausgetrückter Entblößung" (s. Thomas Müntzer, Schriften und Briefe, Kritische Gesamtausgabe, hg. von G. Franz u. P. Kirn, Gütersloh 1968 [QFRG 33], S. 283 f, 303), auftaucht, außer dem M. unter

IV.

Fassen wir zusammen: Wenn nicht alles täuschte, so ist in der Eigentumsauffassung des Klemens - ähnlich übrigens wie in seiner Willenslehre[102] - eher ein Stück schöpferischer Auseinandersetzung mit dem "Hellenismus", zumal mit der bis zu ihrem Aufgehen im Neuplatonismus des dritten Jahrhunderts dominierenden *stoischen* Ethik als ein Symptom bewußter "Hellenisierung" des Christentums zu erblicken. Das bedeutet vor allem, daß die Eigentumsproblematik für Klemens weder rein individualethischer Natur ist, noch im "Spiritualismus menschlicher Innerlichkeit"[103] verschwimmt, im Streben nach "innerer" Distanz und "Freiheit" gegenüber allem Welthaften, wie sie in der Tat allermeist "nur das schlechte Komplement, 'äußerer Unfreiheit'" war und ist, "wobei beide dem Gesetz wechselseitiger Stabilisierung unterliegen".[104] Denn so wichtig und fruchtbar ihm das Insistieren der Stoiker auf "Verinnerlichung" auch erscheint, das "überall vom äußeren Tun auf den inwendigen Menschen, auf seine Absichten und seine Gesinnung zurückgreift und diese allein bewertet" wissen will,[105] so ist er doch beileibe nicht der Meinung, daß an der Tat nichts mehr gelegen sei und nur mehr die "Gesinnung" *(animus et voluntas)* gelte.[106] Vielmehr bringt er mit keineswegs geringerem Nachdruck als die Bedeutung des Wie menschlichen Tuns gegenüber dem Was[107] beispielsweise das Gleichnis Jesu vom Weltgericht (Mt 25, 31 ff) mit seiner abschließenden Warnung zur Geltung: "Was ihr nicht *getan* habt einem unter diesen Geringsten, das habt ihr *mir* auch nicht getan".[108]

---

der Folter abgepreßten Bekenntnis zu dem - wie wir sahen, auch Klemens nicht unbekannten - Prinzip des *omnia omnibus communia* (ebd., S. 548), die Hauptbeweislast für die These tragen muß, wie tief sozialrevolutionäre Konsequenzen in M.s Theologie verwurzelt seien. Doch habe ich mich von der Richtigkeit dieser - außer von marxistischen Historikern (vgl. jedoch *M. Bensing,* Müntzer und der Thüringer Aufstand 1525, Berlin [Ost] 1966 [LÜAMA B/3], S. 58) - neuerdings vor allem von *C. Hinrichs* (Luther und Müntzer. Ihre Auseinandersetzung über Obrigkeit und Widerstandsrecht, Berlin 1952 [AKG 29]), und *Th. Nipperdey* (Theologie und Revolution bei Thomas Müntzer, ARG 54 [1963], S. 145-181; wieder abgedruckt, mit einem Nachtrag "Zur Müntzerforschung 1961-1966", in: W. Hubatsch (Hg.), Wirkungen der deutschen Reformation bis 1555, Darmstadt 1967 [WdF 203], S. 236-285) verfochtenen These bislang nicht zu überzeugen vermocht (kritisch auch etwa *G. Maron,* Thomas Müntzer als Theologe des Gerichts, ZKG 83 [1972], S. 195-225, und *K. Ebert,* Theologie und politisches Handeln. Thomas Müntzer als Modell, Stuttgart 1973 [UB 602]).

102 Vgl. A. Dihle (Anm. 75), Sp. 750 ff.

103 S. oben Anm. 2.

104 *H. Thyen,* Zur Problematik einer neutestamentlichen Ekklesiologie, in: G. Liedke (Hg.), Frieden - Bibel - Kirche, Stuttgart usw. 1972 (SFF 9), S. 96-173 (hier: 98).

105 M. Pohlenz (Anm. 35), S. 138; vgl. dazu aus Seneca etwa *de benef.* I,5-9,1, bes. 6,1; II,30,2 ff; VII,15; *d.b.v.* 4,1 ff; *ep.* 94,23; 95,9 f.

106 Allerdings wird man auch die Ethik der Stoa und speziell Senecas nicht ohne Einschränkungen als reine "Gesinnungsethik" bezeichnen können; vgl. dazu aus Seneca nur *ep.* 94,45.

107 Vgl. nur *q.d.s.* 12,1.

108 *Q.d.s.* 13,4.6; 30,1-5; vgl. auch *paed.* III,93,4 f.

Ferner dürfte sich gezeigt haben, daß es mindestens ungenau wäre, die Auffassung des Klemens vom rechten Gebrauch des Reichtums als "Almosentheorie" zu bezeichnen oder, richtiger, abzuqualifizieren.[109] Ließe doch eine solche Kennzeichnung im dunkeln, daß für Klemens die Gabe von "Almosen" im heute üblichen pejorativen Sinne allenfalls ein Anfang und nicht schon die rechte Verwendung des Reichtums selbst wäre. Wie sie auch nicht ohne weiteres darauf schließen ließe, daß für ihn jedes "Sondereigentum", über das man eine unbeschränkte Verfügungsgewalt zu besitzen glaubt, eine ἀδικία ist und Gottes erklärtem Willen widerstreitet, daß er *[20]* es ferner, genau genommen, nicht in das Belieben des Menschen stellt, ob er - über das ἀναγκαῖον hinaus - dem Luxus frönt oder nicht, und schließlich, daß er dem Wohltäter zwar ein "Teilen" mit Diskretion anraten kann, aber nicht im strengen Sinne ein Ermessens*recht* über die Bedürftigkeit und "Würdigkeit" des Empfängers seiner Wohltat einräumt, das im Zweifelsfalle einen Hilfsbedürftigen leer ausgehen zu lassen erlaubte, sondern mahnt: "Entscheide nicht selbst, wer würdig und unwürdig ist; denn es ist möglich, daß du in deiner Entscheidung ganz fehl gehst."[110]

Ob es darum wohlgetan wäre, von unserer Klemensschrift weiterhin als von einer "erste(n) theoretische(n) Legitimierung der Kompatibilität von Christsein und Reichtum" oder gar davon zu sprechen, daß mit ihr "den Reichen ein theologisches Alibi für ihren Wohlstand geliefert" worden sei,[111] wage ich ernsthaft zu bezweifeln. Viel eher scheint mir in diesem Punkt der alte Tollinton in seiner - im übrigen sicherlich weithin veralteten - voluminösen Klemensmonographie das Richtige getroffen zu haben, wenn er feststellte: "The rich man's first impression that Clement's sermon (sc. *q.d.s.)* left him comfortable in the enjoyment of his possessions, would be considerably modified when he understood all that it involved. He need not abandon all his property, but on what condition was it to be retained?"[112]

Wohl aber ist einzuräumen, daß Klemens Reichtum und Eigentum primär nicht als ökonomisches, sondern als ethisch-religiöses Problem behandelt. Auch zielen seine diesbezüglichen Überlegungen nicht auf strukturelle Änderungen ab, geschweige denn auf ein Wirtschaftsprogramm, wohl gar ein kommunistisches, für diese Welt, sondern auf die persönliche Entscheidung und Verantwortung des einzelnen.[113]

Von heutiger Warte aus erscheint dies Fehlen einer "wirklichen Sozialpolitik"[114] oder, anders gesagt, das Fehlen des Gedankens der "Prophylaxe", welches alle "Reform und alle Heilung der Verhältnisse ... in Lie-

---

109 So W.-D. Hauschild (Anm. 28), S. 39.

110 *Q.d.s.* 33,2; vgl. auch 31,7 und dazu etwa *str.* VII,69,2 (Der "Gnostiker", "gibt *allen* Bedürftigen, aber nicht in gleicher Weise, sondern gerecht und nach Würdigkeit ..., auch dem, der ihn verfolgt und haßt.").

111 W.-D. Hauschild (Anm. 28), S. 37.

112 R. B. Tollinton (Anm. 29), S. 323.

113 W.-D. Hauschild (Anm. 28), S. 38 f.

114 Ebd.

bestätigkeit (aufgehen läßt), die den Personen hilft und die Zustände bestehen läßt und daher nur in kleinen übersichtlichen Kreisen und bei relativ erträglichen allgemeinen wirtschaftlichen Zuständen (überhaupt) zu ihrem Ziel gelangen kann",[115] als schwerer Mangel und ist leicht einzusehen, daß auf dem von Klemens beschrittenen Wege den sich von der Mitte des dritten Jahrhunderts an zunehmend verschärfenden Mißständen in der spätantiken Wirtschaft und Gesellschaft kaum durchgreifend abzuhelfen war.[116] Nur: Sind *[21]* nicht Worte und Taten eines Menschen zuallererst im Rahmen seiner eigenen Welt zu begreifen, nur unter Berücksichtigung, der geistigen und sittlichen Möglichkeiten *seiner* Zeit? Ist aber ein eigentlich so zu nennendes "sozialrevolutionäres" Konzept,[117] das Konzept eines geschichtlich entwerfenden Weltverhaltens vor der Neuzeit auch nur *denkbar* gewesen?[118]

Jedenfalls: Anstöße zur *Kritik* der gesellschaftlichen und sozialen Zustände gab es auch zur Zeit des Klemens bereits zur Genüge. Sie waren in den staats- und sozialphilosophischen Entwürfen der Sokratik[119], ebenso zu finden wie in den Utopien eines Theopomp, Euhemeros oder Jambulos,[120] in der Moralpredigt der kynisch-stoischen Diatribe oder der Zeitkritik der Komödie nicht minder als in der jüdisch-urchristlichen Verurteilung von Habgier und "Mammonsdienst". Ja, selbst die Botschaft der Gnosis enthielt unerachtet ihres weltflüchtigen Charakters "ideologiekriti-

---

115 E. Troeltsch (Anm. 32), S. 81 mit Anm. 36e.

116 So mit Recht W.-D. Hauschild (Anm. 28), S. 39 im Vergleich mit S. 35; ähnlich auch bereits *G. Uhlhorn,* Die christliche Liebestätigkeit, Bd. I: Die christliche Liebestätigkeit in der alten Kirche, 2. Aufl., Stuttgart 1882, S. 265. Es wäre jedoch zu fragen, ob wir das Massenelend, dem sich im vierten Jahrhundert Männer wie Basileios von Kaisareia und J. Chrysostomos gegenüber sahen, auch für das Alexandrien der Zeit des Klemens voraussetzen dürfen. Dagegen scheint zu sprechen, daß Klemens *paed.* III,40,1 sagen kann: "Wenn jemand ... sagen würde, er habe oft einen Gerechten an Brot, Mangel leiden sehen, so ist das zunächst nur selten der Fall, und nur da, wo kein anderer Gerechter sich findet ..." Vgl. auch etwa die satirische Schilderung Alexandriens und der Alexandriner in einem aus dem vierten Jahrhundert stammenden, Kaiser Hadrian untergeschobenen Brief (*SHA* 29,85 f = Fl. Vopiscus, *vita Sat.*): "Die Stadt ist wohlhabend, reich, üppig; niemand in ihr ist untätig. Die einen sind Glasbläser, die andern stellen Papier her, wieder andere sind Leineweber; jedenfalls sind alle irgendwie beschäftigt ..." (zit. bei M. Hengel [Anm. 4], S. 80 f).

117 W.-D. Hauschild (Anm. 28), S. 42; s. dazu unten Anm. 132.

118 S. dazu jetzt vor allem *U. Duchrow,* Christenheit und Weltverantwortung. Traditionsgeschichte und systematische Struktur der Zweireichelehre, Stuttgart 1970 (FBESG 25) [2. Aufl., 1983], bes. S. 4 ff, 135 f u.ö.

119 Vor allem in den drei platonischen Dialogen *Politeia*, *Politikos* und *Nomoi* sowie in der "Nikomachischen Ethik" und der "Politik" des sokratischen Enkelschülers Aristoteles; vgl. dazu etwa *W. Jaeger,* Paideia. Die Formung des griechischen Menschen, Bd. II/III, 3. Aufl., Berlin 1959; *B. Snell,* Die Entdeckung des Geistes. Studien zur Entstehung des europäischen Denkens bei den Griechen, 3. Aufl., Hamburg 1955, bes. S. 401 ff ("Theorie und Praxis"); *R. Stanka,* Die politische Philosophie des Altertums, Wien usw. 1951 (Geschichte der politischen Philosophie 1), S. 142-229; *E. Voegelin,* Order and History, Bd. III: Plato and Aristotle, Baton Rouge, Louisiana 1957.

120 Vgl. dazu außer R. von Poehlmann (Anm. 81), Bd. II, S. 274 ff, etwa noch *E. Salin,* Platon und die griechische Utopie, München usw. 1921.

sche" Implikationen.[121] Um so mehr aber mangelte es an realen Impulsen zur *Veränderung* des status quo von Macht- und Besitzverteilung oder auch nur an konkreten Vorstellungen darüber, wie sie zu bewerkstelligen sei.

Schon die Auseinandersetzung des Aristoteles mit dem platonischen Staatsideal[122] lief u.a. darauf hinaus, daß es darin zu viele imaginäre und teilweise auch unzweifelhaft totalitäre Elemente gebe, als daß es ernstlich zum Rezept für die politische Praxis tauge,[123] was es freilich in den Augen seines *[22]* Verfassers wohl auch gar nicht sein sollte.[124] Was blieb und die Gemüter auch weiterhin bewegte, war - außer etwa der Einsicht Platons in den "pädagogisch"-kathartischen Wert der "Einfachheit"[125] sowie in die Gefährlichkeit einer zu starken Polarisierung zwischen Armut und Reichtum für die Wohlfahrt eines Gemeinwesens[126] - in der Hauptsache die Überzeugung, daß eine "kommunistische" Eigentumsordnung wenigstens für die staatstragenden Schichten, wie sie Platon in seiner *Politeia* vorgeschlagen, in den *Nomoi* dagegen selbst als "mit der jetzigen Menschenwelt und ihrer Erziehung und Bildung" unverträglich bezeichnet hatte,[127] womöglich ideal, aber leider kaum zu verwirklichen sei.

Von der hellenistischen und kaiserzeitlichen Philosophie aber waren konkrete Programme zur Weltgestaltung um so weniger zu erwarten, als über dem Zufall der gewachsenen geschichtlich-politischen Ordnungen und dem Aufkommen der anonymen Großreiche die Abkehr des antiken

---

[121] So *H.-G. Kippenberg*, Versuch einer soziologischen Verortung des antiken Gnostizismus, Numen 17 (1970), S. 211-231 (hier: 231).

[122] S. Aristoteles *pol.* II,1260b-1266a im Vergleich mit 1269a-1271b (Sparta).

[123] Allerdings blieb auch Aristoteles auf die Frage nach der Realisierbarkeit seiner Vorstellungen von einer "guten" Gesellschaft unter guten Gesetzen manche Antwort schuldig. Z.B. sagte er nicht, wie er sich die Durchsetzung eines "Maßes" zur Begrenzung übermäßigen Reichtums und krasser Armut denke (R. von Poehlmann [Anm. 81], Bd. I, S. 470). Deutlich ist immerhin, daß er eher auf organische als mechanische, eher auf die Mittel der "Erziehung" als diejenigen staatlichen Oktrois baute (vgl. nur *pol.* II,1263a 21-24; 1263b 36-42).

[124] So mit Recht bereits Cicero *rep.* II,30, wonach das Modell der platonischen *Politeia* überhaupt nichts mit der Frage zu tun hat, ob ein so strukturiertes politisches Gemeinwesen auch existenzfähig sei. Vielmehr werde es geschaffen, "damit man an ihm die Natur des Gemeinwesens genau zu erkennen vermöge" (zit. bei *P. Weber-Schäfer*, Platos Politeia, in: ders. [Hg.], Das politische Denken der Griechen. Klassische Politik von der Tragödie bis zu Polybios, München 1969 [List Hochschulreihe 1507], S. 94).

[125] Vgl. dazu R. Vischer (Anm. 91), S. 50-55, der auch zeigt, wie sehr Platons "Gedanken und Ausdrucksmittel später zum festen Vorrat der philosophischen und halbphilosophischen Erörterungen über die Einfachheit" gehörten (S. 52).

[126] Dieser platonischen Einsicht (vgl. dazu etwa *lg.* V,743c-745b, bes. 744d) stimmte nicht nur Aristoteles in vollem Umfange zu (vgl. nur *pol.* II,1263b.1265a-1267b; V,1308b). Vielmehr hat die Frage einer gerechten Güterverteilung oder doch wenigstens eines "Maßes" für den Reichtum später gerade auch die Kyniker beschäftigt, wie etwa die "Meliamben" des Kerkydas lehren (vgl. bes. Oxyrhynchos Papyri VIII, 1911, Nr. 1082, und dazu *E. F. Bruck*, Kirchenväter und soziales Erbrecht. Wanderungen religiöser Ideen durch die Rechte der östlichen und westlichen Welt, Berlin usw. 1956, S. 52, Anm. 55, mit weiterer Lit.).

[127] Vgl. Platon *r.* 416d ff, 457c ff, 464cd, mit *lg.* V,739b-741a.

Menschen von der Politik rasche Fortschritte machte und sich das philosophische Interesse immer ausschließlicher dem Einzelnen zuwandte, mit dem Ziel, ihn "in der Ausarbeitung seiner inneren Unabhängigkeit von der Welt zum Kunstwerk (zu) bilden".[128] Ihren vorläufigen Höhepunkt erreichte diese Tendenz zu "ungeschichtlich"-abseitiger Innerlichkeit in der von der Stoa propagierten Freiheit zum Tode (καλῶς ἀποθνήσκειν).[129] Zwar hätte ein anderer Grundgedanke der Stoiker, der der Differenz zwischen Naturrecht und "gesatztem" Recht,[130] hiergegen ein wirksames Korrektiv bilden können. *[23]* War er doch sowohl in konservativem wie in "revolutionärem" Sinne interpretierbar. Im allgemeinen aber wurden aus ihm, soweit wir wissen, ebensowenig politische Konsequenzen gezogen wie aus dem gemeinantiken Mythos von einem vollkommenen Urzustand, von einem - längst vergangenen und nie wiederkehrenden - "goldenen Zeitalter", mit dem er sich vielfach verband.[131]

Erst recht hatte die Heilslehre der Gnosis zur Kehrseite den Glauben an die Unwandelbarkeit von Welt und Gesellschaft. Entstanden, wie es scheint, in den "unter die Stiefel der römischen Legionen" geratenen kleinen Ländern des westlichen Vorderen Orients, reagierte die Bildungsschicht, in der sie zuerst Wurzel schlug, "auf den Verlust der Herrschaft nicht handelnd", sondern durch "Transformation" ihrer ursprünglich herrschaftslegitimierenden Ideologie. "Die Entfremdung, das totale Ausgeliefertsein an irrationale Mächte" wurde so "auf einen geradezu suggestiven Nenner gebracht"; "Einsicht und Ohnmacht" verbanden sich "zu einem lähmenden Ganzen".[132] *[24]*

---

128 *W. Anz,* Christlicher Glaube und griechisches Denken, in: E. Dinkler (Hg.), Zeit und Geschichte. Dankesgabe an Rudolf Bultmann zum 80. Geburtstag, Tübingen 1964, S. 531-555 (hier: 533); vgl. dazu auch etwa *M. Riedel,* Bürgerliche Gesellschaft. Untersuchungen zu einer Kategorie der klassischen Politik und des modernen Naturrechts, Habil.-Schr. Heidelberg 1967, S. 90 ff.

129 W. Anz (Anm. 128), S. 533, Anm. 4.

130 Vgl. dazu etwa *H. Welzel,* Naturrecht und materiale Gerechtigkeit. Problemgeschichtliche Untersuchungen als Prolegomena zu einer Rechtsphilosophie, 4. Aufl., Göttingen 1962 (Jurisprudenz in Einzeldarstellungen 4), S. 37 ff.

131 Vgl. nur Seneca *ep.* 90,3 ff, bes. 38-40; *de consol. ad Marc.* 20,2. Aber auch bei Cicero werden aus dem Gedanken, daß "eigentlich", im Sinne des Naturrechts, Gemeineigentum das Gegebene sei, während alles "Sondereigentum", auch die Sklaverei, im Grunde als widernatürlich angesehen werden müsse (so etwa *off.* I,7), keinerlei konkrete Konsequenzen gezogen außer etwa der, daß auch der Sklave das Recht auf menschliche Behandlung habe (ebd. I,13). Im übrigen stellte C. Platons Idee der Gütergemeinschaft seine "optimatische", ganz an den Zielen und Interessen der herrschenden, besitzenden Schichten orientierte "Sozialethik" entgegen und versorgte alle die mit dem nötigen Rüstzeug, die das Bedürfnis verspürten, an Platon ihr Mütchen zu kühlen (vgl. etwa Laktanz *epit.* 33, mit Cicero *rep.* IV,5).

132 H.-G. Kippenberg (Anm. 121); vgl. dazu allerdings *H. Jonas,* Gnosis und spätantiker Geist, Bd. I: Die mythologische Gnosis, 2. Aufl., Göttingen 1954, S. 64 f; *E. R. Dodds,* Pagan and Christian in an Age of Anxiety, Cambridge 1965, S. 1 ff, bes. S. 4; [dt. unter dem Titel: Heiden und Christen in einem Zeitalter der Angst. Aspekte religiöser Erfahrung von Mark Aurel bis Konstantin, Frankfurt/Main 1985, S. 17 ff, bes. S. 20]; *K. Rudolph,* Gnosis und Gnostizismus, ein Forschungsbericht, ThR 36 (1971), S. 119 ff; ders., Randerscheinungen des Judentums und das Problem der Entstehung des Gnostizismus, Kairos 9 (1967), S. 105-122, bes. 108 ff (Der Aufsatz von *P. Po-*

korny, Der soziale Hintergrund der Gnosis, in: K.-W. Tröger [Hg.], Gnosis und Neues Testament. Studien aus Religionswissenschaft und Theologie, Gütersloh 1973, S. 77-87, war mir leider noch nicht zugänglich). Mag der "Verortungs"-Versuch von Kippenberg auch zu kurz geschlossen und die Feststellung über Gründe und Ursachen, die zur Entstehung der gnostischen Weltauffassung führten, "nur durch eine komplexe Forschung von Sozial-, Wirtschafts-, Kultur- und Religionswissenschaft möglich" sein (K. Rudolph in: Kairos [s.o.], S. 109), so läßt sich doch schwerlich bestreiten, daß für die Gnosis ein "Weltpessimismus besonderer Prägung" (ebd.) und, damit zusammenhängend, "die Minimalisierung der Weltbeziehungen namentlich auf dem Feld des Sozialethos" (H. Thyen [Anm. 104], S. 122) kennzeichnend war (anders anscheinend *K. Beyschlag*, Christentum und Veränderung in der Alten Kirche, KuD 18 [1972], S. 26-55 [hier: 39 ff]). Jedenfalls ist m.W. bisher nur ein einziger Text bekannt geworden, der nicht nur die übliche gnostische Negation des Bestehenden zu belegen, sondern in dem auch "die Veränderung der Welt und ihrer Grundordnungen ... bewußt intendiert" zu sein scheint (K. Beyschlag, a.a.0., S. 39), nämlich der rätselhafte Bericht des Klemens über das "gnostische Wunderkind" (*A. Hilgenfeld*, Die Ketzergeschichte des Urchristentums urkundlich dargestellt, Leipzig 1884, S. 403) Epiphanes von Same (*str.* III,5-10). Danach hat der bereits mit 17 Jahren gestorbene und nach seinem Tode auf Same als Gott verehrte E. nicht allein die "monadische Gnosis" (zum Begriff μοναδικός s. *str.* IV,151,3 f; 157,1 im Vergleich mit III,29, und dazu *H. J. Krämer*, Der Ursprung der Geistmetaphysik, 2. Aufl., Amsterdam 1964, S. 245) sowie die Sekte der "Karpokratianer" (zu diesen s. *H. Kraft*, Gab es einen Gnostiker Karpokrates?, ThZ 8 [1952], S. 434-443) begründet, sondern auch, bei seinem Vater in der ἐγκύκλιος παιδεία und der platonischen Philosophie unterwiesen, im Anschluß an Platons "Staat" (dessen vollständiger Titel bekanntlich lautete: Πολιτεία ἢ περὶ δικαίου!) ein Buch "Über die Gerechtigkeit" (Περὶ δικαιοσύνης) hinterlassen, in dem er - zur Wiederherstellung der inzwischen entarteten, und zwar gerade durch den Judengott und seine "Gesetze" pervertierten, ursprünglichen Naturordnung - die Güter- und Frauengemeinschaft propagierte. Schon seit langem hat dieser Bericht manches Kopfzerbrechen bereitet und zu allerlei kühnen Hypothesen und Kombinationen Anlaß gegeben (vgl. nur A. Hilgenfeld, a.a.O., S. 402 ff; *H. Leisegang*, Die Gnosis, 4. Aufl., Stuttgart 1955 [Kröners Taschenausgabe 23], S. 257-270, bes. 258 ff; *H. Chadwick*s "Allgemeine Einleitung" zu seiner Klemensauswahl in dem von ihm und J. E. L. Oulton hg. Band Alexandrian Christianity. Selected Translations of Clement and Origen, London 1954 (LCC II), S. 24 ff; *A. A. T. Ehrhardt*, Politische Metaphysik von Solon bis Augustin, Bd. II: Die christliche Revolution, Tübingen 1959, S. 60, 194; H. J. Krämer, a.a.O., S. 230, 244 f; K. Beyschlag, a.a.O., S. 41 ff; W.-D. Hauschild [Anm. 28], S. 40-42). Doch kann und will ich mich darauf hier nicht weiter einlassen. Ich frage nur, was an dem seltsamen "Konglomerat aus kynischen, kyrenaischen und platonischen Elementen" (K. Beyschlag, a.a.O., S. 42), hinter dem auch ich am ehesten "the scribblings of an intelligent but nasty-minded adolescent of somewhat pornographic tendencies" (H. Chadwick, a.a.O., S. 25) zu sehen geneigt bin, eigentlich spezifisch "gnostisch", und erst recht, was daran christlich sein soll; denn der Bezug zur paulinischen Gesetzesproblematik (*str.* III,7.2) gehört doch wohl eindeutig dem Kommentar des Klemens (vgl. auch *str.* III,84,1) und nicht dem epiphanischen Traktat selbst an (gegen K. Beyschlag, a.a.O., S. 42, Anm. 33; W.-D. Hauschild, a.a.O., S. 41). Aber selbst wenn man das Machwerk des E. ernster nimmt, als ich es einstweilen für angebracht halte, wird man darin allenfalls den in gewisser Hinsicht "radikalsten Beitrag zur Eigentumsfrage" aus der gesamten alten Kirche (W.-D. Hauschild, a.a.O., S. 42), schwerlich jedoch eine "in besonderer Weises durchreflektierte (!) Bestreitung der Legitimität von Privateigentum" (ebd., S. 40) sehen können. Scheint doch, um nur das Wichtigste zu nennen, der jugendliche Verfasser der "Gerechtigkeits"-Schrift nach allem, was uns Klemens daraus mitteilt, auch nicht den leisesten Gedanken daran verschwendet zu haben, wie und wo sein "kommunistisches" Programm unter den politischen und ökonomischen Bedingungen seiner Zeit eigentlich durchgeführt werden solle. Deshalb nimmt es auch kaum wunder, wenn Klemens, der sich keineswegs nur über das Eintreten des E. für die Frauengemeinschaft entrüstet und sie als den

Wen sollte es daher im Ernst wundern, daß Klemens politisch nicht weit hellsichtiger war, als er tatsächlich gewesen; daß er sich nicht berufen fühlte, die politische Geschichte mit dem Nullpunkt neu beginnen zu lassen, zumal ihm als Angehörigem einer unterprivilegierten Minderheit in einem diktatorischen System, auf das sich die römische Herrschaft nach dem Zusammenbruch des humanitären Kaisertums und der Prinzipatsverfassung immer unverhüllter zubewegte, jegliche Möglichkeit zu direkter politischer Einflußnahme abging?

Mißt man ihn dagegen am Maßstab der dem Christentum seiner Zeit gegebenen geistigen und sittlichen Möglichkeiten, so mag es wohl sein, daß er gelegentlich an Rigorismus und Radikalität der "Sozialkritik", die ihm *[25]* schon durch sein Freiheitspathos, sein Insistieren auf der "Evidenz des Ethischen", verwehrt waren, übertroffen worden ist, aber kaum an Gespür dafür, was eigentlich "Evangelium" ist: nicht die *nova lex,* nicht auch die "privatistische" Erlösungslehre, sondern die Botschaft von Gottes *neu*schöpferischem Handeln, das sich eben nicht darin erschöpft, einzelne Glaubende zu ermutigen und zu ermächtigen, in der Liebe weiterzugehen, als die "Gerechtigkeit" verlangt und die Aufrechterhaltung des status quo notwendig macht. Vielmehr zielt es auf die *Gemeinde* als die "neue Kreatur", in welcher "Gott als der Schenkende, Befreiende, Erfreuende, Kommunikation Stiftende (je) neu erfahren wird";[133] die Gemeinde, die wir in unserer Zeit wohl erst wieder ganz neu zu entdecken haben!

"Hauptpunkt seines sozialethischen Programms hingestellt" hat (ebd., S. 41), von dieser Art "Kommunismus" nichts wissen wollte, wohl, weil er ihn als bereits im Ansatz anarchistisch und in der Konsequenz nach Lage der Dinge als auf einen allgemeinen Pauperismus hinauslaufend betrachtete. Jedenfalls hält er der "'Gerechtigkeit' des Karpokrates (sic!) und derer, die gleich ihm auf zuchtlose κοινωνία aus sind", unter Berufung auf Altes wie Neues Testament i.w. dieselben "sozialen" Gründe entgegen, mit denen er sich in *q.d.s.* gegen ein bloßes "Wegwerfen" seines Besitzes ausspricht (vgl. *str.* III,54,1-56,3 mit *q.d.s.* 11,4 ff).

133 U. Duchrow (Anm. 118), S. 596.

Zwischen "Gottesherrschaft" und "einfachem Leben"

Dio Chrysostomus, Johannes Chrysostomus und das Problem einer Humanisierung der Gesellschaft*

I. Das Problem

Wenn ich nicht irre, dann besteht unter heutigen Auslegern des Neuen Testaments ein weitgehender Konsens darüber, daß - entgegen der klassisch-marxistischen Theorie vom proletarischen Ursprung und revolutionären Charakter des Urchristentums - weder Jesu "Evangelium für die Armen" und erst recht die paulinische und johanneische Verkündigung, noch auch die das lukanische Schrifttum und den Jakobusbrief in jeweils verschiedener Weise und Intensität bestimmende "Armenfrömmigkeit" ein sozialrevolutionäres Programm enthält. Das ist schon durch die Naherwartung, die (durch Fremdherrschaft, soziale Mißstände und vielfältige Not gesteigerte) Erwartung einer baldigen Weltenwende so gut wie ausgeschlossen. *Sie* aber ist der Horizont und Rahmen, in welchem Jesus und das Urchristentum leben und denken. Das Maß ist voll; die "Zeit ist erfüllt, und die Gottesherrschaft nahe herbeigekommen" (Mk 1,15).

Jesus propagiert kein Programm.[1] Wohl aber ermutigt er u.a. dazu, neue Möglichkeiten für ein situationsgerechtes, gemeinsames Handeln zu entdecken und zu erproben (man denke nur an die "Bergpredigt": Mt 5-7 mit Parallelen). Diese erscheinen nur so lange als unmöglich, ja als absurd, solange man von seinen bisherigen Lebenserfahrungen auch nicht

---

Zuerst veröffentlicht in: JAC 31 (1988), S. 127-143.

* Festvortrag anläßlich der Jahrestagung des Vereins zur Förderung des F. J. Dölger Instituts am 26.6.1987 im Festsaal der Bonner Universität. Er stellt die stark erweiterte Fassung eines Referates über "Johannes Chrysostomus als Interpret des Paulus am Beispiel der Sozialethik" dar, das auf einem internationalen Symposium über "Paul and the Legacies of Paul" gehalten wurde und zusammen mit der "Antwort" von Elizabeth Clark in den Akten dieses Symposiums veröffentlicht worden ist (S. 193-199. 369 f). Auf die "Antwort" von Frau Clark wird im folgenden wiederholt Bezug genommen.

[1] Vgl. dazu jetzt das schöne Buch von *G. Theissen*, Der Schatten des Galiläers. Historische Jesusforschung in erzählender Form, München 1986, [6. Aufl., 1988], bes. Kap. 10 u. 18; ferner *D. E. Oakman*, Jesus and the Economic Questions of His Day, Lewiston usw. 1986 (Studies in the Bible and Early Christianity 8), T. 2, sowie die Skizzen von *Chr. Burchard*, Jesus von Nazareth, in: J. Becker u.a, Die Anfänge des Christentums, Stuttgart usw. 1987, S. 12-58, und *K. M. Fischer*, Das Urchristentum, Berlin 1985 (Kirchengeschichte in Einzeldarstellungen I,1), Kap. 4.

einen Moment lang abzusehen gewillt ist. Dafür aber sind sie - vielleicht - geeignet, die Mechanismen von Haß und Vergeltung aufzubrechen!

Und indem Jesus den "Armen", Hungernden, Unglücklichen, vergebens ihr Recht Fordernden den nahegekommenen Gott verkündigt, sucht er glaubhaft zu machen, daß dieser Gott nicht vor dem Scheitern des Menschen kapituliert, sondern will, daß dies Scheitern nicht länger unausweichlich und irreparabel sei. So lädt denn auch Jesu Vertrauen auf Gottes "Zuvorkommenheit" und Unermüdlichkeit gerade nicht zur Passivität ein. Vielmehr sucht es den, der sich darauf einläßt, angesichts unübersehbarer Widerstände, Mißerfolge und Gebundenheiten, gerade auch dadurch zu befreien, daß es ihn vor verhängnisvoller Selbstüberschätzung zu bewahren hilft. Gottes Herrschaft kommt, und zwar "von selbst" (αὐτομάτη), sagt Jesus darum, und das unscheinbar und "ganz anders", als man denkt (Mk 4,26-29). Wer das in seinem Handeln einkalkuliert, der *[128]* ist in Jesu Augen davor geschützt, sich die übermenschliche Aufgabe einer Vollstreckung des göttlichen Gerichts an der ungerechten Welt aufzubürden. Er kann statt dessen seine - in jedem Falle begrenzte - Kraft darauf konzentrieren, der Hoffnung auf Gottes kommendes Reich praktisch "politischen" Ausdruck zu verleihen (wenn anders "politisch" heißt: auf die Gestaltung des Gemeinwesens, der Gesellschaft bezogen).

Ähnlich unprogrammatisch, ähnlich "dialektisch" ist auch die paulinische Sicht. Für den Weltbegriff und das Weltverständnis des Paulus ist letzten Endes nicht der Schöpfungsglaube konstitutiv. Grundlegend ist vielmehr der Glaube an die im Christusgeschehen erfolgte Weltenwende, an den Anbruch einer "neuen Schöpfung", in die der Glaubende durch die Taufe bereits eingegliedert ist (II Kor 5,17). M.a.W. heißt κτίσις für Paulus zunächst "unerlöste Schöpfung", erst "in Christus" wieder als Schöpfung Gottes erkennbar gewordene Welt; nicht ein sozusagen "neutrales" Ordnungsgefüge, sondern "Epoche" und Sphäre der "Weltlichkeit", Zeit und Ort des Verfallenseins an die "Mächte" und Elemente der "Welt" oder doch der Anfechtung der Glaubenden durch sie.[2]

Diese komplexe Sicht hat u.a. zur Folge, daß die Ethik des Paulus (wie wohl des Neuen Testaments überhaupt) "primär ekklesiologischen Charakter" hat. D.h. die Weisungen hinsichtlich des Verhaltens des einzelnen (in Kirche *und* Welt) "sind wesentlich auf den *glaubenden* Menschen zugeschnitten"[3]. Dabei will allerdings bedacht werden, daß *Kirche* bei Paulus nicht als civitas Platonica, jenseits von Raum und Zeit, sondern als der Bereich der "Welt" begriffen ist, in dem die Herrschaft Christi schon anerkannt, ausgerufen und im Glaubensgehorsam bezeugt wird.[4] So verschlingen sich, bei Jesus *wie* bei Paulus, auf ganz eigentümliche Weise

---

[2] S. dazu noch immer am ehesten *W. Schrage*, Die Stellung zur Welt bei Paulus, Epiktet und in der Apokalyptik, ZThK 21 (1964), S. 125-154 (mit weiterer Lit.).

[3] *G. Strecker*, Handlungsorientierter Glaube. Vorstudien zu einer Ethik des Neuen Testaments, Stuttgart 1972, S. 46.

[4] Das ist stets besonders von *E. Käsemann* betont worden; vgl. nur ders., Amt und Gemeinde im Neuen Testament, in: ders., Exegetische Versuche und Besinnungen, Bd. I, Göttingen 1960, S. 109-134 (hier: 113 f).

"konservative" und "revolutionäre" Impulse.[5] Diese "revolutionären" Impulse aber sind geeignet, auch die selbstgesetzten Schranken neutestamentlicher Ethik zu sprengen und über damals gefällte materialethische Urteile, z.B. über die Sklaverei, hinauszuweisen.[6]

"Revolutionäre" Ungeduld, die eine Änderung der bestehenden Verhältnisse als solcher erstrebte und an eine Selbsthilfe der Unterdrückten dächte, ist nicht einmal dort im Spiel, wo eine radikale Eigentumskritik laut wird. So etwa in dem Drohwort Jak 5,1-6, welches deutlich an alttestamentlich-jüdische Weherufe über die Reichen erinnert: "Nun, wohlan, ihr Reichen, weinet und jammert ob der Drangsale, die über euch hereinbrechen ..." (vgl. auch 2,1-9). Es ist auch hier *Gottes* "Gerechtigkeit", deren Durchbruch in Bälde erwartet wird, von der man sich das Ende aller Ungerechtigkeit und die Sühne allen Frevels verspricht. Im übrigen herrscht im Jakobusbrief wie in den anderen Dokumenten frühchristlicher "Armenfrömmigkeit" die Überzeugung vor: Es sind die "Armen in dieser Welt", für die Gott Partei ergriffen, die Gott "auserwählt" hat, "daß sie Reiche im Glauben seien" (Jak 2,5; vgl. auch Lk 1,45-55). Reichtum dagegen und Habsucht fesseln an die "Welt". Entsprechend lautet im sog. "Hirten des Hermas", einer als Apokalypse stilisierten Bußpredigt aus der Zeit um 130/140 n.Chr., die Konsequenz, daß alle, die "an dieser Welt Reichtum" teilhaben, erst dann für Gott "brauchbar" sein werden, wenn "ihr Reichtum, *[129]* der sie an sich fesselt, abgehauen wird".[7] Und in gleichem Sinne kann noch ein halbes Jahrhundert später der große Nordafrikaner Tertullian Gott einen "Verächter der Reichen" und einen "Helfer der Bettelarmen" nennen, welcher "immerfort die Armen für gerecht erklärt, die Reichen hingegen von vornherein verdammt".[8]

---

[5] So hatte es auf seine Weise auch schon *E. Troeltsch* gesehen und gesagt in seinen Soziallehren der christlichen Kirchen und Gruppen (= Gesammelte Schriften, Bd. I), Tübingen 1922; 2. Neudr. Aalen 1965 [3. Neudr. 1977], S. 50, 72 u.ö.

[6] G. Strecker (Anm. 3), S. 35.

[7] Herm. *vis*. 3,5.6: vgl. aber etwa *sim*. 2,1-10 ("Ausgleichstheorie"; Almosen als gottwohlgefällige, sündentilgende Frömmigkeitsübung!).

[8] Tert. *adv. Marc*. 4,15,8; *patient*. 7. Das steht freilich in einer kaum auflösbaren Spannung zu der Aussage, daß es "Gott nicht unangemessen" sei, "auch Reichtümer zu gewähren, durch welche auch die Reichen Trost und Hilfe finden und .. viele Werke der Gerechtigkeit und Liebe geschehen mögen" (*adv. Marc*. 4,15,8 Ende); man vergleiche auch die auf den ersten Blick reichlich verwirrende Gedankenführung in *apol*. 39, der wohl wichtigsten Stelle zum Problem "Christentum und Eigentum" bei Tertullian. Gerade bei diesem Autor ist dringend davor zu warnen, Einzelaussagen aus ihrem Zusammenhang zu reißen und zu verabsolutieren, statt zu fragen, was Tertullian jeweils im Auge habe und worauf er hinauswolle. Immerhin: Daß die oben zitierten Äusserungen überhaupt - und zwar, was immer besonders beweiskräftig ist, ganz beiläufig, ohne anscheinend einer Begründung zu bedürfen - so fallen, wie sie fallen, das setzt doch wohl das Fortwirken jener Tradition frühchristlicher "Armenfrömmigkeit" voraus, um die es uns im Augenblick geht.

II. Johannes Chrysostomus - der Mann und sein Werk

Blickt man von da aus zu Johannes Chrysostomus hinüber, so zeigt sich m.E., daß sich die Impulse zur Verwandlung statt zur Anpassung an das "Schema dieser Weltzeit" (Röm 12,2) - in diesem Falle an die Lebensverhältnisse in der spätantiken Gesellschaft mit ihren z.T. eklatanten Mißständen und ihrem Massenelend - eher verstärkt als abgeschwächt haben. Doch ist das, wie ich ehrlich zugeben muß, in der Forschung heftig umstritten. Das ist auch der Grund, weshalb ich heute davon rede. Bevor das aber geschieht, ist es wohl am Platze, den Mann, um den es im folgenden vor allem gehen soll, kurz vorzustellen.

Johannes mit dem Beinamen Chrysostomus ("Goldmund") wurde in Antiochia, der syrischen Metropole am Orontes und "dritten Stadt der Erde" (Libanius) nach Rom und Konstantinopel, als Sohn eines hohen Militärs geboren, wohl in demselben Jahr 354 wie Augustinus. Nachdem er im Alter von 18 Jahren die Taufe empfangen hatte, verließ er das elterliche Haus und seinen berühmten Rhetoriklehrer Libanius, um das Leben eines Einsiedlers zu führen. Doch zwang ihn seine schwache Konstitution bald zur Rückkehr in die "Welt". Daß er gleichwohl seiner Gesinnung nach Mönch und Asket zu bleiben gedachte, geht daraus hervor, daß er sich - zur selben Zeit, wie er die Weihe zum Anagnosten, d.h. zum Lektor empfing - einem Kreis Gleichgesinnter, dem sog. Asketerion unter Leitung Diodors, des späteren Bischofs von Tarsos und ersten Hauptes der antiochenischen Exegetenschule, anschloß, in welchem er sich - in Gemeinschaft u.a. mit einem später so berühmten wie allerdings auch umstrittenen Mann wie Theodor von Mopsuestia - zugleich geistlich-asketischen Übungen wie strenger theologischer Arbeit unterzog. Wohlgerüstet wie sicherlich wenige Kleriker seiner Zeit übernahm er 386 nach seiner Presbyteriatsweihe das Amt des Hauptpredigers von Antiochien.

Zwölf Jahre wirkte er hier. Dann aber starb Residenzbischof Nektarius von Konstantinopel. Am Ende eines langen und unwürdigen Ränkespiels um die Nachfolge, an dem wie immer der "Papst" von Alexandrien führend beteiligt war, fiel die Wahl des Kaisers und seiner Ratgeber auf Chrystostomus, und zwar wohl deshalb, weil dieser nicht nur außerhalb des kirchenpolitischen Treibens stand, sondern weil er auch bereits damals als Kanzelredner und geistlicher Schriftsteller weit über die Grenzen seiner Vaterstadt *[130]* hinaus berühmt war und so dem Repräsentationsbedürfnis von Hof und Hauptstadt Genüge zu tun vermochte. So stieg also Chrysostomus zum höchsten Würdenträger der Kirche des Ostreichs auf. Allein, alsbald einsetzende Streitigkeiten mit dem Hof, der Kaiserin Eudoxia und ihrem allmächtigen Günstling, dem Eunuchen Eutropius, und nicht zuletzt auch mit mißgünstigen Bischofskollegen unter Anführung des Alexandriners führten schließlich aufgrund eines geradezu tollen Gemischs "von Verleumdung, kindischen oder gewolltem Mißverstehen und kirchenpolitisch-politischen Anklagen, deren Zweck von vornherein deutlich ist",[9] zu seiner Absetzung durch die "Eichensynode", so genannt nach ihrem Tagungsort, dem Landgut Drys ("Eiche") bei Chalkedon. Sein Sturz rief in Konstantinopel ungeheuere Erregung hervor, die durch ein als Gottesurteil empfundenes Erdbeben noch gesteigert wurde. Schon nach wenigen Tagen wurde Chrysostomus zurückgerufen. Seine Rückkehr glich einem Triumphzug. Schon bald entstanden indessen neue Meinungsverschiedenheiten, so daß er ein Jahr später endgültig abgesetzt und nach Armenien verbannt wurde. Als jedoch, dem Hagiographen Palladios zufolge, die "gesamte Kirche von Antiochien", seiner einstigen Wirkungsstätte, nach Armenien zu wallfahrten begann, um den unvergessenen Prediger zu hören,[10] wurde auf kaiserlichen Befehl das am äußersten Winkel des Reichs gelegene Pityos am Schwarzen Meer Chrysostomus als Exilsort angewiesen. Obwohl bereits schwerkrank, trat er, und zwar zu Fuß, die Reise an, erlag aber bereits nach wenigen Tagen, am 14. September 407, den Schikanen seiner Bewacher.

Gleichwohl - oder gerade deshalb - war sein Nachruhm unermeßlich. Den Beinamen "Goldmund", der zuerst dem Rhetor Dio von Prusa (geb. ca. 40, gest. nach 112 n.Chr.) beigelegt worden war, erhielt er noch lange nach seinem Tode.[11] Aber noch heute können seine - in großem Umfang erhaltenen - Homilien "wohl als einzige aus dem ganzen griechischen Altertum" z.T. noch "als christliche Predigten gelesen werden. Sie spiegeln etwas vom echten Leben des Neuen Testaments wider, gerade weil sie so sittlich, so einfach und so nüchtern sind."[12]

Wer tiefer in das Verständnis seines Wesens und Wirkens einzudringen wünscht, wird sich der Tatsache zu erinnern haben, daß auch Chrysostomus den Weg vom Mönchtum zum Bischofsamt gegangen ist. Folglich haben auch wir zunächst seine Konzeption des Mönchtums im Verhältnis zur Kirche wenigstens in Grundzügen zu verdeutlichen, ehe wir uns seinen Vorstellungen über eine Humanisierung der Gesellschaft zuwenden.

Prinzipieller Ausgangspunkt ist für Chrysostomus der "soziale Charakter" des Christentums. Sieht er doch darin den entscheidenden "Maßstab vollkommenen Christentums", darin dessen exakte Definition und höchste, durch nichts zu überbietende Verwirklichung: zu suchen, was dem Wohl der Gemeinschaft dient,[13] zu wissen, daß das eigene Heil auf Gedeih und Verderb mit dem des Nächsten verknüpft ist[14] oder um (mit Bultmann) im Sinne des Paulus und dessen Rückkopplung des Imperativs

---

[9] *H. von Campenhausen*, Griechische Kirchenväter, Stuttgart usw. 1956 (7. Aufl., 1986), S. 148.

[10] Pall. *v. Chrys.* 11,37 (ed. Coleman-Norton, Cambridge 1928, S. 65).

[11] Vgl. dazu *Ch. Baur,* L'entrée littéraire de S. Jean Chrysostome dans le monde latin, RHE 8 (1907), S. 249-264.

[12] H. von Campenhausen (Anm. 9), S. 152.

[13] *Hom. 25 in I Kor.* (PG 61,208); vgl. auch ebd. *hom. 36(31)*: "Siehst Du, was das Fundament und der Maßstab des Christentums ist? Wie der Häuserbau das Geschäft des Handwerkers ist, so ist es das des Christen, dem Nächsten in allem nütze zu sein".

[14] Ebd. *hom. 25* (211 f); vgl. auch *laud. Paul.* 3,1.

an den *[131]* Heilsindikativ zu reden,[15] daß es überhaupt nicht länger um "individuelle Vervollkommnung" (προκοπή), sondern um "Auferbauung" (οἰκοδομή) geht, eben weil der durch die "Barmherzigkeit Gottes" auf eine neue Basis Gestellte, in seinem Handeln von der Sorge um sich selbst entlastet, die vom Nächsten ausgehende Forderung zum entscheidenden Motiv und Maßstab seines Handelns machen kann und soll (Röm 12,1.2). Dementsprechend sucht er in den durch den paulinischen Grundsatz des "Alles zum gemeinschaftlichen Nutzen" (I Kor 12,7) abgesteckten Rahmen auch das Mönchtum mit seiner besonderen Berufung und seinen Besonderen Gaben und Möglichkeiten einzuordnen.[16] Wie er selbst eine "viel zu aktive Natur" war, "um in der reinen asketischen Vollkommenheit dauernd Genüge zu finden"[17], so verlangt er auch von den Mönchen insgesamt, höher als das Streben nach eigener Vervollkommnung das Heil des Nächsten zu stellen. Gerade ihnen hält das Beispiel "jenes Bedauernswerten" (Mt 25,24-30) vor, dem es "nichts geholfen" habe, "daß er sein Talent nicht verminderte, sondern weil er es nicht vermehrte", habe er es "vollständig eingebüßt".[18]

Von daher sucht er die Mönche dazu zu gewinnen, sich nicht in die Einsamkeit der Berge und Wüsten zu flüchten, sondern inmitten oder wenigstens gleichsam in "Sichtweite" der Städte und Dörfer, da, wo das alltägliche Leben gelebt wird und wo immer aufs neue die "Erfüllbarkeit" der göttlichen Gebote wie der "Grund" der christlichen "Hoffnung" (I Petr 3,15) in Frage steht, Pflanzstätten der "Tugend" zu errichten[19] entsprechend dem Gebot Christi: "Laßt euer Licht leuchten *vor den Menschen*" (Mt 5,16), "nicht vor den Bergen", wie Chrysostomus hinzufügt, "nicht in den Wüsteneien oder an unzugänglichen Orten".[20]

Ob man deshalb Chrysostomus eine zunehmend "reservierte Haltung gegenüber dem Mönchtum"[21] zuschreiben darf, ist mir mehr als fraglich. Falls damit gemeint ist, daß er sich je von den monastischen Idealen innerlich entfernt oder die Existenzberechtigung des Mönchtums überhaupt in Frage gestellt hätte, wird man das sogar rundheraus verneinen müssen. Hat er doch zeitlebens, selbst noch als Bischof von Konstantinopel, inmitten all des höfischen Getriebes und Prunks, an einer streng asketischen

---

[15] *R. Bultmann*, Das Problem der Ethik bei Paulus, ZNW 23 (1924), S. 123-140 [auch in: ders., Exegetica. Aufsätze zur Erforschung des Neues Testaments, hg. von E. Dinkler, Tübingen 1967, S. 36-54] u.ö.

[16] Vgl. dazu *A. M. Ritter*, Charisma im Verständnis des Joannes Chrysostomos und seiner Zeit. Ein Beitrag zur Erforschung der griechisch-orientalischen Ekklesiologie in der Frühzeit der Reichskirche, Göttingen 1972 (FKDG 25), S. 90 (mit weiterer Lit.).

[17] H. von Campenhausen (Anm. 9), S. 139.

[18] *Sac.* 6,10 (PG 48,686).

[19] Vgl. A. M. Ritter (Anm. 16), S. 90, Anm. 4 (mit zahlreichen Belegen).

[20] *Hom. 27(26) in Rom.* (PG 60,644).

[21] So *B. Lohse*, Mönchtum und Reformation. Luthers Auseinandersetzung mit dem Mönchsideal des Mittelalters, Göttingen 1963 (FKDG 12), S. 41, Anm. 104 und neuerdings wieder *A. Stötzel*, Kirche als "Neue Gesellschaft". Die humanisierende Wirkung des Christentums nach Johannes Chrysostomus, Münster/Westf. 1984 (MBTh 51), S. 23 im Vergleich mit S. 173, 207 f, 220 u.ö.

Lebensweise festgehalten - sehr zum Leidwesen vieler in seiner Umgebung![22] - und darüber hinaus in Predigten und Briefen mit seiner Meinung über die positive Rolle und bleibende Bedeutung des Mönchtums nicht hinter dem Berge gehalten. Sie läßt sich wohl in Kürze am besten so umschreiben, daß für ihn die Mönche inmitten einer ständig von der Gefahr der Verweltlichung bedrohten, ständig mehr oder minder faule Kompromisse schließenden und mit den - vermeintlichen oder wirklichen - "Realitäten" paktierenden Christenheit schon durch ihre bloße Existenz ein Moment der heilsamen Irritation und ein "Zeichen" *[132]* sind: ein lebendiges Memento nämlich der Vorläufigkeit all dessen, was die "Welt" fasziniert oder quält, eine ständige Erinnerung daran, daß Christen auf Erden "Fremdlinge" und auf Pilgerschaft sind, und eine unaufhörliche Mahnung zu der von allen geforderten "Vollkommenheit", die, wie ihr Beispiel lehrt, keine bloße Utopie ist.[23]

Wohl aber zielen seine an die Adresse der Mönche gerichteten kritischen Äußerungen darauf ab, daß das Mönchtum nicht ein totes Kapital im Haushalt der Kirche bleibe, daß es vielmehr nach Kräften für deren geistliche Erneuerung nutzbar gemacht werde. Das macht es allerdings erforderlich, energisch auch den Gefahren und Entartungserscheinungen im Mönchtum selbst entgegenzutreten und sich für die rechte Rangordnung innerhalb der Hierarchie der mönchischen Wert- und Zielvorstellungen, d.h. für ihre konsequente Ausrichtung an der "Auferbauung" der Kirche als des "Leibes Christi" einzusetzen, dafür, daß der Dienst an der Gemeinschaft unter die Motive der Askese selbst aufgenommen werde und dort - zusammen mit der ungeteilten Hingabe an Gott oder vielmehr als deren vorzüglichster Ausdruck - an erster Stelle rangiere.[24]

Diese Rolle kann aber dem Mönchtum überhaupt nur zugewiesen werden, weil es für Chrysostomus keine "doppelte Moral", keine verschiedenen "Klassen" von Christen gibt: Keine je verschiedene Ethik für Mönche und für "Weltleute", für "vollkommene" und für Durchschnittschristen. Vielmehr erklärt er rundheraus: "Wer in der Welt lebt, soll vor den Mönchen nichts voraushaben als allein dies, daß er mit einem Weibe zusammenleben darf; in dieser Hinsicht trifft er auf Nachsicht (συγγνώμη),

22 So lautet denn auch einer der Vorwürfe, die die auf der "Eichensynode" versammelten Chrysostomusgegner gegen den vielerorts mißliebig gewordenen Patriarchen erhoben, er esse allein und lebe "wie ein Zyklop" (s. die Akten dieser Synode bei Phot. *cod.* 59 [PG 103,105-113]).

23 Vgl. dazu die bei *A. J. Festugière*, Antioche païenne et chrétienne. Libanius, Chrysostome et les moines de Syrie, Paris 1959 (BEFAR 144), S. 330-344 zusammengestellten Texte (vornehmlich aus den Mt-Homilien) mit meinem Kommentar (oben Anm. 16), S. 92, Anm. 10 (mit weiteren Literaturhinweisen).

24 Vgl. u.a. *hom. 77(78),5.6 in Mt.* (PG 58,708-710); *hom. 25 in I Cor.* (PG 61,209-212); *hom. 6 in Tit.* (PG 62,698); zum Verhältnis Gottesliebe - Nächstenliebe vgl. z.B. *hom. 16,9 in Mt.* (PG 57,250 f); *27(28),4* (358); *71(72),1* (PG 58,664 f); *77(78),6* (709); *hom. 88(87),1 in Joh.* (PG 59,477-479); *hom. 1 vulgo argumentum in Rom.* (PG 60,394); 16(15) (546 f); 30(29) (658-660). - Davon, daß Chrysostomus der Askese schlichtweg abspräche, "daß sie eine christliche Form des Lebens" sei (so A. Stötzel [Anm. 21], S. 23), kann schwerlich die Rede sein.

in allem übrigen jedoch ist er zu demselben verpflichtet wie der Mönch. Auch sind die Seligpreisungen Christi nicht allein an die Mönche gerichtet. Andernfalls ginge ja die ganze Welt zugrunde, und wir müßten Gott, den "Stifter des Ehestandes", "der Grausamkeit bezichtigen ... Wie wäre sonst auch die Ehe (sc. mit den Pastoralbriefen) als ehrenhaft (τίμιος) zu bezeichnen, wenn sie für uns ein solches (Tugend-)Hindernis wäre?" Nein, "es ist möglich, durchaus möglich, auch im Ehestande der Tugend nachzujagen, wenn wir nur wollen. Wie denn? Wenn die, die Frauen haben, sind, als hätten sie keine; wenn wir uns über irgendeinen Besitz nicht in Freude verlieren; wenn wir diese Welt brauchen, als gebrauchten wir sie nicht (vgl. I Kor 7,29-31) ... Führe du nur die Ehe in angemessener Weise (μετὰ συμμετρίας), so wirst du der Erste im Himmelreich sein und alle Güter genießen"[25].

III. Das Beispiel der Eigentumskritik

Nun aber hat für Chrysostomus christliche "Vollkommenheit" sehr wesentlich auch mit sozialer Gerechtigkeit zu tun! Für ihn besteht die Vorbildhaftigkeit der Klöster nicht zuletzt darin, daß in ihnen die societas perfecta anschaubar wird, und zwar insofern, als es *[133]* in ihnen kein Privateigentum und keine Herrschaft von Menschen über Menschen mehr gibt, sondern nur noch wechselseitiges Sich-Unterordnen und freiwilligen Dienst.[26] Entsprechend nimmt die soziale Frage in seinen Gemeindepredigten vor antiochenischem und konstantinopolitanischem Publikum einen breiten Raum ein. Chrysostomus empfiehlt in diesem Zusammenhang von allem Anfang an den Verzicht auf Privateigentum und mahnt, alles den Armen zugute kommen zu lassen, deren Eigentum (!) jegliches Vermögen ist, mag es auch auf rechtlichem Wege erworben oder aber durch Erbschaft empfangen worden sein.[27] Er ist sich allerdings dessen voll bewußt, daß dieser Verzicht nicht erzwungen werden kann, daß er es mit Leuten zu tun hat, die "schon viel zu tun meinen, wenn sie von ihrem Vermögen auch nur ein wenig Almosen geben. Darum" sollen seine Worte "nur den Vollkommenen gelten"; die "minder Vollkommenen" aber werden beschworen, von ihren Gütern den Armen mitzuteilen.[28]

Gleichwohl bleibt für ihn die "Vollkommenheit" das Ziel, dem es alle entgegenzuführen gilt.[29] Sind doch für ihn (ähnlich wie für Basilius von Caesarea) Mönchsethik und Christenethik im Grunde identisch. Wenn man bei ihm überhaupt einen Anhaltspunkt für eine Unterscheidung zwischen "evangelischen Räten" (consilia) und "Geboten" (praecepta) zu entdecken vermag, dann wäre als einziger "evangelischer Rat" über die für

---

[25] *Hom. 7 in Hebr.* (PG 63,67 f); vgl. auch ebd. *hom. 28* (201 f); *hom. 23 in II Cor.* (PG 61,553 f); *hom. 7,7 in Mt.* (PG 57,81 f); *hom. 1 in Eph.* (PG 62,9 f); *oppugn.* 3,14 (PG 47,372 f).

[26] S. oben Anm. 23.

[27] *Hom. 77(78),4.5 in Mt.* (PG 58,706-709); vgl. *45(46),3* (474-476) u.ö.

[28] *Hom. 15,6 in I Kor.* (PG 61,128-130).

[29] Vgl. *hom. 21(22),4 in Mt.* (PG 57,298-300).

alle verbindlichen "Gebote" hinaus der der freiwilligen Ehelosigkeit "um des Himmelreiches willen" zu nennen.[30]

Die "Vollkommenheit" bleibt also das Ziel. Das wird z.B. erkennbar aus einer Predigt über Psalm 48,17 ("Über das Wort des Propheten David und über die Gastfreundschaft")[31], die wohl auf die Anfänge seiner Predigttätigkeit in Antiochien zurückgeht.[32] Dem auszulegenden Bibeltext gemäß ("So gräme dich nicht; wird einer reich, so mehrt er den Glanz seines Hauses") geht es in dieser Predigt primär darum zu zeigen, daß man in der Tat keinen Anlaß habe, sich über den Reichtum eines anderen zu grämen. Dabei erweist sich Chrysostomus so recht als ein Volksmann, der weiß, wie dem einfachen Menschen zumute ist, und der es auch unverblümt ausspricht (etwa so: "Diese prachtvollen Wohnpaläste sind unversöhnliche Ankläger, die noch, wenn der Besitzer längst tot ist, ihre anklagende Stimme erheben ... Jeder Passant, der die Höhe und die weiten Ausmaße des Gebäudes sieht, wird sich oder seinem Nachbarn sagen: Wieviel Tränen hat der Bau dieses Hauses gekostet? Wie viele Waisen sind hier ausgeplündert worden? Wie vielen Witwen ist hier Unrecht geschehen? Wie viele Arbeiter sind hier um ihren vollen Lohn geprellt worden ..."[33]). Doch das Wesentlichere für uns ist, daß Chrysostomus, obwohl dies vom Thema des Ganzen her nicht unbedingt zu erwarten war, schließlich gleichsam die Katze aus dem Sack läßt und seine Vorstellung darüber, wie das Problem von Armut und Reichtum zu lösen sei, deutlich zu erkennen gibt. Sie verdichtet sich im *[134]* Begriff der "Gleichheit des Rechts" (ἰσονομία), einem Zentralbegriff der platonischen Sozialutopie also; der "gleichmäßigen Verteilung" der irdischen Güter, so wie ja auch die "Natur": Himmel, Sonne, Mond und Sterne, Luft und Meer, Feuer und Wasser, Leben, Wachstum, Altern und Kranksein usw., aber auch die "geistlichen Dinge", nämlich der Tisch des Herrn, die Taufe als Bad der Wiedergeburt und Verheißung des Gottesreiches, Gerechtigkeit, Heiligung und Erlösung mitsamt den "unaussprechlichen" eschatologischen Gütern, welche "kein Auge gesehen und kein Ohr gehört hat" (I Kor 2,9), allen gemeinsam sind.[34]

Das ist das Ziel, nicht jedoch der Anfang; ein Ziel, auf das Chrysostomus mit allen ihm zur Verfügung stehenden Mitteln, auch dem der Anpassung und der Wiederholung als der wirksamsten Instrumente der Propaganda, wie er sie bei Libanius bis zur Vollkommenheit zu beherrschen

---

30 S. oben Anm. 25.

31 *Hom. 1-2 in Ps. 48,17* (PG 55,512-518).

32 Einer alten Überschrift zufolge ist diese Predigt "in Konstantinopel, in der großen Kirche" gehalten, "nachdem ein anderer zuvor gesprochen hat". Doch ist das letztere sicherlich falsch, da sich der Anfang der Predigt offensichtlich nicht auf einen Vorredner, sondern auf die Verlesung des auszulegenden Psalmworts bezieht. Und auch auf Konstantinopel deutet in der Predigt selbst nicht das Geringste. Wir werden es hierbei im Gegenteil mit einem Dokument aus der Anfangszeit des Chrysostomus in Antiochien zu tun haben.

33 Ebd. 3 (PG 55,516 f); zu seiner Kritik an ausbeuterischen Praktiken s. auch etwa *hom. 61(62),3 in Mt.* (PG 58,591 f); *Laz.* 1,12 (PG 48,980-982).

34 A.a.O, 4 (517 f).

gelernt hatte, hinzuarbeiten gesonnen ist. Besonders eindrucksvoll ist bis heute, wie er sich immer wieder zum Anwalt und Bittsteller des "armen Christus" macht (vgl. bes. Mt 25,31-45), um auf diese Weise die Verantwortung für die sozial Deklassierten bei seinen Hörern wachzurufen und wachzuhalten,[35] so auch in unserer Predigt über Psalm 48,17.[36]

Ein *Anfang* aber könnte es sein, so führt er in seiner Auslegung der Perikope vom "Reichen Jüngling" in seinen Matthäushomilien aus, wenn einer mit der Loslösung vom *Überfluß* anfinge.[37] Ein Anfang könnte es sein, wenn man wenigstens zwischen offensichtlich ungerechtermaßen erworbenem und mißbräuchlich, nämlich selbstsüchtig verwendetem Reichtum und einem Reichtum zu unterscheiden lernte, der ohne Beleidigung Gottes, ohne daß das Blut Unschuldiger an ihm klebt, erworben worden ist und auch nach Gottes Gebot verwendet wird; eine Unterscheidung, die Chrysostomus schon im Blick auf die biblischen Vorbilder Abraham, Jakob und Hiob als notwendig erscheint.

In diesem Zusammenhang gebraucht er allerdings nicht selten Formulierungen, die zumindest auf den ersten Blick widersprüchlich und mißverständlich sind. Und es ist keineswegs verwunderlich, daß er damit auch in der modernen Literatur einen vollendeten Wirrwarr angerichtet hat! Es wird jedoch dann m.E. alles einigermaßen klar, wenn man sein Verständnis von christlicher "Vollkommenheit" zum Ausgangspunkt und Leitfaden nimmt und im übrigen gebührend berücksichtigt, daß Chrysostomus weder hat verleugnen wollen noch können, daß er in seiner Jugend den Rhetorikunterricht des Libanius genossen hat. Obwohl er als Prediger und Schriftsteller mit seiner rhetorischen Bildung nirgends prunkt, bleibt er seinen Anfängen doch insoweit treu, als er den Gedanken, den er vorträgt, zu akzentuieren pflegt, und das nicht selten in einer Weise, daß er selbst fürchtete, mißverstanden zu werden, indem man seine Worte nur als Hyperbeln auffasse.[38] "Man muß sich nur vor Augen halten, zu wem" Chrysostomus *[135]* "jeweils spricht ... und was er erreichen will", um sich "von rhetorischen Fragen und Übertreibungen nicht täuschen" zu lassen.[39]

---

35 Vgl. dazu *R. Brändle*, Matth. 25,31-46 im Werk des Johannes Chrysostomus. Ein Beitrag zur Auslegungsgeschichte und zur Erforschung der Ethik der griechischen Kirche um die Wende vom 4. zum 5. Jh., Tübingen 1979 (BGBE 22).

36 Cap. 2 (PG 55,514 f).

37 *Hom. 66(67),3.4 in Mt.* (PG 58,629-631); vgl. auch *21(22),4* (PG 57,298 f) und *63(64),3* (PG 58,606 f). - Zu Unrecht ist mir von E. Clark, die von der "konservativen Natur des Denkens des Chrysostomus" überzeugt ist, entgegengehalten worden, es gehe ihm nicht einfach um eine "Verachtung des Reichtums, sondern um dessen Nutzung zugunsten der Gemeinschaft": das sei "in der Tat auch der ganze Witz (the whole point) der Auslegung der Perikope vom Reichen Jüngling durch Chrysostomus". Diese Beschreibung aber ist so allgemein gehalten, daß sie auf nahezu alle Auslegungen dieser Perikope in Geschichte und Gegenwart paßt und der Eigenart der chrysostomischen Exegese m.E. in gar keiner Weise gerecht wird.

38 *Compunct. 1,2* (PG 47,395).

39 *I. auf der Maur*, Mönchtum und Glaubensverkündigung in den Schriften des hl. Johannes Chrysostomus, Freiburg/Schweiz 1959 (Par. 14), S. 13.

Eine Quelle von Mißverständnissen ist u.a. immer wieder die 34. Homilie über den I. Korintherbrief gewesen.[40] In dieser Predigt, einer Auslegung von I Kor 13,8-13, geht Chrysostomus zunächst dem Sinn des als "Lobpreis der Liebe" gedeuteten Paulustextes nach, um dann, wie fast immer, seiner homiletischen Auslegung eine praktische "Nutzanwendung" anzufügen. Die Brücke bildet dabei der Gedanke, daß wir mit tausend Banden aneinander gekettet sind und einer des andern bedürfen. So bedürfen, fährt Chrysostomus fort, auch die Armen der Reichen und umgekehrt. Das veranschaulicht er mit dem Bild von den zwei Städten: der Stadt der Reichen und der Stadt der Armen. Allein, was heißt in diesem Zusammenhang "arm" und "reich"? Arme (πένητες) sind hier mit Arbeitern, Handwerkern, Leuten aus dem gemeinen Volk (δῆμος) gleichgesetzt. Und d.h.: es geht im Grunde gar nicht um den Gegensatz zwischen Reichtum und Armut in unserem Sinne, sondern um den zwischen Kapital und Arbeit.[41] Man fühlt sich bei der Argumentation des Chrysostomus von ferne an Gedankenreihen des "Kommunistischen Manifests" ("Die in der bürgerlichen Gesellschaft arbeiten, erwerben nicht, und die in ihr erwerben, arbeiten nicht") oder auch an die Eingangsthese des "Gothaer Programms" der SPD von 1875 erinnert ("Die Arbeit ist die Quelle des Reichtums und aller Kultur"). Trotzdem ist ohne weiteres einzuräumen, daß Chrysostomus nicht die Folgerung gezogen hat, den Arbeitern als alleinigen Produzenten des Reichtums der Reichen gebühre die ausschließliche Kontrolle über das Arbeitsprodukt.[42]

Gleichwohl hat Chrysostomus mindestens dreimal in aller Öffentlichkeit den Versuch unternommen, dem Armutsproblem an die Wurzel zu gehen; das eine Mal in Antiochien und die beiden anderen Male in Konstantinopel. In der 66. seiner Matthäushomilien stellt er eine Untersuchung über die Vermögensverhältnisse in Antiochien an. Danach hat ein Zehntel der Bürger als reich, ein Zehntel dagegen als arm ohne irgendwelches Hab und Gut zu gelten, während sich der Rest in "mittlerer Lage" befindet. Die Kirche habe (sc. in Gestalt ihrer Stiftungen[43]) "nur die Einkünfte eines reichen und eines mittleren Vermögens". Davon würden, der offiziellen Armenliste zufolge, täglich beinahe 3000 Witwen und Jungfrauen ernährt, nicht gerechnet die Gefangenen in den Kerkern, die Kranken in den Hospizen, die Zugereisten, Krüppel, Kirchenbettler usw. Wenn nur zehn Reiche so viel aufwenden wollten wie die Kirche, dann wäre die Armut aus Antiochien verbannt![44]

Scheint sich Chrysostomus hier die Lösung des sozialen Problems so vorzustellen, daß man die einzelnen Armen auf die einzelnen Reichen verteilt und also so etwas wie eine Gemeindearmenpflege mit ehrenamtli-

---

40 PG 61,285-296.

41 So mit Recht bereits *Th. Sommerlad,* Das Wirtschaftsprogramm der Kirche des Mittelalters. Ein Beitrag zur Geschichte der Nationalökonomie und zur Wirtschaftsgeschichte des ausgehenden Altertums, Leipzig 1903, S. 147 f.

42 Vgl. ebd., S. 148.

43 Vgl. *hom. 85(86),4 in Mt.* (PG 58,762-764).

44 *Hom. 66 (67),3 in Mt.*(PG 58,629 f).

chem und individualistischem Charakter ins Leben ruft,[45] so stößt er später, in seinen in Konstantinopel gehaltenen Homilien über die Apostelgeschichte, zu einer noch radikaleren gesellschaftlichen Utopie vor, zur Idee der Gütergemeinschaft, wie sie nach Lukas bereits in der Jerusalemer Urgemeinde praktiziert *[136]* wurde.[46] Unzweifelhaft ist es dem bischöflichen Prediger vollständig ernst mit seinem Vorschlag, wiewohl er diesen anfangs bloß einem rasch hingeworfenen Gedanken vergleicht. Denn am Schluß fordert er seine Hörer dazu auf, mit dem kühnen Wagnis einen Versuch zu machen. Täte man das, so würde es sich herausstellen, daß es keine bloße Utopie wäre;[47] ein Beweis, den Klöster - und Großfamilien - längst erbracht haben!

Überdies wird Konrad Farner wohl zuzustimmen sein, wenn er sagt, Chrysostomus habe sich nach Ausweis der Acta-Homilien - im Unterschied zu fast allen anderen Kirchenvätern - präzisere Vorstellungen von einer "kommunistischen" Wirtschaftsweise gemacht. "Erstens haben wir es hier mit einem produktiven", nicht nur mit einem "Kommunismus des Konsums" zu tun, "zweitens treten nationalökonomische Gesichtspunkte auf (Arbeitsteilung und Kooperation als produktivitätssteigernd), drittens soziologische Gesichtspunkte (Eigentumsverhältnisse als soziale und individuelle Moral bedingend)".[48] - Wie aber ist das zu erklären? Ich kann es mir am besten so erklären, daß ein klarer Blick für die soziale Realität und die in Konstantinopel - trotz kaiserlicher Brotspenden für das kommunistischerseits sogenannte "Lumpenproletariat" - wohl noch drückender spürbare Not Chrysostomus schließlich davon überzeugt haben, daß mit den Mitteln bloßen privaten Almosengebens kaum wirklich Abhilfe zu schaffen sei.

Aus dem gleichen Grund spricht er nun auch eine entschiedenere Sprache im Hinblick auf die Bewertung des Reichtums.[49] Das lehrt z.B. die 12. Homilie über den 1. Timotheusbrief. Im Verfolg der Auslegung des dieser Predigt zugrunde liegenden Textes (I Tim 4,1-10) kommt er auch auf die Frage zu sprechen, inwiefern auch der Reichtum ein Gut sei, wie "alles von Gott Erschaffene gut" und "nichts verwerflich" ist, "wenn es mit Danksagung empfangen wird" (I Tim 4,4). Seine Antwort lautet, daß darüber nicht allein die Weise seines Zustandekommens, sondern auch und vor allem sein Gebrauch entscheide, dies, daß nicht einer allein haben wolle, was dem Herrn gehöre, und nicht, was Gemeingut aller sei, allein

---

[45] Vgl. Th. Sommerlad (Anm. 41), S. 150 f und dazu etwa noch *hom. 86(84),4 in Mt.* (PG 58,762 f).

[46] *Hom. 11,3 in Act.* (PG 60,97 f).

[47] So mit Recht u.a. auch *W. D. Hauschild*, Christentum und Eigentum. Zum Problem eines altchristlichen Sozialismus, ZEE 16 (1972), S. 34-49 (hier: 48); anders etwa *R. M. Grant,* Christen als Bürger im Römischen Reich, Göttingen 1981 (Sammlung Vandenhoeck), S. 135.

[48] *K. Farner*, Theologie des Kommunismus?, Frankfurt/Main 1969, S. 64; vgl. auch R. M. Grant (Anm. 47), S. 130, der von Chrysostomus als "- man kann wohl sagen - hervorragendste(m) Ökonom unter den Kirchenvätern" spricht.

[49] Gegen *G. Dagron,* Naissance d'une capitale. Constantinople et ses institutions de 330 à 451, Paris 1974 (BByz.E 7), S. 509.

zu genießen trachte; daß anerkannt werde, daß all unser Besitz Gott gehöre und damit auch unseren Mitknechten. Denn "was Gott dem Herrn gehört, ist alles Gemeingut" (Τὰ γὰρ τοῦ Κυρίου πάντα κοινά)! Christlich betrachtet, im Lichte des Schöpfungsglaubens gesehen, ist also die Gütergemeinschaft in höherem Maße die angemessene Form unseres Zusammenlebens als der Privatbesitz. Ja, nicht nur christlich betrachtet wäre sie nach Chrysostomus die beste Lösung; ist sie doch schlichtweg "naturgemäß" und einzig vernünftig. Denn "warum streitet kein Mensch vor Gericht um den Marktplatz? Darum nicht, weil er Gemeingut aller ist. Über Häuser dagegen oder über Geld sehen wir ewige Gerichtsprozesse ..."[50]

IV. Stellung zur Sklaverei und zur Frau

Gewiß kann man geteilter Meinung sein, ob wirklich die Gütergemeinschaft die vernünftigste und effektivste Form der Güternutzung sei; schon Aristoteles hatte da *[137]* bekanntlich seine erheblichen Zweifel.[51] Es läßt sich aber m.E. überhaupt nicht bestreiten, daß diese Idee für Chrysostomus kein bloßes "pium desiderium" war, keine "gehätschelte Lieblingsidee", von deren Undurchführbarkeit er "innerlich überzeugt" gewesen wäre.[52] Und wiewohl er in diesem Zusammenhang Zwang stets kompromißlos abgelehnt[53] und so auch eine Inanspruchnahme der Staatsgewalt niemals auch nur in Erwägung gezogen zu haben scheint,[54] wird es der Eigenart seiner "praktischen" Lösungsversuche des Armutsproblems schwerlich gerecht, wenn man urteilt, diese Versuche verblieben in den engen Grenzen "individueller Liebestätigkeit"; insofern seien seine Ratschläge für das tägliche Leben nicht mit allzuviel "utopischem Salz

---

50 *Hom. 12,4 in I Tim.* (PG 62,562-564).

51 Arist. *pol.* 2,1261b 33-38; 1263a 11.

52 So *L. Stein*, Die soziale Frage im Lichte der Philosophie. Vorlesungen über Socialphilosophie und ihre Geschichte, Stuttgart 1897, zit. bei *G. Adler*, Geschichte des Sozialismus und Kommunismus von Plato bis zur Gegenwart, T. 1, Leipzig 1899 (Hand- und Lehrbuch der Staatswissenschaften I,3), S. 176 f, der es selbst allerdings nicht ausschließt, daß Chrysostomus "die Sache ernster" genommen habe, als bei den Kirchenvätern üblich gewesen sei. Ähnlich wie L. Stein war O. Schilling geneigt, "die eigentümlichen Aussagen" des Chrysostomus als "oratorische Kraftstellen" zu beurteilen; "es wird Hohes gefordert, um wenigstens das Nötigste für die Armen seitens der hartherzigen Reichen zu erlangen" (*O. Schilling*, Reichtum und Eigentum in der altkirchlichen Literatur. Ein Beitrag zur sozialen Frage, Freiburg 1908, S. 30 f, 38; zit. bei A. Stötzel [Anm. 21], S. 9, Anm. 24).

53 Vgl. *hom. 22(23),5 in Mt.* (PG 57,305 f); *hom. 55 (56),1* (PG 58,539-42); *pan. Bab.* 3 (PG 50,537): *hom. 15,4 in II Cor.* (PG 51,509); *hom. 4,5 in Is. 6,1* (PG 56, 126 f).

54 Vgl. dazu *S. Verosta*, Johannes Chrysostomus. Staatsphilosoph und Geschichtstheologe, Graz 1960, S. 238-257, 341-350. - R. M. Grant (Anm. 47), S. 129 möchte anscheinend die Tatsache, daß sich auch bei Chrysostomus "nicht die geringste Befürwortung obligatorischer Gütergemeinschaft" findet, damit erklären, daß seine Haltung "dem Privatbesitz gegenüber auf christliche Askese, auf heidnische Rhetorik und auf eine für die Oberschicht charakteristische Verachtung bloßen Reichtums zurückzuführen ist." Entscheidender scheint mir sein ausgeprägtes Freiheitspathos zu sein (s. oben), in dem für mein Verständnis auch das ganze Geheimnis seines angeblichen "Konservativismus" beschlossen liegt!

gewürzt", trügen vielmehr einen durch und durch "konservativen" Charakter.[55] - Es fragt sich ja immer, mit welchen Maßstäben man mißt!

Andere Beispiele dafür, wie sich Chrysostomus eine Humanisierung der Gesellschaft denkt, ließen uns, wenn ich recht sehe, zu ähnlichen Ergebnissen gelangen, vorausgesetzt, wir gingen methodisch ähnlich vor wie eben bei der Erörterung der Eigentumsproblematik, statt Einzelaussagen von ihrem chrysostomischen Gesamtzusammenhang zu isolieren. Ich will das nur noch, ehe wir von Johannes zu Dio Chrysostomus übergehen, rasch an der Sklaven- und der Frauenfrage mindestens andeuten.

Chrysostomus hat gewiß kein Programm der allgemeinen Sklavenemanzipation aufgestellt, wohl aber wiederholt die "Herrschaft des Menschen über Menschen", wie wir heute sagen würden, statt sie als "Schöpfungsordnung" zu glorifizieren, unverblümt als Sünde oder vielmehr als Sündenfolge anprangern können. Für ihn gibt es nur eine Form der Über- und Unterordnung, die nicht in der menschlichen Sünde, sondern in der Naturordnung selbst begründet ist, nämlich die "Herrschaft" der Eltern über ihre Kinder. "Wie dich" nämlich, führt er zur Begründung an, "die Eltern geboren haben, so kannst du sie nicht gebären". Von der Sklaverei dagegen gelte, daß sie zu den "drei Arten von Knechtschaft" gehöre, die "die Sünde eingeführt" hat. Die beiden anderen "Knechtschaften" sind die Unterjochung der Frau unter den Mann anstelle der ihr ursprünglich zugedachten "Gehilfenschaft" und die Zwangsherrschaft des Staates, die Chrysostomus, was ein bezeichnendes Licht auf seine Staatsauffassung und Erfahrung wirft, als die drückendste Knechtschaft empfindet.[56] Darüber hinaus hat Chrysostomus gelegentlich *[138]* konkret dazu auffordern können, seine Sklaven, wenn anders man sie wirklich liebe "wie sich selbst" (vgl. Lev 19,18 u.ö.), in eine handwerkliche Lehre zu geben oder ihnen eine andere Ausbildung zuteil werden zu lassen, die ihnen erlaube, auf eigenen Füßen zu stehen, und sie dann freizulassen.[57] Entsprechend heißt es in den Acta-Homilien über seinen "utopischen" Plan eines neuen "Liebeskommunismus" nach dem Vorbild der Jerusalemer Urgemeinde (s. oben), daß darin Sklaven "selbstverständlich" nicht vorgesehen seien; "denn derartiges gab es damals (bei den Christen) noch nicht, vielmehr scheint man sie (die Sklaven) freigelassen zu haben".[58] Eine "einschneidende Veränderung der sozialen Institution Sklaverei" allerdings hat er sich nur von einer "innere(n) Wandlung von Herren und Sklaven in der Gemeinde zu Knechten Gottes" zu versprechen vermocht, wie ja auch die Sklaverei eben "durch die innere Abwendung des Menschen von Gott ent-

---

55 So E. Clark in ihrer "Antwort" auf meinen Dallaser Vortrag (s.oben).

56 Vgl. insbesondere aus den "9 Homilien über das Buch Genesis" die 4. und 5. Predigt (PG 54,593-604) und dazu vor allem die Kieler theologische Dissertation von *W. Jaeger*, Die Sklaverei bei Johannes Chrysostomus, Diss. Kiel, 1974, die ebenso erschöpfend wie ausgewogen über diesen Gesamtkomplex berichtet.

57 *Hom. 40,5 in I Cor.* (PG 61,554). Daß diese Aufforderung keineswegs so isoliert bei Chrysostomus steht, wie A. Stötzel (Anm. 21), S. 91 meint, ist bei W. Jaeger (Anm. 56), S. 145 nachzulesen!

58 *Hom. 11,3 in Act.* (PG 60,97).

standen" sei.[59] Allein, Chrysostomus vermochte in diesem Zusammenhang vom Verhältnis zwischen Freien und Unfreien in einer Weise zu sprechen, die man heute noch als "vielversprechend" empfindet und die es im Grunde als undenkbar erscheinen läßt, daß von dem, was "in Christo" gilt, der status quo von Macht- und Besitzverteilung auf die Dauer völlig unberührt bleiben könnte; wie ja auch der Apostel Paulus bereits ganz selbstverständlich damit gerechnet zu haben scheint, daß sich christliche Bruderschaft "auch in den außergemeindlichen Gegebenheiten und Verhältnissen"[60] (καὶ ἐν σαρκί: Phlm 16) zu bewähren trachten werde!

Was schließlich die Frauenfrage anlangt, so sind im chrysostomischen Corpus zweifellos Äußerungen zu finden, die zu beweisen scheinen, daß er in dieser Frage einen weit "konservativeren" Standpunkt vertreten hat als Paulus,[61] aber auch als die griechisch-römische Welt zumal der frühen Kaiserzeit, in der, wie Klaus Thraede gezeigt hat, von einem durchgängigen Patriarchalismus schlechterdings nicht gesprochen werden kann.[62] Man hüte sich indes, Chrysostomus unbewußt an unserem modernen Paulusverständnis zu messen! "Sein" Paulus hat nicht nur die Gleichheit von Mann und Frau "in Christo" proklamiert (Gal 3,27.28); er gilt ihm vielmehr - selbstverständlich - auch als Autor des *mulier taceat* (I Kor 14,34.35) sowie der "Haustafeln" des Kolosser- und des Epheserbriefes (Kol 3,18-4,1; Eph 5,22-33) und der "Ständetafeln" der Pastoralbriefe (I Tim 2,8-15; Tit 2,1-10). Es ist zudem zu bedenken, daß bereits in der Generation nach Paulus ein Prozeß bemerkbar wird, menschliche Gemeinschaften verstärkt hierarchisch mit einem *[139]* "Monarchen" an der Spitze zu organisieren. Das gilt für die Entwicklung des römischen Kaisertums (vom Prinzipat zum Dominat [Domitian!]) ebenso wie für die des monarchischen Episkopats (oder Monepiskopats) in der Kirche und des Patriarchats im rabbinischen Judentum - alles annähernd gleichzeitige Vorgänge - und führt u.a. zur Unterdrückung der Frau und zur (wieder)

---

59 W. Jaeger (Anm. 56), S. 212.

60 *W. Schrage*, Barmen II und das Neue Testament. Einige neutestamentliche Beobachtungen im Blick auf Barmen II, in: A. Burgsmüller (Hg.), Zum politischen Auftrag der christlichen Gemeinde, Gütersloh 1974, S. 163. - Im Gegensatz zu der oben skizzierten Deutung schreibt E. Clark gerade im Hinblick auf die Stellung zur Sklaverei Chrysostomus wesentlich "konservativere Ansichten" als Paulus zu, stellt aber immerhin einen "utopischen Zug im Denken des Chrysostomus über die Sklaverei" nicht in Abrede. Mit letzterem unterscheidet sie sich von *P. Stuhlmacher*, der in seinem auslegungs- und wirkungsgeschichtlichen Exkurs zum paulinischen Philemonbrief (Der Brief an Philemon, 2. Aufl., Einsiedeln usw. 1981 [EKK 18], S. 58-66) mit Chrysostomus eine "anti-emanzipatorische" Auslegungslinie beginnen sieht. Diese Einschätzung basiert auf einer völligen Isolierung der Phlm-Homilien vom Gesamtwerk und einer, nicht zuletzt dadurch bedingten, zu eindimensionalen Interpretation derselben.

61 So außer E. Clark (s. oben) anscheinend auch etwa *R. Kaczynski*, Das Wort Gottes in Liturgie und Alltag der Gemeinden des Johannes Chrysostomus, Freiburg usw. 1974 (FThSt 94), S. 363, Anm. 212.

62 Vgl. außer seinen großen Artikeln "Frau" und "Gleichheit" im RAC, Bd. VII, 1972, Sp. 197-269; Bd. XI, 1981, Sp. 122-164) jetzt vor allem den Vortrag Der Mündigen Zähmung. Frauen im Urchristentum, in: E. Olshausen (Hg.), Die Frau in der Gesellschaft, Stuttgart 1987 (Humanistische Bildung 11), S. 93-121.

verstärkten Betonung der patria potestas. "Bis ums Jahr 100 nC., so darf man vermuten, hat es Frauen als *Apostel, Propheten und Lehrer,* die Reihe im alten lockeren Sinne verstanden, gegeben. Ihre Unterdrückung im Zuge der Ältestenverfassung wohl jüdischer Herkunft (das mußten Männer sein), daneben die Stützung des Kirchenbegriffs auf Naturordnung und militärische Hierarchie im 1. Clemensbrief ... , die nachmalige Anlehnung des Monepiskopats an Kaiserideologie - das alles besagt: hier hat sich ein Großteil der Kirchen dem konservativen Widerspruch ihrer paganen Umwelt gegen die Errungenschaft zB. des römischen Rechts für die Frau angeschlossen und theologisch sogar noch verschärft."[63] All das lag zur Zeit des Chrysostomus nahezu 300 Jahre zurück. Es ist daher alles andere als verwunderlich, wenn es auch bei ihm unübersehbare Spuren hinterlassen hat. Erstaunlich ist vielmehr allein, in welchem Umfang bei ihm gleichwohl Raum blieb für die (echt) paulinische Sicht. Wie sehr, das ließe sich vor allem für den asketisch-monastischen Bereich zeigen. Hier galt Gal 3,27.28 uneingeschränkt.[64] Allein, konnte es darauf beschränkt bleiben, wenn über das Verhältnis Mönchtum - Kirche so zu denken war, wie es sich Chrysostomus mehr und mehr nahelegte? Es ließe sich ferner aufzeigen am chrysostomischen Verständnis der Ehe,[65] welches sich immer weiter wegbewegte von einer Mißachtung der (Frau und der) Ehe als eines bloßen remedium concupiscentiae (des Mannes), an seinem (reich entwickelten) Konzept von Familienerziehung[66] als dem wichtigsten Mittel zur Christianisierung und damit auch zur Humanisierung der Gesellschaft oder endlich an seinen Aussagen über das Wirken und die Bezeugung des Wortes Gottes im Alltag der Gemeinde.[67] Weil er das kirchliche "Amt" zutiefst von der Funktion der Wortverwaltung her verstand und seine Autorität entscheidend durch das dem Amtsträger nicht zueigene, sondern zu treuen Händen anvertraute "Wort" begründet und bedingt sah, darum konnte er es auch mit dem Apostel Paulus eingegliedert und eingebettet sein lassen in den Kosmos der der Kirche im ganzen wie ihren einzelnen Gliedern bestimmten "Gaben" (Charismen), von denen ein jedes zur "Auferbauung" der Kirche als des "Leibes Christi" beiträgt, ein jedes zu deren Vollendung mithilft, ein jedes dient - und gerade auch an dem χάρισμα

---

[63] K. Thraede, Der Mündigen Zähmung (Anm. 62), S. 108 f.

[64] Das ist auch von *E. Clark* klar erkannt und anerkannt worden: Ascetic piety and Women's Faith. Essays on Late Ancient Christianity, Lewiston/Queenston 1986 (Studies in Women and Religion 20).

[65] Vgl. dazu *A. Niebergall*, Ehe und Eheschließung in der Bibel und in der Geschichte der Alten Kirche. Aus dem Nachlaß hg. von A. M. Ritter, Marburg 1985 (MThSt 8), S. 179-191 sowie die kurz vor dem Abschluß stehende Erlanger theologische Habilitationsschrift von *M. George*, die diesem Thema gewidmet ist.

[66] Vgl. dazu jetzt vor allem *M. Gärtner*, Die Familienerziehung in der Alten Kirche. Eine Untersuchung über die ersten vier Jahrhunderte des Christentums mit einer Übersetzung und einem Kommentar zu der Schrift des Johannes Chrysostomus über Geltungssucht, Köln 1985 (Kölner Veröffentlichungen zur Religionsgeschichte 7).

[67] Vgl. dazu R. Kaczynski (Anm. 61), bes. S. 310.

διδασκαλικόν seinen eigenen, unverwechselbaren Anteil hat, die Frauen ausdrücklich eingeschlossen.[68] *[140]*

V. Johannes Chrysostomus - Dio Chrysostomus

Es ist - trotz allem - nicht verwunderlich, daß die Nachwelt Chrysostomus in eine so nahe Beziehung zu jenem noch nach Jahrhunderten hochgeschätzten Rhetor und Philosophen Dio aus Prusa in Bithynien brachte, daß sie ihm dessen Beinamen ("Goldmund") beilegte. - Wer war Dio? Und was verbindet den einen mit dem anderen Chrysostomus?

Auch Dio, um 40 n.Chr. als Sproß einer vornehmen Familie des bithynischen Prusa geboren, widmete sich zunächst, wohl um sich auf eine politische Karriere vorzubereiten, rhetorischen Studien. Er betätigte sich also, um den in der Zeit üblichen Ausdruck aufzugreifen, als "Sophist". Doch scheint er sich schon während seiner "sophistischen" Periode schließlich der Philosophie genähert zu haben.[69] Eine regelrechte "Bekehrung" brachte dann seine Verbannung (aus Bithynien und Italien) mit sich, zu der im Jahre 82 n.Chr. anscheinend freimütige Äußerungen über Kaiser Domitian sowie seine Freundschaft zu einem in politischen Verdacht geratenen hochgestellten Römer den Anlaß boten.[70] Dio führte fortan, insgesamt vierzehn Jahre lang, ein unstetes Wanderleben. Was ihn dabei zum "Philosophen" werden ließ, berichtet er selbst in seiner 13. Rede, betitelt "In Athen. Von der Verbannung"[71]: "Wer" ihn "unterwegs sah", der nannte ihn bald einen Landstreicher, bald einen Bettler, "der eine oder andere aber auch einen Philosophen". Viele kamen und fragten ihn nach seiner Ansicht über gut und böse. Das zwang ihn zum Nachdenken, um auf diese Fragen antworten zu können. So wurde er zum Seelenarzt, zum Prediger, und zwar zum kynischen Prediger, bestrebt, die öffentlichen Zustände im Sinne seines philosophischen Ideals zu bessern. Konkret gesprochen ging es darum, jung und alt um sich zu versammeln, "bis sie weise und Liebhaber der Gerechtigkeit geworden" wären, bis sie das "Gold und Silber verachten gelernt" hätten "und es gering" achteten, ebenso "die reiche Tafel, wohlriechende Salben und geschlechtliche Liebe"; denn dann lebten sie "als Herren über sich selbst und schließlich auch als Herren über die anderen Menschen".[72] So sind denn die Hauptthemen seiner Moralpredigt das Lob der Armut, die "in Wahrheit etwas Heiliges und Unantastbares" sei[73]; das Lob der Tugend, in welcher man

---

68 Vgl. dazu außer meinem Buch über Charisma im Verständnis des Joannes Chrysostomus und seiner Zeit (Anm. 16) jetzt etwa auch den schönen Beitrag von *A. Méhat,* L'exégèse des chapitres 12 et 14 de la première aux Corinthiens dans les homélies de saint Jean Chrysostome. Lectures anciennes de la Bible, Straßburg 1987 (Cahiers de Biblia Patristica 1), S. 295-318.

69 Vgl. *or.* 31,122 (ed. von Arnim, Bd. I-II, Berlin 1893/96, hier: Bd. I, S. 254 f).

70 Vgl. *or.* 13,1 (S. 179); 45,1 (Bd. II, S. 70 f).

71 *Or.* 13 (Bd. I, S. 179-189).

72 *Or.* 13,33 (188).

73 *Or.* 7,9 (Bd. I, S. 191); vgl. 46,11 (Bd. II, S. 79) u.ö. Zum Lob der Armut vgl. außer *or.* 7 insgesamt etwa noch *or.* 12 (Bd. I, S. 155-179).

alles Glück eingeschlossen zu denken habe, so daß jeder seines Glückes Schmied sei[74]; und als Lohn der Tugend die vollkommene innere Freiheit, dank welcher man nie in die Lage komme, das Glück anzuklagen[75] und selbst im Stande der Sklaverei sich glücklich fühle[76], da die einzige Sklaverei darin bestehe, nicht zu wissen, "was erlaubt ist und was nicht"[77]; das Lob des "einfachen", naturgemäßen Lebens, vorgebildet für den Kulturmenschen besonders im Leben der Tiere oder auch der Menschen der Vorzeit, in den Gebräuchen barbarischer Völker und nicht zuletzt der von städtischer Verfeinerung unberührten Landleute,[78] deren Glück Dio vor allem in der berühmten "Dorfgeschichte" seiner 7. Rede ("Die euboiische Rede oder der Jäger")[79] klassisch geschildert hat.

Oft genug hat man auch in Johannes Chrysostomus nur den "Moralisten" in den Spuren der kynisch-stoischen Diatribe gesehen - und tut dies, wie die Münchner *[141]* katholisch-theologische Habilitationsschrift von Arnold Stötzel[80] lehrt, bis zur Stunde; was Wunder auch, da "das Publikum unter seiner Kanzel kein wesentlich anderes" gewesen sei als das der Popularphilosophen,[81] z.B. Dios von Prusa? Wer seine Predigten liest, gewinnt tatsächlich leicht den Eindruck, als gehe es in ihnen hauptsächlich darum, die Laster zu geißeln und die Tugenden zu preisen.[82] Und das Loblied auf das "einfache Leben", der Preis der Tugend und der inneren Freiheit als ihres "Lohns" findet auch in diesen Predigten einen reichen Widerhall, allerdings auch die Klage über die Wirkungslosigkeit aller solcher Appelle, wie sie bereits in Dios 72. Rede aufklingt.[83]

Bei genauerem Zusehen erweist sich dieser Eindruck jedoch, wie ich gezeigt zu haben hoffe, als zu vordergründig; nicht zuletzt deshalb, weil Johannes von Antiochien bzw. von Konstantinopel z.B. mit dem Hinweis auf den "sozialen" Charakter des Christentums immer wieder auch die Grenze zur Popularphilosophie,[84] wenn nicht zur Ethik der griechisch-römischen Antike überhaupt, zu ziehen weiß. Nicht, daß das "alles zum gemeinen Nutzen" von I Kor 12,7 erst eine Erfindung des Apostels Paulus wäre. Dies "Prinzip" ist vielmehr der Sache nach auch in griechischen und römischen (und erst recht natürlich in jüdischen) Quellen reichlich anzutreffen; jeder brauchbare Korintherkommentar belegt das, wenn man's nicht ohnehin weiß. Das aber ändert nichts daran, daß alle Ethik,

---

74 *Or.* 3,1 (Bd. I, S. 34); 23 (Bd. II, S. 273-276); 25,1 (S. 278); 31,68 (Bd. I, S. 239); 65 (Bd. II, S. 156-160); 69 (S. 174-177).

75 *Or.* 65 (Bd. II, S. 156-160).

76 *Or.* 14,9-24 (Bd. II, S. 229-232).

77 *Or.* 14,18 (S. 230 f); 15 (S. 232-241); 80,7 (S. 224-226).

78 *Or.* 1,51 (Bd. I, S. 9 f); 30,35 (Bd. II, S. 300 f).

79 Bd. I,189-219.

80 S. oben Anm. 21.

81 A. Stötzel (Anm. 21), S. 218.

82 So hat Chrysostomus gelegentlich selbst Inhalt und Auftrag der Predigt umschreiben können: *hom. 23(22),1 in Joh.* (PG 59,137 f).

83 Vgl. D.Chr. *or.* 72 (ed. von Arnim, Bd. II, S. 184-189) mit Chryst. *stat.* 16,2 (PG 49,163 f).

84 Vgl. die Kritik an Diogenes in seiner Rede auf den hl. Babylas (cap. 8: PG 50,545).

auch alle Sozialethik, bei Griechen und Römern, "so weitreichend ihre Forderungen ... auch gehen mögen, ... aus einer absoluten Wertschätzung des Individuums" und seiner "Glückseligkeit" abgeleitet ist[85], am konsequentesten in der Stoa und ihrer οἰκείωσις-Lehre, nach der sich sämtliche sittlichen Postulate "stufenweise aus dem ersten Naturtrieb aller Lebewesen, der Selbsterhaltung und Selbstentfaltung" ergeben.[86] Zudem ist auffällig und der Erklärung bedürftig, daß sich vom Reichtum sozialethischer Ansätze, wie sie auf dem Boden des intensiven politischen Lebens der griechischen πόλεις klassischer Zeit zutage traten, im Laufe der Kaiserzeit immer weniger erhalten hat.[87] Ein Grund dürfte sein, daß schon die hellenistische Philosophie, "die sich in ihrer einseitig individualethischen Orientierung wohl zu Recht auf Sokrates berufen konnte", diese *[142]* reichen Ansätze "gleichsam überholt" hatte.[88] - Wenn das nun, wie ich überzeugt bin, bei Johannes Chrysostomus etwas anders aussieht, dann kann es für ihn auch nicht damit sein Bewenden haben, den einzelnen von seiner Habsucht, von der Bindung an die Dinge, zu befreien, ohne daß über die Weise der Verwendung des Besitzes gesprochen werden müßte. Und wie wir gesehen haben, hat Johannes es wieder und wieder zur Sprache gebracht.

Doch blicken wir von Johannes ein letztes Mal zu Dio Chrysostomus zurück. Für ihn hat das kynische Lebensideal, wie es scheint, nur in der Zeit seiner Verbannung im Mittelpunkt gestanden. Danach sehen wir, wie vor dem Exil, das Politische wieder in den Vordergrund treten, wofür aber der Stoizismus an positiver Theorie wesentlich ergiebiger war als der

---

85 *A. Dihle*, Art. Ethik, RAC, Bd. VI, 1966, Sp. 646-796 (hier: 656).

86 Ebd. Sp. 649. - Der Stoiker auf dem Kaiserthron, Marc Aurel, liefert mit seinen "Selbstbetrachtungen" den schlagendsten Beleg dafür. Daß es etwa auf Hingabe, Verzicht auf den eigenen Wert und Anspruch ankommen könne, das wäre wohl auch diesem Mann, welcher so unvergleichlich oft von den Verpflichtungen des Menschen als "Gemeinschaftswesen" gesprochen hat, nie in den Sinn gekommen. Damit dürfte es auch zusammenhängen, daß wir in diesen "Selbstbetrachtungen" sozialkritische oder gar sozialreformerische Gedanken völlig vermissen. Anders steht es mit Julian "Apostata" (vgl. *J. Kabiersch*, Untersuchungen zum Begriff der Philanthropia bei dem Kaiser Julian, Wiesbaden 1960 [KPS 21]). Daß die Weise, wie er immer wieder "Ehrfurcht vor den Göttern" und "Güte gegen die Menschen" miteinander zu verkoppeln sucht, eher in seiner christlichen Erziehung als in den Traditionen begründet ist, auf die er sich ausdrücklich bezieht, wird an dem "Traditionsbeweis" selbst manifest, der in diesem Falle äußerst dürftig ist, um es vorsichtig auszudrücken.

87 Man vergleiche nur die Reden des Dio von Prusa, in denen bereits Sätze wie die: Der rechte Mann (sc. der Philosoph) "bringt sein Leben bis ans Ende zu, denke ich, in der Sorge um den Menschen" und "brennt geradezu darauf, nach Möglichkeit allen Menschen zu helfen" (*or.* 77/78,39 f [ed. von Arnim, Bd. II, Berlin 1896, S. 218]), relativ isoliert dastehen, zumal in den Diatriben, mit der Weise, wie Synesius von Kyrene in seinem "Dion Chrysostomos oder Vom Leben nach seinem Vorbild" (ed. K. Treu, Berlin 1959 [SQAW 6]) darauf rekurriert. Bei Synesius klingt nämlich nur noch die Botschaft vom Segen des "einfachen Lebens" nach (vgl. *Dion* 2,2f [ed. K. Treu, a.a.O., S. 12-14], vor allem mit Dios von Prusa berühmter "Euboiischer Rede" [s.oben]), während alles "Politische" in der Tat aus der "Erziehung in den höchsten Wahrheiten" ausgeklammert ist (ebd. 4,2 f [K. Treu, S. 18]).

88 A. Dihle (Anm. 85), Sp. 657.

Kynismus.[89] So finden wir denn auch in seinen seither gehaltenen Reden einen reichen Niederschlag stoischer Reflexion. Wie er nach seiner Rückkehr in seine Vaterstadt alsbald großartige Pläne zur Hebung und Verschönerung derselben faßt - was ja in einem bemerkenswerten Kontrast zu seinen kynischen Prinzipien steht und ihm auf die Dauer auch so viel Widerwärtigkeiten seitens seiner Mitbürger bereitet, daß er schließlich resigniert und Prusa von neuem verläßt, diesmal freiwillig und endgültig -, so verkünden seine Reden seit dieser Zeit, daß es den Menschen naturgemäß sei, "sich im Dienste der Allgemeinheit zu betätigen, sich in die Politik einzumischen, das Vaterland zu ehren und zu lieben".[90] Ja des Philosophen eigentliche Lebensaufgabe bestehe darin, Harmonie im Staatswesen zu stiften[91] und sich zum Herrscherberuf zu bilden.[92] Auffällig ist der ausgeprägte griechische Patriotismus Dios im Gegensatz zu dem bei Stoikern und Kynikern sonst üblichen Kosmopolitismus.

All das ist nun bei Johannes Chrysostomus völlig anders! Man findet da keine Spur von Griechenstolz oder gar Griechenarroganz, keine Abhandlung **Περὶ βασιλείας** , keine Vision eines Philosophenkönigs, keinen Herrscherpanegyrikos (wohl aber hie und da Schilderungen der inneren, skandalösen Verhältnisse am Kaiserhof[93]). Obwohl ein Stadtmensch, war Chrysostomus auch ohne Sinn für urbanes Leben und urbane Zivilisation. Wenn er in dieser Hinsicht Träume hatte, so träumte er davon, daß die Städte - zu Klöstern werden!

VI. Fazit

An eine zwangsweise Realisierung seiner "Träume", eine zwangsweise Beseitigung des Privateigentums und der Sklaverei, eine zwangsweise Einführung des "Kommunismus" und der Frauenemanzipation hat Chrysostomus ebensowenig gedacht wie an eine Inanspruchnahme des Staates. Vielmehr dachte er an eine "soziale Reform" ganz aus den eigenen Kräften der Kirche.[94] Der Kirche aber sind zu ihrem eigenen Besten Zwangsmittel nicht gegeben. Sie hat zur "Vollkommenheit" zu rufen, sie hat Gottes unverbrüchlichen *[143]* Willen über diese Welt zu verkündigen, im übrigen aber es darauf ankommen zu lassen, wieweit sie gehört und verstanden wird. Der despotische Absolutismus des spätantiken römischen Reiches vermochte jedenfalls einem Mann wie Chrysostomus nur Schrek-

---

[89] In beiderlei Hinsicht besteht keine besondere Affinität zum Neuen Testament, so daß die "Parallelen", die G. Mussies gesammelt hat, meist völlig belanglos sind (*G. Mussies*, Dio Chrysostom and the New Testament, Leiden 1972 [SCHNT 2]).

[90] *Or.* 47,2-7 (ed. von Arnim, Bd. II, S. 81 f).

[91] *Or.* 48,14 (S. 92).

[92] *Or.* 49,3-14 (S. 94-97).

[93] Vgl. *hom. 15,5 in Phil.* (PG 62,294 f).

[94] Sein "Optimismus" scheint dabei nicht zuletzt darin zu wurzeln, daß er viel stärker als etwa Dio von Prusa auf die Gruppe als ethisches Subjekt rekurrieren konnte (A. Stötzel [Anm. 21], S. 40 scheint etwas Ähnliches gemeint zu haben, drückt sich aber, vorsichtig gesagt, überaus mißverständlich aus).

ken einzujagen, und es spielte dabei, wie es den Anschein hat, überhaupt keine Rolle, daß dieser Staat inzwischen "christlich" geworden war.

Man könnte auch sagen: Obwohl Chrysostomus zweifellos mehr als andere Kirchenväter nicht nur ein Herz für die Armen, sondern auch ein erstaunliches Verständnis für ökonomische Sachverhalte besaß, sind es doch eher ethisch-religiöse Erwägungen, eher "Mönchsgedanken" gewesen, die ihn leiteten, als daß es ihm im Sinne von Genesis 2,15 um das "Bauen und Bewahren" der dem Menschen anvertrauten "Welt" als solcher gegangen wäre. Doch war der *Welt*aspekt und *Welt*bezug des Glaubens eine im Christentum wohl schon zu lange verschüttete Erkenntnis, wenn man nicht überhaupt sagen muß, daß sie erst neuzeitlichem Denken voll zugänglich geworden sei, als daß man ihm daraus billigerweise einen Vorwurf machen dürfte.

Dafür hat sich, wie ich hoffe, gezeigt, daß die jesuanisch-paulinische Ethik und Eschatologie, was jedenfalls Chrysostomus betrifft, unbeschadet ihrer Ausprägung im Horizont der Naherwartung, ihre kritische Kraft noch immer nicht eingebüßt und die völlige Auslieferung des "vernünftigen Gottesdienstes" der Christen an das Bestehende nicht zugelassen hat. Ja, man kann vielleicht sogar noch einen Schritt weitergehen und sich hier ein Stück weit bewahrheiten sehen, was ich eingangs sagte, daß nämlich die von der Unterscheidung zwischen Letztem und Vorletztem und erst recht von der radikal verstandenen Agape ausgehenden "revolutionären" Impulse neutestamentlicher Ethik und Eschatologie dahin tendierten, auch die selbstgesetzten Schranken zu sprengen und über anfangs getroffene materialethische Entscheidungen und Urteile hinauszuweisen.

Schließlich ist mit alledem zugleich angedeutet, daß es meiner Auffassung nach im Buche der Geschichte der Utopie auch ein gewichtiges "christliches Kapitel" gibt, und zwar ein Kapitel, in das nicht allein allerlei Randfiguren (wie das gnostische Wunderkind Epiphanes z.B.[95]), sondern gerade auch ein Paulus und ein Chrysostomus hineingehören. Also hätten wir nun noch u.a. über eine christliche Rehabilitierung der Kategorie des Utopischen nachzudenken. Aber das führte - im Augenblick zumindest - sicherlich entschieden zu weit.[96]

---

[95] Vgl. *A. M. Ritter,* Christentum und Eigentum bei Clemens von Alexandrien auf dem Hintergrund der frühchristlichen "Armenfrömmigkeit" und der Ethik der kaiserzeitlichen Stoa, ZKG 86 (1975), S. 1-25 (hier: 23 f). Vgl. oben S. 283-307 (hier: 305 f).

[96] Vgl. dazu meinen Beitrag "Die altchristliche und die byzantinische Utopie", der in den Akten des Salzburger Symposiums zur antiken Rechts- und Sozialphilosophie (22.-24. 10. 1986) erscheinen wird [jetzt in: O. Gigon / M. W. Fischer (Hgg.), Antike Rechts und Sozialphilosophie, Frankfurt/Main usw. 1988 (Salzburger Schriften zur Rechts-, Staats- und Sozialphilosophie 6), S. 147-162]. Zum Schluß heißt es dort (unter Bezug besonders auf das nach wie vor wichtige Kapitel "Kritik und Rechtfertigung der Utopie" von *P. Tillich,* Die politische Bedeutung der Utopie im Leben der Völker [1951], in: ders., Gesammelte Werke, Bd. VI: Der Widerstreit von Raum und Zeit. Schriften zur Geschichtsphilosophie, Stuttgart 1963, S. 157-210, hier: 198-210) "Wenn ... christliche Theologie aus der Geschichte der Utopie etwas lernen kann, ja lernen muß, dann vornehmlich dieses, daß - wegen der augenfälligen Zweideutigkeit des utopischen Bewußtseins - heutzutage der Verzicht auf jeden Versuch seiner religiösen Überhöhung (nicht zuletzt wegen der darin schlummernden Totalitarismusgefahr) drin-

gend geboten ist. Wird aber das utopische Bewußtsein mit seiner Tendenz auf zukunftsbezogene, konkrete Realität (im Wechselspiel von Nahziel und Fernziel) von der christlichen Hoffnung klar unterschieden, so kann es - als verantwortlich mobilisierbares, weil kritik- und gerichtsfähiges Potential - zur Wirksamkeit und, was nicht minder wichtig ist, zur Kommunikationsfähigkeit christlichen Handelns beitragen" [S. 157 f].

Gedenkpredigten und Nachrufe auf Lehrer und Begleiter

Hermann Doerries
(1895 - 1977)*

Ich bin gebeten worden, für die Schüler am Sarge von Hermann Doerries ein kurzes Wort des Dankes zu sagen.

Was ist das Besondere an seiner kirchengeschichtlichen Arbeit gewesen? Was zeichnete ihn in Forschung und Lehre aus? Ich meine, es sei vor allem dreierlei gewesen:

Wer an seinem geistigen Auge das literarische Werk von Hermann Doerries vorüberziehen läßt, angefangen mit den frühen Untersuchungen zum Verhältnis von Neuplatonischem und Christlichem in Augustins *De vera religione* und bei Johannes Scotus Erigena bis hin zu seinem letzten, noch nicht publizierten, aber völlig publikationsreifen Werk, der lange erwarteten zusammenfassenden Darstellung von Geschichte und Theologie des Symeon von Mesopotamien, dem tritt als erstes, wohl auffälligstes Merkmal das Vorwalten der historischen Miniatüre, die enge Verbindung von detaillierter Einzelforschung und universalgeschichtlicher Darstellung in den Blick. Entsprechend führte auch in Seminaren und Sozietäten der Weg stets vom Besonderen zum Allgemeinen, wurden gelegentlich die ganze Welt- und Kirchengeschichte aufgeboten, wurde in jedem Falle der größere Zusammenhang aufgesucht, um das jeweils Besondere wie das fortreichend Wichtige, wohl gar Aktuelle sicher abschätzen zu lernen.

Dabei ist, zweitens, Herrmann Doerries im besonderen Maße die für einen Historiker so nötige Tugend der Geduld eigen gewesen. Er hat das Gespräch mit seinem leibhaftigen ebenso wie mit seinem historischen Gegenüber fortgesetzt, wo es andere, Ungeduldigere, Selbstgewissere, längst abgebrochen hätten. Er hat dieses Gespräch auch und gerade mit den Unzeitgemäßen, den Stillen, Grüblern, Randsiedlern: mit Erigena, Gottfried Arnold, Louis Harms und vor allem Symeon von Mesopotamien gesucht und geführt, auch mit denen, über die das Urteil scheinbar längst feststand, über die die Weltgeschichte scheinbar längst Gericht gehalten hatte: mit Kaiser Konstantin oder dem Luther der Bauernkriegsschriften ... So sind denn auch, meines Erachtens, die Ergebnisse seiner historischen Untersuchungen in ungewöhnlichem Maße voller Überraschungen! Gewiß kam hier auch das Erbe seiner Lehrer, kam, allgemeiner gesprochen, die Forschungstradition zur Geltung, zu der sich Hermann Doerries stets, zu gelegener wie ungelegener Zeit, bekannt hat. Ebenso wichtig und folgenreich war, wie mir scheint, daß er mit Luther den Glauben teilte, daß die Botschaft des Neuen Testamentes in allen geschichtlichen Situationen ver-

* Nachruf auf Hermann Doerries, gehalten während der Trauerfeier am 10. 11. 1977.

nommen werden konnte und die Bezeugung des Evangeliums niemals aufgehört hat.

So ist denn auch, drittens, für Hermann Doerries das Gespräch mit der Geschichte immer wieder auch mutuum colloquium et consolatio fratrum gewesen, ist er als Historiker der Wirklichkeit der *Kirche* als lebendiger Gemeinschaft der Väter und Brüder auf der Spur geblieben.

Darüber aber ist sein eigenes Wort, in dem er nun für uns in seinem Schrifttum fortlebt, über das wissenschaftlich Anregende und Verpflichtende hinaus zum glaubenstärkenden Bruderwort geworden, für das wir Gott zu danken haben.

Carl Andresen
(1919-1985)*

Es entspricht einem Wunsch des Verstorbenen, daß wir unsere Gedanken in dieser Abschiedsstunde an den eben verlesenen Versen des 36. Psalms ausrichten. Dazu paßt, denke ich, wenn dieser Gottesdienst ausklingen wird mit einem Lied, das im Hause Andresen sozusagen zur "eisernen Ration" gehört, das aber dem einen oder anderen unter uns in einer Trauerfeier als gänzlich fehl am Platze erscheinen mag: "Lobe den Herren, den mächtigen König der Ehren".

Und doch gibt es, obgleich auch hier die wohl schwerste Arbeit des ganzen (fast 76-jährigen) Lebens zu bewältigen war - *serviendo consumor* (im Dienst für andere werde ich aufgezehrt), antwortete der Verstorbene mit (dem immer präsenten) Augustin, wenige Wochen vor seinem Tode, als man ihn nach seinem Befinden fragte, vielsagend -, und doch gibt es, auch bei aller Bitternis endgültigen Abschiednehmenmüssens, viel, viel Grund zum Danken! "In wieviel Not hat nicht der gnädige Gott" über diesem zu rüstiger Reife gelangten Leben "Flügel gebreitet", nicht nur im Krieg und in jahrelanger russischer Gefangenschaft, hat es "gnädig geleitet" bis in die letzten Augenblicke hinein. Der Tod hatte sich ja längst angekündigt. So blieb Zeit, das Haus zu bestellen, sich zu rüsten, Abschied zu nehmen. Auch hat die heimtückische Krankheit, die schon bezwungen schien und sich dann doch als übermächtig erwies, ihr zerstörerisches Werk getan, ohne allzu langes Siechtum und unerträgliche Schmerzen zu verursachen. Es war vielmehr, alles in allem, ein gnädiges Ende, friedlich und sanft, wie Symeon singt im "Nunc dimittis" von Lk 2,29-32. Wer wäre dafür nicht von Herzen dankbar und gern bereit, darob mit dem Psalmisten die "Güte" des Herrn zu preisen?

*

Unser Psalmwort schlägt indessen lebensgeschichtlich den Bogen viel weiter zurück. In seinen letzten Lebensmonaten hat der Verstorbene auf Wunsch seiner Frau und seiner Kinder die Niederschrift einer autobiographischen Skizze begonnen. Von ihr war auch des längeren bei meinem letzten Besuch am diesjährigen Himmelfahrtstag zwischen uns die Rede. Ich habe nun das Vorwort einsehen können. Es spricht eingangs von den Umständen der Entstehung dieser Niederschrift, als längere Pausen zwischen den Korrekturen von Fahnen und Umbrüchen eintraten und Zeit blieb, an sich und über sich (nach-)zudenken.

---

* Predigt über Psalm 36,6-10 im Abschiedsgottesdienst für Carl Andresen am 28. 6. 1985 in St. Albani zu Göttingen.

Das Stichwort "Zeit" gibt sodann Gelegenheit zu einer gedankenreichen Reverenz vor Augustin, dem die große, allerdings nicht "blinde" Liebe Carl Andresens galt, wie vor dem "altmarburgerischen" Geist. Nimmt man noch den (im Laufe der Jahre allerdings stark "angefochtenen") Pietismus des Elternhauses hinzu, so sind bereits die drei entscheidenden Kräfte benannt, die diese "theologische Existenz" geprägt haben.

Gegen Ende des Vorworts erinnert sich der Biograph, dem sich auch hier zur Charakterisierung seiner via vitae, wie schon in seiner Dankadresse zum 75. Geburtstag vor Freunden und Bekannten, die Formulierung "Autobiographie eines Grenzländers" nahelegt, im Anschluß an Augustins Bild von der *aula memoriae* ("Gedächtnishalle") mit den dort verwahrten "Bildern", "Zeichen" und (in lautlosem Hören und Sprechen sich vernehmbar machenden) "Stimmen" früherer Ereignisse und Erlebnisse, wie ihn der Spruch "Bei dir ist die Quelle des Lebens, und in deinem Lichte sehen wir das Licht" von früher Jugend an begleitet habe. Er habe sich, lesen wir, in neugotischer Schrift und roter Farbe an der weißgekalkten Seitenwand des Aggerschauer "Missionshauses" prangend, neben anderen Bibelsprüchen als Wanddekoration deshalb im wahrsten Sinne des Wortes "eingegraben", weil er in diesem schmucklosen, nur mit einem Holzkreuz ausgestatteten Raum die einzige Augen"weide" gewesen sei, durch die man von den scharfen Kanten der Holzbank sich etwas ablenken konnte. Es sei erstaunlich, fährt der Autor fort, wie selbst in den entlegensten Bereichen seiner (neben der spätantiken Geistes- besonders auch der Liturgie- und Kunstgeschichte gewidmeten) wissenschaftlichen Arbeiten, "wie die versunkenen Kirchenglocken von Rungholt", die Erinnerung an diesen Psalmvers aus weiter Ferne aufklinge. Liefere doch bereits die lateinische Fassung dieses Verses Stichworte wie die *fons vitae* ("Quelle des Lebens"), die in der Taufliturgie eine große Rolle spiele, aber auch als Bildmotiv immer wieder in der frühchristlichen Buch- und Apsismalerei begegne. Dann die Doppelung: *in lumine tuo lumen* ("in deinem Lichte [sehen wir] das Licht"), die schon im ambrosianischen Morgenhymnus des römischen Breviers christologisch aufgefaßt werde, um dann Kristallisationsbegriff der mittelalterlichen "Illuminationslehre" wie der an die "Verklärungsgeschichte" (Mk 9,2-13) bzw. das Taborlicht anknüpfenden byzantinischen Lichtmystik zu werden. Sie gehöre auch zu den beliebten Themen orthodoxer Ikonenmalerei. Im übrigen böten die griechischen Entsprechungen zu "Leben" und "Licht" ikonographisch die Möglichkeit, aus beiden (ΦΩΣ und ΖΩΗ) ein Kreuzsymbol zu zeichnen, was dann auch oft, zumal auf den Sarkophagen, genutzt worden sei. - So weit das Vorwort.

Wir könnten, darauf anspielend, daß "Licht und Leben" auch ein pietistisches Periodicum betitelt war, das im Kirchenkampf des Dritten Reiches und erst recht in der Auseinandersetzung um Rudolf Bultmanns Entmythologisierungsprogramm nach 1945 eine nicht eben rühmliche Rolle spielte, den Faden weiterspinnen und auch von Carl Andresens Herkunft aus und Leiden an dem Pietismus sprechen, *sofern* sich dieser den

Herausforderungen der nachneuzeitlichen, wir können genausogut sagen: der "nachchristlichen" Situation gegenüber verschließt, in der wir, wie Carl Andresen spätestens in Krieg und Gefangenschaft begriff, ob wir wollen oder nicht, drinleben. Darum auch seine entschiedene Zuwendung zu derjenigen Spielart "dialektischer Theologie", in der die nachneuzeitliche Situation des Christentums am vorbehaltlosesten angenommen wurde, nämlich zur Theologie Rudolf Bultmanns.

*

Allein, sprechen wir jetzt nicht länger von der lebensgeschichtlichen Verankerung. Sprechen wir vielmehr vom Text selbst und versuchen wir, wenigstens einige seiner Hauptgedanken nachzuzeichnen.

"Herr, deine Güte", deine Huld, "reicht, so weit der Himmel ist, und deine Wahrheit", deine Treue, "so weit die Wolken gehen".

Beide Aussagen legen sich gegenseitig aus. "Die Erde ist des Herrn", lautete die einem anderen Psalm entlehnte Losung des letzten Kirchentages. Gottes ganzes Herz, seine ungeteilte Huld gehört seiner Schöpfung, und Mensch und Vieh erfahren seine Hilfe und seine Rettungstat. Kein Flecken in dem uns umgebenden Raum, an dem nicht Gottes Güte wäre. Aber nun eben nicht eine Güte von launenhafter Unbeständigkeit, nicht eine Huld, die sich im Handumdrehen in Gleichgültigkeit oder gar Haß verwandeln könnte. Gott ist und bleibt treu! Er bleibt sich treu und gleich in seinem Wesen, in seiner huldreichen Zuwendung zu uns. Was wäre Gottes "Unveränderlichkeit", wenn sie nicht die Unveränderlichkeit seiner Liebe wäre? Und umgekehrt: Was wäre uns mit einer Liebe Gottes geholfen, die nicht mit seiner Verläßlichkeit und Bundestreue (und insofern mit seiner "Wahrheit") in innerster Einheit stünde?

Als eine der größten Wohltaten gilt auch unserem Psalmwort Gottes "Gerechtigkeit", sein unbedingter Wille zum Recht, zum Lebensrecht aller statt des "Krieges aller gegen alle". Gottes Fürsorge für die gerechte Ordnung der Welt "steht wie die Berge Gottes", ist etwas durchaus Stabiles - und doch zugleich ein dramatischer Kampf mit dem Chaosungeheuer der "großen Tiefe".

Und dann verlassen wir scheinbar den großem Raum der Welt und betreten das Heiligtum Gottes. Eben der Gott, in dessen Händen wir die ganze Welt wissen dürfen, er läßt sich finden in seinem Heiligtum, wo man im Schatten seiner (Keruben-)Flügel geborgen ist.

Der Schlußvers aber bindet beide "Bereiche", den Tempel und das Weltganze, zusammen. Zunächst ist Gott als Schöpfer des Lebens angesprochen. Man denkt an den sog. "jahwistischen" Schöpfungsbericht (Gen 2, 4b ff): Wo Wasser ist, ist Leben. Aber dann treten wir in der zweiten Vershälfte näher an Gottes Thron. Das "Licht" Gottes, von dem hier die Rede ist, ist das Licht seines Angesichtes, der Lichtglanz des deus revelatus, Gottes in seiner Selbstoffenbarung. "Gleiches kann nur von Gleichem erkannt werden", wußten und sagten schon die alten Griechen, wußte und sagte auch der Apostel Paulus und verstand das so: Erkennen gibt es nur im Erkanntwerden, darin, daß Gott selbst das Medium schafft, in dem er und wir einander Aug in Auge begegnen. Wo das geschieht, kann man freilich von Gott gar nicht mehr anders reden als in hymnischem Ton: Wohl uns des feinen Herren...

"Bei dir ist die Quelle des Lebens, und in deinem Lichte sehen wir das Licht". - Wir alle wollen uns daran erinnern lassen: Es ist womöglich nicht so wichtig, wozu wir leben - viele meinen: natürlich dazu, um uns selbst zu verwirklichen (jeder für sich!) - als, woraus wir leben. Unser Psalmwort lädt uns ein, bei dem zu bleiben, der unter dem Schatten Seiner Flügel Zuflucht gewährt, bei dem "die Quelle des Lebens" ist und in dessen Licht unser Weg licht werden und unser Leben Weite und Tiefe gewinnen soll. Es ist wie ein Aufatmen- und Ausruhendürfen, wenn wir's recht bedenken. Schöpfen aus seiner Quelle, bleiben in Gottes Herzlichkeit und Liebe - in der Gewißheit, daß es von uns ein Bild gibt im Herzen Gottes. Nicht den "Machern" und "Zwängern" soll's gelingen, wohl aber denen, die "bleiben", die warten, die etwas erwarten, selbst wider den Augenschein. Amen.

Albrecht Peters
(1924-1987)*

Damit, daß unser - wie wir meinen, vor der Zeit - verstorbener Freund genausowenig wie irgend ein anderer Mensch hat wissen können, daß letzte Sonntagnacht - nach nur 63 Jahren, 6 Monaten und 25 Tagen - seine Lebensuhr unwiderruflich abgelaufen sei, hängt es auch zusammen, daß es für diesen Gedenkgottesdienst wie für die Beisetzung in Hamburg am kommenden Dienstag seinerseits keinerlei Vorkehrungen gegeben hat. Trotzdem tappte man nicht im dunkeln. Im Gegenteil: es war allen Beteiligten überraschend schnell klar, was zu tun sei, was in seinem Sinne wäre und was nicht.

So hätte es ihm auch überhaupt nicht entsprochen, wenn wir die Bibel nach einem "passenden" Leitwort für diese Stunde durchmustert hätten. Für ihn, diesen so ganz demütigen, ganz in der Gemeinde und für sie lebenden und denkenden Theologen, war stets das am "passendsten", was für die Gemeinde jeweils "dran" war.

Und -"paßt" es etwa nicht, was als Spruch für diese Woche "dran" ist, so daß wir daran unsere Gedanken zum unerwarteten Tod unseres Freundes und Bruders ausrichten können?

"Heile du mich, Herr, so werde ich heil; hilf du mir, so ist mir geholfen". Mit dieser Bitte wendet sich ein Mann an Gott, der uns wie kaum eine andere Gestalt der Bibel in sein Innerstes hat schauen lassen. Infolgedessen vermögen wir auch zu erahnen, aus welchen Tiefen diese Bitte aufsteigt. Der Prophet Jeremia aus Anathot hat sich schon in der Stunde seiner Berufung gesträubt und gewehrt; und doch hat es nichts genutzt. Vielmehr mußte er sich weiterhin an seinem Auftrag, der ihm den wütenden Widerspruch von allerlei "Heilspropheten" und nahezu völlige Isolierung in seinem Volke eintrug, wundreiben. Er wäre so gern wieder in der Verborgenheit untergetaucht, hätte Gott sein Amt vor die Füße geworfen. Aber er durfte nicht. Alle Anfeindung von außen und alle Herzensnot, die ihm aus der Botschaft immer wieder erstand, mußte getragen werden. Wurde es zuviel, so antwortete Gott: noch mehr wirst du tragen müssen (Jer 12,5). Wollte er einfach schweigen und damit die Bürde seines Auftrags loswerden, so fühlte er es in sich wie Feuer brennen und wäre daran fast zugrunde gegangen (20,9). Gott war doch stärker als er (20,7).

"Heile du mich, Herr", möchten auch wir Gott zurufen, die wir uns gleichermaßen wundreiben, an der Frage nämlich: Warum so plötzlich? Warum so früh?, denen es wie ein Riß durchs Herz ging, als sie sich von

---

* Predigt über Jeremia 17,14 im Gedenkgottesdienst für Albrecht Peters am 30. 10. 1987 in der Peterskirche zu Heidelberg.

einem auf den anderen Augenblick klarmachen mußten, daß sie von nun an ohne den Mann, den Freund, den Bruder Albrecht Peters auszukommen hätten, ohne zu wissen, wie! ...

Viele Lücken wären zu nennen, die dieser Tod gerissen hat, Lücken, die ich zu ermessen vermag, und solche, von denen ich gar keine Ahnung habe. In jedem Fall will ich jetzt auf dem begonnenen Weg nicht fortfahren, sondern einen Augenblick lang Wesen und Wirken Albrecht Peters' in das Licht unseres Predigtwortes rücken, ehe ich mit Ihnen zum Schluß danach frage, wie wir über die Bitte hinaus zu der Zuversicht gelangen möchten, die in unserem Predigtwort ebenso anklingt wie die Anfechtung: "Heile du mich, *so werde ich heil;* hilf du mir, *so ist mir geholfen*".

*

Den Kampf zwischen menschlichem Heilsversprechen, menschlicher "Heilsprophetie", und jener göttlichen Wahrheit, die zuerst tötet und dann lebendig macht (I Sam 2,6), hat auch der junge Albrecht Peters am eigenen Leibe zu spüren bekommen, ja, in sich selbst ausfechten müssen. Er ist, woraus er nie ein Hehl machte, von "draußen" gekommen und hat, um seine eigenen Worte zu benutzen, "durch das Hören auf das Wort in der Studentengemeinde" zum christlichen Glauben zurückgefunden. Darüber aber blieb ihm das Wissen um das "draußen", um die dunklen Mächte der Verführung und des Bösen (ob in der Gestalt des Nationalsozialismus oder in welcher Gestalt auch immer), ein steter Begleiter und hat ihn "drinnen" nicht zur Sicherheit des "glücklichen Besitzers", wohl aber zur Gewißheit des beschenkten Bettlers geführt: "Es ist in keinem anderen Heil, ist auch kein anderer Name unter dem Himmel den Menschen gegeben, darinnen sie sollen selig werden" (Act 4,12). Als Angehöriger einer Generation, die auf sich die Schuld lasten fühlte, unsagbares Leid über die Völker und Länder Europas gebracht, völlig sinnlos getötet und dies auch noch als eigene Pflicht angesehen zu haben, äußerlich und innerlich schwer kriegsversehrt, lernte er so, um ihn nochmals zu zitieren, zuerst einmal zu Jesus Christus hinzufinden, um dann, nach "einer Zeit des Herangeführt-Werdens", "nach dem Herrenmahl und dem täglichen Gebet auch die Gemeinde- und die Einzelbeichte ... zu entdecken", ganz im Sinne dessen, was Dietrich Bonhoeffer im "Entwurf zu einer Kanzelabkündigung nach einem gelungenen Umsturz" aufgezeichnet hatte.

In der Konsequenz all dessen sehe ich auch: den Entschluß zum Theologiestudium (nach völlig anderem Studienbeginn); das Suchen und Finden der communio, der Bruderschaft; die Wahl der Themen, die der Forscher und akademische Lehrer Albrecht Peters vornehmlich bearbeiten sollte; Herrenmahl, Rechtfertigungslehre, Eschatologie (als die nötige Erinnerung an die oftmals vergessene Dimension christlichen Lebens, welches - auf Gott und sein gnädiges Gericht zuführt); die Begegnung mit Peter Brunner als dem prägenden Lehrer und zuletzt auch ganz nahen Freund; das lebenslange Gespräch mit und die Liebe zu Martin Luther ...

Es gab Zeiten im Leben des akademischen Lehrers Albrecht Peters, da fühlte er mit Macht wieder emporkommen, was er als junger Mensch in sich mühsam genug niedergerungen hatte. Vielleicht hat er sich dabei im Einzelfall in der Analyse getäuscht. Wichtiger aber ist mir im Augenblick, wie er auf diese Herausforderung reagierte: geistlich! Dafür ein einziges Beispiel, das ich ihn mit eigenen Worten erzählen lasse. Es entstammt der Widmung seines Beitrages zur (unveröffentlichten) Festschrift für Frieder Schulz. Es war jener unglückliche Sonntag, "an welchem er (sc. Frieder Schulz) von der Kanzel heruntergeschrien und sein Gottesdienst gesprengt wurde. Studenten wollten dennoch eigenmächtig Abendmahl halten; da bin ich in die Sakristei gegangen, habe den Talar angezogen und, nachdem die Streitenden aus der Kirche gebeten und die Willigen noch durch Edmund Schlink herzugerufen waren, das Abendmahl gehalten. Dabei markierten die Worte zum Friedensgruß präzise die Situation und bekamen für mich neue Leuchtkraft. Es war gut, da die Agende in der Aufregung vergessen war, sie vom Mittwoch früh her auswendig sprechen zu können: 'Erkennet euch in dem Herrn, keiner sei wider den andern, keiner ein Heuchler; vergebet, wie euch vergeben ist, nehmet euch untereinander auf, wie Christus euch aufgenommen hat zum Lobe Gottes des Vaters: Der Friede des Herrn sei mit euch allen!'"

"Heile du mich, Herr, so werde ich heil; hilf du mir, so ist mir geholfen". Von diesem Jeremiawort aus ließe sich auch leicht eine Brücke schlagen zu dem Interesse am Gottesdienst, dem Ringen um seine rechte Gestalt, das Albrecht Peters wie nur ganz wenige akademische Theologen seiner (wie erst recht meiner) Generation in Atem hielt. Daß christlicher Gottesdienst mehr sei als nur eine Veranstaltung zum Wohlfühlen, daß darin Heil und wirkliche Hilfe angesagt und - in aller Vorläufigkeit - ereignet werden, darum ging es ihm.

Ich will das jedoch im Augenblick nicht vertiefen, obwohl es sich lohnte, dabei zu verweilen; wird doch Freude am Gottesdienst, auch unter Theologen, nicht selten mit Aussteigertum in Verbindung gebracht, womit sie aber bei Albrecht Peters auch nicht das Mindeste zu tun hatte, so wenig übrigens wie mit Bürgerlichkeit und Ästhetizismus. Ich will aber noch auf etwas anderes, im Augenblick Wesentlicheres hinaus. "... hilf du mir ..." Schon seiner Kriegsverwundung wegen, die ihn unsicher auftreten und immer irgendwie nach Halt suchen ließ, wirkte Albrecht Peters auf andere leicht etwas hilflos. Er zog es jedenfalls stets vor, im zweiten oder dritten Glied zu stehen, und überließ andern neidlos das erste. Aus den vielen gemeinsamen Gottesdiensten werde ich ihn als Bettler und Lobsänger im Gedächtnis behalten; als den "Dünnmann", der doch weiß, daß des Herrn Auge nicht so kurzsichtig ist, daß er uns übersähe, und wären wir so dünn wie ein Federstrich; als den, der sich selbst dünn machte und so anderen Raum gab, das Gefühl, ernst- und angenommen zu sein, auch wenn sie nicht vor Robustheit, Lebensmut, Klugheit aus den Nähten platzten. M.E. liegt darin der Schlüssel zum Geheimnis der großen Ausstrahlungskraft, die von Albrecht Peters ausging.

Mancher hat darüber vielleicht übersehen, welche gewaltige denkerische Kraft und breite Bildung Albrecht Peters zu Gebote standen. Seine Fakultätsgenossen konnten es eigentlich nicht übersehen. Wie oft war in Diskussionen, die er für wesentlich hielt, sein ceterum censeo, eingebettet in Gedankenführungen, bei denen man leicht die Übersicht verlieren konnte, und vorgebracht ohne auch nur den Anflug von Hochmut und Besserwisserei: daß es nun eigentlich noch einmal ganz neu zu fragen, in eine ganz neue Dimension vorzustoßen gelte.

*

Er ist nun in eine Dimension vorgestoßen, in der alles Fragen endet. Für uns dagegen bleiben Fragen, bleibt die Trauer, bleibt die Bitte: "Heile du mich, Herr", aber vielleicht doch auch die Zuversicht, "so" wirklich "heil" zu werden.

Wie das? Indem wir die Trauer um den vorzeitigen Tod von Albrecht Peters nicht verscheuchen und verdrängen, sondern produktiv mit ihr umgehen; indem wir uns im Gedenken an den Verstorbenen anstecken lassen von seiner Freude am Gottesdienst, an Gottes Gegenwart in Wort und Sakrament wie in der Gemeinschaft der Schwestern und Brüder; indem wir uns klarmachen: Gott will sich als unser Heiland und Helfer auch unserer Hände, unserer Füße, unseres mitfühlenden Herzens, unseres mitdenkenden Verstandes bedienen...

So wollen wir uns in dieser Stunde vereinen in der Bitte und in der Zuversicht: "Heile du mich, Herr, so werde ich heil; hilf du mir, so ist mir geholfen". Amen.

Hans Freiherr von Campenhausen

(1903 - 1989)*

In der Frühe des Epiphaniastages, kurz nach Vollendung seines 85. Lebensjahres, ist Hans Freiherr von Campenhausen, emeritierter ordentlicher Professor für Historische Theologie an der Heidelberger Universität, Ehrendoktor der Universitäten Göttingen, Oslo, St. Andrews, Uppsala und Wien, Mitglied der Philosophisch-Historischen Klasse der Heidelberger Akademie der Wissenschaften seit mehr als 40 Jahren, korrespondierendes Mitglied der Britischen Akademie der Wissenschaften in London und der Göttinger Akademie der Wissenschaften sowie Ehrenmitglied der American Academy of Arts and Sciences, heimgegangen. Mit ihm hat uns ein Mann verlassen, der längst über Disziplinen-, Nationalitäten- und Konfessionsgrenzen hinweg als einer der Großen der Kirchengeschichtsschreibung in unserem Jahrhundert galt.

Mit Heidelberg ist der Lebensweg des Verstorbenen verbunden gewesen, seit er, in Rosenbeck/Livland (im Bereich der heutigen Republik Lettland) geboren, im Jahre 1919 nach der Vertreibung aus der baltischen Heimat mit seiner Familie hier Zuflucht fand. Hier machte er auch 1922 das Abitur und absolvierte er außer in Marburg sein Studium der Theologie und der Geschichte. Bei dem Heidelberger Kirchenhistoriker Hans von Schubert erwarb der Dreiundzwanzigjährige mit einer (bis heute i.w. unüberholten) Monographie über "Ambrosius von Mailand als Kirchenpolitiker" (veröffentlicht 1929) den theologischen Doktorgrad, während ihm der Marburger kirchenhistorische Lehrer, Hans von Soden, das (christlich-archäologische) Thema zu seiner Habilitationsarbeit stellte, aufgrund deren er im Herbst 1928 die venia legendi für das Fach Kirchengeschichte erhielt. Nach Dozentenjahren in Marburg und Göttingen sollte 1935 die Berufung auf ein Ordinariat in Gießen (als Nachfolger Heinrich Bornkamms) und 1936 in Heidelberg (als Nachfolger Walther Köhlers) erfolgen. Die Bedingung wäre jedoch ein (mindestens) "neutrales" Verhalten in den kirchlich-kirchenpolitischen Auseinandersetzungen jener Jahre gewesen. Sobald das aber erkennbar wurde, zögerte Hans von Campenhausen nicht, der "Bekennenden Kirche" beizutreten, womit an ein berufliches Fortkommen fürs erste nicht zu denken war. Erst nach Kriegsende, im Sommer 1945, wurde die Berufung auf den Heidelberger Lehrstuhl ausgesprochen.

---

* Nachruf auf Hans Freiherrn von Campenhausen, Rhein-Neckar-Zeitung 21. 1. 1989.

Es folgten die Jahre, in denen Heidelberg in dem Rufe befestigt wurde, nicht nur ein Schloß, sondern auch eine Hochburg der theologischen Wissenschaft sein eigen nennen zu können. Es beherbergte jedenfalls jahrelang die größte theologische Fakultät Deutschlands und weit darüber hinaus, mit dem größten Anteil an ausländischen sowohl als auch (bis zum "Mauerbau" 1961) an Studierenden aus dem Bereich der "sowjetisch besetzten Zone" Deutschlands und späteren DDR. Darüber hinaus war die Zahl der Vertreter auswärtiger Hochschulen ständig im Steigen begriffen, die hier ihr "Sabbatjahr" verbrachten. An alledem war Hans von Campenhausen in hervorragendem Maße beteiligt. Denn wohl gab es bei vielen vieles zu lernen, aber bei kaum einem anderen vergnüglicher als bei ihm, der den Spaß an der Sache als Lernmotiv schon entdeckt hatte, bevor die moderne Didaktik darauf verfiel. Aber ebenso wie durch seinen funkelnden Geist und seinen sprühenden Witz wußte er seine Hörer durch den gesammelten Ernst zu fesseln, mit dem er zum Wesentlichen der Theologie zu führen und ein lebendiges Verstehen der Geschichte zu erschließen suchte. Nicht weniger als 15 spätere Hochschullehrer (meist Kirchenhistoriker) sind aus dieser Lehrtätigkeit hervorgegangen, wohl die größte Schülerschaft, die ein protestantischer Kirchenhistoriker in diesem Jahrhundert nach Adolf von Harnack gehabt hat.

Darüber hinaus läßt sich sagen: wenn es nach dem zweiten Weltkrieg gelang, der im Protestantismus lange Zeit üblichen Geringschätzung gerade der alten Kirchen- und Theologiegeschichte wirksam zu begegnen und die sog. Patristik ("Kirchenväterkunde") überhaupt erst einmal in den protestantischen Fakultäten (wieder) heimisch zu machen, dann hat als einzelner wohl Hans von Campenhausen den größten Anteil daran. Es war darum ganz natürlich, daß, als sich 1960 in Parallele (und auf die Dauer in immer geringerem Maße in Konkurrenz) zu der einst von Adolf von Harnack begründeten und lange Zeit auch präsidierten "Kirchenväterkommission" der Preußischen Akademie der Wissenschaften zu Berlin eine "Patristische Kommission der Westdeutschen Akademien der Wissenschaften" konstituierte, diese ihn zu ihrem Vorsitzenden wählte, als der er zwei Jahrzehnte lang amtierte.

Auf den Vergleich mit Adolf von Harnack, dem Deutschbalten, wird man erst recht geführt, wenn man die Geltung und Strahlkraft ins Auge faßt, die Hans von Campenhausen seinem Fach, der Kirchengeschichte, insbesondere der alten, im Rahmen der Theologie und der Altertumswissenschaft, der die "Patristik" ebenso zugehört wie der Theologie, zu verschaffen verstand. Allerdings sind in anderer Hinsicht kaum größere Gegensätze denkbar. Denn während für den einen zumindest die Dogmengeschichte, der sein Hauptinteresse galt und der er ein (nach wie vor klassisches) mehrbändiges "Lehrbuch" gewidmet hat, als eine "antiquarische" Größe zu stehen kam, hat der andere Kirchengeschichte als eine ganz und gar "lebendige Wissenschaft" aufgefaßt und betrieben, welche dem "Bleibenden" in allem geschichtlichen Wandel auf der Spur ist.

Damit ist auch das Thema berührt, welches sein reiches literarisches Werk wie ein roter Faden durchzieht, die bereits erwähnten Ambrosiusstudien ebenso wie "Die Idee des Martyriums in der alten Kirche" (1936), sein persönlichstes Buch; die beiden thematisch weit ausgreifenden Untersuchungen "Kirchliches Amt und geistliche Vollmacht in den ersten drei Jahrhunderten" (1953; 2.Aufl. 1963) und "Die Entstehung der christlichen Bibel" (1968), die wohl seine größten Forschungsleistungen darstellen, unser Bild von der alten Kirchen- und Theologiegeschichte am tiefgreifendsten verändert haben und ganz sicher von maßgebendem Bestand bleiben werden; die beiden vielgelesenen Taschenbücher "Griechische Kirchenväter" (1955) und "Lateinische Kirchenväter" (1960), die inzwischen außer in 6. bzw. 5. Auflage der deutschen Originalausgabe in englischer, französischer, italienischer, polnischer, spanischer und japanischer Sprache erschienen sind; endlich die drei Bände gesammelter Aufsätze "Tradition und Leben. Kräfte der Kirchengeschichte" (1960), "Aus der Frühzeit des Christentums. Studien zur Kirchengeschichte des ersten und zweiten Jahrhunderts" (1963) und "Urchristliches und Altkirchliches" (1979), worin auch seine vielbeachteten und -erörterten Akademieabhandlungen von neuem Aufnahme gefunden haben. Es lag darum nahe, daß, als "angesichts des herannahenden 70. Geburtstages" Hans von Campenhausens eine Sammlung ihm gewidmeter Aufsätze seiner Freunde und Schüler erschien, diese "Festschrift" (die sich als solche doch nicht zu erkennen geben durfte, weil die Abneigung des Jubilars gegen Festschriften allgemein bekannt war) den Titel bekam: "Bleibendes im Wandel der Kirchengeschichte" (hg. v. B. Möller und G. Ruhbach, Tübingen 1973).

Gewiß kann man hier das Erbe seiner Lehrer, die Forschungstradition zur Geltung kommen sehen, zu der er sich stets, zu gelegener wie ungelegener Zeit, bekannt hat: Rudolf Bultmanns (1884-1956) vor allem, der ihm theologisch, und Martin Dibelius' (1883-1947), der ihm methodisch den nachhaltigsten Eindruck machte, so daß sich bei ihm theologische Leidenschaft mit dem Bestreben verband, den jeweils zu interpretierenden Text nicht zu überanstrengen! Aber wahrscheinlich hat dies Wurzeln, die lebensgeschichtlich viel weiter zurückreichen. Hans von Campenhausen hat noch die Welt vor 1914 bewußt erlebt; und das war für ihn die feudale Welt des zaristischen Rußlands. Er ist dann - früher und schmerzlicher als andere -, in den geschichtlichen Wandel hineingerissen und nach dem Bleibenden Ausschau zu halten gelehrt worden. Dies Bleibende hatte für ihn wohl auch mit Recht und Ordnung, mit Normen und Institutionen zu tun, war aber nie damit identisch. Bleibend im Wandel der Kirchengeschichte, das, was die Geschichte der Kirche allein gründen und leiten kann, war für ihn vielmehr das Evangelium, die lebendig ergriffene Gestalt und Botschaft Jesu Christi. Die Widmung des mitten im Kirchenkampf, weniger als zwei Jahrzehnte nach der Flucht aus dem Baltikum und der Ermordnung des Vaters, geschriebenen Buches "Die Idee des Martyriums" an die Mutter, der die Arbeit "in den geistigen Voraussetzungen und in der besonderen Fragestellung vieles" verdanke, "was dem Leser verborgen bleiben muß" spricht für sich und läßt erahnen, woher dies letztlich rührte. War damit immer auch ein gerüttelt Maß an Skepsis gegenüber des Menschen Möglichkeiten verbunden, auch übrigens gegenüber dem "alleinseligmachenden" Charakter der Demokratie, so hat das dem Historiker Hans von Campenhausen erleichtert, was doch von jedem Historiker schlechterdings zu fordern ist, nämlich: einen Menschen und eine Zeit zunächst am Maßstab ihrer eigenen Möglichkeiten zu messen, nicht an demjenigen von Entscheidungen, die sie noch gar nicht kannten und kennen konnten.

Eine starke Sehbehinderung hat dem Verstorbenen wissenschaftliches Arbeiten schon vor vielen Jahren zunehmend erschwert und am Ende ganz unmöglich gemacht. Um so mehr mußten die *Gefahren* des Altwerdens in bedrohliche Nähe rücken und sich die Frage stellen, was denn bleibe ... Hans von Campenhausen war Historiker genug, um zu wissen, daß das reiche Erbe, für welches ihm zu danken ist, dem Wandel ausgesetzt werden *muß*, um zu bleiben. So hat er sich denn auch willig das Wort aus Luthers Tischreden zurufen lassen, mit dem der Freund Hermann Doerries (1895-1977) mit Vorliebe seine Werke dedizierte:

Recordatio praeteritorum gestorum est consolatio et alimentum fidei (WA.TR, Bd. I, S. 1077: "Das Gedächtnis des Vergangenen ist Trost und Glaubensstärkung").

In dieses tröstliche "Gedächtnis" ist nun sein eigenes Wirken eingeschlossen, für alle die, die sein Tod ärmer gemacht hat.

Anhänge

Bibliographie Adolf Martin Ritter 1965-1993

1965

- Das Konzil von Konstantinopel und sein Symbol. Studien zur Geschichte und Theologie des 2. ökumenischen Konzils, Göttingen 1965 (FKDG 15).

  Rezensionen: Alois Grillmeier, ThPh 41 (1966), S. 628-630; Gerhard May, ZKG 77 (1966), S. 144 f; Hans-Dietrich Altendorf, ThLZ 92 (1967), Sp. 513-517; Pierre Thomas Camelot, RSPhTh 51 (1967), S. 686-688; Jean Daniélou, RSR 55 (1967), S. 105-113; Jean Gribomont, RHE 62 (1967), S. 90-94; Robert L. Wilken, ChH 36 (1967), S. 329-331; Henry Chadwick, JThS 19 (1968), S. 330-332; Jean Galot, NRTh 90 (1968), S. 95; Christoph Jungck, ThZ 24 (1968), S. 145; John Norman Davidson Kelly, JEH 20 (1969), S. 118 f; Henning J. Lehmann, DTT 32 (1969), S. 226 f.

1966

- Rez. von Ignacio Ortiz de Urbina, Nizäa und Konstantinopel, Mainz 1964 (GÖK 1), ZKG 77 (1966), S. 140-143.

1968

- (mit Gottfried Leich), Wer ist die Kirche? Amt und Gemeinde im Neuen Testament, in der Kirchengeschichte und heute, Göttingen 1968.

  Rezensionen: Ernst Zimmermann, KBRS 126 (1970), S. 27 f; Christoph Michael Haufe, ThLZ 96 (1971), Sp. 151-153.

- Gregor von Nyssa "In suam ordinationem". Eine Quelle für die Geschichte des Konzils von Konstaninopel 381?, ZKG 79 (1968), S. 308-328.
- Rez. von James Stevenson (Hg.), Creeds, Councils and Controversies. Documents Illustrative of the History of the Church A.D. 337-461, London 1966, ZKG 79 (1968), S. 241 f.
- Rez. von Friedrich Wilhelm Kantzenbach, Urchristentum und alte Kirche. Das Christentum von seinen Anfängen bis zum Zerfall des Römischen Reiches, Gütersloh 1964 (EvEnz 3), ThLZ 93 (1968), Sp. 517-519.

1969

- Rez. von Guiseppe Luigi Dossetti, Il Simbolo di Nicea e di Costantinopoli. Edizione critica, Rom usw. 1967, ThLZ 94 (1969), Sp. 274-276.
- Rez. von Wolf-Dieter Hauschild, Die Pneumatomachen. Eine Untersuchung zur Dogmengeschichte des vierten Jahrhunderts, Diss. theol., Hamburg 1967, ZKG 80 (1969), S. 397-406.

1970

- Bibliographie Alfred Adam zum 70. Geburtstag am 3. Juni 1969, ThLZ 95 (1970), Sp. 715-718.

1971

- Zusammenfassung der Habilitationsschrift (s.u.) in: Marguerite Harl (Hg.), Écriture et culture philosophique dans la pensée de Grégoire de Nysse. Actes du colloque de Chevetogne (22-26 septembre 1969), Leiden 1971, S. 81-84.
- Art. Isidore de Péluse, DSp, Bd. VII/2, 1971, Sp. 2097-2103.
- Art. Laienbewegung, TRT, 4. Aufl., Bd. III, 1984, S.173-176.

1972

- Charisma im Verständnis des Joannes Chrysostomos und seiner Zeit. Ein Beitrag zur Erforschung der griechisch-orientalischen Ekklesiologie in der Frühzeit der Reichskirche, Göttingen 1972 (FKDG 25).

  Rezensionen: Henry Chadwick, JThS 24 (1973), S. 645; Rudolf Schieffer, HJ 93 (1973), S. 496 f; André de Halleux, RHE 69 (1974), S. 200; Adalbert Hammann, ThZ 30 (1974), S. 178; Willy Rordorf, KBRS 130 (1974), S. 347; Lars Thunberg, KHÅ 74 (1974), S. 260-262; J. Ziemer, ThLZ 99 (1974), Sp. 518 f; Georges-Matthieu de Durand, RSPhTh 59 (1975), S. 460-464; Margaret Schatkin, TS 36 (1975), S. 348-351; Peter Stockmeier, ThRv 71 (1975), Sp. 203 f; Alfons Kemmer, Eras. 29 (1977), S. 389-392.

- Mitübersetzer von John Norman Davidson Kelly, Altchristliche Glaubensbekenntnisse. Geschichte und Theologie (engl. Original unter dem Titel: Early Christian Creeds), Göttingen 1972.

  Rezensionen: H. Riniker, KBRS 129 (1973), S. 329; Karl Suso Frank, HZ 219 (1974) S. 378 f; Josef Andreas Jungmann, ZKTh 96 (1974), S. 120-122; Jakob Speigl, MThZ 25 (1974), S. 179-182; Basil Studer, RegBenSt 3/4 (1974/75), S. 155 f; Philipp Kaiser, ThRv 71 (1975), Sp. 31-33; Antonio Orbe, Gr. 56 (1975), S. 577; Heinrich Kraft, ThLZ 101 (1976), Sp. 274-276.

1973

- Erwägungen zum Antisemitismus in der alten Kirche. Johannes Chrysostomos, Acht Reden wider die Juden, in: Bernd Moeller / Gerhard Ruhbach (Hgg.), Bleibendes im Wandel der Kirchengeschichte. Kirchenhistorische Studien [Festschrift Hans von Campenhausen], Tübingen 1973, S. 71-91.
- Rez. von Jean Colson, Ministre de Jésus-Christ ou le sacerdoce de l'évangile. Études sur la condition sacerdotale des ministres chrétiens dans l'église primitive, Paris 1966 (ThH 4), ZKG 84 (1973), S. 313 f.
- Rez. von Pietro Rentinck, La Cura Pastorale in Antiochia nel IV Secolo, Rom 1970 (AnGr 178, B 29), ZKG 84 (1973), S. 324-326.
- Rez. von Pierre-Thomas Camelot, Ephesus und Chalcedon, Mainz 1963 (GÖK 2), ZKG 84 (1973), S. 331-333.

1974

- Die frühchristliche Gemeinde und ihre Bedeutung für die heutigen Strukturen der Kirche, in: Hans Walter Schütte / Friedrich Wintzer (Hgg.), Theologie und Wirklichkeit. Festschrift für Wolfgang Trillhaas zum 70. Geburtstag, Göttingen 1974, S. 123-144.
- Art. Amphilochius von Ikonium, LCI, Bd. V, 1974, Sp. 126.
- Art. Dionysius Areopagita, LCI, Bd. VI, 1974, Sp. 60 f.
- Art. Gregor von Nyssa, LCI, Bd. VI, 1974, Sp. 450 f.
- Art. Makarius der Ägypter, LCI, Bd. VII, 1974, Sp. 474-476.

1975

- Christentum und Eigentum bei Klemens von Alexandrien auf dem Hintergrund der frühchristlichen "Armenfrömmigkeit" und der Ethik der kaiserzeitlichen Stoa, ZKG 86 (1975), S. 1-25.

1976

- Die Gnadenlehre Gregors von Nyssa nach seiner Schrift "Über das Leben des Mose", in: Heinrich Dörrie / Margarete Altenburger / Uta Schramm (Hgg.), Gregor von Nyssa und die Philosophie. Zweites Internationales Kolloquium über Gregor von Nyssa. Freckenhorst bei Münster 18.-23. September 1972, Leiden 1976, S. 195-239.
- Rez. von Gunther Gottlieb, Ambrosius von Mailand und Kaiser Gratian, Göttingen 1973 (Hypo. 40), Gn. 48 (1976), S. 818-820.
- Rez. von Manfred Oberleitner, Die handschriftliche Überlieferung der Werke des heiligen Augustinus, Bd. 1/1 Italien: Werkverzeichnis und 1/2 Italien: Verzeichnis nach Bibliotheken, Wien 1969/70 (Veröffentlichungen der Kommision zur Herausgabe des Corpus der lateinischen Kirchenväter 1-2 [=SÖAW.PH 263 und 267]), Gn. 48 (1976), S. 613-615.

1977

- Alte Kirche. Ausgewählt, übersetzt und kommentiert von Adolf Martin Ritter, Neukirchen-Vluyn 1977 [5. Aufl. 1991] (Kirchen- und Theologiegeschichte in Quellen 1).

  Rezensionen: Franco Bolgiani, RSLR 16 (1980), S. 146 f; Gert Haendler, ThLZ 105 (1980), Sp. 434 f; R. Oberforcher, ZKTh 103 (1981), S. 243 f.

- (Hg.) mit Heiko A. Oberman und Hans-Walter Krumwiede, Kirchen- und Theologiegeschichte in Quellen. Ein Arbeitsbuch, 4 T. in 5 Bänden, Neukirchen-Vluyn 1977-1981 [diverse Neuauflagen].

1978

- Art. Arianismus, TRE, Bd. III, 1978, S. 692-719.

1979

- (Hg.), Kerygma und Logos. Beiträge zu den geistesgeschichtlichen Beziehungen zwischen Antike und Christentum. Festschrift für Carl Andresen zum 70. Geburtstag, Göttingen 1979.

  Rezensionen: Hans-Werner Bartsch, ThZ 36 (1980), S. 381-384; P. Langa, RAE 23 (1982), S. 240 f.

- Zum Homousios von Nizäa und Konstantinopel. Kritische Nachlese zu einigen neueren Diskussionen, in: ebd., S. 404-423.
- Rez. von Charles Kannengießer (Hg.), Jean Chrysostome et Augustin. Actes du colloque de Chantilly 22-24 septembre 1974, Paris 1975 (ThH 35), ThRv 75 (1979), Sp. 113 f.
- Rez. von Theodor Klauser, Gesammelte Arbeiten zur Liturgiegeschichte, Kirchengeschichte und christlichen Archäologie, hg. von Ernst Dassmann, Münster 1974 (JAC.E 3/1974), ThLZ 104 (1979), Sp. 755-757.
- Rez. von Alois Grillmeier, Mit ihm und in ihm. Christologische Forschungen und Perspektiven, Freiburg usw. 1975, ThLZ 104 (1979), Sp. 844 f.

1980

- Stemmatisierungsversuche zum Corpus Dionysiacum Areopagiticum im Lichte des EDV-Verfahrens, Göttingen 1980 (NAWG.PH 1980/6).
- Das Verhältnis der abendländischen zur ostkirchlichen Tradition und Theologie, in: Trutz Rendtorff (Hg.), Europäische Theologie. Versuche einer Ortsbestimmung, Gütersloh 1980, S. 137-149.

1981

- The Dogma of Constantinople (381) and Its Reception Within the Churches of the Reformation, ThQ 48 (1981), S. 228-232.
- Das Konzil von Konstantinopel (381) in seiner und in unserer Zeit, ThPh 56 (1981), S. 321-334.
- Il Secondo Concilio Ecumenico e la Sua Ricezione: Stato della Ricerca, Cristianesimo nella Storia 2 (1981), S. 341-365.
- Statt einer Zusammenfassung. Die Theologie des Basileios im Kontext der Reichskirche am Beispiel seines Charismaverständnisses, in: Paul Jonathan Fedwick (Hg.), Basil of Caesarea: Christian, Humanist, Ascetic. A Sixteen-Hundreth Anniversary Symposium, Bd. 1, Toronto 1981, S. 411-436.
- Rez. von Rudolf Lorenz, Arius judaizans? Untersuchungen zur dogmengeschichtlichen Einordnung des Arius, Göttingen 1980 (FKDG 31), ZKG 92 (1981), S. 361-364.
- Rez. von Martin Brecht (Hg.), Gesamtdarstellungen der Kirchengeschichte (VF 25,1-2), München 1980, ZKG 93 (1982), S. 356-361.
- Rez. von Christopher Stead, Divine Substance, Oxford 1977, ThRv 77 (1981), Sp. 38-40.

1982

- Dogma und Lehre in der Alten Kirche, in: Carl Andresen (Hg.), Handbuch der Dogmen- und Theologiegeschichte, Bd. I: Die Lehrentwicklung im Rahmen der Katholizität, Göttingen 1982, S. 99-283.
- Die Einberufung des Konzils in seinem geschichtlich-lehrmäßigen Zusammenhang, in: La signification et l'actualité du IIe Concile Oecuménique pour le monde chrétien d'aujourd'hui. Chambésy/Genf 1982 (Les études théologiques de Chambésy 2), S. 31-42.
- Das II. Ökumenische Konzil und seine Rezeption. Stand der Forschung, in: ebd., S. 43-62.
- Verbindliches Lehren in der alten Kirche. Eine "Fallstudie", EvTh 42 (1982), S. 251-265.
- Art. Eunomius, TRE, Bd. X, 1982, S. 525-528.
- Geschichte und Kunst Nubiens. 5. Internationaler Kongreß der "Society for Nubian Studies" in Heidelberg, Unispiegel 14,6 (1982), S. 8 f.
- Heidelberg bleibt für Nubiologen wichtig. Über die Internationale Tagung der "Society of Nubian Studies" in der Akademie der Wissenschaften, RuCa 34 (1982), S. 155.
- Rez. von Alfred Schindler (Hg.), Monotheismus als politisches Problem? Erik Peterson und die Kritik der politischen Theologie (SEE 14), ZKG 92 (1981), S. 417 f.

1983

- Das Dogma von Konstantinopel (381) innerhalb der Kirchen der Reformation, in: Theodor Piffl-Percevic / Alfred Stirnemann (Hgg.), Das gemeinsame Credo. 1600 Jahre seit dem Konzil von Konstantinopel, Innsbruck usw. 1983 (Pro Oriente 6), S. 44-47.
- Das Konzil von Konstantinopel (381) in seiner und in unserer Zeit, in: ebd., S. 74-83.
- Diskussionsbeitrag zu Thomas F. Torrance, Homoousion, EvTh 43 (1983), S. 16-25, in: ebd., S. 26-28.
- Hans v. Campenhausen 80 Jahre, RuCa 35 (1983), S. 271-273.
- Art. Christologie. Frühe Kirche bis Chalcedon, LexMA, Bd. II, 1983, Sp. 1922 f.
- Art. C[lemens] v[on] Alexandria, ebd., Sp. 2148 f.

1984

- (Hg.), Zur Kulturentwicklung des Christentums im südosteuropäischen Raum. Historische Referate des VI. Theologischen Südosteuropaseminars in Bukarest, 30.8.-4.9.1982, o.O., o.J. [Heidelberg 1984].
- (Hg.) Das Heilsnotwendige und die Fülle des Heils. Systematisch-theologische Referate des VI. Theologischen Südosteuropaseminars, Bukarest 1982, Erlangen 1984 (Oik. 22).
- Das Heilsnotwendige als reformatorisches Postulat, ebd., S. 79-92.

- Arius, in: Martin Greschat (Hg.), Gestalten der Kirchengeschichte, Bd. I: Alte Kirche, Stuttgart 1984, S. 215-223.
- Klemens von Alexandrien, in: ebd., S. 121-133.
- Platonismus und Christentum in der Spätantike, ThR 49 (1984), S. 31-56.
- Art. Glaubensbekenntnisse, V. Alte Kirche, TRE, Bd. XIII, 1984, S. 399-412.
- Rez. von Epiphanius, II. Panarion, haer. 34-64, hg. von Karl Holl, 2. bearb. Aufl., hg. von Jürgen Dummer, Berlin 1980 (GCS 31), ZKG 95 (1984), S. 139 f.
- Rez. von Friedhelm Winkelmann, Die östlichen Kirchen in der Epoche der christologischen Auseinandersetzungen (5.-7. Jahrhundert), Berlin 1980 (Kirchengeschichte in Einzeldarstellungen 1,6), ThLZ 109 (1984), Sp. 521 f.
- Experimente mit dem Geist. Predigt über Römer 12,1-8, in: Christoph Burchard / Gerd Theißen (Hgg.), Lese-Zeichen für Annelies Findeiß zum 65. Geburtstag, Heidelberg 1984 (DBAT.B 3), S. 373-377.

1985

- (Hg.), Alfred Niebergall, Ehe und Eheschließung in der Bibel und in der Geschichte der Alten Kirche. Aus dem Nachlaß hg. von Adolf Martin Ritter, Marburg 1985 (MThSt 18).
- (Hg.), Der deutsche Protestantismus und die Kirchen Südosteuropas im 16. und 19. Jahrhundert. Historische Referate des VII. Theologischen Südosteuropaseminars in Heidelberg (2.-8. 9. 1984), Heidelberg o. J. (ThSS).
- Gerechter Krieg - gerechte Abschreckung?, in: Theologische Brosamen für Lothar Steiger. Zu seinem 50. Geburtstag gesammelt von Gerhard Freund und Ekkehard Stegemann (DBAT.B 5), Heidelberg 1985, S. 341-357.

1986

- Utopie als Problem der christlichen Theologie, in: Utopia (Referate und Texte des 6. Internationalen Humanistischen Symposiums), Athen 1986 (Meletes kai ereynes 37), S. 169-177.
- Das Wissenschaftlich-Theologische Seminar, in: 600 Jahre Ruprecht-Karls-Universität 1386-1986. Geschichte, Forschung und Lehre, hg. vom Rektor der Universität Heidelberg, München 1986 (Monographien über Universitäten und Hochschulen), S. 38 f.
- Die Commelinausgabe der Konzilsakten von Ephesus, in: Elmar Mittler (Hg.), Bibliotheca Palatina. Katalog zur Austellung vom 8. Juli bis 2. November 1986, Heiliggeistkirche Heidelberg, Textband, Heidelberg 1986, S. 432 f.
- Die Athanasius - Ausgabe von 1601, in: ebd., S. 433 f.
- Art. Dionysios Are(i)opagites, I. Autorenproblem, LexMA, Bd. III, 1986, Sp. 1079 f.
- Art. Doxologie, II. Historischer Hintergrund, ebd., Sp. 1336 f.
- Art. Chalcedon, EKL, Bd. I, 3. Aufl., 1986, Sp. 639-641.
- Art. Ephesus, ebd., Sp. 1053 f.

1987

- (Hg.), Mystik in den Traditionen des kirchlichen Ostens und Westens. Systematisch-theologische Referate des VIII. Theologischen Südosteuropaseminars in Budapest (24.-31. 8. 1986), Heidelberg 1987 (ThSS).
- (Hg.) mit Gerhard Rau und Hermann Timm, Frieden in der Schöpfung. Das Naturverständnis protestantischer Theologie, Gütersloh 1987.
- Kurzpredigt im evangelisch-lutherischen Eucharistiegottesdienst über 1. Petrus 5,5, in: Erwählung und Verantwortung. Systematisch-theologische Referate des 7. Theologischen Südosteuropaseminars, Heidelberg 1984, hg. vom Lehrstuhl für Geschichte und Theologie des christlichen Ostens an der Universität Erlangen-Nürnberg, Erlangen 1987, S. 1-5.
- (Hg.), Ungarn und das Christentum Südosteuropas. Historische Referate des VIII. Theologischen Südosteuropaseminars in Budapest (24.-31.8.1986), Heidelberg 1987.
- Einleitende Überlegungen zu Wesen und Geschichte christlicher Mystik, in: Mystik in den Traditionen des kirchlichen Ostens und Westens (s.o.), S. 1-12.
- "Gepriesen seist du, mein Herr, für unsere Schwester, die Mutter Erde...". Der Sonnengesang des Franziskus von Assisi im Lichte der altkirchlichen und frühmittelalterlichen Tradition, in: Frieden in der Schöpfung (s.o.), S. 92-110.
- Zum Thema "Die Last des augustinischen Erbes": Das Beispiel der Naturtheologie, in: Congresso Internazionale su s. Agostino nel XVI Centenario della Conversione, Roma, 15-20 settembre 1986. Atti, Bd. I, Rom 1987 (SEAug 24), S. 233-242.
- Die Bekenntnissynode zu Barmen - Epoche oder Episode?, ZEvKR 32 (1987), S. 518-534.
- Die Entstehung des neutestamentlichen Kanons: Selbstdurchsetzung oder autoritative Entscheidung?, in: Aleida und Jan Assmann (Hgg.), Kanon und Zensur. Beiträge zur Archäologie der literarischen Kommunikation II, München 1987, S. 93-99.
- De Polycarpe à Clément: Aux origines d'Alexandrie chrétienne, in: **ΑΛΕΞΑΝΔΡΙΝΑ**. Hellénisme, judaïsme et christianisme à Alexandrie. Mélanges offerts au P. Claude Mondésert, Paris 1987 (Patrimoines), S. 151-172.

1988

- (Hg.), Ivan Golub, Sehnsucht nach dem Angesicht oder Wie zu Freude gelangen, übersetzt von Heide Zimmermann, Heidelberg 1988 (ThSS.E 1).
- (Hg.) mit Stephan H. Pfürtner und Dieter Lührmann, Ethik in der europäischen Geschichte, Bd. I: Antike und Mittelalter, Stuttgart usw. 1988.
- Frühes Christentum - Das Beispiel der Eigentumsfrage, ebd., S. 116-133.
- Die altchristliche und die byzantinische Utopie, in: Olof Gigon / Michael W. Fischer (Hgg.), Antike Rechts- und Sozialphilosophie, Frankfurt/Main 1988 (Salzburger Schriften zur Rechts,- Staats- und Sozialphilosophie 6), S. 147-162.
- Zwischen "Gottesherrschaft" und "Einfachem Leben". Dio Chrysostomus, Johannes Chrysostomus und das Problem einer Humanisierung der Gesellschaft, JAC 31 (1988), S. 127-143.

- Ps.-Dionysius und die "Schauerregenden Mysterien", in: Festschrift für Frieder Schulz, Heidelberg 1988, S. 491-500.
- Geschichte als Tummelplatz von Schurken. Zu Karlheinz Deschner, DASBl Nr. 4, 24. Januar 1988, S. 14.
- Friedrich Heyer 80 Jahre alt, RuCa 40 (1988), S. 142.
- Rez. von Arnold Stötzel, Kirche als "neue Gesellschaft". Die humanisierende Wirkung des Christentums nach Johannes Chrysostomus, Münster 1984 (MBTh 51), ThRv 84 (1988), Sp. 31-33.

1989

- (Hg.), Friedrich Heyer, Ausgewählte Aufsätze zur Kirchengeschichte Südosteuropas, Heidelberg 1989 (ThSS.E 2).
- (Hg.) mit Fairy von Lilienfeld, Einheit der Kirche in vorkonstantinischer Zeit. Vorträge, gehalten bei der Patristischen Arbeitsgemeinschaft, 2.-4. Januar 1985 in Bern, Erlangen 1989 (Oik. 25).
- Die Einheit der Kirche in vorkonstantinischer Zeit. Grundlagen und Grundfragen, ebd., S. 1-18, 126-132.
- Hans Frhr. von Campenhausen +, ZEvKR 34 (1989), S. 113-116.
- Art. Konstantinopel, Ökumenische Synoden, I. Ökumenische Synode von 381, TRE, Bd. XIX, 1989, S. 518-524.
- Das missionarische Wirken der beiden "Slavenapostel" und seine altkirchlichen Wurzeln, in: N. Sibarov u.a. (Hgg.), Mezdunaroden Simposium, Sofia 1989, S. 58-63.
- Patristische Anmerkungen zur Frage "Lehrverurteilungen. Kirchentrennend?" am Beispiel des Konzils von Chalcedon, in: Damaskinos Papandreou / Wolfgang A. Bienert / Knut Schäferdiek (Hgg.), Oecumenica et Patristica. Festschrift für Wilhelm Schneemelcher zum 75. Geburtstag, Stuttgart 1989, S. 269-279.
- This or that Theology? Reflections upon "The Reception of the Philosophical Notion of God as a Dogmatic Problem of Early Christian Theology" in Memory of Heinrich Dörrie, in: StPatr, Bd. XVIII,2, 1989, S. 121-131.
- Clement of Alexandria and the Problem of Christian Norms, in: StPatr, Bd. XVIII,3, 1989, S. 421-439.
- Art. Kirche, 2.2. K[irche]nbilder und -theorien in der Christentumsgeschichte, EKL, Bd. II, 3. Aufl., 1989, Sp. 1058-1066.
- Rez. von F.-M. Balzer / K. U. Schnell: Der Fall Eckert. Zum Verhältnis von Protestantismus und Faschismus am Ende der Weimarer Republik, Köln 1987, ZKG 100 (1989), S. 280-285.

1990

- (Hg.), Die Zehn Gebote. Eine Heidelberger Predigtreihe, o.O. o.J. (Heidelberg 1990).

- (Hg.), Die Anfänge der Christentums unter den Völkern Ost- und Südosteuropas. Referate und Materialien des IX. Theologischen Südosteuropaseminars (Heidelberg, 21.-27. August 1989), Heidelberg 1990 (ThSS 9).
- Mitübersetzer von: Christopher Stead, Philosophie und Theologie I: Die Zeit der Alten Kirche, Stuttgart / Berlin / Köln 1990 (Theologische Wissenschaft 14,4).
- Arius redivivus? Ein Jahrzwölft Arianismusforschung, ThR 55 (1990), S. 153-187.
- Chrysostomus und die Juden - neu überlegt, Kirche und Israel 5 (1990), S. 109-122.
- Grundlagen und Grundfragen der Kirchengemeinschaft in vorkonstaninischer Zeit, in: Pléroma, Comp. 35 (1990) [Festschrift für Antonio Orbe], S. 521-543.
- Hans von Campenhausen wurde 85 Jahre alt, RuCa 42 (1990), S. 110.
- Hans von Campenhausen (16. 12. 1903 - 6. 1. 1989) - ein protestantischer Kirchenhistoriker in seinem Jahrhundert, HdJb 34 (1990), S. 157-169.
- Hans von Campenhausen und Adolf von Harnack, ZThK 87 (1990), S. 323-339.
- John Chrysostom as an Interpreter of Pauline Social Ethics, in: William S. Babcock (Hg.), Paul and the Legacies of Paul, Dallas 1990, S. 183-192, 360-369.
- Art. Laie. I. Kirchengeschichtlich, TRE, Bd. XX, 1990, S. 378-385.
- Hier hat die Freiheit ihre Burg, DASBl Nr. 42, 24. Oktober 1990, S. 17.
- Rez. "Juden und Christen im Hl. Land. Palästina unter Konstantin und Theodosius". Bemerkungen zu einem jüngst erschienenen Buch, in: J. van Amersfoort / J. van Oort (Hgg.), Juden und Christen in der Antike, Kampen 1990, S. 116-124.
- Rez. von Günter Stemberger, Juden und Christen im Heiligen Land. Palästina unter Konstantin und Theodosius, München 1987, ThR 55 (1990), S. 109 f.
- Evangelische Predigt zum katholischen Fest Allerheiligen über Matthäus 5,3-12, in: Heidel-Berger-Apokryphen. Eine vorzeitige Nikolausgabe zum 50. Geburtstag [Festschrift Klaus Berger], Heidelberg 1990, S. 221-227.
- Kurzpredigt über Epheser 5,8-14, in: Die Anfänge des Christentums (s.o.), S. 130-133.

1991

- (Hg.), Ivan Golub, Imago Dei. Der Mensch als Bild Gottes - Gottespräsenz und Gottesdarstellung (Gen. 1,26-27) und verwandte Texte, Heidelberg 1991 (ThSS.E 3), S. 423-439.
- (Hg.) mit Günter Heil, Corpus Dionysiacum II: Pseudo-Dionysius Areopagita - De Coelesti Hierarchia, De Ecclesiastica Hierarchia, De Mystica Theologia, Epistulae, Berlin usw. 1991 (PTS 36).
- Arius in der neueren Forschung, in: R. Peric (Hg.), Homo - imago et amicus Dei. Miscellanea in honorem Ioannis Golub, Rom 1991 (Collectanea Croatico Hieronymiana de Urbe 4).
- Dionysios Areopagites, in: "Nimm und lies". Christliche Denker von Origenes bis Erasmus von Rotterdam, Stuttgart usw. 1991, S. 111-126.
- Creeds, in: Ian Hazlett (Hg.), Early Christianity. Origins and Evolution to AD 600. In Honour of W. H. C. Frend, London 1991, S. 92-100.

- Die Kirche(n) und das Problem des Nationalismus, in: K. C. Felmy (Hg.), Kirchen im Kontext unterschiedlicher Kulturen. Aleksander Mén in memoriam, Göttingen 1991, S. 447-452.
- Protestantismus und Freiheit, JNKG 89 (1991), S. 433-444.
- Recht und Einheit der Kirche in den ersten Jahrhunderten, ZEvKR 36 (1991), S. 1-17.
- Zur Situation des ökumenischen Patriarchats unter Jeremias II. im Zeitalter der Turkokratie, in: M. Batsweiler u.a. (Hgg.), Der ökumenische Patriarch Jeremias II. von Konstantinopel und die Anfänge des Moskauer Patriarchats, Erlangen 1991 (Oik. 27), S. 63-74.

1993

- mit C. Andresen: Geschichte des Christentums, Bd. I/1: Altertum, 2. Aufl., Stuttgart 1993 (ThW 6/1).
- Die Heidelberger Kirchenhistoriker in der Zeit des "Dritten Reiches", in: L. Siegele-Wenschkewitz / C. Nicolaisen (Hgg.), Theologische Fakultäten im Nationalsozialismus, Göttingen 1993 (Arbeiten zur kirchlichen Zeitgeschichte B, 18), S. 169-180.
- Predigt über Matthäus 5, 1.2.10, in: In Dubio Pro Deo. Heidelberger Resonanzen auf den 50. Geburtstag von G. Theißen, Heidelberg 1993, S. 238-242.
- Zur Kanonbildung in der Alten Kirche, hier S. 265-280.

Herausgeber- und Mitherausgeberschaften:

- Forschungen zur Kirchen- und Dogmengeschichte, Göttingen (seit 1990).
- Theologische Rundschau (seit Jahrgang 49 [1984]).
- Theologische Wissenschaft. Sammelwerke für Studium und Beruf, Stuttgart usw. (seit 1989).

(Stand: Mai 1993)

Register

a) Personenregister

Aaron 54
Abaelard, Petrus [Pierre] 98, 105
Abraham 145, 318
Adam 74
Adam von St. Victor 98
Aëtios (Anhomöer) 77
Aischylos 42
Albertus Magnus 114
Alexander d. Gr. 284
Ambrosius 140
Ammianus Marcellinus 133
Ammonios Sakkas [Ammonius Saccas] 133
Amphilochius von Ikonium 173
Anaxagoras 296
Anatolios [Anatolius] von Konstantinopel 216, 219
Anatolius (Feldherr) 216
Anselm von Canterbury 105
Antoninus Pius 127
Antonios (Antonius) der Eremit 73
Apelles 127
Apion 131
Apollinaris von Laodikeia [Laodicea] 66, 106, 223
Apollos 125
Apophthegmata Patrum 73, 74, 79, 88
Aquila 274
Aristarch 133
Aristoteles 114, 176, 286, 303, 304, 320
Arius 162, 163
Arkadius 28
Athanasios [Athanasius] 57, 88, 95, 100, 170, 176, 190, 192, 225, 266, 277
Augustinus 29, 33, 35, 37, 38, 40, 56-58, 61-63, 66, 67, 86, 89, **93-101**, 114, 186, 229, 280, 312

Babylas 326
Barnabas 128
Basileios [Basilius] d. Gr. 47, **69-91**, 114, 146, 148, 155, 174, 175, 190-192, 275, 303, 316
Basilides 127, 133, 135, 136
Basilius von Seleucia 220
Beda Venerabilis 105
Bezaleel 143, 146, 159
Bonhoeffer, Dietrich 84
Bonifatius VIII. 115

Calvin, Jean 213
Cicero 304, 305
Claudius 25
Cyprian 191, 241

Damasus 182
David 317
Decius 103
Demetrius 126, 128, 134
Demokritos 296
Descartes, René 99
Dio Chrysostomos 309, 322, **325-328**
Diodor Siculus 125
Diodor von Tarsus 312
Diogenes 326
Diokletian 182, 187
Dionysios (Märtyrer) 103
Dionysios [Dionysius] von Alexandrien 135, 243
Dionysios Areopagites [Dionysius Areopagita] **103-115**
Dionysios von Korinth 103
Dioskoros I. [Dioskur] von Alexandrien 215-217
Domitian 323, 325
Dorotheos von Oxyrhynchos 149

Eckhart, Meister 114
Eleusios von Kyzikos [Eleusius von Cyzicus] 151-153, 157, 172, 173
Epiphanes von Same 306, 329
Epiphanios [Epiphanius] von Salamis 127, 132. 170, 278
Erasmus von Rotterdam 106, 268
Eudoxia 312
Eudoxios von Konstantinopel 168, 189
Euhemeros 303
Eunomios von Kyzikos [Eunomius von Cyzicus] 77, 146, 177
Eusebios [Eusebius] von Kaisareia [Cäsarea] 20, 103, 125-127, 129, 135, 143, 163, 183, 186, 243, 273-275, 278, 284, 286
Eustathios [Eustathius] von Sebaste 85, 90, 155
Eutropius 312
Eutyches 216, 217, 221, 223
Evagrios Pontikos [Evagrius Ponticus] 114
Evagrius von Antiochien 144

Flavian von Konstantinopel 216, 217
Franziskus von Assisi 98, 99

Galerius 182
Goethe, Johann Wolfgang von 78
Gregor d. Gr. 105
Gregor von Nazianz 79, 83, 84, 114, 140, 148, 155, **157-160**, 165, 167, 171-173, 175, 275

Gregor von Nyssa **31-67**, 83, 86, 91, 114, **139-160**, 173-175, 177-179
Gregor Palamas 100
Gregor von Tours 103
Grosseteste, Robert 114

Hadrian (Kaiser) 17, 127, 129, 303
Heraklas (Bischof) 135
Herakleon (Gnostiker) 135
Herodian 133
Hieronymus 129
Hildegard von Bingen 98
Hilduin 114
Hillel 130
Hiob 318
Hippolyt 132, 133, 191, 266

Ignatius von Antiochien 117, 118, 120, 122, 203, 237, 239
Innozenz 23
Irenäus von Lyon 123, 132, 133, 204, 227, 231, 232, 241, 242, 266, 267, 274
Isidor (Sohn des Basilides) 127, 135

Jakob 140, 318
Jakobus (Apostel) 128, 129, 132, 200, 236, 243, 257, 261, 291
Jambulos 303
Jesus Christus 14, 15, 23, 38, 40, 46, 47, 48, 49, 50, 55, 56, 60, 63, 64, 67, 77, 82, 84, 90, 99, 107, 119-123, 192, 193, 201-204, 207, 209, 210, 212-214, 218, 229, 232, 236, 237, 239, 242, 253, 254, 256, 259, 261, 262, 270, 273, 275, 283, 285, 296, 301, 309, 310, 329
Joannes Chrysostomos [Johannes Chrysostomus] 13, **16-30**, 70, 73, 86, 205, 303, 309, **312-330**
Joannes Damaskenos [Johannes Damascenus] 158
Johannes (Apostel) 287
Johannes (Evangelist) 63, 67, 127, 208, 213, 236, 257, 261
Johannes XXIII. 14
Johannes von Damaskus 278
Johannes Scotus Eriugena 114
Johannes von Skythopolis 108
Josephus, Flavius 18, 129, 131, 271, 278
Julian (Apostata) 17, 168, 327
Julius Africanus 276, 277
Julius Cassianus 132
Julius von Rom 164
Justin 206, 207, 232, 241, 242, 273-275, 285
Justinian I. 28, 113

Kelsos [Celsus] 234
Kerkydas 304
Klemens [Clemens] von Alexandrien 62, 117, 126, 127, 131, 132, 134-136, 266, 275, **283-307**
Konstantin d.Gr. 15, 18, 29, 163-166, 182, 183, 185-187, 219
Konstantius 15
Kopernikus, Nikolaus 99
Krates 296
Kyrillos [Cyrillus] von Alexandrien 33, 100, 170, 217, 219-222, 224, 225
Kyrillos [Cyrillus] von Jerusalem 147, 278

Laktanz 180, 305
Leo von Rom 216-218, 223
Libanios [Libanius] 21, 312, 317, 318
Lukas (Evangelist) 125, 200
Luther, Martin 57, 60, 87, 193, 211

Marc Aurel 327
Maria 48
Markellos [Marcellus] von Ankyra 163, 164
Markian 215
Markianos von Lampsakos 151
Markion 123, 127, 232, 237, 240, 242, 243, 253, 256, 257, 261, 265-267
Markus (Evangelist) 125, 126
Matthäus 201
Maximin 15
Maximus Confessor 100
Meletios [Meletius] 140, 158, 164, 166, 173, 184
Melito von Sardes 270, 273, 275, 278
Moses 23, 40, 44, 49, 50, 51, 54, 130, 143
Müntzer, Thomas 300, 301

Narcissus von Neronias 163
Nektarios [Nectarius] von Konstantinopel 157, 312
Nero 292, 299
Nestorius 174, 216, 217, 220, 221, 223
Nikephoros 278
Nikolaus von Kues [Cusanus] 99, 105
Notker Balbulus 98

Onesimus 273
Origenes 35, 53, 66, 103, 126, 131, 133, 134, 136, 163, 173, 191, 192, 241, 243, 266, 268, 275, 277, 278
Ossius von Corduba 162, 163

Pachomios [Pachomius] 88
Palladios [Palladius] 313
Palladius (Prätorianer-Präfekt) 216
Pantainos [Pantänus] 127, 284, 285
Paulos der Einfältige 74

Paulus (Apostel) 15, 22, 35, 37, 38, 40, 50, 56, 57, 60, 62, 63, 66, 67, 85, 87, 90, 103, 118, 119, 121, 125, 127, 128, 199-201, 203, 205, 208, 209, 213, 236, 241, 243, 256, 259, 261, 267, 268, 309, 310, 313, 323, 326, 329
Pelagius 32, 42, 56, 60, 62, 63, 66
Petrarca, Francesco 99
Petros Knapheus [Petrus Fullo] (der Walker) 107
Petrus 125, 128, 129, 182, 200, 236, 243, 257, 261
Petrus von Alexandrien 182
Philo 130, 274, 291
Philoxenus von Mabbug 222
Platon 33, 34, 46, 83, 96, 132, 176, 286, 287, 303, 304, 305, 306
Plotin 96, 107
Polykarp von Smyrna **117-124**, 135, 136, 203, 238, 247
Porphyrius 33, 96
Poseidonios 291, 292
Priscillian von Avila 73
Proklos 107, 110, 114
Protogenes von Serdica 164
Ptolemäus 273
Pulcheria 215

Quintillian 154

Roswitha von Gandersheim 98
Rufin 277
Rufus 117

Seneca 292-301, 305
Serapion von Antiochien 268
Severos [Severus] von Antiochien 107, 129, 222, 225
Simeon Makarios 73, 90, 156
Sokrates 130, 327
Sophokles 42
Stephanus (Märtyrer) 236, 243, 261
Suger von St. Denis 115
Sylvanus 132
Symeon von Mesopotamien 156
Synesius von Kyrene 327
Syrian 107

Tatian (Eparch von Konstantinopel) 216
Tertullian 162, 244, 266, 274, 275, 277, 287, 291, 311
Theodor von Mopsuestia 220, 312
Theodosius I. 140, 150, 153, 157, 165-168, 182, 184, 185, 190
Theodosius II. 215
Theodoret 150, 173
Theodot (Gnostiker) 132
Theodotion 274
Theonas 135
Theophilos [Theophilus] von Alexandrien 23
Theopomp 303
Thierry von Chartres 115
Thomas von Aquin 33, 57, 114
Timotheos [Timotheus] von Alexandrien 149
Trajan 129

Valens (Kaiser) 18, 77, 153, 168
Valens (Presbyter) 118
Valentinus (Gnostiker) 127, 132, 135, 136, 238
Valla, Lorenzo 105, 106
Vespasian 17

Wladimir Monomach 28
Zeno (Kaiser) 222
Zeno (Philosoph) 291
Zosimus 117

b) Sachregister

Abendland / abendländisch 94, 98, 100, 103-105, 173, 215, 279
Abfallstheorie 252, 260
Absolutismus 80
Achtzehnbittengebet 206
Adiaphoron (ἀδιάφορον) 286, 292, 296
Ägypten / ägyptisch 124-127, 131, 132, 134, 141, 149, 223
Ägypter 130-132
Ältestenverfassung 324
Äthiopien 149
Afrika 97
Agape 329
Agon (ἀγόν) 73
Akoimeten 107
Alexandrien / alexandrinisch 57, 117, 124, **125-136**, 149, 150, 187, 188, 215, 216, 221, 222, 278, 284, 289, 290, 300, 312
  Akademie 133
  Katechetenschule 134
  Μουσεῖον 133
Allegorie / Allegorese / allegorisch 47, 51, 53, 59, 97, 106, 130, 285, 291, 298
Almosen 289, 302, 311, 316
  Almosengeben 320
  Almosentheorie 301
Altar 120
Alte Kirche / altkirchlich 79, 222, 255, 269, 271
Alter und Neuer Bund 49
Altes Testament / alttestamentlich 22, 24, 82, 122, 123, 146, 205, 209, 232, 253, 267, 273, 275, 280
Altkatholische Kirche 240
Altkatholizismus (s.a. Frühkatholizismus) / altkatholisch 197, 203, 204, 240, 266, 272
Altnizäner 164, 173, 176, 190

Amt /-sgnade /-slehre /-stheologie /-sverständnis / Leitungsamt 54, 84, 87, 89, 90, 120, 121, 159, 160, 201, 205, 212, 213, 255, 258, 313, 324
Anachoret 73
Anagnost 312
Anagoge / anagogisch 37, 40, 45
Anathematisierung 222
Anhomoier [Anhomöer] / anhomoiisch 19, 77, 144, 151, 153, 168, 173, 189
Anthropologie / anthropologisch 57, 63, 67, 71, 178
Antike / antik 71, 87, 176, 177, 179, 234
Antiochien / antiochenisch 16, 17, 18, 27, 107, 188, 312, 316, 317, 319
Antiochenische Christologie 219-221
Antiochenische (Exegeten-)Schule 86, 312
Antiochenisches Schisma 190
Antisemitismus / Antijudaismus 14, 15, 16, 20, 22, 23, 25, 28-30, 62, 128, 232, 264
Antithesen 152
Antitypos s. Typos
Apokalypse / apokalyptisch 202, 237, 287, 291, 311
Apokryphen / apokryph 131, 267, 273, 277-279
Apollinaristen 189
Apologet / Apologetik / apologetisch 20, 29, 58, 70, 133, 206, 231, 232, 242, 273, 284
Apostel / apostolisch 51, 55, 103, 111, 130, 208, 209, 212, 231, 256, 257, 266, 270, 275
Apostolische Kanones 278
Apostolische Kirchen 244
Apostolische Schriften 122, 266
Apostolische Sukzession 204
Apostolische Tradition 209
Apostolische Väter 112, 124, 136, 206, 269, 272
Apostolische Verfasserschaft 269
Apostolische Zeit 106, 145, 204
Apostolizität der Paulusakten 268
Apostolizität der Kirche 210, 246
Apotheose 112
Arbeit / -sprodukt / -steilung / -slose 85, 319, 320
Areopag 103, 104
Arete 52
Arianer / arianisch 15, 18, 163, 164, 168, 173, 176, 182, 184, 189-191
Aristeaslegende 274
Aristotelismus / aristotelisch 94, 100, 174, 175
Arme / Armut 283, 287, 289, 291-293, 299, 300, 304, 309, 310, 311, 316-319, 321, 324, 325, 329
Armenfrömmigkeit 287, 288, 309, 311
Armenien 313
Askese / Asket / asketisch 40, 51, 54, 60-65, 71, 73, 76, 80, 81, 114, 122, 145-147, 150, 156, 312, 314, 315, 321, 324
Asketerion 312
Athen 103, 105, 130, 325
Universität 113
Auferbauung 314, 315, 324
Auferstehung 47, 50, 119, 121, 123
Aufstieg 42, 44, 46-49, 54, 55, 61, 64
Augsburger Konfession 259
Augustinforschung 93, 94, 97
Augustinismus 67, 94, 95, 100
Aussätzige 85
Authentikos Logos 132, 133
Autonomie 299
Autorität 201, 208, 279

Babylon 130
Baltikum 251
Barbaren / barbarisch 188, 326
Barnabasbrief 134, 238, 269
Basileia 212
Begnadung 53
Bekehrung 325
Bekenntnis (Symbol) 38, 77, 121, 165, 180, 190, 191, 223, 239, 253-255, 261
Bekenntnis Lukian des Märtyrers 153
Synodalbekenntnisse s. unter dem Namen, z.B. Nicänum
Berufung 25, 54, 83, 84, 200
Besitz 316, 319, 321, 327
Besuchsdienst 121
Bibel s. Heilige Schrift
Biblizismus 151
Bischof / bischöflich 80, 81, 84, 103, 105, 112, 113, 118, 120, 126, 128, 134, 141, 150, 151, 157, 159, 164, 182, 185-187, 215, 262, 312, 314, 320
Bischofsamt s. Amt
Bischofsliste 126, 244
Bischofsthron 187
Bischofsversammlung 146
Bischofswahl 187, 244
Bischofsweihe 159
Bithynien 325
Böse 41, 42, 60, 62, 63, 110
Botschaft 259
Brief / -form 78, 80, 81, 106, 112, 315
Bruderschaft 87, 89, 322
Buße 299
Bußgewalt 84
Bußpredigt 311
Byzanz / byzantinisch 114, 223

Caesarea 81
Cassiciacum 97
Character indelebilis 78
Chalkedon, Definition von 217-221, 223

Charisma 71, 73, 74, 82, 84-86, 89, 91, 145-148, 150, 159, 199, 200, 324
Charismatik 90, 205, 209
Charismatiker 199
Charismatische Bewegung 72, 74, 79
Chartres, Schule von 114
Christen / Christentum / Christenheit / christlich 14, 16, 22, 25, 29, 38, 46, 56, 58, 66, 67, 70, 73, 75, 77, 81, 95, 112, 118, 120, 121, 124, 126, 127, 129, 130, 132, 134, 135, 165, 176, 177, 180-184, 188, 191, 193, 202-204, 206, 208, 213, 215, 223, 228-231, 233-236, 238, 239, 244, 246, 247, 254, 260, 261, 262, 275, 276, 283, 284, 288-291, 294, 297, 302, 307, 315, 321-323, 329
Christianisierung der Gesellschaft 324
Christliche Gesellschaft 191
Christliches Kaisertum 186
Christenverfolgung (diokletianische) 180, 182
Christologie / Christus / christologisch s. auch Antiochenische Christologie 47, 48, 99, 106, 113, 153, 189, 192, 218, 220-222, 224, 225, 232, 264
Christusbild 217
Christusgeschehen 48, 310
Christuskerygma 269
Christusmord 23
Corpus Areopagiticum **104-115**
handschriftliche Überlieferung 108, 114
Corpus Ignatianum 239, 261
Corpus Paulinum 117, 122, 199, 266, 267
Cunctos-populos (Edikt Theodosius' I.) 165, 167, 182, 184
Cyrenaika 129

Dämon / dämonologisch s. auch Exorzismus 42, 43, 74, 145
Dekalog 45, 60
Demokratie / demokratisch 88, 208
Denominationen 236, 261
Determinismus 38
Deuterokanonische Schrift 273, 276-280
Deuteropaulinische Schrift 119, 124, 200, 238
Deutschland / deutsch 80, 188, 263, 269
Diakon 112, 120
Dialektische Theologie 62, 310
Dialog 227, 250
Diasporamentalität 124, 136, 206
Diaspora-Judentum 270
Diaspora-Synagoge 129, 206
Diatessaron 266
Diatribe 144, 154
Didache 269, 278
Dienst 55, 84, 200, 316
Diplophysitismus 223
Disziplin 90
kirchliche 216
Dodekapropheton 276
Dogma 23, 47, 172, 180, 189, 192, 193, 216, 221, 224, 234
Dogmatik / dogmatisch 22, 57, 67, 211, 215, 233, 235, 244, 280, 290
Dogmatisierung 71
Dogmenbildung 71
Dogmengeschichte 59, 66, 67, 204, 220, 255
Doketismus 122, 239
Donatismus / Donatist / donatistisch 89, 222
Dreifaltigkeit s. Trinität
Dualismus / dualistisch 57, 99, 225, 240
Dynamis 159

Ebionitische Strömung 289, 290
Ehe 132, 316, 324
Ehelosigkeit s. auch Askese 317
Ehrfurcht 41,44
Eigentum 71, 85, 288-290, 299, 301, 304, 311, 316, 322
Einfachheit 304
Einfaches Leben 326
der Kirche 227
Einheit
der Christenheit / Kirche **227-247**, 249, 260-262, 269
der Wirklichkeit 232
Einheitsbewußtsein 246
Einheitsgedanke / Einheitsauffassung / Einheitsmotiv 227, 229, 231, 237
Einsiedler 312
Ekklesia (ἐκκλησία / ecclesia) s. auch Kirche 208, 212, 262
Ecclesia crucis 214
Ekklesiologie / ekklesiologisch 84, 198, 199, 200, 201, 205, 211, 214, 310
Ekphrasis 142
Eltern 322
Emanationslehre 113
Emesa 129
Engel 43
Enkratismus 132
Ens physicum 174
Enthaltung / Enthaltsamkeit s. Askese
Enthusiasmus / enthusiastisch 72, 86, 90, 201, 202, 210
Entscheidung 62
Entscheidungsfreiheit 39, 185
Epiphanie Christi 48
Episkopat 75, 77
östlicher / orientalischer 149, 167
monarchischer (Monepiskopat) 120, 128, 205, 323, 324
reichskirchlicher 216
Erbauung 60, 275
Erbrecht, kirchlich-soziales 85

Erbschaft 316
Erbsünde 38, 41
Erbübel / Erbverderbnis 42
Erfahrung 60
Eristik 60
Erkenntnis / -fortschritt 48, 53, 65-67, 163
Erlösung 40, 232, 297
Erneuerung 73
Erwählung / -theit 54, 202
Eschatologie / eschatologisch 118, 135, 200, 209, 230, 317, 329
Ethik / ethisch s. auch Individualethik, Sozialethik 39, 45, 57, 60, 67, 119, 121, 123, 199, 239, 290-292, 296, 297, 299, 301, 302, 310, 311, 315, 316, 326, 328, 329
Eucharistie / eucharistisch 52, 232, 244
Eudoxianer 189
Eunomianer 147, 173, 189
Eutychianismus 219
Evangelische Räte 75, 316
Evangelium / evangelisch 28, 30, 35, 55, 126, 131, 252, 267, 268, 283, 289, 298, 307
  Ägypter-Evangelium 126, 130-132
  Basilides-Evangelium 131
  Hebräer-Evangelium 126, 130, 131
  Petrus-Evangelium 268
Exegese / exegetisch 71, 110, 177, 206, 256, 259
Exeget 64, 244, 257, 259, 266, 275
Existenz / existentiell 63, 118, 183, 251
Exorzismus / exorzistisch s. auch Dämon 151

Familie 85, 324
Fasten 27
Fluch 46
Fortschritt 58
Frankreich 104, 105
Franziskanische Theologie 99
Frau 316, 321, 322, 323, 324
  Fraueneinfluss 246
  Frauenemanzipation 328
  Frauenfrage 322, 323
Freigebigkeit 295
Freiheit s. auch Libertas ecclesiae 36, 42, 52, 55, 56, 62, 201, 321, 326
Freude 316
Frieden 99
Frömmigkeit 95, 98, 128, 236, 260, 289, 290
Frühchristlich / frühes Christentum 72, 73, 79, 100, 112, 197, 198, 202, 206, 211-213, 242, 249, 255, 261, 263, 285, 288, 290
Frühkatholizismus / frühkatholisch s. auch Altkatholizismus 117, 135, 136, 200-203, 207, 209, 210, 213, 240, **241**, 246, 255, 256, 259, 260, 289

Fürbitte 23, 120
Fürsorge 85, 87

Gabe s. auch Charisma 53, 201
  des Geistes 83, 84
  Leitungsgabe 86
Gallien 103
Gastfreundschaft 317
Gebet 289
Gebot 53, 74, 84, 120, 317
  Gottes / göttliches 44, 314, 318
Gehorsam 75, 82, 87, 88, 91, 259
Geist / geistlich 72
  und Kultus 258, 259
  Geisterunterscheidung 88
  Geistlich-asketische Übungen 312
  Geistliche Dinge 317
  Geistlicher Schriftsinn 71
  Geistliches Leben 36, 37, 40, 46, 51, 52, 56, 64, 66
  Geistliches Recht 252
  Geistverständnis 160
Geistesgeschichte 71, 233
Gemeinde 30, 70, 120, 125, 131, 133, 134, 136, 187, 209, 212, 214, 237, 259, 262, 277, 307, 322
  Gemeindearmenpflege 319
  Gemeindeordnung 213
  Gemeindestruktur 203, 208
Gemeineigentum 298
Gemeingut 320, 321
Gemeinsames Leben 84
Gemeinschaft
  kirchliche 146
  mit Gott 294
  Nutzen der Gemeinschaft 314
  Wohl der Gemeinschaft 313
  Gemeinschaftsideal 88
Gemeinwesen 304
Genesisauslegung 97
Gerechtigkeit (δικαιοσύνη) 41, 119, 120, 316
  Gerechtigkeit Gottes 34, 39, 58, 59, 66, 178, 288, 311
Gericht 121, 123, 182, 310, 321
Geschichte / geschichtlich 13, 34, 232, 251
Geschöpf s. auch Mensch 40
Gesellschaft / gesellschaftlich 71, 91, 198, 208, 322
Gesetz 44-47, 49, 51, 55, 62, 166, 241
  Gesetz und Evangelium 37, 123
  Gesetzgeber 41-43, 55
  Gesetzeslehre 62
  Gesetzestafeln 40,44
  Gesetzesverständnis 62
Gewalt / -enteilung 96, 186
Gewissen 286
Gläubige 47, 83, 120, 254, 310
Glaube 29, 37, 56, 82, 84, 91, 120, 146, 185, 259, 329
  Glaubensbekenntnis s. Bekenntnis
  Glaubensgehorsam 310

Glaubenseinheit 223
Glaubensregel (regula fidei, κανὼν τῆς ἀληθείας) 121, 122, 205, 242, 243, 246, 255, 261, 268
Glaubenssatz 72
Glaubenszwang 167
Gleichheit des Rechtes (ἰσονομία) 317
Gliedschaft am Leibe Christi 82, 83, 87
Glossolalie s. auch Zungenrede 72, 90, 91
Glück / Glückseligkeit 293, 326, 327
Gnade (χάρις / gratia) / -nlehre / -nverständnis **31-67**, 144
Gnadenthron 47
Gnadenzuspruch 193
Gnosis (γνῶσις) 55, 117, 156, 206, 231, 238-240, 267, 303, 306
basilidianische Gnosis 247
christliche Gnosis 135, 203, 245, 247, 268
monadische Gnosis 306
pneumatische Gnosis 210
prägnostische Gnosis 202, 241
valentinianische Gnosis 247
Gnostiker / gnostisch 86, 126, 127, 132, 136, 204, 207, 214, 232, 235, 239-242, 261, 267, 294
christlich-gnostische Systeme 208, 241
Gnostizismus 94, 100, 128, 200-202, 227, 246
christlicher 208, 210
valentinianischer 227
Gnoseologie / gnoseologisch 45, 47, 52
Gotik / gotisch 115
Gott / göttlich 37, 44, 46, 55, 58, 59, 61, 64, 66, 72, 89, 95-98, 109, 111, 130, 177, 185, 192, 193, 209, 252, 286, 298, 302, 307, 310, 311, 315, 321, 322
Gottes Wille 82, 84, 87, 91, 328
Vater und Sohn 146, 162, 163
Vater - Sohn - Geist s. Trinität
Gottähnlichkeit 55
Gottesbegriff 35, 58, 59, 67, 98, 113, 123
Gottesdienst 120, 280, 329
Gottesebenbildlichkeit 40, 41, 43, 44, 99
Gotteserkenntnis 34, 45
Gottesgedanke 34, 35, 59
Gottesgehorsam 60
Gottesglaube 35
Gottesherrschaft 309, 310
Gotteslästerer 29
Gotteslehre 240
Gottesliebe 86, 294, 297
Gottesprädikate 44, 47, 58, 111, 151
Gottesreich 288
Gottessohn 64, 232
Gottesurteil 313
Gottheit
Christi 58, 71, 218, 220
des Geistes 58, 66, 71, 144, 147, 151, 155, 172, 189
Griechen / griechisch 70, 128, 177, 323, 326, 327, 328
griechische Bildung 127
griechische Kirche 58
griechische Ethik 60
griechische Theologie 100, 276, 278
griechische Väter 66
griechischer Patriotismus 328
griechisches Denken 59, 67, 96, 192
Griechenland 125, 127
Großkirche / großkirchlich 133-135, 203, 204, 209, 210, 222, 228, 239, 241, 243, 257, 267, 268
Gut / Güter 41, 42, 43, 46, 50, 52, 63, 64, 98, 110, 286, 316
Gütergemeinschaft 320, 321

Habsucht 311, 327
Häresie (αἵρεσις) / Häretiker / häretisch s. auch Irrlehren 32, 70, 71, 106, 122, 144-146, 152, 182, 186, 189, 225, 227, 228, 230, 231, 233-235, 237, 238, 241, 249, 250, 260, 262
Haustafeln 323
Hebräische (jüdische) Bibel s. auch Heilige Schrift 253, 275, 276, 278
Hebraica veritas 277, 279
Heidentum / Heide 14, 70, 81, 112, 182, 263
Heidenmission 125
Heidenverfolgung 113
Heidenchristentum / Heidenchristen 131, 239, 270
gesetzesfreies Heidenchristentum 241
Heil / heilig 48, 55, 96, 119, 120, 237, 293, 314
Heiliges Recht 258, 259
Heiligkeit 41, 89
Heiligung / -sprinzip 108, 259
Heilsbegründung 119
Heilserfüllung 121
Heilsgemeinschaft 237
Heilsgeschehen 46
Heilsgeschichte 22, 49, 113, 207
Heilsgewißheit 31
Heilsindikativ 67, 119, 259, 314
Heilshandeln Gottes 262
Heilsverheißung 121
Heilsverständnis 31
Heilswerk Christi 31
Heilungsgabe 151
Heilige Schrift s. auch Hebräische (jüdische) Bibel 51, 55, 58, 59, 62, 67, 77, 82, 96, 180, 193, 205, 213, 236, **255-257**, 261, 265, 267

Heiliger Geist 46, 51, 52, 64, 66, 72, 77, 82, 86, 132, 146, 153, 173, 190, 191, 193, 199
Spender der Charismen 148, 159
weibliches Element in Gott 132
Heliopolis 112
Hellenisierung des Christentums 59, 177, 255, 290, 291, 301
Hellenismus 301
Henotikon 222
Hermeneutik / hermeneutisch 63, 275
Herrschaft Christi 310
Herzensreinheit 74
Hexapla 276, 277
Hierarchie / hierarchisch 108, 112, 150, 315, 324
himmlische 108
kirchliche 109
Hilfeleistung 85, 300
Himmelreich 296, 316
Hingabe 82
Hinrichtung Jesu 263
Hirt des Hermas s. Pastor Hermae
Historie / Historiker 80, 163, 198, 224, 235, 236, 251, 256, 257, 261, 262, 266
Historischer Materialismus 283
Historiographie 169
Hof (kaiserlicher) / höfisch 217, 312, 314
Hoffnung 314, 330
Homilie / homiletisch 275, 276, 285, 313, 319
Homines novi 80
Homoiusios / Homoiusianismus / Homoier / homoiisch (Homöusianismus / Homöer / homöisch) 77, 81, 153, 168, 173, 190
Homousios / Homousianer 153, **161-179**, 190, 191
Humanisierung der Gesellschaft 313, 322, 324
Humanismus 100
Hypostase (ὑπόστασις) 163, 173, 177, 192, 222
Drei-Hypostasen-Lehre 164, 173, 190
Ein-Hypostasen-Lehre 173

Ideologiekritik 57, 303
Ikonographie 104
Individualethik / individualethisch s. auch Ethik, Sozialethik 60, 297, 301, 327
Individualismus / Individualist / individuell / individualistisch 73, 83, 95
Individuum s. auch Mensch 299, 327
Inkarnation / -slehre 40, 49, 51, 57, 63, 121, 122, 193
Innerlichkeit 305
Inspiration / inspiriert 275
Institution 251, 252
altkirchlich 253
Intellekt / intellektuell 39, 86
Intoleranz 94
Iranisch / persisch 57, 70
Irenik / irenisch 67, 113
Irrlehre / Irrlehrer s. auch Häresie 118, 122, 123, 186, 217, 231, 254, 257
Islam 223
Israel / Israeliten 22, 23, 143, 207, 263, 264
Iustitia distributiva 66

Jamnia, sog. Synode von 206, 207, 270
Jerusalem 130
Fall Jerusalems (70 n.Chr.) 206
Urgemeinde 128, 129, 200, 320
Jesus, -namen, -tradition s. auch Christologie 239, 266
Johannes / johanneisch 62-64, 118, 121, 200, 201, 228, 238, 239, 266, 309
johanneische Schriften 213
johanneische Apokalyptik und Prophetie 241
Johannesschule 201, 239
Judaismus / judaisieren / judaistisch 19, 21, 22, 202, 257, 263
Judenchristen / Judenchristentum / judenchristlich 118, 127-132, 134, 202, 204, 206, 237, 239, 241, 263, 264, 278, 287
Judenhaß / Judenverfolgung s. Antisemitismus
Juden und Christen (Kirche und Synagoge / Israel) 16, 19, 25, 27, 127, 130, 206, 207, 246, 263, 264, 271, 280
Judentum / Juden / jüdisch 14, 15, 16, 17, 18, 22-30, 62, 118, 127-129, 130, 134, 136, 182, 206, 209, 232-234, 242, 253, 270-273, 275, 278, 289, 326
Ärzte 18
Bibelauslegung 49
Diaspora 17, 206
Feste 18, **19**, 27
Gemeinde 125
Gesetz 237, 253
Gesetzesobservanz 263, 264
Gottesdienst 25
hellenistisch 129
innerjüdische Spannungen 263
Mission 125
palästinisches Judentum 270
Patriarchat 323
Privilegien 128
Recht 258
Jüdischer Krieg 270
Jungfräulichkeit / Jungfrauen (Ehelosigkeit) s. auch Askese 21, 22, 319
Jungfrauengeburt 48
Jungnizäner 164, 174, 184, 190

Kaiser / kaiserlich 151, 156, 157, 172, 185, 186, 191, 215-219, 223, 243, 320
Kaiser und Konzil 166, 168
kaiserliche Kirchenleitung 215
kaiserliche Synodalgewalt 183, 185, 186
Kaisertum (römisches) 307
Kaiserzeit 323, 327
Kanon / kanonisch 205, 233, 242, 252, 253, 268-273, 275, 277, 279, 280
Kanon im Kanon 256, 265, 269
Kanonbildung 204, **256-280**
Kanonliste 274, 275, 277, 280
Kanonsfrage 268
protokanonische Schriften 227, 228
Selbstdurchsetzung des Kanons 253
Kanon des AT 271
christliche Rezeption 265, **269-280**
hebräischer (jüdischer) Kanon 270-271, 275-278
palästinischer Kanon 270
alexandrinischer Kanon 270
Septuaginta Kanon 270, 271, 276-277
Unterteilungen (Gesetz, Propheten, Schriften) 273
22 Bücher des AT 276, 278
Kanon des NT 122, 213, 238, 243, 253, 256, 257, 261, 265, 267
Markions Kanon 243, 253, 257, 261, 266
Mehrevangelienkanon 257, 267
Vierevangelienkanon 117, 266
Zweiteilung (Evangelien u. Briefe) 256, 257, 266, 267
Kappadozien 57, 70, 79, 83, 85
Kappadozier 70, 114, 173-176, 190, 192
Karolingische Renaissance 114
Karpokratianer 306
Karthäusermönch 106
Katechumenen 278
Karthago 268
Katholizität / katholisch 31, 32, 56, 64, 106, 123, 135, 182, 186, 206, 237, 240, 279
Katholische Briefe 257, 267
Katholische Normen 204
237
Kephalophor 104
Kerygma / kerygmatisch 56, 91, 144, 177, 236
Ketzerei s. auch Häresie 133, 230
Ketzerbestreiter 132, 246
Kirche 75, 77, 80, 81, 85, 95, 118, 135, 141, 145, 165, 182, 200, 201, 210, 212-214, 229-231, 236, 237, 243, 245, 246, 259, 313, 315, 319, 324, 328
Charismatisch-diakonisch-missionarische Dimension der Kirche 210, 246
Kirche als communio 214
Kirche als creatura et ministra verbi 213
Kirche als Dienstgemeinschaft 214
Kirche als Institution 211
Kirche als sakrale Macht 212
Kirche und Staat (Reich) s. Staat und Kirche
Kirche und Synagoge / Israel s. Juden und Christen
Kirche und Welt 183
Kirchenbau / -gebäude 115, 142, 180
Kirchenbegriff 259, 324
Kircheneinheit 204, 261
Kircheneintritt 186
Kirchengemeinde 88, 89
Kirchengemeinschaft 149, 150, 152, 153, 156, 237, 244
Kirchengeschichte / kirchengeschichtlich 13, 69, 70, 135, 144, 176, 180, 185, 206, 213, 245, 250
Kirchengut 185, 186
Kirchenhistoriker 222, 244, 258
Kirchenkampf 251
Kirchenkritik, spiritualistische 183
Kirchenleitung 129
Kirchenmänner 186
Kirchenordnung 183, 189
Kirchenpolitik / kirchenpolitisch 17, 77, 153, 157, 160, 164, 166, 168, 189, 215, 231, 312
Kirchenrecht / kirchenrechtlich 252, 254, 259, 260
Kirchenregiment 167, 186
Kirchenreform 212
Kirchenspaltung 222, 243
Kirchenstruktur 187, 204, 206, 212, 214
Kirchentum 126, 241
Kirchenvater 63, 94, 234, 320, 321, 329
Kirchenverfassung 207
Kirchenverständnis 118, 160, 200, 201, 203
Kirchliche Institutionalisierung 208, 210, 246, 260
Kirchliche Tradition 276
Kirchlicher Dienst 79
Kirchlicher Glaube 240
Kirchliches Recht 208, 258
1. Klemensbrief [Clemensbrief] 117-119, 203, 207, 208, 241, 247, 324
Kleinasien 112, 125, 127, 266
Kloster 316, 320, 328
Kloster- / Mönchsgemeinde 88, 89
Knechte Gottes 322
Knechtschaft 52
Koinobion 84
Kommunikationsfähigkeit 330
Kommunion 244
Kommunismus / kommunistisch 71, 302, 304, 306, 328

urchristlicher Kommunismus 284
kommunistische Wirtschaftsweise 320
Kommunistisches Manifest 319
Konfession / konfessionell s. auch Ökumene 233, 261, 271
Konstantinische Schenkung 105
Konstantinische Wende 72, 73, 81, 182, 183, 205, 240, 243, 244
Konstantinisches Zeitalter 187, 189
Konstantinopel 17, 23, 24, 105, 107, 155, 158, 182, 187, 188, 214, 312, 313, 316, 319
Apostelkirche 158
Konzil 265
einzelne Konzile s. Synoden und Konzile
Einberufung eines Konzils 216
Konzilsdebatte / Konzilsdiskussion / Konzilsverhandlung 152-154, 157, 171
Konzilspräsidium 216, 217
Konzilssession 140
Konzilsteilnehmer 150, 155
Konzilsväter 154, 168
Konzilsverlauf 166
Konzilsvorsitz 140
Konziliarität der Kirche 244, 262
Korinth 105
Kosmopolitismus 328
Kosmos 34
Kranke / Krankheit / Krankenheilung 72, 74, 84-86, 319
Kreuz 47, 49, 50, 121
Krisenbewußtsein 79, 80
Kunst 294
Kyniker / kynisch 291, 304, 325, 327, 328
Kynisch-stoische Diatribe 303, 326, 327

Leben 298-300
Lebensführung 45
einfaches Leben 326
Lehre / Lehrer / Lehramt 55, 86, 87, 89, 118, 159, 209, 231, 235, 236, 254, 260
Lehreinheit 230
Lehrer der Kirche 89, 224
Lehrer des Judentums 273
philosophischer Lehrer 285
Lehrstreitigkeiten 188
Lehrübereinstimmung 216
Leib 72, 84
Leib Christi 199, 200, 230, 324
Leichenfeier 140
Leidenschaft 49
Leidensfähigkeit 42, 47
Leidensgeschichte (passio) 104
Libertas ecclesiae s. auch Freiheit 81
Liebe 120, 200
Liebe Gottes 72
Liebesgebot 26
Liebeskommunismus 322
Liturgie / liturgisch 107, 254
Logos (λόγος) s. auch Heiliger Geist 73
Logosbegriff 232, 242
Logostheologie 191
Lohn 37, 49, 50, 55, 59, 294, 317, 324, 326
Luthertum 213

Märtyrer / Martyrium 23, 103, 117, 121
Märtyrerbischof 104
Magie / magisch 18, 58
Makkabäer
Grab in Antiochien 18
Gedenkstätte in Daphne 27
Makedonianer 166, 171, 172
Makedonisch 141
Malta-Dokument (Bericht) 199, 212-214
Mammonsdienst 303
Mann 322
Manichäer / manichäisch 97
Markioniten 242
Markustradition 126
Meletianer / meletianisch 150, 157
Mensch 41, 42, 44, 47, 48, 58, 62-64, 66, 72, 95, 99, 123, 292, 298, 304
s. auch Anthropologie, Homines novi
Menschenliebe 297
Menschheit Christi 220
Menschwerdung s. Inkarnation
Mesopotamien / mesopotamisch 129, 145-147, 150, 156
Messalianer / Messalianismus 90, 156
Metaphysik / metaphysisch 58, 59, 177, 193
Metropolit 187
Mission 125, 234
Missionsbefehl 26
Missionsbischof 103
Missionsgedanke 201
Missionsgebiet 125, 128
Missionspredigt 23
Mittelalter / mittelalterlich 96, 99, 103, 104, 114, 183
Mittelplatonismus / Mittelplatoniker 291, 296
Mönch / Mönchtum 15, 21, 22, 71-76, 79, 87, 88, 90, 105, 112, 113, 156, 312-316, 324
eremitisches Mönchtum 83
eustathianisches Mönchtum 90
koinobitisches Mönchtum 83, 90
monastische Ideale 314
Mönchsethik 316
Mönchsregel 75-78, 82
Mönchstheologie 47, 73, 91
Monophysitismus / monophysitisch 107, 129, 220, 223, 226
Monotheismus
islamisch 193

jüdisch 193
Montanismus 241
Moral / moralisch 24, 25, 46, 56, 62, 135, 159, 280
doppelte Moral 315
Moralismus / Moralist 61, 291, 326
Moralphilosophie 45
Moralpredigt 85, 303, 325
Myronweihe 107
Mystagogie 45
Mysterienfrömmigkeit / -sprache 34, 45
Mysterium 47, 56, 111
Mystik / mystisch 40, 44, 51, 53, 65, 111, 114
Mythos / mythisch / mythologisch 51, 132, 135, 287, 305

Nachapostolische Zeit / nachapostolisch 203, 204, 241, 258
Nachfolge 50, 51, 121
Nächstenliebe 286, 296
Nächster 56, 60, 85, 120, 295, 296, 299, 313, 314
Nag Hammadi 131, 132, 208
Naherwartung 72, 209, 237, 290, 309, 329
Nationalsozialismus 14
Natur 55, 62, 95, 96, 317
göttliche 44, 64, 144, 220
menschliche 35, 40, 42-44, 47, 48, 61, 63, 64, 220
Naturordnung 322, 324
Naturrecht 305
Naturtheologie s. Schöpfungstheologie
Naturwissenschaft 97, 99, 114, 225
Nestorianismus / Nestorianer 219, 222, 223
Neuarianer 177
Neuer Bund 53
Neues Testament / neutestamentlich 60, 72, 75, 82, 106, 111, 134, 198-204, 214, 228, 232, 237, 249, 255, 259, 260, 268, 269, 272, 296, 309, 310, 313, 328
spätneutestamentlich 213, 269
Neu(Neo)platonismus/ neu(neo)platonisch 32, 33, 71, 97, 107, 114, 192, 284, 301
Neuzeit 98, 99, 114, 303
neuzeitliches Denken 329
Nicäisch [Nikäisch, nizä(n)isch] / Nizäner 141, 145, 149, 150, 152, 153, 156, 157, 168-170, 173, 190, 191, 217
Nicäno-Constantinopolitanum (NC) 107, 168-173, 188
Nicänum 77, 153, 162, 169, 176
Nichtchristen 261
Nikomedien 159, 180
Nil 127, 133
No-church-movement (Japan) 213
Non-Chalcedonenser 215, 222-225
Nordafrika 278
Norm 252, 255
Not 300, 320
Novatianisches Schisma 243, 262

Observanzfrömmigkeit 124, 136
Ökonomie (οἰκονομία) / Ökonomisch 172, 302, 329
Ökumene
Evangelisch-katholisches Gespräch 260
Interkonfessioneller Dialog 227 f.
ökumenische Hermeneutik 100
ökumenischer Dialog 199, 205, 206, 224, 247
Ökumenisches Konzil (s.a. Synoden u. Konzile) 183
Offenbarung / -sglaube / sverständnis 113, 202, 210, 214, 232, 236, 252
Okzident s. Westen
Opfer 27, 120
Ontologie 97, 113, 177
Ordination 158
Ordnung / -sgedanke 59, 259
Organisation 209, 236, 260
Orient / Orientalen / orientalisch s. auch Osten, Ostkirche 85, 149, 163, 219
Orthodoxe Kirche(n) 72
Orthodoxie / orthodox 67, 70, 100, 127, 134, 135, 141, 145, 149, 151, 153, 157, 162, 165, 221, 231, 234, 249, 260, 262-264
vornizänische Orthodoxie 249
Orthopraxie 264
Osten / östlich 73, 88, 99-101, 215, 279
griechisch-sprachig 266, 277
syrisch-sprachig 277
Ostern 25
Osterjubel 98
Ostertermin 19
Ostkirche / ostkirchlich s. auch Orient 94, 95, 98
Ostreich 157, 190, 312
Ousia (οὐσία) 163, 164, 173-176, 222

Paideia 35, 46, 64
Palästina 106, 223
Papst / päpstlich (römisch) 217-219
päpstlicher Primat 114
Papyrus 127, 134
Paränese / paränetisch 67, 119, 121, 297
Paris 103, 104, 106
Paroikie s. Gemeinde
Passion 122
Passionsgeschichte 23
Pastor Hermae 278, 287, 288, 311
Pastoralbriefe 119, 124, 199, 200, 208, 257, 266, 316
Patmos 112
Patria potestas 324
Patriarchalismus / Patriarch / Patriarchat 23, 133, 140, 187, 215, 323

Patristik / Patristiker / patristisch 62, 70, 106, 249, 250, 260, 262, 271
Paulinische Theologie 60, 63, 64, 83, 84, 119, 125, 135, 200, 203, 209, 212, 238, 239, 241, 246, 258, 296, 298, 309, 310, 314, 324, 329
Paulinische Briefe s. Corpus Paulinum
Paulusakten 268
Paulusgemeinden 213
Paulusschüler 104-106
Paulusverständnis 323
Pauperistisches Ideal s. auch Armenfrömmigkeit, einfaches Leben 295
Pelagianismus / Pelagianer / pelagianisch 56, 58
Pentateuch 130
Persisch s. Iranisch / persisch
Pfingstkirchen 72
Philippi 117, 120
Philokalisten 275
Philosophie / Philosoph / philosophisch 33, 39, 58, 59, 62, 71, 94, 96, 106, 107, 113, 135, 175, 192, 208, 242, 284, 291, 293, 296, 325, 328
kaiserzeitliche Philosophie 304
hellenistische Philosophie 231, 304, 327
philosophische Theologie 34
Pietismus 80
Pilgerschaft 315
Pityos 313
Platonismus / Platoniker / platonisch 33, 39, 45, 51, 52, 60, 61, 64, 66, 94, 97, 100, 113, 133, 173-175, 177, 284
platonische Sozialutopie 317
platonisches Staatsideal 304
Platonismus und Christentum 113, 192
Pluralismus / Pluralität 189, 230, 237, 238, 243, 246
der Lehre 230
Pneuma / Pneumatiker / Pneumatologie / pneumatologisch s. auch Heiliger Geist 51, 63, 71, 153, 172, 191, 200, 201
Pneumatomachen 140, 144, 150-157, 169, 173, 190
Pneumatomachischer Streit 51, 66, 77
Politik / politisch 80, 304, 306, 310, 325, 327
Prädestination 56
Präexistenz 232
Praevenienz 55
Praxis pietatis s. auch Frömmigkeit 80
Praxis politica s. auch Ethik 80
Predigt / Prediger 19, 78, 145, 313, 315-318, 320, 324, 325
Predigtnachschrift 97
Predigttext 214
Presbyter 19, 112, 118, 120, 128, 129
Presbyterialverfassung / Presbyterordnung 129, 205
Presbyteriatsweihe 312
Presbyterium 129
Priester / Priestertum 49, 54
Priesterliches Gewand 59
Priszillianismus 279
Privateigentum 71, 316, 321, 328
Prooimion 142, 145, 155
Propaganda 317
Prophet 23, 24, 51, 74
Prophetie 72, 74
Prosopon (πρόσωπον) 173, 176, 220
Protest 73
Protestantismus / protestantisch 31, 32, 59, 66, 67, 94, 106, 206, 220, 256, 262, 263, 269
Protoplast 42
Protreptik 22
Providenz 98, 276
Provinzialsynode 187
Provinzialverband 187
Prusa 325, 328
Psalmenauslegung 97
Psalmist 149
Psychologie 39

Quäker 213
Qumran 209, 233, 272

Rabbinen / Rabbinentum / rabbinisch 130, 136, 207, 270-272
Rassismus / rassisch 14, 27, 223
Rationes seminales (oder causales) 97, 98
Rechtfertigung 37, 67, 95, 193, 259
Rechtfertigungslehre
lutherische 66
Karl Barths 95
Rechtgläubigkeit / rechtgläubig 127, 133, 230
Rechtgläubigkeit und Ketzerei 230, 235, 249
Rede 139, 141-143, 148, 149, 151, 155, 158, 159
epideiktische Rede 142, 154
Reform 79, 328
Reformator 75, 193, 213, 271
Reformation / reformatorisch 58, 211, 255
Reformationszeit 267, 268
Regula fidei s. Glaubensregel
Reichseinheit 186
Reichsgliederung 187
Reichshauptstadt 157, 159
Reichskatholische 58, 71
Reichskirche 29, 30, 69-71, 182, 183, 186, 188, 189, 255
homöische Reichskirche 77
reichskirchlich-byzantinische Zeit 234
Reichsverwaltung 188
Reichtum / Reicher 286-288, 290-292, 295-297, 298, 301, 304, 311, 316-321, 327

als Gut 293
Gabe des Zufalls 293
Nutzen des Reichtums 294, 295
rechte Verwendung 302
Schaden des Reichtums 294, 295
Versuchung des Reichtums 299
Reinheit 45, 50, 53
Religion / religiös 95, 112, 135, 283
Religionsgeschichte 233
Religionsgesetzgebung 166
Religionspolitik 183, 184
Religiosität 94
Remedium concupiscentiae 324
Renaissance 99, 100
Restitution 40, 47
Retroversionslehre 113
Revolutionär 309-311, 329
Rhetorik / Rhetor / rhetorisch 21, 22, 24, 27, 71, 77, 81, 84, 119, 148, 150, 155, 159, 312, 325
Rhetoriklehrer 312
Rhetorikunterricht 318
Rhossos 268
Richter 106
Rigorist 291
Rom / Römer / römisch 30, 57, 80, 127, 128, 134, 187, 188, 207, 215, 217, 220, 231, 285, 305, 312, 323, 326, 327
römische Gemeinde 203
römische Herrschaft 307
römischer Katholizismus 213, 220, 271
römischer Primat 188
römisches Reich (Imperium Romanum) 80, 81, 112, 182, 188, 191, 215, 283, 324, 328

Sabbat 27
Sabellianer 189
Säkularisierung 95
Säulenapostel 127, 257, 267, 268
Saint Denis (Abtei) 104, 105, 115
Sakrament / sakramental 52, 53, 56
Sardes 273
Schau 49, 54
Schicksal 293, 299
Schöpfer 40, 55
Schöpfung 40, 62, 65, 95, 97, 98, 232
neue Schöpfung 310
Schöpfungsglaube 310, 321
Schöpfungsgnade 40, 43, 64
Schöpfungslehre / Schöpfungstheologie 96, 97, 99, 100, 240
Schöpfungsordnung 322
Scholastische Theologie 61, 64
Scholien 275
Schrift und Tradition 256
Schriftauslegung 74
Schriftbetrachtung 45
Schriftbeweis 24, 119
Schriftgebrauch 280
Schriftrolle 271
Schriftsinn 49
Schwachheit 42, 99
Seele 39, 43, 44, 49, 54, 95, 96
Seelsorger / seelsorgerlich 56, 286
Seelteil 85
Sein / Seiendes 48, 54, 192
griechische Seinsmetaphysik 214
Sein Gottes 192
Seinshierarchie 146
Selbstaufgabe / -bestimmung / -reinigung / -verwirklichung 29, 48, 55, 293
Seligpreisungen 316
Semiarianer 156, 189
Semipelagianismus / Semipelagianer 56
Sentenzen des Sextus 132, 133
Septuaginta 270, 271, 273, 274, 279
Serdicense 164
Servum arbitrium 58
Simulacrum 180
Sinai 44, 49
Sinneswahrnehmungen 111
Sinope 266
Sintflut 274
Sklavenemanzipation 322
Sklaverei 311, 321-323, 326, 328
Sokratik 297, 303
Sola scriptura 214
Solidarität 202
Sondereigentum 302
Sonderrecht 30
Sonnenfinsternis 106, 111
Sonnengesang 98, 99
Sophistik / Sophist 148, 325
zweite Sophistik 148
Soteriologie / soteriologisch 47, 71, 192
Sozialethik / Sozialethos 60, 100, 202, 297, 309, 327
Sozialarbeit 84
soziale Gerechtigkeit 316
soziale Reform 328
sozialer Charakter des Christentums 313, 326
soziales Problem 319
Sozialkritik / revolutionär 303, 307
Sozialgeschichte 79, 90, 190, 205, 284
Sozialisation 235
Sozialphilosophie / sozialphilosophisch 286, 303
Sozialpolitik 302
Sozialpsychologie / sozialpsychologisch 15, 250
Soziologie / soziologisch 80, 207
Spätantike / spätantik 14, 34, 80, 99, 113, 185, 188, 189, 197, 322
Gesellschaft 303, 312
Religiosität 129
Wirtschaft 303
Spanien 125, 127
Spiritualismus / spirituell 71, 284, 301
Sprache
der Heiligen Schrift 191

Staat / staatlich 71, 80, 81, 96, 322, 329
Staat und Kirche 166, 182, 185, 186, 216, 223
Staatsauffassung 322
Staatsgewalt 321
Staatskirche 182
Staatsphilosophie / staatsphilosophisch 303
Staatsreligion 165, 184
Staatswesen 328
Stadt 96, 127, 284, 319, 328
Stadtbischof 187
Stadtgemeinde 208
Ständetafel s. auch Haustafeln 323
Standesprivileg 91
Stoa / stoisch 61, 174, 175, 284, 291, 292, 295, 296, 298, 305, 327, 328
stoische Ethik 292
Subskriptionsliste 216
Substitutionstheorie 246
Sühnemittel 47
Sünde 38, 40, 43, 51-53, 61, 120, 322
Sündenfall 40, 41
Sukzessionsbeweis 233
Synagoge 18, 20, 21, 23, 24, 26, 125, 131, 206, 208, 263, 277
synagogaler Bannspruch 207
Symbol s. Bekenntnis und die einzelnen Bekenntnisse unter ihren Namen
Synergismus / synergistisch 32, 57, 58, 67, 177
Synkretismus / synkretistisch 19, 20, 126, 128, 132, 136
Synode / synodal 165, 167, 184, 185
Synoden und Konzile
Arles (314) 19
Antiochien 163
Nikaia [Nicäa] (1. Ökumenisches Konzil, 325) 19, 151, **161-179**, 183, 186-189, 217
Laodicea (341-381?) 278
Serdika (342) 164
Konstantinopel (360) 77
Alexandrien (362) 170, 190
Antiochien (378) 153
Antiochien (379) 150
Konstantinopel (2. Ökumenisches Konzil, 381) 139-141, 148-152, 155-160, **161-179**, 180, 184, 187, 189-193, 217
Konstantinopel (382) 150, 189
Eichensynode (409) 313, 315
Karthago (419) 278, 280
Chalcedon-Konstantinopel (394) 139, 155
Ephesus (3. Ökumenisches Konzil, 431) 170, 217, 220
Ephesus (449) 215, 216
Chalkedon (4. Ökumenisches Konzil, 451) 105, 107, 113, 169, 170, 188, **215-228**
Konstantinopel (5. Ökumenisches Konzil, 553) 221
Quinisextum (692) 278
Tridentinum (1545-1563) 271
Barmen (1934) 258, 259
Syrien / syrisch 107, 223, 266
Systematische Theologie 94

Taufe 52, 53, 82, 83, 254, 310
Taufbekenntnis 255
Taufbewerber 18
Taufritus 53
Taufsakrament 53
Taufwasser 52, 53
Taufwasserepiklese 107
Taurus 83
Teilhabe 47, 48, 59, 64
Theistisch 64

Theologie / Theologe / theologisch 35, 36, 39, 46, 51, 56-61, 69, 73, 95, 100, 107, 111, 114, 119, 125, 135, 147, 149, 151, 160, 170, 173, 176, 186, 188, 189, 190, 192, 204, 213, 221, 223, 225, 236, 242, 245, 261, 262, 280, 312
Theologiegeschichte 69, 70, 176, 177
Theologumenon 53, 58, 260
Theorie und Praxis 57, 69, 205
Thessalonike 182
Thora 62, 264
Thoraschrein 18, 274
Tomus Leonis 217-221
Tradition 62, 175, 184, 201, 209, 235, 267
Traditionsbeweis 233
Traditionsstoff 51
Transfiguration 60
Transzendenz 111, 192
Trinität / Trinitätslehre / Trinitätstheologie 38, 57, 110, 173-176, 182, 190-193, 223, 225, 232
Tugend 37, 41-43, 46, 50, 51, 54, 55, 58, 67, 293, 314, 316, 325
Tugendlehre 44, 45
Typos / typologisch 40, 41, 53

Übernatur 64
Unendlichkeit Gottes 36, 44, 45, 57, 58, 146, 147
Unendlichkeitstheologie 66, 177, 179
Ungehorsam 81
Unionsformel (433) 219
Unionsverhandlungen 150, 151, 153, 156, 157, 172
Universalien-Realismus 173
Universalität des Heils 232
Unsterblichkeit 42
Unterdrückung 283
Unterordnung 84
Unterweisung 121, 286
Unwandelbarkeit von Welt und Gesellschaft 305

Urbild 44
Urchristentum / urchristlich 135, 159, 203, 209, 228, 229, 231, 232, 235, 236, 238, 239, 241, 245, 254, 257, 258, 267
Urgemeinde (s. auch Jerusalemer Urgemeinde) 243
Urkirche 237
Utopie 315, 320, 329

Väterliteratur 130
Vätertradition 278
Verähnlichnug mit Gott (ὁμοίωσις θεῷ)) 44, 46, 61, 62
Verborgenheit Gottes 193
Verdienst 59, 177
Vergottungsprinzip 108, 109
Verheißung 147
Vermögen s. Reichtum
Vernünftiger Gottesdienst 329
Vernunft / Vernünftigkeit 41, 98
Versichtbarung (φανερώσις) / versichtbaren 85, 146
Versöhnung 213
Versuchung 73
Vertrauen 37, 310
Vervollkommnung 60
Verweltlichung 73, 183, 186, 315
  des Christentums 255
Viktoriner 114
Völkerwallfahrt 149
Vollkommenheit 43, 47, 55, 58, 75, 178, 314-318, 328
Vollmacht 145
  geistliche 258
Vorkonstantinische Zeit 227, 228, 233, 235, 249, 260
Vorsehung s. Providenz
Vorsteheramt 87
Vulgata 271, 278, 279

Wahrheit Gottes 48, 96, 247
  und Irrtum 235
  des Evangeliums 247
  Wahrheitsanspruch 231
  Wahrheitsfrage 189
Wahrnehmung 44
Wandelbarkeit Gottes s. auch Gottesprädikate 42, 44, 47
Welt 59, 77, 81, 96, 98, 209, 288, 310, 312, 316, 329
  gottfeindliche 202, 206
  Weltbegriff / Weltverständnis 310
  Weltbezug 96
  Weltenwende 310
  Weltgeschichte 180
  Weltgestaltung 304
  Weltlauf 97, 98
  Weltlicher Arm (bracchium saeculare) 243, 262
  Weltordnung 50
  Weltverantwortung 183
  Weltverhalten 303
  Weltzeit 312
Weisheit / Weiser 59, 295
Wesenseinheit (s. auch Homousie) 153, 177
Westen / westlich 85, 95, 98-101, 266
Widersacher 42, 43
Wiederaufbau
  des Jerusalemer Tempels 17, 20
  nach dem II. Weltkrieg 93
Wiederbringung der Gnade 47
Wille 39, 46, 60, 66, 67, 294
  Willenschristentum 98, 99
  Willensfreiheit 39, 57
  Willenslehre 301
Wirkungsgeschichte 98, 103, 104, 203, 258, 323
Wirtschaftsprogramm 302
Witwen / Witwenamt 120, 317, 319
Wohlfahrt 304
Wohltaten Gottes s. auch Gabe 300
Wort Gottes 324
Wortverwaltung 324

Zeit / Zeitlichkeit 79, 192
Zeremonialgesetz 27
Zeugnis 54, 213
Ziviler Ungehorsam 81
Zivilisation (griechisch-römisch) 188
Zungenrede s. Glossolalie
Zwei-Naturen-Lehre 105, 218, 219
Zwölfapostellehre 203

c) Bibelstellenregister (auch Anspielungen)

Altes Testament

Genesis (Gen)
  2,15 329
  4,15 14
  12,1 145
  50,2-11 140
Exodus (Ex)
  3 48
  7,14ff 49
  11 41
  12,21ff 49
  14 53
  15,22ff 50
  16 52
  17,1ff 53
  17,5ff 50
  32-34 40
  32,26-29 43
  33,20 50
  35 143
Leviticus (Lev)
  19,18 322
Numeri (Num)
  17 54

Deuteronomium (Dtn)
19,14 277
34,8 140
Esra (Esr) 273
Nehemia (Neh) 273
Esther (Est) 273, 278
Psalmen (Ps)
19,2 45
48,17 (LXX) 317, 318
67,32f (LXX) 148, 149
71,15 (LXX) 148
72,3 (LXX) 151
80,11 (LXX) 147
Proverbia (Prov)
22,28 277
23,10 277
Kohelet (Koh) 13,20 84
Jesaja (Jes)
7,10ff 274
52,15 125
Jeremia (Jer) 273
3,3 (LXX) 24
7,11 24
12,7 24
Klagelieder 273
Ezechiel (Ez) 34,4 145
Sacharia (Sach) 11,9 145

Alttestamentliche Apokryphen und Pseudepigraphen

I. bzw. III. Esra 270
Baruch 274
Daniel 274, 278
Judith 270, 278
Tobit 270, 278
12,8 289
I.-IV. Makkabäer 270, 276
I./III. Makkabäer 278
II. Makkabäer 274
Weisheit Salomos (Weish) 270, 274, 278
Jesus Sirach (Sir) 270, 274, 278
Sir 3,30 289
Psalmen Salomos (Ps Sal) 270

IV. Esra 271
Henoch 274, 275, 277

Neues Testament

Matthäus-Evangelium (Mt) 24, 29, 117
5-7 309
5,3 298
5,6 147
5,10 119
5,15 314
7,15-23 201
10,17 par 285, 287
15,24 207
16,17-19 206
22,37-39 par 26
25,21 87
25,24-30 314
25,31-45 318
25,31 301
27,45 par 106
28,18-20 26
28,19 191, 192, 286
Markus-Evangelium (Mk) 201, 238
1,15 309
4,26 310
9,38-41 201
Lukas-Evangelium (Lk) 117, 238, 257, 266, 267
1, 45-55 311
10,25-37 26
14,23 186
Johannes-Evangelium (Joh) 134
1,14 60
1,18 60
4,22 25
6,35 53
10,5 88
10,27f 88
17,21 228
Apostelgeschichte (Act) 117, 199, 200, 238
2,4 209
11,24 145
11,30 200
15,1-21 128
13,10 189
17,1f 125
17,34 103, 104, 106
18,24f 125
Römerbrief (Röm)
1,17 38
1,18-3,19 62
5,12 38
6,17 234
7,1-6 46
8,29 34
10,17 91
11,26 207
11,29 29
12,1 54, 314
12,2 312, 314
12,3 87
12,6 84
12,8 85
13,12ff 67
13,14 50
15,20 125
15,24 125
16,17 234
I. Korintherbrief (I Kor)
1,2 236
1,18ff 62
2,9 317
2,10 51
3,5f 125
6,2 118
7,29-31 316

8,2 34
8,3 34
12-14 86, 90
12,7 314
12,11 144, 146
13,5 84
13,8-13 319
13,13 120
14,34 323
14,35 323
16,12 125
II. Korintherbrief (II Kor)
5,17 310
Galaterbrief (Gal)
1,4 38
2,7-9 128
2,9 257, 257
2,19 46
3,3 46
3,27 323, 324
3,28 323, 324
4,9 34
4,26 120
5,1 46

Epheserbrief (Eph) 25, 200
1,23 214
2,5 200
5,22-23 323
5,23 214
5,29 214
Philipperbrief (Phil)
3,12 58, 179
4,9 234
Kolosserbrief (Kol)
1,18 214
1,24 214
3,18-4,1 323
4,16 266
I. Thessalonicherbrief (I Thess)
2,15 25
5,17 120
I. Timotheusbrief (I Tim)
2,8-15 323
4,1-10 320
4,4 320
5,5 120
II. Timotheusbrief (II Tim)
2,4 67
2,18 200
Titusbrief
1,14 27
2,1-10 323
I. Petrusbrief (I Petr) 117
3,15 314
II. Petrusbrief (II Petr) 266
2,1 237
I.-III. Johannesbriefe (I-III Joh) 121
I Joh 117, 122, 239, 261
2,19-22 201
4,1f 201
5,6-8 122
II Joh 266
III Joh 199, 266
Hebräerbrief (Hebr) 238
8,5 49
Jakobusbrief (Jak) 309
2,1-9 311
2,5 311
5,1ff 288
5,1-6 311
5,14 129
Judasbrief (Jud) 266
14 275
Apokalypse des Johannes (Apk) 266
3,15 145